Speth
Hug
Kaier
Waltermann

Kompetenzorientierte Betriebswirtschaftslehre mit Rechnungswesen

Fachoberschule und Berufsoberschule in Bayern

Jahrgangsstufen 11 und 12

D1658237

Kompetenzorientierte Arbeitshefte BWL für FOS + BOS

Jahrgangsstufe 11

ISBN 978-3-8120-1659-9

Jahrgangsstufe 12

ISBN 978-3-8120-1660-5

Konzeption

→ Die Arbeitshefte sind **passgenau abgestimmt** mit dem Schulbuch (Merkurbuch 0659). Daher ist ein **paralleler Einsatz im Unterricht optimal.**

→ Die Arbeitshefte zielen darauf ab, dass die Schülerinnen und Schüler ihren **Kompetenzzuwachs** nachhaltig dokumentieren können.

→ Alle Lernbereiche des Fachlehrplans werden in Form von **situativen Aufgabenstellungen** konkretisiert.

→ **Kapitelverweise** am Rand der Einstiegssituationen erleichtern die eventuell notwendige Informationsbeschaffung.

Speth
Hug
Kaier
Waltermann

Kompetenzorientierte Betriebswirtschaftslehre mit Rechnungswesen

Fachoberschule und Berufsoberschule in Bayern

Jahrgangsstufen 11 und 12

Merkur
Verlag Rinteln

Wirtschaftswissenschaftliche Bücherei für Schule und Praxis
Begründet von Handelsschul-Direktor Dipl.-Hdl. Friedrich Hutkap †

Verfasser:

Dr. Hermann Speth, Dipl.-Hdl.
Hartmut Hug, Dipl.-Hdl.
Anfons Kaier, Dipl.-Hdl.
Aloys Waltermann, Dipl.-Kfm. Dipl.-Hdl.

Fast alle in diesem Buch erwähnten Hard- und Softwarebezeichnungen sind eingetragene Warenzeichen.

Das Werk und seine Teile sind urheberrechtlich geschützt. Jede Nutzung in anderen als den gesetzlich zugelassenen Fällen bedarf der vorherigen schriftlichen Einwilligung des Verlages. Hinweis zu § 52 a UrhG: Weder das Werk noch seine Teile dürfen ohne eine solche Einwilligung eingescannt und in ein Netzwerk eingestellt werden. Dies gilt auch für Intranets von Schulen und sonstigen Bildungseinrichtungen.

* * * * *

Coverbild   (kleines Bild links unten): © www.colourbox.de

1. Auflage 2017
© 2017 by MERKUR VERLAG RINTELN
Gesamtherstellung:
MERKUR VERLAG RINTELN Hutkap GmbH & Co. KG, 31735 Rinteln
E-Mail: info@merkur-verlag.de
             lehrer-service@merkur-verlag.de
Internet: www.merkur-verlag.de
ISBN 978-3-8120-**0659-0**

Vorwort

Das vorliegende Schulbuch umfasst alle für die Jahrgangsstufen 11 und 12 geforderten Lernbereiche des neuen **kompetenzorientierten Lehrplans Plus** für das Profilfach „Betriebswirtschaftslehre mit Rechnungswesen" an Fachoberschulen und Berufsoberschulen des Landes Bayern (ab Schuljahr 2017/2018).

Für Ihre Arbeit mit dem Schulbuch möchten wir Sie auf Folgendes hinweisen:

- Das Schulbuch zielt darauf ab, dass die Schülerinnen und Schüler grundlegende und vertiefte **betriebswirtschaftliche Kompetenzen** erwerben, mit denen sie in ihren unterschiedlichen gesellschaftlichen Rollen betriebswirtschaftliche Sachverhalte verstehen und differenziert beurteilen können.

- Um dem Konzept des kompetenzorientierten Unterrichts gerecht zu werden, sind den Themenbereichen **betriebswirtschaftliche Handlungssituationen** mit **kompetenzorientierten Arbeitsaufträgen** vorangestellt. Als Bezugspunkt für die Handlungssituationen dienen **Modellunternehmen** des fiktiven Gewerbeparks Augsburg. In diesem Zusammenhang wird den Lernenden ermöglicht, Aufgabenstellungen eigenständig und mit Mitschülern zu analysieren und zu lösen. Dadurch wird **problemlösendes Denken** und **verantwortliches Handeln** in beruflichen und privaten Situationen **gefördert**.

- Die Lerninhalte werden zu klar abgegrenzten Einheiten zusammengefasst, die sich in die Bereiche **Handlungssituation, Stoffinformationen, Überblick und Kompetenztraining** aufgliedern.

- Viele **Merksätze, Beispiele und Schaubilder** veranschaulichen die praxisbezogenen Lerninhalte und erhöhen die Einprägsamkeit der Informationen.

- Fachwörter, Fachbegriffe und Fremdwörter werden grundsätzlich im Text oder in den Fußnoten erklärt.

- Ein ausführliches **Stichwortverzeichnis** hilft Begriffe und Erläuterungen schnell aufzufinden.

- Vor dem Hintergrund, dass nicht alle Schülerinnen und Schüler über gesicherte Grundkenntnisse in Buchführung verfügen, wird eine systematische Einführung in die Buchführung in komprimierter Form dargestellt. Somit ist ein zügiges Voranschreiten im Unterricht möglich. Grundlage für die Buchungen ist der **Industriekontenrahmen** (IKR).

- Das vorliegende Schulbuch wird durch die **kompetenzorientierten Arbeitshefte** (BN 1659 für Jg. 11 und BN 1660 für Jg. 12) ergänzt. Hierin werden die Lernbereiche in Form von **situativen Aufgabenstellungen** konkretisiert. Schulbuch und Arbeitshefte sind aufeinander abgestimmt, sodass ein paralleler Einsatz im Unterricht optimal ist.

Wir wünschen Ihnen einen guten Lehr- und Lernerfolg!

Die Verfasser

Inhaltsverzeichnis

Kurzbeschreibung des Industrie- und Gewerbeparks Augsburg und seiner Unternehmen

1	Grundkonzept des Industrie- und Gewerbeparks Augsburg	17
2	Exemplarisches Unternehmensportrait der dort angesiedelten Weber Metallbau GmbH	17
3	Überblick über weitere im Industrie- und Gewerbepark angesiedelte Unternehmen (Auswahl)	23

Jahrgangsstufe 11

Lernbereich 1: Sich im Unternehmen orientieren und betriebliche Zielsetzungen überprüfen

1	Industriebetrieb als eine Organisation beschreiben, in der durch das Zusammenwirken der verschiedenen Funktionsbereiche die betrieblichen Produktionsfaktoren für eine Leistungserstellung kombiniert werden	25
	Handlungssituation 1: Einen Industriebetrieb anhand seines Leistungsprozesses und seiner Verflechtung auf den Märkten darstellen und in einem Flyer präsentieren	**25**
1.1	Begriff Unternehmen und die Leistung von Unternehmen	26
1.2	Betrieblicher Leistungserstellungsprozess am Beispiel des Industriebetriebs	26
1.3	Betriebliche Produktionsfaktoren	28
1.4	Funktionsbereiche eines Industriebetriebs	29
2	Unternehmensziele und deren Beziehungen identifizieren und in Zielkonflikten begründete Prioritäten setzen	33
	Handlungssituation 2: Unternehmensziele ableiten	**33**
2.1	Unternehmensleitbild	35
2.2	Unternehmensziele	36
2.2.1	Begriff Unternehmensziele	36
2.2.2	Gliederung der Unternehmensziele nach dem angestrebten Erfolg des Unternehmens	36
	2.2.2.1 Ökonomische (wirtschaftliche) Ziele	36
	2.2.2.2 Ökologische Ziele	37
	2.2.2.3 Ethisch-soziale Ziele	38
2.2.3	Formulierung von Unternehmenszielen	39
2.2.4	Zielharmonie und Zielkonflikte zwischen den Unternehmenszielen	40
3	Mittels ausgewählter Kennzahlen die Erreichung operationalisierter Unternehmensziele überprüfen	41

Lernbereich 2: Material beschaffen sowie Fertigungsverfahren festlegen

1	**Materialbeschaffung planen**	45
Handlungssituation 1:	**Hintergrund der Beschaffung analysieren und ABC-Analyse durchführen**	**45**
1.1	Begriff Beschaffung und die Planung der Materialbeschaffung	47
1.2	Kriterien bei der Auswahl des Materials	47
1.3	Materialklassifizierung: ABC-Analyse	48
1.4	Materialbereitstellungsprinzipien	52
Handlungssituation 2:	**Material just in time beschaffen**	**52**
1.4.1	Bedarfsdeckung durch Vorratshaltung	53
1.4.2	Bedarfsdeckung ohne Vorratshaltung	54
2	**Beschaffungsmarkt analysieren und die Lieferbereitschaft durch wohlüberlegte Bestellungen gewährleisten**	58
2.1	Analyse des Beschaffungsmarktes (Beschaffungsmarktforschung)	58
Handlungssituation 3:	**Lieferer auswählen**	**58**
2.1.1	Beschaffungsmarktanalyse	58
2.1.2	Informationsquellen	59
2.1.3	Liefererauswahl	61
	2.1.3.1 Grundsätzliches	61
	2.1.3.2 Liefererauswahl durch Einfaktorenvergleich mit Bezugskalkulation	61
	2.1.3.3 Liefererauswahl durch Mehrfaktorenvergleich (Lieferermatrix, Scoringmodell)	62
2.1.4	Einhaltung ethisch-sozialer Standards	63
2.2	Aufrechterhaltung der Lieferbereitschaft durch Festlegung der Bestellmenge und Bestellzeit	68
2.2.1	Festlegung der Bestellmenge	68
Handlungssituation 4:	**Optimale Bestellmenge bestimmen**	**68**
	2.2.1.1 Überblick	68
	2.2.1.2 Ermittlung der optimalen Bestellmenge	68
2.2.2	Festlegung der Bestellzeit (Bestellpunkt- und Bestellrhythmusverfahren)	71
Handlungssituation 5:	**Sich für ein Bestellverfahren entscheiden**	**71**
2.3	Lagerhaltung	76
Handlungssituation 6:	**Lagerart wählen**	**76**
2.3.1	Begriff und Aufgaben des Lagers	77
2.3.2	Arten des Lagers	77
3	**Über das Fertigungsverfahren in Abhängigkeit vom Produktionsprogramm entscheiden**	80
Handlungssituation 7:	**Produktionsprogramm strategisch ausrichten und Fertigungsverfahren vergleichen und bewerten**	**80**
3.1	Überblick über erforderliche Entscheidungen zum Produktionsprogramm	81
3.2	Produktionsprogramm unter den Aspekten Fertigungsbreite, Fertigungstiefe und Fertigungsverfahren	81
3.2.1	Produktionsprogramm unter dem Aspekt der Fertigungsbreite	81
3.2.2	Produktionsprogramm unter dem Aspekt der Fertigungstiefe	82
3.2.3	Produktionsprogramm unter dem Aspekt der Fertigungsverfahren	83
3.3	Standardisierungsvorteile durch Normung und Typung	84
3.4	Fertigungsverfahren	86
3.4.1	Fertigungsverfahren nach der Menge der gleichartigen Produkte (Fertigungstypen)	86
3.4.2	Fertigungsverfahren nach der Organisation der Fertigung (Organisationstypen)	87

3.5	Abstimmung der Produktionsmenge mit der Absatzmenge	94
3.5.1	Problemstellung	94
3.5.2	Traditionelle Lösungsansätze in der Produktion	94
3.6	Mass Customization	96

Lernbereich 3: Personal beschaffen und einsetzen

1	Anforderungen für eine zu besetzende Stelle aus einer Stellenbeschreibung ableiten	98
	Handlungssituation 1: Kriterien für die zu besetzende Stelle zusammenstellen und Personalbeschaffungsinstrumente begründet auswählen	98
1.1	Stellenbeschreibung	99
1.2	Ableitung der Anforderungskriterien aus der Stellenbeschreibung für die Besetzung der Stelle	100
2	Geeignete Beschaffungsinstrumente im Rahmen der internen und externen Personalbeschaffung auswählen	101
2.1	Interne und externe Personalbeschaffung (Personalrecruiting)	101
2.1.1	Interne Personalbeschaffung	101
2.1.1.1	Begriff interne Personalbeschaffung	101
2.1.1.2	Instrumente der internen Personalbeschaffung	102
2.1.1.3	Vorteile und Nachteile der internen Personalbeschaffung	103
2.1.2	Externe Personalbeschaffung	103
2.1.2.1	Begriff externe Personalbeschaffung	103
2.1.2.2	Instrumente der externen Personalbeschaffung	103
2.1.2.3	Stellenanzeigen formulieren	107
2.1.2.4	Vorteile und Nachteile der externen Personalbeschaffung	109
2.2	Personalmarketing	109
3	Instrumente der Personalauswahl für eine begründete Besetzungsentscheidung zielgerichtet einsetzen	111
	Handlungssituation 2: Personalvorauswahl durchführen	111
3.1	Vorauswahl auf der Grundlage der Bewerbungsunterlagen	116
3.1.1	Sortieren der Bewerbungsunterlagen und Treffen einer Vorauswahl	116
3.1.2	Vorauswahl treffen mithilfe des Instrumentes Entscheidungsbewertungstabelle	117
3.2	Instrumente zur Durchführung der Personalauswahl	118
3.2.1	Vorstellungsgespräch	118
3.2.2	Arbeitsproben, situative Verfahren, Testverfahren, Assessment-Center	120
3.3	Treffen der Besetzungsentscheidung	121
3.3.1	Entscheidungsträger	121
3.3.2	Urteilsfindung	122
3.3.3	Berücksichtigung ethisch-sozialer Aspekte durch das Allgemeine Gleichbehandlungsgesetz [AGG]	122
3.3.4	Zusage an den Bewerber	124
4	Personal effektiv einsetzen durch wohlüberlegte Entscheidung für Arbeitszeit- und Gestaltungsmodelle	127
	Handlungssituation 3: Ein Arbeitsmodell analysieren und auswerten	127
4.1	Flexibilisierung der Arbeitszeit durch Arbeitszeitmodelle	128
4.2	Teilzeitbeschäftigung als exemplarisches Arbeitszeitmodell	129
4.3	Gestaltungsmodelle des Personaleinsatzes	132
4.4	Personaleinsatzplanung	133

Lernbereich 4: Mithilfe der Geschäftsbuchführung das Gesamtergebnis einer Unternehmung ermitteln

1	**Inventur, Inventar und Bilanz erstellen und analysieren**	137
Handlungssituation 1:	Inventur durchführen und Inventar erstellen	137
1.1	Begriffe Buchführung und Geschäftsvorfälle	138
1.2	Inventur	139
1.2.1	Ablauf der Inventur	139
1.2.2	Zielsetzung der Inventur	140
1.3	Inventar	140
1.4	Bilanz	142
1.4.1	Gesetzliche Grundlagen zur Aufstellung der Bilanz	142
1.4.2	Wertveränderungen der Bilanzposten durch Geschäftsvorfälle (vier Grundfälle)	145
1.4.3	Von der Bilanz zu den Konten	148
2	**Auf Bestandskonten buchen**	150
Handlungssituation 2:	Vorgänge auf dem Konto Bank erfassen	150
2.1	Begriffe Aktiv- und Passivkonten	151
2.2	Industriekontenrahmen	152
2.3	Buchung auf Bestandskonten	153
2.4	Eröffnung und Abschluss der Bestandskonten (Eröffnungsbilanzkonto und Schlussbilanzkonto)	155
3	**Auf Ergebniskonten buchen**	158
Handlungssituation 3:	Auf dem Konto Eigenkapital buchen	158
3.1	Aufwands- und Ertragskonten	158
3.2	Abschluss der Aufwands- und Ertragskonten über das Gewinn- und Verlustkonto	161
4	**Einkäufe und Verkäufe unter Berücksichtigung der Umsatzsteuer buchen**	164
Handlungssituation 4:	Eine Eingangsrechnung mit Umsatzsteuer buchen	164
4.1	Vorsteuer und Umsatzsteuer	165
4.2	Buchungen von Werkstoffen und Umsatzerlösen sowie auf weiteren Ergebniskonten	166
4.2.1	Besondere Buchungen bei der Beschaffung von Werkstoffen	170
Handlungssituation 5:	Wertströme im Rahmen der Beschaffung von Werkstoffen erfassen und dokumentieren	170
4.2.2	Besondere Buchungen im Rahmen des Absatzprozesses	176
Handlungssituation 6:	Eine Ausgangsrechnung sowie den Zahlungseingang buchhalterisch erfassen	176
4.3	Ermittlung des Jahresgesamtverbrauchs bei Vorräten	182
4.4	Bestandsveränderungen bei fertigen und unfertigen Erzeugnissen	186
Handlungssituation 7:	Bestandsveränderungen bei fertigen Erzeugnissen erfolgswirksam buchen	186
4.4.1	Problemstellung	187
4.4.2	Bestandsmehrung bei fertigen Erzeugnissen	187
4.4.3	Bestandsminderung bei fertigen Erzeugnissen	189
4.4.4	Bestandsveränderungen bei unfertigen Erzeugnissen	192
5	**Buchung des Personalaufwands**	194
Handlungssituation 8:	Eine Entgeltabrechnung überprüfen	194
5.1	Stufen der Lohn- und Gehaltsabrechnung	195
5.2	Berechnung der Lohnsteuer, des Solidaritätszuschlags und der Kirchensteuer	195

5.3	Berechnung der Sozialversicherungsbeiträge	197
5.4	Entgelt buchen	200
6	**Buchung von Gegenständen des Sachanlagevermögens**	**204**
Handlungssituation 9:	**Sachanlagen anschaffen und buchen**	**204**
6.1	Kauf von Sachanlagen	205
6.2	Aktivierungspflichtige Eigenleistungen	208
7	**Gesamtergebnis der Unternehmung ermitteln und die Mittelverwendung und Mittelherkunft in der Bilanz abbilden**	**211**
7.1	Abschreibungen	211
7.1.1	Ursachen der Abschreibung	211
7.1.2	Berechnung der Abschreibung nach der linearen Methode	211
7.1.3	Buchung der Abschreibung	212
7.2	Abschluss der Vorsteuer- und Umsatzsteuerkonten	214
7.3	Ermittlung des Gesamtergebnisses und Abbildung der Mittelverwendung und Mittelherkunft in der Bilanz	215

Lernbereich 5: Mithilfe der Vollkostenrechnung Angebotspreise und das Betriebsergebnis ermitteln

1	**Anfallende Kosten nach der Zurechenbarkeit auf die Kostenträger unterscheiden**	**220**
Handlungssituation 1:	**Kosten unterschiedlichen Kostenarten zuordnen**	**220**
1.1	Abgrenzung der Begriffe Aufwendungen und Kosten	221
1.2	Gliederung der Kosten nach der Zurechenbarkeit auf Kostenträger	223
2	**Angebotspreis je Stück kalkulieren und dabei unterschiedliche Zielsetzungen beachten (Kostenträgerstückrechnung)**	**224**
Handlungssituation 2:	**Angebotspreis und Gewinn ermitteln**	**224**
2.1	Begriffe Kostenträger und Kostenträgerrechnung	225
2.2	Angebotspreis kalkulieren (Zuschlagskalkulation)	225
2.2.1	Aufbau der Zuschlagskalkulation und die Festlegung der Bezugsgrößen für die Gemeinkostenzuschlagssätze	225
2.2.2	Anwendung der Zuschlagskalkulation als Angebotskalkulation	226
2.2.2.1	Vorwärtskalkulation	226
2.2.2.2	Rückwärtskalkulation (retrograde Kalkulation)	228
2.2.2.3	Differenzkalkulation	230
3	**Maschinenstundensatz unter Berücksichtigung kalkulatorischer Kosten berechnen**	**233**
Handlungssituation 3:	**Maschinenkosten berechnen**	**233**
3.1	Grundlagen zur Berechnung von Maschinenstundensätzen	234
3.2	Berechnung der maschinenabhängigen Gemeinkosten	235
3.3	Ermittlung des Maschinenstundensatzes	237
3.4	Behandlung der Rest-Fertigungsgemeinkosten	237
3.5	Kalkulation mit Maschinenstundensätzen	238
4	**Gemeinkosten mithilfe des Betriebsabrechnungsbogens auf die Kostenstellen des Unternehmens verteilen und die Zuschlagssätze ermitteln**	**240**
Handlungssituation 4:	**In einem BAB die Summe der Gemeinkosten je Kostenstelle und Zuschlagssätze ermitteln**	**240**
4.1	Begriffe Kostenstelle und Kostenstellenrechnung	241
4.2	Betriebsabrechnungsbogen	242
4.2.1	Begriff und Aufbau des Betriebsabrechnungsbogens	242

4.2.2	Aufstellung eines einstufigen Betriebsabrechnungsbogens und die Ermittlung der Gemeinkostenzuschlagssätze	243
4.2.3	Aufstellung eines mehrstufigen Betriebsabrechnungsbogens	248
4.2.4	Ermittlung der Gemeinkostenzuschlagssätze unter Berücksichtigung der Bestandsveränderungen an unfertigen und fertigen Erzeugnissen	251
5	**Abweichungen zwischen den tatsächlich angefallenen Gemeinkosten und den mit Vorkalkulationssätzen ermittelten Werten berechnen (Kostenträgerzeitrechnung)**	**255**
Handlungssituation 5: Kostenträgerblatt erstellen		255
5.1	Inhalt und Aufgaben der Kostenträgerzeitrechnung	255
5.2	Gegenüberstellung von Istkosten und Normalkosten	256
5.2.1	Gliederung der Kosten nach der zeitlichen Erfassung	256
5.2.2	Kostenüberdeckungen und Kostenunterdeckungen	256
5.2.3	Rechnerischer Ablauf der Kostenträgerzeitrechnung (Kostenträgerblatt) mit Ist- und Normalkosten – Kostenüberdeckung und Kostenunterdeckung	257
6	**Abweichungen zwischen Kosten und Aufwendungen sowie Leistungen und Erträge untersuchen und daraus unterschiedliche Zielsetzungen zwischen Betriebs- und Gesamtergebnis ableiten**	**261**
Handlungssituation 6: Unternehmensgewinn und Betriebsgewinn voneinander abgrenzen		**261**
6.1	Abweichungen zwischen Kosten und Aufwendungen am Beispiel Abschreibungen	262
6.2	Abweichungen zwischen Leistungen und Erträgen am Beispiel betriebsfremde Zinserträge	264
6.2.1	Abgrenzung der Begriffe Erträge und Leistungen	264
6.2.2	Auswirkungen von betriebsfremden Zinserträgen auf das Gesamtergebnis und das Betriebsergebnis	264
6.3	Unterschiedliche Zielsetzungen zwischen Betriebs- und Gesamtergebnis	265

Jahrgangsstufe 12

Lernbereich 1: Entscheidungen mithilfe der Teilkostenrechnung vorbereiten und begründet treffen

1	**Für betriebliche Entscheidungen verschiedene Verfahren der Kostenrechnung in Kenntnis ihrer Vor- und Nachteile nutzen und die Auswirkungen getroffener Entscheidungen auf die Kostensituation des Betriebs beurteilen**	268
Handlungssituation 1: Problem der fixen Kosten formulieren und einen Vergleich zwischen den Ergebnissen der Vollkostenrechnung und der Teilkostenrechnung vornehmen		**268**
1.1	Vorbereitung betrieblicher Entscheidungen aufgrund der Vollkostenrechnung und deren Auswirkungen auf die Kostensituation	269
1.1.1	Vorteile der Vollkostenrechnung	269
1.1.2	Nachteile der Vollkostenrechnung in Form der Zuschlagskalkulation und deren Auswirkungen auf die Kostensituation	269
1.2	Abgrenzung der Teilkostenrechnung von der Vollkostenrechnung	273
1.2.1	Grundlegendes	273
1.2.2	Gliederung der Kosten bei Änderung der Ausbringungsmenge	274

2	Den Deckungsbeitrag für einzelne Produkte berechnen und verantwortungsvolle Entscheidungen über das Produktprogramm treffen	275
2.1	Aufbau der Deckungsbeitragsrechnung	275
2.2	Deckungsbeitragsrechnung als Stückrechnung	276
2.3	Deckungsbeitragsrechnung als Periodenrechnung	278
2.4	Deckungsbeitragsrechnung als Instrument der Produktentscheidung	281
	Handlungssituation 2: Über eine Produkteliminierung aufgrund der Vollkostenrechnung bzw. der Teilkostenrechnung entscheiden	**281**
3	Kurz- und mittelfristige Preisuntergrenzen für Produkte festsetzen, um in Abhängigkeit von Kapazitätsauslastung und Deckungsbeitrag über die Annahme von Zusatzaufträgen zu entscheiden	284
3.1	Deckungsbeitragsrechnung als Instrument zur Bestimmung von Preisuntergrenzen	284
	Handlungssituation 3: Bei einem Auftrag die Preisuntergrenze ermitteln	**284**
3.1.1	Bestimmung der kurzfristigen und langfristigen Preisuntergrenze	285
3.1.2	Vorteile und Gefahren der Bestimmung von Preisuntergrenzen	286
3.2	Deckungsbeitragsrechnung als Instrument zur Entscheidungsfindung über die Annahme eines Zusatzauftrags	288
	Handlungssituation 4: Über die Annahme eines Zusatzauftrags entscheiden	**288**
4	In Abhängigkeit von der Beschäftigung die Kosten zerlegen, die Gewinnschwelle ermitteln, ihre Einflussgrößen bestimmen, die Auswirkungen von Änderungen berechnen und deren Ursachen aufzeigen	291
4.1	Kapazität und Beschäftigungsgrad	291
4.2	Gliederung der Kosten in Abhängigkeit von der Beschäftigung	292
4.2.1	Abhängigkeit der fixen Kosten von der Beschäftigung	292
4.2.2	Abhängigkeit der variablen Kosten von der Beschäftigung	293
4.2.3	Abhängigkeit der Mischkosten von der Beschäftigung	293
4.3	Ermittlung des Break-even-Points (Gewinnschwelle)	297
	Handlungssituation 5: Break-even-Point rechnerisch und grafisch ermitteln	**297**
5	Über Eigenfertigung und Fremdbezug von Erzeugnissen anhand quantitativer und qualitativer Kriterien entscheiden	303
	Handlungssituation 6: Über Eigenfertigung oder Fremdbezug begründet entscheiden	**303**
5.1	Entscheidung bei noch freien Produktionskapazitäten	303
5.2	Entscheidung bei notwendigen Kapazitätserweiterungen	304
6	Mithilfe der mehrstufigen Deckungsbeitragsrechnung über die Förderung und Einstellung von Produkten entscheiden	307
7	Bei Vorliegen eines Engpasses das optimale Produktionsprogramm bestimmen	310
	Handlungssituation 7: Produktionsprogramm optimieren	**310**
8	System der Vollkostenrechnung und Teilkostenrechnung (Deckungsbeitragsrechnung) vergleichen und beurteilen	317

Lernbereich 2: Marketingprozesse planen und steuern

1	Mithilfe der Marktforschung die Marktsituation verschiedener Produkte eines Unternehmens analysieren und hieraus geeignete Normstrategien ableiten	318
	Handlungssituation 1: Entstehung einer Marketingkonzeption analysieren	**318**
1.1	Grundlagen des Marketings	319
1.2	Marktforschung	320
1.3	Konzept des Produktlebenszyklus	322

Handlungssituation 2:	Produktlebenszyklen bestimmen	322
1.4	Marktwachstum-Marktanteils-Portfolio	326
Handlungssituation 3:	Marktwachstum-Marktanteils-Portfolio-Analysen durchführen	326
1.4.1	Konzept der Portfolio-Analyse und -Planung	327
1.4.2	Marktwachstum-Marktanteils-Portfolio	327
2	**Entscheidungen über Marketingmaßnahmen auf Grundlage festgelegter Marketingziele treffen und dabei neue Informationsmedien und Kommunikationsmittel nutzen**	333
2.1	Produktpolitik	333
Handlungssituation 4:	Anforderungen an die Produktkonstruktion planen	333
2.1.1	Begriffe Produkt, Produktprogramm, Produktpolitik	334
2.1.2	Produktgestaltung	334
2.1.3	Produktpolitische Maßnahmen	337
2.1.3.1	Produktinnovation	337
2.1.3.2	Produktmodifikation (Produktvariation)	339
2.1.3.3	Produkteliminierung	339
2.2	Distributionspolitik	342
Handlungssituation 5:	Distributionspolitik gestalten	342
2.2.1	Begriff Distributionspolitik	343
2.2.2	Absatzwege	344
2.2.3	Absatzorgane	345
2.2.3.1	Werkseigener Absatz	345
2.2.3.2	Werksgebundener Absatz	345
2.2.3.3	Ausgegliederter Absatz	346
2.3	Kontrahierungspolitik	350
Handlungssituation 6:	Preise gestalten	350
2.3.1	Preispolitik	350
2.3.1.1	Kostenorientierte Preispolitik	351
2.3.1.2	Nachfrageorientierte (abnehmerorientierte) Preispolitik	351
2.3.1.3	Wettbewerbsorientierte (konkurrenzorientierte) Preispolitik	355
2.3.2	Konditionenpolitik	356
2.3.2.1	Lieferungsbedingungen	356
2.3.2.2	Finanzdienstleistungen	356
2.4	Kommunikationspolitik	359
Handlungssituation 7:	Kommunikationspolitik gestalten	359
2.4.1	Begriff Kommunikationspolitik	360
2.4.2	Werbung	360
2.4.2.1	Werbeplan	360
2.4.2.2	Werbeerfolgskontrolle	363
2.4.3	Verkaufsförderung	364
2.4.4	Public Relations (Öffentlichkeitsarbeit)	365
2.4.5	Sensation-Marketing	366
2.4.6	Social-Media-Marketing	367
2.5	Entwicklung eines Marketingkonzeptes (Marketingmix)	372
Handlungssituation 8:	Marketingkonzept entwickeln und präsentieren	372

Lernbereich 3: Jahresabschlussarbeiten durchführen

1	Handelsrechtliche Bewertungsmaßstäbe anwenden	378
Handlungssituation 1:	Anschaffungskosten ermitteln und von den Herstellungskosten abgrenzen	378

1.1	Begriff Bewertung und die Bewertungsgrundsätze	378
1.1.1	Begriff Bewertung	378
1.1.2	Handelsrechtliche Bewertungsgrundsätze	379
1.2	Handelsrechtliche Bewertungsmaßstäbe	380
1.2.1	Anschaffungskosten	380
1.2.2	Herstellungskosten	380
1.2.3	Beizulegender Wert	381
2	**Positionen des Anlagevermögens nach HGB bewerten und dabei Bewertungsgrundsätze sowie unternehmerische Zielsetzungen berücksichtigen**	383
	Handlungssituation 2: Nicht abnutzbares und abnutzbares Anlagevermögen bewerten	**383**
2.1	Begriff und Arten des Anlagevermögens	384
2.2	Bewertung des abnutzbaren Anlagevermögens	384
2.2.1	Zugangsbewertung	384
2.2.2	Folgebewertung	385
2.2.2.1	Bilanzwerte auf der Grundlage planmäßiger Abschreibung	385
2.2.2.2	Bilanzwerte auf der Grundlage außerplanmäßiger Abschreibung	385
2.2.2.3	Zuschreibung (Wertaufholungsgebot)	387
2.3	Bewertung des nicht abnutzbaren Anlagevermögens	389
2.3.1	Bewertung unbebauter Grundstücke	389
2.3.2	Besonderheiten bei der Bewertung von bebauten Grundstücken	391
2.3.3	Bewertung von Finanzanlagen am Beispiel der Wertpapiere des Anlagevermögens	393
3	**Positionen des Umlaufvermögens nach HGB bewerten und dabei die Bewertungsgrundsätze berücksichtigen**	396
	Handlungssituation 3: Umlaufvermögen bewerten	**396**
3.1	Bewertung der Roh-, Hilfs-, Betriebsstoffe sowie Fremdbauteile	396
3.1.1	Allgemeine Bewertungsregeln	396
3.1.2	Spezielle Vorschriften zur Bewertung des Vorratsvermögens am Beispiel des Durchschnittswertverfahrens	399
3.2	Bewertung der Forderungen	402
3.2.1	Arten von Forderungen unter dem Gesichtspunkt ihrer Wertigkeit	402
3.2.2	Abschreibung von uneinbringlichen Forderungen	402
3.2.3	Einzelwertberichtigungen auf zweifelhafte Forderungen	403
3.2.4	Pauschalwertberichtigungen auf einwandfreie Forderungen	404
4	**Bewertung von Rückstellungen für Altersversorgung als ausgewählte Position des Fremdkapitals**	406
	Handlungssituation 4: Pensionsrückstellungen bilden	**406**
4.1	Begriff Rückstellungen und die gesetzliche Regelung zur Bildung von Rückstellungen	406
4.2	Bewertung von Pensionsrückstellungen	407
5	**Jahresabschluss bei Kapitalgesellschaften nach HGB hinsichtlich des Informationsgehalts für interne und externe Adressaten beurteilen**	410
	Handlungssituation 5: Bilanz und Gewinn- und Verlustrechnung einer Kapitalgesellschaft erstellen	**410**
5.1	Aufgaben des Jahresabschlusses	411
5.2	Aufstellungs-, Offenlegungs- und Prüfungspflicht	412
5.3	Bestandteile des Jahresabschlusses	413
5.3.1	Überblick	413
5.3.2	Bilanz	413
5.3.3	Gewinn- und Verlustrechnung	415
5.3.4	Anhang	418
5.3.5	Lagebericht	418

5.4	Informationsgehalt des Jahresabschlusses für interne und externe Adressaten	421
6	**Vorschläge zur Verwendung des Jahresüberschusses bei der Aktiengesellschaft entwerfen und diskutieren**	**424**
Handlungssituation 6:	Gewinnverwendung einer AG darstellen	424
6.1	Überblick über die gesetzliche Regelung zur Verwendung des Jahresüberschusses bei einer Aktiengesellschaft [§ 158 AktG]	426
6.2	Rechnerischer Ablauf der Gewinnverwendung	428
6.3	Ausweis der Gewinnverwendung in der Bilanz	430
7	**Interessenkonflikt zwischen Aktionären sowie Geschäftsleitung, seine Auswirkungen auf die Dividendenpolitik darstellen und sich um einen fairen Interessenausgleich bemühen**	**433**

Lernbereich 4: Finanzierungs- und Investitionsvorgänge analysieren, liquide Mittel beschaffen und Investitionen tätigen

1	**Finanzierungs- und Investitionsvorgänge mithilfe der Bewegungsbilanz analysieren**	**437**
Handlungssituation 1:	Aus einer Bewegungsbilanz Herkunft und Verwendung der Finanzmittel ableiten	437
2	**Finanzierungsmöglichkeiten zur Erreichung finanzwirtschaftlicher Ziele diskutieren und begründete Finanzierungsentscheidungen treffen**	**441**
Handlungssituation 2:	Eine begründete Finanzierungsentscheidung vor dem Hintergrund finanzwirtschaftlicher Ziele treffen	441
2.1	Begriff Finanzierung und Finanzierungsanlässe	442
2.2	Finanzierungsziele	443
2.2.1	Liquidität	443
2.2.2	Rentabilität	444
2.2.3	Sicherheit und Unabhängigkeit	445
2.2.4	Zielkonflikte zwischen den finanzwirtschaftlichen Zielen	446
2.3	Übersicht über die Arten der Finanzierung	448
2.4	Beteiligungsfinanzierung	448
Handlungssituation 3:	Ordentliche Kapitalerhöhung durchführen	448
2.4.1	Begriff Beteiligungsfinanzierung	450
2.4.2	Beteiligungsfinanzierung bei einer Aktiengesellschaft (AG) – ordentliche Kapitalerhöhung (Kapitalerhöhung gegen Einlagen)	450
2.4.2.1	Ablauf der ordentlichen Kapitalerhöhung	450
2.4.2.2	Begriff Bezugsrecht, die Berechnung des Bezugsverhältnisses und die Bedeutung des Bezugsrechts	452
2.4.3	Beurteilung der Beteiligungsfinanzierung	453
2.5	Kreditfinanzierung	456
Handlungssituation 4:	Ausgewählte Darlehensbedingungen aus einem Darlehensvertrag herausarbeiten	456
2.5.1	Bankdarlehen	457
2.5.1.1	Begriff Darlehen und der Inhalt eines Darlehensvertrags	457
2.5.1.2	Darlehensformen im Vergleich	458
2.5.2	Kontokorrentkredit (Dispositionskredit)	460
2.5.2.1	Begriff Kontokorrentkredit	460
2.5.2.2	Inhalte eines Kontokorrentkreditvertrags	460
2.6	Selbstfinanzierung	464
Handlungssituation 5:	Möglichkeit der Selbstfinanzierung darstellen und bewerten	464

2.6.1	Begriff und Arten der Selbstfinanzierung	465
2.6.2	Offene Selbstfinanzierung am Beispiel der Aktiengesellschaft	466
2.6.3	Stille Selbstfinanzierung	467
2.7	Finanzierung aus Abschreibung	470

Handlungssituation 6: Abschreibungskreislauf beschreiben und Verwendungsmöglichkeiten der Abschreibungsrückflüsse aufzeigen ... 470

2.8	Finanzierung aus Vermögensumschichtung	471
2.9	Finanzierung aus Rückstellungen	473
3	**Unterschiedliche Investitionsanlässe und die Notwendigkeit von Investitionen für ein Unternehmen erkennen**	**476**

Handlungssituation 7: Investitionsalternativen vergleichen und beurteilen ... 476

3.1	Begriff Investition und Arten von Investitionsanlässen	476
3.2	Verfahren der Investitionsrechnung	480
3.2.1	Grundlegendes	480
3.2.2	Statische Verfahren der Investitionsrechnung zur Beurteilung von Investitionsalternativen	481
	3.2.2.1 Kostenvergleichsrechnung	482
	3.2.2.2 Gewinnvergleichsrechnung	483
	3.2.2.3 Rentabilitätsrechnung	484
	3.2.2.4 Amortisationsrechnung	485

Stichwortverzeichnis ... 491

Bilderverzeichnis ... 495

Kurzbeschreibung des Industrie- und Gewerbeparks Augsburg und seiner Unternehmen

1 Grundkonzept des Industrie- und Gewerbeparks Augsburg

Die Stadt Augsburg hatte zu Beginn des letzten Jahrzehnts einen Industrie- und Gewerbepark erschlossen. Im Norden des Stadtgebietes gelegen, umfasst er rund 90 ha und liegt in unmittelbarer Nähe eines Autobahnanschlusses. Inzwischen sind die verfügbaren Flächen des Industrie- und Gewerbeparks zu etwa 70 % verkauft. Rund 30 Betriebe unterschiedlicher Art haben sich dort angesiedelt und beschäftigen ca. 1 200 Mitarbeiter.

Der Vorteil für die Unternehmen liegt darin, dass sie viele Dienste wie z. B.

- Notfalldienste (Werkfeuerwehr, ärztliche Versorgung),
- soziale Einrichtungen (Kindertagesstätten, Kantine),
- Logistik innerhalb des Parks sowie
- Ver- und Entsorgungseinrichtungen

vom Parkmanagement in Anspruch nehmen können. Büro- und Gewerbeflächen können mit wachsender Unternehmensgröße hinzugemietet werden.

2 Exemplarisches Unternehmensportrait der dort angesiedelten Weber Metallbau GmbH

Firma und Sitz:
Weber Metallbau GmbH
Alfred-Nobel-Straße 8
86169 Augsburg

Kontaktdaten:
Telefon: 0821 992-0 (Zentrale)
Fax: 0821 992-1 (Zentrale)
E-Mail: info@weber-metallbau-gmbh.de
Internet: www.weber-metallbau-gmbh.de

Die Weber Metallbau GmbH ist ein größerer, mittelständischer Handwerksbetrieb und hat sich auf die Planung, Fertigung und Montage von Brandschutztüren, auf Fassadenbau aus Stahl und Glas, auf Geländer- und Treppenbau, Wintergärten und diverse Sonderkonstruktionen spezialisiert.

In einem Nebenprogramm produziert sie auch Arbeitstische und Metallzäune, dazu werden aus Blechstanzteilen Büroscheren und Ablage- bzw. Ordnungssysteme für Regale hergestellt.

Fertigungshalle

Außengelände

Firmengeschichte der Weber Metallbau GmbH

Das Unternehmen selbst hat eine lange Tradition, die bis ins 19. Jahrhundert zurückreicht. Johann Georg Weber übernahm 1952 die ehemalige Huf- und Wagenschmiede und machte daraus einen modernen Metallbaubetrieb. Seit 1987 leitet sein Sohn Hans-Jörg, ausgebildeter Metallbauer der Fachrichtung Konstruktionstechnik und Absolvent eines Studiengangs zum Fenster- und Fassadenbau, das Familienunternehmen und hat es seither konsequent zu einem führenden Stahl- und Metallbaubetrieb in der Region weiterentwickelt.

Im Jahre 2005 erfolgte die Ansiedlung im Industrie- und Gewerbepark Augsburg, weil die ursprüngliche Gewerbefläche in Zentrumsnähe zu klein geworden war. Der in diesem Zusammenhang erforderliche Kapitalbedarf konnte im gleichen Jahr durch die Gründung einer GmbH und die Aufnahme von Herrn Dr. Klaus Junginger als weiteren Gesellschafter teilweise bewältigt werden.

Dr. Junginger hat ein Studium der Betriebswirtschaft absolviert und ergänzt die Geschäftsführung durch seine betriebswirtschaftlichen Kenntnisse.

Produktprogramm der Weber Metallbau GmbH

Brandschutztüren

Fassade aus Stahl und Glas

Geländer- und Treppenbau

Wintergarten

Geschäftspartner der Weber Metallbau GmbH

Bankverbindungen

Nr.	Name des Kreditinstituts	BIC	IBAN
1	Sparkasse Augsburg	AUGSDE77XXX	DE69 7205 0000 0000 6485 54
2	Deutsche Bank Augsburg	DEUTDEMM720	DE92 7207 0001 0008 7263 39
3	Commerzbank Augsburg	COBADEFFXXX	DE73 7204 0046 0003 9936 54

Kunden

Die Auftraggeber kommen aus unterschiedlichen Bereichen. Ihre Ansprüche sind sehr vielfältig. Jeder Auftrag ist individuell und erfordert eine grundlegende Neuplanung und -kalkulation. Die Kostenvorteile durch die Herstellung größerer Stückzahlen eines einheitlichen Produkts können selten genutzt werden. Als Fertigungsorganisation liegt überwiegend Werkbank- und Werkstattfertigung vor.

Bereich	Angebotene Leistungen
Industrie und Gewerbe	Tragwerkskonstruktionen der verschiedensten Art, z. B. für Lagerhallen, Parkgebäude sowie Fassadenverkleidungen, Feuertreppen.
Öffentliche Hand (Kommunen, Landkreise)	Fassaden, Brandschutztüren, Treppen für öffentliche Gebäude wie Kindergärten, Schulen, Sportstätten, Fußgängerbrücken u. a.
Private Bauträger	Balkone, Unterkonstruktionen für Fotovoltaikanlagen, Treppenkonstruktionen für innen und außen, Wintergärten, Gewächshäuser.
Nebenprogramm	Diverse Sonderkonstruktionen, Arbeitstische, Metallzäune.

Lieferer

Die Anzahl der Lieferer ist aufgrund des abgegrenzten Produktprogramms (Problemtreue) der Weber Metallbau GmbH sehr beschränkt. Die wichtigsten Zulieferer kommen aus folgenden Bereichen:

Bereich	Angebotene Leistungen
Metallgroßhandel	Bleche unterschiedlicher Stärke und Materialart, Stahlbänder, Rund- und Vierkantrohre, Stahlträger verschiedener Profile.
Glashandel	Einscheibensicherheitsglas (Schiebetüren, Trennwände, Duschen), Verbundsicherheitsglas (für erhöhten Sicherheitsbedarf, z. B. als Einbruchschutz), Isolierglas für den Fassadenbereich, Glas mit keramischem Siebdruck (ermöglicht hochwertige, repräsentative Raum- und Gebäudegestaltung).
Handel für Werkzeuge, Montage- und Befestigungsmaterial	Beschläge, Schrauben, Werkzeuge, Klebstoffe, Dichtungsmaterial, Schmiermittel, Fette, Reinigungsmaterial usw.

Organigramm der Weber Metallbau GmbH

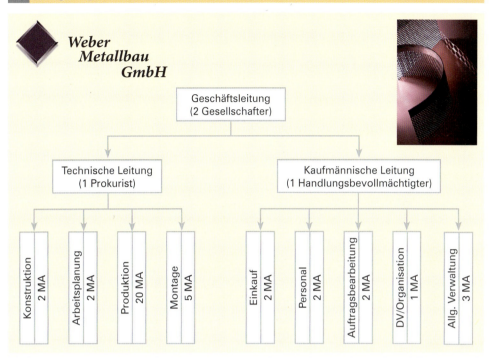

Gesellschaftsvertrag der Weber Metallbau GmbH

§ 1 Firma, Sitz

(1) Die Firma der Gesellschaft lautet: Weber Metallbau GmbH

(2) Sitz der Gesellschaft ist: 86169 Augsburg, Alfred-Nobel-Str. 8

§ 2 Gegenstand des Unternehmens

(1) Gegenstand des Unternehmens ist die Fertigung und Montage von Brandschutztüren, Fassadenbau aus Stahl und Glas, Geländer- und Treppenbau, Wintergärten und Gewächshäusern sowie im Nebenprogramm Arbeitstische und Metallzäune.

(2) Die Gesellschaft darf Zweigniederlassungen errichten, sich an anderen Unternehmen beteiligen sowie andere Unternehmen gründen.

§ 3 Dauer der Gesellschaft

(1) Die Gesellschaft wird auf unbestimmte Dauer errichtet.

§ 4 Stammkapital, Stammeinlagen

(1) Das Stammkapital der Gesellschaft beträgt 750 000,00 EUR.

(2) Auf das Stammkapital übernehmen als ihre Stammeinlagen:
    a) Hans-Jörg Weber: 400 000,00 EUR Nennbetrag
    b) Dr. Klaus Junginger: 350 000,00 EUR Nennbetrag

§ 5 Geschäftsführer
(1) Die Gesellschaft hat einen oder mehrere Geschäftsführer.
(2) Die Bestellung und Abberufung von Geschäftsführern sowie deren Befreiung vom Wettbewerbsverbot erfolgt durch Gesellschafterbeschluss.

§ 6 Vertretung der Gesellschaft
(1) Ein alleiniger Geschäftsführer vertritt die Gesellschaft allein.
(2) Sind mehrere Geschäftsführer bestellt, so wird die Gesellschaft durch zwei Geschäftsführer gemeinsam vertreten oder durch einen Geschäftsführer in Gemeinschaft mit einem Prokuristen.

§ 7 Geschäftsführung
(1) Die Führung der Geschäfte der Gesellschaft steht mehreren Geschäftsführern gemeinschaftlich zu, sofern nicht durch Gesellschafterbeschluss etwas anderes bestimmt wird.
(2) Im Verhältnis zur Gesellschaft ist jeder Geschäftsführer verpflichtet, die Geschäftsführungsbeschränkungen einzuhalten, welche durch Gesetz, Gesellschaftsvertrag, Geschäftsführeranstellungsvertrag und Gesellschafterbeschlüsse festgesetzt sind oder werden.
(3) Geschäfte, die über den gewöhnlichen Betrieb der Gesellschaft hinausgehen, bedürfen der vorherigen Zustimmung durch Gesellschafterbeschluss.

§ 8 Gesellschafterbeschlüsse
(1) Jede 50,00 EUR Nennbetrag eines Geschäftsanteils gewähren eine Stimme.
(2) Sämtliche Gesellschafterbeschlüsse sind zu protokollieren.
(3) Das Protokoll ist von den Geschäftsführern zu unterzeichnen.
(4) Die Gesellschafter erhalten Abschriften.

§ 9 Geschäftsjahr und Jahresabschluss
(1) Geschäftsjahr ist das Kalenderjahr.
(2) Der Jahresabschluss ist von den Geschäftsführern in den ersten drei Monaten des Geschäftsjahres für das vergangene Geschäftsjahr aufzustellen.

§ 10 Gesellschafterveränderungen
(1) Das Ausscheiden eines Gesellschafters führt nicht zur Auflösung der Gesellschaft.
(2) Die verbleibenden Gesellschafter haben unverzüglich einen Beschluss zu den Modalitäten der Fortführung zu fassen.

§ 11 Wettbewerbsverbot
(1) Ein Gesellschafter darf ohne vorherigen zustimmenden Gesellschafterbeschluss in dem Geschäftsbereich des Gegenstandes der Gesellschaft keine Geschäfte machen.
(2) Das Verbot umfasst insbesondere auch direkte oder indirekte Beteiligung an Konkurrenzunternehmen oder deren Beratung.

§ 12 Schlussbestimmungen
(1) Bekanntmachungen der Gesellschaft werden im Bundesanzeiger veröffentlicht.
(2) Durch die Unwirksamkeit einzelner Bestimmungen dieses Vertrages wird die Wirksamkeit der übrigen Bestimmungen nicht berührt.

Augsburg, den 14. Juli 2005

Hans-Jörg Weber
Unterschrift des Gesellschafters

Dr. Wilfried Beißner
Unterschrift des Notars

Dr. Klaus Junginger
Unterschrift des Gesellschafters

3 Überblick über weitere im Industrie- und Gewerbepark angesiedelte Unternehmen (Auswahl)

Unternehmen	Unternehmenszweck	Unternehmenstyp
Augsburger Büromöbel AG Industriepark 5 86169 Augsburg	Büromöbel, insbesondere ■ Schreibtische, ■ Bürostühle, ■ Büroschränke. **Hinweis:** Weitere Informationen zum Unternehmensprofil finden Sie in den Merkur-Arbeitsheften 1659 und 1660!	Industrie
Stefan Osann e. Kfm. Industriepark 25 86169 Augsburg	■ Bürobedarf, ■ Computertechnik, ■ Drucker, ■ Kopiergeräte, ■ Business-Papier, ■ usw.	Handel
MicroTex Technologies GmbH Alfred-Nobel-Straße 42 86169 Augsburg	Hersteller technischer Garne.	Industrie
CLEAN-TEC OHG Alfred-Nobel-Straße 17 86169 Augsburg	Facility Management, insbesondere ■ Gebäude-, Fassaden- und Fensterreinigung, ■ Grünanlagenpflege, ■ Hausmeisterservice.	Dienstleister
Beauty Moments Emmy Reisacher e. Kfr. Neuwerk 10 86169 Augsburg	Kosmetikinstitut für Anti-Aging mit ■ Gesichtsbehandlung, ■ Sauerstofflifting, ■ Körper & Figur, ■ Wellnessmassagen.	Dienstleister

Kurzbeschreibung des Industrie- und Gewerbeparks Augsburg und seiner Unternehmen

Anlagen- und Maschinenbau AG Industriepark 18 86169 Augsburg	■ Saugbandbeschickung, ■ Roboter, ■ Stapelrollenbahnen, ■ Bandförderer.	Industrie
Kramer GmbH Neuwerk 21 86169 Augsburg	■ Lagerhaltung, ■ Transport, ■ Logistik.	Dienstleister
Motorenbau Anton Thomalla e. Kfm. Alfred-Nobel-Straße 24 86169 Augsburg	Herstellung von Motoren zum Betrieb von Blockheizkraftwerken.	Industrie
Stolz & Krug OHG Industriepark 10 86169 Augsburg	■ Reparatur, ■ An- und Verkauf von Kraftfahrzeugen samt Zubehör.	Handwerk
Sport-Burr KG Sportartikelfabrik Neuwerk 15 86169 Augsburg	Herstellung von Winter- und Sommersportgeräten: ■ Skier, ■ Snow-Swinger, ■ Skibobs, ■ Tennisschläger, ■ Nordic-Walking-Stöcke.	Industrie

Hinweis:

Die nachfolgenden Unternehmensdaten beschreiben die Ausgangssituation. Im Laufe der einzelnen Kapitel werden die Unternehmensdaten teilweise geändert, z. B. durch Aufnahme eines weiteren Gesellschafters.

Jahrgangsstufe 11

Lernbereich 1: Sich im Unternehmen orientieren und betriebliche Zielsetzungen überprüfen

1 Industriebetrieb als eine Organisation beschreiben, in der durch das Zusammenwirken der verschiedenen Funktionsbereiche die betrieblichen Produktionsfaktoren für eine Leistungserstellung kombiniert werden

LB 1 | **Handlungssituation 1:** Einen Industriebetrieb anhand seines Leistungsprozesses und seiner Verflechtung auf den Märkten darstellen und in einem Flyer präsentieren

Jährlich findet im Industriepark Augsburg im November ein Tag der offenen Tür statt, zu welchem die Geschäftspartner, die Bevölkerung, aber auch die Absolventen der umliegenden Schulen, FHs und Hochschulen eingeladen werden.

Der nächste Tag der offenen Tür ist vorzubereiten. Sie sind Assistent in der Geschäftsleitung für das Gewerbeparkmanagement. Die Besucher sollen über die Leistungsprozesse der im Gewerbepark angesiedelten Unternehmen informiert werden. Exemplarisch soll ein Industriebetrieb vorgestellt werden.

KOMPETENZORIENTIERTE ARBEITSAUFTRÄGE:

1. Bilden Sie Arbeitsgruppen und erstellen Sie einen Flyer, in welchem Sie einen Industriebetrieb Ihrer Region vorstellen. Gehen Sie dabei insbesondere darauf ein,
   - worin der jeweilige Leistungserstellungsprozess liegt und
   - auf welche Weise das Unternehmen mit den Märkten verflochten ist!

   Laden Sie gegebenenfalls, um Informationen zu erhalten, einen Mitarbeiter des Unternehmens ein und stellen ihm die zuvor in der Gruppe erarbeiteten Fragen.

2. Wählen Sie in jeder Gruppe einen Vertreter, der den erstellten Flyer vor der Klasse präsentiert und gegebenenfalls auf Anregungen oder Gegenargumente aus den übrigen Gruppen antwortet!

1.1 Begriff Unternehmen und die Leistung von Unternehmen

In der Regel bezieht ein Industriebetrieb von vorgelagerten Unternehmen eine Reihe von **Vorleistungen** (Werkstoffe verschiedener Art, Maschinen, Werkzeuge, Strom, Wasser, Erfindungen, Entwürfe, Dienstleistungen usw.).

Durch den **Einsatz der eigenen Leistung** (Arbeit, Betriebsmittel, Werkstoffe) verändert das Unternehmen die Vorleistungen so, dass sie für eine weitere Verwendung in der nachgelagerten Stufe geeignet sind. Das Ergebnis der eigenen Leistung sind **Sachgüter** (z. B. Lebensmittel, Kleidung, Fahrzeug) oder **Dienstleistungen** (z. B. Transporte, Beratung durch einen Rechtsanwalt), die anderen Unternehmen wiederum als „betriebliche Mittel" dienen oder aber unverändert dem menschlichen Bedarf (Konsum) zugeführt werden können. Die wirtschaftliche Leistung des Unternehmens – und damit auch seine Berechtigung – ergibt sich daraus, dass es Vorleistungen einem **neuen Zweck** zuführt.

- Ein **Unternehmen**[1] ist eine planvoll organisierte Wirtschaftseinheit, in der Güter und Dienstleistungen beschafft, erstellt und abgesetzt werden.
- Die **Leistung eines Unternehmens** besteht darin, durch **eigene Anstrengungen** die **Vorleistungen** für **weitere Zwecke** geeignet zu machen.

1.2 Betrieblicher Leistungserstellungsprozess am Beispiel des Industriebetriebs

(1) Begriff Industriebetrieb

Im **Industriebetrieb** werden in Fabrikform (arbeitsteilig) mithilfe von Betriebsmitteln,[2] Materialien[2] und menschlicher Arbeitskraft Sachgüter erstellt.

(2) Modell eines industriellen Sachleistungsprozesses

Beispiel:

Angenommen, eine Möbelfabrik stellt lediglich Labormöbel her.

Zu beschaffen sind (neben den bereits vorhandenen bebauten und unbebauten Grundstücken, Maschinen, Fördereinrichtungen und der Betriebs- und Geschäftsausstattung):

- **Rohstoffe:** Holz, Spanplatten, Kunststofffurniere;
- **Vorprodukte** (Fertigteile, Fremdbauteile): Scharniere, Schlösser;
- **Hilfsstoffe:** Lacke, Farben, Schrauben, Muttern, Nägel;
- **Betriebsstoffe:** Schmiermittel, Reinigungsmittel.

Außerdem sind die erforderlichen Mitarbeiter sowie die notwendigen Geldmittel, die zum Teil aus Erlösen (dem Umsatz), zum Teil aus Krediten und Beteiligungen bestehen, bereitzustellen.

Die Fertigerzeugnisse werden anschließend geprüft und bis zur Auslieferung in das Fertigerzeugnislager genommen.

---

1 Die Begriffe Unternehmen und Betrieb werden hier aus Vereinfachungsgründen gleichbedeutend (synonym) verwendet.
2 Vgl. hierzu S. 28.

1 Industriebetrieb als eine Organisation beschreiben, in der durch das Zusammenwirken der verschiedenen Funktionsbereiche die betrieblichen Produktionsfaktoren für eine Leistungserstellung kombiniert werden

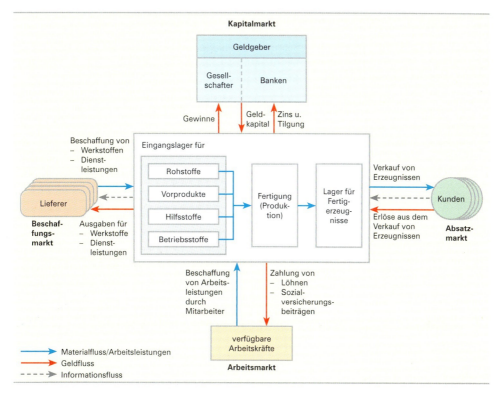

Erläuterungen:

Informationsfluss. Der Industriebetrieb bietet seine Güter und Dienstleistungen am Markt an. Er erhält daraufhin Anfragen, gibt Angebote ab und erhält so Aufträge.

Der Auftrag muss bearbeitet werden. Geht man von der Annahme aus, dass das Unternehmen nur aufgrund eines Kundenauftrags fertigt, dann müssen die Produktionsabläufe nach Eingang des Kundenauftrags geplant und gesteuert werden. Hierfür ist der Bezug von Gütern und/oder Dienstleistungen notwendig, welche beim Lieferer bestellt werden müssen.

Damit entsteht ein Informationsfluss vom Kunden über den eigenen Betrieb bis zum Lieferer.

Materialfluss. Die Lieferung der bestellten Werkstoffe löst einen Materialfluss vom Lieferer zum Kunden aus, denn die bezogenen Materialien werden verarbeitet, die entstandenen Teile und Baugruppen zu Enderzeugnissen montiert und für den Versand an den Kunden bereitgestellt. Der Materialfluss läuft dem Informationsfluss entgegen.

Geldfluss. Im Gegenzug für die Lieferung der Fertigerzeugnisse erhält das Unternehmen vom Kunden einen Geldfluss, und zwar in der Regel in Form von Einnahmen. Dieser Zufluss an Zahlungsmitteln wird benötigt, um die Ausgaben für die Leistungserstellung (z. B. Löhne, Energie, Materialverbrauch, Zinsen) und die Anlagegüter zu finanzieren. Damit entsteht ein Geldfluss vom Kunden zum Lieferer.

1.3 Betriebliche Produktionsfaktoren

Zur Herstellung der vorgegebenen Produkte muss sich zunächst jedes Unternehmen die erforderlichen betriebswirtschaftlichen Produktionsfaktoren beschaffen. Betriebliche Produktionsfaktoren sind:

(1) Menschliche Arbeitskraft

Zur Leistungserstellung bedarf es geistiger und körperlicher Anstrengungen der Menschen. Jedes Unternehmen benötigt somit Mitarbeiter, die Maschinen bedienen, Fahrzeuge führen oder Handarbeiten ausführen. Es handelt sich hierbei um **ausführende Arbeiten**.

Daneben bedarf es Mitarbeiter, die die betriebliche Leistungserstellung planen, entscheiden, anordnen, organisieren und kontrollieren. Man bezeichnet diese Form der Arbeit als **dispositive (leitende) Arbeit**.

(2) Betriebsmittel

Darunter werden die Gegenstände erfasst, mit deren Hilfe die Leistungen erstellt werden: Gebäude, Grundstücke, Maschinen, Werkzeuge usw. Neben diesen **materiellen**[1] **Betriebsmitteln** gibt es **Rechte (immaterielle**[1] **Betriebsmittel)** wie z. B. Lizenzen,[2] Markenzeichen, Miet- und Pachtverträge.

(3) Materialien (Werkstoffe)

Rohstoffe	Rohstoffe werden nach der Bearbeitung oder Verarbeitung wesentliche Bestandteile der Fertigerzeugnisse, z. B. Eisen und Stahl im Maschinenbau; Wolle und Baumwolle in der Textilindustrie.
Fremdbauteile (Vorprodukte)	Fremdbauteile sind zusammengesetzte Produkte von Vorlieferern, die zur Erstellung eigener Produkte benötigt werden, z. B. Schlösser in einer Möbelfabrik, Autositze für die Automobilindustrie, Elektromotoren in der Maschinenindustrie.
Hilfsstoffe	Dies sind Stoffe, die bei der Bearbeitung verbraucht werden, um das Erzeugnis herzustellen, die aber nicht als wesentliche Bestandteile der Fertigerzeugnisse zu betrachten sind, z. B. Farben in der Tapetenherstellung oder Lacke, Schrauben, Muttern, Nieten in der Automobilindustrie.
Betriebsstoffe	Sie dienen dazu, die Maschinen zu „betreiben", z. B. Schmierstoffe, Kühlmittel, Reinigungsmittel. Sie gehen nicht in das fertige Produkt ein.
Handelswaren	Sie sind fertige Waren, die der Industriebetrieb bezieht und unverändert weiterverkauft, z. B. ein Automobilhersteller führt Dach- und Gepäckträgersysteme in seinem Programm.

---

1 **Materiell**: stofflich, körperlich.
  Immateriell: unstofflich, geistig.

2 **Lizenz** ist das Recht, ein Patent zu verwerten.

1 Industriebetrieb als eine Organisation beschreiben, in der durch das Zusammenwirken der verschiedenen Funktionsbereiche die betrieblichen Produktionsfaktoren für eine Leistungserstellung kombiniert werden

1.4 Funktionsbereiche eines Industriebetriebs

Betriebswirtschaftlich kann ein Industriebetrieb in **Grundfunktionsbereiche** (Grundaufgabenbereiche) und in **Unterstützungsfunktionsbereiche** (Unterstützungsaufgabenbereiche) unterteilt werden.

(1) Grundfunktionsbereiche

Als Grundfunktionsbereiche bezeichnet man die Aufgabenbereiche, die für einen Industriebetrieb charakteristisch (unverzichtbar) sind.

Materialwirtschaft	Produktionswirtschaft	Absatzwirtschaft
Um fertigen (produzieren) zu können, braucht der Industriebetrieb vor allem Materialien und Maschinen. Den Grundfunktionsbereich, der die Materialien beschafft, verwaltet und an die Produktionswirtschaft weiterleitet, bezeichnet man als **Materialwirtschaft**.	Charakteristisch für einen Industriebetrieb ist, Erzeugnisse zu fertigen. Den Grundfunktionsbereich, der die Fertigung zu organisieren hat, bezeichnet man als **Produktionswirtschaft**.	Produktions- und Materialwirtschaft sind nicht Selbstzweck. Erzeugnisse müssen abgesetzt, d.h. verkauft werden. Die dritte Grundfunktion des Industriebetriebs ist somit die **Absatzwirtschaft**.

(2) Unterstützungsfunktionsbereiche

Die Unterstützungsfunktionsbereiche erbringen Leistungen, die die Bewältigung der Grundfunktionen teilweise erst ermöglichen oder aber erleichtern bzw. optimieren und somit das ganze Unternehmen betreffen.

Zu den wichtigsten Unterstützungsfunktionsbereichen gehören:

Finanzwirtschaft	Sie lässt sich in die Bereiche Finanzierung und Investition unterteilen. ■ **Finanzierung** ist die Bereitstellung von finanziellen Mitteln zur Durchführung des betrieblichen Leistungserstellungsprozesses sowie aller sonstiger finanzieller Vorgänge (z. B. Unternehmensgründung). ■ Eine **Investition** liegt vor, wenn größere Beträge für einzelne Vermögensgegenstände (z. B. Grundstücke, Maschinen) aufgewendet werden und das Kapital längerfristig gebunden ist.
Personalwirtschaft	Sie umfasst alle Aufgaben, die sich mit der Arbeit von Personen in einem Unternehmen befassen. Zu den Aufgaben der Personalwirtschaft gehört u. a. die Personalbedarfsplanung und Personalführung. ■ Die **Personalbedarfsplanung** ermittelt die Anzahl und die Qualifikation der Mitarbeiter, die das Unternehmen in absehbarer Zeit benötigt. ■ Die **Personalführung** gibt Anweisungen, koordiniert und überwacht die Arbeit der Mitarbeiter, informiert, instruiert[1] und motiviert.

1 **Instruieren:** unterweisen, anleiten.

Rechnungswesen	Es erfasst die betrieblichen Prozesse eines Unternehmens und stellt die Ergebnisse der Geschäftsleitung zur Auswertung zur Verfügung. Nach dem Informationsempfänger unterscheidet man zwischen internem Rechnungswesen und externem Rechnungswesen. ■ Das **interne Rechnungswesen** umfasst die Kosten- und Leistungsrechnung, die Betriebsstatistik und die Planungsrechnung. Interne Informationsempfänger sind z. B. Geschäftsführer, Abteilungsleiter, Mitarbeiter und Betriebsrat. ■ Das **externe Rechnungswesen** umfasst die Buchführung und die Jahresabschlussrechnung. Externe Informationsempfänger sind z. B. Gesellschafter, Steuerbehörden, Banken und Gerichte.
Controlling	■ **Generelle Aufgabe des Controllings** ist es, die Geschäftsleitung bei der Steuerung des Unternehmens durch Beschaffung und Aufbereitung von Informationen, durch Koordinieren, Analysieren und Kontrollieren zu unterstützen, um die Unternehmensziele optimal erreichen zu können. ■ Die **speziellen Aufgaben des Controllings** betreffen insbesondere die Planungs- und Kontrollrechnung, das Rechnungswesen als Dokumentationsrechnung, die Erstellung ergebnisorientierter Informationen sowie Organisationsfragen.

Die Unterstützungsfunktionsbereiche haben eine **Querschnittsfunktion,** was besagt, dass die einzelnen Unterstützungsfunktionsbereiche jeweils **allen Grundfunktionsbereichen** zuarbeiten. So regelt beispielsweise die Personalwirtschaft im Einvernehmen mit der Geschäftsleitung jeweils alle Personalentscheidungen.

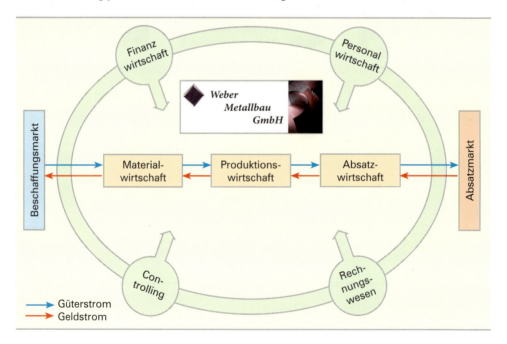

1 Industriebetrieb als eine Organisation beschreiben, in der durch das Zusammenwirken der verschiedenen Funktionsbereiche die betrieblichen Produktionsfaktoren für eine Leistungserstellung kombiniert werden

(3) Unternehmensführung

Die Gestaltung und Lenkung aller Grund- und Unterstützungsfunktionsbereiche obliegt grundsätzlich der Unternehmensführung. Je nach Unternehmensart und -größe sind die einzelnen Grund- bzw. Unterstützungsfunktionsbereiche institutionalisiert (z. B. zu Bereichen oder Abteilungen) und werden von Führungskräften[1] (Managern) geleitet. Bei den Führungskräften handelt es sich um Personen, die mit verschiedenen Aufgaben, Kompetenzen[2] und Verantwortlichkeiten ausgestattet sind und auf unterschiedlichen hierarchischen[3] Stufen angesiedelt sind. An der Spitze sind dies die Eigentümerunternehmer oder die Geschäftsführer bzw. Vorstandsmitglieder. Die Führungskräfte der Haupt- bzw. Unterstützungsfunktionsbereiche haben, je nach hierarchischer Stellung z. B. die Bezeichnungen Bereichs- bzw. Werksdirektoren, Abteilungsleiter bzw. Meister, Gruppenführer bzw. Vorarbeiter.

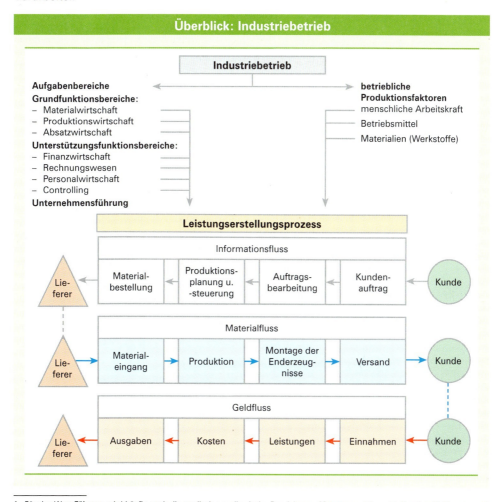

---

1 Für das Wort **Führung** wird häufig auch die englisch-amerikanische Bezeichnung **Management** benutzt. Der Begriff Management wird als Tätigkeit im Sinne des Managens oder als Bezeichnung für eine Institution (z. B. Bereich, Abteilung) verwendet.
2 **Kompetenz** (lat.): Zuständigkeit, Befugnis.
3 **Hierarchie** (griech.): strenge Rangordnung.

Lernbereich 1: Sich im Unternehmen orientieren und betriebliche Zielsetzungen überprüfen

Kompetenztraining

1 Abgrenzung Unternehmen und Industrieunternehmen, Vernetzung des Industrieunternehmens

1. Unternehmen und Industrieunternehmen stehen zueinander im Verhältnis eines Ober- zu einem Unterbegriff. Erläutern Sie, was die Begriffe gemeinsam haben und worin der Unterschied liegt!

2. Erläutern Sie die Begriffe Materialfluss, Geldfluss und Informationsfluss!

3. Ordnen Sie folgende Ereignisse jeweils der richtigen Art des Flusses zu!

Nr.	Ereignis	Art des Flusses
3.1	Kunde erhält von uns ein Angebot	
3.2	Kunde schickt uns einen Auftrag	
3.3	Wir richten eine Anfrage an einen Lieferer	
3.4	Lieferer schickt uns Rohmaterial zusammen mit Lieferschein	
3.5	Werkstoffe werden gegen Materialentnahmeschein dem Lager entnommen	
3.6	Auf unserem Bankkonto wird uns eine Lastschrift des Lieferers belastet	

2 Funktionsbereiche eines Unternehmens

Ordnen Sie die folgenden Tätigkeiten den betrieblichen Grundfunktionsbereichen der Weber Metallbau GmbH zu. Übertragen Sie dazu das Schaubild von S. 30 und ergänzen Sie die Tätigkeiten an den entsprechenden Stellen!

1. Die Weber Metallbau GmbH benötigt für einen Kundenauftrag von einem Lieferanten Isolierglas für den Fassadenbereich.

2. Das Unternehmen plant für das Produkt „Wintergarten" die Schaltung von Werbeanzeigen in regionalen Zeitungen.

3. Für einen Kundenauftrag wird die Fertigung von 20 Brandschutztüren veranlasst.

4. Für den Transport der fertiggestellten 20 Brandschutztüren wird eine Spedition beauftragt.

5. Ein Kunde reklamiert eine fehlerhafte Brandschutztür.

6. Die Weber Metallbau GmbH erhält einen Großauftrag im Fassadenbau. Hierfür werden Bleche benötigt. Um den preisgünstigsten Lieferanten zu ermitteln, führt das Unternehmen einen Angebotsvergleich durch.

7. Im kommenden Jahr möchte die Weber Metallbau GmbH ein um 20 % leichteres Modell bei den Brandschutztüren auf den Markt bringen. Die ersten Probemodelle der neuen Brandschutztür wurden bereits erfolgreich getestet.

2 Unternehmensziele und deren Beziehungen identifizieren und in Zielkonflikten begründete Prioritäten[1] setzen

LB 1 Handlungssituation 2: Unternehmensziele ableiten

Die MicroTex Technologies GmbH, Hersteller technischer Garne, Alfred-Nobel-Str. 42, 86169 Augsburg, hat folgendes Unternehmensleitbild formuliert (Auszüge):

1. Was wir sind

Wir sind ein mittelständisches Traditionsunternehmen, das seit 1860 besteht. In der Produktion von Baumwollgarnen, Viskosegarnen, Acrylgarnen und Chenille-Zwirn besitzen wir Weltruf. Es ist unsere Absicht, diesen Ruf im Interesse unserer Kunden und Mitarbeiter weiter auszubauen.

Für die Herstellung unserer Garne haben wir hohes handwerkliches Know-how. Dieses handwerkliche Können werden wir auch in Zukunft durch weitere industrielle Fertigungsprozesse ergänzen, um den Ausbau unserer Marktstellung zu festigen.

2. Was wir wollen

In der Zukunft können wir nur erfolgreich sein, wenn wir unser Wissen und unsere Erfahrungen ständig verbessern.

Wir wollen mit unseren Produkten (unseren Erzeugnissen und Dienstleistungen) ein führender Markenhersteller sein.

Wir bauen unsere Marktstellung auf traditionellen Märkten aus. Auf neue Märkte gehen wir nur, wenn dies mit unserer Unternehmensphilosophie übereinstimmt.

3. Unser Kundenverständnis

Unser Unternehmen lebt von den Aufträgen unserer Kunden. Wir sind uns bewusst, dass unsere Angebote erst dann zu lohnenden Aufträgen werden, wenn wir die Bedürfnisse der Kunden besser befriedigen als unsere Mitbewerber.

Die Bedürfnisse unserer Zielgruppen zu ergründen und Maßnahmen zu ihrer Befriedigung zu ergreifen ist deshalb eine unserer Hauptaufgaben.

Unser Streben nach absolut fehlerfreier Qualität soll Kundenreklamationen überflüssig machen. Mögliche Mängelrügen unserer Kunden wollen wir großzügig und kulant behandeln.

4. Unternehmenswachstum

Wir wollen schneller wachsen als die Mitbewerber. Eine Ausweitung der Produktpalette soll nur erfolgen, wenn Exklusivität und höchste Qualität gegeben sind.

Kooperationen[2] gehen wir ein, wenn nachstehende Faktoren zutreffen:
- *Es können Lösungen angeboten werden, mit denen die Bedürfnisse der Kunden noch besser befriedigt werden können.*
- *Es eröffnen sich neue Wachstumsmöglichkeiten.*
- *Es ergeben sich kostengünstigere Produktions- und Vertriebsstrukturen.*
- *Es bietet sich der Zugang zu neuem Know-how.*
- *Die finanzielle Basis unseres Unternehmens kann verbreitert werden.*

---

1 **Priorität**: Vorrang, Vorzugsrecht.
2 **Kooperation** ist jede Zusammenarbeit zwischen Unternehmen. Diese kann auf der einen Seite in sehr lockerer Form geschehen, auf der anderen Seite bis hin zum Aufkauf eines Unternehmens durch ein anderes führen.

Lernbereich 1: Sich im Unternehmen orientieren und betriebliche Zielsetzungen überprüfen

5. Personalpolitik

Unsere Personalpolitik beruht auf der Überzeugung, dass ein Unternehmen nur so gut wie seine Mitarbeiter ist. Sind diese engagiert, flexibel, sachkundig und erfolgreich, dann ist auch das ganze Unternehmen leistungsfähig und erfolgreich.

Unsere Mitarbeiter haben am Erfolg des Unternehmens teil. Ihr Arbeitsplatz soll aufgrund ihrer Leistungen sicher sein. Der Arbeitsplatz ist ansprechend zu gestalten und er darf keine Gefährdung für die Arbeitskraft darstellen. Die individuellen Leistungen sind anzuerkennen.

Für uns gelten folgende Führungsgrundsätze:

- *Alle Mitarbeiter haben die gleichen Entwicklungs- und Beförderungschancen.*
- *Durch Aus- und Weiterbildung wollen wir die Qualifikation unserer Mitarbeiter erhöhen.*
- *Wir stellen laufend Überlegungen an, wie die Arbeitsbedingungen einschließlich des Betriebsklimas verbessert werden können.*
- *In unserem Unternehmen praktizieren wir einen kooperativen Führungsstil.*[1]
- *Die Besetzung neuer Stellen wollen wir vorzugsweise aus den eigenen Reihen, d. h. betriebsintern vornehmen.*

6. Gesellschaftliche Verantwortung

Der Nutzen unseres Angebots besteht darin, dass wir unseren Kunden ihre Arbeit erleichtern und sicherer machen.

Wir betrachten uns als Teil der Gemeinde, in der wir produzieren und mit der wir uns eng verbunden fühlen.

Als Bürger ihrer Gemeinde können und sollen unsere Mitarbeiter z. B. in Vereinen, Kirchen, Parteien, Schulen, städtischen und karitativen Einrichtungen mitwirken.

Gegenüber unseren Kunden, Lieferern, Kreditgebern und Mitbewerbern verhalten wir uns fair. Unsere Zulieferer müssen eine Chance haben, ihrerseits Gewinne zu erzielen.

7. Verantwortung gegenüber der natürlichen Umwelt

Produktionsbedingte Belastungen der Umwelt mit Lärm, Abgasen und Abwasser müssen durch entsprechende Maßnahmen auf dem niedrigstmöglichen Niveau gehalten werden.

Wir streben einen integrierten[2] *Umweltschutz an, d. h., der Umweltschutz umfasst alle Vor- und Folgestufen des gesamten Produktionsprozesses – von der Beschaffung, der Lagerung, der Herstellung, dem Verkauf, der Distribution*[3] *bis zur Entsorgung der Abfälle.*

Alle wiederverwertbaren Abfälle vom Papier in den Büros bis hin zum Schrott in den Werkstätten werden gesondert gesammelt und in eigene oder fremde Produktionsprozesse zurückgeführt (Recycling).

Jedes Belegschaftsmitglied ist sich bewusst, dass der Umweltschutz bereits vor dem Beginn des Produktionsprozesses beginnt und während des gesamten Produktionsprozesses zu beachten ist.

Wir wollen durch Vermeidungsstrategien mögliche Nachsorgestrategien überflüssig machen.

8. Verpflichtung gegenüber unseren Gesellschaftern

Unser oberstes Ziel ist die Erhaltung und Weiterentwicklung unseres Unternehmens, um die Arbeitsplätze zu sichern und das eingesetzte Kapital zu erhalten und zu mehren. Dieses Ziel kann nur erreicht werden, wenn das Unternehmen einen ausreichenden Gewinn erwirtschaftet.

---

[1] Ein **kooperativer Führungsstil** liegt vor, wenn ein steter Informationsaustausch (Kommunikationsprozess) zwischen den vorgesetzten Personen und ihren Mitarbeiterinnen und Mitarbeitern stattfindet.

[2] **Integrieren** (lat.): einbeziehen, einbauen, in ein übergeordnetes Ganzes aufnehmen.

[3] **Distribution** (lat.): Verteilung. In der Betriebswirtschaftslehre ist unter Distribution die Verteilung der Güter, d. h. die Art und Weise zu verstehen, wie die Verteilung der Güter nach ihrer Fertig- oder Bereitstellung zum Abnehmer vorgenommen wird.

Der Gewinn muss so groß sein, dass die zur Erreichung der Unternehmensziele erforderlichen Ersatz- und Erneuerungsinvestitionen durchgeführt werden können und das Eigenkapital eine angemessene Verzinsung erhält.

Wir streben eine Vermehrung des Eigenkapitals an, um den Kreditbedarf und damit die Zins- und Tilgungsleistungen zu senken.

Als mittelständisches Unternehmen wollen wir keine Risiken eingehen, die die Existenz des Unternehmens gefährden können.

KOMPETENZORIENTIERTER ARBEITSAUFTRAG:

Arbeiten Sie in Partnerarbeit heraus, welche Unternehmensziele (z. B. ökonomische, ökologische, ethisch-soziale Ziele) sich aus dem Unternehmensleitbild ableiten lassen! Nennen Sie in Ihrer Antwort die Punkte, auf die sie sich beziehen!

2.1 Unternehmensleitbild

Das **Unternehmensleitbild** formuliert die Grundwerte und Überzeugungen, Verhaltensregeln, Standards und Symbole eines Unternehmens.

Elemente	Erläuterungen	Beispiele
Grundwerte und Überzeugungen (Wozu gibt es uns?)	Sie fragen nach dem **„Warum"** des unternehmerischen Handelns und geben dem Unternehmen Orientierung.	„Mit unseren Produkten wollen wir stets Pioniere sein – dem Markt weit voraus. Wir glauben, dass es besser ist, der Öffentlichkeit neue Produkte vorzuführen, als sie zu fragen, was für Produkte sie gerne hätte."
Verhaltensregeln (Was wollen wir erreichen?)	Sie sollen dafür sorgen, dass alle Beteiligten des Unternehmens sich entsprechend den **Grundwerten und Überzeugungen** verhalten.	„Wir liefern nur Erzeugnisse mit maximaler Qualität aus und gehen hierfür keine Kompromisse ein."
Standards und Symbole[1] (Welches sind unverwechselbare Elemente unseres Handelns?)	Es handelt sich um unternehmenstypische Erkennungszeichen bezüglich **Verhalten, Kommunikation** und **Erscheinungsbild**.	**Verhalten:** Es wird eine kundenorientierte Produktberatung durchgeführt. **Kommunikation:** Die Produkte werden ausschließlich über das eigene Filialnetz verkauft und ausgeliefert. **Erscheinungsbild:** Es wird ein einheitliches Firmenlogo verwendet.

---

1 **Symbol**: Kennzeichen.

2.2 Unternehmensziele

2.2.1 Begriff Unternehmensziele

Die Unternehmensziele leiten sich aus dem Unternehmensleitbild ab. Sie geben der Unternehmensleitung, den Bereichsleitern, den Abteilungsleitern und den Mitarbeitern eine Orientierung für die Steuerung und Kontrolle der betrieblichen Prozesse. Damit diese Orientierung zweifelsfrei möglich ist, sind die Unternehmensziele **eindeutig zu formulieren** und **verbindlich festzulegen**.

Wenn ein Seemann nicht weiß, welches Ufer er ansteuern muß, dann ist kein Wind der richtige.
Lucius Annaeus Seneca, 4 v. Chr. bis 65 n. Chr., röm. Philosoph und Dichter

Wer das Ziel kennt, kann entscheiden; wer entscheidet, findet Ruhe; wer Ruhe findet, ist sicher; wer sicher ist, kann überlegen; wer überlegt, kann verbessern.
Konfuzius, 551–479 v. Chr., chin. Philosoph

 Unternehmensziele beschreiben einen zukünftigen, erstrebenswerten Zustand des Unternehmens, den der zuständige Entscheidungsträger anzustreben hat.

2.2.2 Gliederung der Unternehmensziele nach dem angestrebten Erfolg des Unternehmens

Die Ziele der Unternehmen nach dem angestrebten Erfolg sind dreifacher Art: Zum einen möchten die Unternehmen einen Erfolg erzielen **(ökonomische Ziele)**, zum anderen tragen die Unternehmen Verantwortung gegenüber ihren Mitarbeitern **(ethisch[1]-soziale Ziele)** und gegenüber der Umwelt **(ökologische Ziele)**.

2.2.2.1 Ökonomische (wirtschaftliche) Ziele

Die ökonomischen Ziele von privaten und öffentlichen Unternehmen sind vielfältig. Im Folgenden werden beispielhaft wichtige ökonomische Zielsetzungen stichwortartig vorgestellt.

---

1 **Ethik**: Lehre vom sittlichen Wollen und Handeln des Menschen in verschiedenen Lebenslagen.

Langfristige Gewinn-maximierung	Maximaler Gewinn heißt, die größtmögliche Differenz zwischen Umsatzerlösen und Kosten anzustreben. Gleichzusetzen mit der Gewinnerzielung ist die **Steigerung des Eigenkapitalwertes** des Unternehmens. Im Mittelpunkt dieser Zielsetzung steht die **Interessenlage des Eigenkapitalgebers**. Begründet wird diese Zielsetzung mit dem Hinweis, dass die Eigenkapitalgeber das volle Verlustübernahmerisiko tragen, da die Fremdkapitalgeber in der Regel ihre Forderungen absichern.
Umsatz-maximierung	Umsatzsteigerungen werden durch die Stärkung der eigenen Wettbewerbsposition und Verdrängung der Konkurrenten vom Markt erreicht.
Streben nach Marktmacht	Insbesondere etablierte[1] Unternehmen schützen sich durch den Aufbau hoher Markteintrittsbarrieren vor neuen Anbietern, z. B. durch aggressive Preispolitik. Ein Existenzgründer muss entweder eine völlig neue Geschäftsidee haben, gleich „groß" ins Geschäft einsteigen oder einen Kostennachteil hinnehmen.
Sicherung der Liquidität (Zahlungsfähigkeit)	Die Preispolitik soll die jederzeitige Zahlungsfähigkeit des Unternehmens erhalten.
Streben nach einem hohen Qualitätsstandard	Der Erreichung dieses Zieles dienen Ausgaben für Forschung und Entwicklung sowie ein umfangreiches Qualitätsmanagement.
Kundenzufriedenheit	Kundenorientierung und die damit verbundene Kundenzufriedenheit wird u. a. durch intensive Marktforschung erreicht. Das Halten auch ertragsschwacher Produkte im Produktprogramm erhöht außerdem die Kundentreue.
Mitarbeiterzufriedenheit	Die Mitarbeiterzufriedenheit soll insbesondere durch Förderung und Weiterbildung der Mitarbeiter, durch Übergabe von Verantwortung sowie durch Maßnahmen zur Arbeitsplatzsicherung erreicht werden.

2.2.2.2 Ökologische[2] Ziele

Alle menschlichen Handlungen beeinflussen das Ökosystem und somit auch wirtschaftliche Aktivitäten. Wirtschaft und Umwelt sind zwei Seiten einer Medaille. In der Vergangenheit sind sie lange zu Unrecht als Gegensätze gedacht worden. Ökologie und Ökonomie gehören jedoch zusammen. Eine gesunde Umwelt und der schonende Umgang mit den natürlichen Ressourcen sind Voraussetzung für eine langfristig stabile wirtschaftliche und soziale Entwicklung. Neben dem Staat tragen auch die Unternehmen Verantwortung für eine nachhaltige, umweltgerechte Entwicklung. Das dokumentieren die Unternehmen z. B. durch ihr Engagement für Klimaschutz. Nachhaltiges Wirtschaften wird zunehmend zum strategischen Unternehmensziel.

Im Folgenden werden beispielhaft wichtige ökologische Zielsetzungen stichwortartig vorgestellt.

---

1 **Etablieren**: festsetzen, einen sicheren Platz gewinnen.
2 Die **Ökologie** ist die Wissenschaft von den Wechselwirkungen zwischen den Lebewesen untereinander und ihren Beziehungen zur übrigen Umwelt.

Lernbereich 1: Sich im Unternehmen orientieren und betriebliche Zielsetzungen überprüfen

- Eine **nachhaltige Abfallwirtschaft** beinhaltet die Schonung der natürlichen Ressourcen und damit auch eine Verminderung von Emissionen.[1] Dabei gilt folgende Reihenfolge:

1. Abfallvermeidung	Durch die Vermeidung von Abfällen trägt das Unternehmen wirksam zum Schutz der Umwelt bei. Abfälle können z. B. im Produktionsverfahren oder durch eine abfallarme Produktgestaltung vermieden werden. Ohne Abfälle entstehen z. B. keine umweltschädlichen Belastungen der Lebewesen und deren Umwelt durch Schadstoffemissionen.
2. Wiederverwendung	Die Produkte werden für den gleichen Verwendungszweck mehrfach genutzt (z. B. Pfandflaschen) bzw. für andere Verwendungszwecke verwendet (z. B. Senfgläser werden als Trinkgläser weiterverwendet).
3. Recycling	Eine wirksame umweltorientierte Recyclingpolitik der Unternehmen zielt darauf ab, nicht vermeidbare Abfälle zu verwerten und recycelbare Produkte herzustellen (z. B. Pflastersteine aus Kunststoffabfällen).
4. Sonstige Verwertung (energetische Verwertung und Verfüllung)	Nicht recycelbare Abfallstoffe können z. B. zur Energiegewinnung in Müllkraftwerken oder zur Verfüllung von Kiesgruben u. Ä. verwendet werden.
5. Entsorgung	Unvermeidbare Produktionsabfälle, die nicht verwertet werden können, sollen durch das Unternehmen umweltgerecht entsorgt werden.

- Eine **nachhaltige Reduzierung von CO_2-Emissionen** im Produktionsprozess und in der Beschaffung sowie die Senkung der Lärmbelästigung stellen wichtige ökologische Ziele für die Unternehmen dar.

Verminderung von Produktionsemissionen	Mit dem Einsatz modernster Technologien im Produktionsprozess wird der Schadstoffausstoß vermindert.
Nutzung erneuerbarer Energien	Die Nutzung erneuerbarer Energiequellen (Wind, Sonne, Wasser, Biomasse) vermindern den CO_2-Ausstoß der Unternehmen entscheidend.
Einsatz umweltfreundlicher Transportmittel	Im Bereich der Beschaffung wird auf eine ökologisch orientierte Zulieferung geachtet und es werden umweltfreundliche Transportmittel eingesetzt.
Reduzierung von Lärmbelastungen	Der Einsatz von z. B. lärmarmen Maschinen und bautechnischer Lärmschutz an Gebäuden führen zur Reduzierung der Lärmbelastung.

2.2.2.3 Ethisch-soziale Ziele

Neben wirtschaftlichen und ökologischen Zielen verfolgen die Unternehmen auch ethisch-soziale Ziele. Von ethisch-sozialen Zielen wird dann gesprochen, wenn ein Unternehmen zum einen die Arbeitsplatzerhaltung in den Mittelpunkt seiner Unternehmenspolitik stellt und zum anderen seinen Mitarbeitern freiwillige Sozialleistungen gewährt.

---

[1] **Emission** (emittere [lat.]) bedeutet so viel wie Aussendung, Freilassung, Ausströmen z. B. von luft- und wasserverunreinigenden Stoffen (z. B. Chemikalien, Stäube usw.). Die auf die Umwelt (z. B. Menschen, Tiere, Pflanzen) einwirkenden (eindringenden) oder dort bereits vorhandenen Schadstoffkonzentrationen werden **Immissionen** genannt.

Durch die Zahlung von freiwilligen Sozialleistungen möchte das Unternehmen insbesondere das Folgende erreichen:

- **Wirtschaftliche Besserstellung der Arbeitnehmer** (z. B. Urlaubsgeld, Wohnungshilfe, Zuschüsse zur Werkskantine, Jubiläumsgeschenke).
- **Ausgleich familiärer Belastungsunterschiede** (z. B. Familienzulage, Geburts- und Heiratsbeihilfen).
- **Altersabsicherung und Absicherung gegen Risiken des Lebens** (z. B. Pensionszahlungen, Krankheitsbeihilfen, Beihilfe zur Rehabilitation).
- **Förderung geistiger und sportlicher Interessen** (z. B. Werksbücherei, Kurse zur Weiterbildung, Sportanlagen).

2.2.3 Formulierung von Unternehmenszielen

Die Zielformel **SMART** fasst komplett und einprägsam zusammen, welche Eigenschaften Unternehmensziele haben sollen. Jeder Buchstabe steht für eine bestimmte Eigenschaft.

	Kriterien	Erläuterungen	Kontrollfragen
S	spezifisch, simpel	Das Ziel soll genau beschrieben, einfach formuliert und für alle nachvollziehbar sein.	▪ Was genau soll erreicht werden? ▪ Welche Eigenschaften werden angestrebt? ▪ Wo soll das Ziel erreicht werden? ▪ Wer ist beteiligt?
M	messbar	Festgelegte Kennzahlen müssen es erlauben, dass die Erreichung des Ziels gemessen werden kann.	▪ Woran kann die Zielerreichung gemessen werden? ▪ Wann weiß das Unternehmen, dass das Ziel erreicht wurde?
A	akzeptiert	Das formulierte Ziel muss übereinstimmen mit den Wertvorstellungen des Unternehmensleitbildes.	▪ Wird das Ziel von den Beteiligten akzeptiert?
R	realistisch	Das Ziel darf nicht utopisch und damit demotivierend sein. Vielmehr benötigen die Mitarbeiter das Gefühl, dass das Ziel erreichbar ist.	▪ Ist das gewünschte Ziel erreichbar?
T	terminiert	Der Zeithorizont, in welchem das Ziel zu erreichen ist, muss festgelegt sein.	▪ Bis wann soll das Ziel erreicht werden? ▪ In welchem Zeitrahmen soll das Ziel erreicht werden?

Beispiel: Zielformulierung nach SMART bei der Sport-Burr KG

Die Geschäftsführung der Sportartikelfabrik Sport-Burr KG beschließt: Für die Rubrik „Steigerung der Unternehmenswerte" soll das jährliche Umsatzwachstum bei 3 % liegen. Eine Analyse des Marktforschungsinstituts M+K bescheinigt, dass das Marktpotenzial dafür vorhanden ist.

Aufgabe:
Formulieren Sie das Unternehmensziel zur Rubrik „Steigerung der Unternehmenswerte" nach der SMART-Zielformel!

Lösung:

Mithilfe der Zielformel SMART lässt sich das Unternehmensziel für die Sport-Burr KG folgendermaßen formulieren:

Ziele, die in dieser Form präzisiert sind, bezeichnet man als **operationalisierte Ziele.**[1]

2.2.4 Zielharmonie und Zielkonflikte zwischen den Unternehmenszielen

(1) Allgemein

- **Zielharmonie:** Die Förderung eines Ziels begünstigt zugleich die Förderung eines oder mehrerer anderer Ziele.
- **Zielkonflikt:** Die Verfolgung eines Ziels beeinträchtigt oder verhindert die Erreichung eines oder mehrerer anderer Ziele.

(2) Zielharmonie

- **Zielharmonie am Beispiel ökologischer und ökonomischer Unternehmensziele**

Bisherige Untersuchungen zeigen weitgehend übereinstimmend, dass zumindest in den größeren von Umweltproblemen besonders betroffenen Unternehmen (Branchen) zwischen den **ökologischen** und **ökonomischen Unternehmenszielen** grundsätzlich eine sich gegenseitig ergänzende, fördernde Zielbeziehung **(Zielharmonie)** besteht.

Dies ist deshalb der Fall, weil gerade der Umweltschutz vielfältige Innovationsmöglichkeiten (z. B. Entwicklung und Anwendung umweltschonender Rohstoffe, Entwicklung einer Technologie für erneuerbare Energien) bietet.

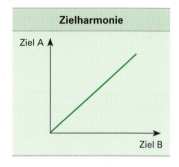

In dem Ausmaß, in dem es den Unternehmen gelingt, ihre Umweltschutzziele zu verwirklichen, erhöht sich z. B. auch deren Umsatz, ihr Umsatzanteil am gesamten Markt, ihre Marktmacht, ihr langfristiger Gewinn und das Produkt- und Firmenimage in der Öffentlichkeit. Dadurch werden die Unternehmensexistenz und die Arbeitsplätze gesichert, neue Arbeitsplätze geschaffen sowie die Wettbewerbsfähigkeit verbessert.

---

1 **Operationalisieren:** Begriffe präzisieren.

■ Zielharmonie am Beispiel ökonomischer und ethisch-sozialer Unternehmensziele

Ein Beispiel für Zielharmonie zwischen ökonomischen und ethisch-sozialen Zielen ist das konjunkturelle Kurzarbeitergeld (Kug).[1] Angesichts einer globalen Wirtschaftskrise und sinkender Absatzzahlen bestünde die übliche Reaktion der Anpassung im Abbau von Arbeitsplätzen. Viele Unternehmen verzichten jedoch darauf und wählen dagegen das Instrument der Kurzarbeit. Dies bindet die Arbeitskräfte an das Unternehmen und erspart diesem beim beginnenden Aufschwung die Suche nach den knappen Fachkräften.

■ Zielkonflikte am Beispiel ökonomischer und ethisch-sozialer Unternehmensziele

Häufig bestehen Zielkonflikte zwischen den ökonomischen und den ethisch-sozialen Zielen. Strebt ein Unternehmen z. B. zugleich Arbeitsplatzsicherung und Kostensenkung an, kann ein Zielkonflikt vorliegen, weil durch den Einsatz von kostensparenden Maschinen Arbeitskräfte „freigesetzt", d. h. entlassen werden müssen.

> Die Entscheidung bei einem Zielkonflikt erfordert eine **Abwägung** zwischen **Eigeninteresse** und der **Berücksichtigung von Interessen anderer Menschen**.

3 Mittels ausgewählter Kennzahlen die Erreichung operationalisierter Unternehmensziele überprüfen

Operationalisierte Ziele (vgl. S. 40) müssen überprüfbar sein. Dies geschieht in der Regel über Kennzahlen.[2]

(1) Rentabilität

Die Rentabilität[3] ist eine Messgröße für die **wirtschaftliche** Ergiebigkeit eines Mitteleinsatzes. Bei der **Kapitalrentabilität** wird der Gewinn zum Kapital in Beziehung gesetzt.

$$\text{Eigenkapitalrentabilität} = \frac{\text{Gewinn}}{\text{Ø Eigenkapital}} \cdot 100$$

Wird der Gewinn auf das Eigenkapital bezogen, so erhält man als Kennzahl die **Eigenkapitalrentabilität (Unternehmerrentabilität)**.

Beispiel:

Emmy Reisacher, die Eigentümerin der Beauty Moments, hat in ihr Kosmetikinstitut 250 000,00 EUR Eigenkapital investiert. Der Gewinn des vergangenen Geschäftsjahres beträgt 30 000,00 EUR.

$$\text{Eigenkapitalrentabilität} = \frac{30\,000,00\ \text{EUR}}{250\,000,00\ \text{EUR}} \cdot 100 = \underline{\underline{12\,\%}}$$

Die Verzinsung des Eigenkapitals von Emmy Reisacher betrug im vergangenen Geschäftsjahr 12 %.

---

1 **Konjunkturelles Kurzarbeitergeld (Kug)** wird gewährt, wenn in Betrieben oder Betriebsabteilungen die regelmäßige betriebsübliche wöchentliche Arbeitszeit infolge wirtschaftlicher Ursachen oder eines unabwendbaren Ereignisses vorübergehend verkürzt wird.
2 **Kennzahlen** sind in Zahlen ausgedrückte Informationen, die der Beurteilung eines Sachverhalts dienen oder Vergleiche ermöglichen.
3 Zu Einzelheiten siehe Jahrgangsstufe 12, Lernbereich 4, Kapitel 2.2.2, S. 444.

(2) Wirtschaftlichkeit

Die Wirtschaftlichkeit ist das Verhältnis erbrachter Erträge zu den für diese Erträge aufgewendeten Mitteln, also deren Aufwendungen je Periode (z. B. je Geschäftsjahr).

$$\text{Wirtschaftlichkeit} = \frac{\text{Erträge}}{\text{Aufwendungen}}$$

Beispiel:

Die CLEAN-TEC OHG hat im vergangenen Quartal bei Aufwendungen in Höhe von 180 000,00 EUR Erträge in Höhe von 252 000,00 EUR erwirtschaftet.

$$\text{Wirtschaftlichkeit} = \frac{252\,000,00 \text{ EUR}}{180\,000,00 \text{ EUR}} = \underline{1,4}$$

Die Wirtschaftlichkeit von 1,4 besagt, dass die Erträge 1,4-mal so hoch sind wie die Aufwendungen. Liegt der Wert über 1,0, so liegt ein Gewinn vor.

(3) Produktivität

Die Produktivität ist die **technische Ergiebigkeit** eines Produktionsvorgangs. Sie stellt das Verhältnis von Ausbringungsmenge (Output) zur Einsatzmenge (Input) dar. Man bezeichnet sie daher auch als **mengenmäßige Wirtschaftlichkeit**. Die Produktivität bezieht sich immer auf einzelne Produktionsfaktoren. Wichtige Teilproduktivitäten sind die Arbeits- und die Kapitalproduktivität.

$$\text{Produktivität} = \frac{\text{Ausbringungsmenge}}{\text{Einsatzmenge}}$$

$$\text{Arbeitsproduktivität} = \frac{\text{Ausbringungsmenge}}{\text{geleistete Arbeitsstunden}}$$

$$\text{Kapitalproduktivität} = \frac{\text{Ausbringungsmenge}}{\text{Sachkapital}}$$

Beispiel:

Ein Bauunternehmen erstellte im Monat April mit seinen Beschäftigten 2 000 m³ umbauten Raum, im Mai 2 400 m³. Die geleisteten Arbeitsstunden betrugen im April 3 840 und im Mai 4 416 Arbeitsstunden. Der Einsatz von Werkzeugen, Maschinen, Fahrzeugen, Ausstattung und Gebäude blieb unverändert (Wert 300 000,00 EUR).

Monat	Arbeitsproduktivität	Monat	Arbeitsproduktivität
April	$\frac{2\,000}{3\,840} = \underline{0,52}$	Mai	$\frac{2\,400}{4\,416} = \underline{0,54}$

Das Ergebnis zeigt, dass sich die Arbeitsproduktivität im Mai erhöht hat. Da sich die Ausstattung mit z. B. Maschinen und Werkzeugen nicht geändert hat, ist die Produktivitätssteigerung ausschließlich auf die Arbeiter zurückzuführen. Gründe können sein: besseres Wetter (die Arbeitskräfte fühlen sich wohler), die Aufsicht wurde verbessert, die Arbeitskräfte befürchten Entlassungen und strengen sich daher mehr an, das Betriebsklima ist besser geworden, die im April gewonnene Routine (Gewandtheit) nach der Winterpause führte im Mai zur Leistungssteigerung.

Beachte:

Der **Unterschied zwischen Wirtschaftlichkeit und Produktivität** besteht darin, dass die **Produktivität** ein **Mengenverhältnis** ausdrückt, während die **Wirtschaftlichkeit** ein **Wertverhältnis** darstellt.

Überblick: Unternehmensziele

- Das **Unternehmensleitbild** formuliert Grundwerte und Überzeugungen, Verhaltensregeln, Standards und Symbole. Es bildet die Wertebasis für die Mitarbeiter und stellt ein Versprechen gegenüber außenstehenden Anspruchsgruppen dar.

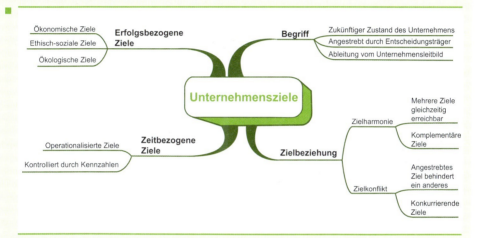

- Unter mehreren als wünschenswert erkannten Zielen kann ein **Zielkonflikt** oder eine **Zielharmonie** bestehen.

- Wichtige **Kennzahlen** zur Überprüfung der gesetzten Unternehmensziele sind: **Rentabilität**, **Wirtschaftlichkeit** und **Produktivität**.

Kompetenztraining

3 Unternehmensziele, Zielbeziehungen

1. Entscheiden Sie, welche(s) der nachgenannten Ziele zu den ökonomischen Zielen, den ökologischen Zielen oder den ethisch-sozialen Zielen gehören (gehört)!

   1.1 Erzielen eines Gewinns,
   1.2 Streben nach Macht und/oder Prestige,
   1.3 Gewinnung politischen Einflusses,
   1.4 Umsatzsteigerung,
   1.5 Erhöhung des Marktanteils,
   1.6 Unternehmenswachstum,
   1.7 Verminderung der Umweltbelastungen,
   1.8 Arbeitsplatzsicherung,
   1.9 Streben nach Unabhängigkeit,
   1.10 Versorgung der Bevölkerung mit lebensnotwendigen Erzeugnissen oder Dienstleistungen,
   1.11 Verpflichtung gegenüber Familientradition,
   1.12 Kostendeckung,
   1.13 Kostensenkung.

2. Zwischen dem Umweltschutzziel und den ökonomischen und ethisch-sozialen Zielen ergeben sich teils konkurrierende und teils komplementäre Beziehungen.

Aufgaben:

Stellen Sie dar, welcher Zielkonflikt bzw. welche Zielharmonie zwischen dem Umweltschutzziel und den nachstehend genannten Zielen besteht! Begründen Sie Ihre Antworten!

2.1 Langfristige Gewinnmaximierung,
2.2 Sicherung und Vermehrung der Arbeitsplätze,
2.3 Verbesserung des Unternehmensimages.

3. Frank Mahle hat vor Kurzem die Werkzeugfabrik seines Vaters übernommen. Er beabsichtigt, einige Änderungen vorzunehmen. Insbesondere will Frank Mahle neben dem Unternehmensziel „Betriebserhaltung" auch das Ziel „Umweltbewusstsein" verstärkt verfolgen.

Aufgaben:

3.1 Erläutern Sie die genannten Unternehmensziele!
3.2 Nennen Sie außerdem zwei weitere Unternehmensziele!

4 SMART – Zielformulierung, Begriffe Wirtschaftlichkeit, Produktivität, Zielharmonie und Zielkonflikt

Eine von der Sport-Burr KG in Auftrag gegebene Kundenbefragung kommt zu dem Ergebnis, dass 80 % der Neukunden mit dem Service des Unternehmens zufrieden sind. Die Geschäftsführung möchte bis zum Jahr 2020 die Zufriedenheit der Neukunden auf 90 % erhöhen. Dadurch soll eine stärkere Kundenbindung verbunden mit zusätzlichen Folgeaufträgen erreicht werden. Dies soll durch den weiteren Ausbau von Beratung und Dienstleistungen sowie durch stärkere Kundennähe erreicht werden.

Die Geschäftsführung formuliert das Unternehmensziel wie folgt: *„Wir müssen schnellstens die Kundenzufriedenheit von Neukunden steigern."*

Aufgaben:

1. Präzisieren Sie das Unternehmensziel mit den gegebenen Informationen und der Zielformel SMART!

2. 2.1 Erklären Sie die Begriffe Produktivität und Wirtschaftlichkeit!
   2.2 Stellen Sie dar, ob sich Produktivität und Wirtschaftlichkeit gegenläufig entwickeln können! Begründen Sie Ihre Meinung an einem Beispiel!
   2.3 Nennen Sie die ökonomische Kennzahl, die wie folgt ermittelt wird!

$$\frac{\text{mengenmäßige Ausbringung}}{\text{mengenmäßiger Einsatz}}$$

   2.4 Weisen Sie nach, dass Folgendes möglich ist: Das Unternehmen A arbeitet zwar produktiver als sein Konkurrent B, dennoch ist das Unternehmen A unwirtschaftlicher!

3. 3.1 Bilden Sie ein Beispiel für eine Zielkombination, bei der ein Zielkonflikt besteht!
   3.2 Bilden Sie ein Beispiel für eine Zielkombination, bei der Zielharmonie besteht!

Lernbereich 2: Material beschaffen sowie Fertigungsverfahren festlegen

1 Materialbeschaffung planen

LB 2 | **Handlungssituation 1:** Hintergrund der Beschaffung analysieren und ABC-Analyse durchführen

Anton Thomalla, Inhaber der „Motorenbau Anton Thomalla e. Kfm." sucht eine Möglichkeit, Kosten zu reduzieren. Er schickt Lena Heine, die Leiterin der Beschaffung, zu einem Seminar mit dem Thema „Einkaufsmanagement – Materialkosten senken, Gewinn erhöhen".

Bei dem Seminar erfährt Lena Heine, dass sich die Bedeutung der Beschaffung in der Vergangenheit entscheidend verändert hat: vom Dienstleister für die Produktion zu einem Unternehmensbereich mit erheblicher Wertschöpfung.

KOMPETENZORIENTIERTE ARBEITSAUFTRÄGE:

1. Listen Sie auf, welche Tätigkeiten in der Einkaufsabteilung der Motorenbau Anton Thomalla e. Kfm. anfallen!
2. Durch das Seminar wird Lena Heine bewusst, dass in der Motorenbau Anton Thomalla e. Kfm. beim Einkauf von günstigen Gütern, beispielsweise Büromaterial, der gleiche Zeitaufwand investiert wird wie bei der Beschaffung von hochpreisigen Gütern.

   Helfen Sie Lena Heine, der Leiterin der Beschaffung, die ABC-Analyse für die Artikelgruppen A01 bis A10 durchzuführen!

   Gegeben sind folgende Zahlenwerte:

Artikel-gruppe	Jahresbedarf in Stück	Preis je ME in EUR	Artikel-gruppe	Jahresbedarf in Stück	Preis je ME in EUR
A01	100	290,00	A06	700	7,10
A02	9 000	1,60	A07	100	22,00
A03	5 000	2,80	A08	18 000	0,05
A04	5 000	1,50	A09	20 000	0,08
A05	700	5,50	A10	32 500	0,07

2.1 Führen Sie – gegebenenfalls mithilfe einer Tabellenkalkulation – eine ABC-Analyse entsprechend der angegebenen Zahlenwerte durch!

ABC-Analyse, Tabelle 1

Artikel-gruppe	Jahres-bedarf in Stück	Preis je ME in EUR	Verbrauchs-menge in % des Gesamt-verbrauchs	Verbrauchs-wert in EUR	Verbrauchs-werte in % des gesamten Verbrauchs-wertes	Rang nach Verbrauchs-wert
A01	100	290,00				
A02	9 000	1,60				
A03	5 000	2,80				
A04	5 000	1,50				
A05	700	5,50				
A06	700	7,10				
A07	100	22,00				
A08	18 000	0,05				
A09	20 000	0,08				
A10	32 500	0,07				
Summe						

ABC-Analyse, Tabelle 2

Artikel-gruppe	Jahres-bedarf in Stück	Preis je ME in EUR	Verbrauchs-menge in % des Gesamt-verbrauchs	Ver-brauchs-wert in EUR	Verbrauchs-werte in % des gesamten Verbrauchs-wertes	Kumu-lierter Wertanteil in %	Kumu-lierter Mengen-anteil in %	ABC-Klasse	Wert-anteil in %	Mengen-anteil in %
Summe										

2.2 Legen Sie fest, welche Artikelgruppen jeweils in die Klasse der A-, B- bzw. der C-Güter gehören und begründen Sie Ihre Entscheidung!

2.3 Setzen Sie die gewonnenen Erkenntnisse in eine aussagefähige Grafik um!

2.4 Nach Durchführung der ABC-Analyse ergeben sich für die Motorenbau Anton Thomalla e. Kfm. zwangsläufig Schlussfolgerungen im Bereich der Materialwirtschaft, die geeignet sind, einen Beitrag zur Kostensenkung zu erbringen. Nennen Sie – getrennt für die A- und die C-Güter – jeweils solche Maßnahmen!

1 Materialbeschaffung planen

1.1 Begriff Beschaffung und die Planung der Materialbeschaffung

(1) Begriff Beschaffung

Die **Beschaffung** umfasst die Bereitstellung von Materialien, Dienstleistungen, Betriebsmitteln, Rechten sowie Informationen über den Beschaffungsmarkt für den Leistungsprozess eines Unternehmens.[1]

(2) Planung der Materialbeschaffung

Um das festgelegte Produktionsprogramm einer Periode ausführen zu können, muss der art-, zeit- und mengenmäßige Bedarf an Werkstoffen, Handelswaren und Dienstleistungen ermittelt werden. Zudem ist festzulegen, in welcher Form die Materialbereitstellung erfolgen soll und welche Lieferanten mit der Lieferung zu beauftragen sind. Dazu ist erforderlich:

- die **Materialauswahl** (z. B. nach Qualität, Preis, Umweltschutz) zu treffen (Kapitel 1.2) und eine Klassifizierung nach dem Wert des jeweiligen Materials **(ABC-Analyse)** vorzunehmen (Kapitel 1.3).
- die Art der **Materialbereitstellung** festzulegen (Kapitel 1.4).
- **Marktanalyse zu betreiben,** um sich über die angebotenen Materialien und deren jeweilige Lieferanten zu informieren (Kapitel 2.1). Dabei gilt es auf **ethisch-soziale Aspekte** zu achten.
- eine **Entscheidung über die Lieferer** herbeizuführen (Kapitel 2.1.3).
- **Bestellmenge** und **Bestellzeit** zu bestimmen (Kapitel 2.2).
- die **Lagerhaltung** für die gelieferten Materialien zu organisieren (Kapital 2.3).

1.2 Kriterien bei der Auswahl des Materials

Qualität	Sieht man von der Fertigungsqualität im eigenen Betrieb ab, so ist die Qualität der Endprodukte in hohem Maße von der Qualität der fremdbezogenen Materialien abhängig. Die Qualitätssicherung liegt in aller Regel beim Lieferer.
Preis	Unter sonst vergleichbaren Voraussetzungen (Qualität, Marke, Lieferzeit, technische Eignung usw.) ist in aller Regel der Preis für die Beschaffungsentscheidung bestimmend.
Umweltschutz	■ Aus ökologischer Sicht ist darauf zu achten, dass zum einen die bezogenen Materialien möglichst **umweltfreundlich** gewonnen werden und zum anderen ist sicherzustellen, dass durch die Kombination der Materialien im Rahmen des Produktionsprozesses **keine gesundheits- und umweltgefährdenden Substanzen** entstehen. ■ Bei der Auswahl der zu beschaffenden Materialien muss zudem darauf hingewirkt werden, dass die unvermeidlich anfallenden Abfallstoffe entweder **wiederverwertet** oder aber einer **umweltfreundlichen Entsorgung** zugeführt werden können.

---

[1] Die Begriffe Beschaffung und Materialwirtschaft werden im Folgenden synonym (gleichartig) verwendet.

Lernbereich 2: Material beschaffen sowie Fertigungsverfahren festlegen

Ethisch-soziale Gründe	■ Die Betriebe haben erkannt, dass sie mit ihren **Beschaffungsentscheidungen die Welt mitgestalten können**. Ihr Nachfrageverhalten hat Auswirkungen auf die Zerstörung der Umwelt, auf den Raubbau an Bodenschätzen oder die Ausbeutung der Arbeitskräfte. ■ Durch die Berücksichtigung **ethisch-sozialer Aspekte** im Rahmen der Beschaffung können sie einen Beitrag leisten zur Sicherung menschenwürdiger Arbeitsbedingungen, zur Stärkung der Arbeitnehmerrechte und zur sozialen Absicherung der Beschäftigten. ■ Es sind die Produkte jener Unternehmen zu bevorzugen, die sich bei der Herstellung zur **Einhaltung sozialer Mindeststandards** verbindlich verpflichten.

1.3 Materialklassifizierung: ABC-Analyse

(1) Begriff ABC-Analyse

> Die **ABC-Analyse** ist ein Verfahren, Materialien zu erkennen, die aufgrund ihres **hohen wertmäßigen Anteils** am Gesamtbedarf von **besonderer Bedeutung** sind. Die aus der Analyse gewonnenen Informationen helfen dabei,
> - sich auf wirtschaftlich bedeutende Materialien zu konzentrieren,
> - hohen Arbeitsaufwand bei Materialien untergeordneter Bedeutung (C-Güter) zu vermeiden und damit
> - die Wirtschaftlichkeit der gesamten Materialwirtschaft zu steigern.

In vielen Unternehmen wird häufig eine große Anzahl verschiedenartiger Fertigungsmaterialien (Roh-, Hilfs-, Betriebsstoffe, Halbfabrikate) bzw. Handelswaren beschafft, die nur einen geringen Anteil (Prozentsatz) am gesamten Beschaffungswert der eingekauften Materialien haben.

Die ABC-Analyse wurde entwickelt, um zu entscheiden, bei welchen Fremdbezugsteilen es erforderlich ist,

- ausführliche **Beschaffungsmarktanalysen** vorzunehmen,
- intensive **Einkaufsverhandlungen** zu führen,
- **Mengen und Lieferzeit** genau zu planen,
- die **Materialbereitstellungsverfahren** dem Materialbedarf anzupassen und
- die **Lagerbestände** laufend zu überwachen.

Beispiel (siehe S. 49):

Ein Industriebetrieb benötigt zehn verschiedene Materialarten. Statistisch erfasst werden die monatlichen Verbrauchsmengen in Stück und die Einstandspreise (Bezugspreise) je Stück.

Diese Maßnahmen verursachen den Unternehmen viel Zeit und Kosten.

1 Materialbeschaffung planen

(2) Durchführung der ABC-Analyse

Tabelle 1:

Materialart	Verbrauchsmenge in Stück	Verbrauchsmenge in % des Gesamtverbrauchs	Einstandspreis je Stück in EUR	Verbrauchswert in EUR	Verbrauchswerte in % des gesamten Verbrauchswertes	Rang nach Verbrauchswert
T_1	4 500	13,24	25,00	112 500,00	15,85	2
T_2	700	2,06	145,00	101 500,00	14,30	3
T_3	2 700	7,94	15,00	40 500,00	5,71	7
T_4	600	1,76	300,00	180 000,00	25,36	1
T_5	450	1,32	150,00	67 500,00	9,51	6
T_6	3 000	8,82	25,00	75 000,00	10,57	5
T_7	8 200	24,12	2,00	16 400,00	2,31	8
T_8	1 000	2,94	95,00	95 000,00	13,38	4
T_9	7 150	21,03	1,00	7 150,00	1,01	10
T_{10}	5 700	16,76	2,50	14 250,00	2,01	9
	34 000	100,00[1]		709 800,00	100,00[1]	

Tabelle 2:

Rang nach Verbrauchswert	Materialart [1]	Verbrauchsmenge in Stück	Verbrauchsmenge in Prozent des Gesamtverbrauchs [2]	Kumulierte Verbrauchsmenge in Prozent [3]	Einstandspreis je Stück in EUR	Verbrauchswert in EUR [4]	Verbrauchswerte in Prozent des gesamten Verbrauchswertes [5]	Kumulierter Verbrauchswert in Prozent [6]	ABC-Klasse [7]
1	T_4	600	1,76	1,76	300,00	180 000,00	25,36	25,36	A
2	T_1	4 500	13,24	15,00	25,00	112 500,00	15,85	41,21	A
3	T_2	700	2,06	17,06	145,00	101 500,00	14,30	55,51	A
4	T_8	1 000	2,94	20,00	95,00	95 000,00	13,38	68,89	A
5	T_6	3 000	8,82	28,82	25,00	75 000,00	10,57	79,46	B
6	T_5	450	1,32	30,15	150,00	67 500,00	9,51	88,97	B
7	T_3	2 700	7,94	38,09	15,00	40 500,00	5,71	94,68	B
8	T_7	8 200	24,12	62,21	2,00	16 400,00	2,31	96,99	C
9	T_{10}	5 700	16,76	78,97	2,50	14 250,00	2,01	98,99	C
10	T_9	7 150	21,03	100,00	1,00	7 150,00	1,01	100,00	C
		34 000	100,00[1]			709 800,00	100,00[1]		

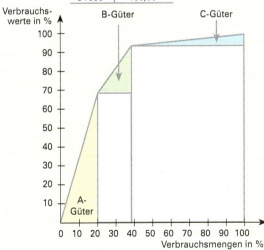

Auswertung:

A-Güter: 20 % des mengenmäßigen Materialverbrauchs haben einen Anteil von fast 70 % (genau: 68,9 %) am gesamten wertmäßigen Materialverbrauch (Beschaffungswert).

B-Güter: 18,1 % des mengenmäßigen Materialverbrauchs entsprechen einem Anteil von 25,8 % am gesamten wertmäßigen Materialverbrauch.

C-Güter: Die meisten Materialien (61,9 %) sind C-Güter. Auf sie entfällt nur ein Verbrauchswertanteil von 5,3 %.

[1] Bedingt durch die Beschränkung auf zwei Nachkommastellen können geringe Rundungsdifferenzen in der Summenzeile auftreten.

Erläuterungen zu den Arbeitsschritten für eine ABC-Analyse (Tabelle 2):

1. Materialien nach dem Rang ihres Verbrauchswertes ordnen.
2. Prozentanteil jedes Materials an der Gesamtverbrauchsmenge berechnen.
3. Errechnete Prozentanteile schrittweise aufaddieren (kumulieren).
4. Verbrauchswert berechnen.
5. Prozentanteil jedes Materials am Gesamtverbrauchswert berechnen.
6. Errechnete Prozentanteile schrittweise aufaddieren (kumulieren).
7. Nach den kumulierten Prozentanteilen Gruppen bilden.

(3) Bedeutung der ABC-Analyse

Die Auswertung der ABC-Analyse zeigt der Geschäftsführung, bei welchen Gütern ein größerer Beschaffungsaufwand wirtschaftlich sinnvoll ist, um größere Kostensenkungen (z. B. durch vereinbarte Rabatte bei größeren Bestellmengen, Einsatz billigerer Substitutionsgüter[1]) zu erreichen.

Die Festlegung der Schranken, mit deren Hilfe eine **Zuordnung zu den einzelnen Klassen** getroffen wird, liegt im **Ermessen der Unternehmen.** Erfahrungsgemäß liegt die Schranke für A-Güter bei den ersten 75–80 % der kumulierten Verbrauchswerte in Prozent, die C-Güter bei den letzten 5 % der kumulierten Verbrauchswerte in Prozent. Dazwischen liegen die B-Güter.

(4) Schlussfolgerungen aus der ABC-Analyse für die Materialwirtschaft

Die Tätigkeiten (Aktivitäten) in der Materialwirtschaft konzentrieren sich in erster Linie auf die **A-Güter.** Sie bestehen zwar aus wenigen Lagerpositionen, stellen aber den überwiegenden Teil des Verbrauchswertes dar. Daher führen bereits geringe prozentuale Verbesserungen zu Einsparungen in hohen absoluten Euro-Beträgen.

Die Aktivitäten können sich z. B. auf folgende **Maßnahmen** richten:

- Intensive Bemühungen um Preis- und Kostensenkungen.
- Exakte Untersuchungsergebnisse darüber, ob Eigenproduktion oder Fremdbezug günstiger ist.
- Einkauf der Materialien bei Bedarf.
- Möglichst geringer Lagerbestand in Verbindung mit Sondervereinbarungen über Lieferzeiten.
- Beschaffung in bedarfsnahen, auftragsspezifischen kleinen Losen (Liefermengen) und damit Tendenz zur fertigungssynchronen Beschaffung.[2]
- Verzicht auf Wareneingangskontrolle im eigenen Haus und Verlagerung der Qualitätsprüfung zum Lieferanten unter Vorgabe von Qualitätsstandards.
- Strenge Kontrolle der Bestände, des Verbrauchs und gegebenenfalls der Lagerverluste.

---

1 **Substitutionsgüter** sind Güter, die problemlos durch andere Güter ersetzt werden können. Diese Güter erfüllen denselben Zweck (z. B. Schafwolle–Baumwolle, Butter–Margarine).
2 Vgl. hierzu Kapitel 1.4.2.

1 Materialbeschaffung planen

Bei den **B-Gütern** darf der Berechnungsaufwand für eine optimale Bestellung nicht so hoch sein. Hier kann es sinnvoll sein, optimale Bestellmengen und Lagermengen für ganze **Materialgruppen** zu berechnen und Fehler in Kauf zu nehmen.

Die **C-Güter** bestehen aus vielen Lagerpositionen, stellen aber nur einen geringen Verbrauchswert dar. Zu hohe Lagerbestände beeinflussen daher die Wirtschaftlichkeit des Materialwesens in geringerem Umfang. Sie können daher großzügiger und mit einfacheren Verfahren geplant werden.

Die ABC-Analyse wird nicht nur in der Beschaffungswirtschaft, sondern (mit gleichen Berechnungsmethoden) auch in allen anderen Unternehmensbereichen zur Einsparung von Kosten angewendet (z. B. ABC-Bewertung der Kunden).

Überblick: ABC-Analyse

- Die **ABC-Analyse** ist ein Verfahren, welches jene Materialien aufdeckt, die **aufgrund ihres hohen wertmäßigen Anteils am Gesamtbedarf besondere Aufmerksamkeit** im Rahmen der Beschaffungsplanung **verdienen**.

- Sie weist dem Unternehmen den Weg, sich bei der Materialbeschaffung in erster Linie **auf solche Produkte zu konzentrieren,** bei denen die Möglichkeit besteht, **hohe Einsparungen** zu erzielen.

Kompetenztraining

5 ABC-Analyse

1. Charakterisieren Sie A- und C-Materialien und erklären Sie jeweils ihre Bedeutung für die Beschaffung!

2. Die Auswertung der Bestellungen eines Industriebetriebs zur Ermittlung der Bestellgrößenstruktur im Geschäftsjahr 20 . . ergab folgende Kennzahlen:

Anteile der Bestellgruppen an der Gesamtzahl der Bestellungen in % (kumuliert)	Anteile der Bestellgruppen an der Gesamtzahl der Bestellungen in %	Anzahl der Bestellungen	Bestellwerte (Auftragswerte) je Bestellung in EUR (Bestellgruppen)	Bestellwerte (Auftragswerte) je Bestellgruppe in EUR	Anteile der Bestellgruppen am Gesamtbestellwert in %	Anteil der Bestellgruppen am Gesamtbestellwert in % (kumuliert)	ABC-Kennzeichnung
	27,9	1 240	1 – 50	37 200,00	0,36		
62,3 %	20,0	890	51 – 100	60 310,00	0,59	2,83 %	C
	14,4	640	101 – 500	192 000,00	1,88		
	16,0	712	501 – 1 000	462 820,00	4,52		
30,1 %	9,5	420	1 001 – 2 000	632 400,00	6,18	16,89 %	B
	4,6	204	2 001 – 5 000	634 200,00	6,19		
	2,3	103	5 001 – 10 000	824 000,00	8,05		
	1,9	84	10 001 – 20 000	1 344 000,00	13,12		
7,6 %	1,4	61	20 001 – 50 000	2 190 000,00	21,38	80,28 %	A
	2,0	87	über 50 000	3 864 200,00	37,73		
100,0 %	100,00	4 441		10 241 130,00	100,00	100,00 %	

Aufgaben:

2.1 Vereinfachen Sie die Tabelle auf S. 51, indem Sie für folgende Bestellgruppen deren Anteile an der Gesamtzahl der Bestellungen und am Gesamtbestellwert (Gesamtauftragswert) vergleichend gegenüberstellen:

    2.1.1 Bestellgruppe A mit Auftragswerten von 5 001,00 EUR bis über 50 000,00 EUR je Bestellung,

    2.1.2 Bestellgruppe B mit Auftragswerten von 501,00 EUR bis 5 000,00 EUR je Bestellung und

    2.1.3 Bestellgruppe C mit Auftragswerten von 1,00 EUR bis 500,00 EUR je Bestellung!

2.2 Veranschaulichen Sie die ABC-Analyse der Bestellungen, indem Sie die Anteile der Bestellgruppen A, B und C an der Gesamtzahl der Bestellungen und am Gesamtbestellwert (Gesamtauftragswert) jeweils in einem Säulendiagramm vergleichend gegenüberstellen!

2.3 Beurteilen Sie die Strukturanalyse der Bestellungen und begründen Sie, inwieweit die hierdurch gewonnenen Informationen zur Aktivierung der in der Beschaffungswirtschaft liegenden Gewinnreserven beitragen können![1]

1.4 Materialbereitstellungsprinzipien

LB 2   Handlungssituation 2:   Material just in time beschaffen

Anton Thomalla, Inhaber der „Motorenbau Anton Thomalla e. Kfm.", benötigt für die Produktion Rußpartikelfilter, die er bisher immer bei Bedarf bei seinem Zulieferer bestellt hat. Bei einem Arztbesuch liest er den folgenden Artikel im Manager-Magazin.

> Der Japan-Tsunami hatte einst die enggetaktete Just-in-time-Produktion weggespült. Den Managern wurde vor Augen geführt, dass ihr Fertigungsplan nur ein Konzept für den Schönwetterbetrieb war – und den Arbeitnehmern, dass deshalb noch mehr Betriebe ihre Produktion in das Ausland verlagern könnten.
>
> Hamburg – Vorsichtige Mahnungen erweisen sich beim Blick zurück manchmal als prophetisch: „Der wachsende Einfluss von Desastern[2] multipliziert das operative Risiko vieler Firmen", warnte Lieferkettenexperte Dirk de Waart. Am 11. März 2011 traf die Prophezeiung durch das Erdbeben in Japan aus der Sicht global tätiger Firmen mit schier unvorstellbarer Wucht ein. Bei Flugzeugbauern, Autoherstellern, Smartphone-Fabrikanten und Halbleiterfirmen wurden die Einkaufsmanager eilig durch ganze Krisenstäbe ersetzt.
>
> In Europa sind noch gar nicht alle Schockwellen des Lieferketteninfarktes angekommen, da beginnt schon eine lebhafte Debatte in der Industrie: Wie kann das Just-in-time-Konzept – das ironischerweise[3] Toyota, eines der größten Opfer des Erdbebens, zum Industriestandard erhoben hatte – angepasst werden? Hat es überhaupt irgendwelche Überlebenschancen in einer Welt eskalierender Energiepreise?
>
> „In der Industrie räumen einige schon ein, dass wir etwas zu weit gegangen sind und dass wir dieses Konzept noch einmal überprüfen müssen", gibt Jim Lawton zu, der Vizepräsident bei D&B Supply Management Solutions, das zum Geschäftsdaten- und Lieferketten-Spezialisten Dun & Bradstreet gehört.

---

1 **Lösungshilfe:** Lange Bearbeitungszeiten der Bestellungen im Einkauf und die anfallenden Bestellkosten, z. B. durch Angebotseinholungen, Angebotsvergleiche, Einkaufsverhandlungen, Formular- und Portokosten, können die Beschaffungsaufwendungen beträchtlich erhöhen, vor allem bei vielen Kleinbestellungen.
2 **Desaster** (ital.-fr.): Missgeschick, Unheil.
3 **Ironie** (gr.-lat.): feiner Spott.

Das Timing dieser Erkenntnis könnte kaum besser sein. Denn sie kommt zu einer Zeit, in der das Institut of Supply Management bei US-Firmen eine rekordniedrige Vorratshaltung registriert und damit deutlich macht: Minimierte Kosten, unterstützt durch extrem schlanke Hochregale, haben seit vielen Jahren das Denken der Firmenstrategen in Europa, Amerika und Asien beherrscht. Andere wichtige Überlegungen – wie die Versorgungssicherheit – traten dabei oft in den Hintergrund, und das bei immer dünner gestrickten Netzwerken rund um den Globus sowie einer wachsenden Zahl von Naturkatastrophen. [...]

Quelle: http://www.manager-magazin.de/unternehmen/industrie/0,2828,759680,00.html

KOMPETENZORIENTIERTE ARBEITSAUFTRÄGE:

1. Bilden Sie Gruppen, die jeweils Argumente
    1.1 für die Vorteile und
    1.2 die Gefahren
    der Bereitstellungsverfahren ohne Vorratshaltung für Abnehmer und Zulieferer sammeln!
2. Wählen Sie in jeder Gruppe einen Vertreter, der vor der Klasse die gefundenen Argumente in Form eines Plädoyers[1] zusammenfasst!

1.4.1 Bedarfsdeckung durch Vorratshaltung

Die **Vorratshaltung** ist vor allem dann anzutreffen, wenn **Schwankungen des Beschaffungsmarkts** abgesichert werden müssen. Außerdem kann die Lagerung **geringwertiger Güter** mit relativ hohen Anschaffungsaufwendungen sinnvoll sein.

Den Grad, mit dem die Produktion mit Werkstoffen aus dem Lagerbestand bedient werden kann, bezeichnet man als Servicegrad.

$$\text{Servicegrad} = \frac{\text{Anzahl der bedienten Lageranforderungen}}{\text{Anzahl aller Lageranforderungen}} \cdot 100$$

Beispiel:	
Von einem Lager werden im Laufe eines Vierteljahres 2 700 Stück des Teils T 34 angefordert. Von diesen Anforderungen konnten	2 592 Stück sofort aus dem Lagervorrat bedient werden. Der Servicegrad beträgt damit 96 %.

In der Praxis ist es kaum möglich, einen hundertprozentigen Servicegrad zu erreichen, wenn (zu) teure Sicherheitsbestände vermieden werden sollen. Welcher Servicegrad anzustreben ist, hängt vor allem von der Art der Produktion ab. Ist der Produktionsablauf z. B. starr, kann die Fertigung bereits beim Fehlen eines einzelnen Teils nicht weiterlaufen.

Vorteile	■ Günstigere Beschaffungs- und Frachtkosten beim Bezug größerer Materialmengen. ■ Größere Sicherheit der Bedarfsdeckung bei Beschaffungsschwierigkeiten.
Nachteile	■ Hohe Kapitalbindungskosten und Lagerrisiken. ■ Ständiger Konflikt zwischen dem Ziel, die Lagerkosten und Lagerrisiken möglichst niedrig zu halten und dem Ziel, den **Servicegrad** zu sichern oder zu verbessern.

---

[1] **Plädoyer:** Rede, mit der jemand entschieden für oder gegen etwas eintritt.

1.4.2 Bedarfsdeckung ohne Vorratshaltung

(1) Einzelbeschaffung im Bedarfsfall (Delivery on demand)

Bei der **Einzelbeschaffung** erfolgt die Materialbeschaffung erst dann, wenn ein Auftrag vorliegt, der einen Bedarf auslöst.

Beispiel:	
Ein Warenhaus bestellt bei der Möbelfabrik Rohrer GmbH Gartenmöbel aus Robinienholz.	Die Möbelfabrik Rohrer GmbH bestellt das Holz erst nach Bestätigung des Auftrags.

Vorteile	■ Die Kapitalbindungs- und Lagerkosten werden gesenkt oder entfallen ganz, weil die Materialien nach der Wareneingangs- und Qualitätsprüfung nur sehr kurze Zeit im Lager bleiben oder sofort in die Fertigung gehen. ■ Verderb und Veralten sind ausgeschlossen (geringere Lagerrisiken).
Nachteile	■ Mit dem Bezug kleiner Mengen ist mit höheren Preisen, höheren Verpackungskosten und höheren Transportkosten (Bezugskosten) zu rechnen. ■ Je nach Material kann es schwierig sein, die benötigten Mengen termingerecht und in der erforderlichen Qualität zu beschaffen.

(2) Lagerlose Sofortverwendung (Just-in-time-Verfahren; fertigungssynchrone Beschaffung)

■ **Begriff Just-in-time-Verfahren**

Das **Just-in-time-Verfahren** (**fertigungssynchrone**[1] **Beschaffung**) ist Bestandteil eines Logistiksystems, bei dem die Materialbereitstellung genau zu dem von der Fertigungsplanung vorher bestimmten Zeitpunkt erfolgt.

Das Prinzip der lagerlosen Sofortverwendung wird vor allem von Industriebetrieben angewendet, die ihren Bedarf an großvolumigen und hochwertigen Werkstoffen und Fertigteilen genau vorausberechnen können (z. B. Autoindustrie). Die Kapitalbindungs- und Lagerkosten werden auf die Zulieferbetriebe abgewälzt.

Durch die bedarfs- und zeitnahe Produktion der nachgefragten Produktvarianten bzw. -mengen können die **Lagerbestände sehr stark reduziert** werden. In letzter Konsequenz besitzt ein nach dem Just-in-time-Prinzip gestaltetes Unternehmen überhaupt keine Lagerbestände (theoretischer Grenzfall).

■ **Voraussetzungen des Just-in-time-Verfahrens**

Um die Lieferung nach dem Just-in-time-Verfahren einführen zu können, sind folgende Voraussetzungen erforderlich:

- ständiger Bedarf des beschaffenden Unternehmens für das betreffende Material,
- langfristige Planung der Absatzmengen,

---
[1] **Synchron**: gleichzeitig.

- wirksame Maßnahmen zur ständigen Qualitätskontrolle,
- ständige Lieferbereitschaft sowie absolute Zuverlässigkeit der beteiligten Lieferer,
- genaue Abstimmung der Produktions- und Lieferpläne zwischen Lieferer, Spediteur und dem abnehmenden Industrieunternehmen,
- Datenaustausch zwischen allen Beteiligten, z. B. über Electronic Data Interchange,
- langfristige Verträge zwischen allen Beteiligten,
- ein Transportsystem, das jederzeit den ununterbrochenen Materialzufluss gewährleistet.

▪ Grenzen des Just-in-time-Verfahrens

Bei zahlreichen Werkstoffen, Vorprodukten und Handelswaren ist die fertigungssynchrone Beschaffung nicht oder wenigstens nicht in ihrer extremen Anwendung durchführbar, weil die Vorlieferer ihre Produktion nicht an dem schwankenden Bedarf der Abnehmer ausrichten können oder wollen. Sie streben aus **kosten- und beschäftigungspolitischen Gründen** selbst eine kontinuierliche Produktion an. Des Weiteren können **technische Gegebenheiten** eine Anpassung an Nachfrageschwankungen verhindern. Auch **natürliche Bedingungen** können die Produktionsmengen bestimmen (z. B. die Jahreszeiten in der Landwirtschaft, Bauwirtschaft, der Fremdenverkehrswirtschaft).

Das Just-in-time-Verfahren wird auch dann erschwert, wenn die Anlieferung der Werkstoffe und Waren durch Lastkraftwagen erfolgt. Verspätungen durch Staus verteuern letztlich die Anlieferung. Aus ökologischen Gesichtspunkten heraus ist die „Verlegung der Lager auf die Straße" wegen der damit verbundenen Umweltbelastung abzulehnen.

▪ Vor- und Nachteile des Just-in-time-Verfahrens

Vorteile	▪ Die **Lagerkosten und -risiken entfallen,** weil das benötigte Material sofort zum Ort der Weiterverarbeitung bzw. -verwendung gebracht wird. ▪ Es wird **weniger Kapital gebunden**, das dann für andere Unternehmensaufgaben bereitsteht. ▪ Das Unternehmen kann sich rasch auf einen **Wechsel des Kundenbedarfs** einstellen und seine **Lieferbereitschaft erhöhen.** ▪ Die Gefahr, Produkte **nicht absetzen** zu können, **sinkt**.
Nachteile	▪ Das Unternehmen ist verwundbar gegenüber Störungen im Nachschub z. B. durch Streiks, Zugverspätungen, Staus (**Terminrisiko**). ▪ Die Umweltbelastung bei der Belieferung durch Lastkraftwagen ist hoch z. B. durch Versiegelung der Landschaft durch Straßenbau, Belastung der Luft durch Reifenabrieb und Abgase (**Umweltrisiko**). Die Kosten für die Beseitigung der Umweltbelastung trägt jedoch nicht der Besteller der Werkstoffe (Kostenverursacher), sondern die Allgemeinheit. Man spricht dann von „**Social Costs**". ▪ Es besteht die Gefahr, dass es zu Produktionsstörungen kommt, da schadhafte Teile nicht durch eine Lagerentnahme ausgewechselt werden können (**Qualitätsrisiko**). ▪ Die Bestell- und Transportkosten steigen wegen häufiger Bestellungen (**Kostenrisiko**). ▪ Bei zahlreichen Werkstoffen ist die fertigungssynchrone Beschaffung nicht oder wenigstens nicht in ihrer extremen Anwendung durchführbar, weil die Vorlieferer aus **kosten- und beschäftigungspolitischen Gründen** selbst eine kontinuierliche (stetige) Produktion anstreben.

Um die Abwicklung der Bestellungen möglichst rasch durchführen zu können, liegt es nahe, mit dem Lieferer einen **Rahmenvertrag** abzuschließen. Ein solcher legt in der Regel für eine bestimmte Periode den Gesamtbedarf für eine Werkstoffart oder eine Werkstoffgruppe fest. Für die geplante Abnahmemenge werden die Preise, die Lieferungs- und die Zahlungsbedingungen festgelegt. Der **Vorteil** von Rahmenvereinbarungen liegt insbesondere darin, dass die Kosten für wiederholte Verhandlungsführungen über Preise, Lieferungs- und Zahlungsbedingungen entfallen.

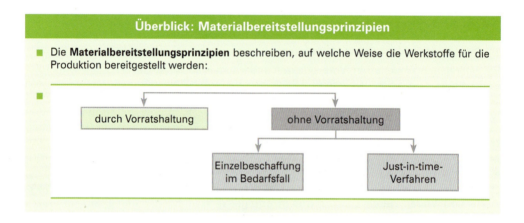

Kompetenztraining

6 Materialbereitstellungsprinzipien

1. Ergänzen Sie die nachfolgende Tabelle!

	Vorratsbeschaffung	Auftragsbezogene Beschaffung	Just-in-time-Beschaffung
Begriff			
Vorteile			
Nachteile			
Beispiel			

2. Erläutern Sie, welche „Social Costs" durch die Verwirklichung der Just-in-time-Beschaffung anfallen können! (Social Costs sind Kosten, die nicht der Verursacher trägt, sondern die Allgemeinheit.)

3. 3.1 Nennen Sie zwei Güter, die besonders für den Einsatz des Just-in-time-Verfahrens geeignet sind!

   3.2 Die Tölzer Möbelwerke GmbH hat für ihre Fremdbezugsteile eine ABC-Analyse durchgeführt. Die nachfolgenden beiden Tabellen zeigen das Ergebnis – in stark vereinfachter Form.

1 Materialbeschaffung planen

ABC-Analyse - Tabelle 1

Lagergut	Mengen-verbrauch	Einstands-preis (EUR)	Bewerteter Ver-brauch (EUR)	% der Menge	% des Wertes	Rang
Mahagonifurnier	4 000	50,00	200 000,00	4	20	2
Eichefurnier	20 000	22,00	440 000,00	20	44	1
Pressspanplatten	20 000	4,50	90 000,00	20	9	4
Kunststofffurnier	11 000	10,00	110 000,00	11	11	3
Beschläge	10 000	1,00	10 000,00	10	1	9
Leim	8 000	2,50	20 000,00	8	2	7
Sperrholzplatten	20 000	4,00	80 000,00	20	8	5
Teleskopschienen	2 000	4,50	9 000,00	2	0,9	10
Möbelrollen	2 000	5,50	11 000,00	2	1,1	8
Schrauben	3 000	10,00	30 000,00	3	3	6
	100 000		1 000 000,00			

ABC-Analyse - Tabelle 2

Rang	Artikel	%-Ant. Menge einfach	%-Ant. Menge kumuliert	%-Ant. Wert einfach	%-Ant. Wert kumuliert	ABC-Klasse	%-Anteil Menge Klasse	%-Anteil Wert Klasse
1.	Eichefurnier	20	20	44	44	A		
2.	Mahagonifurnier	4	24	20	64	A	35 %	75 %
3.	Kunststofffurnier	11	35	11	75	A		
4.	Pressspanplatten	20	55	9	84	B		
5.	Sperrholz	20	75	8	92	B	43 %	20 %
6.	Schrauben	3	78	3	95	B		
7.	Leim	8	86	2	97	C		
8.	Möbelrollen	2	88	1,1	98,1	C	22 %	5 %
9.	Beschläge	10	98	1	99,1	C		
10.	Teleskopschienen	2	100	0,9	100	C		

Aufgabe:

Die Geschäftsleitung bittet Sie um eine Überprüfung der Materialbereitstellungsprinzipien für die Fremdbezugsteile. Analysieren Sie das Ergebnis der ABC-Analyse, unterbreiten Sie der Geschäftsleitung Vorschläge und begründen Sie diese!

3.3 Die e-Car AG hat sich dazu entschlossen, mit dem Zulieferer der Bremsanlage eine Just-in-time-Lieferung zu vereinbaren.

Aufgaben:

3.3.1 Erläutern Sie, warum es sinnvoll ist, für die Abwicklung der Bestellungen einen Rahmenvertrag abzuschließen!

3.3.2 Nennen Sie vier Voraussetzungen, die die e-Car AG von dem Zulieferer erwartet!

3.3.3 Im Rahmen der Just-in-time-Lieferung können Umstände eintreten, die den Materialfluss empfindlich stören können. Zeigen Sie an zwei Beispielen solche Störmöglichkeiten auf!

Lernbereich 2: Material beschaffen sowie Fertigungsverfahren festlegen

2 Beschaffungsmarkt analysieren und die Lieferbereitschaft durch wohlüberlegte Bestellungen gewährleisten

2.1 Analyse des Beschaffungsmarktes (Beschaffungsmarktforschung)[1]

LB 2   Handlungssituation 3:   Lieferer auswählen

Die Augsburger Büromöbel AG benötigt bei der Produktion ihrer Rollcontainer das technische Schmiermittel Molybdändisulfid (MoS_2). Der bisherige Lieferant des Betriebsstoffs hält seine Liefertermine fast nie ein.

Ihre Recherche als Sachbearbeiter/-in des Einkaufs in der Augsburger Büromöbel AG nach neuen Lieferanten für das Schmiermittel Molybdändisulfid (MoS_2) ergab, dass zwei Lieferer denselben Artikel zum gleich günstigen Preis anbieten.

KOMPETENZORIENTIERTE ARBEITSAUFTRÄGE:

1. Wie sollte die Augsburger Büromöbel AG bei der Auswahl geeigneter Lieferer vorgehen?

   Erstellen Sie eine Checkliste zur Liefererauswahl! Formulieren Sie allgemeine Kriterien, die bei der Liefererauswahl von Bedeutung sind, und präzisieren Sie diese durch gezielte Fragestellungen! Verwenden Sie folgende Tabelle:

Kriterien zur Liefererauswahl	präzisierende Fragen
Alter und Image des Unternehmens …	■ Seit wann besteht das Unternehmen? ■ Welchen Ruf genießt das Unternehmen? ■ …

2. Erstellen Sie eine Gegenüberstellung mit Pro- und Kontra-Argumenten zum Einfaktoren- und Mehrfaktorenvergleich beim Bezug des Schmiermittels!

2.1.1 Beschaffungsmarktanalyse

(1) Begriff Beschaffungsmarktanalyse

Sollen neue Materialien bzw. neue Dienstleistungen beschafft werden, muss man sich auf jeden Fall über die möglichen Bezugsquellen (Lieferer) informieren. Aber auch dann, wenn ein Unternehmen schon über längere Zeit hinweg bestimmte Lieferer hat, kann es sich lohnen, andere Lieferer ausfindig zu machen, deren Angebote einzuholen und diese Angebote mit denen der bisherigen Lieferer zu vergleichen. Aus Gewohnheit und/oder Bequemlichkeit immer beim gleichen Lieferer einzukaufen, kann teuer werden.

Beschaffungsmarktanalyse ist die systematische Beschaffung von Informationen über die **Verhältnisse auf den Beschaffungsmärkten** des Unternehmens, die **anbietenden Lieferer**, die **Beschaffungskonkurrenten** und die **angebotenen Materialien** bzw. **Dienstleistungen**.

---

[1] Die Begriffe Beschaffungsmarktanalyse und Beschaffungsmarktforschung werden synonym verwendet.

(2) Bereiche der Beschaffungsmarktanalyse

Unternehmensbereiche	Angestrebte Informationen (Beispiele)
Verhältnisse auf dem Beschaffungsmarkt	■ Nachfragemengen der Konkurrenten nach den benötigten Materialien; ■ verfügbare Angebotsmenge; ■ angebotene Qualitäten; ■ Preisentwicklung der Materialien; ■ Bezugsort der Materialien; ■ Beschaffungswege.
Beschaffungskonkurrenten	■ Anzahl der Konkurrenten; ■ Marktmacht der Konkurrenten; ■ Marktverhalten der Konkurrenten; ■ nationale oder internationale Konkurrenten; ■ erzielte Preise und Konditionen.
Angebotene Materialien	■ Materialbestandteile und -zusammensetzung; ■ Erfüllung der benötigten Qualitätsanforderungen; ■ vorhandene Substitutionsmaterialien (Ersatzmaterialien); ■ Entsorgungs- und Recyclingmöglichkeiten und -vorschriften.
Anbietende Lieferanten	■ Alter und Image des Unternehmens; ■ Leistungsfähigkeit und Kreativität; ■ Pünktlichkeit und Zuverlässigkeit; ■ Preise und Zahlungsziele; ■ Einhalten von Sozialstandards. (Bei der Beschaffung von Informationen über mögliche Lieferanten können Checklisten [vgl. Handlungssituation 3, Arbeitsauftrag 1] Entscheidungshilfen geben.)

2.1.2 Informationsquellen

(1) Externe Informationsquellen

Ist man mit den bisherigen Lieferern nicht mehr zufrieden oder müssen bisher noch nicht bezogene Güter beschafft werden, weil das Fertigerzeugnisprogramm geändert wurde, müssen die Bezugsquellen außerhalb des Betriebs (extern) ermittelt werden.

Bei den **externen Informationsquellen** kann man zwischen **primären** und **sekundären Informationsquellen** unterscheiden.

Informationsquellen	Beispiele
Primäre (direkte, unmittelbare) Informationsquellen Die zur Beschaffung erforderlichen Informationen werden direkt (unmittelbar) auf den Beschaffungsmärkten eingeholt.	■ Schriftliche Informationen, telefonische Anfragen und/oder persönliche Gespräche bei Lieferern und Kunden, ■ Besuche von Messen, Ausstellungen und Warenbörsen (Produktenbörsen), ■ Berichte der Einkaufs- und Verkaufsreisenden sowie der selbstständigen Absatzvermittler,[1] ■ Betriebsbesichtigungen bei Lieferern und Kunden, ■ Testanzeigen (für Kauf und Verkauf), ■ Vertreterbesuche, ■ elektronische Marktplätze.[2]
Sekundäre (indirekte, mittelbare) Informationsquellen Hier werden keine speziellen Erhebungen durchgeführt, sondern zu anderen Zwecken erfolgte Aufzeichnungen zur Beschaffung ausgewertet.	■ Statistiken (z. B. Umsatz- und Preisstatistiken der Verbände, des Statistischen Bundesamts, der Deutschen Bundesbank und Europäischen Zentralbank, der Ministerien, Statistiken über die Kostenstruktur/Materialanteile), ■ Adressbücher, Branchenhandbücher, Einkaufsführer (z. B. „Wer liefert was?", „Einkaufs-1x1 der deutschen Industrie", „ABC der deutschen Wirtschaft" usw.), „Gelbe Seiten" der Deutschen Telekom Medien GmbH, ■ Fachbücher und Fachzeitschriften, Verkaufskataloge, -prospekte, Markt- und Börsenberichte, Geschäftsberichte, Hauszeitschriften, Messekataloge, Tages- und Wirtschaftszeitungen, ■ Einschaltung ausländischer Handelskammern und deutscher Handelsmissionen im Ausland, ■ Internetseiten (z. B. http://www.gelbeseiten.de; http://www.werliefertwas.de).

Dateien von externen Bezugsquelleninformationen können vom Betrieb selbst angelegt werden. Sie können aber auch in vielen Ausführungen und Größen gekauft werden. Werden diese Informationen in eine Datenbank integriert, dann stehen deren unterstützende Funktionalitäten zur Datenfassung, Datenauswertung und -gruppierung zur Verfügung.

(2) Interne Informationsquellen

Wurden die zu beschaffenden Güter bereits früher schon einmal eingekauft, sind die Bezugsquellen bekannt. Die erforderlichen Informationen können im Betrieb selbst (intern) beschafft werden, sofern die organisatorischen Voraussetzungen vorliegen, z. B. die entsprechenden Tabellen in einer Datenbank angelegt wurden.

---

[1] **Selbstständige Absatzvermittler** sind z. B. die **Handelsvertreter** (siehe §§ 84ff. HGB), die **Kommissionäre** (siehe §§ 383ff. HGB) und die **Handelsmakler** (siehe §§ 93ff. HGB).

[2] Auf **elektronischen Marktplätzen** treffen sich mehrere Anbieter und Nachfrager. Die Lieferanten sichten die Anfragen und stellen ihr Angebot in den Marktplatz ein. Konkurrierende Lieferanten können dabei die anonymisierten Angebote der Mitbewerber einsehen und gegebenenfalls ihr Angebot verbessern. Die Kunden vergleichen die Angebote und wählen einen Lieferanten aus.

2 Beschaffungsmarkt analysieren und die Lieferbereitschaft durch wohlüberlegte Bestellungen gewährleisten

Dateien (Tabellen), die bei der internen Informationsbeschaffung benutzt werden:

Dateien mit internen Bezugsquelleninformationen	
Materialdatei	Sie enthält für jede Materialposition (Roh-, Hilfs-, Betriebsstoff, Einzelteil, Baugruppe, Enderzeugnis) ■ das identifizierende Element (Primärschlüssel), z. B. Teilenummer, ■ die klassifizierenden Elemente (z. B. Teileart, Beschaffungsart, ABC-Klasse), ■ die beschreibenden Elemente (z. B. Bezeichnung, Preis, Bestand).
Liefererdatei	Sie enthält alle Attribute[1] über den Lieferer, z. B. Lieferernummer, Name, Straße, PLZ, Ort, Bonität.[2]
Konditionendatei	In ihr werden die Lieferungs- und Zahlungsbedingungen (Konditionen) der Lieferer erfasst.
Bezugsquellendatei	Sie ist die elektronische Version des „Wer liefert was?", stellt also die Verbindung her zwischen der Materialtabelle und der Liefertabelle.

2.1.3 Liefererauswahl

2.1.3.1 Grundsätzliches

Die Suche nach neuen Bezugsquellen und die Ermittlung potenzieller[3] Lieferer haben für die Unternehmen einen hohen Stellenwert. Mit dieser Aufgabe beschäftigt sich die **Beschaffungsmarktanalyse**. Hat diese einen möglichen Lieferer ermittelt, schließt sich die **Liefererbewertung** an.

Für die Liefererbewertung können

- **quantitative,** d. h. **messbare Kriterien** (z. B. Preis, Zahlungsbedingungen, Lieferungsbedingungen) und/oder
- **qualitative,** d. h. **nicht messbare Kriterien** (z. B. Qualität, Lieferertreue, Image, technisches Know-how, Unterstützung bei Problemlösungen)

herangezogen werden. Als Instrumentarium zur Analyse der Kriterien kann der **Einfaktorenvergleich** oder der **Mehrfaktorenvergleich (Liefermatrix, Scoringmodell)** dienen.

2.1.3.2 Liefererauswahl durch Einfaktorenvergleich mit Bezugskalkulation

Legt man nur einen einzigen Auswahlgesichtspunkt (ein Kriterium) zugrunde, dann kommt man sehr schnell zu einer Entscheidung. Solche Einfaktorenvergleiche sind z. B. möglich in Bezug auf den Preis, die Lieferungs- und Zahlungsbedingungen oder die Produktqualität.

---

1 **Attribute**: Eigenschaften, Merkmale.
2 **Bonität**: Ruf einer Firma im Hinblick auf ihre Zahlungsfähigkeit und -willigkeit.
3 **Potenziell**: möglich, denkbar.

Lernbereich 2: Material beschaffen sowie Fertigungsverfahren festlegen

> **Beispiel für einen Einfaktorenvergleich (Preisvergleich von Angeboten):**
>
> Ein Betrieb erhält vier Angebote über den Bezug von 50 Schlössern. Die angebotenen Waren sind qualitätsmäßig vollkommen gleich. Die Lieferzeit beträgt in allen Fällen 14 Tage. Die Angebote lauten:
>
> Angebot 1: Listeneinkaufspreis 569,00 EUR, Rabatt 6 %, Skonto 2,5 %, Bezugskosten 36,40 EUR.
> Angebot 2: Listeneinkaufspreis 518,00 EUR, Rabatt 8 %, Skonto 2,0 %, Bezugskosten 71,50 EUR.
> Angebot 3: Listeneinkaufspreis 550,00 EUR, Rabatt 9 %, Skonto 3,0 %, Bezugskosten 59,80 EUR.
> Angebot 4: Listeneinkaufspreis 598,00 EUR, Rabatt 7 %, Skonto 0,0 %, Bezugskosten 44,20 EUR.
>
> **Aufgabe:**
> Berechnen Sie, welches Angebot den niedrigsten Bezugspreis bietet!

Lösung:

	Angebot 1		Angebot 2		Angebot 3		Angebot 4	
	%	EUR	%	EUR	%	EUR	%	EUR
Listeneinkaufspreis		569,00		518,00		550,00		598,00
− Rabatt	6	34,14	8	41,44	9	49,50	7	41,86
Zieleinkaufspreis		534,86		476,56		500,50		556,14
− Skonto	2,5	13,37	2	9,53	3	15,02	0	0,00
Bareinkaufspreis		521,49		467,03		485,48		556,14
+ Bezugskosten		36,40		71,50		59,80		44,20
Bezugspreis		557,89		538,53		545,28		600,34

Ergebnis: Den niedrigsten Bezugspreis für 50 Schlösser bietet das Angebot 2 mit 538,53 EUR.

2.1.3.3 Liefererauswahl durch Mehrfaktorenvergleich (Lieferermatrix, Scoringmodell)[1]

Ist für die Auswahl des Lieferers nicht nur ein Kriterium entscheidend, dann entsteht sehr schnell eine komplexe[2] Situation, da die Kriterien unter Umständen einander zuwider laufen, wie z. B. Qualität und Preis. Ein günstiger Preis ist zumeist mit geringerer Qualität verbunden und umgekehrt.

Ein Instrument, um einen Angebotsvergleich unter Berücksichtigung mehrerer Kriterien durchzuführen, ist die **Lieferermatrix** (siehe Beispiel auf S. 63). Man bezeichnet sie auch als **Nutzwertanalyse**. Dabei werden den Auswahlkriterien zunächst Gewichtungen zugeordnet (siehe Beispiel Spalte 2), die für alle Lieferer gleichermaßen gelten. Danach werden die Lieferer einzeln dahingehend analysiert, inwieweit sie die Auswahlkriterien erfüllen. Hierfür werden Punkte vergeben, z. B. 5: hohe Zielerfüllung, 0: keine Zielerfüllung (z. B. Spalte 3). Durch Multiplikation der Gewichtungen mit den einzelnen Punkten erhält man je Auswahlkriterium die gewichteten Punkte (z. B. Spalte 4). Ausgewählt wird jener Lieferer, dessen Summe der gewichteten Punkte maximal ist.

Die Verwendung der Lieferermatrix hat den Vorteil, dass neben rein **quantifizierbaren Größen** (z. B. Preis) auch die Einbeziehung von **qualitativen Kriterien** (z. B. Qualität, Liefertermine usw.) möglich ist.

---
1 **Scoringmodell** kann übersetzt werden mit Punktebewertungsmodell.
2 **Komplex:** vielfältig verflochten.

2 Beschaffungsmarkt analysieren und die Lieferbereitschaft durch wohlüberlegte Bestellungen gewährleisten

> **Beispiel:**
>
> Zur Auswahl stehen die drei Lieferer Abel, Bebel und Cebel. Als Entscheidungsfaktoren spielen die Qualität, der Preis, die Liefertreue, der technische Kundendienst und die Unterstützung bei Problemlösungen eine Rolle. Die Gewichtungen für die Entscheidungsfaktoren sind der Spalte 2 zu entnehmen. Eine Beurteilung der Lieferer ergab jeweils die in den Spalten 3, 5 und 7 dargestellten Punkte.

Auswahl-Kriterien	Gewichtung	Abel		Bebel		Cebel	
		Punkte Abel	Gewichtete Punkte Abel	Punkte Bebel	Gewichtete Punkte Bebel	Punkte Cebel	Gewichtete Punkte Cebel
(1)	(2)	(3)	(4) = (2) · (3)	(5)	(6) = (2) · (5)	(7)	(8) = (2) · (7)
Qualität	0,3	5	1,5	4	1,2	3	0,9
Preis	0,3	4	1,2	5	1,5	5	1,5
Liefertreue	0,1	3	0,3	4	0,4	5	0,5
Technischer Kundendienst	0,2	5	1,0	3	0,6	4	0,8
Unterstützung bei Problemlösungen	0,1	2	0,2	2	0,2	3	0,3
Summe der Punkte	**1,0**		**4,2**		**3,9**		**4,0**

Erläuterung (am Beispiel Abel):

Die zeilenweise Multiplikation der Gewichtungen mit den Punkten Abels für die einzelnen Kriterien ergibt jeweils die gewichteten Punkte. Deren Summe beträgt bei Abel 4,2. Bebel und Cebel erhielten je 3,9 bzw. 4,0 Punkte. Somit fällt die Entscheidung zugunsten von Abel.

Das Schema der Lieferermatrix, kann im Betrieb auch anderweitig verwendet werden (z. B. Standortbestimmung für eine neue Filiale, Mitarbeiterbeurteilung, Bewerberauswahl usw.).

2.1.4 Einhaltung ethisch-sozialer Standards

Jeder kennt die Werbesprüche wie „Geiz ist geil" und „Ich bin doch nicht blöd". Sie fordern geradezu ein Einkaufsverhalten heraus, das sich einzig und allein am Preis orientiert.

Die Profiteure einer solchen Einkaufsstrategie sind

- die **Unternehmen** bzw. deren Inhaber aufgrund der höheren Gewinne.
- die **Verbraucher**, die zum günstigsten Preis einkaufen. Nicht gehabte, höhere Ausgaben sind für sie praktisch Einnahmen und stehen für andere Zwecke zur Verfügung.

Die günstigen Preise kommen aber nicht nur dadurch zustande, dass die Waren in Asien oder in den Billiglohnländern des ehemaligen Ostblocks gefertigt und von dort importiert werden. Vielmehr haben auch der Niedriglohnsektor und die prekären[1] Beschäftigungen in Deutschland erheblich zugenommen. Arm trotz Arbeit ist also auch in Deutschland ein Tatbestand.

---

1 **Prekär:** misslich, schwierig.

Um dies zu ändern, haben die Unternehmen die Möglichkeit, ihren Materialbedarf bei Unternehmen zu decken, die nach der **Social Accountability (SA 8000)** zertifiziert sind. Das Siegel SA 8000 beinhaltet Mindestanforderungen an Sozial- und Arbeitsstandards.[1]

Unternehmen, die bei ihren Bestellungen das Siegel SA 8000 zugrunde legen, können z. B. folgende konkrete Maßnahmen ergreifen:

- Verpflichtung aller Lieferanten auf Einhaltung eines definierten Verhaltenskodex[2] – z. B. auf der Basis der Normen des SA 8000 – als fester Bestandteil aller Beschaffungsverträge.
- Regelmäßige Prüfung auf Einhaltung des Verhaltenskodex durch externe Audits.[3]
- Bemühung, dass die Lieferer wiederum ihre Zulieferer auf den Verhaltenskodex verpflichten.

Die Berücksichtigung ethisch-sozialer Aspekte im Rahmen der Beschaffung läuft dem Ziel „Wirtschaftlichkeit" keineswegs entgegen. Unternehmen, die diese Aspekte berücksichtigen, können daraus an anderer Stelle **Vorteile** erzielen:

- Die Unternehmen stärken das Vertrauen der Gesellschaft, der Geschäftspartner und der Kunden durch die nachweisbare Erfüllung der Standards.
- Damit können sie das Unternehmensimage in der Gesellschaft verbessern.
- Sie gewinnen als attraktive Arbeitgeber.
- Sie steigern ihren Umsatz bei verantwortungsbewussten Kunden.

Überblick: Liefererauswahl

- Zur **Liefererauswahl** kann ein **einziges Kriterium** (z. B. **Einfaktorenvergleich mit Bezugskalkulation**) oder eine Summe von Kriterien (**Mehrfaktorenvergleich durch Liefererermatrix**, Scoringmodell) herangezogen werden.
- Der **Einfaktorenvergleich** ist in der Regel eine **quantitative Betrachtung**, der **Mehrfaktorenvergleich** erlaubt auch die **Einbeziehung qualitativer Faktoren,** wie z. B. die Qualität, Liefertreue usw.
- Die Verwendung der Liefererermatrix dient der Auswahlentscheidung aus mehreren Alternativen mithilfe einer **Entscheidungsbewertungstabelle**.
- Welche Gründe letztlich für die Einkaufsentscheidung maßgebend sind, hängt von der konkreten Beschaffungssituation ab, z. B. **Dringlichkeit des Bedarfs** oder **Art der einzukaufenden Güter** (z. B. verderbliche Konsumgüter, komplizierte Investitionsgüter mit Beratungs-, Finanzierungs- und Wartungsbedarf usw.).

Kompetenztraining

7   Beschaffungsmarktanalyse

1.
   1.1 Erläutern Sie die Ziele der Beschaffungsmarktanalyse!
   1.2 Erläutern Sie drei Inhaltspunkte, die eine Analyse über den Beschaffungsmarkt enthalten sollte!

---

[1] Das Siegel SA 8000 beruht unter anderem auf Empfehlungen der International Labour Organization (**ILO**), einer Sonderorganisation der Vereinten Nationen. Das Siegel fordert z. B. die **Beseitigung von Zwangsarbeit**, die **Abschaffung von Kinderarbeit**, das **Recht auf Tarifverhandlungen**, ein **Verbot von Diskriminierung** in Beschäftigung und Beruf.

[2] **Kodex**: Sammlung von Normen und Regeln eines Sachbereichs.

[3] Ein **Audit** ist ein Untersuchungsverfahren. Dabei wird untersucht, ob Prozesse, Anforderungen und Richtlinien die geforderten Standards erfüllen.

2. Begründen Sie, warum eine Checkliste eine wesentliche Entscheidungshilfe bei der Liefererauswahl sein kann!

3. 3.1 Erklären Sie, welche Konsequenzen es für die Welt der Arbeitnehmer hat, wenn ethisch-soziale Aspekte bei der Analyse des Beschaffungsmarktes außer Acht gelassen werden!

   3.2 Begründen Sie, wer die Profiteure einer Beschaffungspolitik sind, die sich in erster Linie am Preis orientiert!

   3.3 Geben Sie an, welche Möglichkeit ein Unternehmen hat, ein ethisch-soziales Verhalten auch gegenüber seinen Geschäftspartnern, den Kunden und der Gesellschaft zu kommunizieren!

   3.4 Weisen Sie nach, dass ethisch-soziales Verhalten eines Unternehmens nicht im Widerspruch steht zu seinem Ziel „Profitabilität" (Wirtschaftlichkeit)!

8 Einfaktorenvergleich mit Bezugskalkulation

Vor der Kaufentscheidung ist es sinnvoll, einen Angebotsvergleich durchzuführen.

Aufgaben:

1. Erklären Sie die betriebswirtschaftliche Aufgabe des Angebotsvergleichs!
2. Begründen Sie, welche wichtigen Punkte der einzelnen Angebote ein Einkäufer zu vergleichen hat!
3. Nennen Sie drei Gründe, die vorliegen könnten, dass ein Unternehmen ein Angebot bei sonst gleichen Listeneinkaufspreisen mit 15 % Rabatt und 2 % Skonto einem Angebot mit 25 % Rabatt und 3 % Skonto vorzieht!
4. Ermitteln Sie das günstigste Angebot!
   Es wird beim rechnerisch günstigsten Verkäufer bestellt. Da es sich um Gattungsware handelt, werden lediglich Vereinbarungen über die zu liefernden Mengen und Preise getroffen.
   Unter qualitativ gleichwertigen Erzeugnissen gleich zuverlässiger Verkäufer soll ein rechnerischer Angebotsvergleich vorgenommen werden. Folgende Angebote liegen vor:

   Lieferer Nr. 3102:   3 500,00 EUR frei Lager, 3 % Skonto;
   Lieferer Nr. 3103:   3 360,00 EUR frachtfrei (ab Bahnhof des Käufers);
   Lieferer Nr. 3108:   3 700,00 EUR ab Bahnhof des Verkäufers, $12^{1}/_{2}$ % Rabatt und 2 % Skonto.

   Die Bahnfracht beträgt 200,00 EUR, die Kosten für die Anlieferung zum Bahnhof bzw. Zulieferung ab Bahnhof belaufen sich auf je 30,00 EUR.

9 Liefererauswahl durch Mehrfaktorenvergleich (Lieferermatrix)

Dem Betriebsbüro der Topsound GmbH, Ingolstadt, wird am 10. Januar 20.. der Innenauftrag Nr. C 732 über 1 000 Stück unserer neuen Stereo-Komplettanlage LH 4 erteilt. Laut Warenwirtschaftssystem sind noch 300 Stück des hierfür notwendigen Transistors TC 472 am Lager. Insgesamt aber werden 5 000 Stück benötigt.

Die Fertigungsplanung sieht vor, dass in der 12. Woche 20.. 400 Stück zu produzieren sind. In der 13. und 14. Woche sollen jeweils 300 Stück produziert werden. Die Transistoren müssen spätestens am Freitag der jeweiligen Vorwoche zur Verfügung stehen.

Liefertermin an unseren Großabnehmer: 15./16. Woche 20..

Lernbereich 2: Material beschaffen sowie Fertigungsverfahren festlegen

Dem Einkauf liegen drei Angebote vor:

(1) Die FBE Asia Electronic Import GmbH mit Sitz in Memmingen, vom 15. Januar 20..

„Wir bieten Ihnen, befristet bis zum 15. Februar 20.. Transistoren TC 472 für 2,56 EUR/Stück ab Flughafen Leipzig an. Hersteller ist die Firma **ComIT Technology Corporation Ltd in Huangzhou, China**. Bei Abnahme ab 1 000 Stück gewähren wir 5 % und ab 5 000 Stück 10 % Mengenrabatt. Die Zahlung soll erfolgen innerhalb von 10 Tagen nach Rechnungserhalt unter Abzug von 2 % Skonto oder innerhalb 30 Tagen netto Kasse."

Hinweis: Die Frachtkosten vom Flughafen Leipzig bis Ingolstadt betragen für 4 700 Stück 200,00 EUR.

(2) Elektroteile Augsburg GmbH, vom 27. Januar 20..

Lieferung für 3,10 EUR/Stück, frei Haus, innerhalb vier Wochen nach Bestelleingang; Mengenrabatt ab 500 Stück 10 %, ab 1 000 Stück 15 %, ab 5 000 Stück 20 %; zahlbar innerhalb 20 Tagen unter Abzug von 2 % Skonto oder innerhalb 60 Tagen rein netto.

(3) Hans Haas e. Kfm., Köln, vom 25. Januar 20..

Sonderangebot bis 10. Februar gültig. Bei Lieferung von 500 oder mehr Transistoren 3,00 EUR/Stück, frei Haus. Bei Abnahme von weniger als 500 Stück werden für Verpackung, Fracht und Bearbeitungsgebühr 50,00 EUR gesondert in Rechnung gestellt. Ab 1 000 Stück werden 10 %, ab 5 000 Stück 15 % Mengenrabatt gewährt; Rechnungen sind zahlbar innerhalb von 30 Tagen ohne Abzug.

Um die optimale Bezugsquelle zu ermitteln, werden vom Lager, von der Fertigung und vom Einkauf **Berichte über die Geschäftsverbindung mit den Verkäufern** zusammengestellt. Den Qualitätsanforderungen (mindestens vier von acht Punkten) genügen alle Anbieter:

FBE Asia Electronic Import GmbH

Die Qualität ist mit 5 von 10 Punkten noch im tolerierbaren Bereich. Geliefert wurde in der Regel fehlerfrei, nur einmal enthielt eine Lieferung einen beachtlichen Teil falscher Artikel. Die betriebswirtschaftliche Abwicklung der Einkäufe mit dem Importeur verlief stets ohne Beanstandungen. Liefertermine wurden allerdings durch den chinesischen Hersteller mehrmals nicht eingehalten. Verpackung und Auslieferung hingegen waren makellos. Die technische Beratung durch die FBE Asia Electronic Import GmbH lässt zu wünschen übrig. Direkte persönliche Auskünfte sind selten zu erhalten; häufige Rücksprachen des Importeurs mit dem chinesischen Hersteller erschweren die Kommunikation. Rückfragen werden nachlässig behandelt und ihre Beantwortung dauert daher sehr lange. Eine Nachfrage der Topsound GmbH beim Importeur über das Niveau der ethisch-sozialen Standards des Herstellers in China wurde nur sehr zögerlich und ausweichend beantwortet. Ein schriftlicher Nachweis konnte nicht erbracht werden.

Elektroteile Augsburg GmbH

Die Elektroteile Augsburg GmbH, praktisch in Sichtweite gelegen, hat die Produktion erst vor etwa 15 Monaten aufgenommen. Die Qualitätsstufe ist 8 von 10 Punkten. Angenehm ist die räumliche Nähe bei Rückfragen und technischer Beratung. Letztere allerdings ist nicht allzu qualifiziert. Aufgrund der geografischen Nähe legt die Elektroteile Augsburg GmbH keinen Wert auf Verpackung bei Anlieferung. Lieferzusagen werden eingehalten. Bei schriftlichen Unterlagen (Auftragsbestätigung, Rechnung etc.) sind jedoch fast immer Beanstandungen aufgetreten, manchmal sogar sehr ärgerliche. Auf den schriftlichen Informationsverkehr ist wenig Verlass. Die Elektroteile Augsburg GmbH haben eine Zertifizierung nach SA 8000 nachgewiesen.

2 Beschaffungsmarkt analysieren und die Lieferbereitschaft durch wohlüberlegte Bestellungen gewährleisten

Hans Haas e. Kfm., Köln

Köln ist 500 km entfernt. Obwohl die Qualität mit 7 von 10 Punkten hoch ist, reicht die schriftlich angeforderte Beratung nicht aus. Dafür werden Verpackung und Anlieferung stets besonders gelobt. Auch Liefertermine wurden – ausgenommen eine unverschuldete Verzögerung – pünktlich eingehalten. Rückfragen jeder Art werden schnell bearbeitet und beantwortet. In zwei Fällen musste die Auftragsbestätigung angemahnt werden. Sonst waren keine besonderen Beanstandungen festgestellt worden. Die Hans Haas e. Kfm. ist nicht nach SA 8000 zertifiziert.

Aufgaben:

1. Führen Sie anhand einer Lieferermatrix (Scoringmodell) einen Angebotsvergleich durch!

Hinweise:

(1) Neben dem Preis und der Qualität sind für den Vergleich anhand des Informationsmaterials weitere Kriterien festzulegen.
(2) Bei der Kriteriengewichtung sind im ersten Schritt aus einer Zehnerstaffel (10, 20, ..) entsprechend der „Wichtigkeit" Punkte zu verteilen. Die Punktsumme ist auf 100 anzupassen.
(3) Im Folgenden wird jede Information kriterienbezogen bewertet und erhält zwischen 1 und 5 Punkten, wobei die als beste angesehene nicht unbedingt volle 5 Punkte und die als schlechteste betrachtete nicht unbedingt 1 Punkt bekommen muss.
(4) Die Informationspunkte werden durch Multiplikation mit den Punkten aus der Kriteriengewichtung relativiert.
(5) Nach Abschluss der Bewertung werden die Summen der gewichteten Punkte gebildet.

Lieferermatrix (Scoringmodell): Liefererauszahl

		FBE Asia Electronic Import GmbH		Elektroteile Augsburg GmbH		Hans Haas e. Kfm., Köln	
EUR/Stück							
EUR/4 700 Stück							
− Rabatt							
= Zieleinkaufspreis							
− Skonto							
= Bareinkaufspreis							
+ Fracht							
= Bezugspreis							
Kriterien	**Gewichtung d. Kriterien**	**Punkte**	**gewicht. Pkt.**	**Punkte**	**gewicht. Pkt.**	**Punkte**	**gewicht. Pkt.**
1. Preis							
2. Qualität							
3.							
4.							
5.							
6.							
Summe	**100**						

Hinweis zur Spalte Punkte: 5 ≙ sehr gut, 4 ≙ gut, 3 ≙ befriedigend, 2 ≙ ausreichend, 1 ≙ schlecht

2. Treffen Sie eine begründete Entscheidung, welcher Lieferer aufgrund der Summe aller relativierten Punkte den Auftrag erhalten wird!

Lernbereich 2: Material beschaffen sowie Fertigungsverfahren festlegen

2.2 Aufrechterhaltung der Lieferbereitschaft durch Festlegung der Bestellmenge und Bestellzeit

2.2.1 Festlegung der Bestellmenge

| LB 2 | Handlungssituation 4:   Optimale Bestellmenge bestimmen |

Die Sport-Burr KG bezieht für ihre Nordic-Walking-Stöcke die passenden Handschuhe von den Textilwerken Maiberger AG. Die Sport-Burr KG benötigt jährlich 2 500 Paar Handschuhe.

KOMPETENZORIENTIERTE ARBEITSAUFTRÄGE:

1. Begründen Sie, ob die Sport-Burr KG die Handschuhe in einem Beschaffungsvorgang bestellen oder mehrere kleine Bestellungen vornehmen soll. Erläutern Sie in diesem Zusammenhang, welche Vor- und Nachteile für die jeweilige Vorgehensweise sprechen!
2. Die Lagerhaltungskosten pro Paar betragen 0,50 EUR, die fixen Bestellkosten 50,00 EUR je Bestellung, gleichgültig welche Menge bestellt wird.

    Berechnen Sie die Bestellmenge, bei der die Beschaffungskosten (Summe aus Lagerhaltungs- und fixen Bestellkosten) am niedrigsten sind (optimale Bestellmenge)!

2.2.1.1 Überblick

Das Hauptproblem der Mengenplanung im Beschaffungsbereich liegt in der Festlegung der **kostengünstigsten (optimalen) Bestellmenge**. Dabei muss ein Ausgleich zwischen den **Lagerhaltungskosten** und den **auflagefixen Bestellkosten** gefunden werden.

2.2.1.2 Ermittlung der optimalen Bestellmenge

(1) Fixe[1] Bestellkosten

Sie fallen bei jeder Bestellung an, gleichgültig wie groß die Menge bzw. wie hoch der Wert der bestellten Werkstoffe bzw. Waren ist.

Beispiele:
Kosten der Bearbeitung der Bedarfsmeldung, der Angebotseinholung, der Wareneingangsprüfung und der Rechnungsprüfung.

---

[1] **Fixe Kosten** sind Kosten, die sich bei einer Änderung der Ausbringungsmenge (z. B. Bestellmenge) in ihrer **absoluten Höhe nicht verändern**. Zu Einzelheiten siehe S. 274.

(2) Lagerhaltungskosten[1]

Zu den Lagerhaltungskosten zählen z. B. die Personalkosten für die im Lager beschäftigten Personen, die im Wert der gelagerten Güter gebundenen Zinsen und die Kosten des Lagerrisikos.

Beispiel für die Ermittlung der optimalen Bestellmenge:

Die fixen Bestellkosten je Bestellung betragen 50,00 EUR. Der Einstandspreis je Stück beläuft sich auf 30,00 EUR und der Lagerhaltungskostensatz[2] auf 25 %. Der Jahresbedarf beträgt 3 600 Stück.

Außer Betracht bleibt, dass mit zunehmender Bestellgröße i. d. R. Mengenrabatte in Anspruch genommen werden können. Außerdem wird nicht berücksichtigt, dass bei größeren Bestellungen häufig Verpackungs- und Transportkosten eingespart werden können.

Aufgaben:

1. Ermitteln Sie rechnerisch die optimale Bestellmenge, indem Sie die Gesamtkosten für eine Bestellmenge von 50 bis 500 Stück in 50er-Schritten berechnen!
2. Stellen Sie die optimale Bestellmenge grafisch dar!

Lösungen:

Zu 1.: Berechnung der optimalen Bestellmenge

Bestell-menge in Stück	Anzahl der Bestellungen	Fixe Bestellkosten in EUR	Durchschn. Lagerbestand in Stück	Durchschn. Lagerbestand in EUR	Lagerhaltungs-kosten in EUR	Gesamtkosten in EUR
50	72	3 600,00	25	750,00	187,50	3 787,50
100	36	1 800,00	50	1 500,00	375,00	2 175,00
150	24	1 200,00	75	2 250,00	562,50	1 762,50
200	18	900,00	100	3 000,00	750,00	1 650,00
250	14,4	720,00	125	3 750,00	937,50	1 657,50
300	12	600,00	150	4 500,00	1 125,00	1 725,00
350	10,29	514,29	175	5 250,00	1 312,50	1 826,79
400	9	450,00	200	6 000,00	1 500,00	1 950,00
450	8	400,00	225	6 750,00	1 687,50	2 087,50
500	7,2	360,00	250	7 500,00	1 875,00	2 235,00

Erläuterung:

Werden z. B. 50 Stück bestellt, muss der Bestellvorgang 72-mal wiederholt werden, um den Jahresbedarf von 3 600 Stück zu beschaffen. Die fixen Bestellkosten betragen dann 3 600,00 EUR und die Lagerhaltungskosten 187,50 EUR. Mit zunehmender Bestellmenge verringert sich die Anzahl der Bestellungen und damit sinken auch die fixen Bestellkosten, während im Gegenzug die Lagerhaltungskosten steigen. Da der Betrieb **beide Kostenarten** berücksichtigen muss, ist das Optimum erreicht, wenn die **Summe beider Kosten das Minimum erreicht** hat. Dieses Minimum liegt bei den vorgegebenen Mengenintervallen bei 200 Stück und 18 Bestellungen. Eine exakte Berechnung (mithilfe der Andler-Formel)[3] ermittelt eine optimale Bestellmenge von 219 Stück bei Gesamtkosten von 1 643,17 EUR.

---

[1] Die fixen (festen) **Lagerhaltungskosten** bleiben bei den folgenden Überlegungen außer Acht, weil sie unabhängig von der Größe des Lagerbestands anfallen. Hierzu gehören z. B. die Abschreibungskosten für die Lagerräume und Lagereinrichtungen.

[2] Der **Lagerhaltungskostensatz** gibt an, wie groß die Lagerkosten sind gemessen am durchschnittlichen Lagerbestand, ausgedrückt in Prozent.

[3] Siehe S. 74.

Zu 2.: Grafische Darstellung der optimalen Bestellmenge

Trägt man an der x-Achse die jeweilige Bestellmenge und an der y-Achse die Kosten ab, erhält man folgendes Bild:

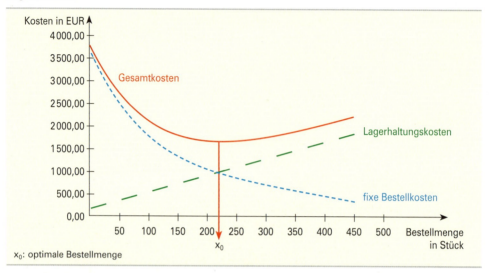

x_0: optimale Bestellmenge

- Die **optimale Bestellmenge** ist die Beschaffungsmenge, bei der die **Gesamtkosten** (Summe aus fixen Bestellkosten und Lagerhaltungskosten) am **niedrigsten** sind.
- Bei dieser Menge gleichen sich die **sinkenden fixen Bestellkosten** und die **steigenden Lagerhaltungskosten** aus.

Werden bei steigender Bestellgröße Lieferrabatte gewährt und/oder Transport- und Verpackungskosten gespart, vergrößert sich die optimale Bestellmenge. An der grundsätzlichen Aussage des Modells ändert sich nichts.

Die Anwendung dieser Modellrechnung in der Praxis ist ungleich komplizierter, weil zahlreiche Bedingungen berücksichtigt werden müssen, die hier vernachlässigt wurden (z. B. unterschiedliche Zahlungs- und Lieferungsbedingungen bei verschiedenen Lieferern). Außerdem ist die Ermittlung der optimalen Bestellmenge teuer, zumal sich verändernde Daten (z. B. Veränderungen der durchschnittlichen täglichen Materialentnahme) zu Neuberechnungen führen müssen. Die Ermittlung der optimalen Bestellmenge wird sich daher nur bei solchen Gütern lohnen, die einen **hohen wertmäßigen Jahresverbrauch haben (A-Güter)**. Voraussetzung zur Berechnung und Verwirklichung (Realisierung) der optimalen Bestellmenge ist außerdem, dass der Lieferer die „optimale" Menge auch tatsächlich liefern kann, was nicht immer der Fall sein muss. Außerdem muss die Lagergröße ausreichen, die optimale Bestellmenge aufzunehmen.

2.2.2 Festlegung der Bestellzeit (Bestellpunkt- und Bestellrhythmusverfahren)

LB 2 **Handlungssituation 5:**   Sich für ein Bestellverfahren entscheiden

Emmy Reisacher, die Inhaberin des Kosmetikinstituts „Beauty Moments", hat einen zuverlässigen Lieferer für zertifizierte Bio-Kosmetik gefunden, der Mengenrabatte gewährt.

Werden die Bio-Kosmetik-Produkte kühl und trocken gelagert, sind sie laut Hersteller ungeöffnet 6 Monate haltbar.

Emmy Reisachers Lagerraum ist relativ klein und reicht gerade aus, um Kosmetikprodukte für einen Monat unterzubringen.

KOMPETENZORIENTIERTE ARBEITSAUFTRÄGE:

1. Erklären Sie Emmy Reisacher den Zusammenhang zwischen Bestellmenge und Lagerkosten, indem Sie die Auswirkung der zwei folgenden Varianten beschreiben:

   Variante 1: Emmy Reisacher bestellt zu Jahresbeginn die voraussichtliche Jahresmenge.

   Variante 2: Emmy Reisacher bestellt alle zwei Tage den voraussichtlichen Bedarf für zwei Tage.

2. Beraten Sie Emmy Reisacher bei ihrer Überlegung, im Industriepark einen zusätzlichen Lagerraum bei der benachbarten CLEAN-TEC OHG zu mieten. Fertigen Sie ein Diskussionspapier mit Gründen für und gegen die Anmietung eines zusätzlichen Lagerraums an.

3. Emmy Reisachers Kosmetikinstitut hat inzwischen wegen der qualitativ hochwertigen Produkte, die sie benutzt, einen sehr guten Ruf und ihr Kundenstamm hat sich entsprechend vergrößert.

   Aus diesem Grund ist es ihr zeitlich nicht mehr möglich, jeden Abend ihr Lager zu kontrollieren und bei Bedarf die fehlenden Produkte nachzubestellen.

   Halten Sie schriftlich fest, welches Bestellverfahren für Emmy Reisacher geeignet ist, wenn sie Kunden mit sehr unterschiedlichen Produktvorlieben hat und folglich der Tagesverbrauch eines Produkts nur sehr ungenau bestimmt werden kann!

Lernbereich 2: Material beschaffen sowie Fertigungsverfahren festlegen

Die Bestellzeitpunkte für die Werkstoffe müssen unter Berücksichtigung der Wiederbeschaffungszeit so bestimmt werden, dass einerseits die **Kundenwunschtermine nicht gefährdet** sind, andererseits aber auch **keine unnötigen Lagerzeiten** in Kauf genommen werden müssen.

- Beim **Bestellpunktverfahren** wird mit jeder Entnahme geprüft, ob damit der **Meldebestand unterschritten** wurde. Ist dies der Fall, wird eine Nachbestellung ausgelöst.
- Beim **Bestellrhythmusverfahren** erfolgt die Nachbestellung in **bestimmten Zeitintervallen**.

(1) Bestellpunktverfahren

Aus Vereinfachungsgründen gehen wir im Folgenden davon aus, dass bei Erreichen des festgelegten Meldebestands jeweils die **Fehlmenge bis zum Höchstbestand** aufgefüllt wird. Außerdem wird unterstellt, dass ein **regelmäßiger Tagesverbrauch** vorliegt. Der Meldebestand muss so hoch angesetzt werden, dass bei normalen Werkstoffverbrauch innerhalb der Wiederbeschaffungszeit der Mindestbestand (Sicherheitsbestand) nicht angegriffen wird.[1]

Beispiel:

Tagesbedarf: 4 Elektromotoren; Mindestbestand: 8 Stück; Höchstbestand: 40 Stück; Wiederbeschaffungszeit: 2 Tage; feste Bestellmenge: 32 Stück; in der Wiederbeschaffungszeit werden (4 Stück · 2 Tage) 8 Stück verbraucht.

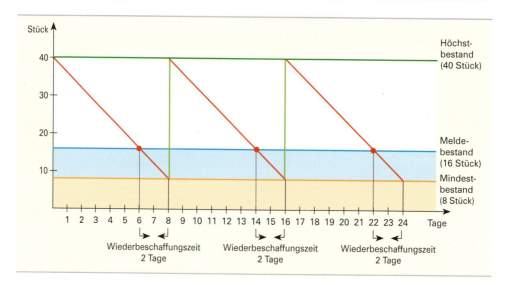

---

[1] Die Stärke des Bestellpunktverfahrens liegt darin, dass es auch bei unregelmäßigem Tagesverbrauch ein hohes Maß an Sicherheit vor Unterdeckung bietet. Dann allerdings kann der Meldebestand nicht mehr mit der starren Formel Meldebestand = Sicherheitsbestand + Tagesverbrauch · Wiederbeschaffungszeit ermittelt werden.

Erläuterungen:

- **Mindestbestand (Sicherheitsbestand):** Er dient zur Abdeckung von Bestands-, Bedarfs- und Bestellunsicherheiten. Er steht nur für unvorhergesehene Ereignisse zur Verfügung und darf daher nicht zur laufenden Disposition[1] verwendet werden. Im Beispiel beträgt der festgelegte Mindestbestand 8 Stück.
- **Meldebestand:** Erreicht der Lagerbestand diese Bestandshöhe, dann ist eine neue Bestellung auszulösen. Im Beispiel beträgt der Meldebestand 16 Stück (8 Stück Mindestbestand + 4 Stück · 2 Tage Wiederbeschaffungszeit).
- **Höchstbestand:** Er gibt an, welcher Bestand maximal eingelagert wird. Der Höchstbestand wird immer nach Eintreffen der bestellten Materialien erreicht. Im Beispiel beträgt der festgelegte Höchstbestand 40 Stück.
- **Wiederbeschaffungszeit:** Summe der Zeitbedarfe für eigene Überlegungszeit (z. B. Lieferauswahl), Durchführung der Bestellung, Transportzeit, Lieferzeit, Zeit für Materialeingangskontrolle und Einlagerung.
- **Bestellzeitpunkt:** Zeitpunkt, zu welchem bestellt werden muss, um die Versorgung während der Lieferzeit sicherzustellen. Im Beispiel muss nach 6 Tagen bestellt werden, da zu diesem Zeitpunkt der Meldebestand von 16 Stück erreicht wird.
- **Auffüllmenge:** Es handelt sich um die Menge, die bestellt werden muss, um das Lager bis zum Höchstbestand aufzufüllen. Die konstante Auffüllmenge beträgt 32 Stück (40 Stück – 8 Stück).

(2) Bestellrhythmusverfahren

Aus Vereinfachungsgründen gehen wir davon aus, dass aufgrund eines **Rahmenvertrags** zwischen Hersteller und Zulieferer die vereinbarten Lieferungen in einem **gleichen Zeitabstand** (Rhythmus) und mit einer **konstanten Liefermenge** erfolgen.

> **Beispiel:**
>
> Eine Möbelfabrik vereinbart mit ihrem Zulieferer, dass in Abständen von jeweils 30 Tagen 200 m² Weisseichenfurnier geliefert werden.

In der Praxis entfällt bei einem solchen Rahmenvertrag eine ständige Bestellwiederholung.

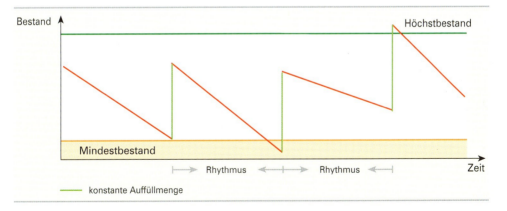

---

[1] **Disposition:** freie Verwendung.

Lernbereich 2: Material beschaffen sowie Fertigungsverfahren festlegen

(3) Vor- und Nachteile der Bestellverfahren

Bestellpunktverfahren	Bestellrhythmusverfahren
■ Es handelt sich um eine sehr sichere Strategie. Dadurch, dass mit jeder Entnahme geprüft wird, ob der Meldebestand erreicht ist, ist auch die Gefahr der Unterdeckung sehr gering. ■ Es ist geeignet für Güter, bei denen ein hoher Servicegrad verlangt wird. ■ Wird bis auf die Lagerobergrenze aufgefüllt, dann führt dies tendenziell zu hohen Beständen. ■ Der Kontrollaufwand ist relativ hoch. ■ Durch ständige Bestandskontrolle ist das Verfahren auch geeignet für Güter mit unregelmäßigem Bedarf.	■ Es wird nur in festen Zeitintervallen (Bestellrhythmus) nachbestellt. ■ Muss mit unregelmäßigem Bedarf gerechnet werden, dann besteht hier die große Gefahr der Unterdeckung. ■ Das Verfahren ist nur sinnvoll, wenn die Lagerabgangsraten relativ konstant sind. ■ Der Verwaltungsaufwand ist gering.

Kompetenztraining

10 Optimale Bestellmenge

1. Erläutern Sie, was unter der optimalen Bestellmenge zu verstehen ist!

2. Berechnen Sie mithilfe einer Tabelle (siehe S. 69) die optimale Bestellmenge aufgrund des dortigen Zahlenbeispiels, wenn

    2.1 die fixen Bestellkosten sich auf 100,00 EUR verdoppeln und die übrigen Bedingungen gleich bleiben!

    2.2 der Lagerhaltungskostensatz auf 45 % steigt und die übrigen Bedingungen gleich bleiben!

3. Zeichnen Sie die entsprechenden Kostenkurven zu den Aufgaben 2.1 und 2.2!

4. Fassen Sie Ihre Erkenntnisse aus den Aufgaben 2. und 3. in Form von Regeln zusammen!

5. Mithilfe der **Andler-Formel** lässt sich der exakte Wert für die optimale Bestellmenge bestimmen. Die Andler-Formel lautet:

$$Q_{opt} = \sqrt{\frac{200 \cdot F \cdot M}{P \cdot L}}$$

Q_{opt}: Optimale Bestellmenge
F: Fixe Bestellkosten
M: Jahresbedarf
P: Einstandspreis je Stück
L: Lagerhaltungskostensatz in Prozent

Aufgabe:

Überprüfen Sie die Richtigkeit Ihrer Ergebnisse!

6. Nennen Sie je drei Beispiele für fixe Bestellkosten und Lagerhaltungskosten!

7. Geben Sie Argumente an, welche die exakte Ermittlung der optimalen Bestellmenge in der Praxis erschweren!

11 Bestellrhythmusverfahren

Eine Artikeldatei liefert folgende Zahlen:

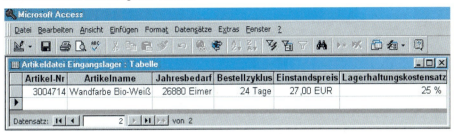

Die fixen Bestellkosten je Bestelleinheit belaufen sich auf 80,00 EUR. Die Geschäftsleitung möchte den Bestellzyklus auf 30 Tage erhöhen.

Aufgabe:
Prüfen Sie, ob diese Erhöhung zu einer Kostenersparnis führt!

12 Bestellpunktverfahren

1. Der Bedarf für das Fremdteil B 312 beträgt 30 Stück je Kalendertag, die Wiederbeschaffungszeit 8 Tage und der eiserne Bestand 80 Stück. Die optimale Bestellmenge beträgt 480 Stück. Am Abend des 4. März beträgt der Lagerbestand 440 Stück.

    Aufgaben:
    1.1 Planen Sie die Bestellzeitpunkte (Daten angeben) für den Monat März!
    1.2 Zeichnen Sie die Bestandsentwicklung in ein Diagramm ein (vgl. S. 72)!

2. Die Augsburger Büromöbel AG verbraucht täglich 100 Stahlrahmen für die Herstellung von Schreibtischen.

    Die Wiederbeschaffungszeit der Stahlrahmen beträgt 5 Tage, der Mindestbestand 600 Stück. Der Höchstbestand, der auf Lager genommen werden kann, beträgt 2 000 Stück.

    Aufgaben:
    2.1 Berechnen Sie den Meldebestand!
    2.2 Fertigen Sie eine Grafik über einen Zeitraum von 30 Tagen an!

Lernbereich 2: Material beschaffen sowie Fertigungsverfahren festlegen

2.3 Lagerhaltung

LB 2 Handlungssituation 6: Lagerart wählen

In der Augsburger Büromöbel AG kommt es immer wieder zu verzögertem Produktionsbeginn bei der Abarbeitung von Kundenaufträgen. Im Rahmen der Fertigungsplanung werden in der Augsburger Büromöbel AG die Fertigungsaufträge zum spätest möglichen Zeitpunkt in die Produktion eingelastet.

Die Zeitplanung wurde von Herrn Sutter, dem Leiter der Produktion, bewusst „auf Kante genäht" mit der Folge, dass jede Verzögerung in der Produktion auch zu einer verspäteten Auslieferung an den Kunden führt. Wiederholt hatten schon Kunden die Termineinhaltung moniert und auch bereits mit einem Wechsel des Lieferers gedroht.

Eine Analyse der Abläufe kam zu folgendem Ergebnis:

In den meisten Fällen wurde der verzögerte Produktionsbeginn dadurch verursacht, dass die erforderlichen Materialien und Werkzeuge verspätet aus dem zentralen Gesamtlager an den verschiedenen Fertigungsmaschinen bereitgestellt waren.

KOMPETENZORIENTIERTE ARBEITSAUFTRÄGE:

1. Versetzen Sie sich in die Rolle von Herrn Sutter, dem Leiter der Produktion! Erläutern Sie, was für seine Strategie spricht, die geplanten Fertigungsaufträge so spät wie zulässig in die Produktion einzuschleusen!
2. Begründen Sie, warum die Augsburger Büromöbel AG bei ihrer Entscheidung für ein zentrales Gesamtlager mit diesen Verzögerungen zu rechnen hat!
3. Vollziehen Sie nach, aus welchen Überlegungen heraus die Augsburger Büromöbel AG sich ursprünglich für diese Lagerart entschieden hat!
4. Stellen Sie die Risiken dar, die mit fehlerhaften Lagerbeständen (zu viel/zu wenig) verbunden sind!

2.3.1 Begriff und Aufgaben des Lagers

> Ein **Lager** ist ein Raum oder eine Fläche zum Aufbewahren von Sachgütern. Die Sachgüter werden mengen- und/oder wertmäßig erfasst.

Die Sachgüter werden im Wesentlichen aus vier Gründen gelagert:

Aufgaben des Lagers	Erläuterungen
Sicherung	Die einzelnen Verbrauchsstellen eines Industriebetriebs müssen jederzeit über die notwendigen Werkstoffe verfügen, wenn die Produktion störungsfrei ablaufen soll. Aus diesem Grund wird in den Industriebetrieben meistens ein Sicherheitsbestand (eiserner Bestand) gehalten.
Zeitüberbrückung/ Mengenausgleich	■ Witterungseinflüsse (z. B. verspätete Ernten), Liefererausfälle, Transportschwierigkeiten, politische Entscheidungen (z. B. Ausfuhrstopps) können die Produktion zum Erliegen bringen. Ein Roh-, Hilfs- und Betriebsstofflager sichert die Funktionsfähigkeit des Betriebs. ■ Ein plötzlicher Nachfrageanstieg kann die Lieferbereitschaft beeinträchtigen. Das Lager an Fertigerzeugnissen gleicht die Marktschwankungen aus. Bei steigender Nachfrage werden die Lager abgebaut, bei sinkender Nachfrage aufgestockt.
Umformung	Bei bestimmten Gütern hat die Lagerhaltung auch die Aufgabe, die Eigenschaften der Güter an die Anforderungen der Produktion und/oder des Absatzes anzupassen. Hierzu gehört z. B. das Austrocknen von Holz, das Aushärten von Autoreifen oder das Reifen alkoholischer Getränke (z. B. Bier, Wein).
Spekulation	Durch Großeinkäufe (z. B. durch das Ausnutzen von Mengenrabatten, Transportkostenvergünstigungen und Verbilligungen bei den Verpackungskosten) sowie durch Gelegenheitskäufe werden die Betriebe in die Lage versetzt, die Preise auch bei steigender Nachfrage stabil zu halten.

2.3.2 Arten des Lagers

(1) Lagerarten nach der räumlichen Gestaltung

Offene Lager: Wirtschaftliche Güter, die in ihrer Qualität durch Witterungseinflüsse nicht leiden, werden in kostengünstigen offenen, d. h. nicht überdachten Lagern untergebracht (z. B. Sand, Steine, Röhren, Ziegel usw.).

Geschlossene Lager: Die weitaus meisten Güter müssen in geschlossenen (umbauten) Lagern eingelagert werden, um sie vor Witterungseinflüssen (Kälte, Wärme, Feuchtigkeit) sowie Diebstahl zu schützen. Bei vielen Gütern sind **Speziallagerräume** (z. B. Kühlräume, Öltanks, Silos) erforderlich. **Getrennte Lagerräume** können aus Zweckmäßigkeitsgründen (leichterer Zugriff) oder aus Gründen, die in der Natur der Güter liegen, notwendig sein (z. B. Trennung von Lebensmitteln mit Geruchsbildung wie Käse von sonstigen Lebensmitteln, Trennung von Chemikalien von Lebensmitteln).

(2) Lagerarten nach dem Bearbeitungszustand der Erzeugnisse

- **Roh-, Hilfs- und Betriebsstofflager (kurz Stofflager):** Diese Lager haben die Aufgabe, die Zeitspanne zwischen Beschaffung und Produktion (Verbrauch der Roh-, Hilfs- und Betriebsstoffe) zu überbrücken.

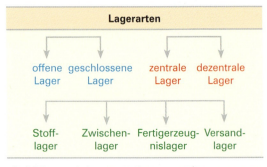

- **Zwischenlager:** Sie nehmen unfertige, noch weiter zu bearbeitende Erzeugnisse auf. Zwischenlager sind häufig deshalb erforderlich, weil die Fertigungsstufen innerhalb des Produktionsprozesses – besonders in Mehrproduktunternehmen – selten so genau aufeinander abgestimmt werden können, dass in jeder Produktionsstufe die erforderlichen Teile in der benötigten Menge zur Verfügung stehen. Außerdem würde ohne Zwischenlager bei der geringsten Betriebsstörung in einer Vorstufe (z. B. aufgrund eines Maschinenschadens) der gesamte Produktionsprozess zum Stillstand kommen.

- **Fertigerzeugnislager:** In diesen Lagern werden die fertiggestellten Erzeugnisse gelagert, um sie für den Absatz bereitzuhalten.

- **Versandlager:** Hierbei handelt es sich um die kurzfristige Lagerung von Gütern, die versandfertig gemacht (z. B. seemäßig verpackt) werden. Versandlager sind Durchgangslager bereits bestellter Erzeugnisse.

(3) Lagerarten nach dem Lagerort (Lagerstandort)

Zentrale Lager: Hier werden alle im Betrieb benötigten Güter in einem Gesamtlager untergebracht. Vom Zentrallager werden alle Aufgaben der Lagerwirtschaft übernommen.

Vorteile	Nachteile
■ geringer Grundstücks- und Gebäudebedarf ■ wirtschaftliche Lagerung infolge hoher Lagermengen ■ geringe Lagerraumkosten ■ reduzierte Personalkosten infolge eines konzentrierten EDV-Einsatzes ■ einfachere, weil automatisierte Einlagerung und Auslagerung ■ geringere Bestände durch Zusammenfassung von Sicherheitsbeständen ■ kurze Auslieferzeiten	■ längere Transportwege ■ hohe Kosten bei schlechter Kapazitätsauslastung ■ schlechte Kontakte zu den Bedarfsträgern ■ Schwerfälligkeit bei sich häufig ändernden Bedingungen

Dezentrale Lager: Hier werden Lager an mehreren Standorten unterhalten. Dies schließt nicht aus, dass dennoch ein zentrales Lager geführt wird, von dem aus die Nebenlager bei Bedarf beliefert werden.

Vorteile	Nachteile
■ kurze Wege	■ hohe Raum- und Verwaltungskosten
■ benötigte Waren bzw. Werkstoffe sind schnell verfügbar	■ hoher Personaleinsatz
■ bessere warenspezifische Lagerung möglich (Kühlung, Beheizung)	

Kompetenztraining

13 Lagerhaltung

Im Sägewerk Reutlinger KG soll die Situation im umfangreichen Lager für Rohhölzer analysiert werden.

Aufgaben:

1. Recherchieren Sie, welche Aufgaben in einem Rohholzlager einer Sägerei im Vordergrund stehen!
2. Nennen Sie fünf Kostenarten, die durch die Lagerhaltung verursacht werden!
3. Erläutern Sie drei Risiken, die generell mit der Lagerhaltung verbunden sind!

3 Über das Fertigungsverfahren in Abhängigkeit vom Produktionsprogramm entscheiden

| LB 2 | Handlungssituation 7: | Produktionsprogramm strategisch ausrichten und Fertigungsverfahren vergleichen und bewerten |

Die Weber Metallbau GmbH hat sich bekanntlich vom traditionellen Handwerksbetrieb zu einem florierenden Werkstatt- und Montagebetrieb entwickelt (vgl. Unternehmensportrait S. 17 f.). Mit einem neuen Produktionsprogramm und eigenen konstruktionstechnischen Entwicklungen hat sie sich völlig neu aufgestellt. Nicht die industrielle Massenfertigung für einen anonymen Markt ist die Wettbewerbsstrategie, sondern die Besinnung auf die handwerklichen Stärken einer kundenspezifischen Fertigung im Kompetenzbereich Stahl- und Metallbau. Das wichtigste „Kapital" dabei war und ist die Verlässlichkeit auf eine qualifizierte Stammbelegschaft.

Im Rahmen der Produktionsprogrammplanung liegt der Fokus[1] auf der Konzeption, Fertigung und Montage von Brandschutztüren sowie auf Geländer- und Treppenbau aus Stahl. Neben diesem Schwerpunkt in der Bauwirtschaft produziert die Weber Metallbau GmbH im Nebenprogramm verschiedene Regalsysteme und Werkzeuge aus Flachstahl sowie Metallzäune und Arbeitstische aus Profilstahl und Blechstanzteilen.

Die Nachfrage nach Zaunelementen steigt seit Jahren. Bisher werden die verschiedenen Modelle des Metallzauns in Serie gefertigt. Aufgrund der steigenden Seriengrößen überlegt die Geschäftsleitung, das Fertigungsverfahren von der eher handwerklich orientierten Werkstattfertigung auf Fließfertigung umzustellen.

KOMPETENZORIENTIERTE ARBEITSAUFTRÄGE:

1. Erläutern Sie die strategische Ausrichtung des Produktionsprogramms unter absatzwirtschaftlicher Sichtweise!
2. Unterteilen Sie das Produktionsprogramm in Kernprodukte und Randprodukte!
3. *Die Überlegenheit eines Geschäftsfokus entsteht häufig nicht durch einen einzelnen Faktor, sondern erst durch die Kombination mehrerer Faktoren.*
   Interpretieren Sie diese Aussage am Beispiel der Weber Metallbau GmbH!
4. In der kommenden Woche ist die Sitzung der Geschäftsführer, in deren Rahmen über die Änderung des Fertigungsverfahrens diskutiert werden soll. Ihre Aufgabe in dieser Konferenz ist es, in einer vergleichenden Betrachtung die charakteristischen Merkmale der beiden Fertigungsverfahren (Werkstatt- und Fließbandfertigung) einander gegenüberzustellen!
5. Nach der Konferenz bittet Sie die Geschäftsführung, einen begründeten Handlungsvorschlag im Rahmen der Änderung des Fertigungsverfahrens zu unterbreiten.

---

1 **Fokus** (lat.): Brennpunkt. Hier im Sinne von Schwerpunkt, Kerngeschäft.

3 Über das Fertigungsverfahren in Abhängigkeit vom Produktionsprogramm entscheiden

3.1 Überblick über erforderliche Entscheidungen zum Produktionsprogramm

Nachdem die Materialbeschaffung abgeschlossen ist, muss jetzt im Rahmen des Leistungserstellungsprozesses entschieden werden,

- wie das **Produktionsprogramm ausgestaltet** werden soll:
    - Wird ein **breites** oder ein **schmales Produktionsprogramm** aufgestellt (Kapitel 3.2.1)?
    - Werden die Produkte vollständig im eigenen Betrieb hergestellt **(hohe Fertigungstiefe)** oder werden Teile fremdbezogen **(geringe Fertigungstiefe** [Kapitel 3.2.2])?
    - Wird die Produktionsmenge aus **produktionswirtschaftlicher Sicht** oder aus **absatzwirtschaftlicher Sicht** bestimmt (Kapitel 3.2.3)?
- Werden **Normung** und **Typung** als Standardisierungsvorteile genutzt (Kapitel 3.3)?
- Welche **Fertigungsverfahren** finden für das Produktionsprogramm Verwendung (Kapitel 3.4)?
- Wie wird die **Produktionsmenge** mit der **Absatzmenge** abgestimmt (Kapitel 3.5)?
- Inwieweit können mit den Mitteln der Massenproduktion **kundenindividuelle Wünsche** berücksichtigt werden (Kapitel 3.6)?

3.2 Produktionsprogramm unter den Aspekten Fertigungsbreite, Fertigungstiefe und Fertigungsverfahren

- Im **Produktionsprogramm** werden für eine künftige Geschäftsperiode die zu produzierenden Erzeugnisse nach Art, Menge und Zeitpunkt festgelegt.
- Die Geschäftsperiode umfasst in der Regel ein Jahr, ein Quartal oder einen Monat.

Betrachtet man das Produktionsprogramm unter den Aspekten **Fertigungsbreite** und **Fertigungstiefe,** dann kann zwischen

- einem **breiten** und **schmalen Produktionsprogramm** und
- zwischen einer **hohen** und einer **geringen Fertigungstiefe** unterschieden werden.

3.2.1 Produktionsprogramm unter dem Aspekt der Fertigungsbreite

Die **Fertigungsbreite** zeigt die Anzahl der Produktgruppen und Produktarten (Produktlinien)[1] innerhalb eines Produktionsprogramms auf.

---

[1] **Produktlinie** fasst verschiedene Produktvarianten eines Herstellers zusammen, z. B. verschiedene iPhones von Apple.

Lernbereich 2: Material beschaffen sowie Fertigungsverfahren festlegen

Dimensionen der Fertigungsbreite	Erläuterungen	Beispiele
Breites Produktionsprogramm	Das Produktionsprogramm umfasst mehrere Erzeugnisarten, die zudem in vielen Varianten angeboten werden.	Eine Möbelfabrik stellt Küchen-, Arbeits-, Wohn- und Schlafzimmermöbel her. Innerhalb der Küchenmöbel gibt es eine klassische und eine Landhausreihe. Die Fronten gibt es in verschiedenen Kunststoffdekoren, in verschiedenen Holzarten sowie in vielen Farben. Entsprechend gibt es auch Varianten der Arbeits-, Wohn- und Schlafzimmermöbel.
Schmales Produktionsprogramm	Das Produktionsprogramm umfasst nur einige Erzeugnisarten (im Extremfall nur eine einzige Erzeugnisart) und beschränkt sich zudem auf die Herstellung weniger Varianten.	Eine Möbelfabrik stellt nur Einbauküchen her.

3.2.2 Produktionsprogramm unter dem Aspekt der Fertigungstiefe

- Die **Fertigungstiefe** gibt an, wie viele Produktionsschritte bei der Produktion notwendig sind, wie viele davon von dem Unternehmen selbst und wie viele davon von Zulieferern stammen.
- Je **größer die Fertigungstiefe** ist, desto **unabhängiger** ist das Unternehmen von **externen Dienstleistungs- oder Zuliefererbetrieben**.

(1) Hohe Fertigungstiefe

Eine hohe Fertigungstiefe bedeutet, dass das Unternehmen im eigenen Haus einen **hohen Grad an Wertschöpfung** erzielt. Dies kommt dadurch zustande, dass auf der Beschaffungsseite überwiegend Rohstoffe als Ausgangsmaterial beschafft werden (z. B. Walzblech, Kunststoffgranulat, Vierkant-Stahlrohr unterschiedlicher Stärke und Länge). Hieraus werden in einem mehrstufigen Fertigungsprozess zunächst Teile (z. B. Tischbeine), dann Baugruppen (z. B. Untergestell eines Tisches) und letztlich Enderzeugnisse (z. B. Bürotische) hergestellt.

Mit einer hohen Fertigungstiefe verbinden sich folgende Rahmenbedingungen:

- Das für den Unternehmenserfolg kritische Know-how bleibt überwiegend im eigenen Unternehmen.
- Da für alle Stufen des Fertigungsprozesses die erforderlichen Menschen, Maschinen und Räume vorhanden sein müssen, ist das Unternehmen sehr fixkostenlastig.
- Das Unternehmen verfügt über ein geringeres Maß an Flexibilität, wenn es auf veränderte Marktbedingungen rasch reagieren soll.

(2) Geringe Fertigungstiefe

Stellen Zulieferer die überwiegende Anzahl an Produktionsschritten, so spricht man von einer geringen Fertigungstiefe. Der Vorlieferant übernimmt einen Großteil der Entwicklung und Produktion und liefert komplette Systemkomponenten (z. B. vollständiges Abgas- oder Beleuchtungssystem eines Kraftfahrzeugs), die im Rahmen der Endmontage in das Erzeugnis eingebaut werden.

Eine geringe Fertigungstiefe bedeutet, dass das Unternehmen im eigenen Haus einen **geringen Grad an Wertschöpfung** erzielt. Damit verbinden sich folgende Rahmenbedingungen:

- Für den Unternehmenserfolg muss dem Lieferer kritisches Know-how zugänglich gemacht werden. Entsprechende Rahmenvereinbarungen schützen das Unternehmen vor dessen Missbrauch.
- Geringere Fixkosten, da ein Großteil der Produktionsschritte entfällt und weniger produziert, dafür mehr montiert wird.
- Höhere Flexibilität in Bezug auf veränderte Marktbedingungen, da der Lieferer einen Teil des Fertigungsrisikos trägt und es leichter und kostengünstiger ist, einen anderen Lieferer zu gewinnen als eine komplette Fertigungsausstattung laufend dem Markt anzupassen.

3.2.3 Produktionsprogramm unter dem Aspekt der Fertigungsverfahren

(1) Produktionswirtschaftliche Sicht

Aus produktionswirtschaftlicher Sicht ist ein möglichst schmales Produktionsprogramm wünschenswert. Durch die Beschränkung auf eine geringere Teilevielfalt bei gleichzeitig größeren Serien erhöht sich die Anzahl gleichartiger Arbeitsabläufe. Dies bringt eine Vielzahl von **Vorteilen** mit sich:

- Je höher die Anzahl gleichartiger Arbeitsabläufe, desto eher kommen technisch vollkommenere Fertigungsverfahren zum Einsatz und damit Spezialmaschinen und einheitliche Werkzeuge.
- Die Umrüstkosten verringern sich.
- Die räumliche Reihenfolge der Arbeitsstationen orientiert sich an der Folge der erforderlichen Arbeitsschritte, die innerbetrieblichen Transportwege verringern sich, ebenso wie die Bestände an Zwischenlagern.

(2) Absatzwirtschaftliche Sicht

Aus absatzwirtschaftlicher Sicht ist ein **breites Produktionsprogramm** wünschenswert, um einerseits die sehr individuellen Wünsche der Käufer bedarfsgerecht zu decken und andererseits Nachfrageschwankungen bei einzelnen Erzeugnissen innerhalb des Produktionsprogramms leichter ausgleichen zu können.

Da gegenwärtig Käufermarkt herrscht, hat der Käufer die Marktmacht. Dieser Macht müssen sich die Hersteller beugen. Wenn aber schon eine Massenproduktion auf der Ebene des Enderzeugnisses am Markt nicht durchgesetzt werden kann, so können sie doch zumindest auf der tieferen Ebene der Baugruppen und der Einzelteile eine teilweise Massenproduktion anstreben. Durch Kombination unterschiedlicher Baugruppen erreichen die Betriebe eine hohe Vielzahl von Erzeugnisvarianten. Beispiel hierfür ist das Konzept des modularen Querbaukastens der Volkswagen AG. Ausführliche Informationen finden Sie hierfür im Internet.[1] Die „Zauberformel" heißt: **„Nach innen standardisieren und nach außen differenzieren".**[2]

3.3 Standardisierungsvorteile durch Normung und Typung

(1) Begriff Standardisierung

Die moderne Wirtschaft ist bestrebt, den Arbeitsertrag u. a. durch Vereinheitlichung der Fabrikate zu steigern. Gerade auf diesem Gebiet hat die Rationalisierung das gesamte Wirtschaftsleben von Grund auf umgestaltet. So passen z. B. die genormten Glühbirnen in alle elektrischen Lampen, Autoreifen unterschiedlicher Hersteller auf die Felgen des entsprechenden Formats.

Standardisierung sind alle Maßnahmen, die der Vereinheitlichung von Erzeugnissen, Baugruppen oder Einzelteilen dienen.

(2) Begriffe Normung und Normen und die Arten der Normen

■ **Begriff Normung**

Normung ist die allgemein anerkannte Vereinheitlichung von Maßen, Formen, Begriffen, Herstellungsverfahren usw. für **Einzelteile** (z. B. Schrauben).

Die Normung fördert die Rationalisierung und Qualitätssicherung in Wirtschaft, Technik, Wissenschaft und Verwaltung und dient einer sinnvollen Ordnung und der Information auf dem jeweiligen Normungsgebiet. Daneben können von der Normung Anstöße zur Qualitätsverbesserung ausgehen.

Die Ergebnisse der Normungsarbeit in Deutschland sind **„Deutsche Normen"**. Sie werden vom **Deutschen Institut für Normung e. V.** Berlin, unter dem Zeichen **DIN** herausgegeben. Das Deutsche Normenwerk ist in der DIN 820 festgelegt.

■ **Begriff Normen**

Normen sind nach einem vorgegebenen Verfahren aufgestellte und dokumentierte technische Bestimmungen oder Regeln für die Herstellung, Beschaffenheit, Verwendung, Bezeichnung, Kontrolle und den Vertrieb von Sachgütern und Dienstleistungen.

---

[1] Zum Beispiel:
http://www.auto-motor-und-sport.de/news/modularer-querbaukasten-von-vw-zehn-antworten-zum-mqb-4367514.html
[13. 06. 2017].

[2] Darin liegt auch das Erfolgskonzept der Evolution. Zum Beispiel leben ein Grönlandischer Schneehase und ein australisches Känguru in völlig unterschiedlichen Welten. Sie bewegen sich anders fort, leben in anderen Klimazonen und sehen völlig anders aus. Nach außen hat die Evolution also differenziert. Aber beide haben in ihrem Körper dieselben Standardbaugruppen (Organe) wie Herz, Magen, Leber, Niere, Lunge usw.

Arten von Normen (Beispiele)

nach dem Umfang ihrer Anwendung	nach dem Gebiet der Normen	
	Grundnormen	Fachnormen
Verbandsnormen (z. B. VDE) nationale Normen (z. B. DIN) internationale Normen (z. B. ISO)	Formelzeichen (z. B. π) Bezeichnungen (z. B. Kesselturbine, Spezialturbine) Formate (z. B. Papierformate wie DIN A4: Geschäftsbrief, DIN A6: Geschäftspostkarte) Gewindetoleranzen, Passungen	im Bauwesen (z. B. Beschläge) im Straßenbau im Brückenbau für Büromöbel im Lokomotivbau usw.

Arten der Normen

Vorteile der Normung

- Die **Beschaffung von Ersatzteilen** (z. B. bei Maschinen oder Autos) wird erleichtert.
- Die **Konstruktion neuer Produkte** wird erleichtert, weil bereits genormte Lösungen für Einzelteile vorliegen (z. B. Schrauben, Muttern, Ventile).
- Die **Arbeitszeit wird verkürzt**, da den Arbeitskräften die Normteile geläufig sind.
- Die **Verkleinerung des Lagers** wird ermöglicht, weil eine Beschränkung auf weniger Teile möglich ist. Damit sinken Lagerhaltungskosten und Lagerrisiko.
- Die Normung der Qualitäten führt zu **Qualitätsverbesserungen**.
- Dem Käufer wird der **Einkauf wesentlich erleichtert.** Der Käufer vertraut bei einem Produkt mit einem DIN-Zeichen darauf, dass die sich aus der Norm ergebende Produkteigenschaft und Qualitätanforderung vorhanden ist und überwacht wird.

(3) Typung

Begriff und Zweck

Typung ist die **Vereinheitlichung** von **Endprodukten**. Typen sind **gleichartige Produkte**, die sich in Einzelheiten unterscheiden können.

Zweck der Typung (oder Typisierung) ist die Konzentrierung der Nachfrage auf wenige Produkte, um zur Großserien- oder Massenfertigung übergehen zu können. Diese Aussage lässt sich am Beispiel der Autoindustrie verständlich machen. Die Herstellung individueller Autos ist teuer, weil der Fixkostenanteil sehr hoch ist. Kann jedoch durch Normung der Einzelteile, durch Baukastensystematik und durch Beschränkung auf wenige „Typen" zur großen Serie übergegangen werden, verbilligt sich der einzelne Wagen. Dadurch erhöht sich der Absatz.

- Bei der **innerbetrieblichen Typung** werden Erzeugnisse des Unternehmens standardisiert. Dadurch müssen weniger Teile bevorratet werden. Die Lagerhaltungskosten und die Kosten für die Bevorratung von Ersatzteilen werden geringer. Zudem können größere Mengen gleicher Teile kostengünstig beschafft werden.
- Die **überbetriebliche Typung** kann durch Zusammenarbeit branchengleicher Unternehmen (Lkw-Aufsätze wie z. B. Container) oder durch Forderungen von Großabnehmern (z. B. einheitliche Behältergrößen) entstehen.

Vorteile und Nachteile der Typung

Vorteile	Nachteile
■ Verkleinerung des Produktionsprogramms. Dadurch werden z.B. Produktionskosten, Lagerhaltungskosten und Lagerrisiken gesenkt; ■ Vereinfachung des Rechnungswesens und damit ■ genauere Kalkulation; ■ einprägsame Werbewirkung durch Schaffung von Markenartikeln.	■ Bei zu weit geführter Typenbeschränkung können die Kunden das Produkt ablehnen, weil es ihren individuellen Wünschen nicht entgegenkommt. Dies gilt vor allem für Konsumgüter. Mit zunehmender Typenbeschränkung steigt das Absatzrisiko. ■ Die Typung kann zur geschmacklichen Verarmung führen. ■ Mangelnde Anpassungsfähigkeit an Nachfrageänderungen wegen der in der Fertigung eingesetzten Spezialmaschinen bzw. -automaten.

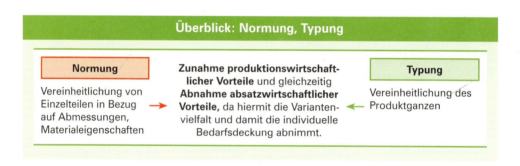

3.4 Fertigungsverfahren

3.4.1 Fertigungsverfahren nach der Menge der gleichartigen Produkte (Fertigungstypen)

(1) Einzelfertigung

Hier wird ein bestelltes Produkt nur einmal in seiner Art gefertigt. Die Einzelfertigung ist in der Lage, individuelle Wünsche zu berücksichtigen.

Beispiele:

Anfertigen eines Maßanzugs, Herstellung einer Spezialmaschine, Bau von Häusern, Fabriken, Schiffen, Straßen, Brücken oder Turbinen.

(2) Serienfertigung

Werden bei der industriellen Fertigung von einem Produkt größere Stückzahlen erzeugt (z.B. Werkzeugmaschinen oder Autos), spricht man von Serienfertigung. Durch den Übergang von der Einzel- zur Serienfertigung sinken die Stückkosten: Einerseits muss die Vorplanung und Arbeitsvorbereitung nicht mehr für jedes einzelne Produkt gesondert, sondern nur einmal für die ganze Serie durchgeführt werden, andererseits kann infolge der Arbeitsteilung der Einsatz der Betriebsmittel rationalisiert werden.

(3) Massenfertigung

Produziert ein Unternehmen ein ausgereiftes Produkt und sieht es sich einem praktisch unbegrenzt aufnahmefähigen Markt gegenüber, wird es zur **Massenfertigung** übergehen (z. B. Zigaretten, Ziegelsteine, Stahlbleche, Waschmittel, Zement).

3.4.2 Fertigungsverfahren nach der Organisation der Fertigung (Organisationstypen)

(1) Werkstättenfertigung

Werkstättenfertigung bedeutet die Zusammenfassung **artgleicher** Fertigungsmaschinen in besonderen Abteilungen, z. B. Drehbänke in der Dreherei, Fräsmaschinen in der Fräserei usw. Das Werkstück wandert von Abteilung zu Abteilung, wobei es wiederholt in die gleiche Abteilung zurückkommen kann.

Das folgende Organisationsschema zeigt das Prinzip der Werkstättenfertigung.

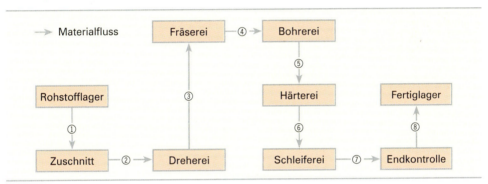

	Werkstättenfertigung aus Sicht des Unternehmers
Vorteile	■ Geeignetes Fertigungsverfahren für Einzel- und Kleinserienfertigung. ■ Große Anpassungsfähigkeit an Nachfrageänderungen, da der häufige Wechsel der Kundenaufträge hinsichtlich Art und Qualität der Produkte den Einsatz von umrüstbaren Maschinen (Universalmaschinen im Gegensatz zu Spezialmaschinen) verlangt. ■ Guter Überblick über Kapazitätsauslastung.
Nachteile	Hohe Fertigungskosten im Vergleich zur Fließfertigung aufgrund ■ langer innerbetrieblicher Transportwege, ■ ungleicher Kapazitätsauslastung der Werkstätten, ■ hoher Zwischenlagerkosten, ■ hoher Lohnkosten (Facharbeiterlöhne) und ■ hoher Kosten der Arbeitsvorbereitung (z. B. Bereitstellung der Arbeitsunterlagen, Reihenfolgeplanung, Terminplanung, Maschinenbelegungsplanung).

Lernbereich 2: Material beschaffen sowie Fertigungsverfahren festlegen

(2) Reihenfertigung

- Eine **Reihenfertigung** liegt vor, wenn innerhalb der einzelnen Werkstätten die Maschinen und damit die Arbeitsplätze nach dem Fertigungsablauf angeordnet sind.
- Der Produktionsprozess wird in **kleine und kleinste Arbeitsgänge** zerlegt, die entsprechend dem Produktionsfortschritt **miteinander verbunden** sind (Flussprinzip[1]).

Das folgende Organisationsschema zeigt das Prinzip der Reihenfertigung.

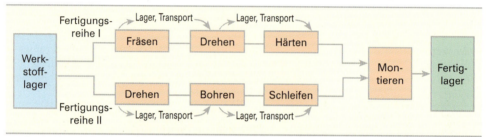

Reihenfertigung aus Sicht des Unternehmers	

Vorteile	- Geeignetes Fertigungsverfahren für größere Serien.
	- Niedrigere Fertigungskosten gegenüber der Werkstättenfertigung aufgrund
	  - kurzer innerbetrieblicher Transportwege,
	  - gleichmäßiger Kapazitätsauslastung in den Fertigungsreihen,
	  - niedrigerer Lohnkosten (an Spezialmaschinen ist der Einsatz angelernter Arbeitskräfte möglich),
	  - niedriger Kosten für die Arbeitsvorbereitung.

Nachteile	- Hohes Unternehmerwagnis (steigende Stückkosten bei zurückgehender Nachfrage aufgrund hoher fixer Kosten). - Mangelnde Anpassungsfähigkeit an Nachfrageänderungen (Spezialmaschinen können entweder überhaupt nicht oder nur mit hohen Kosten umgerüstet werden, falls andere Erzeugnisse hergestellt werden sollen).

(3) Fließfertigung

■ **Begriff Fließfertigung**

Die Fließfertigung ist eine Weiterentwicklung der Reihenfertigung. Wie bei der Reihenfertigung sind die Betriebsmittel bzw. Arbeitsplätze in einer zwingenden Reihe nach der Arbeitsfolge angeordnet. Der Unterschied zur Reihenfertigung besteht darin, dass die Arbeitsgänge zeitlich vorbestimmt sind. Der Arbeitende muss den vorgeschriebenen „Takt" einhalten.

---

[1] **Flussprinzip:** Die räumliche Anordnung der Betriebsmittel entspricht genau der Folge der nacheinander anfallenden Arbeitsabläufe an dem Werkstück.

- Bei der **Fließfertigung** richtet sich die Anordnung der Maschinen und der Arbeitsplätze nach der technisch erforderlichen Bearbeitungsreihenfolge.
- Höchste Ausprägungsform der Fließfertigung ist die **Fließbandfertigung**.

■ Fließbandfertigung

Die Fließbandfertigung ist dadurch charakterisiert, dass sie, bei einem gleichmäßigen Arbeitsfluss, Arbeitsgänge in einer zeitlich bestimmten, lückenlosen Folge ausführt. Die Bearbeitungsgänge von unterschiedlicher Dauer sind daher aufeinander abzustimmen, „auszutakten", damit das Werkstück alle Fertigungsstufen mit der gleichen, planmäßig vorgegebenen Geschwindigkeit durchläuft. Bei diesem Taktverfahren ist die Arbeit an dem sich bewegenden Werkstück in der festgesetzten Zeit auszuführen. Die Arbeitsausführung ist an den Takt (Rhythmus) gebunden.

Das folgende Organisationsschema zeigt das Prinzip der Fließbandfertigung.

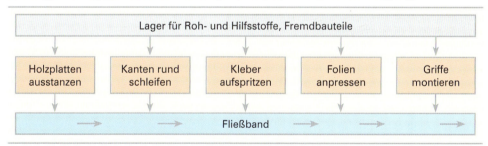

Die Fließbandfertigung galt lange Zeit als das bestmögliche Produktionsverfahren, weil sie eine hohe Arbeitsproduktivität garantiert (geringer Raumbedarf je Arbeitsplatz, schnelle Durchlaufzeiten des Materials, höchstmögliche Ausnutzung der Arbeitskapazität des Arbeitenden).

Seit Beginn der Siebzigerjahre haben Gewerkschafter, Arbeitspsychologen, Soziologen und Techniker erkannt, dass die Nachteile der Fließbandarbeit überwiegen können.

Die **Nachteile der Fließbandfertigung** aus **Sicht des arbeitenden Menschen** sind vor allem:

- Der Mitarbeiter kann sich **nicht mehr mit dem Produkt identifizieren**. Er weiß häufig gar nicht mehr, welchen Anteil er am Gesamtprodukt hat. Die Arbeitsfreude kann dadurch verloren gehen.

- Die ständige Wiederholung von gleichartigen Arbeitsgängen führt zur **Monotonie**. Die einseitige Beanspruchung bei der Arbeit führt möglicherweise zu **physischen** (körperlichen) und **psychischen** (seelischen) **Belastungen**.
- Für viele Tätigkeiten am Fließband ist keine umfassende Berufsausbildung mehr notwendig. Ungelernte oder angelernte Arbeit genügt. Damit entsteht eine **neue, wenig angesehene Bevölkerungsschicht**.

Fließbandfertigung aus Sicht des Unternehmers	

Vorteile	■ Geeignetes Fertigungsverfahren für die Großserien- und Massenproduktion,
	■ niedrige Fertigungskosten, weil
	  ■ die Zwischenlagerung der Werkstücke verringert wird,
	  ■ die Fertigungszeiten verkürzt werden,
	  ■ der Ausschuss abnimmt (die Spezialisierung der Arbeitenden auf wenige Handgriffe erhöht die Geschicklichkeit),
	  ■ die Lohnkosten verhältnismäßig niedrig sind (angelernte statt gelernte Arbeitskräfte).

Nachteile	■ Hohes Unternehmerwagnis (steigende Stückkosten bei zurückgehender Nachfrage aufgrund hoher fixer Kosten), ■ mangelnde Anpassungsfähigkeit an Nachfrageänderungen (geringe Flexibilität), ■ Probleme beim „Austakten" (Abstimmen) der einzelnen Fertigungsbereiche (z. B. Fertigungsstraßen), ■ hohe Störanfälligkeit, denn beim Ausfall eines Arbeitsplatzes muss die Fertigung gestoppt werden, falls keine Zwischenlager vorhanden sind, ■ starke einseitige Beanspruchung des arbeitenden Menschen.

(4) Inselfertigung (Gruppenfertigung)

Die Nachteile der Fließbandarbeit führen dazu, dass immer mehr Betriebe dazu übergehen, die Fließbandfertigung durch die Inselfertigung (auch Gruppenfertigung genannt) zu ersetzen.

> Bei der **Inselfertigung** werden Elemente der Werkstättenfertigung mit der Fließfertigung kombiniert, indem der Montageablauf in genau definierbare Arbeitsabschnitte gegliedert wird.

Wie die Arbeit im einzelnen Abschnitt erledigt wird, regelt kein Einzelner, sondern die Gruppe. Die Gruppe organisiert in eigener Verantwortung den Materialabruf, die Belegung der Maschinen sowie das Arbeitstempo. Je nach Bedarf wechseln die Gruppenmitglieder – bei gegenseitiger Abstimmung – die Arbeitsplätze (Jobrotation). Diese Eigenverantwortung führt zu einer Steigerung der Arbeitsmotivation und erhöht die Produktqualität. Die Gruppen können dabei sehr unterschiedliche Produkte herstellen. Dies reicht von der Produktion bestimmter Einzel- oder Bauteile bis hin zu einem Fertigerzeugnis.

Das folgende Organisationsschema zeigt das Prinzip der Inselfertigung (Gruppenfertigung).

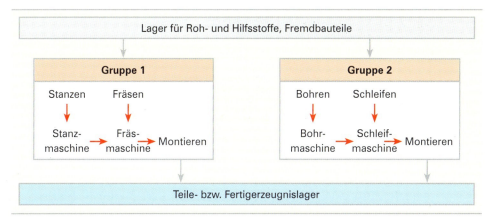

Vorteile der Inselfertigung gegenüber der Werkstättenfertigung	Vorteile der Inselfertigung gegenüber der Fließbandfertigung
■ Kürzere Transportwege, ■ schnellere Fertigungsdurchlaufzeiten, ■ niedrigere Kosten für die Zwischenlagerung, ■ übersichtlicherer Produktionsablauf, ■ überwiegender Einsatz von Spezialmaschinen.	■ Höhere Anpassungsfähigkeit an Nachfrageänderungen (höhere Flexibilität), ■ abwechslungsreichere Tätigkeiten der Arbeitskräfte, ■ bessere Motivation der Arbeitskräfte durch Übertragung von Eigenverantwortlichkeiten, ■ geringere Störanfälligkeit des Produktionsablaufs.

Nachteile der Inselfertigung sind z. B. die schwierigere Entgeltfestsetzung für die einzelnen Arbeitskräfte und der zwischen den Arbeitskräften bestehende Gruppenzwang.

Kompetenztraining

14 Rationalisierung durch Normung und Typung, Produktionsprogramm

1. Häufig sind Normung und Typung wichtige Rationalisierungselemente.
   - 1.1 Beschreiben Sie diese beiden Rationalisierungselemente an einem selbst gewählten Beispiel!
   - 1.2 Stellen Sie die Vor- und Nachteile der Typung dar!
2. Nennen Sie jeweils drei Argumente, die für ein breites Produktionsprogramm bzw. für ein schmales Produktionsprogramm sprechen!
3. Stellen Sie die Konsequenzen dar, die sich aus einer hohen bzw. geringen Fertigungstiefe ergeben!

15 Fertigungsverfahren

1. Beschreiben Sie die Fertigungsverfahren nach der Menge der gleichartigen Produkte!
2. Erläutern Sie den Begriff Werkstättenfertigung!
3. Erklären Sie den Begriff Reihenfertigung!
4. Erläutern Sie, inwiefern die Fließfertigung (einschließlich Fließbandfertigung) eine Weiterentwicklung der Reihenfertigung ist!
5. Erklären Sie den Unterschied zwischen Fließfertigung (einschließlich Fließbandfertigung) und Reihenfertigung!
6. Erläutern Sie den Zusammenhang zwischen der Anzahl gleichartiger Erzeugnisse und der Organisation der Fertigung!
7. Veranschaulichen Sie in einer Grafik den Zusammenhang zwischen der Organisation der Fertigung und der Dauer der Durchlaufzeit!

16 Fertigungsverfahren aus einem Text ableiten, Begriffe aus Text recherchieren

Lesen Sie zunächst sorgfältig nachstehenden Textauszug:

Peter Holzer ist ein gestandener Mann. Sechs Jahre lang hat der 43-jährige Kfz-Mechatroniker im Lastwagenwerk geschuftet, zuletzt in der Nachbearbeitung und Endkontrolle. Peter Holzer weiß aber auch, was es heißt, monatelang nichts anderes zu tun, als Kotflügel zu montieren. Kotflügel, Kotflügel, nichts als Kotflügel – acht Stunden am Tag, fünf Tage die Woche, mitunter auch nachts, je nach Schicht. Alles ein geschlossener Kreislauf, monoton und ermüdend. Auch Willi Bayer mit seinen 19 Jahren weiß schon gut, was das bedeutet. Er hat Kfz-Mechatroniker gelernt und dann in einer Automobilfabrik Kabelsätze montiert. Nichts als Kabelsätze, Tag für Tag – jeder für sich, keiner für alle.

Doch jetzt ist alles anders. Hightech, die den Mitarbeiter zum Handlanger macht, sucht man vergebens. Spektakuläre Automation gibt es nicht, lediglich das induktionsgesteuerte Transportsystem, das die Karossen wie von Geisterhand über den hellgrauen Betonboden schweben lässt, mutet futuristisch an. „Verrenken" muss sich keiner mehr: Über-Kopf-Arbeit ist vorbei, sogenannte Hub-Schwenk-Plattformen und Hänge-Dreh-Plätze ermöglichen ergonomisches Arbeiten und halten die Körperbelastung deutlich geringer. Auch die Endkontrolle entfällt. Der Arbeiter ist der Letzte vor dem Kunden und zeichnet mit einem Stempel für sorgfältig erledigte Arbeit.

Im neuen Werk arbeiten auf einer Fertigungsinsel acht bis maximal zwölf Mitarbeiter, die ihre Arbeit im Wesentlichen selbst organisieren und für ihren Arbeitsabschnitt die volle Verantwortung übernehmen. Das soll für die Motivation sorgen. Nicht umsonst erwarten die Verantwortlichen, dass statistisch gesehen pro Mann und Jahr ein Verbesserungsvorschlag kommt. Zum Vergleich: In anderen Werken liegt die Quote zehnmal niedriger.

3 Über das Fertigungsverfahren in Abhängigkeit vom Produktionsprogramm entscheiden

Aufgaben:

1. Arbeiten Sie heraus, von welcher Fertigungsart in Bezug auf die Organisation der Fertigung im ersten Abschnitt des obigen Textes die Rede ist!

2. Erläutern Sie, welche Fertigungsart in Bezug auf die Menge der gleichartigen Produkte vorliegt!

3. Nehmen Sie das Internet bzw. ein Lexikon zu Hilfe und erklären Sie folgende im zweiten Textabschnitt erwähnten Begriffe:

    3.1 Hightech,   3.3 ergonomisch,   3.5 Motivation und
    3.2 Automation,   3.4 futuristisch,   3.6 statistisch!

4. Arbeiten Sie heraus, welche Fertigungsart in Bezug auf die Organisation der Fertigung im Produktionsprozess im zweiten Abschnitt beschrieben wird!

17 Layoutplanung für Werkstattfertigung

Der Motorenbau Anton Thomalla e. Kfm. muss für die Herstellung der Motoren verschiedene Werkstücke herstellen, u. a. Spannhülsen. Die Halle 3, in welcher die Werkstätten untergebracht sind, hat folgendes Layout:

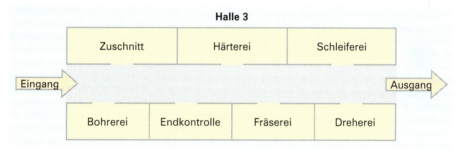

Die Spannhülsen durchlaufen zu ihrer Herstellung folgenden Ablauf:

Arbeitsgang 1: Zuschnitt   Arbeitsgang 5: Härterei
Arbeitsgang 2: Dreherei   Arbeitsgang 6: Schleiferei
Arbeitsgang 3: Fräserei   Arbeitsgang 7: Endkontrolle
Arbeitsgang 4: Bohrerei

Aufgaben:

1. Übertragen Sie obige Grafik und zeichnen Sie den Fluss des Werkstücks durch die Werkstätten der Halle 3 ein!

2. Angenommen, Sie wollen die Abläufe für die Herstellung der Spannhülsen beschleunigen und überlegen daher, die davon berührten Arbeitsplätze nach dem vorgesehenen Arbeitsablauf anzuordnen. Entwerfen Sie ein neues Layout für die Halle 3 und zeichnen Sie erneut den Materialfluss!

3. Erläutern Sie, welche Nachteile Sie dafür in Kauf nehmen müssen!

3.5 Abstimmung der Produktionsmenge mit der Absatzmenge

3.5.1 Problemstellung

Zielsetzung der Produktion	Zielsetzung des Absatzes
Ziel der Produktion ist eine über das Jahr verteilte **möglichst konstante Produktionsauslastung**. Der erforderliche Maschinenpark, der Personalstand, der Materialbedarf usw. wären aufgrund der Gleichmäßigkeit leicht planbar. Die Verfahren der Materialbereitstellung, die Bestellverfahren könnten ihre Entscheidungen auf sicheren Zahlen aufbauen.	Dem gegenüber steht der Absatzmarkt mit seinen Unwägbarkeiten. **Schwankungen** in der jahreszeitlichen Saison oder der Konjunktur, Neuentwicklungen der Wettbewerber, Änderungen gesetzlicher Vorschriften, steuerliche Förderungen oder die Sensibilisierung der Gesellschaft z. B. bei der Wirkung des Schadstoffausstoßes von Fahrzeugen führen unweigerlich zu Schwankungen in der Absatzmenge.

Da die Absatzmengen schwanken, führen gleichmäßige Produktionsmengen zwangsläufig zu einem Auf- bzw. Abbau des teuersten aller Lager, dem Absatzlager.

3.5.2 Traditionelle Lösungsansätze in der Produktion

(1) Kontinuierliche[1] Produktion und kontinuierlicher Absatz

Laufen die Produktions- und Absatzprozesse stabil und synchron, dann kann sich die Lagerhaltung auf die Führung eines eisernen Bestandes beschränken. Die erforderlichen Ressourcen an Maschinen und Personal sind konstant, die Prozesse der Produktion und der Materialbeschaffung können gut aufeinander abgestimmt werden. Ein längerfristig stabiler und synchroner Verlauf der beiden Prozesse ist in der Realität nur sehr selten vorzufinden. Üblicherweise schwanken die Absatzprozesse aufgrund saisonaler und konjunktureller Einflussfaktoren.

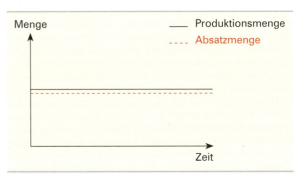

---

1 **Kontinuierlich**: stetig, fortdauernd.

(2) Anpassung durch Synchronisation, Emanzipation und Eskalation

Die Abstimmung der Produktionsmenge mit der Absatzmenge ist möglich durch:

Synchronisation	
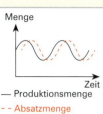 — Produktionsmenge - - Absatzmenge	■ Produktionsmengen beruhen auf den Daten des Absatzplanes und auf vorliegenden Kundenaufträgen. ■ Der Kurvenverlauf des Absatzes läuft dem Kurvenverlauf der Produktion nach. ■ Beide Verläufe sind aber weitgehend identisch. ■ Voraussetzung ist, dass die Ressourcen der Produktion flexibel angepasst werden können (z. B. durch befristete Einstellungen von Hilfskräften). ■ Bei geringer Produktionsauslastung fallen hohe Kosten für die vorübergehend nicht ausgenutzten Kapazitäten an. ■ Geringes Absatzrisiko. ■ Relativ geringe und konstante Lagerkosten.
	Beispiele: Die Anpassung durch Synchronisation findet sich ■ in der Automobilindustrie, ■ im Maschinen- und Anlagenbau, ■ bei der Herstellung modischer Produkte und ■ bei der Herstellung von Produkten mit raschem technologischen Fortschritt (z. B. Dell-Computer).
Emanzipation	
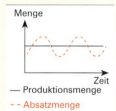 — Produktionsmenge - - Absatzmenge	■ Trotz schwankender Absatzmenge bleibt die Produktionsmenge konstant. ■ Produktions- und Absatzmengen orientieren sich an den jeweils eigenen Zielsetzungen und sind voneinander entkoppelt. ■ Die (konstante) Produktionsmenge orientiert sich am längerfristigen Durchschnitt der Absatzmengen. ■ Der Vorteil einer kontinuierlichen Produktion wird bezahlt mit einer umfangreicheren Lagerhaltung und den damit verbundenen Risiken.
	Beispiele: Die Anpassung durch Emanzipation findet sich u. a. ■ bei Betrieben mit einer hohen Anlagenintensität und damit hohen Fixkosten und ■ bei Unternehmen, bei denen eine flexible Produktionsanpassung nur schwer möglich ist, wie z. B. Energieversorger, Kernkraftwerke, Raffinerien.
Eskalation[1]	
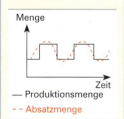 — Produktionsmenge - - Absatzmenge	■ Mischform aus den Anpassungsmodellen Synchronisation und Emanzipation. ■ Für eine bestimmte Zeitdauer wird die Produktion mit einer kontinuierlichen Auslastung gefahren. ■ Übersteigen die Absatzmengen die Fertigungsmengen und gehen die Lagerbestände zur Neige, wird die Produktionskapazität erhöht (und umgekehrt). ■ Der Vorteil einer zumindest vorübergehend kontinuierlichen Produktion wird erkauft durch wiederkehrende Probleme bei den Anpassungsprozessen für die Kapazitätsänderungen (kurzfristiges Einstellen und Anlernen von Arbeitskräften).

---

1 **escalator** *(engl.):* Rolltreppe

3.6 Mass Customization

Ausgangspunkt für die Festlegung des Produktionsprogramms sind die Wünsche der (potenziellen) Kunden. Ein Unternehmen ist nur dann erfolgreich, wenn es genau die Produkte anbietet, die vom Kunden gewünscht werden. Für die Produktion bedeutet dies, dass sie die **Vorteile der Massenfertigung** mit den **individuellen Wünschen der Kunden** verbinden muss. Ein solches Produktionskonzept ist die Mass Customization.

Mass Customization ist eine Wortschöpfung, die aus zwei Begriffen mit gegensätzlicher Bedeutung – **Mass Production** (Massenproduktion) und **Customization** (Anpassung an Kundenwünsche) – gebildet wird.

Mass Customization heißt, dass mit den **Mitteln der Massenproduktion kundenindividuelle Leistungen** erstellt werden.

Die Grundidee dieses Produktionskonzepts ist, ein Basisprodukt in großer Stückzahl herzustellen und durch Veränderungen von Eigenschaften, die aus Kundensicht entscheidend sind (z. B. Design, Farbe, Größe, Geschmack), das Produkt zu individualisieren. Der Kunde kann sich in einer Art Baukastensystem ein individuelles Produkt zusammenstellen und ist bereit, dafür einen Aufpreis zu bezahlen.

Beispiele für Mass Customization:

Produkt	Beispielhafte Internetadressen
Individuelles Müsli	www.mymuesli.com
Individuelle Briefmarken	www.post-individuell.de/showstart.do
Individuelle Möbel nach Maß	www.deinschrank.de/
Personalisierte Sportschuhe	www.adidas.de/personalisieren
Personalisierte Romane	www.personalnovel.de/
Pkw	Siehe ausgefeilte Konfigurationstools aller Pkw-Hersteller

Der **Wettbewerbsvorteil des Anbieters** summiert sich aus der Verbindung
- der **kostenorientierten Vorteile der Massenproduktion** mit
- den **absatzwirtschaftlichen Vorteilen der Produktdifferenzierung**.

Beachte:

- Mass Customization darf nicht verwechselt werden mit der traditionellen Produktdifferenzierung, bei welcher **der Hersteller** nach eingehender Marktforschung **die Entscheidungshoheit über die Varianten hat**.
- Bei der Mass Customization sind es die **Entscheidungen des einzelnen Kunden** im Rahmen eines gesteuerten Dialoges, welche über das endgültige Produkt entscheiden. Die Erhebung des **Kundenwunsches ist bewusst Teil des Wertschöpfungsprozesses**. Der Kunde ist nicht nur Konsument der Leistung, sondern auch Produzent; er ist „**Prosumer**".

3 Über das Fertigungsverfahren in Abhängigkeit vom Produktionsprogramm entscheiden

> **Überblick: Abstimmung der Produktion mit der Absatzmenge, Mass Customization**
>
> - Die **Synchronisation der Produktionsmenge mit der Absatzmenge** ist möglich durch **Synchronisation, Emanzipation** und **Eskalation**.
>
> - Bei der **Mass Customization** werden mit den **Mitteln der Massenproduktion kundenindividuelle Leistungen** hergestellt.

Kompetenztraining

18 Abstimmung der Produktion mit der Absatzmenge, Mass Customization

1. Begründen Sie, inwiefern Produktion und Absatz in Bezug auf das Produktionsprogramm unterschiedliche Zielsetzungen haben!

2. Beschreiben Sie kurz die Alternativen, mit denen die Produktions- und Absatzmengen aufeinander abgestimmt werden können!

3. Erklären Sie die widersprüchliche Wortschöpfung Mass Customization!

4. Erläutern Sie, woraus sich der Wettbewerbsvorteil eines Anbieters durch Mass Customization ergibt!

Lernbereich 3: Personal beschaffen und einsetzen

1 Anforderungen für eine zu besetzende Stelle aus einer Stellenbeschreibung ableiten

LB 3 — **Handlungssituation 1:** Kriterien für die zu besetzende Stelle zusammenstellen und Personalbeschaffungsinstrumente begründet auswählen

Die Augsburger Büromöbel AG plant in der Abteilung Vertrieb die Stelle eines/einer Sachbearbeiters/Sachbearbeiterin für die Auftragsbearbeitung einzurichten. Die Leiterin der Abteilung Vertrieb, Beate Kessler, hat bereits eine Stellenbeschreibung verfasst.

Stellenbeschreibung: Sachbearbeiter/-in Auftragsbearbeitung

1. **Bezeichnung der Stelle:**
   Sachbearbeiter/-in Auftragsbearbeitung

2. **Zeichnungsvollmacht:**
   Keine

3. **Der/Die Stelleninhaber/-in ist unterstellt:**
   Abteilungsleiter Vertrieb

4. **Vertretung des/der Stelleninhabers/-inhaberin:**
   Abteilungsleiter Vertrieb

5. **Anforderungen an den/die Stelleninhaber/-in:**
   - Allgemeine Kenntnisse im Vertrieb von Büromöbeln
   - Zuverlässigkeit
   - Schnelles Erfassen von Zusammenhängen
   - Selbstständiges Arbeiten im Rahmen des übertragenen Aufgabengebietes

6. **Tätigkeitsbeschreibung:**
   - Entgegennahme der Kundenaufträge, Prüfung auf deren technische und zeitliche Realisierbarkeit
   - Erfassung realisierbarer Aufträge im ERP-System[1]
   - Beseitigung eventueller Unklarheiten durch Rückfragen bei Kunden bzw. Mitarbeitern des Außendienstes
   - Bestätigung der erfassten Aufträge gegenüber dem Kunden
   - Beantwortung von Kundenanfragen in Bezug auf Auftragsstatus und Liefertermin
   - Tagesaktuelle Kontrolle des Fortschritts in der Auftragsabwicklung
   - Sicherstellung der korrekten Lieferung zum bestätigten Kundenwunschtermin

7. **Zeitnahe Berichterstattung an die Abteilungsleitung Vertrieb:**
   - **wöchentlich:** Wert des aktuellen Auftragsbestandes
   - **monatlich:** Tabellarische Darstellung der zu erwartenden Zahlungseingänge

---

1 **ERP:** Enterprise-Resource-Planning ist eine integrierte Unternehmenssoftware, die das Unternehmen in der Abwicklung aller betrieblicher Prozesse wie z. B. Auftragsbearbeitung unterstützt.

8. **Erforderliche Qualifikationen:**
   - Erfolgreich abgeschlossene kaufmännische Ausbildung
   - Branchenbezogene Erfahrung im Vertrieb
   - Sicherer Umgang mit den Komponenten von MS-Office und der ERP-Software Microsoft Dynamics NAV

9. **Persönliche Eigenschaften:**
   - Rasche Auffassungsgabe und Bereitschaft zur Einarbeitung in neue Softwareanwendungen
   - Pünktlichkeit
   - Freundlichkeit und kompetentes Auftreten gegenüber Kunden
   - Gepflegtes Äußeres
   - Organisationstalent und Improvisationsstärke
   - Teamfähigkeit

10. **Vergütung:**
    Die Vergütung erfolgt nach Stufe A der Entgeltgruppe 6.

KOMPETENZORIENTIERTE ARBEITSAUFTRÄGE:

1. Unterstützen Sie Beate Kessler darin, aus der Stellenbeschreibung die Anforderungskriterien abzuleiten und formulieren Sie die Anforderungskriterien an die Bewerber/-innen!
2. Die Geschäftsleitung hat die Einrichtung der Stelle am 1. Juli 20.. genehmigt.
   2.1 Benennen Sie geeignete Instrumente der internen und externen Personalbeschaffung!
   2.2 Entscheiden Sie sich für je ein Instrument der internen und der externen Personalbeschaffung und begründen Sie deren Auswahl!
   2.3 Erstellen Sie die konkrete Lösung für das von Ihnen gewählte interne und externe Personalbeschaffungsinstrument! Ergänzen Sie gegebenenfalls Ihre Lösung mit Informationen nach eigenem Ermessen.

Vor jeder Personalbeschaffung sind folgende Fragen zu klären:

- Über welche Qualifikationen soll der Bewerber verfügen?
- Welche Instrumente sind einzusetzen, um anschließend die Eignung des Bewerbers hinreichend sicher beurteilen zu können?

1.1 Stellenbeschreibung

Vor der Besetzung von neuen Stellen ist es sinnvoll, eine **Tätigkeitsbeschreibung** der zu besetzenden Stelle zu erstellen sowie das **Anforderungsprofil** und andere wichtige Besonderheiten in einer **Stellenbeschreibung** festzulegen. Mit einer Stellenbeschreibung wird die Grundlage geschaffen, die Stellenanzeige zu formulieren und die geeignetsten Bewerber auszuwählen, die allen fachlichen und persönlichen Anforderungen an die Stelle entsprechen.

Beispiel einer Stellenbeschreibung:

Stellenbeschreibung für die Terminkontrolle im Einkauf

1. **Bezeichnung der Stelle:** Terminsachbearbeiter/-in
2. **Zeichnungsvollmacht:** keine
3. **Der/Die Stelleninhaber/-in ist unterstellt:** Abteilungsleiter Einkauf
4. **Vertretung des/der Stelleninhabers/-inhaberin:** Abteilungsleiter Einkauf
5. **Anforderungen an den/die Stelleninhaber/-inhaberin:**
   – allgemeine Einkaufskenntnisse,
   – Zuverlässigkeit,
   – Pünktlichkeit
   – schnelles Erfassen von Zusammenhängen und
   – selbstständiges Arbeiten im Rahmen des ihm/ihr übertragenen Aufgabengebiets.
6. **Aufgaben und Zielsetzung der Stelle:**
   Der/Die Stelleninhaber/-in ist für die Überwachung der vereinbarten Liefertermine aller Wareneinkäufe verantwortlich. Er/Sie hat dafür zu sorgen, dass von uns erteilte Bestellungen auch termingerecht erfüllt werden.
7. **Tätigkeitsbeschreibung:**
   – Jeder Wareneinkauf ist mit einem Liefertermin versehen. Ist dieser vorgegebene Termin überschritten, erscheint der Auftrag in der Terminüberwachungs-Liste.
   – Ist die Lieferung eine Woche nach dem geforderten bzw. vereinbarten Liefertermin noch nicht erfolgt, wird eine Mahnung abgesandt. Diese Mahnung wird mit einem zusätzlichen Durchschlag versehen, wobei der Lieferant aufgefordert wird, diesen, mit den aktuellen Lieferdaten ausgefüllt, an uns zurückzusenden.
   – Gleichzeitig nimmt der/die Stelleninhaber/-in diesen Wareneinkauf auf „Termin", d. h., er/sie legt ihn in sein/ihr Ablagesystem zur Wiedervorlage ab.
8. **Erforderliche Qualifikationen:**
   – Ausbildung: Schulabschluss mit mittlerer Reife, abgeschlossene Berufsausbildung als Kaufmann/-frau für Büromanagement.
   – Spezielle Kenntnisse: Kenntnisse in Englisch.
   – Berufserfahrung: 5–7 Jahre kaufmännische Tätigkeit, dabei 3 Jahre im Einkauf.
   – Sonstige Anforderungen: Pünktlichkeit, Zuverlässigkeit, Selbstständigkeit.
9. **Vergütung:**
   Die Stelle ist der Entgeltgruppe 4 (Gehaltstarifvertrag für den Groß- und Außenhandel in Bayern) zugeordnet.

1.2 Ableitung der Anforderungskriterien aus der Stellenbeschreibung für die Besetzung der Stelle

Analysiert man die oben vorgegebene Stellenbeschreibung, dann finden sich dort eine Reihe von Indikatoren.[1] Diese weisen zum Teil in dieselbe Richtung und lassen sich daher zu gemeinsamen Anforderungskriterien zusammenfassen.

---

1 **Indikator:** Anhaltspunkt, Merkmal.

Informationsquelle in der Stellenbeschreibung		
Pos.	Indikatoren lt. Stellenbeschreibung	Anforderungskriterium
5	■ Zuverlässigkeit ■ Schnelles Erfassen von Zusammenhängen ■ Selbstständiges Arbeiten ■ Pünktlichkeit	Erfüllung sozialer, emotionaler und moralischer Kompetenzen
5, 6, 7	■ Allgemeine Einkaufskenntnisse ■ Kontinuierliche Überwachung der vereinbarten Liefertermine ■ Durchführung des Mahnverfahrens	Erfüllung aufgrund fachlicher Anforderungen
8	■ Mittlere Reife, abgeschlossene Berufsausbildung ■ Englischkenntnisse ■ 5–7 Jahre Berufserfahrung, davon 3 Jahre im Einkauf	Erfüllung der geforderten Qualifikationen

In die Bewerberanalyse können jedoch noch weitere Anforderungskriterien einbezogen werden, die sich nicht aus der Stellenbeschreibung ergeben, wie z. B.

- Sorgfalt in der Abfassung des Bewerbungsschreibens,
- schulische Leistungen,
- beruflicher Werdegang.

2 Geeignete Beschaffungsinstrumente im Rahmen der internen und externen Personalbeschaffung auswählen

2.1 Interne und externe Personalbeschaffung (Personalrecruiting)[1]

2.1.1 Interne Personalbeschaffung

2.1.1.1 Begriff interne Personalbeschaffung

Bei der **internen Personalbeschaffung** wird versucht, die Stelle mit Mitarbeitern aus dem **eigenen Unternehmen** zu besetzen.

Aufgrund der Kosten und Risiken ist es für ein Unternehmen in jedem Fall vorteilhaft, zunächst zu prüfen, ob nicht bereits im Unternehmen tätige Mitarbeiter für die Besetzung der freien Stelle infrage kommen.

---

[1] Ursprünglich wurde der Begriff des Recruitings vor allem im Bereich des Militärs verwendet, bei dem neue Soldaten für die Truppe rekrutiert werden. Im Personalwesen meint der Begriff alle Prozesse, die zur Personalbeschaffung dienen.

2.1.1.2 Instrumente der internen Personalbeschaffung

Als **Instrumente der internen Personalbeschaffung** kommen **insbesondere** infrage:

Innerbetriebliche Stellenausschreibung[1]	Als Kommunikationsmedium dient hierfür - das „Schwarze Brett", - das Intranet oder - eine regelmäßige Hausmitteilung. **Innerbetriebliche Stellenausschreibung** In der Abteilung _Einkauf_ ist ab _1. Juli_ folgende Stelle zu besetzen: Stellenbezeichnung _Terminsachbearbeiter/-in_ Stellennummer _15_ Aufgaben _Lieferterminüberwachung, Mahnungen schreiben_ Entgelt _Lohngruppe 4_ Qualifikationen _Gute Englischkenntnisse, MS-Office-Kenntnisse_ Bewerbungsunterlagen bis _15. Februar_ Datum _28. Januar_ Unterschrift _Heine_ Falls nicht allgemein bekannt, ist ein Ansprechpartner zu nennen, an den mögliche Rückfragen gestellt werden können bzw. an den die Bewerbung zu richten ist. Die Mitarbeiter müssen sicher sein, dass ihre Bewerbung vertraulich behandelt wird und eine mögliche Ablehnung keine negativen Folgen für sie hat.
Direktes Ansprechen von Mitarbeitern	Hinweise von Abteilungsleitern, Vorgesetzten oder Projektleitern können Ausgangspunkt dafür sein, dass einzelne Mitarbeiter direkt auf eine von ihnen erwünschte Bewerbung angesprochen werden.
Systematisches Talentmanagement	Der zunehmende Fachkräftemarkt der jüngeren Zeit zeigt, dass der Arbeitsmarkt sich zu einem **Arbeitnehmermarkt** gewandelt hat. Die Arbeitgeber stehen um die Fachkräfte in einem harten Wettbewerb. Ein Talentmanagement als Bestandteil der strategischen Unternehmensführung hat zum Ziel, **Talente** zu **entdecken**, zu **fördern** und **dauerhaft** an das eigene Unternehmen zu **binden**.

Weitere Instrumente der internen Personalbeschaffung:

- **Übernahme** der eigenen Auszubildenden
- Auswertung von **Initiativbewerbungen eigener Mitarbeiter**
- **Versetzung von Mitarbeitern,** weil an anderer Stelle ein geringerer oder veränderter Personalbedarf entsteht und dadurch Mitarbeiter „frei" werden.
- Ein kurzfristiger und vorübergehender Bedarf z. B. wegen eines Sonderauftrages, Krankheit eines Mitarbeiters o. Ä. kann z. B. über **befristete Mehrarbeit** ausgeglichen werden.

---

[1] Nach § 93 BetrVG hat der Betriebsrat das Recht zu verlangen, dass Arbeitsplätze, die besetzt werden sollen, vor ihrer Besetzung innerhalb des Betriebs ausgeschrieben werden.

2.1.1.3 Vorteile und Nachteile der internen Personalbeschaffung

Vorteile	Nachteile
■ **Qualifikation** des Bewerbers ist bekannt. **Risiko** der **Fehlentscheidung** bei der Stellenbesetzung ist daher **geringer**. ■ Geringere Einarbeitungszeit, da der **Mitarbeiter mit den Abläufen im Unternehmen vertraut** ist. ■ Die Stellenbesetzung verursacht **weniger Kosten**. ■ **Entwicklungs- und Aufstiegsperspektiven** der Mitarbeiter **fördern** deren **Motivation**. ■ **Flexibilität** der Mitarbeiter wird **erhöht**. ■ **Weitere Stellen für nachrückende Mitarbeiter** werden **frei**. ■ Mitarbeiter, die im Rahmen des Talentmanagements eine **Laufbahnförderung** erhalten, **identifizieren sich** eher **für den Betrieb**, fühlen sich **motivierter** und verspüren eine **geringere Neigung zum Wechsel des Arbeitgebers**. ■ Hat ein **Bewerber** mehrere Alternativen, dann **entscheidet er sich** häufig für jenen Arbeitgeber, der ihn in seinen eigenen **Laufbahnbestrebungen unterstützt**.	■ **Auswahl** an Bewerbern ist **begrenzt**. ■ Bei Beförderungen **verhindern** u. U. gefestigte, informelle Beziehungen („Seilschaften") aus der früheren Arbeitsumgebung, dass an der neuen Stelle unter Umständen **notwendige, aber unliebsame Maßnahmen** unterbleiben. ■ **„Betriebsblindheit"** verhindert dringende Weiterentwicklungen. ■ Unter Umständen muss eine frei gewordene Stelle neu besetzt werden. Wird auch diese intern besetzt, dann entstehen durch das **Nachrückverfahren Mehrkosten**, die den Vorteil geringerer Kosten zumindest teilweise wieder zunichtemachen. ■ Während des Auswahlprozesses sind **Spannungen zwischen den Bewerbern** schwer zu vermeiden. ■ Möglicherweise ist mit **Karriereneid** jener Kollegen zu rechnen, die beim Auswahlprozess nicht zum Zuge kamen. ■ Unliebsame oder **wenig geeignete Mitarbeiter** können von den Vorgesetzten **„weggelobt"** werden.

2.1.2 Externe Personalbeschaffung

2.1.2.1 Begriff externe Personalbeschaffung

Bei der **externen Personalbeschaffung** werden neue Mitarbeiter auf dem Arbeitsmarkt **außerhalb des eigenen Unternehmens** gesucht.

Dieser Weg wird dann gewählt, wenn eine interne Personalbeschaffung nicht möglich bzw. nicht erwünscht ist, z. B.

- aufgrund der Bedeutung der zu besetzenden Stelle,
- unter den internen Bewerbern gibt es keinen, der die Stellenanforderungen erfüllt oder
- es sollen bewusst „frischer Wind" und „neue Gedanken" in das Unternehmen kommen.

2.1.2.2 Instrumente der externen Personalbeschaffung

Als Instrumente der **externen Personalbeschaffung** kommen **insbesondere** infrage:

(1) Stellenanzeigen (Stellenangebote) in den Printmedien

Als Kommunikationsmedium eignen sich hierfür **Printmedien wie Zeitungen oder Fachzeitschriften**.

Lernbereich 3: Personal beschaffen und einsetzen

Strategien zur Vermeidung von Streuverlusten

Fachzeitschriften sind häufig das Medium erster Wahl, wenn es darum geht, Stellen mit **besonderen Spezialkenntnissen** zu besetzen.

Mit zunehmender Bedeutung der Stelle, also mit **steigender Hierarchieebene**, werden die Anzeigen in **überregionalen Zeitungen** aufgegeben, weil für die geforderte Qualifikation im beschränkten regionalen Umfeld die Zielgruppe zu klein ist. Mit dieser Hierarchieebene verbindet sich auch eine entsprechende Vergütung. Diese wiederum erleichtert die notwendige Mobilität.

Handelt es sich um eine Stelle in der **unteren bis mittleren Unternehmenshierarchie**, wird eine Anzeige (in der Wochenendausgabe) der **regionalen Tageszeitung** bevorzugt, weil
- diese **Anzeige preisgünstiger** ist als in einer überregionalen Zeitung,
- **innerhalb der Reichweite** der regionalen Tageszeitung vermutlich **genügend Bewerber** vorhanden sind,
- die **Zielgruppe häufig nicht über die Mobilität verfügt**, um sich überregional nach einer neuen Stelle umzusehen,
- potenzielle Bewerber am Wochenende über **ausreichend Zeit** verfügen, um die Stellenangebote ausgiebig durchzulesen.

Unternehmenshierarchie

(2) Stellenanzeigen im Internet (E-Recruiting)

E-Recruiting ist die digitale Form der Personalbeschaffung. Es gilt inzwischen als wirkungsvollstes Mittel zur Personalbeschaffung und umfasst eine Vielzahl an Rekrutierungskanälen wie z. B. Unternehmens-Websites, Onlinestellenbörsen, Karrierenetzwerke (Social Media wie XING und LinkedIn).

Onlinejobbörsen werden betrieben durch kommerzielle Anbieter (z. B. StepStone). Sie bieten den Unternehmen die Möglichkeit, Stellenangebote zu veröffentlichen und unterstützen die Bewerber bei der Suche, indem sie durch die Bereitstellung von Abfragefiltern eine gezielte Suche ermöglichen. In der Regel sind die Jobbörsen für die Suchenden kostenlos.

Die Möglichkeit der Personalbeschaffung über eine **firmeneigene Homepage** wird inzwischen nicht nur von größeren Unternehmen genutzt, sondern auch von kleineren und mittleren Betrieben. Gegenüber einer Stellenanzeige liegt der wesentliche Vorteil darin, dass das Unternehmen sich umfangreicher darstellen kann als im Rahmen eines Stellenangebots in den Printmedien.

(3) Werbung in der Familie und im Freundeskreis durch zufriedene eigene Mitarbeiter

Solche Bewerber werden in der Regel gut in das Unternehmen integriert und zeichnen sich durch hohe Treue zum Unternehmen aus.

(4) Agentur für Arbeit

Unter https://jobboerse.arbeitsagentur.de werden mehr als eine Million Stellen angeboten. Damit verfügt die Agentur für Arbeit über die größte **Jobbörse** im deutschsprachigen Raum.

Quelle: Bundesagentur für Arbeit (https://jobboerse.arbeitsagentur.de) [27.06.2017]

(5) Personalberater (Head Hunter)

Dieser Weg wird häufig beschritten bei der Besetzung von Stellen der höheren Unternehmenshierarchie. Dabei geht es nicht nur um die Vermittlung von Arbeitskräften, sondern auch um die Beratung des Unternehmens. Zum **Aufgabenbereich** des Personalberaters gehört u. a.:

- Definition der zu besetzenden Stelle in Bezug auf Aufgabe, organisatorische Einordnung und Vergütung
- Layoutgestaltung und Formulierung der Stellenanzeige und Wahl des geeigneten Mediums
- Prüfung der eingetroffenen Bewerberunterlagen
- Durchführen von Bewerbergesprächen
- Treffen einer Vorauswahl und Präsentation der Ergebnisse beim Auftraggeber
- Unterstützung des Unternehmens bei der Durchführung der Vorstellungsgespräche und bei der endgültigen Entscheidung

Lernbereich 3: Personal beschaffen und einsetzen

(6) Zeitarbeitsunternehmen (Personalleasing, Zeitarbeit)

Zeitarbeit ist ein Dreiecksverhältnis zwischen einem **Zeitarbeitsunternehmen** (Verleiher), einem **Zeitarbeiter** und einem **Entleihunternehmen**. Um gewerbsmäßig Arbeitnehmer verleihen zu dürfen, ist eine Genehmigung notwendige Voraussetzung.

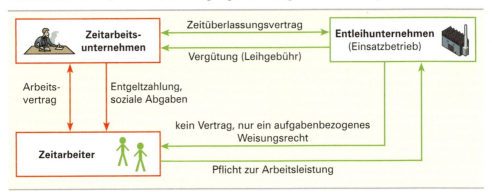

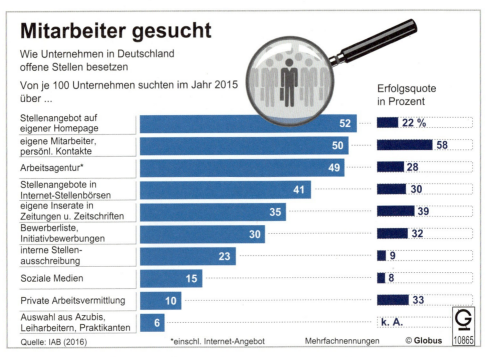

Wenn Unternehmen Mitarbeiter suchen, beschreiten sie meist mehrere Wege – externe und interne. Ganz vorne stehen die Stellenangebote auf der firmeneigenen Homepage. Über die Hälfte der Unternehmen versucht auf diese Weise, neue Mitarbeiter zu gewinnen. Auch persönliche Kontakte helfen bei der Suche nach geeigneten Kolleginnen und Kollegen: Jedes zweite Unternehmen setzt auf die Mitarbeiter und die eigenen Kontakte, um Stellen zu besetzen – mit einer hohen Erfolgsquote, wie eine Untersuchung des Instituts für Arbeitsmarkt- und Berufsforschung (IAB) zeigt. Auch die Arbeitsagenturen, die nicht nur direkten Kontakt bieten, sondern mit ihren Diensten auch im Internet („Jobbörse") zu finden sind, werden sehr häufig bei der Personalsuche eingeschaltet. Den klassischen Weg über Anzeigen in Zeitungen oder Fachzeitschriften beschreitet heute nur noch etwa jedes dritte Unternehmen. Noch wenig ausgeprägt ist die Kontaktaufnahme zu potenziellen Bewerbern über soziale Medien wie Facebook oder XING.

2.1.2.3 Stellenanzeigen formulieren

Der **Aufbau einer Stellenanzeige** muss klar gegliedert sein und alle für die Bewerber wichtige Daten enthalten. Sie sollte Aussagen über folgende Punkte enthalten:

■ den Betrieb (Name des Betriebs, Adresse, Betriebsform)	„Wir sind …"	
■ die angebotene Stelle (Aufgabenbeschreibung, Aufstiegsmöglichkeiten)	„Wir suchen …"	
■ die geforderten Qualifikationen (Ausbildung, besondere Qualifikationen, Berufserfahrung)	„Wir erwarten …"	„5-W-Regel"
■ die Leistung des Betriebs (Hinweis auf Lohn- und Gehaltshöhe, Sozialleistungen)	„Wir bieten …"	
■ die Bewerbungsunterlagen (Lebenslauf, Zeugnisse, Referenzen)	„Wir bitten um …"	

Bei der Formulierung der Stellenanzeige muss darauf geachtet werden **nicht gegen das Allgemeine Gleichbehandlungsgesetz [AGG] zu verstoßen.**[1] Abgewiesene Bewerber können bei einem Verstoß gegen das AGG wegen Diskriminierung (Benachteiligung) vor Gericht klagen.

> **Beispiel für eine Formulierung, die gegen das AGG verstößt:**
>
> „Zur Verstärkung unseres Teams suchen wir eine junge dynamische Industriekauffrau, die maximal 25 Jahre alt ist."
>
> Es wird gezielt nur nach einer Frau gesucht (Diskriminierung der Männer), die ein Höchstalter von 25 Jahren haben soll (Diskriminierung von Personen, die älter als 25 Jahre sind).

Die Formulierungen sollten klar und präzise sein, sodass sich interessierte Bewerber eine konkrete Vorstellung von den Anforderungen machen können. Ungenaue Standardfloskeln wie „flexible, belastbare Mitarbeiter/-innen" können abschreckend wirken.

---

[1] Ziel des Gesetzes ist, Benachteiligungen aus Gründen der Rasse oder wegen der ethnischen Herkunft, des Geschlechts, der Religion oder Weltanschauung, einer Behinderung, des Alters oder der sexuellen Identität zu verhindern oder zu beseitigen [§ 1 AGG]. Siehe auch S. 122f.

Beispiel für eine Stellenanzeige:

Die Elektromotoren Memmingen GmbH ist ein Unternehmen, das sich auf die Herstellung und den Vertrieb von Elektromotoren und Zubehör Antriebstechnik spezialisiert hat. Wir setzen auf Innovation bei unseren Produkten und Vertriebswegen sowie auf Selbstständigkeit und Eigenverantwortung bei unseren Mitarbeiterinnen und Mitarbeitern.

Zur Verstärkung unserer Einkaufsabteilung
suchen wir zum 1. Juli 20. .
eine/einen
Industriekauffrau/Industriekaufmann im Einkauf

Zu Ihren Aufgaben zählen:

- die Überwachung der vereinbarten Liefertermine aller Wareneinkäufe
- dafür zu sorgen, dass von uns erteilte Bestellungen auch termingerecht erfüllt werden
- das Versenden von Liefermahnungen

Ihr Profil:

- eine erfolgreich abgeschlossene kaufmännische Berufsausbildung
- mehrere Jahre Berufserfahrung in vergleichbarer Position
- Kenntnisse in Englisch in Wort und Schrift
- selbstständiges und zuverlässiges Arbeiten
- MS-Office-Kenntnisse (Word, Excel)
- freundliche und gute Umgangsformen, Dienstleistungsorientierung

Wir bieten:

- einen sicheren Vollzeit-Arbeitsplatz mit 38,5 Std.-Woche
- eine übertrarifliche Entgeltzahlung
- eine gute Arbeitsatmosphäre in einem netten Team

Bitte senden Sie uns Ihre vollständigen, aussagefähigen Bewerbungsunterlagen bis zum 15. Februar 20. . per E-Mail an: personal@eloha-memmingen.de. Wir freuen uns auf Sie!

Für Fragen steht Ihnen Frau Julia Heine auch gerne telefonisch zur Verfügung unter 08331 84010-15.

Elektromotoren Memmingen GmbH · Kemptener Str. 160 · 87700 Memmingen

2.1.2.4 Vorteile und Nachteile der externen Personalbeschaffung

Vorteile	Nachteile
■ Größere Auswahlmöglichkeiten. ■ Höhere Leistungsbereitschaft, da der neue Arbeitnehmer seine Arbeitsplatzsicherheit (Probezeit) noch nicht sehr hoch einschätzt („Neue Besen kehren gut"). ■ Betrieb gewinnt neue Qualifikationen, die bisher noch nicht vorhanden waren und betriebsintern nicht geschaffen werden konnten. ■ Unternehmensblindheit wird verhindert. ■ Abgelehnte Bewerber können keinen negativen Einfluss auf das Unternehmensklima ausüben.	■ Fehlen den eigenen Mitarbeitern die Möglichkeiten zum Aufstieg, dann schwindet deren Motivation. ■ Gute Fachkräfte verlassen das Unternehmen und nehmen die aufgebauten Qualifikationen mit. ■ Risiko der Fehlbesetzung ist höher als bei interner Personalbeschaffung. ■ Teurer, da längere Einarbeitungs- und Eingewöhnungsphase.

2.2 Personalmarketing

Marketing ist ein Begriff aus dem Bereich des Absatzes und umfasst alle Aktivitäten eines Unternehmens, welche die optimale Erfüllung der Kundenbedürfnisse durch die eigenen Erzeugnisse zum Ziel haben. Diese marketingorientierte Denkweise lässt sich auf das Personalwesen übertragen. Unter **Personalmarketing** versteht man die Summe der **Aktivitäten,** die darauf gerichtet sind,

- das eigene Unternehmen als attraktive Arbeitgebermarke im Bewusstsein der Zielgruppe zu positionieren **(employer branding),**
- über Hochschulmessen, Unternehmenspräsentationen in Schulen, Angebote von Praktika, „Schnupperlehren" und Betriebsbesichtigungen **Kontakte zur Zielgruppe** der künftigen Mitarbeiter **aufzubauen** und zu pflegen,
- **Kosten der Personalbeschaffung zu senken,**
- durch **umfassende Analysen des Arbeitsmarktes** eine ausreichende Reserve an Bewerbungseingängen zu sichern sowie die Risiken der Fehlentscheidung bei der Personalbeschaffung zu verringern.

Das Personalmarketing bezieht sich auf **zwei Bereiche**:

- **Externes Personalmarketing**

Ziel des externen Personalmarketings ist, dass Bewerber das Unternehmen als attraktiven Arbeitgeber wahrnehmen. Im Idealfall gewinnt man dadurch ausreichende Bewerbungen für die ausgeschriebenen Stellen.

- **Internes Personalmarketing**

Ziel des internen Personalmarketings ist, die Zufriedenheit der Mitarbeiter zu steigern und sie so langfristig an das Unternehmen zu binden.

Lernbereich 3: Personal beschaffen und einsetzen

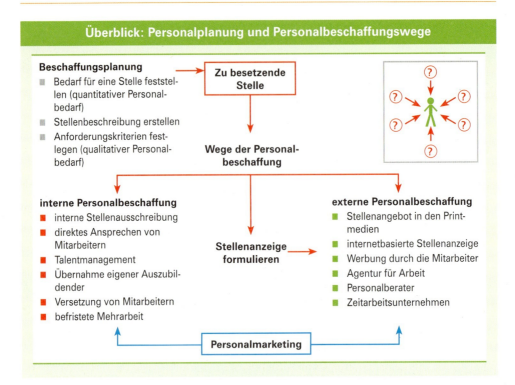

Kompetenztraining

19 Stellenbeschreibung erläutern und verfassen

1. Notieren Sie, welche Inhalte durch eine Stellenbeschreibung geregelt werden müssen!
2. Erläutern Sie, welche Aufgabe der Stellenbeschreibung zukommt!
3. Verfassen Sie eine Stellenbeschreibung für die Stelle, an der Sie während Ihrer fachpraktischen Ausbildung im Betrieb, der Verwaltung oder in einer sozialen Einrichtung eingesetzt waren!

20 Aufgabe der Personalbeschaffung, Personalbeschaffung analysieren, Stellenanzeige erstellen

1. Beschreiben Sie die Hauptaufgabe der Personalbeschaffung!
2. Unterscheiden Sie zwischen quantitativem und qualitativem Personalbedarf!
3. Die Weber Metallbau GmbH sucht zum 1. Juli 20.. weitere Arbeitskräfte. Stellen Sie dar, welche Personalbeschaffungswege infrage kommen!
4. Nennen Sie je einen Vor- und einen Nachteil der von Ihnen genannten Beschaffungswege!
5. Die Sport-Burr KG, Neuwerk 15, 86169 Augsburg, eine erfolgreiche Sportartikelfabrik in Augsburg, sucht zur Verstärkung des Teams zum 1. Juli 20.. eine/einen Kauffrau/Kaufmann für Büromanagement. Die Sport-Burr KG bietet einen sicheren Vollzeit-Arbeitsplatz, 38,5 Stunden/Woche, gute Aufstiegsmöglichkeiten, übertarifliches Einkommen, betriebliche Altersvorsorge, teamorientiertes Arbeiten und eine langfristige Zusammenarbeit.

Gefordert werden sachliches Fach- und Branchenwissen, hohe Leistungsbereitschaft, kontaktfreudiges und dynamisches Auftreten, solide Kenntnisse aller anfallenden Bürotätigkeiten.

Zusendung einer aussagefähigen Bewerbung bis zum 15. Februar 20..

Aufgaben:

5.1 Erstellen Sie eine Stellenanzeige in der örtlichen Tageszeitung!

5.2 Erläutern Sie den Aufbau Ihrer Anzeige!

3 Instrumente der Personalauswahl für eine begründete Besetzungsentscheidung zielgerichtet einsetzen

LB 3   **Handlungssituation 2: Personalvorauswahl durchführen**

Aufgrund der Stellenanzeige in der „Augsburger Allgemeine" von 10.10.20.. (Fortführung der Handlungssituation 1) erhält die Augsburger Büromöbel AG mehrere Bewerbungen (siehe nachfolgende Seiten).

KOMPETENZORIENTIERTE ARBEITSAUFTRÄGE:

Als Mitarbeiter/-in in der Personalabteilung erhalten Sie von Beate Kessler den Auftrag, unter den vorliegenden Bewerbungen eine Vorauswahl zu treffen.

1. Bilden Sie Arbeitsgruppen und sichten Sie die Bewerbungen. Verwenden Sie die von Ihnen formulierten Anforderungskriterien (Ihre Lösung zur Handlungssituation 1) und treffen Sie mithilfe der nachfolgenden Entscheidungsbewertungstabelle aus den Bewerbern Ihre Vorauswahl!

		ENTSCHEIDUNGSBEWERTUNGSTABELLE							
		Entscheidungsalternativen							
Kriterien	Gewichtung der Kriterien	Maria Lindner		Johanna Schneider		Gaby Hofmann		Thomas Reichert	
		Pkte.	gewichtete P.	Pkte.	gewichtete P.	Pkte.	gewichtete P.	Pkte.	gewichtete P.
Summe	100								

Erläuterung zur Spalte Punkte: 5 = sehr gut, 4 = gut, 3 = befriedigend, 2 = ausreichend, 1 = schlecht.

2. Präsentieren und begründen Sie Ihre Entscheidung vor den anderen Gruppen!
3. Erläutern Sie, aus welchen Gründen nicht alle Bewerber zu einem Vorstellungsgespräch eingeladen werden!

Es sind nachstehende Bewerbungen eingegangen:

Maria Lindner
Müllergasse 10
89077 Ulm

Ulm, 14. Oktober 20..

Augsburger Büromöbel AG
Frau Kessler
Industriepark 5
86169 Augsburg

Sehr geehrte Frau Kessler,

ich bewerbe mich um die in der „Augsburger Allgemeine" vom 10.10.20.. ausgeschriebene Stelle als Sachbearbeiterin für Auftragsbearbeitung in Ihrem Unternehmen.

Ich habe die Prüfung zur Bürokauffrau mit gutem Erfolg bestanden und war anschließend noch einige Jahre in meinem Ausbildungsbetrieb beschäftigt. Der Umgang mit Kunden hat mir immer besondere Freude bereitet.

Nach der Geburt meines zweiten Kindes habe ich in der Elternzeit mehrere EDV-Kurse besucht und mich so auf diesem Gebiet weitergebildet.

Ich füge diesem Schreiben meinen Lebenslauf und Zeugniskopien bei. Gerne würde ich mich mit Ihnen persönlich bei Ihnen vorstellen.

Mit freundlichem Gruß

Maria Lindner

Lebenslauf

Name:	Lindner, geb. Heinrich
Vorname:	Maria
Geburtsdatum:	28.01.1993
Geburtsort:	Bad Waldsee
Wohnort:	Ulm
Familienstand:	verheiratet, 2 Kinder
Konfession:	römisch-katholisch

2008	Qualifizierter Hauptschulabschluss
2008–2011	Ausbildung zur Bürokauffrau beim Autohaus Deuchert e. K. in Ulm
2011–2013	Übernahme im Ausbildungsbetrieb als Kontoristin
2013	Geburt meines ersten Kindes
2017	Geburt meines zweiten Kindes
bis heute	Elternzeit, Hausfrau und Mutter

Ulm, 14.10.20..

Maria Lindner

3 Instrumente der Personalauswahl für eine begründete Besetzungsentscheidung zielgerichtet einsetzen

Johanna Schneider
im Hause

14. Oktober 20..

Augsburger Büromöbel AG
Personaleinsatz
Frau Kessler

Interne Stellenausschreibung
Sachbearbeiterin – Auftragsbearbeitung

Sehr geehrte Frau Kessler,

aufgrund der internen Stellenausschreibung wurde ich darauf aufmerksam, dass der o. a. Arbeitsplatz neu besetzt werden soll. Ich interessiere mich sehr für diese Stelle und möchte mich gerne bewerben.

Im August 2012 begann ich in unserem Hause die Ausbildung zur Industriekauffrau. Die Prüfung habe ich im Juli 2015 bestanden.

Bereits in meiner Ausbildungszeit habe ich festgestellt, dass mir die Arbeit in der Vertriebsabteilung besonders gut gefällt, deshalb würde ich mich sehr freuen, wenn Sie meine Bewerbung berücksichtigen. Durch meine Tätigkeit in den verschiedenen Abteilungen unseres Hauses beherrsche ich das Arbeiten mit der EDV-Anlage und ich wäre gerne bereit mich weiterzubilden.

Sie können mich jederzeit unter der internen Telefonnummer 3245 erreichen. Bitte geben Sie mir die Möglichkeit für ein persönliches Gespräch.

Johanna Schneider
(Johanna Schneider)

Frau Kessler ließ Frau Schneider aufgrund der Bewerbung beurteilen:

Personalbeurteilungsbogen

Mitarbeiter:	Johanna Schneider
Tätig in unserem Unternehmen seit:	1. Aug. 2012
Tätig als:	Industriekauffrau
Abteilung:	lt. Einsatzplan
Anlass der Beurteilung:	interne Bewerbung
Datum der Beurteilung:	20. Jan. 20..

Einzelmerkmale **Bewertung**

1. Beurteilung der fachlichen Leistung

Fachkönnen	2,5
Konzentrations-, Planungsvermögen	3,0
Arbeitsausführung (Sorgfalt, Genauigkeit, Belastbarkeit)	2,0
mündliches Ausdrucks-, Kontaktvermögen	3,5

2. Beurteilung der Erfüllung der Mitarbeiterpflichten

Selbstständigkeit, Teamarbeit, Informieren des Vorgesetzten, Lernbereitschaft	4,0

Gesamtbeurteilung 3,0

Besonderheiten:

Selbstständiges Arbeiten ist bei Frau Schneider aufgrund der geringen Berufserfahrung noch nicht genügend ausgeprägt. Wegen ihrer zurückhaltenden Art konnte sie sich nur langsam in das Team integrieren.

Jahrgangsstufe 11

Lernbereich 3: Personal beschaffen und einsetzen

Gaby Hofmann
Akazienstraße 8
89407 Dillingen
Tel.: 09071 568299

Dillingen, 14. Oktober 20..

Augsburger Büromöbel AG
Frau Kessler
Industriepark 5
86169 Augsburg

Stellenanzeige vom 10. Oktober 20.. in der „Augsburger Allgemeine"

Sehr geehrte Frau Kessler,

mit Ihrem o. a. Inserat suchen Sie eine Sachbearbeiterin für die Auftragsabteilung in Ihrem Büromöbelwerk in Augsburg. Ich möchte mich hiermit um diesen Arbeitsplatz bewerben. Da ich mich beruflich gerne weiterentwickeln möchte, stellt der Ortswechsel kein Problem für mich dar.

Nach dem Abschluss der mittleren Reife habe ich eine Ausbildung zur Industriekauffrau absolviert. Wie Sie aus meinen beiliegenden Bewerbungsunterlagen ersehen können, kann ich heute eine mehrjährige Berufserfahrung in dem genannten Arbeitsgebiet aufweisen und aus meiner Tätigkeit als Sachbearbeiterin in einem Möbelhaus bringe ich gutes technisches Verständnis mit.

Eigenverantwortliches Arbeiten ist für mich ebenso selbstverständlich wie der tägliche Umgang mit der elektronischen Datenverarbeitung. Ich engagiere mich gern, bin flexibel, belastbar und teamfähig.

Alle weiteren Fragen beantworte ich Ihnen gerne in einem persönlichen Gespräch und würde mich deshalb über eine positive Nachricht hinsichtlich eines Vorstellungstermins sehr freuen.

Mit freundlichen Grüßen

Gaby Hofmann

Anlagen:
Bewerbungsunterlagen

Lebenslauf

Name:	Hofmann
Vorname:	Gaby
Geburtsdatum:	26. März 1989
Geburtsort:	Fürstenfeldbruck
Wohnort:	Dillingen
Familienstand:	ledig
Eltern:	Peter Hofmann, Dipl.-Betriebswirt, Maria Hofmann, Arzthelferin
Geschwister:	Gudrun Hofmann, 30 Jahre Markus Hofmann, 32 Jahre

SCHULBILDUNG

1995 – 2000	Grund- und Hauptschule, Fürstenfeldbruck
2000 – 2006	Realschule, Fürstenfeldbruck mit Abschluss der mittleren Reife, Notendurchschnitt 2,0

BERUFLICHER WERDEGANG

2006 – 2009	Ausbildung zur Industriekauffrau bei Dornier Reparaturwerft GmbH, Oberpfaffenhofen mit erfolgreichem Abschluss, Notendurchschnitt 1,8
2009 – 2014	Sekretärin in der Vertriebsabteilung bei Dornier Reparaturwerft GmbH, Oberpfaffenhofen
2014 bis heute	Auftragssachbearbeitung bei Möbel Krügel, Dillingen

Dillingen, 14.10. 20..

Gaby Hofmann

Thomas Reichert
Hauptstr. 26
86899 Landsberg
Telefon: 08191 43210

Augsburger Büromöbel AG
Frau Kessler
Industriepark 5
86169 Augsburg

Landsberg, 14. Oktober 20..

Bewerbung um den Arbeitsplatz als Sachbearbeiter

Sehr geehrte Frau Kessler,

durch Ihre Stellenanzeige in der „Augsburger Allgemeine" vom 10.10.20.. habe ich erfahren, dass Sie einen Auftragssachbearbeiter für die Vertriebsabteilung suchen. Ich bewerbe mich um diese Stelle.

Ich habe eine abgeschlossene Berufsausbildung als Industriekaufmann. Nach der Erfüllung meiner Bundeswehrpflicht war ich als Handelsreisender tätig. Danach arbeitete ich jedoch wieder als Industriekaufmann in verschiedenen Betrieben, zuletzt in der Auftragsannahme in einer Druckerei. Aufgrund der schlechten Wirtschaftslage wurde dieses Unternehmen wegen Zahlungsunfähigkeit aufgelöst und ich verlor dadurch meinen Arbeitsplatz.

Ich kann gute Kenntnisse in allen anfallenden Büroarbeiten und in der EDV aufweisen.

Zu Ihrer Information lege ich Ihnen meine kompletten Bewerbungsunterlagen bei. Bitte geben Sie mir die Möglichkeit für ein Vorstellungsgespräch.

Mit freundlichem Gruß

Thomas Reichert

Anlagen:
Lebenslauf

Tabellarischer Lebenslauf

Name:	Reichert
Vorname:	Thomas
geboren am:	25. Mai 1970 in Ochsenhausen
wohnhaft in:	Landsberg
Familienstand:	verheiratet
1976 – 1985	Besuch der Grund- und Hauptschule mit Abschluss
1985 – 1988	Lehre als Industriekaufmann, Abschlussnote 3,0
1988 – 1990	Erfüllung der Wehrpflicht
1990 – 1992	Handlungsreisender für verschiedene Unternehmen
1992 – 1996	Außendienstmitarbeiter im Versicherungswesen
1996 – 1997	Filialleiter einer Lebensmittelkette
1997 – 2002	Leitung des Ersatzteillagers einer Kfz-Werkstatt
2002 – 2017	Auftragsannahme in einer Druckerei
seit Januar 2017	arbeitssuchend

Landsberg, den 14. Okotber 20..

Thomas Reichert

3.1 Vorauswahl auf der Grundlage der Bewerbungsunterlagen

3.1.1 Sortieren der Bewerbungsunterlagen und Treffen einer Vorauswahl

(1) Bewerbungsschreiben

Das Bewerbungsschreiben enthält mindestens folgende Inhalte:

- Name, Anschrift und Telefonnummer des Bewerbers,
- Anlass der Bewerbung,
- Hinweise auf Fähigkeiten und Fertigkeiten,
- Hinweise auf Schulbesuche und -abschlüsse, sofern nicht im Lebenslauf enthalten,
- Hinweise auf Anlagen (Lebenslauf, Zeugnisabschriften),
- Angabe von Referenzen.

(2) Lebenslauf

Der Lebenslauf kann inhaltlich in 5 Abschnitte aufgegliedert werden: persönliche Daten, schulische Ausbildung, Praktika, spezielle Kenntnisse und Fertigkeiten und sonstige Qualifikationen.

Persönliche Daten	Vor- und Familienname, Geburtsdatum, Geburtsort. Mögliche Ergänzung: Religionszugehörigkeit, Staatsbürgerschaft.
Schulische Ausbildung	Die schulische Ausbildung ist in **Bildungsabschnitte** aufzugliedern: Grundschule, weiterführende Schulen, Abschluss. (Die Zeitliste hat keine Lücken bzw. diese werden erklärt, z. B. zusätzliche Schuljahre.)
Praktika	Alle Praktika und deren Dauer sowie alle Sprachkurse werden aufgeführt.
Spezielle Kenntnisse und Fertigkeiten	Sie vermitteln Ihre speziellen Kenntnisse und Fertigkeiten selbstbewusst, aber ohne Überheblichkeit.
Sonstige Qualifikationen	Sie stellen dar, was sonst noch für Sie spricht (Qualifikationen, soziales Engagement, spezielle Interessen, sportliche Aktivitäten). Die aufgeführten Punkte klingen nicht angeberisch.

Der Lebenslauf wird heute in der Regel mithilfe eines Textverarbeitungsprogramms in tabellarischer Form abgefasst und vorgelegt. Handschriftlich wird der Lebenslauf nur auf besonderen Wunsch abgefasst.

(3) Zeugnisse und andere Referenzen[1]

Der dritte wichtige Bestandteil einer Bewerbungsmappe sind Zeugnisse und andere Bescheinigungen. Hierzu gehören

- die beglaubigten Kopien der letzten beiden **Schulzeugnisse**,
- Bescheinigungen über **absolvierte Kurse** (z. B. Sprach- und EDV-Kurse),
- Bescheinigungen über **Betriebspraktika** u. Ä.

---

[1] **Referenz**: Bericht einer Vertrauensperson, den man als Empfehlung vorweisen kann.

(4) Lichtbild

Für den Bewerber ist es **keine Pflicht,** seiner Bewerbung ein **Foto beizulegen.** Viele Unternehmen (insbesondere kleinere und mittelgroße) möchten sich jedoch gerne „ein Bild machen" von dem Bewerber. Daher begrüßen sie es, wenn der Bewerbung ein Foto beiliegt. Wird ein Foto mitgeschickt, sollte es ein professionell aufgenommenes Bewerbungsfoto sein (kein Privat- oder Automatenfoto).

3.1.2 Vorauswahl treffen mithilfe des Instrumentes Entscheidungsbewertungstabelle

Die Auswahl unter mehreren Bewerbern gehört zu den typischen, betriebswirtschaftlichen Entscheidungen, die mehrere Kriterien zu berücksichtigen haben, welche zudem noch teilweise im Widerspruch zueinander stehen können.

> **Beispiel:**
>
> Ein Bewerber hat zwar hervorragende Beurteilungen, verfügt aber noch nicht über die erforderliche Berufserfahrung.

Zur Lösung derartiger Entscheidungen eignet sich die Entscheidungsbewertungstabelle.

Beispiel:

Bei der MicroTex Technologies GmbH im Industrie- und Gewerbepark Augsburg ist im Einkauf die Stelle eines/einer Sachbearbeiters/-bearbeiterin neu zu besetzen. Zwei Bewerbungen treffen ein, unter denen die geeignetere mithilfe einer Entscheidungsbewertungstabelle festzustellen ist. Anhand der Stellenbeschreibung wurden die in der linken Spalte aufgeführten Kriterien als bedeutsam festgestellt.

ENTSCHEIDUNGSBEWERTUNGSTABELLE					
Kriterien	Gewichtung der Kriterien	**Entscheidungsalternativen**			
		Martin Kleiner		**Carola Berger**	
		Punkte	gew. Pkte.	Punkte	gew. Pkte.
Selbstständiges und flexibles Arbeiten	25	3	75	5	125
Fremdsprachenkenntnisse	10	5	50	3	30
Ausgeprägtes Dienstleistungsverhalten	15	4	60	4	60
Team- und kundenorientiertes Arbeiten	15	4	60	5	75
Sehr gute Kenntnisse im Umgang mit dem Office®-Paket	20	4	80	3	60
Qualitätsverständnis und Organisationsstärke	15	3	45	5	75
Summe	100		370		425

Erläuterung zur Spalte Punkte: 5 = sehr gut, 4 = gut, 3 = befriedigend, 2 = ausreichend, 1 = schlecht.

Ergebnis: Die Durchführung des Entscheidungsprozesses führt zu dem eindeutigen Ergebnis, dass Carola Berger als Bewerberin eindeutig vorzuziehen ist.

3.2 Instrumente zur Durchführung der Personalauswahl

3.2.1 Vorstellungsgespräch

(1) Einladung

Das Vorstellungsgespräch dient zum einen dazu, die Informationen aus den Bewerbungsunterlagen zu überprüfen, und zum anderen soll ein persönlicher Eindruck vom Bewerber gewonnen werden. Die Einladung zu einem Vorstellungsgespräch kann schriftlich, per E-Mail oder telefonisch erfolgen und sollte dem Bewerber mindestens eine Woche vor dem geplanten Gesprächstermin zukommen.

Der Bewerber sollte den im Einzelgespräch genannten Termin für das Vorstellungsgespräch bestätigen bzw. bei Notwendigkeit um einen Ersatztermin bitten.

(2) Mögliche Inhalte

Das Gespräch sollte von einem Mitarbeiter der Personalabteilung sorgfältig vorbereitet werden. So sollten z. B. festgelegt werden:

- die Gesprächsteilnehmer,
- Fragen zu Lücken und Unklarheiten in den Bewerbungsunterlagen,
- Fragen nach der besonderen Eignung für die ausgeschriebene Stelle,
- Fragen zu Freizeit, Familie, Hobbys,
- Fragen zum Unternehmen,
- Fragen zum aktuellen Tagesgeschehen, zum Allgemeinwissen, zu den Zukunftsplänen des Bewerbers.

Vorbereitung des Vorstellungsgesprächs

Beispiele für Fragen an den Bewerber:

- „Warum haben Sie sich gerade bei unserem Unternehmen beworben?"
- „Was gefällt Ihnen besonders an dieser Stelle bzw. an diesem Ausbildungsberuf?"
- „Wie stellen Sie sich Ihre Arbeit bzw. Ihre Ausbildung vor?"
- „Warum sollten wir gerade Sie den übrigen Mitbewerbern vorziehen?"
- „Welche Hobbys betreiben Sie?"

„Wo sehen Sie Ihre Stärken und Ihre Schwächen?"

Nicht beantworten muss der Bewerber Fragen, die gegen das Recht auf Schutz der Persönlichkeit verstoßen:

- **Familienplanung** und **Schwangerschaft,**
- **Vorstrafen,** außer sie sind berufsrelevant (Bewerbung als Kassierer, Buchhalter, Sicherheitsbeauftragter),
- **Krankheiten,** sofern die Krankheit die Berufsausübung nicht erschwert oder unmöglich macht (ansteckende Krankheiten, Bandscheibenleiden),
- **Partei-, Kirchen- oder Gewerkschaftszugehörigkeit,** außer man bewirbt sich bei sogenannten „Tendenzbetrieben"[1] (z. B. Landesverband einer Partei, katholischer Kindergarten),
- **Finanzielle Verhältnisse,** es sei denn, es wird eine Führungsposition oder eine besondere Vertrauensstellung angestrebt.

---

1 **Tendenzbetriebe** sind Betriebe, die z. B. politischen, gewerkschaftlichen, konfessionellen, karitativen oder künstlerischen Zielsetzungen dienen [§ 81 BetrVG].

Der Bewerber hat darauf zu achten, dass er arbeitsrechtlich zulässige Fragen wahrheitsgemäß und vollständig beantwortet. Zudem ist der Bewerber verpflichtet, dem potenziellen (möglichen) Arbeitgeber alle Sachverhalte mitzuteilen, die der angestrebten Tätigkeit entgegenstehen (z. B. Krankheit, Kur). Diese Verpflichtung gilt auch dann, wenn der Bewerber im Bewerbungsgespräch nicht danach gefragt wird. Kommt der Bewerber der Offenlegungspflicht nicht nach, so kann der Arbeitgeber einen abgeschlossenen Arbeitsvertrag anfechten.

(3) Aufbereitung des Vorstellungsgesprächs

An das Vorstellungsgespräch schließt sich dessen Aufbereitung an. Dabei hilft das Ausfüllen eines **Beobachtungsbogens** während des Vorstellungsgesprächs (siehe Beispiel S. 118). Eine weitere Möglichkeit, das Ergebnis des Vorstellungsgesprächs zu dokumentieren, ist die Erstellung eines **Eignungsprofils** des Bewebers. Es spielt in der Praxis eine wesentliche Rolle bei der Entscheidung über die Stellenbesetzung.

Beispiel für die Erstellung eines Eignungsprofils

Eignungsprofil							
Stelle	Personalentwicklungsreferent/-in						
Bewerber/-in	Susi Schmitz						
Qualifikationen							
Ausbildung	wirtschafts-/sozialwissenschaftliches Studium	Master in Business Administration					
Fortbildung	Ausbildereignung	vorhanden					
Berufserfahrung	2 Jahre im Personalwesen	nur Praktika im Personalwesen					
		--	-	±	+	++	
Fachliche	Planung und Organisation: *keine Kenntnisse*						
	Personalführung: *Studienleistung; sehr gut*						
	Arbeitspsychologie: *Studienleistung: gut*						
	Betriebssoziologie: *Studienleistung: gut*						
	Arbeitsrecht: *Studienleistung: gut*						
Personale	Schöpferische Fähigkeit: *Form der Bewerbung*						
	Selbstmanagement: *Hobby Bergführerin*						
Fachlich-methodische	Analytische Fähigkeiten: *Zeugnisse, Anschreiben*						
	Beurteilungsvermögen: *Zeugnisse, Anschreiben*						
Sozial-kommunikative	Problemlösungsfähigkeit: *Anschreiben*						
	Sprachgewandtheit: *Anschreiben*						
	Beziehungsmanagement: *Anschreiben*						
	Teamfähigkeit: *Praktikumszeugnis*						
Aktivitätsbezogene	Entscheidungsfähigkeit: *Anschreiben*						
	Beharrlichkeit: *Hobby Bergführerin*						
Kompetenzen							

Zu beachten ist, dass die Auswertung eines Vorstellungsgesprächs einer Reihe von subjektiven Einflüssen unterliegt. Die Aussagekraft von Vorstellungsgesprächen ist daher wissenschaftlich umstritten.

Quelle: Bröckermann, Reiner: Personalwirtschaft, 4. Aufl., Stuttgart 2007, S. 114.

> **Beachte:**
>
> **Grundsätzlich** besteht **keine Rechtspflicht** zur Erstattung der Kosten, die beim Bewerber für seine Bewerbung anfallen. **Aber:** Wird der Bewerber **ausdrücklich vom Betrieb eingeladen,** so besteht für den Betrieb eine **Rechtspflicht** zum **Ersatz der Vorstellungskosten.** Hierzu zählen insbesondere die Fahrtkosten, eventuelle Übernachtungskosten und mögliche Verpflegungskosten.

3.2.2 Arbeitsproben, situative Verfahren, Testverfahren, Assessment-Center

Durch die Bewerbungsunterlagen sowie das Vorstellungsgespräch erhalten die Mitarbeiter der Personalabteilung eine Vielzahl von Erkenntnissen über den Bewerber. Muss der Betrieb aus einer größeren Anzahl von Bewerbern auswählen, so können durch

- **Arbeitsproben,**
- **situative Verfahren,**
- **Tests** oder durch
- die **Durchführung eines Assessment-Centers**

weitere Hinweise gewonnen werden.

(1) Arbeitsproben und situative Verfahren

Verfahren zur Eignungsfeststellung	Erläuterungen	Beispiele
Arbeitsproben	Durch Arbeitsproben sollen die Bewerber ihre Kenntnisse und Fähigkeiten nachweisen. Arbeitsproben können mit den Bewerbungsunterlagen eingereicht oder unter Aufsicht durchgeführt werden.	Ein Dekorateur gestaltet als Arbeitsprobe ein Schaufenster.
Situative Verfahren	Beim situativen Verfahren soll der Bewerber in einer vorgegebenen (simulierten) Situation, die den späteren Tätigkeiten nahe kommt, seine Fähigkeiten nachweisen.	Drei Bewerber für die Stelle als Leiter des Einkaufs werden eingeladen. Sie werden aufgefordert, eine Diskussion über Grundsätze der Warenbeschaffung zu führen. Bei dieser Diskussion wird das Verhalten der einzelnen Bewerber beobachtet und später beurteilt.

(2) Testverfahren (Beispiele)

Mithilfe der Einstellungstests sollen z. B. das logische Denken, die Rechtschreibsicherheit, die Konzentrationsfähigkeit, die Begriffsbildung u. Ä. des Bewerbers ermittelt werden.

Beispiel:[1]

Frage 19

Sie sehen ein Quadrat mit neun Zahlen. Die Zahlen setzen sich nach einer bestimmten Logik zusammen.

64	32	16
16	8	4
5	2	1

Prüfen Sie bitte die Ergebnisse und kreuzen Sie das falsche Ergebnis durch den entsprechenden Buchstaben im Lösungsbogen an. Welche Zahl in dem Rechteck ist falsch?

○ 16 ○ 1 ○ 5
○ 4   ○ 2

(3) Assessment-Center

Das Assessment-Center stellt eine Möglichkeit dar, unterschiedliche Eigenschaften und Fähigkeiten von Bewerbern zu ermitteln. Ein Assessment-Center dauert im Regelfall ein bis drei Tage. Die Bewerber werden von betriebsinternen Mitarbeitern oder Beobachtern externer Beratungsfirmen bei verschiedensten Arbeits- und Verhaltensaufgaben beobachtet und bewertet. Die gestellten Aufgaben müssen von den Bewerbern in Gruppen- und Einzelarbeit gelöst werden.

Beispiele bekannter Assessment-Center-Übungen:

- **Postkorb-Übung**
  Vor dem Bewerber steht ein überfüllter Postkorb mit mindestens 15 Dokumenten. Die Beweber müssen entscheiden, welche Aufgaben wichtig oder weniger wichtig sind, welche man delegieren oder selbst bearbeiten muss.

- **Assessment-Center-Rollenspiel**
  Jedem Bewerber wird eine Rolle zugewiesen, die er bei einer Gruppendiskussion einnehmen und vertreten soll. Die Rollen sind so festgelegt worden, dass es zwangsläufig zu Konfliktsituationen kommt.

3.3 Treffen der Besetzungsentscheidung

3.3.1 Entscheidungsträger

Im Anschluss an die Analyse aller Bewerbungsergebnisse fällt die Entscheidung, wer für die Besetzung der Stelle infrage kommt. An der Entscheidung beteiligt sind in der Regel

- ein Mitglied der Personalabteilung,
- künftige Vorgesetzte,
- ein Mitglied des Betriebsrats (bei Arbeitnehmern),
- eventuell externe Fachleute (z. B. Personalberater).

Bei der Besetzung wichtiger Positionen ist es möglich, dass sich der Inhaber bzw. der Geschäftsführer die letzte Entscheidung vorbehält.

---

[1] Quelle: http://www.ausbildungspark.com/einstellungstest/industriekaufmann/ [26.02.2015].

3.3.2 Urteilsfindung

(1) Analytische Urteilsfindung

Die erste von zwei Entscheidungsgrundlagen für eine Urteilsbildung ist zunächst das **Anforderungsprofil** der ausgeschriebenen Stelle. Dem Anforderungsprofil wird als zweite Entscheidungsgrundlage das **Eignungsprofil** des Bewebers gegenübergestellt. Die Entscheidung beruht anschließend auf einem **Profilabgleich**, d. h., es wird überprüft, inwieweit sich das Anforderungsprofil der Stelle mit dem Eignungsprofil der Bewerber deckt. Diese Form der Entscheidungsfindung bezeichnet man als **analytische Urteilsfindung**. Sie geht von einzelnen, vorher genau festgelegten Beurteilungskriterien aus und kommt anschließend zu einem Gesamturteil. Ein Beispiel für eine analytische Beurteilung finden Sie auf S. 123.

(2) Summarische Urteilsfindung

In der Praxis ist es häufig so, dass kein Bewerber alle Anforderungen der Stelle voll erfüllt. Zu guter Letzt werden deshalb neben den konkret erfassbaren Kriterien zusätzlich noch nicht messbare Aspekte berücksichtigt. Schließlich haben die Entscheidungsträger natürlich ein recht genaues Bild des zukünftigen Belegschaftsmitglieds vor Augen. Neben der fachlichen Qualifikation ist oftmals die Frage ebenso wichtig, ob der Bewerber in das Unternehmen bzw. die Abteilung passt. Für diesen Fall wird der **Gesamteindruck** des Bewerbers, der unter Umständen recht **subjektiv** sein kann, zur Urteilsfindung herangezogen. Man spricht dann von einer **summarischen Urteilsfindung**.

3.3.3 Berücksichtigung ethisch-sozialer Aspekte durch das Allgemeine Gleichbehandlungsgesetz [AGG]

> Ziel des **AGG** ist es, „Benachteiligungen aus Gründen der Rasse oder wegen der ethnischen Herkunft, des Geschlechts, der Religion oder Weltanschauung, einer Behinderung, des Alters oder der sexuellen Identität zu verhindern oder zu beseitigen" [§ 1 AGG].

Das AGG schützt insbesondere Arbeitnehmer und Auszubildende, Stellenbewerber und ehemalige Beschäftigte vor Diskriminierung. Das Gesetz richtet sich an die Arbeitgeber. Es verbietet eine direkte Benachteiligung aus den genannten Gründen (z. B. bei der Vergabe eines Arbeitsplatzes), aber auch eine indirekte Benachteiligung durch scheinbar neutrale, jedoch sachlich ungerechtfertigte Auswahlkriterien oder Ausleseverfahren. Auch Belästigung (Beleidigung, Einschüchterung, Erniedrigung, „Mobbing") oder sexuelle Belästigung gelten als Benachteiligung und sind daher zu unterbinden.

3 Instrumente der Personalauswahl für eine begründete Besetzungsentscheidung zielgerichtet einsetzen

Beispiel für eine analytische Beurteilung:

Tarifliche Leistungsbeurteilung — Original für Personalabteilung

Zuname, Vorname	Personal-Nr.	Lohn-/Gehaltsgr.	Stichtag für LZ
Kleidermann, Franz	197	5/2	

Personalabteilung	Org.-Einheit/Kostenstelle/Abteilung
Werk Albstadt	Forschung und Entwicklung

Beurteilungs-merkmale	Zu beurteilen zum Beispiel anhand von	Beurteilungsstufen					Bemerkungen
		A — Die Leistung ist für eine Leistungszulage nicht ausreichend	B — Die Leistung entspricht im Allgemeinen den Anforderungen	C — Die Leistung entspricht in vollem Umfang den Anforderungen	D — Die Leistung übertrifft die Anforderungen erheblich	E — Die Leistung übertrifft die Anforderungen in hohem Maße	
I Arbeitsquantität	– Umfang des Arbeitsergebnisses – Arbeitsintensität – Zeitnutzung	0	7	14	**X** 21	28	
II Arbeitsqualität	– Fehlerquote – Güte	0	7	**X** 14	21	28	
III Arbeitseinsatz	– Initiative – Belastbarkeit – Vielseitigkeit	0	4	8	**X** 12	16	
IV Arbeitssorgfalt	– Verbrauch und Behandlung von Arbeitsmitteln aller Art – Zuverl., rationell, kostenbewusstem Verhalten	0	4	**X** 8	12	16	
V Betriebliches Zusammenwirken	– Gemeinsamer Erledigung von Arbeitsaufgaben – Informationsaustausch	0	3	**X** 6	9	12	

Datum:	07.05.20..		Gesamtpunktzahl:	61
Unterschrift d. Beurteilenden:	Mayer			

123

Unter bestimmten Bedingungen kann eine unterschiedliche Behandlung von Beschäftigten oder Stellenbewerbern jedoch erlaubt sein; so z. B. die Festlegung eines Mindestalters bei der Besetzung besonders qualifizierter Positionen oder Anforderungen an die Konfessionszugehörigkeit der Mitarbeiter in kirchlichen Einrichtungen.

Beschäftigte oder Stellenbewerber können wegen einer Benachteiligung innerhalb von zwei Monaten Anspruch auf **Entschädigung** bzw. Schadensersatz erheben. Können sie Indizien vorlegen, die eine Benachteiligung vermuten lassen, muss der Arbeitgeber seinerseits den Beweis dafür antreten, dass dennoch nicht gegen das AGG verstoßen wurde.

3.3.4 Zusage an den Bewerber

Ist die Entscheidung gefallen und hat der Betriebsrat zugestimmt, erhält der betreffende Bewerber eine **Zusage**.[1] Es schließt sich dann die **Ausfertigung des Arbeitsvertrags** an.

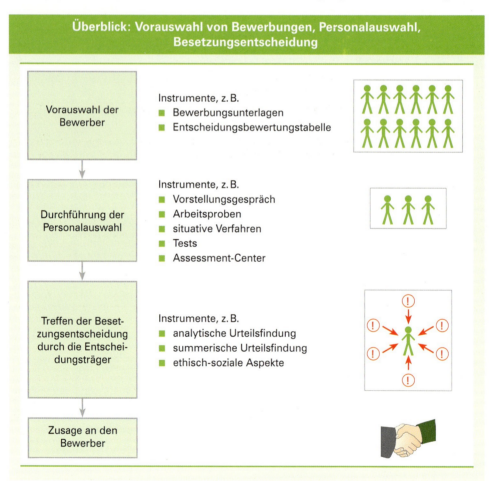

---

[1] Oftmals wird vom Bewerber zuvor noch eine **ärztliche Eignungsuntersuchung** gefordert.

Kompetenztraining

21 Personalauswahl durchführen

1. Birte Holzmüller, Industriekauffrau, wohnhaft in Konrad-Adenauer-Platz 8, 84028 Landshut, möchte sich bei der Aggregatebau Fischer & Freundlich GmbH als Sachbearbeiterin im Rechnungswesen bewerben.

   Aufgaben:
   1.1 Führen Sie drei Kriterien an, die bei der Personalauswahl berücksichtigt werden sollten!
   1.2 Nennen Sie vier Unterlagen, die Birte Holzmüller einer erfolgreichen Bewerbung beizufügen hat!

2. Entscheiden Sie, ob die folgenden Fragen vom Bewerber in einem Vorstellungsgespräch beantwortet werden müssen! Begründen Sie Ihre Entscheidung!

   2.1. Kevin Eller bewirbt sich um eine Stelle in der Buchhaltung bei einem Autohaus. Er wird danach gefragt, ob er wegen Unterschlagung oder Diebstahl vorbestraft ist.

   2.2 Alina Gut bewirbt sich als Industriekauffrau bei der Merkle Maschinenbau GmbH. Sie wird gefragt, ob sie Mitglied einer Gewerkschaft ist.

   2.3 Der 18-jährige Leon Gesell bewirbt sich um eine Stelle als Lagerfacharbeiter. Er wird danach gefragt, über welche Fachkenntnisse er verfügt.

   2.4 Eva Bartels bewirbt sich um eine Ausbildungsstelle als Industriekauffrau. Sie soll Auskunft darüber geben, ob sie schwanger ist.

   2.5 Daniel Heine – bisher Sachbearbeiter in der Marketingabteilung – bewirbt sich um die frei werdende Stelle als Abteilungsleiter. Er wird gefragt, ob er einer Glaubensgemeinschaft angehört.

   2.6 Sara Merz bewirbt sich um die Stelle einer Buchhalterin. Sie wird gefragt, an welchen Fortbildungskursen sie teilgenommen hat.

3. Lena Schmid bewirbt sich um die Stelle als Industriekauffrau bei der Kältetechnik Nothelfer GmbH in Nürnberg. Zuständig für die Personaleinstellung ist Angelika Berner.

   Vorgegebener Sachverhalt: Zum Aufgabenbereich zählen die Betreuung der Lieferer, die Disposition und Ermittlung der Bedarfe, Erstellen und Versenden von Anfragen, Aufbereitung der Angebote und Angebotsvergleiche, Verhandeln und Nachverhandeln mit Lieferern über Mengen, Termine und Preise innerhalb eines vorgegebenen Rahmens, Erstellen und Versenden von Bestellungen, Abgleich der Auftragsbestätigungen mit den Bestellungen, Überwachung der vereinbarten Liefertermine.

   Die Kältetechnik Nothelfer GmbH bietet einen sicheren Vollzeit-Arbeitsplatz mit 38,5 Stunden-Woche, gute Aufstiegsmöglichkeiten bei entsprechender Leistung, betriebliche Altersvorsorge, teamorientiertes Arbeiten und eine langfristige Zusammenarbeit. Die Vergütung erfolgt nach Entgeltgruppe 7 des Entgeltrahmentarifvertrags (ERA-TV) in Bayern. Gewünscht wird eine erfolgreich abgeschlossene Ausbildung zum Industriekaufmann/zur Industriekauffrau, zwei bis drei Jahre Berufserfahrung in vergleichbarer Position, Kenntnisse in Englisch in Wort und Schrift, selbstständiges und verantwortungsbewusstes Arbeiten, MS-Office-Kenntnisse (WORD, EXCEL), Verhandlungsstärke, freundliche und gute Umgangsformen.

Lernbereich 3: Personal beschaffen und einsetzen

Aufgaben:

3.1 Bereiten Sie das Bewerbungsgespräch als Rollenspiel vor! Erstellen Sie die beiden Rollenkarten mit den wichtigsten Argumenten und Fragen in Gruppenarbeit!

3.2 Während zwei Gruppenmitglieder die beiden Rollen spielen, bildet der Rest der Klasse zwei neue Gruppen und füllt den folgenden Beobachtungsbogen – getrennt nach den beiden Rollen – aus!

Beobachtungsbogen für.............................		
Gesprächseröffnung		
schafft eine angenehme Atmosphäre	ja ☐	nein ☐
bietet Gegenüber Platz an	ja ☐	nein ☐
Blickkontakt wird ermöglicht	ja ☐	nein ☐
nennt das Ziel des Gesprächs	ja ☐	nein ☐
strukturiert das Gespräch	ja ☐	nein ☐
Gesprächsverlauf		
verliert sein Ziel nicht aus den Augen	ja ☐	nein ☐
lässt den anderen zu Wort kommen	ja ☐	nein ☐
stellt offene Fragen	ja ☐	nein ☐
stellt geschlossene Fragen	ja ☐	nein ☐
hört gut zu	ja ☐	nein ☐
fasst Gesprächsergebnisse zusammen	ja ☐	nein ☐
Sprache/Körpersprache		
klar und verständlich	ja ☐	nein ☐
gut formuliert	ja ☐	nein ☐
angemessene Gestik	ja ☐	nein ☐
freundliche Mimik	ja ☐	nein ☐
wirkt nervös	ja ☐	nein ☐
Sonstige Beobachtungen		
....		
....		

4. Unterscheiden Sie die Begriffe analytische und summarische Urteilsfindung!

5. Entwerfen Sie ein Absageschreiben für den Bewerber Florian Kohler, der aufgrund seiner schriftlichen Bewerbungsunterlagen für die freie Stelle als Industriekaufmann nicht infrage kommt!

6. Aufgrund des starken Unternehmenswachstums muss die Franz Schlick GmbH die meisten Stellen mit externen Bewerbern besetzen.

   Aufgabe:

   Beschreiben Sie stichwortartig den möglichen Personalbeschaffungsvorgang!

4 Personal effektiv einsetzen durch wohlüberlegte Entscheidung für Arbeitszeit- und Gestaltungsmodelle

LB 3 **Handlungssituation 3: Ein Arbeitsmodell analysieren und auswerten**

Lesen Sie zunächst den nachfolgenden Text:

Attraktiv durch flexible Arbeitszeiten – Umsetzung von Funktionszeiten

Die Trefz GmbH verfügt über jahrzehntelange Erfahrung in der Herstellung von Präzisionsteilen und beschäftigt zurzeit rund 23 Mitarbeiter. Der Anspruch des Unternehmens: kurze Lieferzeiten und hohe Termintreue. Das in Cleebronn ansässige Unternehmen hat in der Region jedoch spürbare Konkurrenz im Wettbewerb um qualifizierte Fachkräfte durch namhafte Unternehmen. Um hier wettbewerbsfähig zu bleiben, möchte das Unternehmen durch eine Anpassung der Arbeitszeiten seine Attraktivität als Arbeitgeber erhöhen.

Separate Interviews mit dem Geschäftsführer Uwe Trefz sowie mit Mitarbeitern lieferten Anhaltspunkte für eine Optimierung der Arbeitszeitregelungen. So hat die Arbeitszeitanalyse u.a. ergeben, dass die anhaltend positive Auftragslage zu vielen Überstunden führte. Ein Abbau der Überstunden, die auf einem Arbeitszeitkonto gesammelt werden, war aufgrund der hohen Auslastung und der geringen Personaldecke nicht möglich. Dem Wunsch der Mitarbeiter, Mehrarbeit durch Freizeit und nicht wie üblich finanziell auszugleichen, konnte somit nur schwer entsprochen werden. Betriebswirtschaftlich spürbar zeigte sich zudem, dass die hohe Auslastung und der damit verbundene Zeitdruck die Fehlerrate und die notwendigen Nacharbeiten stark ansteigen ließen.

Die Mitarbeiter äußerten sich auch unzufrieden mit dem starren 2-Schichtbetrieb, der in wöchentlichem Rhythmus wechselte. Dieser ließ wenig Flexibilität für die Mitarbeiter und ihre privaten Bedürfnisse, individuell von der Schicht abweichende Arbeitszeiten mussten stets mit dem Unternehmensinhaber abgesprochen werden. Aber auch das Unternehmen war in seiner Personaleinsatzplanung eingeschränkt und konnte nur schwer auf die sich ändernde Auftragslage reagieren. [...]

Aufbauend auf der Arbeitszeitanalyse erfolgte eine Arbeitszeitberatung bei Trefz. Nach umfangreichen Befragungen und Erhebungen, einigt man sich bei einem Workshop auf das Modell der Funktionszeit. Funktionszeiten sind bei Trefz möglich, da wichtige Flexibilitätsanforderungen erfüllt werden:

Neben einem bereits bestehenden Arbeitszeitkonto lassen auch die kleineren Teamstrukturen und Abteilungsgrößen direkte Absprachen gut zu. Zudem ist das Team seit Langem eingespielt. [...]

Mit dem neuen Arbeitszeitmodell werden die individuellen Arbeitszeiten der Mitarbeiter nur noch in der Abteilung mit Kollegen und dem Abteilungsleiter vereinbart. Die einzigen Kriterien hierfür sind von Seiten der Geschäftsführung die Erfüllung der Abteilungsfunktionen Lieferpünktlichkeit und Maschinenlaufzeit. Feste Arbeitszeiten und Schichtgruppen gehören seitdem der Vergangenheit an.

Die Beschäftigten entscheiden eigenverantwortlich, wann und wie lange sie gebraucht werden. Dadurch, dass gearbeitet wird, wenn es wirklich gebraucht wird, entstehen keine unnötigen Leerräume und mehr Spielraum für die Beschäftigten: Diese Zeit können Sie für private Interessen oder Verpflichtungen nutzen. Die Zufriedenheit und Motivation ist bereits deutlich angestiegen.

Insgesamt zeigt sich seit Einführung des Modells ein Anstieg der Produktivität und der Qualität: Durch die von nun an vorrangig durch Freizeit ausgeglichenen Überstunden entfällt die zusätzliche finanzielle Vergütung. Der verbesserte Einsatz der Mitarbeiter je nach Kompetenz zeigt eine Qualitätsverbesserung, insbesondere durch die Vermeidung von Fehlern. Das neue Arbeitszeitmodell bringt somit einen wirtschaftlichen Vorteil für das Unternehmen, aber auch eine Verbesserung in der Flexibilität für die Mitarbeiter.

Quelle: http://www.arbeitszeitgewinn.de/praxisbeispiele/trefz/ [Zugriff vom 27.06.2017]

Lernbereich 3: Personal beschaffen und einsetzen

Kompetenzorientierte Arbeitsaufträge:

1. Beschreiben Sie die Ausgangslage bei der Trefz GmbH, bevor das neue Arbeitszeitmodell eingeführt wurde!
2. Erläutern Sie die Funktionsweise des neu eingeführten Arbeitszeitmodells. Recherchieren Sie in diesem Zusammenhang auch die Bedeutung des Begriffs „Funktionszeit"!
3. Stellen Sie in einer Übersicht jeweils aus Sicht der Mitarbeiter und des Betriebs die genannten Vorteile und die möglichen Nachteile des Funktionszeit-Modells dar!

4.1 Flexibilisierung der Arbeitszeit durch Arbeitszeitmodelle

(1) Begriff Flexibilisierung[1] der Arbeitszeit

- **Die Flexibilisierung der Arbeitszeit** wird erreicht, indem die Arbeitszeiten der Mitarbeiter von der Betriebszeit entkoppelt werden.
- Die verschiedenen **Arbeitszeitmodelle** unterscheiden sich im **zeitlichen Ausmaß** der Flexibilisierung.

(2) Überblick über Arbeitszeitmodelle

Flexibilisierung der Tagesarbeitszeit	<ul><li>**Gleitarbeitszeit** mit festen Kernstunden.</li><li>**Vertrauensarbeitszeit.** Die Mitarbeiter legen ihre Arbeitszeit (teilweise auch den Arbeitsort) eigenverantwortlich fest, um Aufgaben zu erfüllen und gegebene Ziele zu erreichen. Dieses Modell eignet sich besonders für Arbeiten im Projektbereich.</li><li>**Staffelarbeitszeit.** Den Mitarbeitern werden mehrere festgelegte Normalarbeitszeiten zur Wahl angeboten, z. B. entweder 09:00 Uhr bis 18:00 Uhr oder 10:00 Uhr bis 19:00 Uhr.</li><li>**Teilzeitarbeit** gibt es in verschiedenen Arten, z. B. als Halbtagsarbeit.</li><li>**Jobsharing** ist ein Arbeitszeitmodell, bei dem sich Mitarbeiter innerhalb einer vorgegebenen Arbeitszeit ihre individuelle Arbeitszeit in vom Arbeitgeber vorgegebenen Grenzen selbst einteilen.</li><li>**Individuelle Arbeitszeitverkürzung** oder **-verlängerung** mit oder ohne Lohnausgleich.</li></ul>
Flexibilisierung der Wochenarbeitszeit	<ul><li>**Teilzeitarbeit** (z. B. 3 oder 4 Tage je Woche).</li><li>**KAPOVAZ** (**kap**azitäts**o**rientierte **va**riable **A**rbeits**z**eit) ist eine Sonderform der Teilzeitbeschäftigung, bei der die Arbeitsleistung des Beschäftigten flexibel an den Bedarf des Unternehmens angepasst wird.[2]</li><li>**Rollierendes**[3] **Arbeitszeitsystem.** Die Arbeitnehmer haben z. B. einen rollierenden freien Tag pro Arbeitswoche. Der freie Tag verschiebt sich wöchentlich entweder vorwärts oder rückwärts.</li><li>**Sonntags- und Feiertagsarbeit** mit Ruhetagen.</li></ul>

---

1 **Flexibel:** beweglich, anpassungsfähig.
2 Zu Einzelheiten siehe S. 131.
3 **Rollieren:** nach bestimmten Zeitabständen regelmäßig wiederkehren.

Flexibilisierung der Jahresarbeitszeit	■ **Sonderurlaub für Wochen oder Monate.** Diese sogenannten Sabbaticals[1] sind i. d. R. unbezahlte Urlaube. ■ **Saisonarbeit.** Diese kommt z. B. in Gärtnereien vor. ■ **Festlegung einer Gesamtjahresarbeitszeit mit variabler Verteilung auf Tage, Wochen und Monate.** Der Mitarbeiter hat ein „Arbeitszeitkonto", das nach Bedarf des Unternehmens oder nach den Bedürfnissen des Mitarbeiters mit wechselnden Tages-, Wochen- und/oder Monatsstunden „abgearbeitet" werden kann. ■ **Jährlicher Ausgleich der Mehrarbeit durch Verlängerung des Erholungsurlaubs.**
Flexibilisierung der Lebensarbeitszeit	■ **Frühverrentung.** ■ **Gleitender Übergang in den Ruhestand** durch eine ein- oder mehrstufige Verkürzung der Arbeitszeit (Teilzeitarbeit).
Schichtarbeit	Bei der Schichtarbeit wird die betriebliche Arbeitszeit auf Schichten aufgeteilt. Die einzelnen Schichten überlappen sich geringfügig, damit die Mitarbeiter Übergabegespräche führen können. Bei einem teilkontinuierlichen[2] Schichtbetrieb gibt es ■ das Zwei-Schichtsystem (z. B. Früh- und Spätschicht) und ■ das Drei-Schichtsystem (z. B. Früh-, Spät- und Nachtschicht). Für einen vollkontinuierlichen[3] Schichtbetrieb ist ein Vier- oder Fünf-Schichtsystem notwendig, damit die Mitarbeiter nicht mehr als 8 Stunden am Tag arbeiten.
Funktionszeit	Im Funktionszeitenmodell werden für einzelne Unternehmensbereiche Kernzeiten festgelegt, in denen diese betriebsbereit sein müssen. Die Beschäftigten können ihre Arbeitszeit selbst bestimmen und in Absprache mit dem Team verteilen. Die Anfangs- und Endzeiten der Arbeitnehmer sind flexibel, sofern die interne und externe Ansprechbarkeit der Unternehmensbereiche gewährleistet ist. Statt einer verbindlichen Anwesenheitspflicht setzt das Modell auf die garantierte Funktionsfähigkeit des Arbeitsbereichs, denkt also von der Arbeitsaufgabe her. Voraussetzung ist, dass sich die Mitarbeiter in ihren Aufgaben vertreten können. Funktionszeiten werden häufig eingesetzt im Dienstleistungsbereich und in der Verwaltung, funktioniert aber auch in der Produktion, sofern diese in Inselfertigung (Gruppenfertigung) organisiert ist.

4.2 Teilzeitbeschäftigung als exemplarisches Arbeitszeitmodell

(1) Grundlegendes

Teilzeitbeschäftigt ist ein Arbeitnehmer, dessen regelmäßige Wochenarbeitszeit kürzer ist als die eines vergleichbaren vollzeitbeschäftigten Arbeitnehmers [§ 2 TzBfG[4]].

---

1 **Sabbaticals** (engl.) kommt von Sabbat (hebr., gr., lat.) dem jüdischen Ruhetag (Samstag).
2 Es wird von Montag bis Freitag gearbeitet.
3 Es wird die ganze Woche, also auch am Wochenende und an Feiertagen, gearbeitet.
4 **TzBfG:** Gesetz über Teilzeitarbeit und befristete Arbeitsverträge (Teilzeit- und Befristungsgesetz).

Teilzeitbeschäftigung ist dann ein attraktives Arbeitszeitmodell, wenn es darum geht, Erwerbstätigkeit und private Lebensgestaltung besser zu vereinbaren.

Jeder Arbeitnehmer kann verlangen, dass seine vertragliche Arbeitszeit verringert wird, sofern sein Arbeitsverhältnis länger als 6 Monate bestanden hat. Der Arbeitnehmer hat dabei zunächst die freie Wahl, um wie viel er seine Arbeitszeit verringern und wie er die verbleibende Arbeitszeit verteilen will. Dieser **Anspruch auf Teilzeitarbeit** besteht jedoch nur, **soweit betriebliche Gründe nicht entgegenstehen** (z. B. wesentliche Beeinträchtigung der Organisation, der Arbeitsabläufe oder der Sicherheit des Unternehmens sowie bei Verursachung unverhältnismäßiger Kosten). **Gänzlich ausgeschlossen** bleiben Betriebe, die in der Regel **nicht mehr als 15 Arbeitnehmer** beschäftigen.

Teilzeitbeschäftigte dürfen nicht schlechter gestellt werden als Vollzeitbeschäftigte (**Diskriminierungsverbot** [§ 4 TzBfG]).

Den Entschluss eines Arbeitnehmers, seine Arbeitszeit zu verringern, unterstützt das TzBfG mit einer erleichterten Rückkehr zur verlängerten Arbeitszeit. Der Arbeitgeber muss dem Teilzeitbeschäftigten, der eine Verlängerung seiner vertraglich vereinbarten Arbeitszeit beantragt hat, bevorzugt berücksichtigen, es sei denn, dass **dringende betriebliche Gründe oder Arbeitszeitwünsche anderer teilzeitbeschäftigter Arbeitnehmer** entgegenstehen [§ 9 TzBfG].

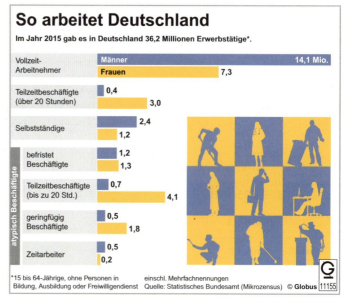

(2) KAPOVAZ als Sonderform der Teilzeitbeschäftigung

Die Arbeit auf Abruf (**KAPOVAZ**: **kap**azitäts**o**rientierte **v**ariable **A**rbeits**z**eit) ist eine **Sonderform der Teilzeitbeschäftigung.** Die Mitarbeiter haben einen Teilzeitarbeitsvertrag, in welchem eine bestimmte Dauer der täglichen und wöchentlichen Arbeitszeit festgelegt ist. Die tatsächliche Arbeitsleistung erbringen die Beschäftigten in Abhängigkeit vom betrieblichen Arbeitsanfall. Ob ein Bedarf vorliegt, entscheidet der Arbeitgeber allein. Der Arbeitnehmer ist allerdings nur dann zur Arbeitsleistung verpflichtet, wenn der Arbeitgeber ihm die Lage der Arbeitszeit mindestens vier Tage im Voraus mitteilt. Die Zeit zwischen den einzelnen Arbeitseinsätzen gilt als Rufbereitschaft und wird – im Gegensatz zum Bereitschaftsdienst – nicht bezahlt.

Die Vorteile dieses Arbeitszeitmodells liegen in erster Linie bei den Unternehmen, weil sie ihre Personalkosten flexibel dem Markt anpassen können. Für die Mitarbeiter bedeutet dies eine starke Beeinträchtigung ihrer finanziellen und privaten Lebensplanung, da wegen der Unvorhersehbarkeit der Arbeitseinsätze wenig Einkommenssicherheit besteht und eine vorausschauende Planung des Alltags kaum möglich ist.

(3) Vor- und Nachteile flexibler Arbeitszeitmodelle

	Vorteile	**Nachteile**
Aus Arbeitnehmersicht	■ Bessere Vereinbarkeit von Beruf und Famile ■ Erhöhte Arbeitszufriedenheit ■ Weniger Überforderung und Stress ■ Im Anschluss an arbeitsintensive Phasen ganze freie Tage ■ Größerer Grad an Selbstständigkeit und Selbstverwirklichung	■ Geringeres und oft variables Einkommen ■ Müssen eventuell auf Abruf arbeiten ■ Weniger persönlicher Austausch mit Kollegen. Verlust an sozialen Kontakten ■ Kürzere Arbeitszeit führt zu erhöhtem Zeitdruck bei termingebundenen Aufträgen.
Aus Arbeitgebersicht	■ Mitarbeiter sind motivierter, produktiver und fördern die Qualität von Dienstleistungen und Produkten. ■ Erleichtertes Gewinnen und Erhalt von Fachkräften ■ Geringere Fehlzeiten, da Mitarbeiter private Termine besser wahrnehmen können. ■ Schnelles Reagieren auf saisonale Auftragsschwankungen möglich ■ Die effiziente Verteilung der Arbeitszeit verringert Leerzeiten und baut Überstundenzuschläge ab.	■ Mitarbeiter sind für den Vorgesetzten nicht ständig greifbar. ■ Eventuell höhere Organisationskosten ■ Bei schlechtem Zeitmanagement können Störungen bei Verwaltung und Produktion auftreten. ■ Für einen Arbeitsplatz müssen zwei oder mehr Mitarbeiter gefunden werden. ■ Erhöhte Fehlerquote im Arbeitsablauf durch mehr Übergaben

4.3 Gestaltungsmodelle des Personaleinsatzes

> Durch verschiedene **Gestaltungsmodelle des Personaleinsatzes** werden
> - die **Arbeitsinhalte strukturiert** und
> - das Ausmaß der **Arbeitsteilung festgelegt**,
> - um den **Einsatz des Personals effektiv**[1] **zu gestalten.**

Beispielhaft werden im Folgenden einige Gestaltungsmodelle vorgestellt.

(1) Jobenrichment (Arbeitsbereicherung)

Sie liegt vor, wenn Arbeitsvorgänge an einem Arbeitsplatz **qualitativ angereichert** werden. Das Jobenrichment zählt zur Humanisierung der Arbeit, weil z. B. reine Durchführungsaufgaben mit Planungs- und Kontrollaufgaben an einem bestimmten Arbeitsplatz ausgebaut und so verantwortungsvoller werden.

Beispiel:
Die Reisende A erhält die Vollmacht, Verträge abzuschließen, die Zahlungseingänge ihrer Kunden zu kontrollieren, Sonderkonditionen zu gewähren und Mängelrügen im vorgegebenen Rahmen selbst zu bearbeiten.

(2) Jobenlargement (Arbeitserweiterung)[2]

Mithilfe der Arbeitserweiterung wird eine zu weitgehende Arbeitsteilung (Spezialisierung, Arbeitszersplitterung) wieder aufgehoben, indem dem Mitarbeiter zusätzliche gleichartige (nicht die gleichen!) oder ähnlich strukturierte Aufgaben zugewiesen werden. Die **zusätzlichen Aufgaben** liegen auf der **gleichen Stufe** und besitzen den **gleichen Schwierigkeitsgrad** wie die bisherigen.

Beispiel:
Bisher hat die Sachbearbeiterin A die Bestellungen für die Produktgruppe A, die Sachbearbeiterin B die Bestellungen für die Produktgruppe B und die Sachbearbeiterin C die Bestellungen für die Produktgruppe C vorgenommen. Nunmehr wird die gegebene Arbeitsmenge anders aufgeteilt: Jede Sachbearbeiterin übernimmt die Bearbeitung eines Teils der Bestellungen für die Produktgruppen A, B und C.

Wie der Arbeitsplatzwechsel auch, hat die Arbeitserweiterung die Aufgabe, die Arbeit abwechslungsreicher zu machen (die Monotonie zu bekämpfen) und dadurch die Arbeitszufriedenheit zu erhöhen.

(3) Jobrotation (Arbeitsplatzwechsel)

Sie wird durchgeführt, damit die Mitarbeiter durch neue Aufgabengebiete im Zeitablauf ihren **Kenntnisstand** und ihre **Erfahrungsbasis erweitern,** ihre **Qualifikationen erhöhen** und somit ihre **Einsatzmöglichkeiten erleichtern** (flexibilisieren).

Die Gruppe handelt **weitestgehend autonom** (selbstständig), indem sie selbst

- die Abarbeitung der Arbeitsaufträge plant,
- die Arbeitsverteilung (bis hin zum Urlaub) unter den Gruppenmitgliedern regelt und
- den Arbeitserfolg kontrolliert.

---

1 **Effektiv:** wirkungsvoll (im Verhältnis zu den aufgewendeten Mitteln).
2 Nicht zu verwechseln mit der sogenannten „horizontalen" Arbeitserweiterung (Arbeitsergänzung), bei der eine unterbeschäftigte Arbeitskraft lediglich zusätzliche Arbeiten mit gleichem Inhalt erhält.

Jobrotation innerhalb der Gruppe dient dabei der Humanisierung der Arbeit (durch weniger gleichförmige Arbeitsabläufe) und unterstützt die Höherqualifizierung der Arbeitskräfte, weil sie lernen, mehrere unterschiedliche Arbeitsvorgänge zu beherrschen.

Der Arbeitsgruppe wird ein in sich mehr oder weniger **abgeschlossener Arbeitsprozess** (z. B. Montage eines Motors, einer Fabrikhalle) **übertragen.** Dabei kann der Gruppenleiter („Kontaktperson" für einen bestimmten Zeitabschnitt) von den Mitgliedern der Gruppe gewählt werden.

> **Beispiel:**
> Am bekanntesten ist der 1974 begonnene Versuch des schwedischen Automobilkonzerns Volvo in seinem Zweigwerk in Kalmar, in dem das Fließband vollständig durch mehrere Montageplattformen ersetzt wurde. Die Mitarbeiter arbeiten nicht im Akkord, sondern in (teil-) autonomen Arbeitsgruppen mit bestimmten Arbeitsaufgaben (z. B. Montage der elektrischen Anlagen, der Inneneinrichtungen der Automobile). Für die Materialbeschaffung, Verteilung der Arbeit auf die Gruppenmitglieder und die Qualitätskontrolle ist die Gruppe selbst verantwortlich.

(4) Projektgruppeneinsatz

Hier werden Mitarbeiter mit unterschiedlicher Vorbildung und Erfahrung und aus unterschiedlichen Hierarchieebenen für eine bestimmte Zeit mit einer fest umschriebenen Arbeitsaufgabe, dem **Projekt,** betraut. Das Projekt betrifft meistens mehrere Unternehmensbereiche, ist sehr komplex und verhältnismäßig neuartig.

> **Beispiele:**
> Bau eines Staudamms, Einführung eines neuen Produkts, Gründung eines Zweigwerks im Ausland, Durchführung einer Werbekampagne für eine neu zu importierende Südfrucht.

Die Aufgabe des Projektgruppeneinsatzes besteht darin, die am Projekt teilnehmenden Personen zu befähigen, komplexe Probleme zu lösen und ihre Teamfähigkeit zu steigern.

4.4 Personaleinsatzplanung

(1) Begriff Personaleinsatzplanung

Die Personaleinsatzplanung hat die Aufgabe, die verfügbaren Mitarbeiter so einzusetzen, dass für alle anfallenden Aufgaben im Unternehmen jeweils genügend qualifiziertes Personal zur Verfügung steht.

Bei der Anpassung der Mitarbeiterzahl hat die Personaleinsatzplanung die Arbeitszeit, die vorhersehbaren Fehlzeiten (z. B. Urlaub, Freizeitausgleich, Berufsschultage der Auszubildenden, Beschäftigungsverbot während des Mutterschutzes, Krankheit, Fortbildung) sowie die Qualifikation der Mitarbeiter zu berücksichtigen.

> Durch die **Personaleinsatzplanung** wird der **Personalbestand** und die **Personalqualifikation** dem jeweiligen Arbeitsanfall angepasst.

Umgesetzt wird die Personaleinsatzplanung durch den **Personaleinsatzplan**.

Jahrgangsstufe 11

Lernbereich 3: Personal beschaffen und einsetzen

Personaleinsatzplan 38. KW: Wochenplan vom 19.09.–24.09.20..

Uhrzeit	Mo	Di	Mi	Do	Fr	Sa
09:30–18:30 (8)	Schreyer	Golde	Schreyer	Miersemann	Schreyer bis 14:00	Miersemann ab 10:30
	Tezel	Miersemann	Schäfer	Tezel	Golde	Tezel
	Baur				Baur	Baur
						Mair
11:00–20:00 (8)	Schäfer	Schreyer	Golde	Schreyer	Tezel	
	Mair	Tezel	Miersemann	Golde	Miersemann	Czysz
						Golde
12:00–18:30 (6)			Baur			
15:00–20:00 (5)					Mair ab 15:00	Schreyer ab 16:30
10:00–19:00 (8)					Schäfer	
10:30–19:30 (8)		Mair	Mair	Mair	Czysz	
		Czysz	Tezel	Schäfer		
		Schäfer	Czysz	Czysz		
Frei	Miersemann					
	Golde					
	Czysz					
Urlaub	Sliwinski	Sliwinski	Sliwinski	Sliwinski	Sliwinski	Sliwinski
						Schäfer
Berufsschultag		Baur		Baur		

(2) Aufbau des Personaleinsatzplans

Durch den Personaleinsatzplan wird festgelegt, an welchem Tag und zu welchen Arbeitszeiten die einzelnen Mitarbeiter eingesetzt werden. Der Personaleinsatzplan enthält folgende Angaben:

- die **Namen** der Mitarbeiter,
- die **Wochentage** des Einsatzes,
- die **Wochenarbeitszeit** der einzelnen Mitarbeiter,
- die vorhersehbaren **Fehlzeiten**.

Beispiel:

Die Abteilung Kundendienst der Augsburger Büromöbel AG beschäftigt 9 Mitarbeiter. Die reguläre Wochenarbeitszeit beträgt 40 Stunden. Der Abteilungsleiter Timo Schreyer plant die 38. Kalenderwoche mit folgenden Mitarbeitern: vier Vollzeitkräfte (Schreyer, Tezel, Golde, Miersemann), drei Teilzeitkräfte (Schäfer 24 Wochenstunden, Mair 21 Wochenstunden, Czysz 8 Wochenstunden), eine Auszubildende (37 Wochenstunden). Die Vollzeitkraft Sliwinski hat Urlaub.

Die zentrale Geschäftsleitung schreibt vor, dass von 09:30–11:00 Uhr mindestens 2 Mitarbeiter, von 11:00–18:00 Uhr mindestens 4 Mitarbeiter und von 18:30–20:00 Uhr mindestens 2 Mitarbeiter anwesend sein müssen. (Personaleinsatzplan siehe S. 134)

(3) Erfassung der Arbeits- und Abwesenheitszeit durch den Arbeitgeber

Der Arbeitgeber ist verpflichtet, die über die werktägliche Arbeitszeit von 8 Stunden hinausgehende Arbeitszeit aufzuzeichnen und ein Verzeichnis der Arbeitnehmer zu führen, die in eine Verlängerung der Arbeitszeit eingewilligt haben.

Üblicherweise wird die tatsächlich geleistete Arbeitszeit der Mitarbeiter aber vonseiten des Arbeitgebers durch ein Zeiterfassungssystem (z. B. einfache Stempeluhr, Zeiterfassung am PC, Zutrittskontrolle des Unternehmens mit gleichzeitiger Zeiterfassung, mobile Zeiterfassung) erfasst.

Beispiel einer einfachen Erfassungsmöglichkeit von Arbeits- und Abwesenheitszeiten:

Kältetechnik Nothelfer GmbH
Arbeitszeit- und Abwesenheitszeiten Januar 20..

Name	Di 1	Mi 2	Do 3	Fr 4	Sa 5	So 6	Mo 7	Di 8	Mi 9	Do 10	Fr 11	Sa 12	So 13	Mo 14	Di 15	Mi 16	Do 17	Fr 18	Sa 19	So 20	Mo 21	Di 22	Mi 23	Do 24	Fr 25	Sa 26	So 27	Mo 28	Di 29	Mi 30	Do 31
Bast, Arno	U	U	U	U				U	U																						
Beier, Pia																															
Braun, Brunhilde	A	A	A	A																				D							
Bremer, Lutz	A	A	A	A											K	K															
Burg, Lea					F	F	F																								
Punkte																															

| Urlaub | Krankheit[1] | Fortbildung | Dienstreise | Arbeitsunfall |

---

1 Geplante Operation.

Lernbereich 3: Personal beschaffen und einsetzen

Überblick: Arbeitszeit- und Gestaltungsmodelle, Personaleinsatzplanung

- **Arbeitszeitmodelle** flexibilisieren die **Arbeitszeit**.
- **Gestaltungsmodelle** strukturieren die **Arbeitsinhalte** und legen die Arbeitsteilung fest.

Beispiele für Arbeitszeitmodelle	Beispiele für Gestaltungsmodelle des Personaleinsatzes
- Gleitarbeitszeit - Vertrauensarbeitszeit - Teilzeitarbeit mit der Sonderform KAPOVAZ - Rollierende Arbeitszeitsystem - Schichtarbeit - Jobsharing - Saisonarbeit	- Jobenrichment (Arbeitsbereicherung) - Jobenlargement (Arbeitserweiterung) - Jobrotation (systematischer Arbeitsplatzwechsel) - Teilautonome Arbeitsgruppen - Projektgruppeneinsatz

- Die Personaleinsatzplanung **passt den Personalbestand** und die -qualifikation **dem jeweiligen Arbeitsanfall an.**

Kompetenztraining

22 Arbeitszeit- und Gestaltungsmodelle untersuchen

1. Untersuchen Sie die auf S. 128 f. genannten Arbeitszeitmodelle im Hinblick auf ihre Eignung, zusätzliche Arbeitsplätze zu schaffen!
2. Beschreiben Sie anhand der Flexibilisierung der Jahresarbeitszeit jeweils zwei Vor- und Nachteile der Arbeitszeitflexibilisierung!
3. Erläutern Sie die Begriffe Jobrotation, Jobenlargement und Jobenrichment, bilden Sie je ein eigenes Beispiel und begründen Sie, warum diese Maßnahmen zur Mitarbeitermotivation beitragen können!
4. Sie sind Mitarbeiter in der Personalabteilung der Augsburger Büromöbel AG. In einem Strategiepapier hat der Vorstand die personalpolitischen Ziele für die Jahre 2018–2025 formuliert. Darin lesen Sie u. a.:
    1. *„Wir streben eine nachhaltige Senkung der Personalkosten an."*
    2. *„Wir wollen Arbeitszeitmodelle entwickeln, die sich sowohl an den Bedürfnissen unseres Unternehmens als auch an denen der Mitarbeiter orientieren."*
    3. *„Indem wir uns an ihrem Können und ihren Neigungen orientieren, sorgen wir für einen optimalen Einsatz unserer Mitarbeiter."*
    4. *„Durch geeignete Maßnahmen soll die Fluktuationsrate gesenkt werden."*

    Aufgaben:
    4.1 Nennen Sie jene Ziele im Strategiepapier, die eher wirtschaftliche bzw. eher ethisch-soziale Aspekte berücksichtigen. Begründen Sie Ihre Nennung!
    4.2 Belegen Sie am Ziel *„Arbeitszeitmodelle ..., die sich sowohl an den Bedürfnissen unseres Unternehmens als auch an denen der Mitarbeiter orientieren",* dass damit sowohl wirtschaftliche als auch ethisch-soziale Aspekte berücksichtigt werden!
    4.3 Die obigen Ziele haben gemeinsam, dass sie nicht messbar sind. Formulieren Sie das Ziel 1 so um, dass daraus eine „SMART"-Zielformel (siehe Lernbereich 1, Kapitel 2.2.3, S. 39) wird.

Lernbereich 4: Mithilfe der Geschäftsbuchführung das Gesamtergebnis einer Unternehmung ermitteln

1 Inventur, Inventar und Bilanz erstellen und analysieren

LB 4 Handlungssituation 1: **Inventur durchführen und Inventar erstellen**

Sie sind Mitarbeiter von Stefan Osann e. Kfm., Bürobedarf, Industriepark 25, 86169 Augsburg. Die Jahresabschlussarbeiten, insbesondere die Inventur, sind durchgeführt. Stefan Osann möchte möglichst rasch wissen, wie groß sein Reinvermögen ist.

Kompetenzorientierte Arbeitsaufträge:

1. Inventur machen – das heißt „zählen, messen, wiegen, schätzen". Bilden Sie Beispiele für Inventurposten, die gezählt, gemessen, gewogen oder geschätzt werden!
2. Die jährliche Inventur ist eine Pflichtaufgabe für den Kaufmann lt. HGB. Erklären Sie, weshalb ein Kaufmann aber auch ein ureigenes Interesse hat, zumindest jährlich eine Inventur durchzuführen!
3. Erstellen Sie auf der Basis der angegebenen Inventurergebnisse das Inventar zum 31. Dezember für Stefan Osann e. Kfm.

Inventurergebnisse:

Grundstücke		121 180,00 EUR
Bauten auf eigenen Grundstücken		535 925,00 EUR
Büroeinrichtung lt. Inventurliste 1		48 000,00 EUR
Fuhrpark (1 Kombi)		51 400,00 EUR
Forderungen aus Lieferungen und Leistungen lt. bestätigter Saldenliste		60 510,00 EUR
Warenvorräte:		
8 Laptops lt. Inventurliste 2	15 000,00 EUR	
15 Kopiergeräte lt. Inventurliste 3	20 000,00 EUR	
20 Laserdrucker lt. Inventurliste 4	8 000,00 EUR	
26 Scanner lt. Inventurliste 5	5 250,00 EUR	
Sonstiges Kleinmaterial lt. Inventurliste 6	3 000,00 EUR	51 250,00 EUR
Kassenbestand lt. Inventurliste 7		1 520,00 EUR
Guthaben bei Kreditinstituten:		
– Guthaben auf dem Kontokorrentkonto bei der Sparkasse Augsburg		27 790,00 EUR
– Guthaben bei der Postbank-Filiale in Neu Ulm		2 200,00 EUR
Verbindlichkeiten gegenüber Kreditinstituten:		
– Darlehen bei der Sparkasse Augsburg		128 000,00 EUR
Verbindlichkeiten aus Lieferungen und Leistungen:		
– Nürnberger Teleblick AG	31 600,00 EUR	
– Berliner Büromarkt GmbH	59 100,00 EUR	90 700,00 EUR

1.1 Begriffe Buchführung und Geschäftsvorfälle

(1) Begriff Buchführung

Nach § 238 I HGB ist jeder Kaufmann verpflichtet, Bücher zu führen und in diesen seine Handelsgeschäfte und die Lage seines Unternehmens ersichtlich zu machen.

Kaufmännische Buchführung ist das Festhalten der Anfangsbestände an Vermögen und Schulden sowie deren Veränderungen.

Die Vorschriften zur Buchführungspflicht betreffen den Kaufmann, der im Handelsregister eingetragen ist. Einzelkaufleute, die in zwei aufeinanderfolgenden Geschäftsjahren nicht mehr als jeweils 600 000,00 EUR Jahresumsatz und jeweils 60 000,00 EUR Jahresüberschuss erzielen, sind von der Buchführungspflicht befreit [§ 241 a HGB].

(2) Begriff Geschäftsvorfälle

Die Anfangsbestände an Vermögen und Schulden werden durch jeden Geschäftsvorfall verändert.

- **Geschäftsvorfälle** sind Vorgänge, die Veränderungen des Vermögens bzw. der Schulden auslösen.
- Die Veränderungen aufgrund der Geschäftsvorfälle werden in der **Buchführung** festgehalten.
- Die **Buchführung** erfasst planmäßig und lückenlos alle Geschäftsvorfälle eines Betriebs innerhalb eines bestimmten Zeitabschnitts.

Ein Geschäftsvorfall kann immer von zwei Seiten aus betrachtet werden.

Beispiel:

Wir kaufen einen Laptop bar.

Eigenes Unternehmen (hier: Käufer) ←Lieferung des Laptops— Geschäftspartner (hier: Verkäufer)
—Barzahlung→

Auf der einen Seite haben wir den Käufer, auf der anderen Seite den Verkäufer. Es taucht daher die Frage auf, ob der Geschäftsvorfall aus Sicht des Käufers oder aus Sicht des Verkäufers erfasst werden soll.

Um keine Missverständnisse aufkommen zu lassen und um nicht ständig umdenken zu müssen, werden **alle Geschäftsvorfälle** nur von **einem Standpunkt** aus betrachtet und erfasst. Dabei versetzen wir uns in die Rolle eines Kaufmanns, der seine Bücher führt. Alle Geschäftsvorfälle sind als Ereignisse **unseres Betriebs** anzusehen. Wie der Geschäftsvorfall bei unserem Geschäftspartner zu buchen ist, interessiert uns aufgrund dieser Vereinbarung im Allgemeinen nicht.

Die Fälle, in denen der „Wir-Standpunkt" nicht ausdrücklich in die Formulierung aufgenommen ist, sind in gleicher Weise zu verstehen.

1 Inventur, Inventar und Bilanz erstellen und analysieren

Beispiele:

Kauf von Rohstoffen bar	→	d. h.	„**Wir** kaufen Rohstoffe bar."
Banküberweisung eines Kunden	→	d. h.	„Der Kunde überweist **uns** einen Rechnungsbetrag."
Zahlung einer Liefererrechnung durch Banküberweisung	→	d. h.	„**Wir** zahlen eine Liefererrechnung durch Banküberweisung."

1.2 Inventur

1.2.1 Ablauf der Inventur

Durch den Vorgang der **Inventur** wird vor Ort festgestellt, welche Vermögens- und Schuldwerte tatsächlich vorhanden sind. Die Inventur ist somit eine **Tätigkeit (körperliche Bestandsaufnahme).**

- Man geht in das Lager und schaut z. B. nach, welche Menge einer **Werkstoffart** noch vorhanden ist. Typische Tätigkeiten für diesen Vorgang der Inventur sind: Zählen, Messen, Wiegen, notfalls auch Schätzen. Durch die Rechnung Menge · Einstandspreis wird anschließend der Wert der vorhandenen Werkstoffe ermittelt.
- Zur Feststellung des Wertes an **Bargeld** muss das in der Kasse vorhandene Geld gezählt werden.
- Bei anderen Geldvermögensarten, z. B. dem **Bankguthaben,** geben die Kontoauszüge Auskunft über das gegenwärtige Guthaben.
- **Kundenforderungen** bzw. **Lieferantenschulden** werden namentlich aufgelistet. Die ermittelten Salden lässt man sich von den einzelnen Kunden bzw. Lieferanten bestätigen.
- Der Wert der einzelnen Gegenstände der **Betriebs- und Geschäftsausstattung** wird unter Berücksichtigung planmäßiger Abschreibungsbeträge ermittelt.

Beispiel für eine Inventur-Aufnahmeliste (Einzelinventurliste):

Inventur-Aufnahmeliste

Filiale:	Hamburg	Blatt-Nr.:	14	Aufnahme:	Fischer
Abteilung:	Möbel	Datum:	31.12.20..	Ausrechnung:	Troll
				Kontrolle:	Spralte

Position	Menge	Artikel-nummer	Artikelbezeichnung	Waren-gruppe	Nettoverkaufs-preis in EUR	Einstands-preis in EUR
(1)	30	30111	Matratzen	5	299,00	185,00
(2)	25	30222	Tische	7	119,00	69,00
(3)						

Die **Inventur** ist die mengen- und wertmäßige Erfassung aller Vermögensteile und Schulden eines Unternehmens zu einem bestimmten Zeitpunkt. Die Inventur ist eine Tätigkeit.

1.2.2 Zielsetzung der Inventur

Die vom Gesetzgeber in regelmäßigen Abständen geforderte Inventur ist wesentlicher Bestandteil einer ordnungsmäßigen Buchführung. Die Inventur dient in erster Linie dem **Schutz der Gläubiger**. Durch eine körperliche Bestandsaufnahme soll überprüft werden, ob die in der Buchführung **ausgewiesenen Bestände (Sollbestände, Buchbestände)** mit den **tatsächlichen Beständen (Istbeständen, Inventurbeständen) übereinstimmen**. Treten Differenzen zwischen Soll- und Istbeständen auf, müssen die Ursachen aufgedeckt und entsprechende Korrekturen in der Buchführung vorgenommen werden, damit solche Differenzen nicht noch weitergeschleppt werden. Insofern übt die **Inventur** gegenüber der Buchführung eine **Kontrollfunktion** aus.

1.3 Inventar

- Das **Inventar** ist das übersichtlich zusammengestellte **wertmäßige Ergebnis** der Inventur.
- Das Inventar weist zu einem **bestimmten Tag** alle tatsächlich vorhandenen **Vermögensposten und Schulden** eines Unternehmens nach Art, Menge und Wert aus.

Obwohl es **keine gesetzlichen Vorschriften** für die **formale Darstellung eines Inventars** gibt, hat es sich in der Praxis allgemein durchgesetzt, dass die Ergebnisse der Inventur nochmals zusammengefasst werden. Bei einzelnen Posten wird dann auf die Einzelverzeichnisse verwiesen.

Das Beispiel auf S. 141 dient Ihnen als Muster für den Inhalt und den Aufbau eines Inventarverzeichnisses und für die darin verwendeten Begriffe.

Erläuterungen zum Inhalt und Aufbau des Inventars von S. 141

Das Inventar besteht aus drei Teilen: dem **Vermögen**, den **Schulden** und dem **Reinvermögen** (Eigenkapital).

- Das **Vermögen** gibt Aufschluss darüber, welche Gegenstände in einem Unternehmen vorhanden sind. Man unterscheidet zwischen Anlage- und Umlaufvermögen.

    - Zum **Anlagevermögen** zählen alle Vermögensposten, die dazu bestimmt sind, dem Unternehmen langfristig zu dienen. Sie bilden die Grundlage für die Betriebsbereitschaft.

        Beispiele:
        Lizenzen, geschützte Marken, Gebäude, Grundstücke, Maschinen, Betriebs- und Geschäftsausstattung, Beteiligung an anderen Unternehmen.

    - Zum **Umlaufvermögen** zählen alle Vermögensposten, die dadurch charakterisiert sind, dass sie sich durch die Geschäftstätigkeit laufend verändern.

        Beispiele:
        Kassenbestand, Guthaben bei Kreditinstituten, Werkstoffe, Handelswaren, Forderungen aus Lieferungen und Leistungen.

- Die **Schulden** (Verbindlichkeiten) stellen Fremdkapital dar, das Dritte dem Unternehmen zur Verfügung stellen. Sie werden z. B. nach der Art der Schuld oder nach ihrer Fälligkeit gegliedert.

    Beispiele:
    Verbindlichkeiten gegenüber Kreditinstituten, Verbindlichkeiten aus Lieferungen und Leistungen.

Inventar zum 31. Dezember
der Möbelfabrik Franz Merkurius e. Kfm., Hügelstraße 15, 90449 Nürnberg

A.	**Vermögen**		
I.	Anlagevermögen:		
	1. Grundstücke		
	– Hügelstraße 15	175 000,00 EUR	
	– Georgstraße 21	125 000,00 EUR	300 000,00 EUR
	2. Bauten auf eigenen Grundstücken		
	– Fabrikgebäude Hügelstraße 15	429 450,00 EUR	
	– Verwaltungsgebäude Georgstraße 21	675 000,00 EUR	1 104 450,00 EUR
	3. Maschinen lt. Inventurliste 1		749 800,00 EUR
	4. Fuhrpark		
	– Pkw: N – BE 44	45 800,00 EUR	
	– Lkw: N – LU 855	98 750,00 EUR	144 550,00 EUR
	5. Betriebs- und Geschäftsausstattung		
	– Lagereinrichtung lt. Inventurliste 2	45 600,00 EUR	
	– Verwaltungseinrichtung lt. Inventurliste 3	29 275,00 EUR	
	– EDV-Anlagen lt. Inventurliste 4	20 725,00 EUR	95 600,00 EUR
II.	Umlaufvermögen:		
	1. Rohstoffe lt. Inventurliste 5		350 750,00 EUR
	2. Hilfsstoffe lt. Inventurliste 6		118 450,00 EUR
	3. Betriebsstoffe lt. Inventurliste 7		147 620,00 EUR
	4. Fertigerzeugnisse		
	– 360 Schränke V 17/2	203 400,00 EUR	
	– 210 Schreibtische S 22/4	193 200,00 EUR	
	– Diverse Kleinmöbel lt. Inventurliste 8	310 400,00 EUR	707 000,00 EUR
	5. Unfertige Erzeugnisse lt. Inventurliste 9		70 200,00 EUR
	6. Forderungen aus Lieferungen und Leistungen		
	– Möbelhaus Schmid OHG, Aschaffenburg	12 125,00 EUR	
	– Möbel Meierhofer KG, Salzgitter	11 900,00 EUR	
	– Möbel Discount Dresden GmbH	9 550,00 EUR	33 575,00 EUR
	7. Kassenbestand lt. Inventurliste 10		1 250,00 EUR
	8. Guthaben bei Banken		
	– Guthaben VR Bank Nürnberg	28 780,00 EUR	
	– Guthaben Commerzbank Nürnberg	5 900,00 EUR	34 680,00 EUR
	Summe des Vermögens (Rohvermögens)		**3 857 925,00 EUR**
B.	**Schulden**		
1.	Verbindlichkeiten gegenüber Kreditinstituten		
	– Darlehen bei der VR Bank Nürnberg		890 600,00 EUR
	– Kontokorrentkredit bei der Commerzbank Nürnberg		50 145,00 EUR
2.	Verbindlichkeiten aus Lieferungen und Leistungen		
	– Metall- und Kunststoffwerke Leipzig AG	55 150,00 EUR	
	– Großhandelshaus Stark GmbH Bamberg	47 350,00 EUR	102 500,00 EUR
3.	Liefererdarlehen von der Rado GmbH München		73 000,00 EUR
	Summe der Schulden		**1 116 245,00 EUR**
C.	**Ermittlung des Reinvermögens (Eigenkapitals)**		
	Summe des Vermögens		3 857 925,00 EUR
	– Summe der Schulden		1 116 245,00 EUR
	= Reinvermögen (Eigenkapital)		**2 741 680,00 EUR**

Kompetenztraining

23 Begriffe Inventur und Inventar
1. Erläutern Sie die Begriffe Inventar und Inventur!
2. Erläutern Sie, welche praktische Bedeutung die Inventur im Zusammenhang mit der Buchführung hat!
3. Begründen Sie, welche Werte beim Auftreten von Differenzen zwischen Soll- und Istwerten berichtigt werden müssen!
4. Recherchieren Sie, wie lange die Inventare nach dem Gesetz aufzubewahren sind!

1.4 Bilanz

1.4.1 Gesetzliche Grundlagen zur Aufstellung der Bilanz

(1) Aufstellungspflicht

Nach § 242 HGB hat der Kaufmann zu Beginn seines Handelsgewerbes und danach für den Schluss eines jeden Geschäftsjahres eine Bilanz[1] aufzustellen, aus der das Verhältnis zwischen seinem Vermögen und seinen Schulden erkennbar ist. Grundlage für die Aufstellung der Bilanz ist das Inventar.

> Die **Bilanz** ist eine kurz gefasste Gegenüberstellung von Vermögen und Kapital in Kontoform.

(2) Form und Gliederung der Bilanz nach § 266 HGB

Nach § 266 I, S. 1 HGB ist die Bilanz in **Kontoform** aufzustellen. Die **linke Seite der Bilanz** ist die **Aktivseite**. Auf ihr stehen die **Aktiva (Vermögensposten)**. Die **rechte Seite der Bilanz** ist die **Passivseite**. Auf ihr stehen die **Passiva**. Die Passivseite der Bilanz weist das Kapital, getrennt nach Kapitalgebern (**Eigenkapital** und **Verbindlichkeiten [Fremdkapital]**) aus.

Es wird folgendes **vereinfachtes Bilanzschema** zugrunde gelegt:

Aktiva	Bilanz zum 31. Dezember 20..	Passiva

I. Anlagevermögen
  1. Grundstücke und Bauten
  2. Technische Anlagen und Maschinen
  3. And. Anl., Betr.- u. G.-Ausstattung
II. Umlaufvermögen
  1. Roh-, Hilfs- und Betriebsstoffe
  2. Unfertige Erzeugnisse
  3. Fertige Erzeugnisse und Waren
  4. Ford. aus Lieferungen u. Leistungen
  5. Kassenbestand
  6. Guthaben bei Kreditinstituten
		I. Eigenkapital
		II. Verbindlichkeiten
		  1. Verbindlichkeiten gegenüber Kreditinstituten
		  2. Verbindlichkeiten aus Lieferungen und Leistungen
		  3. Sonstige Verbindlichkeiten

---
1 Das Wort **Bilanz** stammt aus dem Italienischen. Dort heißt es so viel wie Gleichgewicht bzw. Waage.

Beispiel:

Aus dem Inventar auf S. 141 leitet sich die folgende Bilanz ab!

Aktiva	Bilanz der Möbelfabrik Franz Merkurius e. Kfm. zum 31. Dez. 20..		Passiva
I. Anlagevermögen		**I. Eigenkapital**	2 741 680,00
1. Grundstücke und Bauten	1 404 450,00	**II. Verbindlichkeiten**	
2. Techn. Anl. und Maschinen	749 800,00	1. Verbindlichkeiten gegenüber Kreditinstituten	940 745,00
3. And. Anl., Betriebs- u. Geschäftsausstattung	240 150,00	2. Verbindlichkeiten a. Lieferungen und Leistungen	102 500,00
II. Umlaufvermögen		3. Sonstige Verbindlichkeiten	73 000,00
1. Roh-, Hilfs- und Betr.-Stoffe	616 820,00		
2. Unfertige Erzeugnisse	70 200,00		
3. Fert. Erzeugn. und Waren	707 000,00		
4. Ford. a. Lief. u. Leist.	33 575,00		
5. Kassenbestand	1 250,00		
6. Guth. bei Kreditinstituten	34 680,00		
	3 857 925,00		**3 857 925,00**

Nürnberg, den 10. März 20.. *Franz Merkurius*

(3) Aussagekraft der Bilanz

Am vorgegebenen Beispiel der Möbelfabrik Franz Merkurius e. Kfm. wird im Folgenden ein kurzer Überblick über die Aussagekraft einer Bilanz gegeben. Dabei beschränken wir uns darauf, das Verhältnis des Anlage- und Umlaufvermögens sowie des Eigen- und Fremdkapitals zur Bilanzsumme aufzuzeigen und auszuwerten.

Aktiva	Bilanz der Möbelfabrik Franz Merkurius e. Kfm.			Passiva	
Wie wurde das Kapital verwendet?			**Wer** hat das Kapital aufgebracht?		
I. Anlagevermögen	2 394 400,00	62,1 %	**I. Eigenkapital**	2 741 680,00	71,1 %
II. Umlaufvermögen	1 463 525,00	37,9 %	**II. Verbindlichkeiten**	1 116 245,00	28,9 %
Vermögen	3 857 925,00	100,0 %	**Kapital**	3 857 925,00	100,0 %

↑ **Verwendung** finanzieller Mittel (Investitionen)

↑ **Beschaffung** finanzieller Mittel (Finanzierung)

- **Zur Vermögenszusammensetzung:**

   Man sieht, dass das Anlagevermögen einen höheren Anteil hat als das Umlaufvermögen. Das war zu erwarten, denn eine Möbelfabrik benötigt zur Produktion Fabrikhallen, Maschinen, Fließbänder u. Ä. Diese Anlagegüter sind kapitalintensiv. Das Anlagevermögen ist umso höher, je stärker ein Unternehmen die Produktion automatisiert.

   Im Umlaufvermögen sind bei einer Möbelfabrik naturgemäß die Roh-, Hilfs- und Betriebsstoffe sowie die Fertigerzeugnisse die größten Posten, da sie unmittelbar mit der Produktion zusammenhängen. Erwähnenswert ist, dass die Forderungen sehr niedrig sind. Dies könnte darauf zurückzuführen sein, dass die Erzeugnisse sehr begehrt sind und die Möbelfabrik auf die Gewährung langer Zahlungsfristen verzichten kann.

Zur Kapitalzusammensetzung:
Das Verhältnis Eigen- und Fremdkapital zur Bilanzsumme zeigt, dass der Anteil des Eigenkapitals höher ist als der des Fremdkapitals. Das bedeutet, die Möbelfabrik ist nicht von den Gläubigern abhängig und die Zinslast ist überschaubar.

Kompetenztraining

24 Erstellen einer Bilanz und Beurteilung der Bilanz

1. Erstellen Sie für das Plastikwerk Hübner e. Kfm. aufgrund folgender Angaben die Bilanz und berechnen Sie das Verhältnis von Anlage- und Umlaufvermögen sowie von Eigen- und Fremdkapital zur Bilanzsumme:

Fertige Erzeugnisse	620 400,00 EUR
Handelswaren	68 200,00 EUR
Grundstücke und Bauten	570 800,00 EUR
Forderungen aus Lieferungen und Leistungen	115 000,00 EUR
Verbindungen aus Lieferungen und Leistungen	975 000,00 EUR
Technische Anlagen und Maschinen	1 700 400,00 EUR
Büroausstattung	75 150,00 EUR
Fuhrpark	82 200,00 EUR
Kassenbestand	17 000,00 EUR
Verbindlichkeiten gegenüber Kreditinstituten	1 810 000,00 EUR
Roh-, Hilfs- und Betriebsstoffe	490 500,00 EUR
Guthaben bei Kreditinstituten	48 400,00 EUR
Liefererdarlehen	97 700,00 EUR

2. Beurteilen Sie die Vermögens- und Kapitalstruktur des Plastikwerks Hübner e. Kfm.!

25 Inventur, Bilanz, Buchführung

1. Erläutern Sie zwei wichtige Unterscheidungsmerkmale zwischen Inventar und Bilanz!
2. Nennen Sie die beiden Hauptgruppen auf der Aktivseite der Bilanz!
3. 3.1 Erläutern Sie den Begriff Anlagevermögen!
   3.2 Nennen Sie drei Posten, die zum Anlagevermögen gehören!
4. 4.1 Erläutern Sie den Begriff Umlaufvermögen!
   4.2 Nennen Sie vier Posten, die zum Umlaufvermögen zählen!
5. Deuten Sie das Wort Bilanz!
6. Stellen Sie die Grundgleichung einer Bilanz auf!
7. Stellen Sie dar, wie das Eigenkapital rechnerisch zu ermitteln ist!
8. Erläutern Sie den Inhalt der beiden Bilanzseiten!
9. Erläutern Sie den Zusammenhang zwischen Buchführung, Inventar (Inventur) und Bilanz!

1.4.2 Wertveränderungen der Bilanzposten durch Geschäftsvorfälle (vier Grundfälle)

Die Bilanz erfasst die Vermögenswerte und die Schulden im Allgemeinen für den Schluss eines jeden Geschäftsjahres. Durch Gegenüberstellung der Werte am Schluss des laufenden Geschäftsjahres mit den Werten am Schluss des vorangegangenen Geschäftsjahres können dann die Wertveränderungen der einzelnen Bilanzposten festgestellt werden. Ursache für diese Wertveränderungen sind die **Geschäftsvorfälle**. Will man diese Wertveränderungen in der übersichtlichen Form einer Bilanz verfolgen, müssten Bilanzen in kürzeren Zeitabständen aufgestellt werden, aus theoretischer Sicht nach jedem Geschäftsvorfall. Dies ist zu umständlich. Daher werden die Veränderungen aufgrund der Geschäftsvorfälle außerhalb der Bilanz, nämlich in der Buchführung, festgehalten.

Im Folgenden wird diese unrealistische Sicht jedoch benutzt, um grundsätzlich die unterschiedlichen Auswirkungen der verschiedenen Geschäftsvorfälle auf die in der Bilanz dargestellten Vermögens- und Schuldenwerte darzustellen.

- Eine **Bilanz** gilt immer nur für einen ganz **bestimmten Zeitpunkt**.
- Die in der Bilanz dargestellten Werte werden durch jeden danach erfolgten **Geschäftsvorfall verändert**.
- **Geschäftsvorfälle** sind Vorgänge, die Veränderungen des Vermögens bzw. der Schulden auslösen.
- Die Veränderungen aufgrund der Geschäftsvorfälle werden in der **Buchführung** festgehalten.
- Die **Buchführung** erfasst planmäßig und lückenlos alle Geschäftsvorfälle eines Betriebs innerhalb eines bestimmten Zeitabschnitts.

Beispiel:

Aktiva	Ausgangsbilanz		Passiva
Techn. Anlagen u. Maschinen	37 000,00	Eigenkapital	42 000,00
Roh-, Hilfs- u. Betriebsstoffe	2 000,00	Verb. a. Lief. und Leistungen	16 000,00
Fertige Erzeugnisse	3 000,00		
Kassenbestand	4 000,00		
Guthaben bei Kreditinstituten	12 000,00		
	58 000,00		58 000,00

Anmerkung:
Wegen der geringen Anzahl von Bilanzposten wird auf die Gliederung in Anlagevermögen und Umlaufvermögen bzw. Eigenkapital und Verbindlichkeiten verzichtet.

Aufgabe:
Stellen Sie nach jedem Geschäftsvorfall die Bilanz neu auf, geben Sie an, in welche Richtung (+ oder –) sich die einzelnen Bilanzposten geändert haben und charakterisieren Sie jeweils die Bilanzveränderungen! Treffen Sie außerdem eine Aussage über die Bilanzsumme!

Lösung:

1. Geschäftsvorfall: Wir kaufen Rohstoffe gegen Barzahlung für 1 800,00 EUR.

Auswirkungen auf die Bilanz

Aktiva	1. veränderte Bilanz		Passiva
Techn. Anlagen u. Maschinen	37 000,00	Eigenkapital	42 000,00
Roh-, Hilfs- u. Betriebsstoffe	3 800,00	Verb. a. Lief. und Leistungen	16 000,00
Fertige Erzeugnisse	3 000,00		
Kassenbestand	2 200,00		
Guthaben bei Kreditinstituten	12 000,00		
	58 000,00		58 000,00

Roh-, Hilfs- u. Betriebsstoffe	(Aktivposten)	+	**AKTIVTAUSCH**
Kassenbestand	(Aktivposten)	–	**Die Bilanzsumme bleibt unverändert**

Erläuterungen:

Es werden zwei Aktivposten verändert. Der Aktivposten Roh-, Hilfs- u. Betriebsstoffe nimmt um 1 800,00 EUR zu, der Aktivposten Kassenbestand nimmt um den gleichen Betrag ab.

2. Geschäftsvorfall: Eine Verbindlichkeit aus Lieferungen und Leistungen von 5 000,00 EUR wird in ein Liefererdarlehen (Bilanzposten „Sonstige Verbindlichkeiten") umgewandelt.

Auswirkungen auf die Bilanz

Aktiva	2. veränderte Bilanz		Passiva
Techn. Anlagen u. Maschinen	37 000,00	Eigenkapital	42 000,00
Roh-, Hilfs- u. Betriebsstoffe	3 800,00	Verb. a. Lief. und Leistungen	11 000,00
Fertige Erzeugnisse	3 000,00	Sonstige Verbindlichkeiten	5 000,00
Kassenbestand	2 200,00		
Guthaben bei Kreditinstituten	12 000,00		
	58 000,00		58 000,00

Sonstige Verbindlichkeiten	(Passivposten)	+	**PASSIVTAUSCH**
Verb. a. Lief. und Leistungen	(Passivposten)	–	**Die Bilanzsumme bleibt unverändert**

Erläuterungen:

Die Veränderungen erfolgen auf der Passivseite. Der Passivposten Verbindlichkeiten aus Lieferungen und Leistungen nimmt um 5 000,00 EUR ab. In Höhe des gleichen Betrages kommt der neue Passivposten Sonstige Verbindlichkeiten hinzu.

3. Geschäftsvorfall: Eine Verbindlichkeit aus Lieferungen und Leistungen in Höhe von 3 000,00 EUR wird durch eine Banküberweisung getilgt.

Auswirkungen auf die Bilanz

Aktiva	3. veränderte Bilanz		Passiva
Techn. Anlagen u. Maschinen	37 000,00	Eigenkapital	42 000,00
Roh-, Hilfs- u. Betriebsstoffe	3 800,00	Verb. a. Lief. und Leistungen	8 000,00
Fertige Erzeugnisse	3 000,00	Sonstige Verbindlichkeiten	5 000,00
Kassenbestand	2 200,00		
Guthaben bei Kreditinstituten	9 000,00		
	55 000,00		55 000,00

Verb. a. Lief. und Leistungen (Passivposten)	−	**AKTIV-PASSIVMINDERUNG**
Guth. bei Kreditinstituten (Aktivposten)	−	**Die Bilanzsumme wird verringert**

Erläuterungen:

Es werden ein Aktivposten und ein Passivposten berührt. Der Passivposten Verbindlichkeiten aus Lieferungen und Leistungen nimmt um 3 000,00 EUR ab, der Aktivposten Guthaben bei Kreditinstituten nimmt ebenfalls um den gleichen Betrag ab.

4. Geschäftsvorfall: Wir kaufen Betriebsstoffe auf Ziel (Kredit) für 6 000,00 EUR.

Auswirkungen auf die Bilanz

Aktiva	4. veränderte Bilanz		Passiva
Techn. Anlagen u. Maschinen	37 000,00	Eigenkapital	42 000,00
Roh-, Hilfs- u. Betriebsstoffe	9 800,00	Verb. a. Lief. und Leistungen	14 000,00
Fertige Erzeugnisse	3 000,00	Sonstige Verbindlichkeiten	5 000,00
Kassenbestand	2 200,00		
Guthaben bei Kreditinstituten	9 000,00		
	61 000,00		61 000,00

Roh-, Hilfs- u. Betr.-Stoffe (Aktivposten)	+	**AKTIV-PASSIVMEHRUNG**
Verb. a. Lief. und Leistungen (Passivposten)	+	**Die Bilanzsumme wird erhöht**

Erläuterungen:

Es werden ein Aktivposten und ein Passivposten berührt. Der Aktivposten Roh-, Hilfs- und Betriebsstoffe nimmt um 6 000,00 EUR zu, der Passivposten Verbindlichkeiten aus Lieferungen und Leistungen nimmt ebenfalls um diesen Betrag zu.

Ein Blick auf das Eigenkapital zeigt, dass bei allen vier Geschäftsvorfällen das Eigenkapital unverändert bleibt. Es handelt sich um **erfolgsunwirksame (erfolgsneutrale) Geschäftsvorfälle**.

Kompetenztraining

26 Veränderung der Bilanz durch Geschäftsvorfälle

I. Geschäftsvorfälle:

1. Wir zahlen eine Lieferantenrechnung durch Banküberweisung	4 500,00 EUR
2. Wir kaufen einen Schreibtisch bar	1 020,00 EUR
3. Wir kaufen Hilfsstoffe bar	821,00 EUR
4. Wir zahlen ein Liefererdarlehen durch Banküberweisung zurück	9 500,00 EUR
5. Ein Kunde zahlt einen Rechnungsbetrag durch Banküberweisung	1 100,00 EUR
6. Wir kaufen einen Laptop bar	845,00 EUR
7. Wir heben von unserem Bankkonto bar ab und legen das Geld in die Geschäftskasse	3 000,00 EUR
8. Eine Verbindlichkeit aus Lieferungen und Leistungen wird in ein Liefererdarlehen umgewandelt	12 000,00 EUR
9. Wir zahlen auf unser Bankkonto bar ein	3 400,00 EUR
10. Verkauf eines nicht mehr benötigten Büroschrankes zum Buchwert gegen Bankscheck	250,00 EUR

II. Aufgaben:

1. Geben Sie bei den angegebenen Geschäftsvorfällen jeweils die Änderungen der Bilanzposten an!
2. Zeigen Sie auf, um welchen der vier Grundfälle es sich jeweils handelt!

Bearbeitungshinweis:

Zur Lösung der Aufgabe verwenden Sie bitte das folgende Schema:

Nr.	Bilanzposten		Art des Grundfalles
1.	Verb. aus Lief. u. Leistungen	– 4 500,00	Aktiv-Passivminderung
	Guthaben bei Kreditinstituten	– 4 500,00	

1.4.3 Von der Bilanz zu den Konten

Es ist nicht notwendig, nach jedem Geschäftsvorfall eine Bilanz neu zu erstellen, da die Wertveränderungen, die durch Geschäftsvorfälle hervorgerufen werden, **außerhalb der Bilanz** auf besonderen **Konten in der Buchführung** erfasst werden können. Man muss nur für jeden Vermögens- und Schuldposten – einschließlich für den Posten Eigenkapital – entsprechende Konten einrichten und den vorhandenen Anfangsbestand darauf vortragen.

Da auf diesen Konten Bestände und deren Veränderungen erfasst werden, nennt man diese Konten **Bestandskonten (Bilanzkonten).**

- In der **Buchführung** werden alle **Veränderungen der Bestände** auf Konten erfasst. Ursache für diese Veränderungen sind die **Geschäftsvorfälle.**
- In der Buchführung sind **Aktivkonten (Vermögenskonten)** und **Passivkonten (Schuldkonten)** zu führen. Zu den Schuldkonten gehört auch das **Eigenkapitalkonto.**
- Die **Aktiv- und Passivkonten** bilden die Gruppe der **Bestandskonten (Bilanzkonten).**

1 Inventur, Inventar und Bilanz erstellen und analysieren

Beispiel:

Die Anfangsbestände zu Beginn der Geschäftsperiode sind in nachfolgender Eröffnungsbilanz zusammengefasst.

Aufgabe:

Richten Sie für die einzelnen Bilanzposten Konten ein und tragen Sie die Bilanzwerte als Anfangsbestände darauf vor!

Die **Anfangsbestände** bei den **Aktivkonten** werden **auf der Sollseite**, die **Anfangsbestände** bei den **Passivkonten** auf der **Habenseite** eingetragen. Zu beachten ist, dass die Bezeichnung der Bilanzposten nicht mit der Bezeichnung der Konten übereinstimmen muss und dass für bestimmte Bilanzposten auch mehrere Konten einzurichten sind.

Lösung:

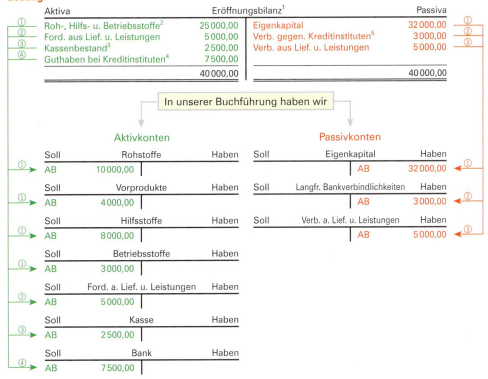

Der **Anfangsbestand** steht bei den **Aktivkonten** im **Soll,** bei den **Passivkonten** im **Haben.**

---

1 Ausgangspunkt der Eröffnungsbilanz ist das durch die Inventur ermittelte Inventar.
2 Der Bilanzposten „Roh-, Hilfs- und Betriebsstoffe" wird in die vier Konten „Rohstoffe", „Vorprodukte", „Hilfsstoffe" und „Betriebsstoffe" aufgegliedert.
3 Für den Bilanzposten „Kassenbestand" wird das Konto **Kasse** eingerichtet.
4 Für den Bilanzposten „Guthaben bei Kreditinstituten" wird das Konto **Bank** eingerichtet.
5 Für den Bilanzposten „Verbindlichkeiten gegenüber Kreditinstituten" ist nach der Fristigkeit der Verbindlichkeiten das Konto „**Langfristige Bankverbindlichkeiten**" oder „**Kurzfristige Bankverbindlichkeiten**" einzurichten.

Lernbereich 4: Mithilfe der Geschäftsbuchführung das Gesamtergebnis einer Unternehmung ermitteln

2 Auf Bestandskonten buchen

LB 4 **Handlungssituation 2: Vorgänge auf dem Konto Bank erfassen**

Sie sind Mitarbeiter/-in der Weber Metallbau GmbH. Zu Ihren Aufgaben gehört es, das Konto Bank aufgrund der täglichen Geschäftsvorfälle zu führen.

KOMPETENZORIENTIERTE ARBEITSAUFTRÄGE:

Beleg 1

1. Führen Sie aufgrund der folgenden Belege[1] für die Weber Metallbau GmbH das Konto Bank!
2. Formulieren Sie die Geschäftsvorfälle, die diesen Belegen zugrunde liegen!
3. Schließen Sie das Konto Bank nach Buchung der Geschäftsvorfälle ab! Das Konto Bank weist einen Anfangsbestand von 64 800,00 EUR aus.

Hans Werner GmbH
Maschinenfabrik ♦ Essen

Hans Werner GmbH, Winkelstr. 20, 45149 Essen

Weber Metallbau GmbH
Alfred-Nobel-Str. 8
86169 Augsburg

Rechnung 144/80

Ihre Bestellung 15.01.20..	Unsere Lieferung 28.01.20..	Rechnungsdatum 28.01.20..	
Menge	Warenbezeichnung	Einzelpreis EUR	Gesamtpreis EUR
4	Schleifmaschine	1 420,00	5 680,00

Beleg 2

___
1 In den Belegen ist keine Umsatzsteuer ausgewiesen, da ihre Buchung später dargestellt wird.

2 Auf Bestandskonten buchen

Beleg 3

2.1 Begriffe Aktiv- und Passivkonten

(1) Begriff Aktivkonten und die Buchungsregeln für die Buchungen auf Aktivkonten

> ■ **Aktivkonten** sind alle Konten, die sich auf der **Aktivseite** der Bilanz befinden. Sie repräsentieren das **Vermögen** der Unternehmung.
> ■ Aktivkonten sind **Bestandskonten**.

Neben der Kasse zählen zum Vermögen z. B. eines Industriebetriebs Grundstücke, Gebäude, Betriebs- und Geschäftsausstattung, Maschinen, Fuhrpark, Roh-, Hilfs- und Betriebsstoffe, Handelswaren, Bankguthaben.

Lernbereich 4: Mithilfe der Geschäftsbuchführung das Gesamtergebnis einer Unternehmung ermitteln

Auf den **Aktivkonten** werden

- der **Anfangsbestand** und die **Zugänge** auf der **Sollseite**,
- die **Abgänge** und der **Schlussbestand** (Saldo) auf der **Habenseite**

gebucht.

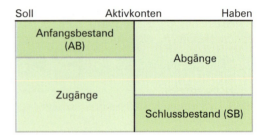

(2) Begriff Passivkonten und die Buchungsregeln für die Buchungen auf Passivkonten

- **Passivkonten** sind alle Konten, die sich auf der **Passivseite der Bilanz** befinden. Sie repräsentieren das **Kapital** (Eigen- und Fremdkapital) der Unternehmung.
- Passivkonten sind **Bestandskonten**.

Auf den **Passivkonten** werden

- der **Anfangsbestand** und die **Zugänge** auf der **Habenseite**,
- die **Abgänge** und der **Schlussbestand** (Saldo) auf der **Sollseite**.

gebucht.

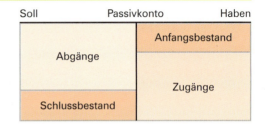

2.2 Industriekontenrahmen

Der Industriekontenrahmen ist ein abschlussorientierter Kontenrahmen. Das bedeutet, dass sich die Reihenfolge der Kontengruppen an den Abschlussgliederungsprinzipien der Bilanz und der Gewinn- und Verlustrechnung bei Kapitalgesellschaften orientiert.

Das gilt auch für den Einsatz eines Finanzbuchhaltungsprogrammes. Im DV-System wird hinterlegt, auf welchen Posten der Bilanz bzw. der Gewinn- und Verlustrechnung der Saldo eines Kontos im Rahmen des automatisierten Jahresabschlusses übertragen werden soll.

In seiner Grobstruktur weist der angesprochene Industriekontenrahmen in den einzelnen Kontenklassen folgende Positionen aus:

Klasse 0: Immaterielle Vermögensgegenstände und Sachanlagen	⬅ Bestandskonten
Klasse 1: Finanzanlagen	⬅ Bestandskonten
Klasse 2: Umlaufvermögen und aktive Rechnungsabgrenzung	⬅ Bestandskonten
Klasse 3: Eigenkapital und Rückstellungen	⬅ Bestandskonten
Klasse 4: Verbindlichkeiten und passive Rechnungsabgrenzung	⬅ Bestandskonten
Klasse 5: Erträge	⬅ Ergebniskonten
Klasse 6: Betriebliche Aufwendungen	⬅ Ergebniskonten[1]
Klasse 7: Weitere Aufwendungen	⬅ Ergebniskonten[1]
Klasse 8: Ergebnisrechnungen	⬅ Abschlusskonten
Klasse 9: Kosten- und Leistungsrechnung (KLR)	

---
1 Vgl. hierzu Kapitel 3, S. 158 ff.

2.3 Buchung auf Bestandskonten

Für die Bildung des Buchungssatzes müssen 5 Denkschritte vollzogen werden.

Beispiel:	
Geschäftsvorfall:	**Aufgabe:**
Wir kaufen eine Schleifmaschine auf Ziel für 1 500,00 EUR.	Bilden Sie zu dem Geschäftsvorfall den Buchungssatz!

Lösung:

Wir fragen:	Wir antworten:		
1. Welche Konten werden berührt?	Das Konto 0720 Maschinen und das Konto 4400 Verbindlichkeiten aus Lieferungen und Leistungen.		
2. Um welche Kontoart handelt es sich jeweils?	Das Konto 0720 Maschinen ist ein Aktivkonto. Das Konto 4400 Verbindlichkeiten aus Lieferungen und Leistungen ist ein Passivkonto.		
3. Welche Veränderungen ergeben sich jeweils auf den Konten?	Der Maschinenbestand nimmt durch Einkäufe zu, die Verbindlichkeiten aus Lieferungen und Leistungen nehmen ebenfalls zu.		
4. Welche Buchungsregeln sind jeweils anzuwenden?	Zugänge auf dem Konto 0720 Maschinen (Aktivkonto) erscheinen auf der Sollseite. Zugänge auf dem Konto 4400 Verbindl. a. Lief. u. Leist. (Passivkonto) gehören auf die Habenseite.		
5. Wie lautet der Buchungssatz?	Konten	Soll	Haben
	0720 Maschinen	1 500,00	
	an 4400 Verbindl. a. L. u. L.		1 500,00

Kompetenztraining

27 Bilden von Buchungssätzen zu Geschäftsvorfällen, Formulieren von Geschäftsvorfällen bei vorgegebenen Buchungssätzen

Bilden Sie zu folgenden Geschäftsvorfällen die Buchungssätze bzw. formulieren Sie zu den angegebenen Buchungssätzen die Geschäftsvorfälle!

1. Wir zahlen auf unser Bankkonto bar ein — 1 400,00 EUR
2. Wir zahlen eine Lieferantenrechnung durch Banküberweisung — 375,00 EUR
3. Ein Kunde zahlt einen Rechnungsbetrag bar — 570,00 EUR
4. Wir kaufen eine Vitrine für die Ausstellungshalle bar — 1 250,00 EUR
5. Wir kaufen einen Büroschrank bar — 1 320,00 EUR
6. Wir zahlen die Tilgungsrate für ein Bankdarlehen bar — 2 000,00 EUR
7. Ein Kunde zahlt einen Rechnungsbetrag durch Banküberweisung — 650,00 EUR
8. Wir heben vom Bankkonto bar ab und legen das Geld in die Kasse — 750,00 EUR

Lernbereich 4: Mithilfe der Geschäftsbuchführung das Gesamtergebnis einer Unternehmung ermitteln

9. Formulieren Sie die Geschäftsvorfälle, die folgenden Buchungssätzen zugrunde liegen!

Nr.	Konten	Soll	Haben
9.1	4400 Verbindlichkeiten a. Lief. u. Leist.	900,00	
	an 2800 Bank		900,00
9.2	2880 Kasse	500,00	
	an 2800 Bank		500,00
9.3	0840 Fuhrpark	23 800,00	
	an 2800 Bank		23 800,00

28 Bilden von Buchungssätzen aufgrund von Belegen[1]

1. Formulieren Sie aufgrund der vorliegenden Belege den jeweils zugrunde liegenden Geschäftsvorfall!

2. Bilden Sie die Buchungssätze für die Weber Metallbau GmbH, Alfred-Nobel-Str. 8, 86169 Augsburg!

Beleg 1

Beleg 2

Beleg 3

Beleg 4

---

1 Bei den Belegen in der Aufgabe wird auf den Ausweis der Umsatzsteuer verzichtet, weil die Buchung der Umsatzsteuer noch nicht behandelt wurde.

2.4 Eröffnung und Abschluss der Bestandskonten (Eröffnungsbilanzkonto und Schlussbilanzkonto)

Das **Prinzip der doppelten Buchführung** ist ein **generelles Prinzip** und gilt folglich auch für die Anfangs- und Schlussbestände auf den Konten. Wenn bei der Eröffnung der Konten mit den Anfangsbeständen und beim Abschluss der Konten mit den Schlussbeständen jeweils eine Gegenbuchung erfolgen soll, benötigt man dafür entsprechende Gegenkonten. Die **Buchung der Anfangsbestände** erfolgt mithilfe des **Eröffnungsbilanzkontos (EBK)** und die **Buchung der Schlussbestände** erfolgt über das **Schlussbilanzkonto (SBK)**.

Beispiel:

I. Anfangsbestände:

0810 Werkstätteneinrichtung 41 355,00 EUR; 2000 Rohstoffe 24 570,00 EUR; 2400 Forderungen aus Lieferungen und Leistungen 12 150,00 EUR; 2800 Bank 33 975,00 EUR; 2880 Kasse 1 670,00 EUR; 3000 Eigenkapital 95 500,00 EUR; 4250 Langfristige Bankverbindlichkeiten 5 000,00 EUR; 4400 Verbindlichkeiten aus Lieferungen und Leistungen 13 220,00 EUR.

II. Geschäftsvorfälle:

1. Wir verkaufen nicht mehr benötigte Lagerschränke bar zum Buchwert — 2 500,00 EUR
2. Kauf mehrerer Werkbänke gegen Banküberweisung — 30 000,00 EUR
3. Ein Kunde überweist einen Rechnungsbetrag auf das Bankkonto — 2 120,00 EUR
4. Zur Auffüllung des Kassenbestandes heben wir vom Bankkonto bar ab — 500,00 EUR
5. Wir zahlen eine Lieferantenrechnung bar — 1 200,00 EUR
6. Teilweise Tilgung des Bankdarlehens bar — 1 000,00 EUR

III. Aufgaben:

1. Eröffnen Sie die Konten mit den angegebenen Anfangsbeständen mithilfe des Eröffnungsbilanzkontos!
2. Bilden Sie zu den Geschäftsvorfällen die Buchungssätze!
3. Buchen Sie die Geschäftsvorfälle auf den Konten und schließen Sie die Konten über das Schlussbilanzkonto ab!

Lösung:

Zu 2.: Bildung der Buchungssätze für die Geschäftsvorfälle

Nr.	Konten	Soll	Haben
1.	2880 Kasse	2 500,00	
	an 0810 Werkstätteneinrichtung		2 500,00
2.	0810 Werkstätteneinrichtung	30 000,00	
	an 2800 Bank		30 000,00
3.	2800 Bank	2 120,00	
	an 2400 Ford. a. Lief. u. Leist.		2 120,00
4.	2880 Kasse	500,00	
	an 2800 Bank		500,00
5.	4400 Verb. a. Lief. u. Leist.	1 200,00	
	an 2880 Kasse		1 200,00
6.	4250 Langfristige Bankverbindlichkeiten	1 000,00	
	an 2880 Kasse		1 000,00

Lernbereich 4: Mithilfe der Geschäftsbuchführung das Gesamtergebnis einer Unternehmung ermitteln

Zu 1. und 3.: Eröffnung der Konten, Buchung der Geschäftsvorfälle, Abschluss der Konten

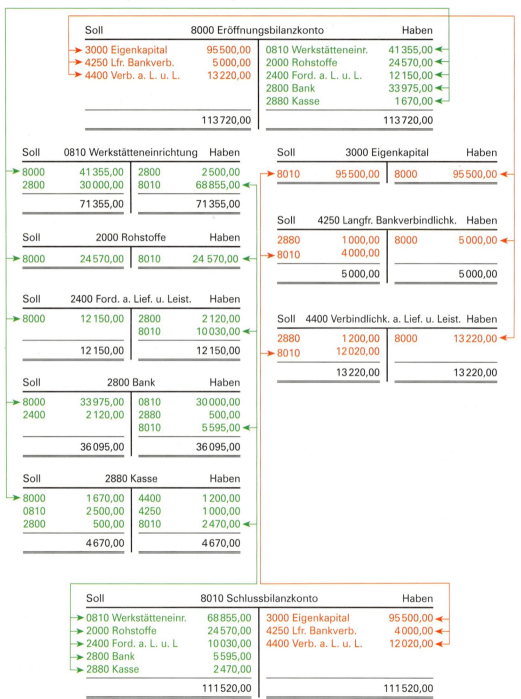

2 Auf Bestandskonten buchen

Erläuterungen:

- Die Buchung der Anfangsbestände führt dazu, dass die Anfangsbestände der Aktivkonten auf der Habenseite des Eröffnungsbilanzkontos und die Anfangsbestände der Passivkonten auf der Sollseite des Eröffnungsbilanzkontos stehen. Das zeigt, dass das **Eröffnungsbilanzkonto** lediglich ein **Hilfskonto** ist, um das System der doppelten Buchung nicht zu durchbrechen. Gleichzeitig aber wird damit auch die Gleichheit der Soll- und Habenbeträge zu Beginn der Geschäftsperiode dokumentiert. Es gilt das **Grundprinzip des Systems der doppelten Buchführung,** dass die Summe der gebuchten Sollbeträge mit der Summe der gebuchten Habenbeträge übereinstimmt.

- Das **Schlussbilanzkonto** hat die Aufgabe, die vom Unternehmen verwendeten Aktiv- und Passivkonten einander gegenüberzustellen. Das **Schlussbilanzkonto** dient allein **innerbetrieblichen Zwecken** und ist an **keine gesetzlichen Gliederungsvorschriften** gebunden. Anders die **Schlussbilanz.** Sie dient außenstehenden Personen (z. B. Mitinhabern, Gläubigern) oder Institutionen (z. B. Steuerbehörde, Gerichte, Banken) als Auskunfts- und Beweismittel und **unterliegt gesetzlichen Vorschriften.** Das Schlussbilanzkonto darf somit nicht mit der Schlussbilanz verwechselt werden.

Beachte:

Das Eröffnungsbilanzkonto und das Schlussbilanzkonto wurden hier aus methodischen und systematischen Überlegungen dargestellt. Ob bei den nachfolgenden Kompetenztrainings das Eröffnungsbilanzkonto geführt werden soll, bleibt der individuellen Entscheidung der Lehrenden vorbehalten. In elektronischen Finanzbuchhaltungssystemen ist es aus abstimmungstechnischen Gesichtspunkten unverzichtbar.

Kompetenztraining

29 Eröffnung der Konten über das Eröffnungsbilanzkonto, Bildung der Buchungssätze, Buchen auf den Konten und Abschluss der Konten über das Schlussbilanzkonto

I. Anfangsbestände:
0500 Unbebaute Grundstücke 965 000,00 EUR; 0760 Verpackungsanlagen und Maschinen 470 500,00 EUR; 0870 Büromöbel 84 900,00 EUR; 2000 Rohstoffe 54 800,00 EUR; 2400 Forderungen aus Lieferungen und Leistungen 105 450,00 EUR; 2800 Bank 17 770,00 EUR; 2880 Kasse 25 100,00 EUR; 3000 Eigenkapital 892 320,00 EUR; 4250 Langfristige Bankverbindlichkeiten 450 000,00 EUR; 4400 Verbindlichkeiten aus Lieferungen und Leistungen 381 200,00 EUR.

II. Geschäftsvorfälle:

1.	Eingangsrechnung für Büromöbel	27 500,00 EUR
2.	Von der bereits gebuchten Büromöbellieferung schicken wir einen nicht bestellten Posten zurück	4 000,00 EUR
3.	Ein Kunde zahlt einen Rechnungsbetrag durch Banküberweisung	32 000,00 EUR
4.	Wir tilgen teilweise die Darlehensschuld bei der Bank durch Barzahlung	7 200,00 EUR
5.	Wir kaufen eine Abfüllmaschine auf Ziel	87 700,00 EUR
6.	Wir zahlen eine Lieferantenrechnung über 28 570,00 EUR	
	bar	6 570,00 EUR
	durch Bankscheck	22 000,00 EUR
7.	Barkauf mehrerer Schreibtische für das Büro	2 600,00 EUR
8.	Kauf eines Grundstücks für einen Parkplatz auf Ziel	67 000,00 EUR

III. Aufgaben:
1. Eröffnen Sie die Konten mithilfe des Eröffnungsbilanzkontos!
2. Bilden Sie die Buchungssätze und buchen Sie auf den Konten!
3. Schließen Sie die Konten über das Schlussbilanzkonto ab!

3 Auf Ergebniskonten buchen

LB 4 Handlungssituation 3:   Auf dem Konto Eigenkapital buchen

Zieht man die Summe der Schulden von der Summe des Vermögens ab, so erhält man als Ergebnis das Eigenkapital des Unternehmens.

Bisher wurde das Konto Eigenkapital in einigen Aufgaben ausgewiesen, es hat sich jedoch nicht verändert.

KOMPETENZORIENTIERTE ARBEITSAUFTRÄGE:

Es liegen folgende Geschäftsvorfälle vor:

- Wir überweisen die Kfz-Versicherung durch Banküberweisung.
- Wir zahlen Löhne durch Banküberweisung.
- Barverkauf von Erzeugnissen.

Soll	Eigenkapital		Haben
		AB	400 000,00

1. Stellen Sie dar, wie sich das Eigenkapital durch die Geschäftsvorfälle verändert!
2. Begründen Sie, warum sich das Eigenkapital durch die Geschäftsvorfälle verändert!
3. Erklären Sie, warum das Eigenkapital auf derselben Bilanzseite wie die Schulden steht!

3.1 Aufwands- und Ertragskonten

Durch die Aufwands- und Ertragskonten werden die **Ursachen des Erfolgs** (Gewinn oder Verlust) eines Industrieunternehmens deutlich. Die Aufwands- und Ertragskonten werden daher als **Ergebniskonten (Erfolgskonten)** bezeichnet. Geschäftsvorfälle, die das **Eigenkapital verändern**, bezeichnet man als **erfolgswirksame Geschäftsvorfälle**. Geschäftsvorfälle, die das **Eigenkapital nicht verändern**, bezeichnet man als **erfolgsunwirksame (erfolgsneutrale) Geschäftsvorfälle**.

- **Aufwandskonten** erfassen die **Minderungen (Abgänge) beim Eigenkapital**.
- **Ertragskonten** erfassen die **Mehrungen (Zugänge) beim Eigenkapital**.

Es gelten folgende **Buchungsregeln**:

Soll	Aufwandskonto	Haben		Soll	Ertragskonto	Haben
Aufwendungen						Erträge

Aufwendungen stehen immer auf der **Sollseite** der Aufwandskonten.

Erträge stehen immer auf der **Habenseite** der Ertragskonten.

- Die Aufwands- und Ertragskonten sind **Unterkonten des Eigenkapitalkontos**.
- Bei den Aufwandskonten stehen die **Aufwendungen** immer auf der **Sollseite**.
- Bei den Ertragskonten stehen die **Erträge** immer auf der **Habenseite**.

3 Auf Ergebniskonten buchen

Beispiele für die Buchungen von Aufwendungen und Erträgen:

Geschäftsvorfälle	Konten	Soll	Haben
1. Für eine Werbeanzeige bezahlen wir die Rechnung über 1 250,00 EUR durch Banküberweisung.	6870 Werbung an 2800 Bank	1 250,00	1 250,00
2. Wir erhalten vom Lieferer eine Verkaufsprovision von 8 500,00 EUR durch Bankscheck.	2800 Bank an 5090 Sonst. Nebenerlöse	8 500,00	8 500,00

Kompetenztraining

30 Vertiefung zu Eigenkapital und Ergebniskonten

1. Erläutern Sie den Zusammenhang zwischen den Ergebniskonten und dem Eigenkapitalkonto!
2. Begründen Sie, ob das System der doppelten Buchführung auch ohne die Einrichtung von Ergebniskonten funktionieren würde!
3. Erklären Sie, aus welchen Gründen Ergebniskonten eingerichtet werden!
4. Begründen Sie, warum es auf den Ergebniskonten keine Anfangsbestände geben kann!
5. Stellen Sie die Auswirkungen der Aufwendungen auf das Eigenkapital dar!
6. Begründen Sie, weshalb Aufwendungen auf der Sollseite und Erträge auf der Habenseite gebucht werden!
7. Nennen Sie Gründe, warum die Aufwendungen und Erträge nicht direkt auf dem Eigenkapitalkonto gebucht werden!

31 Beurteilung von Geschäftsvorfällen

1. Beurteilen Sie folgende Geschäftsvorfälle hinsichtlich ihrer Erfolgswirksamkeit. Sofern Sie nicht Eigentümer des Buches sind, übertragen Sie die Tabelle in Ihr Heft und kreuzen Sie die entsprechende Spalte in dem vorgesehenen Schema an!

Nr.	Geschäftsvorfälle	erfolgs- unwirksam	erfolgs- wirksam	Aufwand	Ertrag
1.	Wir zahlen eine Liefererrechnung durch Banküberweisung				
2.	Wir verkaufen Handelswaren auf Ziel				
3.	Wir kaufen Büromaterial bar				
4.	Verbrauch von Rohstoffen				
5.	Ein Kunde zahlt durch Banküberweisung				
6.	Wir verkaufen Fertigerzeugnisse bar				
7.	Die Bank belastet uns mit Zinsen				
8.	Barzahlung für ein Werbeinserat				
9.	Banküberweisung für Grundsteuer				
10.	Barkauf eines Büroschrankes				
11.	Barkauf von Hilfsstoffen zum sofortigen Verbrauch				

2. Begründen Sie, warum die Aufwands- und Ertragskonten keine Anfangsbestände aufweisen!

32 Formulierung des Geschäftsvorfalls aufgrund eines Belegs und Bildung des Buchungssatzes

Formulieren Sie aufgrund der vorliegenden Belege[1] die zugrunde liegenden Geschäftsvorfälle und buchen Sie die Belege im Grundbuch der Metallwerke Hans Wanner GmbH, Ludwigstraße 80, 97070 Würzburg!

Beleg 1

Beleg 2

Beleg 3

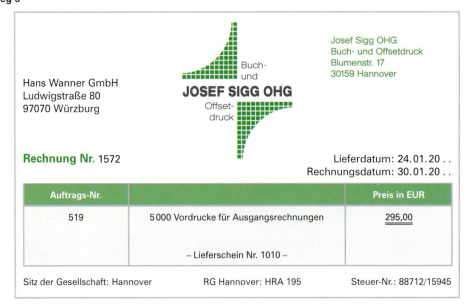

---

[1] Bei den Belegen in dieser Aufgabe wird auf den Ausweis der Umsatzsteuer verzichtet, weil diese noch nicht behandelt wurde.

Beleg 4

```
DEUTSCHE POST AG
97076 WÜRZBURG
85051034    6941    15.01.20..

LABELFREIMACHUNG      1 STÜCK x 4,70 EUR
*4,70 EUR                         A, 1

BRUTTOUMSATZ                 *4,70 EUR

VIELEN DANK FÜR IHREN BESUCH.
IHRE DEUTSCHE POST AG
```

Beleg 5

Beleg 6

3.2 Abschluss der Aufwands- und Ertragskonten über das Gewinn- und Verlustkonto

Als Unterkonten des Eigenkapitals müssten die Ergebniskonten direkt über das Eigenkapitalkonto abgeschlossen werden. Aus Gründen der Übersichtlichkeit wird auf dem Konto Eigenkapital jedoch nur das **Gesamtergebnis,** d. h. die Differenz zwischen der Summe der Erträge und der Summe der Aufwendungen (Gewinn bzw. Verlust) ausgewiesen. Das bedeutet, dass die einzelnen Aufwendungen und Erträge auf einem Zwischenkonto einander gegenübergestellt werden müssen. Da aus der Gegenüberstellung aller Erträge mit allen Aufwendungen der Gewinn oder Verlust des Unternehmens errechnet wird, heißt dieses Zwischenkonto **Gewinn- und Verlustkonto (GuV-Konto).**

Jahrgangsstufe 11

Lernbereich 4: Mithilfe der Geschäftsbuchführung das Gesamtergebnis einer Unternehmung ermitteln

- Auf dem **GuV-Konto** werden die **Aufwendungen** und **Erträge** einander gegenübergestellt.
- Der **Saldo** auf dem GuV-Konto weist den **Gewinn** bzw. **Verlust** des Unternehmens aus.

Der auf dem GuV-Konto ermittelte Gewinn oder Verlust wird anschließend auf das Konto **Eigenkapital** umgebucht. Das **GuV-Konto** ist ein **Unterkonto des Eigenkapitalkontos**. Ein Gewinn erhöht das Eigenkapital, ein Verlust vermindert es.

Beispiel:

Das folgende Beispiel beschränkt die kontenmäßige Darstellung auf die Ergebniskonten. Die Bilanzkonten werden ausgeklammert, um den Abschluss der Ergebniskonten deutlich herausstellen zu können.

I. Anfangsbestand auf dem Konto 3000 Eigenkapital: 30 000,00 EUR

II. Erfolgswirksame Geschäftsvorfälle:

			Konten	Soll	Haben
1.	Wir zahlen eine Leasingrate durch Banküberweisung	2 000,00 EUR	6710 Leasing an 2800 Bank	2 000,00	2 000,00
2.	Kauf von Büromaterial bar	80,00 EUR	6800 Büromaterial an 2880 Kasse	80,00	80,00
3.	Abbuchung der Stromkosten vom Bankkonto	150,00 EUR	6050 Aufw. f. Energie an 2800 Bank	150,00	150,00
4.	Wir erhalten vom Lieferer eine Verkaufsprovision durch Banküberweisung	4 500,00 EUR	2800 Bank an 5090 So. Nebenerl.	4 500,00	4 500,00
5.	Gutschrift der Bank für Zinsen	140,00 EUR	2800 Bank an 5710 Zinserträge	140,00	140,00

III. Aufgabe:
Führen Sie den Abschluss der Ergebniskonten bis zum Eigenkapital durch!

Lösung:

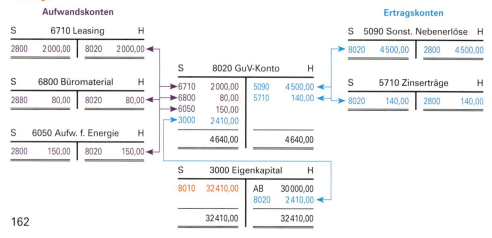

162

3 Auf Ergebniskonten buchen

Der Abschluss der Ergebniskonten vollzieht sich in drei Schritten:

1. **Schritt:** Abschluss der Aufwandskonten über das GuV-Konto.
2. **Schritt:** Abschluss der Ertragskonten über das GuV-Konto.
3. **Schritt:** Abschluss des GuV-Kontos über das Eigenkapitalkonto.

Kompetenztraining

33 Bilden von Buchungssätzen, Buchen auf Ergebniskonten, Abschluss der Ergebniskonten

I. Anfangsbestände:

2800 Bank 150 000,00 EUR; 3000 Eigenkapital 150 000,00 EUR

II. Geschäftsvorfälle:

1.	Banküberweisung für den Beitrag zur Industrie- u. Handelskammer	2 800,00 EUR
2.	Zinsgutschrift der Bank	490,00 EUR
3.	Die Reparaturkosten für ein Kopiergerät werden mit Bankscheck bezahlt	512,00 EUR
4.	Lohnzahlung durch Banküberweisung	1 290,00 EUR
5.	Banküberweisung der Kfz-Steuer für die Betriebsfahrzeuge	950,00 EUR
6.	Mieteinnahmen per Bankscheck	4 650,00 EUR
7.	Banküberweisung für die Feuerversicherung des Lagers	460,00 EUR
8.	Büromaterial wird mit Bankscheck gekauft	370,00 EUR
9.	Wir erhalten Provision durch Banküberweisung	9 980,00 EUR
10.	Ein Zeitungsinserat wird mit Banküberweisung beglichen	290,00 EUR

III. Aufgaben:

1. Eröffnen Sie die Konten Bank und Eigenkapital durch Vortrag der Anfangsbestände!
2. Bilden Sie die Buchungssätze und buchen Sie auf den Konten!
3. Führen Sie den Abschluss durch!

34 Vertiefung zum Begriff Erfolg

Notieren Sie, welche der folgenden Aussagen richtig sind:

1. Der Begriff Erfolg beinhaltet immer einen Gewinn.
2. Ist das Reinvermögen am Ende der Geschäftsperiode höher als am Anfang, wurde in der Geschäftsperiode ein Gewinn erzielt.
3. Vermögen – Schulden = Erfolg.
4. Ein Verlust liegt vor, wenn das Eigenkapital am Anfang der Geschäftsperiode größer ist als am Ende.
5. Die Formel für die Erfolgsermittlung lautet:

    Eigenkapital am Anfang der Geschäftsperiode
    – Eigenkapital am Ende der Geschäftsperiode
    = Erfolg

4 Einkäufe und Verkäufe unter Berücksichtigung der Umsatzsteuer buchen

LB 4 **Handlungssituation 4:** Eine Eingangsrechnung mit Umsatzsteuer buchen

Sie sind als Sachbearbeiter/-in in der Buchhaltung der Weber Metallbau GmbH tätig und bearbeiten den nachfolgenden Beleg.

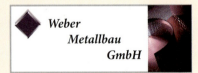

Fritz Leist OHG · Erasmusstr. 144 · 40223 Düsseldorf

Weber Metallbau GmbH
Alfred-Nobel-Str. 8
86169 Augsburg

Bestell-Nr.	Bestelldatum	Lieferschein-Nr.	Telefon	Fax
2892	02.06.20..	58229-02	0211 6724-556	0211 6724-587

Bei Zahlung unbedingt angeben:
Rechnungsdatum: 10.06.20..
Kunden-Nr.: 5421
Rechnungs-Nr.: 2245/11

Wir berechnen für unsere Lieferung vom 04.06.20..

Artikel-Nr.	Menge (Stück)	Artikelbezeichnung	Einzelpreis in EUR	Gesamtbetrag in EUR
5130	410	Stahlräder	5,69	2332,90
6220	14	Bohrmaschinen als Handelswaren	59,80	837,20
				3170,10
		+ 19 % Umsatzsteuer		602,32
				3772,42

Kompetenzorientierte Arbeitsaufträge:

1. Erläutern Sie, worauf bei der Buchung des Belegs zu achten ist!
2. Bilden Sie den Buchungssatz zu dem vorliegenden Beleg!
3. Stellen Sie dar, über welche Abschlusskonten die Konten des Buchungssatzes (außer VSt) abgeschlossen werden!
4. Bilden Sie den Buchungssatz für die Bezahlung der Rechnung durch Banküberweisung!

4.1 Vorsteuer und Umsatzsteuer

Bei der Berechnung der Umsatzsteuer wird zunächst vom gesamten Umsatzwert ausgegangen: 19 % bzw. 7 % vom Umsatzwert ergibt die vorläufige Umsatzsteuer. Die Umsatzsteuer stellt eine **Schuld** an das Finanzamt dar. Von dieser so berechneten Steuerschuld können die auf den **Eingangsrechnungen ausgewiesenen Umsatzsteuerbeträge** als **Vorsteuer** abgezogen werden. Die Vorsteuer stellt für den Kaufmann eine **Forderung** an das Finanzamt dar. Die **Differenz zwischen Umsatzsteuer und Vorsteuer** ist dann die tatsächlich zu zahlende Steuerschuld, die **Zahllast**.

Beispiel:

Die Stolz & Krug OHG führt als Handelsware Dachgepäckträger im Sortiment. Einkauf, Verkauf und Abrechnung der Umsatzsteuer mit dem Finanzamt für die Stolz & Krug OHG werden im Folgenden dargestellt.

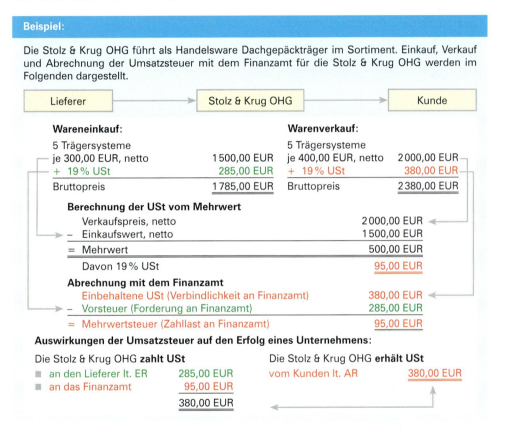

Die Umsatzsteuer führt bei den Unternehmen zu keinen Aufwendungen. Die Abwicklung der Umsatzsteuer erfolgt über die Bestandskonten

- **2600 Vorsteuer** (für Eingangsrechnungen)
- **4800 Umsatzsteuer** (für Ausgangsrechnungen).[1]

---

1 Der Abschluss der Konten Vor- und Umsatzsteuer wird in Kapitel 7.2, S. 214 behandelt.

4.2 Buchungen von Werkstoffen und Umsatzerlösen sowie auf weiteren Ergebniskonten

Beispiele:

Kauf von Rohstoffen auf Ziel lt. folgender Eingangsrechnung:		Verkauf von Erzeugnissen auf Ziel lt. folgender Ausgangsrechnung:	
Rohstoffe	1 500,00 EUR	Erzeugnisse	2 000,00 EUR
+ 19 % USt	285,00 EUR	+ 19 % USt	380,00 EUR
= Rechnungsbetrag (ER)	1 785,00 EUR	= Rechnungsbetrag (AR)	2 380,00 EUR

Aufgabe:
Buchen Sie die beiden Geschäftsvorfälle auf Konten und bilden Sie anschließend die Buchungssätze!

Lösung:

S	6000 Aufwend. f. Rohstoffe	H		S	2400 Forderungen a. Lief. u. Leist.	H
4400	1 500,00			5000/4800	2 380,00	

S	2600 Vorsteuer	H		S	5000 Umsatzerlöse f. eig. Erzeugnisse[1]	H
4400	285,00				2400	2 000,00

S	4400 Verbindlichkeiten a. Lief. u. Leist.	H		S	4800 Umsatzsteuer	H
	6000/2600	1 785,00			2400	380,00

Konten	Soll	Haben
6000 Aufw. f. Rohstoffe	1 500,00	
2600 Vorsteuer	285,00	
an 4400 Verb. a. L. u. L.		1 785,00

Konten	Soll	Haben
2400 Ford. a. L. u. L.	2 380,00	
an 5000 UE f. eig. Erz.		2 000,00
an 4800 Umsatzsteuer		380,00

Die **Umsatzsteuer auf Eingangsrechnungen** stellt eine **Forderung** des Unternehmens gegenüber dem Finanzamt dar. Sie wird auf dem Forderungskonto **Vorsteuer** gebucht.

Das Konto **2600 Vorsteuer** ist ein **Aktivkonto**.

Die **Umsatzsteuer auf Ausgangsrechnungen** stellt eine **Verbindlichkeit** des Unternehmens gegenüber dem Finanzamt dar. Sie wird auf dem Schuldkonto **Umsatzsteuer** gebucht.

Das Konto **4800 Umsatzsteuer** ist ein **Passivkonto**.

Beachte:

Bei der Buchung der Werkstoffe und der Handelswaren wird unterstellt, dass sie unmittelbar in die Produktion bzw. den Verkauf gehen. Sie werden daher direkt auf den entsprechenden **Aufwandskonten** erfasst. Man spricht vom **aufwandsrechnerischen Verfahren (Just-in-time-Verfahren)**.

---

[1] Einen Hinweis zur Buchung von Erträgen finden Sie als Anhang auf S. 490.

Kompetenztraining

35 Buchungssätze mit Umsatzsteuer

Bilden Sie zu den nachfolgenden Geschäftsvorfällen den Buchungssatz!

1. Wir kaufen Handelswaren auf Ziel 1 350,00 EUR
   + 19 % USt 256,50 EUR 1 606,50 EUR
2. Kauf von Rohstoffen gegen Bankscheck 3 198,00 EUR
   + 19 % USt 607,62 EUR 3 805,62 EUR
3. Kauf von Betriebsstoffen bar 7 479,00 EUR
   + 19 % USt 1 421,01 EUR 8 900,01 EUR
4. Wir verkaufen Handelswaren bar 10 391,20 EUR
   + 19 % USt 1 974,33 EUR 12 365,53 EUR
5. Verkauf von Erzeugnissen auf Ziel 6 220,00 EUR
   + 19 % USt 1 181,80 EUR 7 401,80 EUR
6. Banküberweisung des Kunden zum Ausgleich
   der Rechnung (vgl. Fall 5) 7 401,80 EUR
7. Kauf von Hilfsstoffen gegen Rechnung 917,00 EUR
   + 19 % USt 174,23 EUR 1 091,23 EUR
8. Banküberweisung an einen Lieferer zum Ausgleich der
   Rechnung (vgl. Fall 7) 1 091,23 EUR
9. Für eine Reparaturleistung berechnen wir
   unserem Kunden 778,00 EUR
   + 19 % USt 147,82 EUR 925,82 EUR

36 Vertiefung zur Umsatzsteuer

Erklären Sie die Richtigkeit folgender Aussagen!

1. Die Umsatzsteuer zahlt letztlich der Endverbraucher.
2. Die Umsatzsteuer ist für ein Unternehmen ein „durchlaufender Posten" und deshalb erfolgsneutral.

37 Buchungssätze mit Umsatzsteuer aufgrund von Belegen

Bilden Sie zu den nachfolgenden Belegen aus der Sicht der Tobias Hanselmann KG die Buchungssätze!

Beleg 1

Beleg 2

Lernbereich 4: Mithilfe der Geschäftsbuchführung das Gesamtergebnis einer Unternehmung ermitteln

Beleg 3

Beleg 4

Beleg 5

38 Buchungssätze mit Umsatzsteuer

Buchen Sie im Grundbuch der Möbelfabrik Bruno Bernhardt GmbH folgende Geschäftsvorfälle!

1. Wir kaufen 100 Zeituhren zum Einbau in Küchenmöbel auf Ziel netto 1 430,00 EUR zuzüglich 19 % USt.
2. Wir bezahlen die bereits gebuchte Liefererrechnung über 1 700,00 EUR bar.
3. Einkauf von Spanplatten lt. Eingangsrechnung 2 737,00 EUR einschließlich 19 % USt gegen Bankscheck.

4. Ein Kunde bezahlt die Ausgangsrechnung durch Überweisung auf unser Bankkonto 2 464,45 EUR.
5. Barzahlung einer noch nicht gebuchten Handwerkerrechnung für Malerarbeiten im Büro netto 300,00 EUR zuzüglich 19 % USt.
6. Wir kaufen einen PC gegen Barzahlung netto 1 300,00 EUR zuzüglich 19 % USt.
7. Verkauf von Bürotischen auf Ziel. Rechnungsbetrag einschließlich 19 % USt 10 055,50 EUR.
8. Kauf von Schreibwaren für das Büro bar 685,00 EUR zuzüglich 19 % USt.
9. Bankabbuchung für Telefongebühren einschl. 19 % Umsatzsteuer 1 195,95 EUR.
10. Banküberweisung für Stromverbrauch lt. vorliegender Rechnung: Nettowert 2 210,00 EUR zuzüglich 19 % USt.
11. Einkauf von Leim für die Fertigung 890,00 EUR zuzüglich 19 % USt gegen Bankscheck.
12. Einkauf von Schmieröl 1 420,00 EUR zuzüglich 19 % USt auf Ziel.
13. Bareinkauf von Schrauben und Nägeln in Höhe von 275,00 EUR zuzüglich 19 % USt.

39 Buchungssätze mit Umsatzsteuer

Buchen Sie im Grundbuch die folgenden Geschäftsvorfälle für einen Industriebetrieb!

1. Wir verkaufen Erzeugnisse gegen Ratenzahlung. Anzahlung einschließlich 19 % USt bar: 38 675,00 EUR.

   Restzahlung in 5 Raten
   (12 500,00 EUR + 800,00 EUR Zinsen* + 19 % USt) zu je 15 675,00 EUR.

   Bilden Sie die Buchungssätze am Verkaufstag!

   * **Hinweis**: Zinsen sind umsatzsteuerfrei, da ein Kreditvertrag vorliegt!

2. Wir zahlen für folgenden Beleg bar aus der Kasse:

   196,35 EUR einschließlich 19 % USt für Reparatur des Kopiergeräts erhalten.

   Bamberg, den 2. April 20..   *Ferner*

3. Bankgutschrift für Zinsen   720,00 EUR
4. Barzahlung für Reparaturen am Maschinenpark, netto   874,00 EUR
   + 19 % USt   166,06 EUR   1 040,06 EUR
5. Verkauf von Erzeugnissen frei Haus lt. AR 143 netto 42 765,00 EUR
   + 19 % USt   8 125,35 EUR 50 890,35 EUR
6. Nach Ablauf der Garantiefrist wird eine Stahltreppe von uns repariert. Wir stellen die Selbstkosten in Rechnung:
   für Material und Arbeitsstunden   186,00 EUR
   + 19 % USt   35,34 EUR   221,34 EUR
7. Verkauf von Erzeugnissen auf Ziel einschließlich 19 % USt   24 276,00 EUR

Lernbereich 4: Mithilfe der Geschäftsbuchführung das Gesamtergebnis einer Unternehmung ermitteln

4.2.1 Besondere Buchungen bei der Beschaffung von Werkstoffen

LB 4 — Handlungssituation 5: Wertströme im Rahmen der Beschaffung von Werkstoffen erfassen und dokumentieren

Sie sind als Sachbearbeiter/-in in der Buchhaltungsabteilung der Weber Metallbau GmbH tätig und bearbeiten den nachfolgenden Beleg.

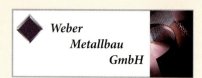

Glas Prinz GmbH, Am Winkel 19, 01109 Dresden

Weber Metallbau GmbH
Alfred-Nobel-Str. 8
86169 Augsburg

Bestell-Nr.	Bestelldatum	Lieferschein-Nr.	Telefon	Fax
2210	10.06.20..	212/22	0351 992-0	0351 992-1

Bitte stets angeben:
Rechnungsdatum: 16.06.20..
Kunden-Nr.: 3355
Rechnungs-Nr.: 7788/99

Wir berechnen für unsere Lieferung vom 16.06.20..

Artikel-Nr.	Menge	Bezeichnung	Einzelpreis in EUR	Gesamtbetrag in EUR
1032	5	Fensterscheiben	1 312,00	6 560,00
		Warenwert (netto)		6 560,00
		+ Zuschlag Verbundsicherheitsglas		500,00
				7 060,00
		− 10 % Rabatt		706,00
				6 354,00
		+ Zustellkosten		480,00
				6 834,00
		+ 19 % USt		1 298,46
		Rechnungsbetrag		8 132,46

Zahlungsbedingungen ab Rechnungsdatum: bis 10 Tage 2 % Skonto, bis 30 Tage netto Kasse.

Deutsche Bank Dresden	Commerzbank Dresden	Amtsgericht Dresden, HRB 1101
IBAN DE97 8707 0024 0000 6485 54	IBAN DE80 8504 0000 0087 2663 39	Steuer-Nr.: 27/430/0027
BIC DEUTDEDB870	BIC COBADEFF850	USt.-Id.-Nr.: DE 686093911

KOMPETENZORIENTIERTE ARBEITSAUFTRÄGE:

1. Erläutern Sie, worauf bei der Buchung des Belegs zu achten ist!
2. Bilden Sie den Buchungssatz zu dem vorliegenden Beleg!
3. Die Zahlung erfolgt durch Banküberweisung unter Abzug von 2 % Skonto. Bilden Sie hierzu den Buchungssatz!
4. Notieren Sie die Abschlusskonten, über die die Konten des Buchungssatzes (außer VSt) abgeschlossen werden!

(1) Buchhalterische Behandlung von sogenannten Sofortnachlässen

Nachlässe, die der Lieferer sofort bei Rechnungsstellung gewährt, zählen nicht zu den Anschaffungskosten. Sie erscheinen in der Buchführung nicht. Gebucht wird der verminderte Einkaufspreis.

Beispiel:

Geschäftsvorfall		Konten	Soll	Haben
Kauf von Betriebsstoffen auf Ziel	2 000,00 EUR	6030 Aufw. f. Betriebsstoffe	1 800,00	
− 10 % Mengenrabatt	200,00 EUR	2600 Vorsteuer	342,00	
	1 800,00 EUR	an 4400 Verb. a. Lief. u. Leist.		2 142,00
+ 19 % USt	342,00 EUR			
	2 142,00 EUR			

Sofortnachlässe, die der Lieferer gewährt, werden **nicht gebucht.** Sie zählen **nicht** zu den **Anschaffungskosten.**

(2) Buchung von Bezugskosten

Der Industriekontenrahmen sieht für jedes Werkstoffaufwandskonto ein gesondertes Bezugskostenkonto vor:

- **6001 Bezugskosten** (Bezugskosten für Aufwendungen für Rohstoffe)
- **6011 Bezugskosten** (Bezugskosten für Aufwendungen für Vorprodukte)
- **6021 Bezugskosten** (Bezugskosten für Aufwendungen für Hilfsstoffe)
- **6031 Bezugskosten** (Bezugskosten für Aufwendungen für Betriebsstoffe)
- **6081 Bezugskosten** (Bezugskosten für Aufwendungen für Waren)

Beispiel:

Geschäftsvorfälle		Konten	Soll	Haben
1. Rohstoffeinkauf auf Ziel, Warenwert	1 500,00 EUR	6000 Aufwend. f. Rohstoffe	1 500,00	
+ Verpackung	50,00 EUR	6001 Bezugskosten	200,00	
+ Fracht	150,00 EUR	2600 Vorsteuer	323,00	
	1 700,00 EUR	an 4400 Verb. a. L. u. Leist.		2 023,00
+ 19 % USt	323,00 EUR			
	2 023,00 EUR			
2. Kauf von Hilfsstoffen auf Ziel, Warenwert	850,00 EUR	6020 Aufwend. f. Hilfsstoffe	850,00	
+ Verpackung	40,00 EUR	6021 Bezugskosten	110,00	
+ Fracht	70,00 EUR	2600 Vorsteuer	182,40	
	960,00 EUR	an 4400 Verb. a. L. u. Leist.		1 142,40
+ 19 % USt	182,40 EUR			
	1 142,40 EUR			

Das **Konto Bezugskosten** stellt ein **Unterkonto** des **jeweiligen Werkstoffaufwandskontos** dar.

(3) Rücksendungen an den Lieferer

Beispiel:

Von der bereits bei uns gebuchten Rohstofflieferung senden wir Rohstoffe zurück (Falschlieferung).

Rohstoffwert	500,00 EUR	**Aufgabe:**
+ 19 % USt	95,00 EUR	Bilden Sie zu dem Geschäftsvorfall den Buchungssatz!
= Gutschriftsbetrag	595,00 EUR	

Lösung:

Geschäftsvorfall	Konten	Soll	Haben
Von der bereits gebuchten Rohstofflieferung schicken wir Rohstoffe zurück:			
Rohstoffwert 500,00 EUR	4400 Verb. a. Lief. u. Leist.	595,00	
+ 19 % USt 95,00 EUR	an 6000 Aufw. f. Rohstoffe[1]		500,00
= Bruttowert 595,00 EUR	an 2600 Vorsteuer		95,00

> **Rücksendungen an den Lieferer** vermindern unsere Verbindlichkeiten gegenüber dem Lieferer in Höhe des Bruttowertes der Rücksendung, die ursprünglich gebuchten Werkstoffaufwendungen um den Nettowert und die Vorsteuer in Höhe der Differenz aus den beiden Werten.

(4) Preisnachlässe von Lieferern

Der Industriekontenrahmen sieht für jedes Werkstoffaufwandskonto jeweils ein gesondertes Nachlasskonto vor:

6002 Nachlässe (Nachlässe für Aufwendungen für Rohstoffe)

6012 Nachlässe (Nachlässe für Aufwendungen für Vorprodukte)

6022 Nachlässe (Nachlässe für Aufwendungen für Hilfsstoffe)

6032 Nachlässe (Nachlässe für Aufwendungen für Betriebsstoffe)

6082 Nachlässe (Nachlässe für Aufwendungen für Waren)

Beachte:

Gewährt uns der Lieferer **nachträglich einen Preisnachlass,** hat das die gleichen Auswirkungen wie bei einer Warenrücksendung. Daher liegen auch hier die gleichen Überlegungen zugrunde.

- **Sollbuchung** auf dem Konto **4400 Verbindlichkeiten aus Lieferungen und Leistungen.**
- **Habenbuchung** auf dem Konto **2600 Vorsteuer.**
- **Habenbuchung** auf dem entsprechenden Konto **Nachlässe.**

Geschäftsvorfälle	Konten	Soll	Haben
Wegen Mängel an der Betriebsstofflieferung erhalten wir eine **Lieferergutschrift** über 300,00 EUR zuzüglich 19 % USt.	4400 Verb. a. Lief. u. Leist. an 6032 Nachlässe an 2600 Vorsteuer	357,00	300,00 57,00
Ein Hilfsstofflieferer gewährt uns einen **Umsatzbonus** in Form folgender Gutschrift: Halbjahresbonus 2 % von 35 000,00 EUR = 700,00 EUR + 19 % USt 133,00 EUR Gutschriftsbetrag 833,00 EUR	4400 Verb. a. Lief. u. Leist. an 6022 Nachlässe an 2600 Vorsteuer	833,00	700,00 133,00
Wir bezahlen eine Liefererrechnung für Rohstoffe unter Abzug von **Skonto** Rechnungsbetrag 7 140,00 EUR – 2 % Skonto 142,80 EUR Banküberweisung 6 997,20 EUR	4400 Verb. a. Lief. u. Leist. an 2800 Bank an 6002 Nachlässe an 2600 Vorsteuer[1]	7 140,00	6 997,20 120,00 22,80

Kompetenztraining

40 Buchungssätze zum Kauf von Werkstoffen und Handelswaren mit Sofortnachlässen und Bezugskosten

Bilden Sie für eine Werkzeugfabrik zu folgenden Geschäftsvorfällen die Buchungssätze!

1. Wir kaufen Stahlbleche auf Ziel, Listeneinkaufspreis 12 000,00 EUR zuzüglich 19 % USt. Der Lieferer gewährt uns 20 % Rabatt. Die Fracht und Verpackungskosten betragen 510,00 EUR zuzüglich 19 % USt.

2. Kauf von Dichtungsringen von einem ausländischen Exporteur auf Ziel, Listeneinkaufspreis 795,20 EUR zuzüglich 19 % USt. Zölle und Gebühren: 8 % vom Listeneinkaufspreis.

3. Kauf von Elektromotoren gegen Bankscheck. Lieferung frei Haus 2 400,00 EUR zuzüglich 19 % USt. Für Fracht werden 150,00 EUR zuzüglich 19 % USt in Rechnung gestellt.

4. Wir beziehen Waschbenzin auf Ziel im Gesamtwert von 5 880,00 EUR zuzüglich 19 % USt. Der Rabattsatz unseres Lieferers beträgt 30 %. An Verpackungskosten werden uns 180,00 EUR in Rechnung gestellt.

5. Wir erhalten eine Rechnung für die Lieferung von 4 500 Stück Kleinmotoren zum Preis von 150,00 EUR je Stück zuzüglich 19 % USt. Der Warenwert der Rechnung wird um 20 % Mengenrabatt gekürzt. Für Fracht und Verpackung werden 350,00 EUR zuzüglich 19 % USt in Rechnung gestellt.

---

[1] **Berechnung der Vorsteuerkorrektur:**
119 % ≙ 142,80 EUR
100 % ≙ x EUR $x = \frac{142{,}80 \cdot 100}{119} = \underline{120{,}00 \text{ EUR}}$ 120,00 EUR · 19 % = $\underline{22{,}80 \text{ EUR}}$

Lernbereich 4: Mithilfe der Geschäftsbuchführung das Gesamtergebnis einer Unternehmung ermitteln

41 Buchungssätze zum Kauf von Werkstoffen und Handelswaren, Rücksendungen und Preisnachlässe

Bilden Sie für folgende Geschäftsvorfälle die Buchungssätze!

1. 1.1 Wir kaufen Betriebsstoffe im Gesamtwert von 2 150,00 EUR zuzüglich 19 % USt gegen Rechnung.
   1.2 Nach Buchung und Überprüfung der Sendung wird ein Teil der Betriebsstoffe wegen Qualitätsmängeln zurückgesandt, 430,00 EUR zuzüglich 19 % USt.
2. 2.1 Wir kaufen Hilfsstoffe auf Ziel im Warenwert von 2 900,00 EUR zuzüglich 19 % USt.
   2.2 Einen Teil der bereits gebuchten Hilfsstoffe senden wir wegen Beschädigung zurück. Warenwert 480,00 EUR zuzüglich 19 % USt.
3. 3.1 Wir kaufen Handelswaren im Gesamtwert von 6 324,00 EUR zuzüglich 19 % USt gegen Rechnung.
   3.2 Nach Buchung und Überprüfung der Sendung wird ein Teil der Ware wegen Qualitätsmängeln zurückgesandt, 830,50 EUR zuzüglich 19 % USt.
4. Unser Lieferer für Schmieröl gewährt uns am Jahresende einen Bonus in Höhe von 1 863,00 EUR zuzüglich 19 % Umsatzsteuer.
5. Wir senden Leihverpackungen für Stahlbleche zurück und erhalten eine Gutschrift in Höhe des Bruttowertes von 856,80 EUR.

42 Buchungssätze zu Preisnachlässen bei Werkstoffen nach Belegen

Bilden Sie für die Augsburger Büromöbel AG die Buchungssätze zu den nachfolgenden Buchungsbelegen!

Beleg 1

Naturholz AG Augsburg

Naturholz AG · Lindenstraße 15 · 86153 Augsburg

Augsburger Büromöbel AG
Industriepark 5
86169 Augsburg

Bitte stets angeben
Rechnungsdatum: 25.09.20..
Rechnungs-Nr.: 345376
Kunden-Nr.: 4711
Lieferdatum: 24.09.20..

Rechnungs-Nr. H 345 376

Pos.	Menge	Bezeichnung	Einzelpreis	Gesamtbetrag in EUR
1	46	Spanplatten 19 mm	40,25	1 851,50
		− 20 % Liefererrabatt		370,30
				1 481,20
		− 5 % Jubiläumsrabatt		74,06
				1 407,14
		+ 19 % USt		267,36
				1 674,50

Beleg 2

METALLWARENFABRIK
BERNHARD MÜLLER OHG

Bernhard Müller OHG · Waldkauzstr. 1 · 86804 Buchloe

Augsburger Büromöbel AG
Industriepark 5
86169 Augsburg

Ihr Zeichen,   Unser Zeichen,
Ihre Nachricht vom   unsere Nachricht vom   Datum
ri/ka 18.09.20..   mü/fe 10.09.20..   20.09.20..

Sehr geehrte Frau Heinrich,

in der Rechnung über Bürotischgestelle vom 10. September 20 . . haben wir versehentlich keinen Mengenrabatt gewährt. Selbstverständlich erhalten Sie den vereinbarten Rabatt nachträglich per Gutschrift:

20 % Mengenrabatt vom Warenwert 42 500,00 EUR: 8 500,00 EUR
                                 + 19 % USt   1 615,00 EUR
                                 Gutschrift   10 115,00 EUR

Entschuldigen Sie bitte unser Versehen.
Mit freundlichen Grüßen

B. Müller

4 Einkäufe und Verkäufe unter Berücksichtigung der Umsatzsteuer buchen

Beleg 3

Beleg 4

Beleg 5

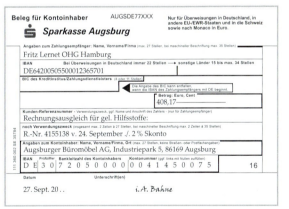

Beleg 6

Lernbereich 4: Mithilfe der Geschäftsbuchführung das Gesamtergebnis einer Unternehmung ermitteln

4.2.2 Besondere Buchungen im Rahmen des Absatzprozesses

LB 4 | **Handlungssituation 6:** Eine Ausgangsrechnung sowie den Zahlungseingang buchhalterisch erfassen

Sie sind Sachbearbeiter/-in in der Buchhaltung der Augsburger Büromöbel AG und haben den nachfolgenden Beleg zu bearbeiten.

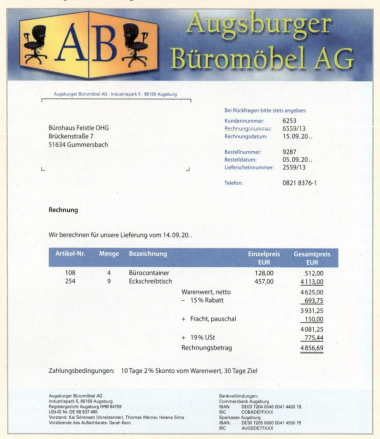

KOMPETENZORIENTIERTE ARBEITSAUFTRÄGE:

1. Erläutern Sie, worauf bei der Buchung des Belegs zu achten ist!
2. Bilden Sie den Buchungssatz zu dem vorliegenden Beleg!
3. Der Kunde zahlt nach 10 Tagen durch Banküberweisung unter Abzug von 2 % Skonto. Bilden Sie hierzu den Buchungssatz! Beachten Sie: Die Fracht ist nicht skontierfähig.
4. Geben Sie an, über welche Abschlusskonten die Konten des Buchungssatzes abgeschlossen werden (außer VSt)!

(1) Buchhalterische Behandlung von Sofortnachlässen gegenüber Kunden

Die dem Kunden sofort bei Rechnungserteilung gewährten Nachlässe (Sofortnachlässe) vermindern die Verkaufserlöse und erscheinen nicht in der Buchführung.

Geschäftsvorfall		Konten	Soll	Haben
Wir verkaufen eigene Erzeugnisse auf Ziel laut folgender Ausgangsrechnung:		2400 Ford. a. L. u. L. an 5000 UE f. eigene Erzeugnisse an 4800 Umsatzsteuer	2 677,50	2 250,00 427,50
Listenpreis	2 500,00 EUR			
− 10 % Rabatt	250,00 EUR			
	2 250,00 EUR			
+ 19 % USt	427,50 EUR			
= Rechnungsbetrag	2 677,50 EUR			

(2) Buchhalterische Behandlung der den Kunden zusätzlich in Rechnung gestellten Nebenkosten

■ **Vertriebskosten, die den Kunden in Rechnung gestellt werden**

Die zusätzlich in Rechnung gestellten Vertriebskosten erhöhen die Verkaufserlöse. Im Verkaufsbereich wird **kein** Unterkonto geführt. Die zusätzlich in Rechnung gestellten Versandkosten werden zusammen mit dem Stoffwert direkt auf dem entsprechenden Umsatzerlöskonto gebucht.

Geschäftsvorfall		Konten	Soll	Haben
Wir verkaufen eigene Erzeugnisse auf Ziel laut folgender Ausgangsrechnung:		2400 Ford. a. L. u. L. an 5000 UE f. eigene Erzeugnisse an 4800 Umsatzsteuer	1 618,40	1 360,00 258,40
Listenpreis	1 200,00 EUR			
+ Verpackung	55,00 EUR			
+ Fracht	105,00 EUR			
	1 360,00 EUR			
+ 19 % USt	258,40 EUR			
= Rechnungsbetrag	1 618,40 EUR			

■ **Vertriebskosten, für die Eingangsrechnungen vorliegen**

Nr.	Geschäftsvorfälle		Konten	Soll	Haben
1.	Wir zahlen folgende noch nicht gebuchte Eingangsrechnung für Verpackungsmaterial bar:		6040 Aufwend. für Verpackungsmat. 2600 Vorsteuer an 2880 Kasse	247,00 46,93	293,93
		247,00 EUR			
	+ 19 % USt	46,93 EUR			
		293,93 EUR			
2.	Wir begleichen eine noch nicht gebuchte Rechnung unseres Spediteurs durch Banküberweisung für Fahrten im Monat März	380,00 EUR	6140 Frachten und Fremdlager 2600 Vorsteuer an 2800 Bank	380,00 72,20	452,20
	+ 19 % USt	72,20 EUR			
		452,20 EUR			

Nr.	Geschäftsvorfälle		Konten	Soll	Haben
3.	Wir zahlen Vertriebsprovision bar + 19 % USt	460,00 EUR 87,40 EUR <u>547,40 EUR</u>	6150 Vertriebsprovision 2600 Vorsteuer an 2880 Kasse	460,00 87,40	547,40

(3) Rücksendungen durch Kunden

Beispiel:

Von der bereits bei uns gebuchten Lieferung schickt uns der Kunde wegen Falschlieferung Erzeugnisse zurück im Werte von:

Wert der Erzeugnisse	800,00 EUR	**Aufgabe:**
+ 19 % USt	152,00 EUR	Bilden Sie zu dem Geschäftsvorfall
= Rechnungsbetrag	952,00 EUR	den Buchungssatz!

Lösung:

Geschäftsvorfall		Konten	Soll	Haben
Ein Kunde sendet Erzeugnisse zurück: Wert der Erzeugnisse + 19 % USt	800,00 EUR 152,00 EUR <u>952,00 EUR</u>	5000 Umsatzerl. f. eig. Erz. 4800 Umsatzsteuer an 2400 Ford. a. Lief. u. Leist.	800,00 152,00	952,00

(4) Preisnachlässe gegenüber Kunden

Durch die nachträgliche Preisänderung nehmen die Forderungen gegenüber den Kunden ab, d. h., die Umsatzerlöse werden geschmälert. Die Preisnachlässe werden nicht direkt auf dem betreffenden Konto Umsatzerlöse gebucht, sondern zunächst auf dem Konto **5001** bzw. **5101 Erlösberichtigungen** erfasst.

■ **Ein Kunde erhält eine Gutschrift aufgrund seiner Reklamation**

Beispiel:

Der Kunde reklamiert an den gelieferten Erzeugnissen Mängel und erhält daraufhin von uns einen Preisnachlass in Form einer Gutschrift in Höhe von

Wert der Erzeugnisse	800,00 EUR	**Aufgabe:**
+ 19 % USt	152,00 EUR	Bilden Sie zu dem Geschäftsvorfall
= Kundengutschrift	952,00 EUR	den Buchungssatz!

Lösung:

Geschäftsvorfall	Konten	Soll	Haben
Wir gewähren einem Kunden eine Gutschrift aufgrund einer Mängelrüge	5001 Erlösberichtigungen 4800 Umsatzsteuer an 2400 Ford. a. Lief. u. Leist.	800,00 152,00	952,00

Ein Kunde erhält eine Umsatzrückvergütung (Bonus) in Form einer Gutschrift

Geschäftsvorfall	Konten	Soll	Haben
Wir gewähren einem Kunden auf gelieferte Erzeugnisse einen Umsatzbonus in Form einer Gutschrift 600,00 EUR zzgl. 19 % USt.	5001 Erlösberichtigungen 4800 Umsatzsteuer an 2400 Ford. a. L. u. L.	600,00 114,00	714,00

Kundenskonti

Beispiel:

Ein Kunde bezahlt eine bereits gebuchte Rechnung
für die Lieferung von Fertigerzeugnissen in Höhe von 11 900,00 EUR
unter Abzug von 2 % Skonto durch Banküberweisung   238,00 EUR
Bankgutschrift   11 662,00 EUR

Aufgabe:
Bilden Sie den Buchungssatz!

Lösung:

Geschäftsvorfall	Konten	Soll	Haben
Ein Kunde überweist uns einen Rechnungsbetrag über 11 900,00 EUR unter Abzug von 2 % Skonto 238,00 EUR Bankgutschrift 11 662,00 EUR	2800 Bank 4800 Umsatzsteuer 5001 Erlösberichtigungen an 2400 Ford. a. L. u. Leist.	11 662,00 38,00 200,00	11 900,00

Zur Berechnung der Steuerberichtigung:

Der Skontoabzug in Höhe von 238,00 EUR stellt eine nachträgliche Preisminderung dar, die eine Korrektur der ursprünglich gebuchten Umsatzsteuer nach sich ziehen muss. Da der Skontobetrag vom Bruttowert der Ausgangsrechnung berechnet wurde, ist der Korrekturbetrag im Skontobetrag enthalten. Er kann wie folgt berechnet werden:

119 % ≙ 238,00 EUR
19 % ≙   x EUR

$$x = \frac{238 \cdot 19}{119} = 38,00 \text{ EUR}$$

Lernbereich 4: Mithilfe der Geschäftsbuchführung das Gesamtergebnis einer Unternehmung ermitteln

Kompetenztraining

43 Buchungssätze Sofortnachlässe, Nebenkosten, Rücksendungen, Preisnachlässe

1. **Beleg 1:**   **Beleg 2:**

Aufgabe:

Bilden Sie die Buchungssätze zu den Belegen 1 und 2 für die Möbelfabrik Wohnwelt AG!

2. 2.1 Ein Kunde kauft zwei Erzeugnisse im Bruttowert von 124,95 EUR je Erzeugnis gegen Rechnung. Bilden Sie den Buchungssatz!

   2.2 Nach einigen Tagen gibt er einen Artikel zurück und bezahlt den anderen bar. Bilden Sie den Buchungssatz!

3. Aufgrund seiner Reklamation erhält ein Kunde auf die gelieferten Erzeugnisse nachträglich einen Preisnachlass in Form einer Gutschrift. Gutschriftbetrag einschließlich 19 % USt 476,00 EUR.

4. Ein treuer Kunde erhält durch Gutschriftanzeige den vierteljährlichen Umsatzbonus. Berechnen und buchen Sie den Bonus aufgrund folgender Daten:

   Erzielter Umsatz aus dem Verkauf von Fertigerzeugnissen einschließlich 19 % USt 177 310,00 EUR.

   Bonusstaffelung: Nettoumsatz: bis   50 000,00 EUR   Bonus: 1 %
                                          bis   100 000,00 EUR   2 %
                                          bis   150 000,00 EUR   3 %
                                          über   150 000,00 EUR   4 %

5. Ein Kunde schickt einen Teil unserer Erzeugnisse zurück

   Nettowert   291,30 EUR
   + 19 % USt   55,35 EUR   346,65 EUR

6. Wir erteilen einem Kunden aufgrund einer Mängelrüge
   an zugesandten Erzeugnissen eine Gutschrift über   221,58 EUR
   brutto (19 % USt)

44 Buchung einer Ausgangsrechnung, Zahlung des Kunden unter Abzug von Skonto

Bilden Sie die Buchungssätze aus Sicht der Fritz Pfennig OHG

1. für die Ausgangsrechnung!
2. für den Zahlungseingang auf dem Bankkonto der Fritz Pfennig OHG am 9. Juli unter Abzug des vereinbarten Skontobetrags!

Fritz Pfennig OHG ♦ Friesenstraße 10 ♦ 93053 Regensburg

Bürozentrum
Ulrike Schnell e. Kfr.
Lortzingstr. 57
30177 Hannover

FRITZ PFENNIG OHG
HERSTELLER VON BÜROBEDARF

Rechnung Nr. 58/102
Datum 30. Juni 20 . .

Menge	Artikel-Bezeichnung	Einzelpreis	Betrag EUR
	Warenlieferungen laut beiliegender Lieferkarte: Mai – Juni 20 . . 10 % Rabatt		280,00 28,00
	19 % MWSt		252,00 47,88
	Bei Bezahlung innerhalb 10 Tagen abzüglich 6,00 EUR Skonto.		299,88

Sitz der Gesellschaft: Regensburg;   Registergericht: Regensburg; HRA 119;   St.-Nr.: 55/12345

---

45 Zahlungseingang auf dem Bankkonto

Bilden Sie den Buchungssatz für den nachfolgenden Beleg aus Sicht der Wipper GmbH!

IBAN DE26 7705 0000 0009 4006 49	SPARKASSE BAMBERG		BIC BYLADEM1SKB
Buchungs-tag	Tag der Wertstellung	Verwendungszweck/Buchungstext	alter Kontostand + 4 791,20
12.05.	12.05.	Heimann KG Hallerstr. 12 94032 Passau Rechnung-Nr. 2007 ./. 2 % Skonto	9224 + 2 507,33

Wipper GmbH
Fichtestr. 15
96052 Bamberg

+ 7 298,53 neuer Kontostand

12.05.20..   24   1
Kontoauszug vom   Auszug   Blatt

4.3 Ermittlung des Jahresgesamtverbrauchs bei Vorräten

Bisher wurde davon ausgegangen, dass die benötigten Werkstoffe fertigungssynchron angeliefert und in der gleichen Periode vollständig verbraucht wurden. Dies entspricht nicht der Realität, denn in der Praxis kann sich eine Werkstofflieferung verzögern oder sie kann ganz entfallen, sodass auf das Werkstofflager zurückgegriffen werden muss. Es ist außerdem möglich, dass ein Auftrag storniert wird, während die Werkstoffe bereits bestellt wurden.

Werkstoffbestände können entweder anwachsen (**Bestandsmehrung**) oder abgebaut werden (**Bestandsminderung**). Beide Fälle wirken sich auf die Höhe des Werkstoffverbrauchs aus.

(1) Bestandsmehrungen bei Werkstoffen

Die Buchführung hat den in der Abrechnungsperiode **tatsächlich angefallenen Verbrauch** an Roh-, Hilfs- und Betriebsstoffen zu erfassen. Ist der Schlussbestand einer Werkstoffart **höher** als ihr **Anfangsbestand,** so liegt eine **Bestandsmehrung** vor. Dies bedeutet, dass innerhalb dieser Periode mehr Werkstoffe eingekauft als in der Produktion verbraucht wurden. Die nicht verbrauchte Menge wurde auf Lager genommen, daher die Bestandsmehrung.

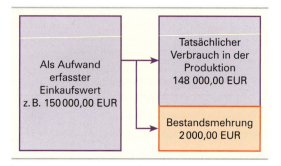

Beispiel:

I. Anfangsbestand:

2000 Rohstoffe 4 500,00 EUR

II. Geschäftsvorfälle:

1. Einkauf von Rohstoffen auf Ziel 150 000,00 EUR
2. Verkauf von Erzeugnissen auf Ziel 280 000,00 EUR

III. Schlussbestand:

Inventurbestand an Rohstoffen 6 500,00 EUR

IV. Aufgaben:

1. Ermitteln Sie rechnerisch:
    1.1 den Verbrauch an Rohstoffen,
    1.2 den Rohgewinn!
2. Stellen Sie die Angaben des Beispiels auf Konten dar, wobei bei den Geschäftsvorfällen die Gegenkonten anzugeben, aber nicht zu führen sind!
3. Bilden Sie den Buchungssatz für die Umbuchung der Bestandsmehrung!

Lösungen:

Zu 1.: Rechnerische Ermittlungen

1.1 Ermittlung des Verbrauchs an Rohstoffen

Einkauf von Rohstoffen in der Geschäftsperiode	150 000,00 EUR
− Bestandsmehrung	2 000,00 EUR
= Verbrauch innerhalb der Geschäftsperiode	148 000,00 EUR

1.2 Ermittlung des Rohgewinns

Umsatzerlöse für eigene Erzeugnisse	280 000,00 EUR
− Verbrauch von Rohstoffen	148 000,00 EUR
= Rohgewinn	132 000,00 EUR

Zu 2.: Darstellung auf den Konten[1]

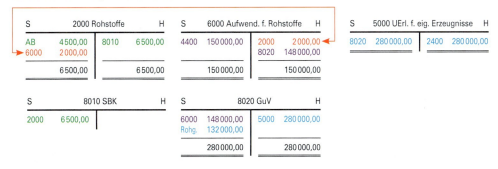

Zu 3.: Bildung des Buchungssatzes für die Umbuchung der Bestandsmehrung

Geschäftsvorfall	Konten	Soll	Haben
Umbuchung der Bestandsmehrung von 2 000,00 EUR	2000 Rohstoffe an 6000 Aufw. f. Rohstoffe	2 000,00	2 000,00

Erläuterungen:

Die **Erhöhung** des Schlussbestandes bei den Rohstoffen bedeutet, dass ein Teil der eingekauften und als Aufwand gebuchten **Rohstoffe nicht verbraucht wurde.** Der zunächst gebuchte Aufwand ist um den Wert der Bestandsmehrung **zu hoch.** Er muss daher um den Wert der **Bestandsmehrung gemindert werden.**

Erkenntnis:

- Eine **Bestandsmehrung** bei den Werkstoffen muss vom als Aufwand gebuchten Einkaufswert **abgezogen** werden.
- Buchhalterisch erfolgt das durch eine entsprechende **Umbuchung der Bestandsmehrung.** Der Buchungssatz lautet:

    Bestandskonto der Klasse 2 (z. B. 2000 Rohstoffe)
    an Aufwandskonto der Klasse 6 (z. B. 6000 Aufwendungen f. Rohstoffe)

---

[1] Der Übersicht wegen werden nur die Vorgänge auf den hier interessierenden Konten (2000, 5000, 6000) dargestellt. Die Gegenkonten beim Ein- bzw. Verkauf werden nicht geführt.

Lernbereich 4: Mithilfe der Geschäftsbuchführung das Gesamtergebnis einer Unternehmung ermitteln

(2) Bestandsminderungen bei Werkstoffen

Beispiel:

I. Anfangsbestand:

2000 Rohstoffe 3 500,00 EUR

II. Geschäftsvorfälle:

1. Einkauf von Rohstoffen auf Ziel 150 000,00 EUR
2. Verkauf von Erzeugnissen auf Ziel 280 000,00 EUR

III. Schlussbestand:

Inventurbestand an Rohstoffen 2 000,00 EUR

IV. Aufgaben:

1. Ermitteln Sie rechnerisch:
    1.1 den Verbrauch an Rohstoffen,
    1.2 den Rohgewinn!
2. Stellen Sie die Angaben des Beispiels auf Konten dar, wobei bei den Geschäftsvorfällen die Gegenkonten anzugeben, aber nicht zu führen sind!
3. Bilden Sie den Buchungssatz für die Umbuchung der Bestandsminderung!

Lösungen:

Zu 1.: Rechnerische Ermittlungen

1.1 Ermittlung des Verbrauchs an Rohstoffen

Einkauf von Rohstoffen in der Geschäftsperiode	150 000,00 EUR
+ Bestandsminderung	1 500,00 EUR
= Verbrauch innerhalb der Geschäftsperiode	151 500,00 EUR

1.2 Ermittlung des Rohgewinns

Umsatzerlöse für eigene Erzeugnisse	280 000,00 EUR
− Verbrauch von Rohstoffen	151 500,00 EUR
= Rohgewinn	128 500,00 EUR

Zu 2.: Darstellung auf den Konten

S	2000 Rohstoffe	H
AB	3 500,00	8010 2 000,00
		6000 1 500,00
	3 500,00	3 500,00

S	6000 Aufwend. f. Rohstoffe	H
4400	150 000,00	8020 151 500,00
2000	1 500,00	
	151 500,00	151 500,00

S	5000 UErl. f. eig. Erzeugnisse	H
8020	280 000,00	2400 280 000,00

S	8010 SBK	H
2000	2 000,00	

S	8020 GuV	H
6000	151 500,00	5000 280 000,00
Rohg.	128 500,00	
	280 000,00	280 000,00

Zu 3.: Buchungssatz für die Umbuchung der Bestandsminderung

Geschäftsvorfall	Konten	Soll	Haben
Umbuchung der Bestandsminderung von 1 500,00 EUR	6000 Aufw. f. Rohstoffe an 2000 Rohstoffe	1 500,00	1 500,00

Erläuterungen:

Die **Minderung** des Schlussbestandes auf dem Rohstoffkonto bedeutet, dass über den Einkauf von Rohstoffen hinaus noch **Rohstoffe vom Werkstofflager verbraucht wurden**. Der beim Einkauf gebuchte Aufwand ist um diesen Wert **zu niedrig**. Er muss daher um den Wert der **Bestandsminderung erhöht werden**.

Erkenntnis:

- Eine **Bestandsminderung** bei den Werkstoffen muss zu dem als Aufwand gebuchten Einkaufswert **hinzugerechnet** werden.
- Buchhalterisch erfolgt das durch eine entsprechende **Umbuchung der Bestandsminderung**. Der Buchungssatz lautet:

> Aufwandskonto der Klasse 6 (z. B. 6000 Aufwendungen f. Rohstoffe)
> an Bestandskonto der Klasse 2 (z. B. 2000 Rohstoffe)

Kompetenztraining

46   Buchungssätze und Vertiefung zu Bestandsveränderungen

1. Bilden Sie zu den folgenden Geschäftsvorfällen die Buchungssätze!
   1.1 Einkauf von Rohstoffen auf Ziel 25 750,00 EUR zuzüglich 19 % USt.
   1.2 Einkauf von Handelswaren bar 7 500,00 EUR zuzüglich 19 % USt.
   1.3 Verkauf von Erzeugnissen auf Ziel 25 820,00 EUR zuzüglich 19 % USt.
   1.4 Verkauf von Handelswaren auf Ziel 13 950,00 EUR zuzüglich 19 % USt.
   1.5 Einkauf von Betriebsstoffen bar 3 520,00 EUR zuzüglich 19 % USt.
   1.6 Ein Industriebetrieb stellt einem Kunden für erbrachte Reparaturleistungen (Konto 5050 Umsatzerlöse für and. eig. Leistungen) 12 850,00 EUR in Rechnung zuzüglich 19 % USt.

2. Erläutern Sie folgende Sachverhalte:
   2.1 Der Bestand an Handelswaren ist um 20 000,00 EUR gestiegen.
   2.2 Der Bestand an Rohstoffen ist um 40 000,00 EUR gesunken.
   2.3 Der Einkauf von Hilfsstoffen ist um 10 000,00 EUR höher als der Verbrauch.
   2.4 Der Verkauf von Handelswaren ist innerhalb der Geschäftsperiode um 150 Stück höher als der Einkauf bei diesem Artikel.

3. Bilden Sie die Buchungssätze zu folgenden Bestandsveränderungen!
   3.1 Bestandsminderung bei Rohstoffen um 30 510,00 EUR.
   3.2 Bestandsmehrung bei Hilfsstoffen um 7 850,00 EUR.
   3.3 Bestandsminderung bei Handelswaren um 18 150,00 EUR.
   3.4 Bestandsmehrung bei Betriebsstoffen um 8 570,00 EUR.

4.4 Bestandsveränderungen bei fertigen und unfertigen Erzeugnissen

LB 4 | **Handlungssituation 7:** Bestandsveränderungen bei fertigen Erzeugnissen erfolgswirksam buchen

Im Versandlager der Augsburger Büromöbel AG werden die Fertigerzeugnisse aus der Herstellung zwischengelagert, zu gegebener Zeit transportfähig verpackt, sodann zu Kundenaufträgen zusammengestellt und zum vereinbarten Termin ausgeliefert. Im Zuge dieser Versandabwicklung wird jeder Eingang fertiger Erzeugnisse aus den Produktionsstätten und jeder Warenausgang an die Kunden in einer Lagerdatei erfasst. Am Ende eines Geschäftsjahres wird der Lagerbestand per Inventur festgestellt und in ein Bestandsverzeichnis nach Art, Menge und Wert aufgenommen.

Frau Wernecke, Leiterin der Finanzabteilung, fällt auf, dass im Bestandsverzeichnis für Schreibtische die Position mit der Artikelnummer 260, e-Desk, aus dem üblichen Rahmen fällt. Mit 70 e-Desk im Wert von 50 400,00 EUR ist der Lagerbestand außergewöhnlich hoch. Im Vorjahr waren nur 14 e-Desk im Wert von 10 080,00 EUR auf Lager. Frau Wernecke erklärt Ihnen als Auszubildende/-r in der Finanzabteilung, dass diese Bestandsveränderung auf dem aktiven Bestandskonto „2200 Fertige Erzeugnisse" buchhalterisch erfasst werden muss. Der Grund ist, dass zur Gesamtleistung eines Unternehmens nicht nur die Absatzleistung zählt, sondern auch die Lagerleistung als werteschaffender Faktor.

Sie erhalten nun den Auftrag, sich bei Frau Klinger, der Sachbearbeiterin in der Auftragsabteilung, nach den Gründen für die ungewöhnliche Bestandsmehrung des Schreibtisches e-Desk zu erkundigen.

KOMPETENZORIENTIERTE ARBEITSAUFTRÄGE:

1. Nennen Sie mögliche Gründe für die Bestandsmehrung des Inventurpostens „e-Desk"!
2. Richten Sie die Konten 2200 Fertige Erzeugnisse, 5202 Bestandsveränderungen an fertigen Erzeugnissen, 8010 SBK und 8020 GuV ein!
3. Tragen Sie den Anfangsbestand an fertigen Erzeugnissen mit 10 080,00 EUR auf dem entsprechenden Konto vor!
4. Buchen Sie den Schlussbestand an fertigen Erzeugnissen mit 50 400,00 EUR sowie die Bestandsveränderungen!
5. Schließen Sie das Konto 5202 Bestandsveränderungen an fertigen Erzeugnissen ab!

4.4.1 Problemstellung

Bisher wurde unterstellt, dass die Menge der hergestellten Güter mit der Menge der verkauften Güter innerhalb der Geschäftsperiode übereinstimmt. Diese Annahme ist jedoch unrealistisch und träfe nur durch Zufall ein. Wenn aber hergestellte und verkaufte Menge nicht übereinstimmen, dann beziehen sich die für die Produktion angefallenen Aufwendungen auf eine andere Gütermenge als die beim Verkauf erzielten Erträge. Ist z. B. die hergestellte Menge größer als die verkaufte, dann bedeutet dies, dass ein Teil der Produktion auf Lager genommen wurde (Bestandsmehrung an Fertigerzeugnissen). Wurde dagegen mehr verkauft als produziert, dann kann dieser Mehrverkauf nur aus dem Lager stammen. Ein aussagekräftiges Periodenergebnis entsteht jedoch nur, wenn sich die Aufwands- und Ertragsseite auf die gleiche Menge beziehen.

- Die **Menge an Erzeugnissen** auf der Aufwands- und Ertragsseite **müssen sich entsprechen**.
- Stimmt die hergestellte Menge der Erzeugnisse mit der verkauften Menge **nicht** überein, müssen die **Bestandsveränderungen der fertigen Erzeugnisse** in die Ergebnisermittlung einbezogen werden.

4.4.2 Bestandsmehrung[1] bei fertigen Erzeugnissen

Beispiel:

In einem Industriebetrieb werden in einer Periode 100 Kühlschränke hergestellt. Die Aufwendungen je Kühlschrank betragen 1 700,00 EUR, der erzielte Nettoverkaufspreis 2 000,00 EUR. Es werden jedoch nur 60 Kühlschränke verkauft und von den Kunden durch Banküberweisung bezahlt. Ein Anfangsbestand an Kühlschränken war nicht vorhanden.

Aufgaben:

1. Ermitteln Sie rechnerisch den Gesamtgewinn!
2. Stellen Sie den Sachverhalt am Ende der Geschäftsperiode auf Konten dar! Es sind die Konten 2200 Fertige Erzeugnisse, 3000 Eigenkapital, 5000 Umsatzerlöse für eigene Erzeugnisse, 5202 Bestandsveränderungen an fertigen Erzeugnissen, 60.. Sammelkonto Aufwendungen, 8010 SBK, 8020 GuV einzurichten.
   Schließen Sie die Konten ab und bilden Sie hierzu die Buchungssätze!

Lösungen:

Zu 1.: Berechnung des Gesamtgewinns

Verkaufserlöse	60 Stück zu je	2 000,00 EUR =	120 000,00 EUR
+ Bestandsmehrung	40 Stück zu je	1 700,00 EUR =	68 000,00 EUR
= Leistungen des Betriebes			188 000,00 EUR
− Kosten für 100 Stück zu je 1 700,00 EUR			170 000,00 EUR
= Gesamtgewinn			18 000,00 EUR

---

[1] Moderne ERP-Softwaresysteme sind in der Lage, nach Abschluss des Produktionsprozesses bzw. beim Verkauf von Erzeugnissen automatisch auch die Bestandsveränderungen zu erfassen. Eine Buchung von Bestandsminderungen am Ende der Geschäftsperiode ist dann nur in Ausnahmefällen, z. B. bei Einstandspreisänderungen oder bei Inventurdifferenzen, notwendig.

Zu 2.: Buchung auf den Konten und Bildung der Buchungssätze

Geschäftsvorfälle	Konten	Soll	Haben
Buchung des Schlussbestandes der 40 Kühlschränke zu 1 700,00 EUR je Stück = 68 000,00 EUR.	8010 SBK an 2200 Fertige Erzeugnisse	68 000,00	68 000,00
Umbuchung der Bestandsmehrung auf das Bestandsveränderungskonto 68 000,00 EUR.	2200 Fertige Erzeugnisse an 5202 B.-Veränd. a. f. Erz.	68 000,00	68 000,00
Abschluss des Kontos 5202 über das GuV-Konto.	5202 B.-Veränd. a. f. Erz. an 8020 GuV	68 000,00	68 000,00

Erläuterungen zur Buchung des Falles der Bestandsmehrung:

Da 100 Kühlschränke hergestellt wurden, aber nur 60 Stück verkauft werden konnten, verbleiben 40 Kühlschränke als Lagerbestand. Den Verkaufserlösen von 60 Stück (60 · 2 000,00 EUR = 120 000,00 EUR) können nicht die Herstellkosten für 100 Stück (100 · 1 700,00 EUR = 170 000,00 EUR) gegenübergestellt werden. Es würde ein Verlust von 50 000,00 EUR entstehen. Bei einem Stückgewinn von 300,00 EUR und einer Verkaufsmenge von 60 Stück muss sich jedoch ein Gewinn von 18 000,00 EUR ergeben.

Da am Anfang keine fertigen Erzeugnisse vorhanden waren, am Ende der Geschäftsperiode jedoch 40 Kühlschränke im Lager verbleiben, bedeutet das eine Bestandsmehrung von 40 Kühlschränken. Die Aufwendungen hierfür betragen: 40 · 1 700,00 EUR = 68 000,00 EUR. Um den Wert der Bestandsmehrung muss die Ertragsseite (Verkaufserlöse) erhöht werden. Es handelt sich um eine Leistung des Unternehmens.

Auf beiden Seiten liegen gleiche Mengen zugrunde: auf der Ertragsseite jetzt die Verkaufserlöse von 60 Kühlschränken und die Aufwendungen von 40 Kühlschränken, auf der Aufwandsseite die Aufwendungen von 100 Kühlschränken.

- Bei der Bestandsmehrung ist die **Herstellmenge** in der Periode **größer als** die **Absatzmenge**.
- Die Bestandsmehrung wird auf dem Konto **5202 Bestandsveränderungen an fertigen Erzeugnissen** erfasst.
- Die **Bestandsmehrung,** die sich als Saldo auf dem Bestandskonto 2200 ergibt, ist auf das Ertragskonto 5202 umzubuchen und „wandert" von dort als eine betriebliche Leistung auf die **Habenseite des Gewinn- und Verlustkontos**.

- **Bestandsmehrungen** werden rechnerisch zu den **Erlösen** für die in der Rechnungsperiode verkauften Erzeugnisse **hinzuaddiert**.

Soll	8020 GuV-Konto	Haben
Aufwendungen für die hergestellten Erzeugnisse der Rechnungsperiode	Erlöse für die verkauften Erzeugnisse der Rechnungsperiode + Bestandsmehrung (Wert der in der Rechnungsperiode hergestellten, aber noch nicht verkauften Erzeugnisse zu Herstellkosten)	

4.4.3 Bestandsminderung bei fertigen Erzeugnissen

Beispiel:

Es wird von folgenden Annahmen ausgegangen:

Anfangsbestand an Fertigerzeugnissen 40 Kühlschränke mit einem Wert von 68 000,00 EUR. Innerhalb der Periode werden wiederum 100 Kühlschränke hergestellt, aber 120 Stück gegen Barzahlung verkauft.

Aufgaben:

1. Ermitteln Sie rechnerisch den Gesamtgewinn!

2. Stellen Sie den Sachverhalt am Ende der Geschäftsperiode auf Konten dar! Es sind die Konten 2200 Fertige Erzeugnisse, 3000 Eigenkapital, 5000 Umsatzerlöse für eigene Erzeugnisse, 5202 Bestandsveränderungen an fertigen Erzeugnissen, 60 .. Sammelkonto Aufwendungen, 8010 SBK, 8020 GuV einzurichten. Schließen Sie die Konten ab und bilden Sie hierzu die Buchungssätze!

Lösungen:

Zu 1.: Berechnung des Gesamtgewinns

	Verkaufserlöse	120 Stück zu je 2 000,00 EUR =	240 000,00 EUR
–	Bestandsminderung	20 Stück zu je 1 700,00 EUR =	34 000,00 EUR
=	Leistungen des Betriebes in dieser Geschäftsperiode		206 000,00 EUR
–	Kosten für 100 Stück zu je 1 700,00 EUR		170 000,00 EUR
=	Gesamtgewinn		36 000,00 EUR

Zu 2.: Buchung auf den Konten und Bildung der Buchungssätze

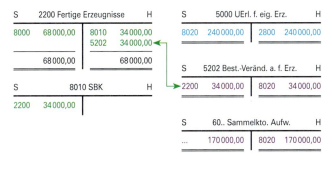

Lernbereich 4: Mithilfe der Geschäftsbuchführung das Gesamtergebnis einer Unternehmung ermitteln

Geschäftsvorfälle	Konten	Soll	Haben
Buchung des Schlussbestandes der 20 Kühlschränke zu 1 700,00 EUR je Stück = 34 000,00 EUR.	8010 SBK an 2200 Fertige Erzeugnisse	34 000,00	34 000,00
Umbuchung der Bestandsminderung auf das Bestandsveränderungskonto 34 000,00 EUR.	5202 B.-Veränd. a. f. Erz. an 2200 Fertige Erzeugnisse	34 000,00	34 000,00
Abschluss des Kontos 5202 über das GuV-Konto.	8020 GuV an 5202 B.-Veränd. a. f. Erz.	34 000,00	34 000,00

Erläuterungen zur Buchung der Bestandsminderungen:

In diesem Fall wurden in der Periode mehr Kühlschränke verkauft, als in der gleichen Periode hergestellt wurden. Das war nur möglich, weil zu Beginn der Periode noch ein Lagerbestand von 40 Kühlschränken vorhanden war.

Da ein sinnvolles Ergebnis nur auf der Grundlage gleicher Mengen auf der Aufwands- und auf der Ertragsseite erzielt werden kann, müssen den Erlösen von 120 Kühlschränken die Aufwendungen von 120 Kühlschränken gegenübergestellt werden, d. h., die Aufwendungen der 100 Kühlschränke müssen um die Aufwendungen der Bestandsminderung von 20 Kühlschränken erhöht werden. Dies erfolgt buchhalterisch über die Sollseite des GuV-Kontos.

- Ist der Wert des **Schlussbestandes** an Fertigerzeugnissen **niedriger** als der **Anfangsbestand** an Fertigerzeugnissen, liegt eine **Bestandsminderung** vor.
- Bei der Bestandsminderung ist die **Herstellmenge** in einer Geschäftsperiode (Abrechnungsperiode) **kleiner als** die **Absatzmenge**.
- **Bestandsminderungen** werden rechnerisch zu den Aufwendungen für die hergestellten Fertigerzeugnisse hinzuaddiert und auf der **Sollseite** des **GuV-Kontos** erfasst.

Soll	8020 GuV-Konto	Haben
Aufwendungen für die hergestellten Erzeugnisse der Rechnungsperiode + Bestandsminderungen (Dadurch werden die Aufwendungen der Rechnungsperiode an die in dieser Zeit erzielten Erlöse angepasst.)		Erlöse für die verkauften Erzeugnisse der Rechnungsperiode

Kompetenztraining

47 Geschäftsgang mit Bestandsveränderungen (Bestandsmehrung), Bildung der Buchungssätze

I. Anfangsbestände:

2200 Fertige Erzeugnisse 17 000,00 EUR, 2800 Bank 396 000,00 EUR, 3000 Eigenkapital 362 000,00 EUR, 4800 Umsatzsteuer 51 000,00 EUR.

4 Einkäufe und Verkäufe unter Berücksichtigung der Umsatzsteuer buchen

II. Kontenplan:

2200, 2400, 2600, 2800, 3000, 4800, 5000, 5202, 6000, 6020, 6200, 8000, 8010, 8020.

III. Geschäftsvorfälle:

1. Einkauf von Rohstoffen durch Banküberweisung   135 000,00 EUR
   + 19 % Umsatzsteuer   25 650,00 EUR   160 650,00 EUR
2. Verkauf von fertigen Erzeugnissen auf Ziel   270 000,00 EUR
   + 19 % Umsatzsteuer   51 300,00 EUR   321 300,00 EUR
3. Einkauf von Hilfsstoffen durch Banküberweisung   39 000,00 EUR
   + 19 % Umsatzsteuer   7 410,00 EUR   46 410,00 EUR
4. Banküberweisung für Fertigungslöhne   120 000,00 EUR

IV. Abschlussangaben:

Der Schlussbestand an fertigen Erzeugnissen beträgt lt. Inventur 22 500,00 EUR.

V. Aufgaben:

1. Richten Sie die erforderlichen Konten ein und tragen Sie die Anfangsbestände darauf vor!
2. Bilden Sie zu den Geschäftsvorfällen die Buchungssätze und übertragen Sie die Buchungen auf die Konten des Hauptbuches!
3. Ermitteln Sie durch Abschluss der Konten das Ergebnis der Geschäftsperiode!
4. Bilden Sie für die Erfassung der Bestandsveränderungen an fertigen Erzeugnissen die erforderlichen Buchungssätze!

48 Geschäftsgang mit Bestandsveränderungen (Bestandsminderung), Bildung der Buchungssätze

I. Anfangsbestände:

2200 Fertige Erzeugnisse 51 000,00 EUR, 2800 Bank 155 000,00 EUR, 3000 Eigenkapital 206 000,00 EUR.

II. Kontenplan:

2200, 2600, 2800, 3000, 4800, 5000, 5202, 6000, 6020, 6200, 8000, 8010, 8020.

III. Geschäftsvorfälle:

1. Kauf von Rohstoffen gegen Bankscheck 75 000,00 EUR zuzüglich 19 % USt
2. Kauf von Hilfsstoffen gegen Bankscheck 30 000,00 EUR zuzüglich 19 % USt
3. Verkauf von fertigen Erzeugnissen gegen Bankscheck 340 000,00 EUR zuzüglich 19 % Umsatzsteuer
4. Banküberweisung für Fertigungslöhne 150 000,00 EUR

IV. Abschlussangaben:

Der Schlussbestand an fertigen Erzeugnissen beträgt lt. Inventur 17 000,00 EUR.

V. Aufgaben:

1. Richten Sie die erforderlichen Konten ein und tragen Sie die Anfangsbestände darauf vor!
2. Bilden Sie zu den Geschäftsvorfällen die Buchungssätze nach dem verbrauchsorientierten Verfahren und übertragen Sie die Buchungen auf die Konten des Hauptbuches!
3. Ermitteln Sie durch Abschluss der Konten das Ergebnis der Geschäftsperiode!
4. Bilden Sie für die Erfassung der Bestandsveränderungen an fertigen Erzeugnissen die erforderlichen Buchungssätze!

4.4.4 Bestandsveränderungen bei unfertigen Erzeugnissen

Die Herstellung von Gütern verläuft über mehrere Produktionsstufen. Güter, die ihre endgültige Verkaufsreife noch nicht erreicht haben, bezeichnet man als **unfertige Erzeugnisse**. Bestandsveränderungen bei unfertigen Erzeugnissen haben in der Buchführung die gleichen Auswirkungen wie die Bestandsveränderungen an fertigen Erzeugnissen. Das bedeutet, dass **Bestandsmehrungen** auf der **Habenseite des GuV-Kontos** und **Bestandsminderungen** auf der **Sollseite des GuV-Kontos** erscheinen müssen.

Beispiel:

Zu Beginn der Geschäftsperiode sind keine Bestände an fertigen und unfertigen Erzeugnissen vorhanden. Innerhalb der Periode sind 100 Kühlschränke hergestellt worden, die auch in der Geschäftsperiode verkauft wurden.

Des Weiteren wird angenommen, dass 20 Kühlschränke ihre Endstufe noch nicht erreicht haben und als unfertige Erzeugnisse gelagert werden. Die unfertigen Erzeugnisse haben je Stück Aufwendungen in Höhe von 1 000,00 EUR verursacht. Der Schlussbestand an unfertigen Erzeugnissen beträgt damit 20 000,00 EUR.

Aufgaben:
1. Stellen Sie auf Konten dar, wie sich die Bestandserhöhung bei den unfertigen Erzeugnissen in der Buchführung auswirkt!
2. Bilden Sie die Buchungssätze
    2.1 für den Abschluss des Kontos 2100 Unfertige Erzeugnisse,
    2.2 für die Erfassung der Bestandsmehrung an unfertigen Erzeugnissen,
    2.3 für den Abschluss des Kontos 5201 Bestandsveränderungen an unfertigen Erzeugnissen und nicht abgerechneten Leistungen!

Lösungen:

Zu 1.: Buchung auf den Konten

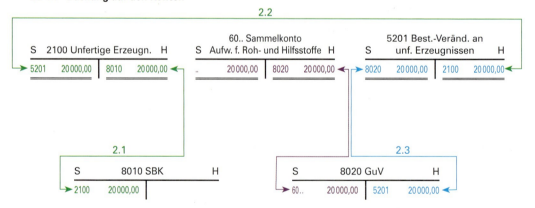

Zu 2.: Buchungssätze

Nr.	Geschäftsvorfälle	Konten	Soll	Haben
2.1	Erfassung des Schlussbestandes der unfertigen Erzeugnisse 20 000,00 EUR.	8010 SBK an 2100 Unfertige Erzeugn.	20 000,00	20 000,00
2.2	Umbuchung der Bestandsmehrung auf das Bestandsveränderungskonto 20 000,00 EUR.	2100 Unfertige Erzeugnisse an 5201 Be.-Veränd. a. unf. Erz.	20 000,00	20 000,00
2.3	Abschluss des Kontos 5201 über das GuV-Konto	5201 Be.-Veränd. a. unf. Erz. an 8020 GuV	20 000,00	20 000,00

Kompetenztraining

49 Geschäftsgang mit Bestandsveränderungen, Bildung der Buchungssätze

Zu Beginn der Geschäftsperiode befinden sich 20 Stück unfertige Erzeugnisse im Wert von 20 000,00 EUR auf dem Lager. Am Ende der Geschäftsperiode sind nur noch 5 Stück im Wert von 5 000,00 EUR vorhanden.

Aufgaben:

1. Richten Sie die Konten 2100 Unfertige Erzeugnisse, 5201 Bestandsveränderungen an unfertigen Erzeugnissen sowie die Konten 8010 SBK und 8020 GuV ein!
2. Tragen Sie den Anfangsbestand an unfertigen Erzeugnissen auf dem Konto 2100 vor!
3. Stellen Sie die Auswirkungen der Bestandsminderung auf den Konten dar und bilden Sie dazu die entsprechenden Buchungssätze:
    3.1 für den Abschluss des Kontos 2100 Unfertige Erzeugnisse,
    3.2 für die Erfassung der Bestandsminderung an unfertigen Erzeugnissen,
    3.3 für den Abschluss des Kontos 5201 Bestandsveränderungen an unfertigen Erzeugnissen!
4. Bestände an fertigen Erzeugnissen:
   Anfangsbestand: 125 350,00 EUR; Schlussbestand: 150 000,00 EUR
    4.1 Richten Sie die Konten 2200 Fertige Erzeugnisse, 5202 Bestandsveränderungen an fertigen Erzeugnissen, 8010 SBK und 8020 GuV ein!
    4.2 Tragen Sie den Anfangsbestand an fertigen Erzeugnissen auf dem entsprechenden Konto vor!
    4.3 Buchen Sie den Schlussbestand an fertigen Erzeugnissen sowie die Bestandsveränderungen!
    4.4 Schließen Sie das Konto 5202 Bestandsveränderungen an fert. Erzeugnissen ab!

Lernbereich 4: Mithilfe der Geschäftsbuchführung das Gesamtergebnis einer Unternehmung ermitteln

5 Buchung des Personalaufwands

LB 4   Handlungssituation 8:   Eine Entgeltabrechnung überprüfen

Klaus Erler (verheiratet, kein Kind) ist ein neuer Mitarbeiter in der Augsburger Büromöbel AG. Gestern erhielt er seine erste Entgeltabrechnung mit folgenden Grunddaten:

Arbeitsentgelt	4 452,00 EUR
Vermögenswirksame Leistung:	40,00 EUR

Schon am frühen Morgen kommt er ins Personalbüro und legt seine Entgeltabrechnung auf den Tisch: *„Irgendwas stimmt da nicht. Sie müssen sich verrechnet haben. Schauen Sie sich die Krankenversicherung an! 14,6 % zuzüglich 1 % Zusatzbeitrag vom Bruttoentgelt und davon die Hälfte – das sind 350,38 EUR und nicht 361,05 EUR. Und auch die Pflegeversicherung stimmt nicht! 2,55 % von 4 492,00 EUR und davon die Hälfte – das sind 57,27 EUR und nicht 66,34 EUR."*

Entgeltabrechnung
April 20..

Personal-Nr.	St.-Klasse	Kinderfreibetrag	Konfession
4762	3	–	rk

Klaus Erler
Herbststr. 4
86179 Augsburg

Arbeitsentgelt	4 452,00 EUR
Vermögenswirksame Leistungen AG	40,00 EUR
Bruttoentgelt	**4 492,00 EUR**
Lohnsteuer	531,16 EUR
Solidaritätszuschlag	29,21 EUR
Kirchensteuer	47,80 EUR
Krankenversicherung	317,55 EUR
Zusatzbeitrag	43,50 EUR
Pflegeversicherung	66,34 EUR
Rentenversicherung	420,00 EUR
Arbeitslosenversicherung	67,38 EUR
Summe Steuern	608,17 EUR
Summe Sozialversicherung	914,77 EUR
Summe Abzüge	1 522,94 EUR
Nettoentgelt	**2 969,06 EUR**
– vermögenswirksame Leistungen	40,00 EUR
Auszahlungsbetrag	**2 929,06 EUR**

5 Buchung des Personalaufwands

> **KOMPETENZORIENTIERTER ARBEITSAUFTRAG:**
>
> Sie sind Mitarbeiter/-in im Personalbüro. Überprüfen Sie die Entgeltabrechnung von Klaus Erler. Falls sie richtig ist, erklären Sie Klaus Erler seinen Irrtum. Im anderen Fall korrigieren Sie die Fehler!

5.1 Stufen der Lohn- und Gehaltsabrechnung

Ermittlung des Bruttoentgeltes[1]	Addition von Gehalt, vermögenswirksame Leistungen des Arbeitgebers, Urlaubsgeld, Überstundenvergütungen, Sachwerte, geldwerte Vorteile
– Steuern	Lohnsteuer, Solidaritätszuschlag, Kirchensteuer
– Sozialversicherungsbeiträge[2]	Kranken-, Pflege-, Renten- und Arbeitslosenversicherung (unter Berücksichtigung der Beitragsbemessungsgrenzen)
Nettoentgelt – sonstige Abzüge	Verrechnung von Vorschüssen, Kantinenessen, Lohnpfändung, vermögenswirksame Leistungen
Auszahlungsbetrag	

5.2 Berechnung der Lohnsteuer, des Solidaritätszuschlags und der Kirchensteuer

(1) Lohnsteuer und Solidaritätszuschlag

Nach dem Einkommensteuergesetz sind alle inländischen natürlichen Personen – von einer bestimmten Einkommenshöhe ab – zur Zahlung von Steuern aus dem Einkommen verpflichtet. Die Lohnsteuer ist eine Sonderform der Einkommensteuer. Besteuert werden dabei die **Einkünfte aus nichtselbstständiger Arbeit**. Die **Höhe der Lohn- bzw. Einkommensteuer** wird bestimmt durch die **Höhe des Bruttolohns** bzw. **-gehalts**, den **Familienstand**, die **Anzahl der Kinder** und durch bestimmte **Freibeträge**. Auf die Lohnsteuer wird derzeit ein Solidaritätszuschlag von 5,5 % erhoben.

Die **Feststellung der Lohnsteuer, der Kirchensteuer und des Solidaritätszuschlags** erfolgt in der Regel unter Einsatz spezieller Anwendungsprogramme, welche die entsprechenden Beträge automatisch ermitteln. Innerhalb der Lohnsteuer unterscheidet man sechs **Lohnsteuerklassen,** in denen die persönlichen Verhältnisse des Arbeitnehmers berücksichtigt werden.

---

[1] Das Arbeitsentgelt wird im Folgenden nicht berechnet, sondern jeweils vorgegeben.
[2] Zur Berechnung der Sozialversicherungsbeiträge siehe S. 197f.

Übersicht über die Lohnsteuerklassen

Steuerklasse	Personenkreis	Pauschbeträge u. Freibeträge[1]	EUR[2]
I	Arbeitnehmer, die ■ ledig oder geschieden sind, ■ verheiratet sind, aber von ihrem Ehegatten dauernd getrennt leben, oder wenn der Ehegatte nicht im Inland wohnt, ■ verwitwet sind, und bei denen die Voraussetzungen für die Steuerklasse III und IV nicht erfüllt sind.	Grundfreibetrag Arbeitnehmer-Pauschbetrag	8 820,00 1 000,00
II	Arbeitnehmer der Steuerklasse I, wenn bei ihnen der **Entlastungsbeitrag für Alleinerziehende** zu berücksichtigen ist.	Grundfreibetrag Arbeitnehmer-Pauschbetrag	8 820,00 1 000,00
III	**Verheiratete** Arbeitnehmer, von denen nur ein Ehegatte in einem Dienstverhältnis steht oder der andere Partner zwar arbeitet, aber in der Steuerklasse V eingestuft ist, und verwitwete Arbeitnehmer für das Kalenderjahr, in dem der Ehegatte verstorben ist.	Grundfreibetrag Arbeitnehmer-Pauschbetrag	17 640,00 1 000,00
IV	**Verheiratete** Arbeitnehmer, wenn **beide** Ehegatten Arbeitslohn beziehen.	Grundfreibetrag Arbeitnehmer-Pauschbetrag	8 820,00 1 000,00
V	**Verheiratete** Arbeitnehmer, die unter die Lohnsteuerklasse IV fallen würden, bei denen jedoch ein Ehegatte nach Steuerklasse III besteuert wird.	Arbeitnehmer-Pauschbetrag	1 000,00
VI	Arbeitnehmer, die aus **mehr** als einem Arbeitsverhältnis (von verschiedenen Arbeitgebern) Arbeitslohn beziehen.		

Neben dem Einsatz spezieller Anwendungsprogramme können die Steuerbeträge auch mithilfe von **Lohnsteuertabellen** ermittelt werden.

Auszug aus der allgemeinen Monats-Lohnsteuertabelle

MONAT 1938,–*

Lohn/Gehalt		Abzüge an Lohnsteuer, Solidaritätszuschlag (SolZ) und Kirchensteuer (8%, 9%) in den Steuerklassen																		
		I–VI			**I, II, III, IV**															
			ohne Kinderfreibeträge							mit Zahl der Kinderfreibeträge ...										
						0,5			**1**			**1,5**			**2**			**2,5**		**3****	
bis €*		LSt	SolZ 8%	9%	LSt	SolZ	8%	9%	SolZ	8%	9%	SolZ	8%	9%	SolZ	8%	9%	SolZ	8%	9%	SolZ 8%	9%
1 940,99	I,IV II III V VI	193,50 165,08 17,66 414,66 445,33	10,64 15,48 9,07 13,20 — 1,41 22,80 33,17 24,49 35,62	17,41 14,85 1,58 37,31 40,07	I 193,50 II 165,08 III 17,66 IV 193,50	6,53 2,20 — 8,55	9,50 7,36 — 12,44	10,68 8,28 — 13,99	— — — 6,53	4,02 2,32 — 9,50	4,52 2,61 — 10,68	— — — 0,41	— — — 6,64	— — — 7,47	— — — —	— — — 4,02	— — — 4,52	— — — —	— — — 1,79	— — — 2,01	— — — — — — — —
1 943,99	I,IV II III V VI	194,25 165,75 18,— 415,66 446,16	10,68 15,54 9,11 13,26 — 1,44 22,86 33,25 24,53 35,69	17,48 14,91 1,62 37,40 40,15	I 194,25 II 165,75 III 18,— IV 194,25	6,56 2,31 — 8,58	9,54 7,40 — 12,49	10,73 8,33 — 14,05	— — — 6,56	4,06 2,36 — 9,54	4,57 2,65 — 10,73	— — — 0,53	— — — 6,69	— — — 7,52	— — — —	— — — 4,06	— — — 4,57	— — — —	— — — 1,83	— — — 2,06	— — — — — — — —
1 946,99	I,IV II III V VI	194,91 166,41 18,33 416,50 447,33	10,72 15,59 9,15 13,31 — 1,46 22,90 33,32 24,60 35,78	17,54 14,97 1,64 37,38 40,25	I 194,91 II 166,41 III 18,33 IV 194,91	6,60 2,45 — 8,62	9,60 7,46 — 12,54	10,80 8,39 — 14,11	— — — 6,60	4,10 2,39 — 9,60	4,61 2,69 — 10,80	0,02 — — 0,66	0,02 — — 6,74	— — — 7,58	— — — —	— — — 4,10	— — — 4,61	— — — —	— — — 1,86	— — — 2,09	— — — — — — 0,02 0,02

---

1 Aus Vereinfachungsgründen werden nur die wichtigsten Pauschalen und der wichtigste Freibetrag angeführt.
2 Stand Juli 2017.

(2) Kirchensteuer

Die Kirchensteuer erheben die Kirchen von ihren Mitgliedern. Die Veranlagung erfolgt durch die Finanzämter, an die auch die Zahlungen zu leisten sind. Bei den Arbeitnehmern wird die Kirchensteuer zusammen mit der Lohnsteuer und dem Solidaritätszuschlag vom Arbeitgeber einbehalten und abgeführt. Zurzeit beträgt die Kirchensteuer 8 % bzw. 9 % (je nach Bundesland) von der zu zahlenden Lohn- bzw. Einkommensteuer. In Bayern beträgt der Kirchensteuersatz 8 %.

Beispiel:

Edda Meyer ist Angestellte bei der Lampenfabrik Franz Kraemer OHG. Sie bezieht für den Monat Juli ein Bruttogehalt in Höhe von 1 941,00 EUR. Sie ist ledig (Lohnsteuerklasse I) und hat keine Kinder. Konfession: röm.-kath.

Bruttogehalt	1 941,00 EUR
Lohnsteuer lt. LSt.-Tabelle (Klasse I, ohne Kinder)	194,25 EUR
Solidaritätszuschlag	10,68 EUR
Kirchensteuer 8 %	15,54 EUR.

Die Angestellte hat insgesamt 220,47 EUR an Steuern zu entrichten. (Siehe Auszug aus der Lohnsteuertabelle auf S. 196!)

5.3 Berechnung der Sozialversicherungsbeiträge

Die Sozialversicherung ist eine gesetzliche Versicherung (Pflichtversicherung), der ca. 90 % der Bevölkerung angehören. Sie soll die Versicherten vor finanzieller Not bei Krankheit **(gesetzliche Krankenkasse)**, bei Arbeitslosigkeit **(gesetzliche Arbeitsförderung)**, bei Pflegebedürftigkeit **(soziale Pflegeversicherung)** und bei Erwerbsunfähigkeit, meistens aus Altersgründen **(gesetzliche Rentenversicherung)**, schützen.

Außer der **Unfallversicherung**, die der Arbeitgeber allein zu tragen hat, müssen Arbeitnehmer und Arbeitgeber je 50 % der Beiträge zur Kranken-, Pflege-, Renten- und Arbeitslosenversicherung zahlen. Die Beiträge für jeden Sozialversicherungszweig werden bis zur jeweiligen **Beitragsbemessungsgrenze** über einen festen Prozentsatz vom jeweiligen Bruttoverdienst berechnet. Über die Beitragsbemessungsgrenze hinaus werden keine Beiträge zur jeweiligen Sozialversicherung erhoben.

Derzeit gelten für die Sozialversicherung folgende monatliche **Beitragssätze** bzw. **Beitragsbemessungsgrenzen** (seit 1. Januar 2017):

		In den alten Bundesländern	In den neuen Bundesländern
Krankenversicherung: 14,6 %	Beitragsbemessungsgrenze:	4 350,00 EUR	4 350,00 EUR
Pflegeversicherung: 2,55 %	Beitragsbemessungsgrenze:	4 350,00 EUR	4 350,00 EUR
Rentenversicherung: 18,7 %	Beitragsbemessungsgrenze:	6 350,00 EUR	5 700,00 EUR
Arbeitslosenversicherung: 3,0 %	Beitragsbemessungsgrenze:	6 350,00 EUR	5 700,00 EUR

Lernbereich 4: Mithilfe der Geschäftsbuchführung das Gesamtergebnis einer Unternehmung ermitteln

Beachte:

- Der **Beitragssatz zur Krankenversicherung** in Höhe von 14,6 % gilt bundeseinheitlich. Zusätzlich kann jede Krankenkasse einen einkommensabhängigen **Zusatzbeitrag** erheben. Der Zusatzbeitragssatz ist je nachdem, wie die Krankenkasse wirtschaftet, unterschiedlich hoch. Der durchschnittliche Zusatzbeitragssatz beträgt 2017 1,1 %. Er ist eine Richtschnur für die Krankenkassen bei der Festlegung ihres individuellen Zusatzbeitragssatzes. An dem Zusatzbeitrag ist der **Arbeitgeber nicht beteiligt**.

- Für alle kinderlosen Pflichtversicherten erhöht sich der **Beitrag zur Pflegeversicherung** um 0,25 % des beitragspflichtigen Einkommens. Für diesen Personenkreis beträgt daher der Beitragssatz 1,525 %. An dieser Erhöhung ist der **Arbeitgeber nicht beteiligt**.

Beispiel 1:

Die kinderlose Angestellte Edda Meyer, 25 Jahre alt, erhält ein Bruttogehalt in Höhe von 1 941,00 EUR. Ihre Krankenkasse verlangt einen Zusatzbeitragssatz von 1,1 %.

Aufgaben:
Berechnen Sie
1. den Arbeitnehmeranteil zu den Sozialversicherungsbeiträgen,
2. den Arbeitgeberanteil zu den Sozialversicherungsbeiträgen!

Lösungen:

Bruttogehalt	1 941,00 EUR
Krankenversicherung: 14,6 % (7,3 % AN-Anteil)	141,69 EUR
Zusatzbeitragssatz für Arbeitnehmer: 1,1 %	21,35 EUR
Pflegeversicherung: 2,55 % (1,275 % AN-Anteil)	24,75 EUR
Sonderbeitrag für kinderlose Arbeitnehmer: 0,25 %	4,85 EUR
Rentenversicherung: 18,7 % (9,35 % AN-Anteil)	181,48 EUR
Arbeitslosenversicherung: 3,0 % (1,5 % AN-Anteil)	29,12 EUR
1. Arbeitnehmeranteil	403,24 EUR
2. Arbeitgeberanteil (403,24 EUR – 26,20 EUR)	377,04 EUR

Beispiel 2:

Der Abteilungsleiter Peter Sonnenschein arbeitet in Bamberg, ist verheiratet und hat ein Kind. Er verdient 6 980,00 EUR. Peter Sonnenschein ist in der gesetzlichen Krankenkasse versichert. Seine Krankenversicherung verlangt einen Zusatzbeitragssatz von 1 %.

Aufgaben:
Berechnen Sie
1. den Arbeitnehmeranteil zu den Sozialversicherungsbeiträgen,
2. den Arbeitgeberanteil zu den Sozialversicherungsbeiträgen!

Lösungen:

Bruttogehalt	6 980,00 EUR
Krankenversicherung: 7,3 % (von 4 350,00 EUR)	317,55 EUR
Zusatzbeitragssatz: 1,0 % (von 4 350,00 EUR)	43,50 EUR
Pflegeversicherung: 1,275 % (von 4 350,00 EUR)	55,46 EUR
Rentenversicherung: 9,35 % (von 6 350,00 EUR)	593,73 EUR
Arbeitslosenversicherung: 1,5 % (von 6 350,00 EUR)	95,25 EUR
1. Arbeitnehmeranteil	1 105,49 EUR
2. Arbeitgeberanteil (1 105,49 EUR – 43,50 EUR)	1 061,99 EUR

5 Buchung des Personalaufwands

Die Lohnabrechnung erfolgt heute in der Regel mithilfe eines EDV-Programms. In diesem EDV-Programm werden die Beitragssätze der Sozialversicherung im Rahmen regelmäßiger Updates aktualisiert. Das Programm rechnet dann die entsprechenden Sozialversicherungsbeiträge für jede Gehaltshöhe automatisch aus. Die Arbeitnehmeranteile zur Sozialversicherung werden zusammen mit den Arbeitgeberanteilen vom Arbeitgeber an die zuständigen Krankenkassen abgeführt, welche die entsprechenden Beiträge an die Träger der Renten- und Arbeitslosenversicherung weiterleiten.

Kompetenztraining

50 Lohnabrechnung

Ein Mitarbeiter erhält einschließlich vermögenswirksamer Leistung des Arbeitgebers (monatlich 36,00 EUR) einen Bruttolohn von 3 610,00 EUR; Lohnsteuerklasse II/1. Abzüge: Vermögenswirksame Sparleistung 36,00 EUR, Lohnpfändung 110,00 EUR, Wareneinkauf im Betrieb 90,00 EUR zuzüglich 19 % USt, Miete für Geschäftswohnung 360,00 EUR.

Aufgabe:

Berechnen Sie den Auszahlungsbetrag für den Mitarbeiter! Die Kirchensteuer beträgt 8 %. Der Zusatzbeitragssatz zur Krankenkasse beträgt 1,1 %.

3 608,99* MONAT

Lohn/Gehalt bis €*		Abzüge an Lohnsteuer, Solidaritätszuschlag (SolZ) und Kirchensteuer (8%, 9%) in den Steuerklassen																				
		I–VI			I, II, III, IV																		
		ohne Kinderfreibeträge						mit Zahl der Kinderfreibeträge ...														
						0,5			1			1,5			2			2,5			3**		
		LSt	SolZ 8%	9%	LSt	SolZ	8%	9%	SolZ	8%	9%	SolZ	8%	9%	SolZ	8%	9%	SolZ	8%	9%	SolZ	8%	9%
3 608,99	I,IV	625,16	34,38 50,01	56,26	I 625,16	29,01	42,20	47,47	23,90	34,76	39,11	19,04	27,70	31,16	14,45	21,02	23,64	10,11	14,70	16,54	5,71	8,76	9,86
	II	588,16	32,34 47,05	52,93	II 588,16	27,07	39,38	44,30	22,05	32,08	36,09	17,30	25,16	28,31	12,80	18,62	20,94	8,55	12,44	14,—	0,41	6,64	7,47
	III	348,66	19,17 27,89	31,37	III 348,66	15,06	21,90	24,64	7,86	16,10	18,11	—	10,56	11,88	—	5,70	6,41	—	1,65	1,85	—	—	—
	V	990,41	54,47 79,23	89,13	IV 625,16	31,66	46,06	51,81	29,01	42,20	47,47	26,42	38,44	43,24	23,90	34,76	39,11	21,44	31,18	35,08	19,04	27,70	31,16
	VI	1 026,66	56,46 82,13	92,39																				
3 611,99	I,IV	626,—	34,43 50,08	56,34	I 626,—	29,05	42,26	47,54	23,94	34,82	39,17	19,08	27,76	31,23	14,48	21,07	23,70	10,14	14,76	16,60	5,83	8,81	9,91
	II	589,—	27,11 39,44	44,37	II 589,—	22,10	32,14	36,16	17,33	25,22	28,37	12,83	18,67	21,—	8,58	12,49	14,05	0,53	6,69	7,52			
	III	349,33	19,21 27,94	31,43	III 349,33	15,09	21,96	24,70	8,—	16,15	18,18	—	10,60	11,92	—	5,74	6,46	—	1,68	1,89	—	—	—
	V	991,50	54,53 79,32	89,23	IV 626,—	31,71	46,12	51,89	29,05	42,26	47,54	26,46	38,50	43,31	23,94	34,82	39,17	21,48	31,24	35,15	19,08	27,76	31,23
	VI	1 027,75	56,52 82,22	92,49																				
3 614,99	I,IV	626,91	34,48 50,15	56,42	I 626,91	29,10	42,33	47,62	23,98	34,89	39,25	19,13	27,82	31,30	14,52	21,13	23,77	10,18	14,81	16,66	5,96	8,86	9,97
	II	589,91	32,44 47,19	53,09	II 589,91	27,16	39,51	44,45	22,14	32,21	36,23	17,38	25,28	28,44	12,87	18,72	21,06	8,62	12,54	14,11	0,66	6,74	7,58
	III	350,—	19,25 28,—	31,50	III 350,—	15,13	22,01	24,76	8,13	16,21	18,23	—	10,65	11,98	—	5,78	6,50	—	1,72	1,93	—	—	—
	V	992,58	54,59 79,40	89,33	IV 626,91	31,75	46,19	51,96	29,10	42,33	47,62	26,51	38,56	43,38	23,98	34,89	39,25	21,52	31,31	35,22	19,13	27,82	31,30
	VI	1 028,83	56,58 82,30	92,59																				

51 Lohnabrechnung

Ein leitender Angestellter erhält ein Bruttogehalt von 5 455,00 EUR einschließlich 36,00 EUR monatlich vermögenswirksame Leistung. Lohnsteuerklasse III/3. Für die Abwicklung eines Großauftrags erhält der Angestellte eine Sonderzahlung von 250,00 EUR. Abzüge: Vermögenswirksame Sparleistung 36,00 EUR, Tilgung und Zinsen für ein Arbeitgeberdarlehen 450,00 EUR, einbehaltener Vorschuss 500,00 EUR.

Aufgabe:

Berechnen Sie den Auszahlungsbetrag für den Angestellten! Der Angestellte ist kirchensteuerpflichtig. Seine gesetzliche Krankenkasse verlangt einen Zusatzbeitragssatz von 1,0 %.

Lernbereich 4: Mithilfe der Geschäftsbuchführung das Gesamtergebnis einer Unternehmung ermitteln

ab €	StK	Steuer	Kinderfreibetrag 0		0,5		1		1,5		2		2,5		3	
			SolZ	KiStr	SolZ	KiStr	SolZ	KiStr	SolZ	KiStr	SolZ	KiStr	SolZ	KiStr	SolZ	KiStr
5.703,00 €																
	1	1.381,91	76,00	124,37	69,25	113,33	62,52	102,30	55,96	91,57	49,65	81,26	43,61	71,37	37,83	61,90
	2	1.336,16	-	-	66,74	109,21	60,04	98,24	53,57	87,67	47,37	77,51	41,42	67,79	35,73	58,47
	3	902,83	49,65	81,25	44,68	73,12	39,84	65,20	35,13	57,49	30,56	50,00	26,10	42,71	21,78	35,64
	4	1.381,91	76,00	124,37	72,63	118,85	69,25	113,33	65,88	107,81	62,52	102,30	59,21	96,89	55,96	91,57
	5	1.802,08	99,11	162,18	-	-	-	-	-	-	-	-	-	-	-	-
	6	1.838,33	101,10	165,44	-	-	-	-	-	-	-	-	-	-	-	-
5.706,00 €																
	1	1.383,08	76,06	124,47	69,32	113,44	62,58	102,41	56,02	91,67	49,72	81,36	43,67	71,46	37,88	61,99
	2	1.337,33	-	-	66,80	109,31	60,10	98,35	53,64	87,77	47,43	77,61	41,48	67,88	35,79	58,56
	3	903,66	49,70	81,32	44,73	73,19	39,89	65,27	35,18	57,56	30,60	50,08	26,15	42,79	21,82	35,71
	4	1.383,08	76,06	124,47	72,69	118,95	69,32	113,44	65,95	107,92	62,58	102,41	59,27	96,98	56,02	91,67
	5	1.803,25	99,17	162,29	-	-	-	-	-	-	-	-	-	-	-	-
	6	1.839,50	101,17	165,55	-	-	-	-	-	-	-	-	-	-	-	-
5.709,00 €																
	1	1.384,25	76,13	124,58	69,39	113,54	62,64	102,51	56,08	91,77	49,77	81,45	43,73	71,56	37,94	62,08
	2	1.338,50	-	-	66,87	109,42	60,17	98,46	53,70	87,87	47,49	77,71	41,53	67,97	35,84	58,65
	3	904,50	49,74	81,40	44,77	73,27	39,93	65,35	35,22	57,64	30,64	50,14	26,18	42,85	21,86	35,77
	4	1.384,25	76,13	124,58	72,76	119,07	69,39	113,54	66,01	108,02	62,64	102,51	59,33	97,09	56,08	91,77
	5	1.804,41	99,24	162,39	-	-	-	-	-	-	-	-	-	-	-	-
	6	1.840,66	101,23	165,65	-	-	-	-	-	-	-	-	-	-	-	-

Quelle: www.imacc.de

5.4 Entgelt buchen

Die erforderlichen Buchungen lassen sich mithilfe der nachfolgenden Fragen ableiten. Hierbei gehen wir von der Entgeltabrechnung von Edda Meyer, Angestellte der Lampenfabrik Franz Kraemer OHG für den Monat Juli aus.

Arbeitgeberanteil an der Sozialversicherung	Name	Bruttogehalt	Abzüge			Abzüge insgesamt	Nettogehalt (Auszahlungsbetrag)
			Lohnst./Sol.-Zuschl.	Kirchensteuer	Sozialversicherung		
377,04	Edda Meyer	1 941,00	204,93	15,54	403,24	623,71	1 317,29

Aufwendungen des Arbeitgebers

Abzuführende Beträge (Verbindlichkeiten)
- an das Finanzamt
- an die zuständige Krankenkasse

Auszahlungsbetrag

(1) Welche Aufwendungen erwachsen der Lampenfabrik monatlich für diese Mitarbeiterin?

Für Edda Meyer hat die Lampenfabrik folgende Beträge aufzuwenden:

Personalkosten (Bruttogehalt)	1 941,00 EUR
+ Sozialversicherungsbeiträge (Arbeitgeberanteil)	377,04 EUR
	2 318,04 EUR

Diese beiden Aufwandsposten müssen auf entsprechenden Aufwandskonten in unserer Buchführung gebucht werden: das **Bruttogehalt** auf dem Konto **6300 Gehälter,** der **Arbeitgeberanteil zur Sozialversicherung** auf dem Konto **6410 Arbeitgeberanteil zur Sozialversicherung.**

(2) Welche Abzüge werden einbehalten?

An **Lohnsteuer, Solidaritätszuschlag und Kirchensteuer** werden 220,47 EUR (194,25 EUR + 10,68 EUR + 15,54 EUR) einbehalten. Solange die einbehaltenen Steuern nicht an das Finanzamt abgeführt sind, stellen sie für das Unternehmen Verbindlichkeiten dar. Die Buchung erfolgt auf dem Konto **4830 Sonstige Verbindlichkeiten gegenüber Finanzbehörden**.

Die **einbehaltenen Sozialversicherungsbeiträge** umfassen 403,24 EUR. Sie müssen an die zuständige Krankenkasse weitergeleitet werden. Solange dies noch nicht erfolgt ist, stellen die einbehaltenen Sozialversicherungsbeiträge ebenso wie der Arbeitgeberanteil Verbindlichkeiten dar. Die Buchung erfolgt auf dem Konto **2640 Sozialversicherungs-Beitragsvorauszahlung**.

(3) Welcher Betrag wird monatlich an Frau Meyer ausbezahlt?

Frau Meyer erhält das Nettogehalt in Höhe von 1 317,29 EUR ausgezahlt. In Höhe dieses Betrages erfolgt bei der Gehaltsauszahlung ein Abgang auf dem Zahlungskonto. Bei Bankzahlung, wie wir annehmen wollen, bedeutet das eine Habenbuchung auf dem Bankkonto.

(4) Wie sind die einzelnen Beträge bei der Lohn- und Gehaltsabrechnung zu buchen?

Es ergeben sich folgende Buchungen:[1]

1. Zum drittletzten Bankarbeitstag des laufenden Monats:	■ Zahlung der fälligen Sozialversicherungsbeiträge.
2. Am Monatsende	■ Buchung des Bruttogehaltes mit Auszahlung des Nettogehaltes, Verrechnung des Arbeitnehmeranteils zur Sozialversicherung und der Erfassung der einbehaltenen und abzuführenden Beträge an das Finanzamt. ■ Buchung des Arbeitgeberanteils zur Sozialversicherung mit Verrechnung des bereits bezahlten Arbeitgeberanteils zur Sozialversicherung.
3. Am 10. des folgenden Monats	■ Zahlung der einbehaltenen Lohnsteuer, der Kirchensteuer und des Solidaritätszuschlags.

> **Beispiel:**
>
> Wir greifen zurück auf die Gehaltsabrechnung von Edda Meyer (siehe S. 198).
> **Aufgabe:**
> Bilden Sie die Buchungssätze für die Gehaltsabrechnung!

---

[1] Alle Zahlungen erfolgen durch Banküberweisung.

Buchungssätze:

Nr.	Konten	Soll	Haben
1.	2640 SV-Beitragsvorauszahlung	780,28	
	an 2800 Bank		780,28
2.	6300 Gehälter	1 941,00	
	an 2800 Bank		1 317,29
	an 2640 SV-Beitragsvorauszahlung		403,24
	an 4830 Sonstige Verbindlichkeiten geg. Finanzbehörden		220,47
	6410 AG-Anteil zur Sozialversicherung	377,04	
	an 2640 SV-Beitragsvorauszahlung		377,04
3.	4830 Sonstige Verbindl. geg. Finanzbehörden	220,47	
	an 2800 Bank		220,47

Erläuterungen:

- Die Sozialversicherungsbeiträge werden spätestens bis zum drittletzten Bankarbeitstag des laufenden Monats und damit vor der eigentlichen Gehaltsbuchung der Krankenkasse gemeldet und durch Bankeinzug bezahlt. Die Vorauszahlung der Sozialversicherungsbeiträge (780,28 EUR) wird auf dem Konto 2640 Sozialversicherungs-Beitragsvorauszahlung erfasst (Sollbuchung).

- Zusammen mit der Gehaltsbuchung werden die einbehaltenen Sozialversicherungsbeiträge der Arbeitnehmer (403,24 EUR) sowie der Arbeitgeberanteil zur Sozialversicherung (377,04 EUR) mit dem Konto 2640 Sozialversicherungs-Beitragsvorauszahlung verrechnet (Habenbuchung).

Kompetenztraining

52 Buchungssätze Gehaltsabrechnung

1. Bilden Sie die Buchungssätze zu der folgenden Gehaltsabrechnung!

    1.1 Wir überweisen die einbehaltenen Sozialversicherungsbeiträge für unsere Mitarbeiter in Höhe von 10 099,68 EUR durch die Bank.

    1.2

Gehaltsliste Monat Juni				
Brutto-gehälter	LSt, Sol.-Zuschlag und Kirchensteuer	Sozial-versicherung	Bank-überweisung	Arbeitgeber-anteil
25 440,00	3 869,00	5 196,12	16 374,88	4 903,56

2. Wir überweisen das Gehalt in Höhe von brutto 2 980,00 EUR an eine Mitarbeiterin durch die Bank. Der Arbeitnehmeranteil zur Sozialversicherung beträgt 608,67 EUR, die Lohnsteuer, der Solidaritätszuschlag und die Kirchensteuer betragen 278,04 EUR. Der Arbeitgeberanteil zur Sozialversicherung beträgt 581,85 EUR. Die Sozialversicherungsbeiträge werden am drittletzten Bankarbeitstag überwiesen.

    Aufgabe:

    Bilden Sie die Buchungssätze zu der vorgegebenen Gehaltsabrechnung!

3. Wir zahlen einbehaltene Abzüge (Lohnsteuer, Solidaritätszuschlag und Kirchensteuer) in Höhe von 4 670,00 EUR sowie die fällige Grundsteuer für die betrieblichen Grundstücke und Gebäude in Höhe von 3 120,80 EUR durch Banküberweisung.

    Aufgabe:

    Bilden Sie die Buchungssätze für die Geschäftsvorfälle!

5 Buchung des Personalaufwands

53 Gehaltsabrechnung, Buchungssätze, Auswirkungen, Steuerfreibetrag

Ein Filialleiter erhält ein monatliches Grundgehalt von 3 200,00 EUR. Sofern seine Verkaufserlöse 25 000,00 EUR übersteigen, erhält er vom Mehrbetrag 3 % Umsatzprovision, die im Folgemonat ausbezahlt wird.

Im Oktober beträgt sein Umsatz 51 400,00 EUR.

Aufgaben:

1. Berechnen Sie den Auszahlungsbetrag vom November, wenn folgende Abzüge anfallen: Lohnsteuer, Solidaritätszuschlag und Kirchensteuer 1 041,75 EUR. Der Arbeitnehmeranteil zur Sozialversicherung beträgt 805,39 EUR! Der Arbeitgeberanteil zur Sozialversicherung beträgt 769,46 EUR.

2. Bilden Sie die Buchungssätze
   2.1 für die Zahlung der Sozialversicherungsbeiträge (Banküberweisung) und
   2.2 für die Gehaltsabrechnung (Banküberweisung)!

3. Beschreiben Sie die Auswirkungen eines Steuerfreibetrages als Lohnsteuerabzugsmerkmal für den Steuerpflichtigen bei seiner Gehaltsabrechnung!

54 Gehaltsabrechnung, Buchungssätze

Die Prokuristin Frieda Fleißig hat ein Bruttogehalt von 5 708,00 EUR. Sie ist röm.-kath., unterliegt der Lohnsteuerklasse I und erhält einen Kinderfreibetrag. Frieda Fleißig ist in der gesetzlichen Krankenversicherung versichert. Ihre gesetzliche Krankenkasse verlangt einen Zusatzbeitragssatz von 1,1 %. Frieda Fleißig ist kirchensteuerpflichtig.

Aufgaben:

1. Erstellen Sie die Gehaltsabrechnung aufgrund der abgedruckten Lohnsteuertabelle! Zu den Abzügen für die Sozialversicherung vergleichen Sie bitte die Angaben auf S. 197.

2. Berechnen Sie den Arbeitgeberanteil zur Sozialversicherung!

3. Bilden Sie die Buchungssätze
   3.1 für die Zahlung der Sozialversicherungsbeiträge (Banküberweisung),
   3.2 für die erstellte Gehaltsabrechnung (Banküberweisung)!

Kinderfreibetrag		0		0,5		1		1,5		2		2,5		3	
ab €	StK	Steuer	SolZ	KiStr	SolZ	KiStr	SolZ	KiStr	SolZ	KiStr	SolZ	KiStr	SolZ	KiStr	SolZ	KiStr
5 703,00 €																
	1	1.381,91	76,00	124,37	69,25	113,33	62,52	102,30	55,96	91,57	49,65	81,26	43,61	71,37	37,83	61,90
	2	1.336,16	-	-	66,74	109,21	60,04	98,24	53,57	87,67	47,37	77,51	41,42	67,79	35,73	58,47
	3	902,83	49,65	81,25	44,68	73,12	39,84	65,20	35,13	57,49	30,56	50,00	26,10	42,71	21,78	35,64
	4	1.381,91	76,00	124,37	72,63	118,85	69,25	113,33	65,88	107,81	62,52	102,30	59,21	96,89	55,96	91,57
	5	1.802,08	99,11	162,18	-	-	-	-	-	-	-	-	-	-	-	-
	6	1.838,33	101,10	165,44	-	-	-	-	-	-	-	-	-	-	-	-
5 706,00 €																
	1	1.383,08	76,06	124,47	69,32	113,44	62,58	102,41	56,02	91,67	49,72	81,36	43,67	71,46	37,88	61,99
	2	1.337,33	-	-	66,80	109,31	60,10	98,35	53,64	87,77	47,43	77,61	41,48	67,88	35,79	58,56
	3	903,66	49,70	81,32	44,73	73,19	39,89	65,27	35,18	57,56	30,60	50,08	26,15	42,79	21,82	35,71
	4	1.383,08	76,06	124,47	72,69	118,95	69,32	113,44	65,95	107,92	62,58	102,41	59,27	96,98	56,02	91,67
	5	1.803,25	99,17	162,29	-	-	-	-	-	-	-	-	-	-	-	-
	6	1.839,50	101,17	165,55	-	-	-	-	-	-	-	-	-	-	-	-
5 709,00 €																
	1	1.384,25	76,13	124,58	69,39	113,54	62,64	102,51	56,08	91,77	49,77	81,45	43,73	71,56	37,94	62,08
	2	1.338,50	-	-	66,87	109,42	60,17	98,46	53,70	87,87	47,49	77,71	41,53	67,97	35,84	58,65
	3	904,50	49,74	81,40	44,77	73,27	39,93	65,35	35,22	57,64	30,64	50,14	26,18	42,85	21,86	35,77
	4	1.384,25	76,13	124,58	72,76	119,07	69,39	113,54	66,01	108,02	62,64	102,51	59,33	97,09	56,08	91,77
	5	1.804,41	99,24	162,39	-	-	-	-	-	-	-	-	-	-	-	-
	6	1.840,66	101,23	165,65	-	-	-	-	-	-	-	-	-	-	-	-

Quelle: www.imacc.de

6 Buchung von Gegenständen des Sachanlagevermögens

LB 4 Handlungssituation 9: Sachanlagen anschaffen und buchen

Die Weber Metallbau GmbH benötigt für ihre Leistungserstellung eine Vielzahl von Sachanlagen wie Fahrzeuge, Maschinen und Werkzeuge. Zum Zeitpunkt der Anschaffung sind hohe Geldbeträge erforderlich, die während der jahrelangen Nutzungsdauer der Sachanlagen in dieser Größenordnung nicht mehr anfallen.

Maschinenfabrik · Industriestraße 1–20 · 37079 Göttingen

Weber Metallbau GmbH
Alfred-Nobel-Str. 8
86169 Augsburg

RECHNUNG NR. 197/4

Lieferdatum: 16.05.20..
Rechnungsdatum: 17.05.20..

Menge	Bezeichnung	Gesamtpreis
1	Verpackungsautomat MS 100	3 140,00 EUR
5	Zubehörteile	420,00 EUR
	Transportverpackung	240,00 EUR
	4 Stunden Montagearbeiten	320,00 EUR
		4 120,00 EUR
	+ 19 % USt	782,80 EUR
		4 902,80 EUR

Zahlungsbedingungen: 2 % Skonto innerhalb 14 Tagen, 30 Tage Ziel

Sitz der Gesellschaft: Göttingen;   Registergericht Göttingen, HRB 99;   Steuer-Nr.: 47895/23685

KOMPETENZORIENTIERTE ARBEITSAUFTRÄGE:

Sie sind Mitarbeiter/-in der Weber Metallbau GmbH und erhalten obige Rechnung.

1. Berechnen Sie die Anschaffungskosten unter Abzug von Skonto!
2. Bilden Sie den Buchungssatz für den Rechnungseingang!
3. Bilden Sie den Buchungssatz für die Bezahlung der Rechnung per Banküberweisung unter Abzug von Skonto!

6.1 Kauf von Sachanlagen

Zum Sachanlagevermögen zählen die Vermögensposten, die dem Unternehmen langfristig dienen. Sie werden nur allmählich verbraucht (z. B. Gebäude, Büromaschinen, Fuhrpark). Beim Erwerb werden die Güter des Sachanlagevermögens mit ihren **Anschaffungskosten** erfasst.[1]

Die **Berechnung der Anschaffungskosten** erfolgt somit nach folgendem Schema:

	Anschaffungspreis:	Nettopreis ohne Umsatzsteuer
−	Anschaffungspreisminderungen:	z. B. Rabatte, Skonti, Boni, sonstige Nachlässe
+	Anschaffungsnebenkosten:	Typische Beispiele sind: Transport-, Umbau-, Montagekosten, Aufwendungen für Provisionen, Notariats-, Gerichts- und Registerkosten
=	Anschaffungskosten	

Anmerkung:

Finanzierungskosten (z. B. Kreditzinsen, Diskont, Gebühren) gehören **nicht** zu den Anschaffungskosten.

Beispiel:

Kauf von Lagerregalen gegen Rechnungsstellung. Nettopreis: 19 730,00 EUR zuzüglich 19 % USt. Die gesondert in Rechnung gestellten Transportkosten in Höhe von 1 230,00 EUR zuzüglich 19 % USt wurden sofort bar bezahlt.

Die Rechnung für die Regale wird später durch Banküberweisung unter Abzug von 3 % Skonto beglichen.

Aufgaben:

1. Berechnen Sie die Anschaffungskosten!
2. Buchen Sie die Geschäftsvorfälle auf Konten!
3. Bilden Sie die Buchungssätze:
    3.1 Bei der Anschaffung der Lagerregale,
    3.2 bei der Zahlung:
        3.2.1 der Eingangsrechnung für die Transportkosten bar,
        3.2.2 der Eingangsrechnung für die Lagerregale durch Banküberweisung!

Lösungen:

Zu 1.: Berechnung der Anschaffungskosten

	Anschaffungspreis	19 730,00 EUR
−	3 % Skonto	591,90 EUR
=	vorläufige Anschaffungskosten	19 138,10 EUR
+	Transportkosten	1 230,00 EUR
=	Anschaffungskosten	20 368,10 EUR

---

[1] Die Ermittlung der Anschaffungskosten wird hier aus didaktischen Gründen dargestellt. Gemäß Lehrplan werden die Anschaffungskosten in Jahrgangsstufe 12, Lernbereich 3 (vgl. Kap. 1.2.1 ausführlich behandelt).

Zu 2.: Buchung auf Konten

S	0830 Lager- u. Transporteinrichtungen		H
4400	19 730,00	4400	591,90
2880	1 230,00		

S		4400 Verb. a. Lief. u. Leist.		H
		0830/2600/ 23 478,70	0830/2600	23 478,70
		2800		

S		2600 Vorsteuer		H
4400	3 748,70	4400		112,46
2880	233,70			

S		2800 Bank		H
AB	40 000,00	4400		22 774,34

S		2880 Kasse		H
AB	4 780,00	0830/2600		1 463,70

Erläuterungen zu den Zahlengrundlagen für die Buchung:

Bei der Anschaffung:

	Anschaffungspreis	19 730,00 EUR
+	19 % USt	3 748,70 EUR
=	Verbindlichkeiten	23 478,70 EUR

Berechnung des Zahlungsbetrags:

	Rechnungsbetrag	23 478,70 EUR
−	3 % Skonto	704,36 EUR
=	Banküberweisung	22 774,34 EUR

Aufteilung des Skontobetrags:

119 % ≙ 704,36 EUR
19 % ≙ x EUR

$$x = \frac{704{,}36 \cdot 19}{119} = 112{,}46 \text{ EUR}$$

	Skontobetrag brutto	704,36 EUR
−	Vorsteuerkorrektur	112,46 EUR
=	Skontobetrag netto	591,90 EUR

Zu 3.: Buchungssätze

Nr.	Geschäftsvorfälle	Konten	Soll	Haben
3.1	Buchung bei der Anschaffung der Lagerregale	0830 L.- u. Transporteinr. 2600 Vorsteuer an 4400 Verb. a. L. u. L.	19 730,00 3 748,70	 23 478,70
3.2.1	Buchung der Barzahlung der Transportkosten	0830 L.- u. Transporteinr. 2600 Vorsteuer an 2880 Kasse	1 230,00 233,70	 1 463,70
3.2.2	Buchung bei der Zahlung der Rechnung unter Abzug von 3 % Skonto durch Banküberweisung	4400 Verb. a. L. u. L. an 0830 L.- u. Transporteinr. an 2600 Vorsteuer an 2800 Bank	23 478,70	 591,90 112,46 22 774,34

Kompetenztraining

55 Berechnung der Anschaffungskosten, Buchungssätze Kauf von Anlagegütern

Bilden Sie zu den folgenden Vorgängen die Buchungssätze!

Hinweis: Berechnen Sie vor der Buchung jeweils die Anschaffungskosten!

1. 1.1 Wir kaufen für unsere Büroräume Möbel im Werte von 14 500,00 EUR zuzüglich 19 % USt. Der Lieferer räumt uns 10 % Rabatt ein.
   1.2 Die Begleichung der Rechnung erfolgt durch Banküberweisung unter Abzug von 2 % Skonto.
2. 2.1 Wir kaufen eine kleine Verpackungsmaschine zum Nettopreis von 1 800,00 EUR zuzüglich 19 % USt. Die Transportkosten betragen 85,00 EUR zuzüglich 19 % USt. Nach einer Überprüfung der Anlage wird noch ein Zusatzgerät im Wert von 480,00 EUR zuzüglich 19 % USt hinzugekauft.
   2.2 Die Zahlung erfolgt in Höhe von 1 200,00 EUR bar, über den Restbetrag erfolgt eine Banküberweisung.
3. 3.1 Wir kaufen ein Kopiergerät im Wert von 4 500,00 EUR zuzüglich 19 % USt und erhalten einen Sonderrabatt von 10 %. An Transportkosten fallen 80,00 EUR zuzüglich 19 % USt an. Für die Inbetriebnahme werden Kosten in Höhe von 150,00 EUR zuzüglich 19 % USt berechnet.
   3.2 Die Rechnung wird durch Banküberweisung beglichen.

56 Berechnung der Anschaffungskosten, Buchungssätze zum Kauf von Anlagegütern

1.

Aufgaben:

Bilden Sie die Buchungssätze

1.1 für die nebenstehende Rechnung vom 14.05. aus Sicht der Beate Bunt GmbH!

1.2 für die Zahlung der Rechnung am 28. Mai durch Banküberweisung unter Abzug von 3 % Skonto!

---

[1] Geleistete Anzahlungen sind auf dem Konto „0900 Geleistete Anzahlungen auf Sachanlagen" zu buchen.

Anmerkung: Berechnen Sie vor der Buchung der Aufgaben 2., 3. und 4. jeweils die Anschaffungskosten!

2. 2.1 Wir kaufen einen Geschäftswagen zum Listeneinkaufspreis von 28 500,00 EUR zuzüglich 19 % USt. Die Überführungskosten betragen 680,00 EUR zuzüglich 19 % USt. Die Zulassungsgebühren in Höhe von 38,00 EUR werden bar bezahlt.[1]
   2.2 Die Zahlung der Eingangsrechnung erfolgt durch Bankscheck.
   2.3 Der Pkw weist Lackschäden auf. Aufgrund unserer Reklamation erhalten wir vom Lieferer in Form einer Gutschrift einen Nachlass von 714,00 EUR (einschließlich 19 % USt).

3. Wir kaufen einen Büroschrank im Wert von 2 860,00 EUR zuzüglich 19 % USt. Der Kaufpreis wurde unter Abzug von 3 % Skonto sofort bar bezahlt.

4. Kauf einer Abfüllanlage zu folgenden Bedingungen: Listeneinkaufspreis 100 000,00 EUR, abzüglich 3 % Rabatt. Verpackungskosten 910,00 EUR, Fracht 1 080,00 EUR, Fundamentierungskosten 2 000,00 EUR, Aufwendungen für eine Sicherheitsprüfung 150,00 EUR jeweils zuzüglich 19 % Umsatzsteuer.

6.2 Aktivierungspflichtige Eigenleistungen

Um Kosten zu sparen oder um Know-how nicht an andere Betriebe zu verlieren, erstellen Industrieunternehmen oftmals **Sachanlagen für den eigenen Betrieb** (z. B. Maschinen, Werkzeuge) in Eigenleistung. Auch **Großreparaturen,** die für das betreffende Anlagegut zu einer Wertsteigerung führen, werden häufig durch eigene Mitarbeiter ausgeführt.

Die Eigenleistungen haben eine zweifache Wirkung: zum einen verursachen sie **Aufwendungen** (z. B. Löhne, Werkstoffe) und zum anderen führen sie zu einer **Werterhöhung des Sachanlagevermögens.** Die Aufwendungen, die zu einer Werterhöhung bei einem Sachanlagegut führen, müssen auf dem entsprechenden **Sachanlagekonto** (z. B. Technische Anlagen und Maschinen, Werkstätteneinrichtung, Werkzeuge u. a.) als **Vermögenszugang aktiviert** werden. Zum Ausgleich müssen anschließend die Aufwendungen als **Ertrag** auf dem Konto **5300 Aktivierte Eigenleistungen** gegengebucht werden.

Beispiel:

Eine Werkzeugfabrik erstellt mit eigenen Mitarbeitern und eigenem Material ein Werkzeug zur eigenen Verwendung. An Aufwendungen sind angefallen: Rohstoffe 14 700,00 EUR, Löhne 7 800,00 EUR. Die Eigenleistungen betragen somit 22 500,00 EUR.

Aufgaben:

1. Buchen Sie die Geschäftsvorfälle auf Konten!
2. Bilden Sie den Buchungssatz bei Aktivierung der Eigenleistung!
3. Schließen Sie Konten ab. Führen Sie die Konten 8010 Schlussbilanzkonto und 8020 Gewinn- und Verlustkonto!

---

[1] Gebühren sind nicht umsatzsteuerpflichtig.

Lösungen:

Zu 1.: Buchungen auf Konten

```
S      0820 Werkzeuge u.a.    H        S    6000 Aufw. f. Rohstoffe  H        S    5300 Aktiv. Eigenleistungen   H
5300   22 500,00 | 8010  22 500,00     2000  14 700,00 | 8020  14 700,00     8020  22 500,00 | 0820  22 500,00

                                       S         6200 Löhne          H
                                       2800   7 800,00 | 8020   7 800,00

S         8010 SBK            H        S         8020 GuV            H
0820   22 500,00 |                     6000   14 700,00 | 5300  22 500,00
                                       6200    7 800,00 |
```

Zu 2.: Buchungssatz

Geschäftsvorfall	Konten	Soll	Haben
Aktivierung der Eigenleistung	0820 Werkzeuge u. a.	22 500,00	
	an 5300 Aktiv. Eigenleist.		22 500,00

- Die **Erstellung von Eigenleistungen** ist **erfolgsneutral**. Aufwendungen und die aktivierten Eigenleistungen weisen den gleichen Betrag aus.
- Das **Sachanlagevermögen** wird durch die **Aktivierung der Aufwendungen** erhöht.

Kompetenztraining

57 Buchungssätze zu aktivierungspflichtigen Eigenleistungen, Notwendigkeit der Aktivierung

1. Eine Metallwarenfabrik erstellt mit eigenen Mitarbeitern und eigenem Material für eine neue Werkshalle ein Fließband. Der Herstellaufwand beträgt 68 600,00 EUR. Die Nutzungsdauer beträgt 8 Jahre. Die Abschreibung erfolgt linear. Das Fließband wird am 1. März in Betrieb genommen.

   Aufgaben:
   1.1 Bilden Sie den Buchungssatz bei Aktivierung der Eigenleistung!
   1.2 Erläutern Sie, wie sich die Aktivierung der Eigenleistung auf das Vermögen und den Gewinn auswirken!

2. Eine Büromöbelfabrik stattet ihre Büroräume mit 20 Schreibtischen aus eigener Produktion aus. Nach Angaben der Betriebsbuchhaltung beträgt der Herstellaufwand je Schreibtisch 480,00 EUR. Der Nettoverkaufspreis beträgt 720,00 EUR.

   Aufgaben:
   2.1 Nennen Sie den Wert, mit welchem die Schreibtische zu aktivieren sind!
   2.2 Begründen Sie die Notwendigkeit der Aktivierung!
   2.3 Bilden Sie den Buchungssatz für die Aktivierung!

58 Buchungssätze Kauf von Anlagegütern

1. Sie sind Mitarbeiter der Möbelfabrik Franz Zembrot GmbH.

   Aufgaben:

   Bilden Sie die Buchungssätze

   1.1 für den Rechnungseingang am 10. Mai,

   1.2 für die Zahlung am 20. Mai unter Abzug von 2 % Skonto durch Banküberweisung!

2. Wir kaufen eine Werkzeugbank im Wert von 12 490,00 EUR zuzüglich 19 % USt. Der Kaufpreis wurde unter Abzug von 3 % Skonto durch Banküberweisung bezahlt.

3. Zum Ausbau unseres Werkgeländes kaufen wir ein 4 500 m² großes Grundstück zum Preis von 20,00 EUR je m². An Nebenkosten fallen an: Grunderwerbsteuer 3,5 %, Notariatskosten 6 420,00 EUR zuzüglich 19 % USt, Zeitungsinserat 840,00 EUR zuzüglich 19 % USt, Maklergebühren 5 200,00 EUR zuzüglich 19 % USt und Erschließungs- und Anliegerkosten 15,00 EUR je m².

   Alle Zahlungen erfolgen durch Banküberweisung.

7 Gesamtergebnis der Unternehmung ermitteln und die Mittelverwendung und Mittelherkunft in der Bilanz abbilden

7.1 Abschreibungen[1]

7.1.1 Ursachen der Abschreibung

Anlagegüter wie z. B. ein Gebäude, einen Aktenschrank, eine Maschine, einen Gabelstapler oder einen Lkw nutzt das Unternehmen langfristig. Durch den täglichen Gebrauch verlieren diese Anlagegüter an Wert (**abnutzbare Güter**). Um ihren Wert auf dem Schlussbilanzkonto richtig darzustellen, ist der Betrag der **Wertminderung von den Anschaffungskosten** abzuschreiben.

- **Abschreibungen** erfassen die **Wertminderung der abnutzbaren Anlagegüter**.
- Durch die Abschreibung werden die **Anschaffungskosten** auf die **Jahre der Nutzung als Aufwand** verteilt.

Für die Höhe der Abschreibung können folgende Gründe eine Rolle spielen:

Gebrauch	Jeder Gebrauchsgegenstand hat eine begrenzte Lebensdauer, die u. a. von der Häufigkeit der Nutzung abhängt. Je häufiger ein Gegenstand genutzt wird, desto schneller verschleißt er und desto mehr verliert er an Wert. Ein Auto, das 100 000 km gefahren wurde, ist weniger wert als das sonst gleiche Auto, das in der gleichen Zeit nur 50 000 km gefahren wurde.
Technischer Fortschritt	In der durch hohe Technisierung und starken Konkurrenzdruck gekennzeichneten Wirtschaft werden die Produkte immer weiter verbessert. Sobald ein verbessertes Produkt auf den Markt kommt, verliert das bisherige Produkt schlagartig an Wert.
Wirtschaftliche Überholung	Geht die Nachfrage nach einem Gut aufgrund neuer Erfindungen oder aufgrund eines Modewechsels zurück, so hat das wertmindernde Rückwirkungen sowohl auf die Güter selbst als auch auf die zu ihrer Herstellung benötigten Maschinen.
Natürlicher Verschleiß	Selbst wenn ein Gegenstand überhaupt nicht genutzt würde und auch die übrigen Ursachen der Abschreibung nicht zutreffen, würde z. B. durch Witterungseinflüsse (Wechsel von Wärme und Kälte, Nässe und Trockenheit) eine wertmindernde Veränderung des Gegenstandes eintreten.

Infolge der Abschreibung vermindern sich die Anschaffungskosten jährlich um die mit der Abschreibung erfassten Wertminderung, sodass sich der Buchwert von Jahr zu Jahr verringert.

Anschaffungskosten – Abschreibung = Buchwert

7.1.2 Berechnung der Abschreibung nach der linearen Methode

Bei der linearen Abschreibung wird ein jährlich gleichbleibender Betrag von den **Anschaffungskosten** des Anlagegutes abgeschrieben. Auf diese Weise werden die gesamten Anschaffungskosten gleichmäßig auf die Nutzungsdauer verteilt. Nach Ablauf der Nutzungsdauer ist der Buchwert gleich null.

---

1 Das Thema Abschreibungen wird an dieser Stelle aus didaktischen Gründen dargestellt, da es lehrplangemäß für die Folgekapitel der Jahrgangsstufe 12 relevant ist.

> **Beispiel:**
>
> Die Anschaffungskosten eines Kombiwagens zu Beginn der Geschäftsperiode betragen 30 000,00 EUR. Es wird eine Nutzungsdauer von sechs Jahren angenommen. In diesem Fall beträgt der jährliche Abschreibungsbetrag 5 000,00 EUR und der Abschreibungssatz $16^2/_3$ %.
>
> **Aufgabe:**
>
> Führen Sie rechnerisch die Abschreibung über die gesamte Laufzeit durch!

Lösung:

Anschaffungskosten	30 000,00 EUR
− $16^2/_3$ % Abschreibung 1. Jahr	5 000,00 EUR
Buchwert Ende 1. Jahr	25 000,00 EUR
− $16^2/_3$ % Abschreibung 2. Jahr	5 000,00 EUR
Buchwert Ende 2. Jahr	20 000,00 EUR
− $16^2/_3$ % Abschreibung 3. Jahr	5 000,00 EUR
Buchwert Ende 3. Jahr	15 000,00 EUR
− $16^2/_3$ % Abschreibung 4. Jahr	5 000,00 EUR
Buchwert Ende 4. Jahr	10 000,00 EUR
− $16^2/_3$ % Abschreibung 5. Jahr	5 000,00 EUR
Buchwert Ende 5. Jahr	5 000,00 EUR
− $16^2/_3$ % Abschreibung 6. Jahr	5 000,00 EUR
Buchwert Ende 6. Jahr	0,00 EUR[1]

$$\text{Jährlicher Abschreibungsbetrag} = \frac{\text{Anschaffungskosten}}{\text{Nutzungsdauer}}$$

$$\text{Jährlicher Abschreibungssatz} = \frac{100\,\%}{\text{Nutzungsdauer}}$$

Die lineare Abschreibungsmethode hat insbesondere folgende Vorteile:

- einfache und nur einmalige Berechnung des Abschreibungsbetrags;
- gute Vergleichbarkeit der aufeinanderfolgenden Erfolgsrechnungen;
- gleichmäßige Aufwandsbelastung bzw. Belastung der Kostenrechnung mit Abschreibungen.

7.1.3 Buchung der Abschreibung

Die Wertminderung des Anlagevermögens stellt einen **betrieblichen Aufwand** dar. Er wird buchhalterisch auf dem Konto **6520 Abschreibungen auf Sachanlagen** erfasst.

> **Beispiel:**
>
> Die Anschaffungskosten zu Beginn einer Geschäftsperiode für eine EDV-Anlage betragen 21 000,00 EUR. Am Ende des Geschäftsjahres werden 7 000,00 EUR abgeschrieben.
>
> **Aufgaben:**
>
> 1. Buchen Sie die Abschreibung auf Konten und schließen Sie die Konten ab!
> 2. Bilden Sie den Buchungssatz für die Abschreibung!

---

[1] Die in der manuellen Buchführung übliche Abschreibung auf einen Erinnerungswert von 1,00 EUR, wenn das Wirtschaftsgut nach Ablauf der Nutzungsdauer noch weiter genutzt wird, ist in der als Nebenbuchhaltung betriebenen computerunterstützten Anlagenbuchführung nicht üblich. Hier wird auch bei Weiternutzung des Wirtschaftsgutes mit der letzten Rate auf den Restbuchwert von 0,00 EUR abgeschrieben.

7 Gesamtergebnis der Unternehmung ermitteln und die Mittelverwendung und Mittelherkunft in der Bilanz abbilden

Lösungen:

Zu 1.: Buchung auf den Konten

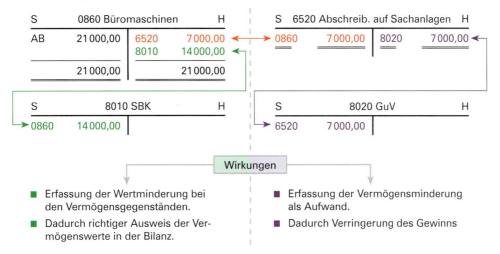

Zu 2.: Buchungssatz

Geschäftsvorfälle	Konten	Soll	Haben
Buchung der Abschreibung	6520 Abschr. a. Sachanlagen an 0860 Büromaschinen	7 000,00	7 000,00

Kompetenztraining

59 Berechnung der linearen Abschreibung, eigene Formulierung des Begriffs Abschreibung

1. Die Anschaffungskosten eines Autotelefons für den Geschäftswagen betragen zu Beginn der Geschäftsperiode 2 100,00 EUR.

   Aufgaben:
   1.1 Berechnen Sie den jährlichen Abschreibungsbetrag bei linearer Abschreibung und einer angenommenen Nutzungsdauer von fünf Jahren!
   1.2 Bilden Sie eine Formulierung, in der der Inhalt der Abschreibung zum Ausdruck kommt!

2. Eine Frankiermaschine wird am Ende des 3. Nutzungsjahres linear mit 930,00 EUR abgeschrieben, Abschreibungssatz: $12\frac{1}{2}\%$.

   Aufgabe:
   Berechnen Sie die Anschaffungskosten für die Frankiermaschine!

3.

Anlagegüter	Buchwert am 31. Dez	Anschaffungskosten zu Beginn des Geschäftsjahres	Nutzungsdauer
Ladeneinrichtung (Werkstattverkauf)	52 500,00 EUR	84 000,00 EUR	8 Jahre
Kombiwagen	38 000,00 EUR	57 000,00 EUR	6 Jahre

Aufgaben:
3.1 Berechnen Sie den jeweiligen Abschreibungssatz bei linearer Abschreibung!
3.2 Ermitteln Sie, wie viel Jahre die beiden Anlagegüter bisher abgeschrieben worden sind!

4. Die Anschaffungskosten für einen Warenautomaten zu Beginn der Geschäftsperiode betragen 6 550,00 EUR.

Aufgabe:
Berechnen Sie den jährlichen Abschreibungsbetrag bei linearer Abschreibung und einer angenommenen Nutzungsdauer von fünf Jahren!

7.2 Abschluss der Vorsteuer- und Umsatzsteuerkonten

(1) Zahlungszeitpunkt der Umsatzsteuer

Die Umsatzsteuer ist eine **Jahressteuer**. Der Unternehmer muss jeweils bis zum 10. Tag nach Ablauf des Voranmeldungszeitraums eine **elektronische Umsatzsteuer-Voranmeldung** beim Finanzamt einreichen. Bei geringem Umsatz kann die Umsatzsteuer-Voranmeldung auch vierteljährlich eingereicht werden. Gleichzeitig ist für die ermittelte Zahllast eine entsprechende Vorauszahlung auf die Jahressteuer zu leisten.

Beispiel:	
Verkaufsumsatz im Monat Juni 20.. 80 000,00 EUR	
19 % USt von 80 000,00 EUR	15 200,00 EUR
− Vorsteuer auf Eingangsrechnungen für den Monat Juni 20..	4 600,00 EUR
= Zahllast (an das Finanzamt zu zahlen)	10 600,00 EUR

Am Jahresende erfolgt die Endabrechnung mithilfe der **Jahressteuererklärung** und des **Jahressteuerbescheides**. Nachzahlungen bzw. Rückerstattungen sind nicht ausgeschlossen, da sich die Bemessungsgrundlage durch nachträgliche Skonti, Rabatte, Preisnachlässe oder aufgrund von Forderungsausfällen ändern kann.

(2) Ermittlung und Begleichung der Zahllast

Beispiel:	
2600 Vorsteuer: Summe 1 800,00 EUR; 4800 Umsatzsteuer: Summe 6 000,00 EUR. Die Zahllast von 4 200,00 EUR wird an das Finanzamt durch die Bank überwiesen.	**Aufgaben:** 1. Stellen Sie die Vorgänge auf Konten dar! 2. Bilden Sie die Buchungssätze!

Lösungen:

Zu 1.: Buchung auf den Konten

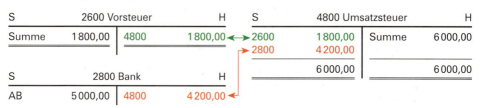

214

Zu 2.: Buchungssätze

Geschäftsvorfälle	Konten	Soll	Haben
Ermittlung der Zahllast	4800 Umsatzsteuer an 2600 Vorsteuer	1 800,00	1 800,00
Banküberweisung der Zahllast	4800 Umsatzsteuer an 2800 Bank	4 200,00	4 200,00

(3) Ermittlung und Passivierung der Zahllast am Ende des Geschäftsjahres

Weil am Bilanzstichtag die **Zahllast** noch **nicht überwiesen** ist, muss sie **passiviert** werden, d. h. als Schuld gegenüber dem Finanzamt in das Schlussbilanzkonto übernommen werden.

Geschäftsvorfall	Konten	Soll	Haben
Die Zahllast im Monat Dezember ist am 31.12. zu passivieren 5 000,00 EUR.	4800 Umsatzsteuer an 8010 SBK	5 000,00	5 000,00

Beachte:

Ist innerhalb eines Abrechnungszeitraumes (Monats) die Vorsteuer höher als die Umsatzsteuer, was z. B. aufgrund von saisonbedingten Einkäufen durchaus vorkommen kann, entsteht ein sogenannter **Vorsteuerüberhang**. In diesem Fall ist die Forderung gegenüber dem Finanzamt höher als die Verbindlichkeit. Einen Vorsteuerüberhang muss das Finanzamt auszahlen bzw. verrechnen.

7.3 Ermittlung des Gesamtergebnisses und Abbildung der Mittelverwendung und Mittelherkunft in der Bilanz

Beispiel:

I. Anfangsbestände:

0510 Bebaute Grundstücke 200 000,00 EUR, 0840 Fuhrpark 350 000,00 EUR, 2000 Rohstoffe 180 000,00 EUR, 2400 Forderungen aus Lieferungen und Leistungen 145 320,00 EUR, 2600 Vorsteuer 15 000,00 EUR, 2800 Bank 137 850,00 EUR, 3000 Eigenkapital 440 000,00 EUR, 4250 Langfristige Bankverbindlichkeiten 400 000,00 EUR, 4400 Verbindlichkeiten aus Lieferungen und Leistungen 119 450,00 EUR, 4800 Umsatzsteuer 68 720,00 EUR.

II. Kontenplan:

0510, 0840, 2000, 2400, 2600, 2800, 3000, 4250, 4400, 4800, 5000, 5710, 6000, 6160, 6520, 6700, 7020, 7510, 8010, 8020

III. Geschäftsvorfälle:

1.	Kauf von Rohstoffen auf Ziel	85 000,00 EUR	
	+ 19 % USt	16 150,00 EUR	101 150,00 EUR
2.	Eingangsrechnung für die Renovierung der Büroräume	17 500,00 EUR	
	+ 19 % Umsatzsteuer	3 325,00 EUR	20 825,00 EUR
3.	Verkauf von Erzeugnissen auf Ziel	185 300,00 EUR	
	+ 19 % Umsatzsteuer	35 207,00 EUR	220 507,00 EUR
4.	Banküberweisung für das gemietete Verwaltungsgebäude		12 000,00 EUR
5.	Die Bank belastet unser Kontokorrentkonto mit den Halbjahreszinsen für das aufgenommene Bankdarlehen		16 000,00 EUR
6.	Banküberweisung für die Grundsteuervorauszahlung		4 000,00 EUR
7.	Bankgutschrift für Zinsen		1 750,00 EUR

IV. Abschlussangaben:

1. Der Rohstoffschlussbestand beträgt lt. Inventur — 180 000,00 EUR
2. Die Abschreibungen betragen auf
   - 0510 Bebaute Grundstücke — 15 000,00 EUR
   - 0840 Fuhrpark — 12 000,00 EUR

V. Aufgaben:

1. Buchen Sie die Anfangsbestände unter Einbeziehung des Eröffnungsbilanzkontos!
2. Bilden Sie zu den Geschäftsvorfällen die Buchungssätze!
3. Übertragen Sie die Vorgänge auf die Konten!
4. Schließen Sie die Konten ab!
5. Stellen Sie aufgrund der Zahlen der Buchführung die Schlussbilanz und die Gewinn- und Verlustrechnung auf! Die Inventurbestände stimmen mit den Buchbeständen überein.

Lösungen:

Zu 2.: Buchungssätze für die Geschäftsvorfälle

Nr.	Konten	Soll	Haben
1.	6000 Aufwendungen für Rohstoffe	85 000,00	
	2600 Vorsteuer	16 150,00	
	an 4400 Verbindlichkeiten aus Lieferungen und Leistungen		101 150,00
2.	6160 Fremdinstandhaltung	17 500,00	
	2600 Vorsteuer	3 325,00	
	an 4400 Verbindlichkeiten aus Lieferungen und Leistungen		20 825,00
3.	2400 Forderungen aus Lieferungen und Leistungen	220 507,00	
	an 5000 Umsatzerlöse für eigene Erzeugnisse		185 300,00
	an 4800 Umsatzsteuer		35 207,00
4.	6700 Mieten, Pachten	12 000,00	
	an 2800 Bank		12 000,00
5.	7510 Zinsaufwendungen	16 000,00	
	an 2800 Bank		16 000,00
6.	7700 Gewerbesteuer	4 000,00	
	an 2800 Bank		4 000,00
7.	2800 Bank	1 750,00	
	an 5710 Zinserträge		1 750,00

7 Gesamtergebnis der Unternehmung ermitteln und die Mittelverwendung und Mittelherkunft in der Bilanz abbilden

Zu 1., 3. und 4.: Buchungen auf den Konten des Hauptbuches und Abschluss der Konten

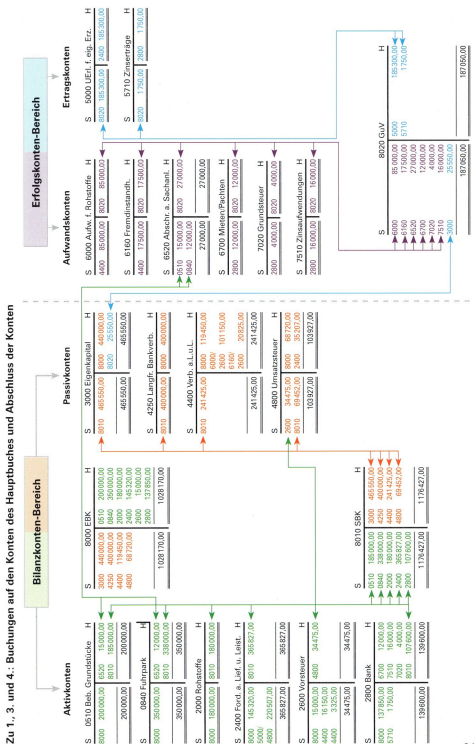

217

Zu 5.: Schlussbilanz und Gewinn- und Verlustrechnung

Aktiva		Schlussbilanz		Passiva
I. Anlagevermögen			**I. Eigenkapital**	465 550,00
1. Grundstücke und Bauten	185 000,00		**II. Verbindlichkeiten**	
2. And. Anl. Betr.- u. G.-Ausstattung	338 000,00		1. Verbindlichkeiten gegenüber Kreditinstituten	400 000,00
II. Umlaufvermögen			2. Verbindlichkeiten aus Lief. u. Leist.	241 425,000
1. Roh-, Hilfs- und Betriebsstoffe	180 000,00		3. Sonstige Verbindlichkeiten	69 452,00
2. Forderungen aus Lief. u. Leist.	365 827,00			
3. Guthaben bei Kreditinstituten	107 600,00			
	1 176 427,00			1 176 427,00

Aufwendungen		Gewinn- und Verlustrechnung		Erträge
Aufwendungen für Rohstoffe	85 000,00		Umsatzerlöse	185 300,00
Fremdinstandhaltung	17 500,00		Zinserträge	1 750,00
Abschreibungen auf Sachanlagen	27 000,00			
Aufwendungen für Miete	12 000,00			
Zinsaufwendungen	16 000,00			
Steuern	4 000,00			
Gewinn	25 550,00			
	187 050,00			187 050,00

Kompetenztraining

60 Geschäftsgang mit Bestands- und Erfolgskonten

I. Anfangsbestände:

0510 Bebaute Grundstücke 950 000,00 EUR, 0710 Maschinen 298 000,00 EUR, 0840 Fuhrpark 210 500,00 EUR, 0870 Büromöbel 110 750,00 EUR, 2000 Rohstoffe 120 000,00 EUR, 2020 Hilfsstoffe 60 000,00 EUR, 2030 Betriebsstoffe 85 700,00 EUR, 2400 Forderungen aus Lieferungen und Leistungen 138 410,00 EUR, 2800 Bank 210 700,00 EUR, 2880 Kasse 45 680,00 EUR, 3000 Eigenkapital 1 537 340,00 EUR, 4250 Langfristige Bankverbindlichkeiten 500 000,00 EUR, 4400 Verbindlichkeiten aus Lieferungen und Leistungen 180 000,00 EUR, 4800 Umsatzsteuer 12 400,00 EUR.

II. Kontenplan:

0510, 0710, 0840, 0870, 2000, 2020, 2030, 2400, 2600, 2800, 2880, 3000, 4250, 4400, 4800, 5000, 5710, 6000, 6020, 6030, 6200, 6520, 7030, 8010, 8020.

7 Gesamtergebnis der Unternehmung ermitteln und die Mittelverwendung und Mittelherkunft in der Bilanz abbilden

III. Geschäftsvorfälle:

1. Kauf von Rohstoffen auf Ziel
   Warenwert　　　　　　　　　　　　　　　55 000,00 EUR
   zuzüglich 19 % USt　　　　　　　　　　　10 450,00 EUR　　　65 450,00 EUR

2. Kauf von Betriebsstoffen gegen Banküberweisung
   Warenwert　　　　　　　　　　　　　　　15 500,00 EUR
   zuzüglich 19 % USt　　　　　　　　　　　 2 945,00 EUR　　　18 445,00 EUR

3. Lohnzahlung durch Banküberweisung　　　　　　　　　　　　40 000,00 EUR

4. Verkauf von Erzeugnissen auf Ziel einschl. 19 % Umsatzsteuer　　238 000,00 EUR

5. Einkauf von Hilfsstoffen gegen Bankscheck
   Warenwert　　　　　　　　　　　　　　　20 050,00 EUR
   zuzüglich 19 % Umsatzsteuer　　　　　　 3 809,50 EUR　　　23 859,50 EUR

6. Bankgutschrift für Zinsen　　　　　　　　　　　　　　　　　　1 250,00 EUR

7. Barverkauf von Erzeugnissen einschl. 19 % Umsatzsteuer　　　　4 141,20 EUR

8. Kauf von Büromöbeln
   gegen Bankscheck einschl. 19 % Umsatzsteuer　　　　　　　　10 115,00 EUR

9. Banküberweisung für Kraftfahrzeugsteuer　　　　　　　　　　　1 480,00 EUR

IV. Abschlussangaben:

1. Schlussbestände lt. Inventur
   2000 Rohstoffe　　　　　　　　　　　　　　　　　　　　　120 000,00 EUR
   2020 Hilfsstoffe　　　　　　　　　　　　　　　　　　　　 60 000,00 EUR
   2030 Betriebsstoffe　　　　　　　　　　　　　　　　　　 85 700,00 EUR

2. Abschreibungen auf
   0510 Bebaute Grundstücke　　　　　　　　　　　　　　　 19 000,00 EUR
   0710 Maschinen　　　　　　　　　　　　　　　　　　　　 13 800,00 EUR
   0840 Fuhrpark　　　　　　　　　　　　　　　　　　　　　 9 800,00 EUR
   0870 Büromöbel　　　　　　　　　　　　　　　　　　　　 10 200,00 EUR

3. Die Buchbestände stimmen mit den Inventurbeständen überein.

V. Aufgaben:

1. Eröffnen Sie die Konten mit den angegebenen Anfangsbeständen!

2. Bilden Sie zu den Geschäftsvorfällen die Buchungssätze und buchen Sie diese anschließend auf den eröffneten Konten!

3. Schließen Sie die Konten über die entsprechenden Abschlusskonten ab!

4. Stellen Sie die Schlussbilanz und die Gewinn- und Verlustrechnung auf!

Beachte:

Auf die Darstellung der Gewinn- und Verlustrechnung nach dem Gesamtkostenverfahren [§ 275 II HGB] wird aus didaktischen Gründen im Rahmen des Jahresabschlusses eingegangen. Siehe Jahrgangsstufe 12, Lernbereich 3, Kapitel 5.3.3, S. 415 ff.

Lernbereich 5: Mithilfe der Vollkostenrechnung Angebotspreise und das Betriebsergebnis ermitteln

1 Anfallende Kosten nach der Zurechenbarkeit auf die Kostenträger unterscheiden

LB 5   Handlungssituation 1:   Kosten unterschiedlichen Kostenarten zuordnen

Lasse Birkner absolviert zurzeit ein Praktikum bei der MicroTex Technologies GmbH. Derzeit ist er in der Abteilung Kostenerfassung tätig. In dieser Abteilung wird er von Alex Rufnik betreut. Alex Rufnik ist ein begeisterter Kostenrechner und schwärmt davon, auf Basis der Kostenrechnung die gesamte Preiskalkulation der MicroTex-Produkte durchführen zu können. Er beauftragt Lasse, die im folgenden Schema aufgeführten Kosten den unterschiedlichen Kostenarten zuzuordnen.

Kompetenzorientierte Arbeitsaufträge:

Unterstützen Sie Lasse, indem Sie die Zuordnung der unterschiedlichen Kosten im nachfolgenden Schema vornehmen! Präsentieren und begründen Sie die von Ihnen vorgenommene Zuordnung!

Kostenarten \\ Kosten	Einzelkosten	Sondereinzelkosten Fertigung	Sondereinzelkosten Vertrieb	Gemeinkosten
Verbrauch von Kunststoffgranulat				
Verbrauch von Schmiermitteln				
Konstruktionszeichnung für eine neue Garnmaschine				
Ausgangsfracht für einen Großkunden				
Brennstoffe/Energie				
Aufw. für Kommunikation				
Kfz-Versicherung				
Kalk. Abschreibungen				
Fertigungslöhne				
Miete für eine weitere Lagerhalle				
Vertriebsprovision für einen Handelsvertreter				
Kosten für Entsorgung				
Spezialwerkzeug für eine Sonderanfertigung				

1 Anfallende Kosten nach der Zurechenbarkeit auf die Kostenträger unterscheiden

1.1 Abgrenzung der Begriffe Aufwendungen und Kosten

(1) Aufwendungen

Der Begriff **Aufwand** wird in der **Buchführung** verwendet und erfasst **alle Geschäftsvorfälle, die das Eigenkapital mindern**. Dabei spielt es keine Rolle, ob die Ursache für die angefallenen Aufwendungen in der Verfolgung des eigentlichen Betriebszweckes zu sehen ist oder ob es sich um Aufwendungen handelt, die mit der Herstellung von Erzeugnissen nicht oder nur mittelbar in einem Zusammenhang stehen.

> **Aufwendungen** sind alle in Geld gemessenen **Wertminderungen des Eigenkapitals** innerhalb einer Abrechnungsperiode.

(2) Kosten

In der Kosten- und Leistungsrechnung werden nur die Aufwendungen erfasst, die ursächlich im Zusammenhang mit der Verfolgung des eigentlichen Betriebszweckes stehen, der bei Industriebetrieben in der Herstellung, der Lagerung und dem Verkauf von Gütern zu sehen ist.

Die **betrieblichen Aufwendungen** bezeichnet man als **Kosten (Grundkosten)**.

> - **Kosten** sind der betriebliche und relativ regelmäßig anfallende Güter- und Leistungsverzehr innerhalb einer Abrechnungsperiode zur Erstellung betrieblicher Leistungen, gemessen in Geld.
> - Aus **Sicht der Buchführung** handelt es sich um **betriebliche Aufwendungen**.

Aufwendungen, die **nicht betrieblich** bedingt sind oder nur **teilweise als Kosten** verrechnet werden sollen, bezeichnet man als **neutrale Aufwendungen**.

neutrale Aufwendungen	betriebliche Aufwendungen
	Kosten (Grundkosten)

> Neutrale Aufwendungen werden in der **Kosten- und Leistungsrechnung** entweder **gar nicht** oder **nicht** in der in der **Buchführung ausgewiesenen Höhe** berücksichtigt.

(3) Kalkulatorische Kosten

■ **Begriff kalkulatorische Kosten**

Bei der Abgrenzung der Kosten von den Aufwendungen und der Leistungen von den Erträgen können zwei weitere Fälle auftreten:

- Für die **Kosten** fallen in der Buchführung **keine Aufwendungen** an (**Zusatzkosten**).
- Für die **Kosten** fallen in der Buchführung **andere Beträge** an (**Anderskosten**).

Lernbereich 5: Mithilfe der Vollkostenrechnung Angebotspreise und das Betriebsergebnis ermitteln

- **Anderskosten** sind Aufwendungen, die in der **Kosten- und Leistungsrechnung** mit einem **anderen Betrag** als in der Buchführung angesetzt werden.
- **Zusatzkosten** sind Kosten, für die es **keine Aufwendungen** innerhalb der Buchführung gibt.
- **Anderskosten** und **Zusatzkosten** bilden zusammen den Umfang der **kalkulatorischen Kosten**.

■ Überblick über die Arten der kalkulatorischen Kosten

Anderskosten		
Abschreibungen[1]	Zinsen[2]	Wagnisse
■ Die **bilanzielle Abschreibung** ist die Abschreibung der **Buchführung**. Die Berechnung der Abschreibungshöhe richtet sich nach **handelsrechtlichen Vorschriften**. ■ Die **kalkulatorische Abschreibung** ist die Abschreibung der **Kostenrechnung**. Die Berechnung der Abschreibung richtet sich nach der **tatsächlichen Wertminderung** der Güter.	■ In der **Buchführung** werden die für das aufgenommene **Fremdkapital** gezahlten **Zinsen** erfasst. ■ Die **kalkulatorischen Zinsen** erfassen die Verzinsung des **gesamten betrieblichen Kapitals**, d. h. des **Fremdkapitals** und des **Eigenkapitals**. Der Eigentümer kann für das von ihm eingebrachte Eigenkapital eine Verzinsung beanspruchen und in die Verkaufspreise einkalkulieren.	Nicht versicherte **Einzelwagnisse** werden in einem **kalkulatorischen Wagniszuschlag** in der Kalkulation berücksichtigt. Das **allgemeine Unternehmerwagnis** kann in der Kosten- und Leistungsrechnung **nicht einkalkuliert** werden.

Zusatzkosten	
Unternehmerlohn	Miete
Die Arbeit des Unternehmers bei Einzel- und Personengesellschaften ist durch den Gewinn abgegolten. Um die Arbeit dieser Unternehmer in der Kalkulation zu erfassen, werden die Kosten ihrer Arbeitsleistung in einem **kalkulatorischen Unternehmerlohn** erfasst.	Vom Unternehmer unentgeltlich überlassene **Privaträume für betriebliche Zwecke** sind in der Kostenrechnung mit der ortsüblichen Miete **(kalkulatorische Miete)** anzusetzen.

---

1 Zu Einzelheiten vgl. hierzu Kapitel 6.1, S. 262.
2 Siehe auch Kapitel 6.2, S. 264

1.2 Gliederung der Kosten nach der Zurechenbarkeit auf Kostenträger

(1) Einzelkosten (direkte Kosten)

Einzelkosten sind Kosten, die **unmittelbar** einem **einzelnen Erzeugnis** zugerechnet werden können.

> **Beispiele:**
>
> Die wichtigsten **Einzelkosten** sind die **Aufwendungen für Rohstoffe** sowie die **Fertigungslöhne**. Daneben sind zu unterscheiden:
>
> - **Sondereinzelkosten der Fertigung (SEKF):** Das sind Kosten für Sonderfertigungen oder zusätzliche Sonderwünsche der Besteller. Ferner zählen hierzu sonstige auftrags- oder serienweise erfassbare Kosten z. B. für Spezialwerkzeuge, Modelle, Stücklizenzgebühren usw.
> - **Sondereinzelkosten des Vertriebs (SEKV):** Das sind insbesondere Vertreterprovisionen, Spezialverpackungen, besondere Transportkosten, Zölle.

(2) Gemeinkosten (indirekte Kosten)

Gemeinkosten sind Kosten, die gemeinsam für alle Erzeugnisse anfallen und daher **nicht unmittelbar** einem **einzelnen Erzeugnis** zugerechnet werden können.

> **Beispiele:**
>
> Gehälter, soziale Abgaben des Arbeitgebers, Mieten, betriebliche Steuern, Energiekosten, Werbe- und Reisekosten, Abschreibungen, Verbrauch von Betriebsstoffen, Verbrauchswerkzeuge, Instandhaltung.

- Die **Einzelkosten** können den Erzeugnissen **direkt** zugeordnet werden.
- **Gemeinkosten** fallen für alle Erzeugnisse gemeinsam an. Sie können den einzelnen Erzeugnissen nur **indirekt** zugerechnet werden.
- **Sondereinzelkosten** sind Kosten, die einzelnen Erzeugnissen, einem Auftrag oder einer Erzeugnisgruppe zugerechnet werden können.

Kompetenztraining

61 Grundbegriffe und Zuordnung von Beispielen, Kostenarten

1. Erläutern Sie, warum neben der Buchführung eine Kosten- und Leistungsrechnung erforderlich ist!
2. Unterscheiden Sie zwischen Aufwand und Kosten! Nennen Sie je zwei Beispiele!
3. Notieren Sie, welche der Aussage zu den Aufgaben der Kosten- und Leistungsrechnung richtig ist!
   - 3.1 Durch sie wird der Erfolg des Unternehmens im Geschäftsjahr ermittelt.
   - 3.2 Sie vergleicht aufbereitete Daten, z. B. das Gesamtergebnis, mit denen anderer Unternehmen der gleichen Branche.
   - 3.3 Sie bucht Geschäftsvorfälle aufgrund der angefallenen Belege.
   - 3.4 Sie ermittelt den betrieblichen Erfolg des Geschäftsjahres.
   - 3.5 Sie hält alle Veränderungen der Vermögens- und Kapitalwerte fest.

4. Notieren Sie, bei welchen der genannten buchhalterischen Begriffe es sich um Begriffe der Kostenrechnung handelt!

   Abschreibungen auf Sachanlagen; Kosten für Ausgangsfrachten; Zinsaufwendungen; Umsatzsteuer auf den Verkauf von Erzeugnissen; Arbeitgeberanteil zur Sozialversicherung; Aufwendungen für Handelswaren; Aufwendungen für Roh-, Hilfs- oder Betriebsstoffe; Aufwendungen für Kommunikation.

5. 5.1 Nennen Sie das Kriterium, nach welchem die Aufgliederung der Kosten in Einzel- und Gemeinkosten erfolgt!

   5.2 Erklären Sie an zwei Beispielen den Unterschied zwischen Einzel- und Gemeinkosten!

   5.3 Erläutern Sie, warum die Unternehmen möglichst viele Kostenarten als Einzelkosten zu erfassen versuchen!

   5.4 Ordnen Sie die folgenden Kostenarten den Einzelkosten bzw. Gemeinkosten zu!
   Miete für den Ausstellungsraum, Aufwendungen für Rohstoffe, Kraftfahrzeugsteuer, freiwillige soziale Aufwendungen, Gehälter, Aufwendungen für Handelswaren, bilanzielle Abschreibungen, Werbeanzeigekosten für ein Sonderangebot, Zustellentgelt für die Lieferungen der Erzeugnisse an die Kunden, Provisionsaufwendungen, Aufwendungen für Betriebsstoffe, kalkulatorische Abschreibungen.

2 Angebotspreis je Stück kalkulieren und dabei unterschiedliche Zielsetzungen beachten (Kostenträgerstückrechnung)

LB 5 Handlungssituation 2: Angebotspreis und Gewinn ermitteln

Lasse Birkner hat in der Abteilung Kostenerfassung mithilfe von Alex Rufnik bereits die Gliederung der Kosten nach der Zurechenbarkeit auf die Kostenträger kennengelernt, um so die innerbetriebliche Rechnung vorzubereiten. Gerade ist eine Anfrage für Schutz- und Abdeckmatten für den Einsatz als Arbeits- und Hitzeschutz eingegangen. Alex Rufnik bittet Lasse, den Angebotspreis auf Basis nachfolgender Angaben zu berechnen.

Verbrauch von Fertigungsmaterial:		9 400,00 EUR		
Fertigungslöhne:		16 200,00 EUR		
Gemeinkostenzuschläge:	MGK	12,4 %	VerwGK	6 %
	FGK	104 %	VertrGK	8 %

Es wird mit 18 % Gewinn, 5 % Vertreterprovision vom Zielverkaufspreis und 2 % Kundenskonto gerechnet.

KOMPETENZORIENTIERTE ARBEITSAUFTRÄGE:

1. Unterstützen Sie Lasse beim Berechnen des Angebotspreises (Listenverkaufspreis)!

2. Einige Zeit später erfährt Alex Rufnik, dass ein Konkurrenzunternehmen ein Angebot von 62 084,97 EUR unterbreitet hat. Ermitteln Sie, wie viel Gewinn in EUR und in Prozent der MicroTex Technologies GmbH verbleiben, wenn der Angebotspreis der Konkurrenz um 800,00 EUR unterboten werden soll!

2.1 Begriffe Kostenträger und Kostenträgerrechnung

Die Leistungseinheiten, für die Kosten angefallen sind, nennt man **Kostenträger**, weil sie die Kosten zu tragen haben. Als Kostenträger können, je nach der Struktur des Betriebs, einzelne **Produkte** oder **Produktgruppen** dienen.

- **Kostenträger** sind Leistungseinheiten, für die Kosten angefallen sind.
- Als Kostenträger können einzelne **Produkte** oder auch die Zusammenfassung gleichartiger Produkte zu einer **Produktgruppe** dienen.

Die Hauptaufgabe der **Kostenträgerrechnung** besteht darin, festzustellen, wie viel Kosten auf die einzelnen Kostenträger entfallen.

- Sollen die Kosten für einen **einzelnen Auftrag** (z. B. ein einzelnes Stück) berechnet werden, spricht man von **Kostenträgerstückrechnung**. Sie wird auch als **Kalkulation** bezeichnet.
- Bezieht sich die Zurechnung der Kosten auf eine **Abrechnungsperiode** (Monat, Jahr), spricht man von **Kostenträgerzeitrechnung**.[1] In ihr können sowohl das Betriebsergebnis insgesamt als auch die auf Kostenträger bezogenen Teilergebnisse ermittelt werden.

2.2 Angebotspreis kalkulieren (Zuschlagskalkulation)

2.2.1 Aufbau der Zuschlagskalkulation und die Festlegung der Bezugsgrößen für die Gemeinkostenzuschlagssätze

(1) Aufbau der Zuschlagskalkulation

Werden unterschiedliche Produkte hergestellt – und davon wird im Folgenden ausgegangen – ist eine **individuelle Kostenermittlung** für jedes Produkt bzw. für jede Produktgruppe erforderlich. Diese Form der Kostenträgerstückrechnung bezeichnet man als **Zuschlagskalkulation**. Da bei der Zuschlagsrechnung **alle Kosten**, die bei der Herstellung des Produktes anfallen, in die **Preisberechnung eingehen,** liegt eine **Vollkostenrechnung** vor.

Der **Verfahrensablauf einer Zuschlagskalkulation** ist folgender:

- Die **Einzelkosten** werden in der Kostenrechnung ermittelt und anschließend **direkt** den Kostenträgern zugerechnet. Das betrifft im Wesentlichen das Fertigungsmaterial und die Fertigungslöhne.
- Die in der Kostenrechnung erfassten **Gemeinkosten** werden den Kostenträgern **indirekt** über Zuschlagssätze zugeordnet.

- **Einzelkosten** werden **direkt** auf die **Kostenträger** verrechnet.
- **Gemeinkosten** werden **indirekt** den Kostenstellen zugeschlagen und mithilfe von **Gemeinkostenzuschlagssätzen**[2] auf die **Kostenträger** verrechnet.

---

1 Zur Kostenträgerzeitrechnung siehe Kapitel 5, S. 255 ff.
2 Vgl. hierzu die Ausführungen in Kapitel 4.2.2, S. 243 ff..

(2) Festlegung der Bezugsgrößen für die Gemeinkostenzuschlagssätze[1]

Die Gemeinkosten werden mithilfe folgender Gemeinkostenzuschlagssätze in die Angebotskalkulation eingerechnet.

Materialgemeinkosten	Es wird unterstellt, dass die Materialgemeinkosten (MGK) vom Verbrauch an Fertigungsmaterial abhängen. **Bezugsgröße** ist das **Fertigungsmaterial**.
Fertigungsgemeinkosten	Es wird unterstellt, dass die Fertigungsgemeinkosten (FGK) von der Höhe der aufgewendeten Fertigungslöhne abhängen. **Bezugsgröße** sind die **Fertigungslöhne**.[2]
Verwaltungs- und Vertriebsgemeinkosten	Hier wird eine Abhängigkeit von der Höhe der Herstellkosten der Rechnungsperiode unterstellt. **Bezugsgrundlage** sind die **Herstellkosten**.

2.2.2 Anwendung der Zuschlagskalkulation als Angebotskalkulation

Je nach Bedarf wird die Angebotskalkulation

- als Vorwärtskalkulation,
- als Rückwärtskalkulation oder
- als Differenzkalkulation eingesetzt.

2.2.2.1 Vorwärtskalkulation

Um einen Verkauf tätigen zu können, ist es in der Praxis oft notwendig, ein Angebot mit einem verbindlichen Angebotspreis abzugeben. Das Unternehmen ist dann gezwungen, vor Beginn der Produktion eine Angebotskalkulation vorzunehmen. Bei der Angebotskalkulation wird mit **voraussichtlichen Kosten (Normalkosten)**[3] gerechnet.

> **Beispiel:**
>
> Eine Maschinenfabrik errechnet zur Abgabe eines Angebots für eine Abfüllmaschine den Listenverkaufspreis. Es wird mit folgenden Kosten kalkuliert:
>
> Verbrauch von Fertigungsmaterial   17 200,00 EUR   SEKF   1 400,00 EUR
> Fertigungslöhne   21 400,00 EUR   SEKV   890,00 EUR
>
> Normalzuschlagssätze: MGK 9 %, FGK 110 %, VerwGK 18 %, VertrGK 6 %.
>
> Bei der Angebotskalkulation der Abfüllmaschine sollen 15 % Gewinn, 7 % Vertreterprovision (vom Zielverkaufspreis), 10 % Kundenrabatt und 2 % Skonto einkalkuliert werden.
>
> **Aufgabe:**
> Berechnen Sie den Listenverkaufspreis (Nettoverkaufspreis)!

---

[1] Zu Einzelheiten siehe Kapitel 4.2.2, S. 243 ff.

[2] In maschinenintensiven Betrieben werden in der Praxis in aller Regel die maschinenabhängigen Kosten gesondert erfasst und dafür Maschinenstundensätze errechnet. Vgl. Kapitel 3, S. 233 ff.

[3] Siehe S. 256.

2 Angebotspreis je Stück kalkulieren und dabei unterschiedliche Zielsetzungen beachten (Kostenträgerstückrechnung)

Lösung:

	100 %	Materialeinzelkosten	17 200,00 EUR	
	9 %	+ Materialgemeinkosten	1 548,00 EUR	
		Materialkosten		18 748,00 EUR
	100 %	Fertigungslöhne	21 400,00 EUR	
	110 %	+ Fertigungsgemeinkosten	23 540,00 EUR	
		Zwischensumme	44 940,00 EUR	
		+ Sondereinzelkosten der Fertigung (SEKF)	1 400,00 EUR	
		Fertigungskosten		46 340,00 EUR
	100 %	**Herstellkosten**		65 088,00 EUR
	18 %	+ Verwaltungsgemeinkosten	11 715,84 EUR	
	6 %	+ Vertriebsgemeinkosten	3 905,28 EUR	
		+ Sondereinzelkosten des Vertriebs (SEKV)	890,00 EUR	16 511,12 EUR
	100 %	**Selbstkosten**		81 599,12 EUR
	15 %	+ Gewinn		12 239,87 EUR
	91 %	**Barverkaufspreis**		93 838,99 EUR
	7 %	+ Vertreterprovision		7 218,38 EUR
	2 %	+ Kundenskonto		2 062,40 EUR
90 %	100 %	**Zielverkaufspreis**		103 119,77 EUR
10 %		+ Kundenrabatt		11 457,75 EUR
100 %		**Listenverkaufspreis (Nettoverkaufspreis)**		114 577,52 EUR

Vorwärtskalkulation

Erläuterungen zur Berechnung von Kundenskonto, Vertreterprovision und Kundenrabatt

- **Kundenskonto und Vertreterprovision**

  Die Kunden erwarten im Allgemeinen bei Zahlung innerhalb der Skontofrist einen Preisnachlass. Soll dieser Preisnachlass nicht zulasten des Gewinnes gehen, muss er im Angebotspreis vorher einkalkuliert werden.

  Da der Kunde den Skonto vom Zielverkaufspreis berechnet, dieser also aus der Sicht des Kunden 100 % ausmacht, entspricht der Barverkaufspreis aus der Sicht des Anbieters dem verminderten Grundwert (100 % – Prozentsatz des Skontos). Der Skonto muss somit durch eine „im Hundertrechnung" auf den Barverkaufspreis aufgeschlagen werden.

  Da auch eine evtl. noch anfallende Vertreterprovision den Gewinn schmälern würde, muss auch diese vorher einkalkuliert werden. Beide Prozentsätze können zusammengefasst werden. Beträgt z. B. die Vertreterprovision 7 % und der Kundenskonto 2 %, entspricht der vorläufige Verkaufspreis 91 %.

- **Kundenrabatt**

  Aus den gleichen Gründen muss auch der vom Kunden erwartete Rabatt in den Angebotspreis einkalkuliert werden. Da der Kunde den Rabatt durch eine „vom Hundertrechnung" vom Angebotspreis (Nettoverkaufspreis, Listenverkaufspreis) abzieht, muss der Anbieter ihn durch eine „im Hundertrechnung" aufschlagen. Soll z. B. der Kundenrabatt 10 % betragen, entspricht der Zielverkaufspreis bei der Angebotskalkulation 90 %.

Lernbereich 5: Mithilfe der Vollkostenrechnung Angebotspreise und das Betriebsergebnis ermitteln

Kompetenztraining

62 Vorwärtskalkulation

Eine Fensterfabrik soll ein Angebot für die Lieferung eines Fensters bestimmter Größe abgeben. Bei günstigem Angebot wird die Bestellung einer größeren Menge in Aussicht gestellt.

Aufgrund der betrieblichen Unterlagen liegen folgende Kalkulationsdaten vor:

Verbrauch von Fertigungsmaterial 44,30 EUR, Fertigungslöhne 61,25 EUR, Sondereinzelkosten der Fertigung 157,66 EUR. Die Normalzuschlagssätze für die Gemeinkosten betragen: Materialgemeinkosten 6,7 %, Fertigungsgemeinkosten 157,4 %, Verwaltungsgemeinkosten 16,4 %, Vertriebsgemeinkosten 9,8 %. Außerdem sollen einkalkuliert werden: 12,5 % Gewinn, 5 % Kundenrabatt, 3 % Kundenskonto und 8 % Vertreterprovision.

Aufgabe:
Berechnen Sie den Angebotspreis (Listenverkaufspreis)!

63 Vorwärtskalkulation

Zur Herstellung einer Spezialmaschine rechnet ein Industriebetrieb mit folgenden Kosten: Verbrauch von Fertigungsmaterial 8 420,00 EUR; Fertigungslöhne 3 720,00 EUR. Es wird mit folgenden Normalzuschlagssätzen gerechnet: Materialzuschlag (MGK) 10,5 %, Lohnzuschlag (FGK) 145 %, Verwaltungs- und Vertriebsgemeinkostenzuschlag 13,7 %. Die Sondereinzelkosten der Fertigung betragen 890,00 EUR.

Aufgaben:
1. Berechnen Sie die Selbstkosten!
2. Die Maschine wird unter Einrechnung von 12 % Gewinn, von 15 % Kundenrabatt und 2 % Kundenskonto angeboten.
   Berechnen Sie den Listenverkaufspreis!

2.2.2.2 Rückwärtskalkulation (retrograde Kalkulation)

Liegt der Listenverkaufspreis aufgrund der gegebenen Markt- bzw. Konkurrenzsituation fest, so eignet sich das Kalkulationsschema in umgekehrter Richtung **von unten nach oben** zur Errechnung der aufwendbaren Materialeinzelkosten **(retrograde Kalkulation; Rückwärtskalkulation)**. Dabei werden bei vorgegebenen Kalkulationsbedingungen die Materialeinzelkosten errechnet, die höchstens gezahlt werden dürfen, um den angestrebten Gewinn zu erreichen.

> **Beispiel:**
>
> Aufgrund der Marktsituation muss die Maschinenfabrik Ottmar Zeh OHG eine Schleifmaschine zum Listenverkaufspreis in Höhe von 127 480,00 EUR anbieten. Die Maschinenfabrik muss branchenüblich 10 % Kundenrabatt und 2 % Kundenskonto gewähren. Die einzurechnende Vertreterprovision vom Zielverkaufspreis beläuft sich auf 7 %. Es soll ein Gewinn von 15 % erzielt werden.
>
> Es wird mit folgenden Kosten kalkuliert:
>
> Fertigungslöhne 19 800,00 EUR, SEKF 900,00 EUR, SEKV 940,00 EUR
>
> Zuschlagssätze der Abrechnungsperiode:
>
> MGK 8,5 %   FGK 108 %   VerwGK 19 %   VertrGK 6,8 %
>
> **Aufgabe:**
> Ermitteln Sie, wie teuer die Materialeinzelkosten höchstens sein dürfen!

2 Angebotspreis je Stück kalkulieren und dabei unterschiedliche Zielsetzungen beachten (Kostenträgerstückrechnung)

Lösung:[1]

100 %		Materialeinzelkosten		27 038,94 EUR
8,5 %		− Materialgemeinkosten		2 298,31 EUR
108,5 %		**Materialkosten**		29 337,25 EUR
	100 %	Fertigungslöhne		19 800,00 EUR
	108 %	+ Fertigungsgemeinkosten		21 384,00 EUR
	208 %	Zwischensumme		41 184,00 EUR
		+ Sondereinzelkosten der Fertigung		900,00 EUR
		Fertigungskosten		42 084,00 EUR
100 %		**Herstellkosten**		71 421,25 EUR
19 %		− Verwaltungsgemeinkosten	13 570,04 EUR	
6,8 %		− Vertriebsgemeinkosten	4 856,64 EUR	18 426,68 EUR
125,8 %		Zwischensumme		89 847,93 EUR
		− Sondereinzelkosten des Vertriebs		940,00 EUR
	100 %	**Selbstkosten**		90 787,93 EUR
	15 %	− Gewinn		13 618,19 EUR
91 %	115 %	**Barverkaufspreis**		104 406,12 EUR
7 %		− Vertreterprovision	8 031,24 EUR	
2 %		− Kundenskonto	2 294,64 EUR	10 325,88 EUR
100 %	90 %	**Zielverkaufspreis**		114 732,00 EUR
	10 %	− Kundenrabatt		12 748,00 EUR
	100 %	**Listenverkaufspreis (Nettoverkaufspreis)**		127 480,00 EUR

(Rückwärtskalkulation)

Ergebnis: Die Materialeinzelkosten dürfen höchstens 27 038,94 EUR betragen.

Allgemeiner Rechenweg:

- Stellen Sie zuerst das Kalkulationsschema von **oben nach unten** auf und tragen Sie die in der Aufgabe vorgegebenen Prozentsätze und EUR-Beträge ein.
- Überlegen Sie bei jedem Rechenschritt, ob es sich bei der Rückwärtsrechnung um eine Rechnung **vom Hundert** (Kundenrabatt, Vertreterprovision, Kundenskonto) oder **auf Hundert** (Gewinn, VerwGK, VertrGK, MGK) handelt.
- **Sonderfall: Berechnung der Fertigungskosten.** Sofern Sondereinzelkosten der Fertigung vorliegen, müssen zunächst die Fertigungskosten in einer Zwischenrechnung im Rahmen einer Vorwärtskalkulation ermittelt (Fertigungslöhne + Fertigungsgemeinkosten = Zwischensumme + Sondereinzelkosten der Fertigung) und von den in der Rückwärtsrechnung ermittelten Herstellkosten subtrahiert werden.
- **Überprüfen** Sie das Ergebnis durch eine **Vorwärtskalkulation**.

---

1 Die Rechenzeichen verstehen sich aus der Sicht der Rückwärtsrechnung.

Kompetenztraining

64 Rückwärtskalkulation

Aufgrund der starken Konkurrenz können wir eine Maschine für höchstens 55 000,00 EUR verkaufen. Es liegen folgende Kalkulationsdaten vor:

Fertigungslöhne		4 800,00 EUR	
Sondereinzelkosten des Vertriebs		300,00 EUR	
Sondereinzelkosten der Fertigung		500,00 EUR	
Kundenskonto	2 %	Verwaltungsgemeinkosten	10 %
Vertriebsgemeinkosten	15 %	Fertigungsgemeinkosten	450 %
Gewinnzuschlag	12,5 %	Kundenrabatt	10 %
Materialgemeinkosten	25 %	Vertreterprovision (vom Zielverkaufspreis)	3 %

Aufgabe:
Berechnen Sie die aufwendbaren Kosten für das Fertigungsmaterial!

65 Rückwärtskalkulation

Eine Druckerei erhält eine Anfrage, ob ein Posten Prospekte zu einem Nettopreis von 15 500,00 EUR gedruckt werden kann.

Es entsteht die Frage, wie viel EUR dürfen die Papierkosten höchstens betragen, wenn folgende Kosten anfallen: Fertigungslöhne 2 800,00 EUR, FGK 94 %, MGK 8 %, SEKF 560,00 EUR, VerwGK 18 %, VertrGK 7 %. Der Kunde erwartet einen Nachlass von 2 % Skonto.

Aufgabe:
Berechnen Sie die höchstmöglichen Papierkosten, wenn ein Gewinn von 10 % erwirtschaftet werden soll!

66 Bestimmung der Kosten für das erforderliche Fertigungsmaterial

Der neue Wohnwagen „Family" soll den Händlern zum Listenverkaufspreis von 24 450,00 EUR angeboten werden. Die Kalkulationssätze des Wohnwagenherstellers sind: 7 % Materialgemeinkosten, 110 % Fertigungsgemeinkosten, 10 % Verwaltungsgemeinkosten, 6 % Vertriebsgemeinkosten, 9 % Gewinn, 2 % Kundenskonto und 20 % Kundenrabatt. Die anfallenden Fertigungslöhne betragen 4 360,00 EUR.

Aufgabe:
Ermitteln Sie die Kosten für das erforderliche Fertigungsmaterial!

2.2.2.3 Differenzkalkulation

Häufig verhindert es die „Marktlage", dass das Unternehmen weder die Kosten des Materialeinsatzes noch den Listenverkaufspreis gestalten kann. In diesem Fall muss es das Ziel der Kalkulation sein festzustellen, ob der so erwirtschaftete Gewinn ausreichend ist.

Wird die Höhe des anfallenden Gewinnes errechnet, spricht man von **Differenzkalkulation**.[1] Da sowohl die **Kosten** als auch der **Listenverkaufspreis** festliegen, muss von **beiden** Werten aus mit dem Rechenweg begonnen werden, und zwar einmal als **Vorwärtskalkulation** (von den Materialeinzelkosten bis zu den Selbstkosten) und zum anderen als **Rückwärtskalkulation** (vom Listenverkaufspreis bis zum Barverkaufspreis).

---

[1] Die Differenz zwischen Barverkaufspreis und Selbstkosten stellt den Gewinn/Verlust dar. Man spricht daher auch von **Gewinnkalkulation**.

2 Angebotspreis je Stück kalkulieren und dabei unterschiedliche Zielsetzungen beachten (Kostenträgerstückrechnung)

Beispiel:

Bei der Herstellung eines Wäschetrockners fielen 280,00 EUR Materialeinzelkosten und 160,00 EUR Fertigungslöhne an. Es wird mit folgenden Zuschlagssätzen gerechnet: MGK 11 %, FGK 120 %, VerwGK 10,5 %, VertrGK 6 %, SEKV 40,00 EUR.

Aufgabe:

Berechnen Sie, mit welchem Gewinn in EUR und in Prozent der Hersteller rechnen kann, wenn er 12 % Vertreterprovision (vom Zielverkaufspreis), 3 % Kundenskonto und 15 % Kundenrabatt einrechnet und einen Listenverkaufspreis von 1 259,00 EUR ansetzt!

Lösung:

100 %		Materialeinzelkosten	280,00 EUR		**Vorwärts-**
11 %		+ Materialgemeinkosten	30,80 EUR		**kalkulation**
	100 %	**Materialkosten**		310,80 EUR	+
→	100 %	Fertigungslöhne	160,00 EUR		
	120 %	+ Fertigungsgemeinkosten	192,00 EUR		
		Fertigungskosten		352,00 EUR	
100 %		**Herstellkosten**		662,80 EUR	
10,5 %		+ Verwaltungsgemeinkosten	69,59 EUR		
6 %		+ Vertriebsgemeinkosten	39,77 EUR	109,36 EUR	**Berechnung**
		Zwischensumme		772,16 EUR	**des Gewinn-**
		+ Sondereinzelkosten des Vertriebs (SEKV)	40,00 EUR		**zuschlagssatzes**
→	100 %	**Selbstkosten**		812,16 EUR	812,16 EUR ≙ 100 %
	x %	− Gewinn		97,47 EUR	97,47 EUR ≙ x %
85 %		**Barverkaufspreis**		909,63 EUR	$x = \dfrac{100 \cdot 97{,}47}{812{,}16} = \underline{\underline{12\,\%}}$
12 %		− Vertreterprovision	128,42 EUR		
3 %		− Kundenskonto	32,10 EUR	160,52 EUR	
100 %	85 %	**Zielverkaufspreis**		1 070,15 EUR	
	15 %	− Kundenrabatt		188,85 EUR	**Rückwärts-**
	100 %	**Listenverkaufspreis**			**kalkulation**
		(Nettoverkaufspreis)		1 259,00 EUR	−

Ergebnis: Der Hersteller kann mit einem Gewinn von 12 %, das sind 97,47 EUR, rechnen.

Allgemeiner Rechenweg:

- Stellen Sie zuerst das Kalkulationsschema **von oben nach unten** auf und tragen Sie die in der Aufgabe vorgegebenen Prozentsätze und EUR-Beträge ein!
- Kennzeichnen Sie den Rechenweg durch Pfeile und errechnen Sie stufenweise durch **Vorwärtskalkulation** die **Selbstkosten** bzw. durch **Rückwärtskalkulation** den **Barverkaufspreis**!
- Ermitteln Sie den **Gewinn** als **Differenz zwischen dem Barverkaufspreis und den Selbstkosten**!
- Berechnen Sie anschließend den **Gewinn in Prozent zu den Selbstkosten** (Gewinnzuschlagssatz)!

Überblick: Vergleich der Kalkulationsverfahren

Art	Vorwärtskalkulation (Verkaufskalkulation)	Rückwärtskalkulation (retrograde Kalkulation)	Differenzkalkulation
Zweck	Ermittlung des Verkaufspreises (Angebotspreises)	Ermittlung der höchstmöglichen Kosten für das Fertigungsmaterial	Ermittlung von Gewinn/Gewinnzuschlag bei gegebenem Listenverkaufspreis und gegebenen Einzelkosten
Rechenweg	Fertigungsmaterial + MGK v.H. = **Materialkosten** Fertigungslöhne + FGK v.H. + Sondereinzelkosten der Fertigung = **Fertigungskosten** **Herstellkosten** + VwGK v.H. + VtGK v.H. + Sondereinzelkosten des Vertriebs = **Selbstkosten** + Gewinn v.H. = **Barverkaufspreis** + Vertreterprovision i.H. + Kundenskonto i.H. = **Zielverkaufspreis** + Kundenrabatt i.H. = **Listenverkaufspreis** (Nettoverkaufspreis)	Fertigungsmaterial − MGK a.H. = **Materialkosten** Fertigungslöhne + FGK v.H. + Sondereinzelkosten der Fertigung = **Fertigungskosten** **Herstellkosten** − VwGK a.H. − VtGK a.H. − Sondereinzelkosten des Vertriebs = **Selbstkosten** − Gewinn a.H. = **Barverkaufspreis** − Vertreterprovision v.H. − Kundenskonto v.H. = **Zielverkaufspreis** − Kundenrabatt v.H. = **Listenverkaufspreis** (Nettoverkaufspreis)	Fertigungsmaterial + MGK v.H. = **Materialkosten** Fertigungslöhne + FGK v.H. + Sondereinzelkosten der Fertigung = **Fertigungskosten** **Herstellkosten** + VwGK v.H. + VtGK v.H. + Sondereinzelkosten des Vertriebs = **Selbstkosten** − Gewinn v.H. = **Barverkaufspreis** − Vertreterprovision v.H. − Kundenskonto v.H. = **Zielverkaufspreis** − Kundenrabatt v.H. = **Listenverkaufspreis** (Nettoverkaufspreis)

Kompetenztraining

67 Differenzkalkulation, Vorwärtskalkulation

Eine Maschinenfabrik kalkuliert eine Fräsmaschine nach folgenden Angaben:

- Verbrauch von Fertigungsmaterial   7 350,00 EUR
- Fertigungslohn 58 Std. zu je   52,00 EUR
- Fremdarbeiten 48 Std. zu je   95,00 EUR
- Konstruktionszeichnung   400,00 EUR

- MGK   12 %
- FGK   15 %
- VerwGK + VertrGK   25 %
- Kundenskonti   3 %
- Vertreterprovision   5 %

Die Maschinenfabrik verkauft die Fräsmaschine für 24 500,00 EUR netto.

Aufgabe:
Ermitteln Sie den Gewinn in EUR und in Prozent!

68 Vorwärtskalkulation

1. Die Kalkulation liefert uns für eine Ware folgende Daten:

   Herstellkosten   150,40 EUR   Zielverkaufspreis   224,00 EUR
   Selbstkosten   175,70 EUR   Listenverkaufspreis   239,68 EUR
   Barverkaufspreis   190,40 EUR

   Aufgabe:
   Ermitteln Sie die Höhe des Kundenrabatts!

2. Die Herstellkosten einer Tempergussschraubzwinge betragen 14,20 EUR. Der Zuschlagssatz für Verwaltungs- und Vertriebsgemeinkosten beträgt 56 %. Aus Konkurrenzgründen können wir das Produkt zu einem Listenverkaufspreis von 28,30 EUR verkaufen. Den Kunden wird ein Rabatt von 10 % eingeräumt.

Aufgabe:

Ermitteln Sie den Gewinn in EUR und in Prozent, der der Werkzeugfabrik verbleibt!

69 Angleichung des Angebotspreises an ein Konkurrenzangebot

Aufgrund der Anfrage der Schreinerei Stuckenberg OHG kalkuliert die Maschinenfabrik Peter GmbH den Angebotspreis für den Schnelltrenn-Säge-Automaten UNI 9 mit folgenden Kalkulationsdaten:

Verbrauch von Fertigungsmaterial:		4 900,00 EUR		
Fertigungslöhne:		1 260,00 EUR		
Gemeinkostenzuschläge:	MGK	8,4 %	VerwGK	11 %
	FGK	106 %	VertrGK	7 %

Es wird mit 20 % Gewinn, 4 % Vertreterprovision vom Zielverkaufspreis, 2 % Kundenskonto und 15 % Kundenrabatt gerechnet.

Aufgaben:

1. Berechnen Sie den Angebotspreis!

2. Ein Konkurrenzunternehmen hat ein Angebot von 13 980,00 EUR unterbreitet.

   Ermitteln Sie, welcher Gewinn in EUR und in Prozent verbleiben, wenn der Angebotspreis der Konkurrenz um 600,00 EUR unterboten werden soll!

3 Maschinenstundensatz unter Berücksichtigung kalkulatorischer Kosten berechnen

LB 5 Handlungssituation 3: Maschinenkosten berechnen

In der MicroTex Technologies GmbH sind drei Maschinengruppen vorhanden.

Maschinengruppe	Anzahl	Wiederbeschaffungs-kosten/Stück	Nutzungsdauer in Jahren	kWh-Verbrauch	m²-Bedarf
Ringzwirnmaschine	10	42 000,00 EUR	8	12	24
Spulmaschine	8	28 000,00 EUR	10	14	16
Färbemaschine	14	56 000,00 EUR	12	16	26

Die Quartalsabrechnung der Kostenrechnung weist folgende Gemeinkosten aus:

Werkstattgebäude (4 200 m²)	37 800,00 EUR
Heizung (beheizte Fläche 3 700 m²)	13 320,00 EUR

Die kalkulatorischen Zinsen betragen 9 %. Sie werden von den halben Anschaffungskosten berechnet. Die Anschaffungskosten betragen: Ringzwirnmaschine 33 600,00 EUR, Spulmaschine 25 200,00 EUR, Färbemaschine 49 280,00 EUR. Die gesamten (geschätzten) Instandhaltungskosten belaufen sich bei der Maschinengruppe Ringzwirnmaschine auf 20 %, bei der Maschinengruppe Spulmaschine auf 25 % und bei der Maschinengruppe Färbemaschine auf 30 % der Wiederbeschaffungskosten. Es wird die lineare Abschreibungsmethode verwendet.

Der Strompreis beträgt 0,16 EUR je kWh.

KOMPETENZORIENTIERTE ARBEITSAUFTRÄGE:

1. Berechnen Sie die Maschinenstundensätze, wenn jährlich je Maschine 2 400 Laufstunden anfallen!
2. Berechnen Sie die monatlichen Maschinenkosten, wenn alle Maschinen je Monat 200 Betriebsstunden gelaufen sind!

3.1 Grundlagen zur Berechnung von Maschinenstundensätzen

Durch die fortschreitende Mechanisierung der Betriebe gewinnt die Maschinenstundensatzkalkulation immer größere Bedeutung. In dem Maße wie Personal immer mehr durch Maschinen ersetzt wird, vergrößert sich der Anteil der maschinenabhängigen Gemeinkosten gegenüber den lohnabhängigen Gemeinkosten. Daher ist es im Sinne einer genaueren Kalkulation erforderlich, die **Fertigungsgemeinkosten** in die **maschinenabhängigen** und in die **lohnabhängigen Fertigungsgemeinkosten (Rest-Fertigungsgemeinkosten)** aufzuteilen.

Für die **maschinenabhängigen Fertigungsgemeinkosten** werden die **Maschinenlaufzeiten** als Bezugsgrundlage gewählt, für die **lohnabhängigen Rest-Fertigungsgemeinkosten** wie bisher die **Fertigungslöhne**.

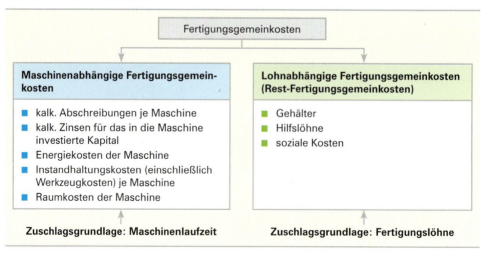

3 Maschinenstundensatz unter Berücksichtigung kalkulatorischer Kosten berechnen

Sind in einem Betrieb **unterschiedlich teuere Maschinen** vorhanden, die bei der Herstellung der einzelnen Erzeugnisse aufgrund der verschiedenartigen Produktionsverfahren **unterschiedlich lange beansprucht** werden, so ist es erforderlich, die Maschinenkosten für **jede Maschine bzw. Maschinenart** gesondert zu erfassen.

Werden die anfallenden maschinenabhängigen Gemeinkosten auf die Maschinenlaufzeit bezogen, so erhält man den **Maschinenstundensatz**.

3.2 Berechnung der maschinenabhängigen Gemeinkosten

Der erste Schritt bei der Berechnung der Maschinenstundensätze besteht in der Ermittlung der effektiv für die Produktion der Erzeugnisse angefallenen Maschinenlaufzeit.

Maximale Laufzeit	Ausfallzeit
	Effektive Laufzeiten

Beispiel:

Für die Maschinen in einem Industriebetrieb mit 37,5-Stunden-Woche und 7,5 Stunden täglicher Arbeitszeit fallen im laufenden Jahr Stillstandszeiten durch 14 Feiertage, 22 Urlaubstage, 6 Krankheitstage sowie 35 Ausfallstunden für Instandhaltung an.

Aufgabe:

Berechnen Sie die effektive Maschinenlaufzeit!

Lösung:

	Maximal mögliche Maschinenlaufzeit (52 Wochen zu 37,5 Stunden)		1950 Std.
–	Instandhaltungszeit		35 Std.
–	Stillstandszeiten	14 Feiertage zu 7,5 Stunden	105 Std.
		22 Urlaubstage zu 7,5 Stunden	165 Std.
		6 Krankheitstage zu 7,5 Stunden	45 Std.
=	effektive Maschinenlaufzeit im laufenden Jahr		1600 Std.

Beispiel:

Die Anschaffungskosten der Beschichtungsmaschine belaufen sich auf 214 500,00 EUR. Es wird von Wiederbeschaffungskosten in Höhe von 234 000,00 EUR ausgegangen. Die Nutzungsdauer wird mit 13 Jahren angesetzt. Die jährliche Maschinenlaufzeit beträgt 1 600 Stunden. Kalkulatorisch wird nach der linearen Abschreibungsmethode abgeschrieben. Es wird mit einem kalkulatorischen Zinssatz von 8 % gerechnet. Für die Gesamtnutzungsdauer der Maschine werden die Instandhaltungskosten auf 62 400,00 EUR geschätzt. Der Raumkostensatz beträgt pro Jahr und m^2 212,00 EUR. Die Maschine hat einen Raumbedarf von 24,50 m^2. Der Strombedarf der Maschine beträgt 45 kWh, der Strompreis 0,15 EUR je kWh.

Aufgabe:

Berechnen Sie den Maschinenstundensatz der Beschichtungsmaschine!

Lösung:

Kalkulatorische Abschreibungen je Maschinenstunde:[1]

Bei der linearen Abschreibung wird ein jährlich gleichbleibender Betrag von den Kosten des Anlagegutes abgeschrieben. Berechnungsgrundlage sind die **Wiederbeschaffungskosten**.

---

[1] Siehe auch S. 221f. und S. 262.

Lernbereich 5: Mithilfe der Vollkostenrechnung Angebotspreise und das Betriebsergebnis ermitteln

$$\text{Abschreibungsbetrag je Maschinenstunde} = \frac{234\,000}{13 \cdot 1\,600} = \underline{\underline{11{,}25 \text{ EUR}}}$$

$$\frac{\text{Abschreibungsbetrag}}{\text{je Maschinenstunde}} = \frac{\text{Wiederbeschaffungskosten}}{\text{Nutzungsdauer} \cdot \text{Laufzeit/Jahr}}$$

Kalkulatorische Zinskosten[1] je Maschinenstunde:

Für die Berechnung der kalkulatorischen Zinsen wird von den halben **Anschaffungskosten** ausgegangen.

$$\text{Zinskosten je Maschinenstunde} = \frac{214\,500 \cdot 8}{2 \cdot 100 \cdot 1\,600} = \underline{\underline{5{,}36 \text{ EUR}}}$$

$$\frac{\text{Zinskosten}}{\text{je Maschinenstunde}} = \frac{^1/_2 \text{ Anschaffungskosten} \cdot \text{kalk. Zinssatz}}{100 \cdot \text{Laufzeit/Jahr}}$$

Instandhaltungskosten je Maschinenstunde:

Die auf eine Maschine entfallenden Instandhaltungskosten (Reparaturen, Werkzeuge, Wartung) sind nicht exakt voraussehbar. Man muss daher auf die Angaben des Herstellers oder auf Erfahrungswerte der Vergangenheit zurückgreifen.

$$\text{Instandhaltungskosten je Maschinenstunde} = \frac{62\,400}{13 \cdot 1\,600} = \underline{\underline{3{,}00 \text{ EUR}}}$$

$$\frac{\text{Instandhaltungskosten}}{\text{je Maschinenstunde}} = \frac{\text{gesamte Instandhaltungskosten}}{\text{Nutzungsdauer} \cdot \text{Laufzeit/Jahr}}$$

Raumkosten je Maschinenstunde:

Die Raumkosten einer Maschine sind abhängig vom Raumbedarf und vom Raumkostensatz.

- Der **Raumbedarf** einer Maschine (gemessen in m^2) umfasst die Grundfläche der Maschine, Bedienungsflächen sowie die Abstellfläche für die Werkstücke.
- Im **Raumkostensatz** werden die anteiligen Abschreibungen, Zinsen, Instandhaltungskosten für Gebäude, ferner die anteiligen Heizungs-, Licht-, Klimatisierungs- und Versicherungskosten sowie die anteiligen personellen Kosten erfasst.

$$\text{Raumkosten je Maschinenstunde} = \frac{24{,}50 \cdot 212{,}00}{1\,600} = \underline{\underline{3{,}25 \text{ EUR}}}$$

$$\frac{\text{Raumkosten}}{\text{je Maschinenstunde}} = \frac{\text{Raumbedarf je Maschine} \cdot \text{Raumkostensatz je Maschine}}{\text{Laufzeit/Jahr}}$$

Energiekosten je Maschinenstunde:

Der Energieverbrauch einer Maschine ist je nach Energieart in Litern/Stunde (z. B. Diesel, Benzin), in m^3/Stunde (z. B. Gas, Dampf) oder in kWh (Strom) anzugeben. Der durchschnittliche Energieverbrauch wird vom Hersteller der Maschine in aller Regel in der Betriebsanleitung ausgewiesen. Allerdings ist in der Praxis davon auszugehen, dass der tatsächliche Energieverbrauch nicht mit 100 % anzusetzen ist, da eine Maschine im Durchschnitt nicht mit der vollen Leistungsfähigkeit belastet wird.

---

[1] Siehe auch S. 221 f.

Bei der Berechnung der Energiekosten geht man von der Annahme aus, dass sich die Energiekosten proportional zu der tatsächlichen Leistungsaufnahme verhalten.

$$\text{Energiekosten je Maschinenstunde}[1] = 45 \cdot 0{,}15 = \underline{6{,}75 \text{ EUR}}$$

3.3 Ermittlung des Maschinenstundensatzes

Der **Maschinenstundensatz** ergibt sich aus der Addition der einzelnen maschinenabhängigen Kosten je Stunde.

Maschinenstundensatz: 11,25 + 5,36 + 3,00 + 3,25 + 6,75 = $\underline{29{,}61 \text{ EUR}}$

Kompetenztraining

70 Berechnung der Maschinenkosten

Die Kosten- und Leistungsrechnung einer Metallwarenfabrik weist für die Maschinengruppe Formpresse folgende Daten aus:

Das Unternehmen arbeitet mit 8 gleichartigen Formpressen. Die Anschaffungskosten einer Formpresse betragen 32 600,00 EUR. Die jährliche Arbeitszeit in der Abteilung beträgt 240 Tage, die tägliche Arbeitszeit 8 $^1/_2$ Stunden. An Ausfallzeit (Leerstunden) sind für die Abteilung 220 Arbeitsstunden anzusetzen.

Die kalkulatorische Nutzungsdauer[2] beträgt 8 Jahre. Die Wiederbeschaffungskosten je Maschine werden mit 36 400,00 EUR angesetzt. Kalkulatorisch wird linear abgeschrieben.

Als kalkulatorischer Zinssatz für das in die Maschinen investierte Kapital sind 7,5 % von den halben Anschaffungskosten zu veranschlagen.

Für die Instandhaltung aller Formpressen sind jährlich 48 594,00 EUR zu berücksichtigen. Der Raumbedarf je Formpresse beträgt 32 m². Als Raumkostensatz werden je m² 164,00 EUR pro Jahr angesetzt.

Der Strombedarf für eine Formpresse beträgt 72 kWh, der Strompreis 0,16 EUR je kWh.

Aufgabe:

Berechnen Sie den Maschinenstundensatz!

3.4 Behandlung der Rest-Fertigungsgemeinkosten

Bei der Ermittlung des Maschinenstundensatzes werden die **Gemeinkosten der Fertigung** in **maschinenabhängige Fertigungsgemeinkosten** und in **lohnabhängige Rest-Fertigungsgemeinkosten** aufgeteilt. Als Bezugsgrundlage für die maschinenabhängigen Fertigungsgemeinkosten werden die Maschinenlaufzeiten gewählt, für die lohnabhängigen Rest-Fertigungsgemeinkosten die Fertigungslöhne.

---

[1] Eine allgemeine Formel zur Berechnung der Energiekosten je Maschinenstunde kann nicht angeboten werden.

[2] Das ist die erwartete Nutzungsdauer, mit der das Unternehmen kalkuliert.

Lernbereich 5: Mithilfe der Vollkostenrechnung Angebotspreise und das Betriebsergebnis ermitteln

Beispiel:

Fertigung					
Gemeinkosten der Fertigung	Maschinenabhängige Fertigungsgemeinkosten			Rest-Fertigungsgemeinkosten	
	Maschine I	Maschine II	Maschine III		
Summe der Gemeinkosten	13 632,00 EUR	14 892,00 EUR	7 728,00 EUR		21 981,60 EUR
effektive Laufzeit	160 Std.	120 Std.	140 Std.	Fertigungslöhne	28 400,00 EUR
Maschinen-Std.-Satz	85,20 EUR	124,10 EUR	55,20 EUR	Rest-FGK-Satz	77,4 %

- Maschinenstundensatz = $\dfrac{\text{maschinenabhängige Fertigungsgemeinkosten}}{\text{effektive Maschinenlaufzeit}}$

- Rest-Fertigungsgemeinkostensatz = $\dfrac{\text{Rest-FGK}}{\text{Fertigungslöhne}} \cdot 100$

3.5 Kalkulation mit Maschinenstundensätzen

Beispiel:

Für einen Auftrag, bei dem nach den oben ermittelten Maschinenstundensätzen nur Maschine I und Maschine II zum Einsatz kommen, ist der Selbstkostenpreis aufgrund folgender Angaben zu berechnen:

Verbrauch von Fertigungsmaterial	1 210,00 EUR	Maschine I	3 Std. zu je	85,20 EUR
Fertigungslöhne	820,00 EUR	Maschine II	2 Std. zu je	124,10 EUR
Die Zuschlagssätze betragen:	MGK	8 %	VerwGK	12 %
	Rest-FGK	77,4 %	VertrGK	8 %

Aufgabe:
Berechnen Sie die geplanten Selbstkosten des Auftrags!

Lösung:

Materialeinzelkosten	1 210,00 EUR	
+ 8 % Materialgemeinkosten	96,80 EUR	
= **Materialkosten**		1 306,80 EUR
+ Fertigungslöhne	820,00 EUR	
+ 77,4 % Rest-FGK	634,68 EUR	
+ Maschine I: 3 Std. · 85,20 EUR/Std.	255,60 EUR	
+ Maschine II: 2 Std. · 124,10 EUR/Std.	248,20 EUR	
+ Fertigungskosten		1 958,48 EUR
= **Herstellkosten**		3 265,28 EUR
+ 12 % Verwaltungsgemeinkosten		391,83 EUR
+ 8 % Vertriebsgemeinkosten		261,22 EUR
= **Selbstkosten**		3 918,33 EUR

Kompetenztraining

71 Vorwärtskalkulation mit Maschinenstundensatz, Beispiele für Maschinenkosten

Die Kostenrechnung eines Industriebetriebs weist folgende Daten aus:

Zuschlagssätze:
MGK 12,5 %, Rest-FGK 110 %, VerwGK 7,6 %, VertrGK 12,2 %

Maschinenkosten:
Maschine A: 200,00 EUR, Maschine B 80,00 EUR, Maschine C 125,00 EUR

Aufgaben:

1. Für die Herstellung eines Produkts kalkuliert der Industriebetrieb zusätzlich mit folgenden Daten: Fertigungsmaterial 210,00 EUR, Fertigungslöhne 170,00 EUR, Beanspruchung von Maschine A 12 Min., Maschine B 9 Min. und Maschine C 18 Min. Des Weiteren werden eingerechnet: 25 % Gewinn, 12 % Vertreterprovision, 3 % Kundenskonto und 20 % Kundenrabatt.
   Ermitteln Sie den Listenverkaufspreis!

2. Nennen Sie Kostenarten, die zu den maschinenabhängigen Kosten zu rechnen sind und geben Sie an, wie aus diesen der Maschinenstundensatz errechnet wird!

3. Erklären Sie, welche Folgen sich aus der Anwendung der Maschinenstundensatzrechnung für den Aufbau der Kostenstelle Fertigung ergeben!

4. Die Weber Metallbau GmbH richtet nach Anschaffung einer neuen Multifunktionswerkbank eine zusätzliche Kostenstelle für die Fertigung ein.

   Aufgabe:
   Ermitteln Sie den Maschinenstundensatz für die Multifunktionswerkbank aufgrund folgender Angaben: Anschaffungskosten 580 000,00 EUR, Wiederbeschaffungskosten 600 000,00 EUR, betriebliche Nutzungsdauer 10 Jahre, jährliche Maschinenlaufzeit je Anlage 1944 Stunden, kalkulatorischer Zinssatz 9 %, Instandhaltungskosten 22 770,00 EUR jährlich, jährliche Raumkosten 104,00 EUR pro m² bei einem Platzbedarf von 30 m², Energiebedarf 25 kWh; Strompreis 0,15 EUR/kWh, Grundgebühr monatlich 80,00 EUR.

72 Vorwärtskalkulation, Kalkulation eines Sonderpreises

1. Eine Maschinenfabrik rechnet für einen neuen Maschinentyp mit folgenden Kalkulationsdaten:

Verbrauch von Fertigungsmaterial		1 040,00 EUR		
Fertigungslöhne		870,00 EUR		
Gemeinkostenzuschläge:	MGK	5 %	VerwGK	9 %
	Rest-FGK	85 %	VertrGK	7 %
Nutzung von Maschinen:	Maschine A:	25 Minuten		
		108,00 EUR Maschinenstundensatz		
	Maschine B:	13 Minuten		
		78,00 EUR Maschinenstundensatz		

   Gewinnzuschlag 33 $\frac{1}{3}$ %, Vertreterprovision 12,5 %, Kundenskonto 2 $\frac{1}{2}$ % und Kundenrabatt 20 %.

   Aufgaben:

   1.1 Berechnen Sie den Listenverkaufspreis!

   1.2 Um den Absatz zu steigern, wird die Maschine zum Sonderpreis von 5 421,14 EUR angeboten. Berechnen Sie, wie viel Gewinn in EUR und in Prozent dem Unternehmen verbleiben!

Lernbereich 5: Mithilfe der Vollkostenrechnung Angebotspreise und das Betriebsergebnis ermitteln

2. Für einen Reparaturauftrag ist der Angebotspreis unter Berücksichtigung folgender Angaben zu kalkulieren:

			Normalzuschlagssätze:	
Verbrauch von Reparaturmaterial		195,80 EUR		
Fertigungslöhne	2,6 Stunden zu je	45,00 EUR	– MGK	7,5 %
Maschine I	0,6 Stunden zu je	104,90 EUR	– Rest-FGK	101,8 %
Maschine II	1,3 Stunden zu je	63,50 EUR	– VerwGK	9,4 %
Gewinnzuschlag	20 %		– VertrGK	8,8 %

Aufgabe:
Berechnen Sie den Angebotspreis für den Reparaturauftrag!

3. Nennen Sie zwei Gründe, warum im Allgemeinen die Kalkulation der Fertigungskosten auf der Basis von Maschinenstundensätzen genauer wird!

4 Gemeinkosten mithilfe des Betriebsabrechnungsbogens auf die Kostenstellen des Unternehmens verteilen und die Zuschlagssätze ermitteln

Bei der Kalkulation des Angebotspreises werden die Gemeinkosten mithilfe von Zuschlagssätzen auf die Produkte verteilt. In den folgenden Kapiteln wird dargestellt, wie die einzelnen Zuschlagssätze ermittelt werden.

LB 5 Handlungssituation 4: In einem BAB die Summe der Gemeinkosten je Kostenstelle und Zuschlagssätze ermitteln

Alex Rufnik legt Lasse Birkner den nachfolgenden BAB der MicroTex Technologies GmbH vor, der die Gemeinkosten des Monats Februar enthält.

	Zahlen der KLR	Material	Fertigung	Verwaltung	Vertrieb
Hilfsstoffkosten	145 700,00	2 050,00	129 450,00	3 500,00	10 700,00
Betriebsstoffkosten	22 400,00	1 700,00	14 400,00	4 100,00	2 200,00
Gehälter	130 500,00	4 100,00	98 900,00	18 600,00	8 900,00
Sozialkosten					
Mieten, Pachten	84 200,00	650 m²	2 720 m²	330 m²	510 m²
Büromaterial	91 100,00	3	2	11	4
Sonst. betr. Kosten	70 560,00	3	4	2	3
Kalk. Abschreibungen		2	8	4	1
Kalk. Wagnisse	45 800,00	2	4	2	2

Weitere Angaben:

- Verbrauch von Fertigungsmaterial: 1 046 553,80 EUR
- Fertigungslöhne: 560 702,50 EUR
- Die Sozialkosten betragen 80 % der Gehaltssumme.
- Kalkulatorische Abschreibungen je Jahr:
  auf das Betriebsgebäude 2 % von den Anschaffungskosten 3 100 000,00 EUR
  auf die technischen Anlagen und Maschinen 10 % vom Buchwert 1 690 600,00 EUR
  auf den Fuhrpark 15 % vom Wiederbeschaffungswert 600 000,00 EUR

4 Gemeinkosten mithilfe des Betriebsabrechnungsbogens auf die Kostenstellen des Unternehmens verteilen und die Zuschlagssätze ermitteln

KOMPETENZORIENTIERTE ARBEITSAUFTRÄGE:
1. Erstellen Sie den Betriebsabrechnungsbogen und verteilen Sie aufgrund der angegebenen Verteilungsschlüssel die Gemeinkosten auf die einzelnen Kostenstellen!
2. Berechnen Sie den Zuschlagssatz je Kostenstelle für den Monat Februar!
3. Ermitteln Sie die Selbstkosten der Rechnungsperiode!

4.1 Begriffe Kostenstelle und Kostenstellenrechnung

Produziert ein Unternehmen mehrere Erzeugnisse, so hat die Kostenrechnung die Aufgabe, die **anfallenden Gemeinkosten** am Ort ihrer Entstehung **(Kostenstelle) zu erfassen** und auf die einzelnen Erzeugnisse **(Kostenträger) verursachungsgerecht zuzurechnen**. Damit wird erreicht, dass den einzelnen Erzeugnissen und Dienstleistungen der Anteil an Gemeinkosten zugerechnet wird, den diese verursacht haben. Die Zurechnung erfolgt mithilfe von **Zuschlagssätzen**.

- Eine **Kostenstelle** ist ein Teilbereich eines Betriebs zur Erfassung der Gemeinkosten am Ort ihrer Entstehung.
- Die **Kostenstellenrechnung** erfasst die Gemeinkostenarten an den Stellen im Betrieb, an denen sie entstanden sind.

Die Bildung von Kostenstellen kann nach **verschiedenen Kriterien** erfolgen.

Kriterien	Erläuterungen	Beispiele
Räumlich-geografische Gesichtspunkte	Hier werden räumliche bzw. geografisch abgegrenzte Betriebsteile als Kostenstelle erfasst.	Halle I, Halle II, Filiale Dresden, Filiale Hamburg, Werkstatt I, Werkstatt II.
Verantwortungsbereiche	Hier werden Organisationseinheiten zu Kostenstellen zusammengefasst. Damit wird ermöglicht, den Kostenstellenleiter für die angefallenen Kosten verantwortlich zu machen.	Abteilung, Produktgruppe, Beschaffung, Werk, Vertrieb.
Funktionsbereiche	Hier werden gleichartige Arbeitsgänge zu einer Kostenstelle zusammengefasst.	Material-, Fertigungs-, Verwaltungs- und Vertriebskostenstelle.

Im Folgenden wird unterstellt, dass die **Kostenstellen nach Funktionsbereichen** gebildet werden.

Lernbereich 5: Mithilfe der Vollkostenrechnung Angebotspreise und das Betriebsergebnis ermitteln

4.2 Betriebsabrechnungsbogen

4.2.1 Begriff und Aufbau des Betriebsabrechnungsbogens

 Der **Betriebsabrechnungsbogen (BAB)** ist ein abrechnungstechnisches Hilfsmittel für die **Verteilung der Gemeinkosten** auf die einzelnen Kostenstellen.

Der **Betriebsabrechnungsbogen** hat folgende Grundstruktur:

Auf der rechten Hälfte des BABs werden horizontal die **einzelnen Kostenstellen** angeordnet. Auf der linken Seite werden vertikal die **Gemeinkosten** aufgelistet. Bei der Verteilung der Gemeinkosten auf die Kostenstellen wird in einer Zwischenspalte ein Hinweis darauf gegeben, auf welcher Grundlage die Verteilung der jeweiligen Gemeinkostenart auf die verschiedenen Kostenstellen erfolgen soll. Man spricht daher auch von **Verteilungsgrundlage** bzw. von **Verteilungsschlüssel**.

Gemein-kostenarten	EUR	Verteilungs-grundlage	Kostenstellen			
			Material	Fertigung	Verwaltung	Vertrieb

Zur Verteilungsgrundlage:

- Es gibt Gemeinkosten, die einen direkten Bezug zu den einzelnen Kostenstellen haben und sich daher auch direkt auf die einzelnen Kostenstellen verrechnen lassen. Man nennt sie **Kostenstelleneinzelkosten**.

> **Beispiele:**
> - Gehälter, Sozialkosten mithilfe von Gehaltslisten.
> - Stromkosten mithilfe von Zählern.
> - Materialgemeinkosten mithilfe von Materialentnahmescheinen.
> - Instandhaltung anhand von Belegen.

- Bei einem großen Teil der Gemeinkosten wird eine direkte Verrechnung nicht möglich sein. Dann bleibt nur noch die Möglichkeit, die angefallenen Kosten mithilfe eines **Verteilungsschlüssels** auf die einzelnen Kostenstellen umzulegen. Man nennt sie **Kostenstellengemeinkosten**.

Der Verteilungsschlüssel sollte so gewählt werden, dass ein hohes Maß an Abhängigkeit zwischen dem Verteilungsschlüssel und den zu verrechnenden Kosten besteht. Im Idealfall – und der wird hier unterstellt – ist die Abhängigkeit proportional.

> **Beispiel:**
> - Miete nach gemieteter Fläche in m^2.
> - Heizung nach umbauten Raum in m^3.
> - Kfz-Kosten nach gefahrener Strecke in km.

4.2.2 Aufstellung eines einstufigen Betriebsabrechnungsbogens und die Ermittlung der Gemeinkostenzuschlagssätze

Beispiel:

Die Kostenartenrechnung der Weber Metallbau GmbH weist für den Monat Januar folgende Kosten aus:

Verbrauch von		Sozialkosten	1 300,00 EUR
Fertigungsmaterial	85 000,00 EUR	Instandhaltung	11 500,00 EUR
Hilfsstoffkosten	6 000,00 EUR	Betriebssteuern	2 500,00 EUR
Betriebsstoffkosten	4 000,00 EUR	Kalk. Abschreibungen	12 000,00 EUR
Fertigungslöhne	56 600,00 EUR	Energiekosten	3 000,00 EUR
Gehälter	9 000,00 EUR	Sonstige Kosten	4 800,00 EUR

Bezugsgrößen für die Gemeinkosten:
- Die Materialgemeinkosten sind auf den Verbrauch von Fertigungsmaterial zu beziehen.
- Die Fertigungsgemeinkosten sind auf die Fertigungslöhne zu beziehen.
- Die Verwaltungs- und Vertriebsgemeinkosten sind auf die Herstellkosten der Rechnungsperiode zu beziehen.

Für die Erstellung des BAB ist folgender Verteilungsschlüssel zu verwenden:

Gemeinkostenarten	I. Material	II. Fertigung	III. Verwaltung	IV. Vertrieb
Hilfsstoffkosten lt. Entnahmescheinen	1 800,00	3 000,00	–	1 200,00
Betriebsstoffkosten lt. Entnahmescheinen	900,00	2 300,00	100,00	700,00
Gehälter lt. Gehaltsliste	400,00	1 000,00	5 400,00	2 200,00
Sozialkosten	1	2	7	3
Instandhaltung lt. Arbeitsstunden	20	84	2	9
Betriebssteuern	–	4	1	–
Kalk. Abschreibungen	1	7	3	1
Energiekosten lt. kWh	4 000	40 000	10 000	6 000
Sonstige Kosten lt. Belegen	1	6	2	3

Aufgaben:
1. Verteilen Sie aufgrund der angegebenen Verteilungsschlüssel die Gemeinkosten auf die einzelnen Kostenstellen!
2. Ermitteln Sie für jede Kostenstelle die Zuschlagssätze für die Gemeinkosten!
3. Ermitteln Sie die Selbstkosten der Rechnungsperiode (Monat: Januar)!

Lernbereich 5: Mithilfe der Vollkostenrechnung Angebotspreise und das Betriebsergebnis ermitteln

Lösungen:

Zu 1.: Verteilung der Gemeinkosten mithilfe des Betriebsabrechnungsbogens (BAB)

Gemeinkostenarten	Zahlen der KLR	Verteilungs-schlüssel	Kostenstellen			
			I. Material	II. Fertigung	III. Verwaltung	IV. Vertrieb
Hilfsstoffkosten	6 000,00	Entnahmescheine	1 800,00	3 000,00	–	1 200,00
Betriebsstoffkosten	4 000,00	Entnahmescheine	900,00	2 300,00	100,00	700,00
Gehälter	9 000,00	Gehaltsliste	400,00	1 000,00	5 400,00	2 200,00
Sozialkosten	1 300,00	1 : 2 : 7 : 3	100,00	200,00	700,00	300,00
Instandhaltung	11 500,00	Arbeitsstunden	2 000,00	8 400,00	200,00	900,00
Betriebssteuern	2 500,00	0 : 4 : 1 : 0	–	2 000,00	500,00	–
Kalk. Abschreibungen	12 000,00	1 : 7 : 3 : 1	1 000,00	7 000,00	3 000,00	1 000,00
Energiekosten	3 000,00	Kilowatt-Std.	200,00	2 000,00	500,00	300,00
Sonst. Kosten	4 800,00	1 : 6 : 2 : 3	400,00	2 400,00	800,00	1 200,00
Summe der Gemeinkosten	54 100,00	aufge-schlüsselt	6 800,00	28 300,00	11 200,00	7 800,00
	Zuschlagsgrundlagen: Verbrauch v. Fertigungsmat. Fertigungslöhne Herstellkosten der Rechnungs-periode		85 000,00	56 600,00	176 700,00	176 700,00
	Zuschlagssätze[1]		8 %	50 %	6,34 %	4,41 %

Zu 2.: Ermittlung der Zuschlagssätze

■ **Zuschlagssatz für die Materialgemeinkosten**

Es wird unterstellt, dass die Materialgemeinkosten (MGK) vom Verbrauch an Fertigungsmaterial abhängen. Daher werden die MGK für ihre Verrechnung auf die Kostenträger in Prozenten zum Verbrauch von Fertigungsmaterial angegeben.

Verbrauch von Fertigungsmaterial 85 000,00 EUR ≙ 100 %
MGK 6 800,00 EUR ≙ x %

$$x = \frac{6800 \cdot 100}{85000} = \underline{\underline{8\,\%}}$$

Der MGK-Zuschlagssatz von 8 % besagt, dass immer dann, wenn für 100,00 EUR Fertigungsmaterial verbraucht wurde, parallel und gleichzeitig 8,00 EUR Gemeinkosten im Materialbereich (z. B. Einkauf, Warenabnahme …) anfallen.

$$\text{MGK-Zuschlagssatz} = \frac{\text{Materialkosten}}{\text{Verbrauch von Fertigungsmaterial}} \cdot 100$$

■ **Zuschlagssatz für die Fertigungsgemeinkosten**

Die Fertigungsgemeinkosten werden auf die aufgewendeten Fertigungslöhne bezogen. Dabei wird unterstellt, dass die anfallenden Fertigungsgemeinkosten von der Höhe der aufgewendeten Fertigungslöhne abhängen. Dies ist in der Praxis nur **bedingt der Fall,** und zwar insbesondere dann nicht, wenn der Betrieb maschinenintensiv ist.

Fertigungslöhne 56 600,00 EUR ≙ 100 %
FGK 28 300,00 EUR ≙ x %

$$x = \frac{28300 \cdot 100}{56600} = \underline{\underline{50\,\%}}$$

$$\text{FGK-Zuschlagssatz} = \frac{\text{Fertigungsgemeinkosten}}{\text{Fertigungslöhne}} \cdot 100$$

In maschinenintensiven Betrieben werden in der Praxis in aller Regel die maschinenabhängigen Kosten gesondert erfasst und dafür Maschinenstundensätze errechnet.

---

[1] Mit diesen Zuschlagssätzen werden im Rahmen der Kalkulation die Gemeinkosten erfasst.

4 Gemeinkosten mithilfe des Betriebsabrechnungsbogens auf die Kostenstellen des Unternehmens verteilen und die Zuschlagssätze ermitteln

■ Zuschlagssatz für die Verwaltungsgemeinkosten

Bei den Verwaltungs- und Vertriebsgemeinkosten wird eine Abhängigkeit von der Höhe der Herstellkosten der Rechnungsperiode unterstellt.

Berechnung der Herstellkosten der Rechnungsperiode

Verbrauch von Fertigungsmaterial	85 000,00 EUR	
+ Materialgemeinkosten (MGK)	6 800,00 EUR	
= Materialkosten		91 800,00 EUR
Fertigungslöhne	56 600,00 EUR	
+ Fertigungsgemeinkosten (FGK)	28 300,00 EUR	
= Fertigungskosten		84 900,00 EUR
= Herstellkosten der Rechnungsperiode		176 700,00 EUR

Herstellkosten der
Rechnungsperiode 176 700,00 EUR ≙ 100 % $x = \dfrac{11\,200 \cdot 100}{176\,700} = \underline{6{,}34\,\%}$
VerwGK 11 200,00 EUR ≙ x %

$$\text{VerwGK-Zuschlagssatz} = \dfrac{\text{Verwaltungsgemeinkosten}}{\text{Herstellkosten der Rechnungsperiode}} \cdot 100$$

■ Zuschlagssatz für die Vertriebsgemeinkosten

Herstellkosten der
Rechnungsperiode 176 700,00 EUR ≙ 100 % $x = \dfrac{7\,800 \cdot 100}{176\,700} = \underline{4{,}41\,\%}$
VertrGK 7 800,00 EUR ≙ x %

$$\text{VertrGK-Zuschlagssatz} = \dfrac{\text{Vertriebsgemeinkosten}}{\text{Herstellkosten der Rechnungsperiode}} \cdot 100$$

Zu 3.: Ermittlung der Selbstkosten der Rechnungsperiode (Monat: Januar)

Aufgrund der Zahlenangaben des Beispiels ergeben sich die Selbstkosten der Rechnungsperiode durch folgende Berechnung:

Herstellkosten der Rechnungsperiode	176 700,00 EUR
+ Verwaltungsgemeinkosten	11 200,00 EUR
+ Vertriebsgemeinkosten	7 800,00 EUR
= Selbstkosten der Rechnungsperiode	195 700,00 EUR

Bei der Ermittlung der Zuschlagssätze wurde zugrunde gelegt, dass es sich um Zahlenwerte der vergangenen Rechnungsperiode handelt, d. h. um **Istkosten**. Die berechneten Zuschlagssätze stellen somit **Istzuschlagssätze** dar.

Überblick: BAB und die Berechnung der Herstell- und Selbstkosten

■ Verrechnung der Kostenarten Einzelkosten und Gemeinkosten:

```
Einzelkosten                    Gemeinkosten
                                     ↓
                        Betriebsabrechnungsbogen
                          mit den Kostenstellen
                    Material  Fertigung  Verwaltung  Vertrieb

                    MGKZ      FGKZ       VerwGKZ     VertrGKZ

                        Kostenträger (Erzeugnisse)
```

■ Berechnung der Gemeinkostenzuschlagssätze:

- MGK-Zuschlagssatz $= \dfrac{\text{Materialgemeinkosten}}{\text{Verbrauch von Fertigungsmaterial}} \cdot 100$

- FGK-Zuschlagssatz $= \dfrac{\text{Fertigungsgemeinkosten}}{\text{Fertigungslöhne}} \cdot 100$

- VerwGK-Zuschlagssatz $= \dfrac{\text{Verwaltungsgemeinkosten}}{\text{Herstellkosten der Rechnungsperiode}} \cdot 100$

- VertrGK-Zuschlagssatz $= \dfrac{\text{Vertriebsgemeinkosten}}{\text{Herstellkosten der Rechnungsperiode}} \cdot 100$

■ Berechnung der Herstell- und Selbstkosten einer Rechnungsperiode:

	Verbrauch von Fertigungsmaterial (Einzelkosten)
+	Materialgemeinkosten (MGK) lt. BAB
=	Materialkosten
+	Fertigungslöhne (Einzelkosten)
+	Fertigungsgemeinkosten (FGK) lt. BAB
=	Fertigungskosten
	Herstellkosten der Rechnungsperiode
+	Verwaltungsgemeinkosten (VerwGK) lt. BAB
+	Vertriebsgemeinkosten (VertrGK) lt. BAB
=	Selbstkosten der Rechnungsperiode

Kompetenztraining

73 Grundlagen der Kostenstellenrechnung, Betriebsabrechnungsbogen, Zuschlagssätze

1. Nennen Sie die wichtigsten Aufgaben der Kostenstellenrechnung!
2. Erläutern Sie die Begriffe Kostenstelle und Kostenbereich!
3. Nennen Sie Kriterien, die Sie bei der Bildung von Kostenstellen beachten sollten!
4. Begründen Sie, warum die Gemeinkosten auf die Kostenstellen verteilt werden!
5. Grenzen Sie die Kostenstelleneinzelkosten von den Kostenstellengemeinkosten ab!
6. Beschreiben Sie den Fall, der eintreten würde, wenn die Gemeinkosten nicht verursachungsgemäß auf die verschiedenen Produkte zugerechnet werden würde!

4 Gemeinkosten mithilfe des Betriebsabrechnungsbogens auf die Kostenstellen des Unternehmens verteilen und die Zuschlagssätze ermitteln

7. Nennen Sie beispielhaft vier Gemeinkosten und geben Sie dafür die mögliche Verteilungsgrundlage an!
8. Formulieren Sie den Grundsatz, der bei der Wahl eines Verteilungsschlüssels beachtet werden muss!
9. Die Kostenartenrechnung eines Industriebetriebs weist für den Monat Januar folgende Kosten aus, die wie folgt aufzuteilen sind:

	Zahlen der KLR	Material	Fertigung	Verwaltung	Vertrieb
Betriebsstoffkosten	36 000,00	12 000,00	Rest	–	–
Gehälter	90 000,00	7 500,00	7 500,00	37 500,00	Rest
Sozialkosten	30 000,00	2	2	3	3
Kalk. Abschreibungen	48 000,00	2	4	3	1
Steuern	45 000,00	1	4	4	1
Sonstige Kosten	210 000,00	1	5	6	2

Verbrauch von Fertigungsmaterial: 300 000,00 EUR
Fertigungslöhne: 180 000,00 EUR

Aufgaben:
9.1 Erstellen Sie den Betriebsabrechnungsbogen!
9.2 Berechnen Sie die Herstellkosten der Rechnungsperiode!
9.3 Ermitteln Sie den Zuschlagssatz je Kostenstelle für den Monat Januar!

74 Betriebsabrechnungsbogen, Zuschlagssätze

Aus den Zahlen der Kosten- und Leistungsrechnung eines Industriebbetriebs ergeben sich folgende Gemeinkostenbeträge:

	TEUR		TEUR
Hilfslöhne	500	Raumkosten	300
Gehälter	1 000	Kalk. Abschreibungen auf Anlagen	500
Gesetzlicher Sozialaufwand	500	Kalk. Zinsen auf Anlage- und Umlaufvermögen	900
Stromkosten	100		

Aufgaben:
1. Ermitteln Sie mithilfe eines Betriebsabrechnungsbogens die Gemeinkosten der vier Kostenstellen unter Verwendung der nachfolgend genannten Schlüssel:

	Material	Fertigung	Verwaltung	Vertrieb
Hilfslöhne	40 %	40 %	12 %	8 %
Gehälter	20 %	20 %	32 %	28 %
Gesetzlicher sozialer Aufwand nach der Zahl der Mitarbeiter	160	560	152	128
Stromverbrauch im Verhältnis	2	6	1	1
Raumkosten nach Fläche in m²	500	1 500	600	400
Anlagevermögen TEUR	1 500	3 000	300	200
Umlaufvermögen TEUR (Material- und Erzeugnisbestände)	3 000	2 000	4 000	1 000

2. Berechnen Sie die Zuschlagssätze (auf- bzw. abgerundet auf volle Prozentsätze)!

Zusatzangaben hierfür: Verbrauch von Fertigungsmaterial   4 850 TEUR
Fertigungslöhne   1 000 TEUR

4.2.3 Aufstellung eines mehrstufigen Betriebsabrechnungsbogens

(1) Begriff Hilfskostenstellen

Der mehrstufige BAB enthält

- zum einen **mehrere Fertigungshauptkostenstellen,** um den jeweiligen Gemeinkostenverbrauch zu erfassen. Gliederungskriterien sind **Produktgruppen** (z. B. Produktgruppe Holz, Produktgruppe Metall) oder **Abteilungen** (z. B. Stanzen, Lackieren, Montieren).
- Zum anderen enthält der mehrstufige BAB **Hilfskostenstellen,** die ihre Leistungen an andere Kostenstellen abgeben **(innerbetriebliche Leistungsverrechnung).**

> Die auf die Hilfskostenstellen entfallenden Kosten werden **vor der Berechnung der Gemeinkostenzuschlagssätze** auf **andere Kostenstellen umgelegt.**

Der mehrstufige BAB differenziert die Gemeinkosten gegenüber dem einstufigen BAB und erhöht dadurch dessen Aussagekraft.

(2) Arten von Hilfskostenstellen

Art der Hilfskostenstelle	Erläuterungen	Beispiele
Allgemeine Hilfskostenstellen	Sie dienen dem Gesamtbetrieb, d. h., ihre Leistungen werden von allen oder fast allen Kostenstellen in Anspruch genommen. Aus diesem Grund sind die Kosten der allgemeinen Hilfskostenstellen entsprechend der Inanspruchnahme auf die übrigen Kostenstellen zu verteilen.	Grundstücke und Gebäude, betriebseigene Strom- und Wasserversorgung, Werkfeuerwehr, soziale Einrichtungen (Kantine, Erholungsheim, Sportplätze).
Besondere Hilfskostenstellen	Sie geben ihre Leistungen nur an bestimmte Hauptkostenstellen weiter. Die anfallenden Kosten dieser Hilfskostenstellen sind deshalb nur auf die ihnen übergeordneten Hauptkostenstellen umzulegen. Es ist vor allem üblich, den Fertigungsstellen besondere Hilfskostenstellen (Fertigungshilfskostenstellen) vorzuschalten.	Konstruktionsbüro, Arbeitsvorbereitung, Modellfertigung für die Fertigung, Versandabteilung, Lehrwerkstätte, Werkzeugmacherei.

4 Gemeinkosten mithilfe des Betriebsabrechnungsbogens auf die Kostenstellen des Unternehmens verteilen und die Zuschlagssätze ermitteln

Beispiel:

Gemeinkostenarten	Zahlen der KLR	Allgemeiner Kostenbereich Kantine	I Material	Reparaturen Instandhaltung	II Fertigung Fertigung Holzwaren	II Fertigung Fertigung Metallwaren	III Verwaltung	IV Vertrieb
Hilfs- und Betriebsstoffe	65 200,00	1 400,00	1 100,00	700,00	24 000,00	36 000,00		2 000,00
Gehälter	60 700,00	7 200,00	3 700,00	5 100,00	12 000,00	11 000,00	15 400,00	6 300,00
...								
Summe der Gemeinkosten vor der Kostenumlage	803 300,00	32 000,00	24 800,00	84 000,00	240 500,00	310 400,00	63 200,00	48 400,00
			2 000,00	2 000,00	8 000,00	8 000,00	6 000,00	6 000,00
				86 000,00	248 500,00	318 400,00		
					34 400,00	51 600,00		
			26 800,00		282 900,00	370 000,00	69 200,00	54 400,00
			223 333,34 (≙ 100 %)		353 625,00 (≙ 100 %)	321 739,20 (≙ 100 %)	1 578 397,54 (≙ 100 %)	1 578 397,54 (≙ 100 %)
			12 %		80 %	115 %	4,38 %	3,45 %

Berechnung der Herstellkosten der Rechnungsperiode:

```
  Verbrauch von Fertigungsmat.     223 333,34 EUR
+ MGK                               26 800,00 EUR
+ Fertigungslöhne Holzwaren        353 625,00 EUR
+ FGK Holzwaren                    282 900,00 EUR
+ Fertigungslöhne Metallwaren      321 739,20 EUR
+ FGK Metallwaren                  370 000,00 EUR
= Herstellkosten der
  Rechnungsperiode               1 578 397,54 EUR
```

Zusätzliche Angaben:
Verteilungsschlüssel Kantine: 1 : 1 : 4 : 4 : 3 : 3
Verteilungsschlüssel Reparaturen/Instandhaltung: 2 : 3

Kompetenztraining

75 Mehrstufiger Betriebsabrechnungsbogen, Berechnung der Zuschlagssätze

1. Die Chemischen Werke AG haben in der ersten Stufe folgende Gemeinkostensummen für die Kostenstellen ermittelt:

	Kosten lt. KLR	Allgem. Hilfskostenstelle Wasserwerk	Material	Fertigungshilfskostenstelle Labor	Fertigung I	Fertigung II	Verwaltung	Vertrieb
Summe der Gemeinkosten	4 570 000,00	345 000,00	600 000,00	360 000,00	810 000,00	1 250 000,00	405 000,00	800 000,00

Verteilungsschlüssel:
- Die Gemeinkosten des Wasserwerkes sollen im Verhältnis des Wasserverbrauchs umgelegt werden: Material 10 m^3, Labor 60 m^3, Fertigung I 1 000 m^3, Fertigung II 1 200 m^3, Verwaltung 20 m^3, Vertrieb 10 m^3.
- Die Kosten des Labors verteilen sich auf die Fertigungshauptkostenstellen I und II im Verhältnis 1 : 3.

Einzelkosten:

Verbrauch von Fertigungsmaterial: 6 573 470,00 EUR
Fertigungslöhne Fertigung I: 773 713,50 EUR
Fertigungslöhne Fertigung II: 1 625 500,00 EUR

Bezugsgrundlage:
Die Verwaltungs- und Vertriebsgemeinkosten sind auf die Herstellkosten der Rechnungsperiode zu beziehen.

Aufgabe:
Erstellen Sie den BAB anhand der vorgegebenen Daten und berechnen Sie die Zuschlagssätze!

76 Mehrstufiger Betriebsabrechnungsbogen, Berechnung der Zuschlagssätze

Eine Maschinenfabrik produziert zwei Maschinengruppen. Zur Erstellung des BAB liegen folgende Daten vor:

	Zahlen der KLR in EUR	Allgemeiner Kostenbereich Energiezentrale	Material	Fertigung Techn. Büro	Fertigung Masch.-gruppe A	Fertigung Masch.-gruppe B	Verwaltung	Vertrieb
Gemeinkostenmaterial	52 000,00			12 000,00	18 000,00	22 000,00		
Energiekosten	31 040,00	1 120,00	640,00	400,00	11 360,00	10 480,00	4 880,00	2 160,00
Gehälter u. Hilfslöhne	132 000,00	3	2	1	8	10	5	4
Sozialkosten	49 500,00	3	2	1	8	10	5	4
Bürokosten	28 000,00	1	1	2	2	2	5	1
Abschreibungen	94 080,00	2 400,00	1 440,00	3 480,00	22 800,00	50 160,00	9 900,00	3 900,00
Steuern u. Abgaben	9 500,00	2		2	3	5	3	2
Umlage des allgemeinen Kostenbereichs: Energiezentrale			3	1	6	5	3	2
Umlage der besonderen Hilfskostenstelle: Technisches Büro					2	3		

Verbrauch von Fertigungsmaterial: 363 302,00 EUR
Fertigungslöhne Maschinengruppe A: 105 720,00 EUR
Fertigungslöhne Maschinengruppe B: 157 399,20 EUR

Aufgabe:
Erstellen Sie den BAB anhand der vorgegebenen Daten und berechnen Sie die Zuschlagssätze!

4.2.4 Ermittlung der Gemeinkostenzuschlagssätze unter Berücksichtigung der Bestandsveränderungen an unfertigen und fertigen Erzeugnissen

(1) Grundlegendes

Bisher wurden die Verwaltungs- und Vertriebsgemeinkosten auf die **Herstellkosten der Rechnungsperiode** bezogen. Dabei wurde unterstellt, dass die hergestellten Erzeugnisse im gleichen Geschäftsjahr verkauft worden sind. Werden nicht alle Erzeugnisse verkauft **(Bestandsmehrung der Fertigerzeugnisse**[1]**)** oder werden Erzeugnisse noch zusätzlich aus dem Lager verkauft **(Bestandsminderung der Fertigerzeugnisse**[2]**)**, so ändern sich die Herstellkosten der verkauften Ware um die Höhe der Bestandsveränderungen. Die Herstellkosten unter Berücksichtigung der Bestandsveränderungen bezeichnet man als **Herstellkosten des Umsatzes (Herstellkosten der verkauften Erzeugnisse)**.

> **Bezugsgrundlage** für die Ermittlung des Zuschlagssatzes für die **Verwaltungs-** und **Vertriebsgemeinkosten** sind, bei Vorliegen von Bestandsveränderungen, die **Herstellkosten des Umsatzes (Herstellkosten der verkauften Erzeugnisse).**[2]

(2) Berechnung der Herstellkosten des Umsatzes

■ **Einbeziehung von Bestandsmehrungen an fertigen Erzeugnissen**[3]

Eine **Bestandsmehrung** an fertigen Erzeugnissen bedeutet, dass innerhalb der Geschäftsperiode mehr Produkte hergestellt als verkauft wurden. Ein Teil der Produkte wanderte in das Lager, wodurch sich der Lagerbestand erhöht hat. Um von den Herstellkosten der Rechnungsperiode zu den Herstellkosten des Umsatzes (Herstellkosten der verkauften Erzeugnisse) zu gelangen, müssen die Bestandsmehrungen von den Herstellkosten der Rechnungsperiode abgezogen werden:

>   Herstellkosten der Rechnungsperiode (Herstellkosten der produzierten Erzeugnisse)
> −   Bestandsmehrungen bei fertigen Erzeugnissen
> =   Herstellkosten des Umsatzes (Herstellkosten der verkauften Erzeugnisse)

■ **Einbeziehung von Bestandsminderungen an fertigen Erzeugnissen**

Eine **Bestandsminderung** bedeutet, dass innerhalb der Geschäftsperiode mehr Güter verkauft wurden als hergestellt worden sind. Neben den in der Periode hergestellten Produkten wurden auch Lagerbestände verkauft. Dadurch vermindert sich der Lagerbestand. Um zu den Herstellkosten des Umsatzes zu gelangen, müssen die Bestandsminderungen zu den Herstellkosten der Rechnungsperiode hinzuaddiert werden.

>   Herstellkosten der Rechnungsperiode (Herstellkosten der produzierten Erzeugnisse)
> +   Bestandsminderungen bei fertigen Erzeugnissen
> =   Herstellkosten des Umsatzes (Herstellkosten der verkauften Erzeugnisse)

---

[1] Vgl. hierzu auch die Ausführungen auf S. 187 ff.
[2] Dies gilt auch für die Bestandsveränderungen bei unfertigen Erzeugnissen. Vgl. hierzu auch die Ausführungen auf S. 192 f.
[3] Da die Einbeziehung von fertigen und unfertigen Erzeugnissen in der gleichen Weise erfolgt, geht man, weil das leichter vorstellbar ist, von fertigen Erzeugnissen aus.

Lernbereich 5: Mithilfe der Vollkostenrechnung Angebotspreise und das Betriebsergebnis ermitteln

Da sich die Bestandsveränderungen bei fertigen Erzeugnissen in unterschiedliche Richtungen bewegen können und die Bestandsveränderungen bei den unfertigen Erzeugnissen in der gleichen Weise einbezogen werden müssen, wird die **Berechnung der Herstellkosten des Umsatzes** in folgendem Schema zusammengefasst:

	Herstellkosten der Rechnungsperiode (Herstellkosten der produzierten Erzeugnisse)
−	Bestandsmehrungen
+	Bestandsminderungen
=	Herstellkosten des Umsatzes (Herstellkosten der verkauften Erzeugnisse)

Beispiel:

Die Kostenrechnung eines Industriebetriebs weist für das 1. Quartal folgende Daten aus:

Verbrauch von Fertigungsmaterial	256 000,00 EUR
Materialgemeinkosten	32 000,00 EUR
Fertigungslöhne	695 825,00 EUR
Fertigungsgemeinkosten	672 300,00 EUR
Verwaltungsgemeinkosten	77 000,00 EUR
Vertriebsgemeinkosten	64 800,00 EUR

Bestandsangaben:

	Unfertige Erzeugnisse (UE)	Fertige Erzeugnisse (FE)
Anfangsbestände	175 000,00 EUR	214 000,00 EUR
Schlussbestände lt. Inventur	140 000,00 EUR	236 000,00 EUR

Aufgaben:
1. Ermitteln Sie die Herstellkosten des Umsatzes für das 1. Quartal!
2. Berechnen Sie für jede Kostenstelle die Zuschlagssätze für die Gemeinkosten!

Hinweise:
Die Materialgemeinkosten sind auf den Verbrauch von Fertigungsmaterial, die Fertigungsgemeinkosten auf die Fertigungslöhne, die Verwaltungsgemeinkosten und die Vertriebsgemeinkosten auf die Herstellkosten des Umsatzes zu beziehen.

Lösungen:

Zu 1.: Berechnung der Herstellkosten des Umsatzes

	Verbrauch v. Fertigungsmaterial	256 000,00 EUR
+	MGK	32 000,00 EUR
+	Fertigungslöhne	695 825,00 EUR
+	FGK	672 300,00 EUR
=	Herstellkosten der Rechnungsperiode	1 656 125,00 EUR
+	Bestandsminderung UE	35 000,00 EUR
−	Bestandsmehrung FE	22 000,00 EUR
=	Herstellkosten des Umsatzes	1 669 125,00 EUR

4 Gemeinkosten mithilfe des Betriebsabrechnungsbogens auf die Kostenstellen des Unternehmens verteilen und die Zuschlagssätze ermitteln

Zu 2.: Berechnung der Zuschlagssätze

Gemeinkosten insgesamt	Kostenstellen			
	Material	Fertigung	Verwaltung	Vertrieb
846 100,00	32 000,00	672 300,00	77 000,00	64 800,00
	256 000,00 (≙ 100 %)	695 825,00 (≙ 100 %)	1 669 125,00 (≙ 100 %)	1 669 125,00 (≙ 100 %)
	12,5 %	96,62 %	4,61 %	3,88 %

Kompetenztraining

77 Berechnung von Zuschlagssätzen

1. In einem Industriebetrieb werden der KLR bzw. der Buchführung folgende Zahlen entnommen: Verbrauch von Fertigungsmaterial 310 700,00 EUR, MGK 24 856,00 EUR, Fertigungslöhne 205 800,00 EUR, FGK 174 930,00 EUR, SEKF 22 900,00 EUR, VerwGK 81 310,46 EUR, VertrGK 48 047,09 EUR.

	Fertige Erzeugnisse (FE)	Unfertige Erzeugnisse (UE)
Anfangsbestand	175 600,00 EUR	25 800,00 EUR
Schlussbestand lt. Inventur	150 100,00 EUR	46 400,00 EUR

Aufgabe:
Berechnen Sie die Zuschlagssätze für die Gemeinkosten!

2. Im BAB eines Industrieunternehmens wurden für die Kostenstellen folgende Gemeinkosten errechnet:

Material	Fertigung	Verwaltung	Vertrieb
25 625,00	671 646,00	247 202,10	156 094,67

Für den gleichen Zeitraum wurden außerdem folgende Daten ermittelt: Verbrauch von Fertigungsmaterial 205 000,00 EUR, Fertigungslöhne 471 000,00 EUR, Bestandsmehrung an fertigen Erzeugnissen 51 000,00 EUR, Bestandsminderung an unfertigen Erzeugnissen 35 000,00 EUR.

Aufgabe:
Berechnen Sie die Zuschlagssätze für die Gemeinkosten!

78 Erstellen eines Betriebsabrechnungsbogens, Berechnung der Zuschlagssätze

In einem Industriebetrieb fallen folgende Gemeinkosten an, die wie folgt aufzuteilen sind:

	Zahlen der KLR	Verteilungsschlüssel			
		Material	Fertigung	Verwaltung	Vertrieb
Hilfs- u. Betriebsstoffkosten	67 200,00	3	12	1	–
Energie	78 300,00	2	5	1	1
Hilfslöhne	23 800,00	3	4	–	–
Gehälter	91 200,00	1	2	7	2
Sozialkosten	43 510,00	4	6	7	2
Fremdreparaturen	24 150,00	1	5	1	–
Steuern	63 000,00	1	4	1	1
Kalkulatorische Kosten	88 200,00	2	8	3	1

Verbrauch von Fertigungsmaterial: 683 416,66 EUR; Fertigungslöhne 196 795,08 EUR

Bestände an fertigen und unfertigen Erzeugnissen:

	FE	UE
Anfangsbestand	58 600,00 EUR	18 800,00 EUR
Schlussbestand lt. Inventur	45 100,00 EUR	24 400,00 EUR

Aufgaben:

1. Erstellen Sie den Betriebsabrechnungsbogen!
2. Berechnen Sie den Zuschlagssatz je Kostenstelle!
3. Erstellen Sie die Gesamtkalkulation für die Selbstkosten der verkauften Erzeugnisse!

79 Mehrstufiger Betriebsabrechnungsbogen, Berechnung der Zuschlagssätze mit Bestandsveränderungen, Berechnung der Selbstkosten des Umsatzes, Zweck von Hilfskostenstellen

	Allgemeiner Bereich	Materialbereich			Fertigungsbereich		Verwaltungsbereich			Vertriebsbereich
	Reparaturabteilung		Lehrwerkstatt	Arbeitsvorbereitung	Produktion I	Produktion II	Personalabteilung	Ausbildung kfm. Angestellte	Verwaltung	
Gemeink. insgesamt in TEUR	44 100	12 850	8 200	5 748	134 241	157 413	21 400	32 550	79 600	66 880
Zuschlagsgrundlagen		122 381			146 400	130 750			Herstellk. des Umsatzes	Herstellk. des Umsatzes

Weitere Angaben

– Verteilung der Kostenstelle Reparaturabteilung: 1 : 1 : 2 : 6 : 4 : 1 : 0 : 2 : 1.
– Verteilung der Kostenstelle Lehrwerkstatt auf die Produktion I und II: 3 : 2.
– Verteilung der Kostenstelle Arbeitsvorbereitung auf die Produktion I und II: 3 : 1.
– Verteilung der Kostenstelle Personalabteilung auf Ausbildung kfm. Angestellte und Verwaltung: 2 : 1.
– Verteilung der Kostenstelle Ausbildung kfm. Angestellte auf die Kostenstelle Verwaltung.
– Bestandsminderung an fertigen Erzeugnissen: 17 140 TEUR.

Aufgaben:

1. Erstellen Sie den Betriebsabrechnungsbogen!
2. Berechnen Sie die Zuschlagssätze für die Gemeinkosten!
3. Bestimmen Sie die Selbstkosten des Umsatzes!
4. Erklären Sie, aus welchem Grund die Bildung
    4.1 von allgemeinen Hilfskostenstellen und
    4.2 die Aufteilung des Fertigungsbereichs in besondere Hilfskostenstellen
    sinnvoll ist!

5 Abweichungen zwischen den tatsächlich angefallenen Gemeinkosten und den mit Vorkalkulationssätzen ermittelten Werten berechnen (Kostenträgerzeitrechnung)

LB 5 Handlungssituation 5: Kostenträgerblatt erstellen

Die MicroTex Technologies GmbH ist als Zulieferer für Brandschutzmatten für mehrere Maschinenfabriken tätig. Die Nettoverkaufserlöse betrugen in der vergangenen Abrechnungsperiode 1 560 000,00 EUR. Im gleichen Zeitraum fielen folgende Kosten an: Verbrauch von Fertigungsmaterial 732 800,00 EUR, Fertigungslöhne 240 000,00 EUR, Sondereinzelkosten des Vertriebs 20 000,00 EUR.

In der vergangenen Abrechnungsperiode wurde mit folgenden Zuschlagssätzen gerechnet: MGK 10 %, FGK 110 %, VerwGK 8 % und VertrGK 5 %.

Die Istgemeinkosten sind im BAB wie folgt aufgeteilt:

	Zahlen der KLR	Material-bereich	Fertigungs-bereich	Ver-waltung	Ver-trieb
Summe der Gemeinkosten	489 624,80	69 940,00	245 740,00	95 347,52	78 597,28

KOMPETENZORIENTIERTE ARBEITSAUFTRÄGE:

1. Ermitteln Sie auf einem Kostenträgerblatt die Istzuschlagssätze (auf eine Dezimale gerundet) sowie die Über- und Unterdeckungen und das Betriebsergebnis!
2. Die Kostenanalyse zeigt, dass abgesehen von den Vertriebsgemeinkosten die Istgemeinkosten in allen anderen Kostenstellen niedriger sind als die Normalgemeinkosten.
   2.1 Begründen Sie, ob diese niedrigeren Istgemeinkosten zu einer Kostenüber- bzw. -unterdeckung führen!
   2.2 Nennen Sie zwei Ursachen, die diese Entwicklung ausgelöst haben könnten!
   2.3 Stellen Sie die Auswirkungen der festgestellten Kostenabweichung auf das Betriebsergebnis dar!

5.1 Inhalt und Aufgaben der Kostenträgerzeitrechnung

Bei der Kostenträgerzeitrechnung werden die angefallenen **Selbstkosten des Umsatzes** ermittelt und den **Nettoverkaufserlösen der Rechnungsperiode** gegenübergestellt. Die **Differenz** zwischen den **Nettoverkaufserlösen** und den **Selbstkosten des Umsatzes** ergibt das **Umsatzergebnis**. Technisches Hilfsmittel zur Berechnung des Umsatzergebnisses ist das **Kostenträgerblatt**.

- Bei der **Kostenträgerzeitrechnung** werden die ermittelten **Selbstkosten des Umsatzes** den **Nettoverkaufserlösen** gegenübergestellt.
- Die **Differenz** zwischen den erzielten **Nettoverkaufserlösen** und den **Selbstkosten des Umsatzes** ergibt das **Umsatzergebnis**.

Grundlage der Kalkulation **während der Rechnungsperiode** sind die **Normalkosten**. Nach **Abschluss einer Rechnungsperiode** (z. B. eines Monats) muss festgestellt werden, ob die tatsächlich entstandenen Kosten **(Istkosten)** auch gedeckt worden sind.

5.2 Gegenüberstellung von Istkosten und Normalkosten

5.2.1 Gliederung der Kosten nach der zeitlichen Erfassung

(1) Istkosten

> Istkosten sind die **tatsächlich angefallenen Kosten** einer **abgelaufenen Rechnungsperiode.**

Werden die Istkosten auf die in der gleichen Abrechnungsperiode hergestellten und verkauften Erzeugnisse weiterverrechnet, dann wirken sich alle Zufallsschwankungen, denen die Kosten unterliegen können (z. B. Preisschwankungen auf den Rohstoffmärkten, erhöhter Ausschuss, Großreparaturen, erhöhter Energieverbrauch, Überstunden usw.), auf die Preiskalkulation in dieser Rechnungsperiode aus.

(2) Normalkosten

> Normalkosten sind **Durchschnittswerte der Istkosten** mehrerer Abrechnungsperioden.

Die Durchschnittswerte gleichen die im Zeitablauf auftretenden Schwankungen der Kosten aus. Außerdem werden in die Normalkosten in der Regel auch zukünftig zu erwartende Schwankungen der Kosten (z. B. Lohnsteigerungen, Steigerung von Rohstoffpreisen) eingerechnet. Angebote werden überwiegend zu Normalkosten kalkuliert **(Vorkalkulation)**. Durch den Vergleich der Normalkosten mit den Istkosten lässt sich die Kostenentwicklung in einer Rechnungsperiode kontrollieren **(Nachkalkulation)**.

5.2.2 Kostenüberdeckungen und Kostenunterdeckungen

Nach Ablauf der festgelegten Abrechnungsperiode können die **angefallenen Kosten (Istkosten)** den **vorkalkulierten** Kosten (Normalkosten) gegenübergestellt werden. In der Regel weichen die Normalkosten von den Istkosten ab. Die **Abweichungen** bei den Kosten in der Vor- und in der Nachkalkulation beruhen einerseits auf **unterschiedlichen Einzelkosten** und andererseits auf den **unterschiedlichen Zuschlagssätzen** in der Vor- und Nachkalkulation.

Normalkosten > Istkosten = Kostenüberdeckung
Normalkosten < Istkosten = Kostenunterdeckung

Sind die **Normalkosten höher als die Istkosten,** liegt eine **Kostenüberdeckung** vor. Sind die **Normalkosten niedriger als die Istkosten,** liegt eine **Kostenunterdeckung** vor. Liegen erhebliche Abweichungen zwischen der Vor- und Nachkalkulation vor, so sind die Gründe für die aufgetretenen Abweichungen zu ermitteln.

> - Bei der **Kostenunterdeckung** liegen die **Normalkosten unter den Istkosten,** d. h., die tatsächlich angefallenen Selbstkosten werden durch die einkalkulierten Kosten nicht mehr gedeckt.
> - Bei der **Kostenüberdeckung** liegen die **Normalkosten über den Istkosten,** d. h., die einkalkulierten Selbstkosten sind höher als die wirklich angefallenen Selbstkosten.

5 Abweichungen zwischen den tatsächlich angefallenen Gemeinkosten und den mit Vorkalkulationssätzen ermittelten Werten berechnen (Kostenträgerzeitrechnung)

Kompetenztraining

80 Kostenträgerrechnung, Ist- und Normalkosten

1. Die verrechneten Gemeinkosten betragen 65 850,00 EUR, die angefallenen Istkosten 62 780,00 EUR.

   Aufgabe:

   Berechnen Sie, ob eine Kostenüber- oder Kostenunterdeckung vorliegt!

2. Nennen Sie einen Vorteil, den die Verrechnung mit Normalkosten hat!

3. Erläutern Sie, wie sich Normalkostenrechnung und Istkostenrechnung unterscheiden!

4. Erläutern Sie den Begriff Kostenträger!

5. Nennen Sie einige Aufgaben der Kostenträgerrechnung!

6. Nennen Sie die beiden Arten der Kostenträgerrechnung und erläutern Sie kurz deren Zielsetzung!

5.2.3 Rechnerischer Ablauf der Kostenträgerzeitrechnung (Kostenträgerblatt) mit Ist- und Normalkosten – Kostenüberdeckung und Kostenunterdeckung

Die Kostenüber- oder Kostenunterdeckungen lassen sich im Kostenträgerblatt feststellen, wenn man die Normalkosten den Istkosten gegenüberstellt.

Beispiel:

Die Kosten- und Leistungsrechnung eines Industrieunternehmens weist für den Monat Oktober in der Vorkalkulation, in der die Gemeinkosten mit Normalzuschlagssätzen verrechnet wurden, folgende Gesamtdaten auf, die sich wie folgt auf die beiden Produkte verteilen.

	Insgesamt	
Verbr. v. Fertigungsmaterial	480 000,00	Die Normalzuschlagssätze betragen:
Fertigungslöhne	210 000,00	MGK 12 %, FGK 85 %, VerwGK 18 %,
Nettoverkaufserlöse	1 460 000,00	VertrGK 7 %
SEKF	8 100,00	
SEKV	4 800,00	

Aufgrund der Nachkalkulation ergeben sich für die Gemeinkosten die folgenden Istzuschlagssätze:

MGK: 10 %	FGK: 90 %	VerwGK: 15 %	VertrGK: 8 %

Bezugsgrundlagen: Die VerwGK und die VertrGK sind auf die Herstellkosten des Umsatzes zu beziehen.

Bestände an FE und UE:	FE	UE
Anfangsbestand	48 900,00 EUR	26 700,00 EUR
Schlussbestand lt. Inventur	71 200,00 EUR	21 300,00 EUR

Lernbereich 5: Mithilfe der Vollkostenrechnung Angebotspreise und das Betriebsergebnis ermitteln

Aufgaben:
1. Ermitteln Sie die Selbstkosten des Umsatzes als Istkosten und bei Normalzuschlagssätzen!
2. Errechnen Sie die Kostenüber- bzw. Kostenunterdeckung!
3. Ermitteln Sie das Betriebsergebnis!

Lösungen:

Ziffer	Bezeichnungen	Istkosten	Normal-zuschlagssätze	Normal-kosten	Kostenüber-/-unterdeckungen
1	Verbrauch v. Fert.-Material	480 000,00		480 000,00	
2	+ 10 % Materialgemeinkosten	48 000,00	12 %	57 600,00	+ 9 600,00
3	**Materialkosten** (1 + 2)	528 000,00		537 600,00	
4	Fertigungslöhne	210 000,00		210 000,00	
5	+ 90 % Fert.-Gemeinkosten	189 000,00	85 %	178 500,00	− 10 500,00
6	+ Sondereinzelkosten d. Fertigung	8 100,00		8 100,00	
7	**Fertigungskosten** (4 + 5 + 6)	407 100,00		396 600,00	
8	**Herstellk. d. Rech.-Periode** (3 + 7)	935 100,00		934 200,00	
9	+ Bestandsminderung UE	5 400,00		5 400,00	
10	− Bestandsmehrung FE	22 300,00		22 300,00	
11	**Herstellk. d. Umsatzes** (8 + 9 − 10)	918 200,00		917 300,00	
12	+ 15 % Verw.-Gemeinkosten (v. 11)	137 730,00	18 %	165 114,00	+ 27 384,00
13	+ 8 % Vertr.-Gemeinkosten (v. 11)	73 456,00	7 %	64 211,00	− 9 245,00
14	Sondereinzelkosten d. Vertriebs	4 800,00		4 800,00	
15	**Selbstkosten des Umsatzes** (11+12+13+14)	1 134 186,00		1 151 425,00	+ 17 239,00
16	Nettoverkaufserlöse	1 460 000,00		1 460 000,00	
15	− Selbstkosten des Umsatzes	1 134 186,00		1 151 425,00	
17	**Umsatzergebnis**			308 575,00	
18	+ Kostenüberdeckung			17 239,00	
19	**Betriebsergebnis**	325 814,00		325 814,00	

Erläuterungen: Vom Umsatzergebnis zum Betriebsergebnis (Ziffer 17 bis 19)

Das Umsatzergebnis bei der Vorkalkulation ergibt sich durch folgende Rechnung:

Nettoverkaufserlöse − Selbstkosten des Umsatzes = Umsatzergebnis

Die Rechnung mit Normalzuschlagssätzen (Vorkalkulation) führt zu einem anderen Ergebnis als die Nachkalkulation mit Istkosten, da die **Gemeinkosten mit anderen Zuschlagssätzen** berechnet werden. Das Umsatzergebnis in der Normalkostenrechnung unterscheidet sich daher vom Betriebsergebnis in der Istkostenrechnung, und zwar um die **Differenz zwischen den Normalgemeinkosten und den Istgemeinkosten** (Kostenüber- bzw. Kostenunterdeckungen).

Da bei einer **Kostenüberdeckung** die verrechneten Normalkosten **über** den angefallenen Istkosten liegen, fällt das Umsatzergebnis niedriger aus als das mit Istkosten ermittelte Betriebsergebnis. Um im Falle einer Kostenüberdeckung vom Umsatzergebnis zum Betriebsergebnis zu gelangen, muss daher zum Umsatzergebnis eine **Kostenüberdeckung hinzuaddiert** werden.

Im vorliegenden Beispiel ergibt sich eine Kostenüberdeckung in Höhe von 17 239,00 EUR. Bei einem Umsatzergebnis zu Normalkosten in Höhe von 308 575,00 EUR (siehe Ziffer 17) führt das zu einem Betriebsergebnis in Höhe von (308 575,00 EUR + 17 239,00 EUR) 325 814,00 EUR (siehe Ziffer 19).

5 Abweichungen zwischen den tatsächlich angefallenen Gemeinkosten und den mit Vorkalkulationssätzen ermittelten Werten berechnen (Kostenträgerzeitrechnung)

Bei einer **Kostenunterdeckung** sind die **Normalkosten niedriger** als die tatsächlich angefallenen **Istkosten**. Daher ist das Umsatzergebnis höher als das tatsächliche Ergebnis. Um vom Umsatzergebnis zum Betriebsergebnis zu gelangen, muss daher eine **Kostenunterdeckung vom Umsatzergebnis subtrahiert** werden.

Überblick: Kostenträgerzeitrechnung

- **Gliederung der Kosten nach der zeitlichen Erfassung**
  - Normalkosten > Istkosten → Kostenüberdeckung
  - Normalkosten < Istkosten → Kostenunterdeckung
- **Veränderung des Betriebsergebnisses** durch Abweichungen von den Normalgemeinkosten:
  - Betriebsergebnis = Umsatzergebnis + Kostenüberdeckung
  - Betriebsergebnis = Umsatzergebnis − Kostenunterdeckung

Kompetenztraining

81 Gegenüberstellung von Ist- und Normalkosten im Kostenträgerblatt, Berechnung der Kostenüber- bzw. Kostenunterdeckung

Die Weber Metallbau GmbH entnimmt der Abgrenzungstabelle folgende Zahlenwerte:

Betriebsabrechnungsbogen am Ende der Rechnungsperiode

Gemeinkosten	Material	Fertigung	Verwaltung	Vertrieb
insgesamt	85 260,60 EUR	926 670,00 EUR	309 709,27 EUR	180 663,74 EUR

Einzelkosten und Leistungen

		Normalzuschlagssätze	
Verbrauch von Fertigungsmaterial	897 480,00 EUR	MGK	9 %
Fertigungslöhne	671 500,00 EUR	FGK	136,2 %
Nettoverkaufserlöse	3 247 200,00 EUR	VerwGK	13 %
		VertrGK	6,5 %

Aufgaben:
1. Ermitteln Sie die Selbstkosten des Umsatzes
   1.1 als Istkosten,
   1.2 bei Normalzuschlagssätzen!
2. Berechnen Sie die Kostenüber- bzw. Kostenunterdeckung sowie das Betriebsergebnis der Abrechnungsperiode!
3. Berechnen Sie die Istzuschlagssätze!

82 Gegenüberstellung von Ist- und Normalkosten im Kostenträgerblatt, Berechnung der Kostenüber- bzw. Kostenunterdeckung

Die Kosten- und Leistungsrechnung eines Industrieunternehmens liefert für den Monat Mai folgende Kalkulationsdaten:

Einzelkosten und Leistungen

Verbrauch von Fertigungsmaterial	210 700,00 EUR
Fertigungslöhne	140 500,00 EUR
SEKF	6 500,00 EUR
SEKV	5 200,00 EUR
Nettoverkaufserlöse	792 322,00 EUR.

Zuschlagssätze	Material	Fertigung	Verwaltung	Vertrieb
Istzuschlagssätze	14 749,00 EUR	231 825,00 EUR	78 724,62 EUR	36 334,44 EUR
Normalzuschlagssätze	8 %	166 %	11,5 %	7,2 %

Bestände an FE und UE	FE	UE
Anfangsbestand	71 700,00 EUR	18 400,00 EUR
Schlussbestand lt. Inventur	67 200,00 EUR	21 600,00 EUR

Aufgaben:

1. Ermitteln Sie die Selbstkosten des Umsatzes
   1.1 als Istkosten,
   1.2 bei Normalzuschlagssätzen!

2. Errechnen Sie die Kostenüber- bzw. Kostenunterdeckung sowie das Betriebsergebnis der Abrechnungsperiode!

83 Gegenüberstellung von Ist- und Normalkosten im Kostenträgerblatt, Berechnung der Kostenüber- bzw. Kostenunterdeckung

Die Pharmageräte AG kalkuliert mit folgenden Normalzuschlagssätzen:

MGK 12 %, FGK 140 %, VerwGK 15 %, VertrGK 10 %.

Zur Überprüfung dieser Zuschlagssätze werden die Istkosten des vergangenen Abrechnungszeitraums herangezogen:

Verbrauch von Fertigungsmaterial	460 000,00 EUR
Fertigungslöhne	318 000,00 EUR
Materialgemeinkosten lt. BAB	58 700,00 EUR
Fertigungsgemeinkosten lt. BAB	412 300,00 EUR
Vertriebsgemeinkosten lt. BAB	135 014,00 EUR
Verwaltungsgemeinkosten lt. BAB	147 288,00 EUR
Nettoverkaufserlöse	1 580 000,00 EUR

Bezugsgrundlagen: Die VerwGK und die VertrGK sind auf die Herstellkosten des Umsatzes zu beziehen.

Bestandsveränderungen:

UE:	Bestandsminderung	17 100,00 EUR
FE:	Bestandsmehrung	38 700,00 EUR

Aufgaben:

1. Stellen Sie in einer Gesamtkalkulation die Istkosten und die Normalkosten einander gegenüber und ermitteln Sie, welche Kostenüber- bzw. Kostenunterdeckungen sich für die einzelnen Positionen feststellen lassen!

2. Ermitteln Sie die Ist-Gemeinkostenzuschlagssätze!

3. Berechnen Sie das Betriebsergebnis der Abrechnungsperiode!

6 Abweichungen zwischen Kosten und Aufwendungen sowie Leistungen und Erträge untersuchen und daraus unterschiedliche Zielsetzungen zwischen Betriebs- und Gesamtergebnis ableiten

LB 5 — **Handlungssituation 6:** Unternehmensgewinn und Betriebsgewinn voneinander abgrenzen

Die MicroTex Technologies GmbH legt folgende Auszüge aus der Gewinn- und Verlustrechnung vor:

1. Quartal 20.. (Auszug):

Umsatzerlöse	4 800 000,00 EUR
sonstige betriebliche Erträge	300 000,00 EUR
Materialaufwand	1 700 000,00 EUR
Personalaufwand	1 500 000,00 EUR
Abschreibungen	400 000,00 EUR
sonstige betriebliche Aufwendungen	100 000,00 EUR

2. Quartal 20.. (Auszug):

Aufwendungen für Roh-, Hilfs- und Betriebstoffe	1 200 000,00 EUR
Aufwand für Energie	300 000,00 EUR
Personalkosten	2 000 000,00 EUR
Steuernachzahlung für das vergangene Geschäftsjahr	150 000,00 EUR
Zinsaufwendungen	100 000,00 EUR
Büromaterial	200 000,00 EUR
Abschreibungen auf Sachanlagen	400 000,00 EUR
Umsatzerlöse	3 900 000,00 EUR
Erträge aus dem Verkauf von Wertpapieren	450 000,00 EUR
Erträge aus Versicherungsentschädigungen	180 000,00 EUR

KOMPETENZORIENTIERTE ARBEITSAUFTRÄGE:

1. Erläutern Sie, warum es mit den Angaben des 1. Quartals 20.. nicht möglich ist, die Gründe für die Betriebsentwicklung im Einzelnen aufzuzeigen!
2. Formulieren Sie schlagwortartig, welche weiteren Angaben Sie für eine genauere Analyse des Betriebsergebnisses bräuchten!
3. 3.1 Berechnen Sie das Betriebs- und das Unternehmensergebnis für das zweite Quartal 20..!
   3.2 Ordnen Sie das Ergebnis Ihrer Berechnungen aus der Sicht der Geschäftsführung ein!
4. Stellen Sie die Merkmale der Buchführung einerseits und der Kosten- und Leistungsrechnung andererseits systematisch gegenüber!

6.1 Abweichungen zwischen Kosten und Aufwendungen am Beispiel Abschreibungen

(1) Kalkulatorische und bilanzielle Abschreibungen

■ **Kalkulatorische Abschreibungen**

- Die **kalkulatorischen Abschreibungen** erfassen die **kostenwirksamen Wertminderungen**.
- Die kalkulatorischen Abschreibungen können von den **Anschaffungs-** bzw. **Herstellungskosten** eines Wirtschaftsgutes oder vom voraussichtlichen (geschätzten) höheren **Wiederbeschaffungswert** vorgenommen werden.

Die kalkulatorischen Abschreibungen werden in die **Verkaufspreise eingerechnet** und erwirtschaften damit – sofern die **Preise für die Produkte kostendeckend** sind – die Beträge, die zur Ersatzbeschaffung der Anlagegüter am Ende der Nutzungsdauer erforderlich sind.

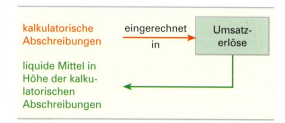

■ **Bilanzielle Abschreibungen**

- Die **bilanziellen Abschreibungen** erfassen die **erfolgswirksamen Wertminderungen**.
- Berechnungsgrundlage der bilanziellen Abschreibungen sind aufgrund der handelsrechtlichen Bestimmungen die **Anschaffungs- und Herstellungskosten**.

Die bilanziellen Abschreibungen erscheinen in der Gewinn- und Verlustrechnung als Aufwand und verhindern, dass die mit den Umsatzerlösen rückfließenden kalkulierten Abschreibungsbeträge – **bis zur Höhe der bilanziellen Abschreibungen** – zu Gewinn werden.

Die **bilanziellen Abschreibungen** bewirken, dass nur der Teil der kalkulatorischen Abschreibungen zu Gewinn wird, der den Betrag der bilanziellen Abschreibungen übersteigt.

6 Abweichungen zwischen Kosten und Aufwendungen sowie Leistungen und Erträge untersuchen und daraus unterschiedliche Zielsetzungen zwischen Betriebs- und Gesamtergebnis ableiten

(2) Auswirkungen von Abweichungen zwischen Kosten und Aufwendungen auf das Betriebs- und Gesamtergebnis (Unternehmensergebnis)

Die Abschreibungen können in der Buchführung mit einem anderen Betrag angesetzt werden als in der Kosten- und Leistungsrechnung.[1] Da die **bilanzielle Abschreibung** als Aufwand das **Gesamtergebnis (Unternehmensergebnis)** und die **kalkulatorische Abschreibung** das **Betriebsergebnis** beeinflusst, können Gesamtergebnis und Betriebsergebnis voneinander abweichen.

Unterscheidet sich die Höhe der bilanziellen Abschreibung von der der kalkulatorischen Abschreibung, erfolgt eine Gegenüberstellung der Werte im sogenannten **Abgrenzungsbereich**. Dabei wird ermittelt, ob der Unterschiedsbetrag zu einer Erhöhung oder Verminderung des Gesamtergebnisses bzw. des Betriebsergebnisses führt.

> **Beispiel:**
>
> Bilanzielle Abschreibung (Aufwand) 7 300,00 EUR, kalkulatorische Abschreibung (Kosten) 8 700,00 EUR.
>
> **Aufgabe:**
>
> Ermitteln Sie, welche Auswirkungen die Gegenüberstellung der bilanziellen und kalkulatorischen Abschreibung auf das Gesamtergebnis bzw. das Betriebsergebnis hat!

Lösung:

Buchführung			Abgrenzungsbereich		Kosten- und Leistungsrechnung	
Konten	Aufwendungen	Erträge	Aufwendungen	Erträge	Kosten	Leistungen
Abschreibung	7 300,00		7 300,00	8 700,00	8 700,00	

Ergebnis: Da die kalkulatorische Abschreibung um 1 400,00 EUR höher ist als die bilanzielle Abschreibung, erhöht sich das Gesamtergebnis um diesen Betrag. Das Betriebsergebnis wird nicht verändert.

Erläuterungen:

- Der Abschreibungsbetrag der Buchführung in Höhe von 7 300,00 EUR wird als Aufwand in den **Abgrenzungsbereich übernommen**.
- Der Betrag der kalkulatorischen Abschreibung in Höhe von 8 700,00 EUR wird als **Kosten in der Kosten- und Leistungsrechnung** erfasst und als **Ertrag im Abgrenzungsbereich**. Als Ertrag deshalb, weil er in den Verkaufspreis der Produkte einkalkuliert wird. Werden die Produkte zumindest zu kostendeckenden Preisen verkauft, kommen die kalkulatorischen Kosten als Ertrag (Umsatzerlös) in das Unternehmen zurück.
- Die bilanzielle Abschreibung stellt im Gesamtergebnis einen Aufwand von 7 300,00 EUR dar. Gleichzeitig wird bei kostendeckenden Preisen über die einkalkulierte kalkulatorische Abschreibung ein Ertrag von 8 700,00 EUR erwirtschaftet. Das **Gesamtergebnis** ist daher um 1 400,00 EUR (8 700,00 EUR − 7 300,00 EUR) **höher als das Betriebsergebnis**.

---

[1] Fallen in der Buchführung für die Kosten Aufwendungen in anderer Höhe an, spricht man von **Anderskosten**. Vgl. hierzu S. 222.

6.2 Abweichungen zwischen Leistungen und Erträgen am Beispiel betriebsfremde Zinserträge

6.2.1 Abgrenzung der Begriffe Erträge und Leistungen

(1) Erträge

> **Erträge** sind alle in Geld gemessenen **Werterhöhungen des Eigenkapitals** innerhalb einer Abrechnungsperiode.

Der Begriff **Ertrag** wird in der **Buchführung** verwendet und erfasst **alle Geschäftsvorfälle, die das Eigenkapital erhöhen**. Dabei spielt es keine Rolle, ob die Ursache für die angefallenen Erträge in der Verfolgung des eigentlichen Betriebszwecks zu sehen ist oder ob es sich um Erträge handelt, die mit der Herstellung und dem Verkauf von Erzeugnissen nicht oder nur mittelbar in einem Zusammenhang stehen.

(2) Leistungen

In der Kosten- und Leistungsrechnung werden nur die Erträge erfasst, die ursächlich im Zusammenhang mit der Verfolgung des eigentlichen Betriebszweckes stehen, der bei Industriebetrieben in der Herstellung, der Lagerung und dem Verkauf der Güter zu sehen ist.

Die **betrieblichen Erträge** bezeichnet man als **Leistungen**.

> - **Leistungen** sind die betrieblichen und relativ regelmäßig anfallenden Wertzugänge innerhalb einer Abrechnungsperiode gemessen in Geld.
> - Aus **Sicht der Buchführung** handelt es sich um **betriebliche Erträge**.

Erträge, die **nicht betrieblich** bedingt sind oder nur **teilweise als Leistungen** verrechnet werden sollen, bezeichnet man als **neutrale Erträge**.

betriebliche Erträge	neutrale Erträge
Leistungen	

> Die neutralen Erträge werden in der **Kosten- und Leistungsrechnung** entweder **gar nicht** oder **nicht** in der in **der Buchführung ausgewiesenen Höhe** berücksichtigt.

6.2.2 Auswirkungen von betriebsfremden Zinserträgen auf das Gesamtergebnis und das Betriebsergebnis

Betriebsfremde Zinserträge sind Erträge, die mit dem eigentlichen Betriebszweck nichts zu tun haben. Sie werden **nicht in die Kosten- und Leistungsrechnung einbezogen**. Es handelt sich um **neutrale Erträge**.

> **Beispiele:**
>
> Zinserträge aus Wertpapieren des Umlaufvermögens; Zinserträge aus einer kurzfristigen Termingeldanlage; Zinserträge aus Beteiligungen.

6 Abweichungen zwischen Kosten und Aufwendungen sowie Leistungen und Erträge untersuchen und daraus unterschiedliche Zielsetzungen zwischen Betriebs- und Gesamtergebnis ableiten

> **Beispiel:**
>
> Auszug aus dem Quartalsabschluss der Anlagen- und Maschinenbau AG Augsburg: Umsatzerlöse für eigene Erzeugnisse 1 500 000,00 EUR, fremde Zinserträge 20 000,00 EUR, Aufwendungen für Roh-, Hilfs- und Betriebsstoffe 840 000,00 EUR, Löhne 310 000,00 EUR.
>
> **Aufgabe:**
>
> Ermitteln Sie das Gesamt- und das Betriebsergebnis!

Lösung:

Umsatzerlöse für eigene Erzeugnisse		1 500 000,00 EUR
+ fremde Zinserträge		20 000,00 EUR
		1 520 000,00 EUR
– Aufw. für Roh-, Hilfs- und Betriebsstoffe		840 000,00 EUR
– Löhne		310 000,00 EUR
Gesamtergebnis		370 000,00 EUR

Umsatzerlöse für eigene Erzeugnisse	1 500 000,00 EUR
– Aufw. für Roh-, Hilfs- und Betriebsstoffe	840 000,00 EUR
– Löhne	310 000,00 EUR
Betriebsergebnis	350 000,00 EUR

- **Betriebsfremde Zinsen** sind **neutrale Erträge**. Sie betreffen das **Gesamtergebnis**.
- Das **Betriebsergebnis** wird **nicht verändert**.

6.3 Unterschiedliche Zielsetzungen zwischen Betriebs- und Gesamtergebnis

Die Ausführungen zur Abschreibung und zu den betriebsfremden Zinserträgen zeigen, dass streng getrennt werden muss zwischen den **Aufwendungen und Erträgen**, die das **Gesamtergebnis** betreffen und den **Kosten und Leistungen**, die das **Betriebsergebnis** bestimmen.

> Das **Betriebsergebnis** ermittelt den **Erfolg des betrieblichen Leistungsprozesses** (Betriebsgewinn oder -verlust) durch die Gegenüberstellung der **Kosten** und **Leistungen**.

Die **Zielsetzung des Betriebsergebnisses** ist, das auf den eigentlichen Betriebszweck zurückzuführende Ergebnis aufzuzeigen.

> Das **Gesamtergebnis** zeigt den **Erfolg des Unternehmens** (Gewinn oder Verlust) durch die Gegenüberstellung aller **Aufwendungen und Erträge**. Das Gesamtergebnis enthält auch die Aufwendungen und Erträge, die nicht unmittelbar mit dem Betriebszweck in Verbindung stehen.

Zielsetzung des Gesamtergebnisses ist, den Eigentümern des Unternehmens den Erfolg zu präsentieren sowie außenstehenden Dritten (z. B. Banken, Investoren, Steuerbehörden, Mitarbeitern) die Situation des Unternehmens darzustellen.

Lernbereich 5: Mithilfe der Vollkostenrechnung Angebotspreise und das Betriebsergebnis ermitteln

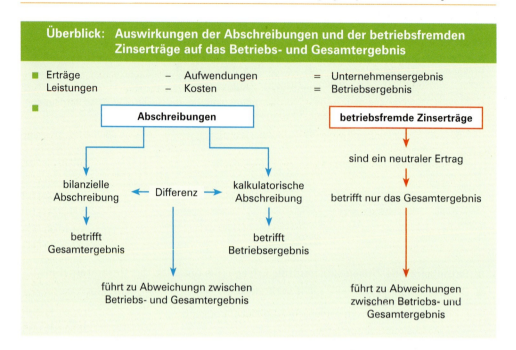

Kompetenztraining

84 Abgrenzung von Aufwendungen und Kosten

1. Erklären Sie den Begriff Anderskosten und nennen Sie ein Beispiel!
2. Erläutern Sie, warum in der KLR kalkulatorische Abschreibungen angesetzt und nicht die in der Buchführung erfassten bilanziellen Abschreibungen übernommen werden!
3. 3.1 Die bilanzielle Abschreibung beträgt 15 100,00 EUR, die kalkulatorische Abschreibung 12 400,00 EUR.

   Aufgabe:

   Erläutern Sie, welche Auswirkungen die unterschiedlichen Abschreibungsbeträge auf das Gesamtergebnis haben!

   3.2 Erklären Sie, warum die kalkulatorische Abschreibung gleichzeitig Kosten und Ertrag sein kann!

   3.3 Recherchieren Sie die Voraussetzungen, die erfüllt sein müssen, damit bei der kalkulatorischen Abschreibung die reale Kapitalerhaltung gesichert ist!

   3.4 Erläutern Sie den Zweck der Verrechnung kalkulatorischer Abschreibung!

   3.5 Erklären Sie, warum betriebsfremde Zinsen keinen Einfluss auf das Betriebsergebnis haben!

6 Abweichungen zwischen Kosten und Aufwendungen sowie Leistungen und Erträge untersuchen und daraus unterschiedliche Zielsetzungen zwischen Betriebs- und Gesamtergebnis ableiten

4. 4.1 Vergleichen Sie die Begriffe Ertrag und Leistung! Bilden Sie je zwei Beispiele!

4.2 Beurteilen Sie, bei welchen der genannten buchhalterischen Begriffen es sich um Begriffe der Leistungsrechnung handelt!

Umsatzerlöse für Handelswaren; Provisionserträge; aktivierte Eigenleistungen; Rabatt beim Einkauf von Rohstoffen; Zinserträge; andere sonstige betriebliche Erträge; Erträge aus dem Abgang von Vermögensgegenständen; Erträge aus Schenkungen; Umsatzerlöse für eigene Erzeugnisse.

5. Eine Werkzeugfabrik weist im 1. Quartal laut Buchführung folgende Aufwendungen und Erträge auf:

Aufwendungen für Roh-, Hilfs- und Betriebsstoffe	580 510,00 EUR
Gehälter	120 750,00 EUR
kalkulatorische Abschreibung auf Sachanlagen	48 690,00 EUR
bilanzielle Abschreibung auf Sachanlagen	56 840,00 EUR
Leasing	60 510,00 EUR
Büromaterial	28 525,00 EUR
Versicherungsbeiträge	30 970,00 EUR
betriebsfremde Aufwendungen	12 500,00 EUR
Umsatzerlöse für Erzeugnisse	1 050 000,00 EUR
Mieterträge aus nicht betrieblichen Gebäuden	17 500,00 EUR
betriebsfremde Zinserträge	25 800,00 EUR

Aufgaben:

5.1 Berechnen Sie das Gesamtergebnis und das Betriebsergebnis!
Verwenden Sie hierzu das folgende Schema!

	Aufwendungen	Erträge	Kosten	Leistungen
Aufw. f. Roh-, Hilfs- u. Betriebsstoffe				
.				
.				
Summen				
Gesamtergebnis				
Betriebsergebnis				

5.2 Beurteilen Sie das Verhältnis Gesamtergebnis zu Betriebsergebnis!

Jahrgangsstufe 12

Lernbereich 1: Entscheidungen mithilfe der Teilkostenrechnung vorbereiten und begründet treffen

1 Für betriebliche Entscheidungen verschiedene Verfahren der Kostenrechnung in Kenntnis ihrer Vor- und Nachteile nutzen und die Auswirkungen getroffener Entscheidungen auf die Kostensituation des Betriebs beurteilen

LB 1

Handlungssituation 1: Problem der fixen Kosten formulieren und einen Vergleich zwischen den Ergebnissen der Vollkostenrechnung und der Teilkostenrechnung vornehmen

Die Kosten für einen Bürorollcontainer der Augsburger Büromöbel AG lassen sich bei einer Produktion von 100 Stück wie folgt aufteilen:

	Fertigungsmaterial (50,00 EUR · 100 Stück)	5 000,00 EUR
+	10 % Materialgemeinkosten	500,00 EUR
+	Fertigungslöhne (30,00 EUR · 100 Stück)	3 000,00 EUR
+	120 % Fertigungsgemeinkosten	3 600,00 EUR
=	Herstellkosten für 100 Stück	12 100,00 EUR
	Herstellkosten für 1 Stück	121,00 EUR

	variable Herstellkosten (80,00 EUR · 100 Stück)	8 000,00 EUR
+	fixe Herstellkosten	4 100,00 EUR
=	Herstellkosten für 100 Stück	12 100,00 EUR
	Herstellkosten für 1 Stück	121,00 EUR

Bei einer Produktion von 150 Bürorollcontainern ergeben sich folgende Kosten:

	Fertigungsmaterial (50,00 EUR · 150 Stück)	7 500,00 EUR
+	10 % Materialgemeinkosten	750,00 EUR
+	Fertigungslöhne (30,00 EUR · 150 Stück)	4 500,00 EUR
+	120 % Fertigungsgemeinkosten	5 400,00 EUR
=	Herstellkosten für 150 Stück	18 150,00 EUR
	Herstellkosten für 1 Stück	121,00 EUR

	variable Herstellkosten (80,00 EUR · 150 Stück)	12 000,00 EUR
+	fixe Herstellkosten	4 100,00 EUR
=	Herstellkosten für 150 Stück	16 100,00 EUR
	Herstellkosten für 1 Stück	107,33 EUR

1 Für betriebliche Entscheidungen verschiedene Verfahren der Kostenrechnung in Kenntnis ihrer Vor- und Nachteile nutzen und die Auswirkungen getroffener Entscheidungen auf die Kostensituation des Betriebs beurteilen

Bei einer Produktion von 80 Bürorollcontainern ergeben sich folgende Kosten:

	Fertigungsmaterial		variable Herstellkosten	
	(50,00 EUR · 80 Stück)	4 000,00 EUR	(80,00 EUR · 80 Stück)	6 400,00 EUR
+	10 % Materialgemeinkosten	400,00 EUR	+ fixe Herstellkosten	4 100,00 EUR
+	Fertigungslöhne		= Herstellkosten für 80 Stück	10 500,00 EUR
	(30,00 EUR · 80 Stück)	2 400,00 EUR	Herstellkosten für 1 Stück	131,25 EUR
+	120 % Fertigungsgemeinkosten	2 880,00 EUR		
=	Herstellkosten für 80 Stück	9 680,00 EUR		
	Herstellkosten für 1 Stück	121,00 EUR		

KOMPETENZORIENTIERTE ARBEITSAUFTRÄGE:

1. Vergleichen Sie die vorgegebene Kalkulation für den Bürorollcontainer und erläutern Sie, worauf die unterschiedliche Höhe der Herstellkosten beruht!
2. Erläutern Sie, welche Schlussfolgerung Sie aus dem Vergleich für die Kalkulation ziehen!

1.1 Vorbereitung betrieblicher Entscheidungen aufgrund der Vollkostenrechnung und deren Auswirkungen auf die Kostensituation

1.1.1 Vorteile der Vollkostenrechnung

Bei der Vollkostenrechnung werden **alle Kosten,** die bei der Erstellung und Verwertung von Leistungen anfallen **erfasst** und auf die **Kostenträger verrechnet.** Die Kosten werden dabei untergliedert in **Einzel- und Gemeinkosten.** Zunächst wird mit **Normalkosten** kalkuliert, die anschließend in einer Nachkalkulation mit den angefallenen **Istkosten** überprüft werden.

Die **Vorteile der Vollkostenrechnung** sind:

- Sie zeigt die vollständige **Deckung der Selbstkosten** auf.
- Sie bietet einen guten Überblick über die gesamten anfallenden Kosten.
- Sie ist eine **gute Basis** für **mittel- und langfristige Unternehmensentscheidungen.** Um überleben zu können, muss ein Unternehmen mittel- und langfristig sämtliche Kosten durch seine Umsätze decken können.
- Sie ist das **gebräuchlichste Kostenrechnungsverfahren,** z. B. erfolgt die Bewertung des Vorrats- und Sachanlagevermögens zu Herstellkosten.
- Die Vollkostenrechnung ist **leicht durchzuführen.**

1.1.2 Nachteile der Vollkostenrechnung in Form der Zuschlagskalkulation und deren Auswirkungen auf die Kostensituation

Wird die Zuschlagskalkulation **allein** als Grundlage für die Kalkulation, Preispolitik oder Produktpolitik verwendet, ist leicht nachweisbar, dass sie zu falschen Ergebnissen und Schlussfolgerungen führt und sich daher nicht als Steuerungsinstrument eines Unternehmens eignet.

Lernbereich 1: Entscheidungen mithilfe der Teilkostenrechnung vorbereiten und begründet treffen

> **Beispiel:**
>
> Ein Unternehmen kann bei Vollauslastung innerhalb einer Rechnungsperiode 1 000 Stück eines Produktes zum Nettoverkaufspreis von 50,00 EUR je Stück absetzen.
>
> Die Stückkosten setzen sich nach der Zuschlagskalkulation zusammen aus Einzelkosten in Höhe von 16,00 EUR und einem Gesamtkostenzuschlagssatz (GKZ) von 181,25 %. Der GKZ hat einen Fixkostenanteil von 15 000,00 EUR und variable Gemeinkosten von 14,00 EUR.
>
> **Aufgabe:**
>
> Berechnen Sie den Gewinn der Rechnungsperiode nach der Zuschlagskalkulation zunächst ohne und anschließend mit Trennung der Gemeinkosten in fixe und variable Kosten bei unterschiedlichen Ausbringungsmengen!

Lösung:

Die Abrechnung der Rechnungsperiode führt zu folgendem Ergebnis:

Nettoverkaufserlöse insgesamt			50 000,00 EUR
– Kosten			
Einzelkosten (1 000 Stück · 16,00 EUR)		16 000,00 EUR	
+ 181,25 % GKZ		29 000,00 EUR	45 000,00 EUR
= **Gewinn**			**5 000,00 EUR**

Die **Stückkosten** betragen 45 000,00 EUR : 1 000 Stück = <u>45,00 EUR</u>

1. Kritikpunkt: **Die Anwendung der einmal auf der Basis der Vollkosten errechneten Stückkosten führt bei abweichender Ausbringungsmenge zu falschen Ergebnissen.**

Wird die Veränderung der Kosten aufgrund von Schwankungen der Ausbringungsmenge nicht berücksichtigt und weiterhin mit den einmal errechneten Stückkosten von 45,00 EUR kalkuliert, führt das zu falschen Ergebnissen, wie nachfolgende Berechnungen zeigen.

■ **Fall 1:**   **Die Ausbringungsmenge sinkt auf 600 Einheiten**

Berechnung **ohne Aufteilung der Kosten** und unter Beibehaltung der einmal berechneten Stückkosten in Höhe von 45,00 EUR

Nettoverkaufserlöse	(600 Stück · 50,00 EUR)	30 000,00 EUR
– Gesamtkosten	(600 Stück · 45,00 EUR)	27 000,00 EUR
= **Gewinn**		**3 000,00 EUR**

Berechnung **mit Aufteilung der Gesamtkosten in fixe und variable Kosten** und unter Berücksichtigung der Kostenveränderung bei Änderung der Ausbringungsmenge.

Nettoverkaufserlöse	(600 Stück · 50,00 EUR)		30 000,00 EUR
– Kosten			
Einzelkosten	(600 Stück · 16,00 EUR)	9 600,00 EUR	
variable Gemeinkosten[1]	(600 Stück · 14,00 EUR)	8 400,00 EUR	
fixe Gemeinkosten[1]		15 000,00 EUR	33 000,00 EUR
= **Verlust**			**– 3 000,00 EUR**

---

[1] **Fixe Gemeinkosten** sind Gemeinkosten, die sich bei einer Änderung der Ausbringungsmenge in ihrer **absoluten Höhe nicht verändern.** Siehe S. 274.
   Variable Gemeinkosten sind Gemeinkosten, die sich bei Änderung der Ausbringungsmenge in ihrer **absoluten Höhe verändern.** Siehe auch S. 274.

1 Für betriebliche Entscheidungen verschiedene Verfahren der Kostenrechnung in Kenntnis ihrer Vor- und Nachteile nutzen und die Auswirkungen getroffener Entscheidungen auf die Kostensituation des Betriebs beurteilen

Erläuterungen:

Berechnung der Stückkosten unter Berücksichtigung der Kostenaufteilung:

Einzelkosten	16,00 EUR
variable Gemeinkosten	14,00 EUR
fixe Gemeinkosten (15 000,00 EUR : 600 Stück)	25,00 EUR
Stückkosten insgesamt	55,00 EUR

Bei einem Nettoverkaufserlös von 50,00 EUR führt das zu einem Stückverlust von 5,00 EUR. Das ergibt bei 600 Stück einen Gesamtverlust von 3 000,00 EUR.

■ Fall 2: Die Ausbringungsmenge steigt auf 1 200 Einheiten

Berechnung **ohne Aufteilung der Kosten** und unter Beibehaltung der einmal berechneten Stückkosten in Höhe von 45,00 EUR.

Nettoverkaufserlöse	(1 200 Stück · 50,00 EUR)	60 000,00 EUR
− Gesamtkosten	(1 200 Stück · 45,00 EUR)	54 000,00 EUR
= Gewinn		6 000,00 EUR

Berechnung **mit Aufteilung der Gesamtkosten in fixe und variable Kosten** unter Berücksichtigung der Kostenveränderung bei Änderung der Ausbringungsmenge.

Nettoverkaufserlöse	(1 200 Stück · 50,00 EUR)		60 000,00 EUR
− Kosten			
Einzelkosten	(1 200 Stück · 16,00 EUR)	19 200,00 EUR	
variable Gemeinkosten	(1 200 Stück · 14,00 EUR)	16 800,00 EUR	
fixe Gemeinkosten		15 000,00 EUR	51 000,00 EUR
= Gewinn			9 000,00 EUR

Erläuterungen:

Berechnung der Stückkosten unter Berücksichtigung der Kostenaufteilung:

Einzelkosten	16,00 EUR
variable Gemeinkosten	14,00 EUR
fixe Gemeinkosten (15 000,00 EUR : 1 200 Stück)	12,50 EUR
Stückkosten insgesamt	42,50 EUR

Bei einem Nettoverkaufserlös von 50,00 EUR beträgt der Stückgewinn 7,50 EUR. Beim Verkauf von 1 200 Stück ergibt das einen Gesamtgewinn von 9 000,00 EUR.

- ■ Die Annahme, dass sich die Gemeinkosten im gleichen Verhältnis wie die Einzel- und Herstellkosten ändern ist nur richtig, wenn der Fixkostenanteil bei den Gemeinkosten null bzw. gering ist.
- ■ Die Zurechnung der Gemeinkosten auf die Kostenträger in Form von Zuschlagssätzen ist insbesondere bei hohen Zuschlagssätzen problematisch.
- ■ Wird eine Aufteilung des Kostenblocks in fixe und variable Kosten nicht berücksichtigt, führt das hinsichtlich des Stückkostensatzes zu falschen Kalkulationsgrundlagen.

Lernbereich 1: Entscheidungen mithilfe der Teilkostenrechnung vorbereiten und begründet treffen

2. Kritikpunkt: Bei Schwankungen der Ausbringungsmenge führt die Vollkostenrechnung zu falschen Empfehlungen in der Preispolitik.

Werden die Gesamtkosten als Grundlage für die Preispolitik verwendet, führt die Vollkostenrechnung aufgrund des beschriebenen Verhaltens der Fixkosten z. B. bei sinkender Ausbringungsmenge zu steigenden Stückkosten und daher zu einer Erhöhung der Stückpreise, obwohl die Marktsituation eine Preissenkung verlangt. Durch Erhöhung der Preise wird ein weiterer Absatzrückgang zu erwarten sein. Bei einer höheren Ausbringungsmenge gilt der umgekehrte Zusammenhang.

> Die **undifferenzierte Rechnung mit Vollkosten** führt zu einer **falschen Preispolitik**.

3. Kritikpunkt: Die Vollkostenrechnung kann zu falschen Entscheidungen bei der Produktpolitik führen.

Beispiel:

Ein Unternehmen verkauft zwei Produkte (Produkt A und B).

Die Gesamtkosten betragen nach der Zuschlagskalkulation beim Produkt A 32 000,00 EUR und beim Produkt B 58 000,00 EUR. Gliedert man die jeweiligen Gesamtkosten auf in variable Kosten (Einzelkosten und variable Gemeinkosten) und Fixkosten, so ergeben sich folgende Werte: variable Kosten Produkt A 18 000,00 EUR, Produkt B 30 000,00 EUR, fixe Gemeinkosten 42 000,00 EUR. Die Nettoverkaufserlöse betragen beim Produkt A 30 000,00 EUR, beim Produkt B 90 000,00 EUR.

Die fixen Kosten sind auf Produkt A und B im Verhältnis 1 : 2 zu verteilen.

Aufgaben:
1. Berechnen Sie das Betriebsergebnis ohne und mit Aufteilung in fixe und variable Kosten!
2. Begründen Sie, ob ein Produkt, das mit Verlust verkauft wird, aus dem Produktprogramm ausscheiden sollte!

Lösungen:

Zu 1.: Berechnung des Betriebsgewinns

- **Zuschlagskalkulation**

	Produkt A	Produkt B
Nettoverkaufserlöse	30 000,00 EUR	90 000,00 EUR
− Gesamtkosten	32 000,00 EUR	58 000,00 EUR
= Verlust/Gewinn	− 2 000,00 EUR	+ 32 000,00 EUR

- **Aufteilung der Gesamtkosten in variable und fixe Kosten**

	Produkt A	Produkt B
Nettoverkaufserlöse	30 000,00 EUR	90 000,00 EUR
− variable Kosten	18 000,00 EUR	30 000,00 EUR
Zwischensumme	12 000,00 EUR	60 000,00 EUR
− fixe Kosten	14 000,00 EUR	28 000,00 EUR
Verlust/Gewinn	− 2 000,00 EUR	32 000,00 EUR
		− 2 000,00 EUR
= Betriebsgewinn		30 000,00 EUR

Ergebnis: Beim Produkt A entsteht ein Verlust von 2 000,00 EUR, beim Produkt B ein Gewinn von 32 000,00 EUR. Dadurch beträgt der Gesamtgewinn des Unternehmens 30 000,00 EUR.

Zu 2.: Ausscheiden aus dem Produktprogramm

■ **Empfehlung nach der Zuschlagskalkulation**

Das Produkt A muss als Verlustbringer aus Sicht der Vollkostenrechnung aus dem Produktprogramm herausgenommen werden, da ansonsten der Gesamtgewinn geschmälert wird.

■ **Empfehlung bei Aufteilung der Kosten in fixe und variable Anteile**

Lösung:

	Nettoverkaufserlöse bei Produkt B	90 000,00 EUR
–	variable Kosten	30 000,00 EUR
=	Zwischensumme	60 000,00 EUR
–	fixe Kosten (insgesamt)[1]	42 000,00 EUR
=	Betriebsgewinn	**18 000,00 EUR**

Ergebnis: Durch das Ausscheiden des Produktes A aus dem Produktprogramm hat sich die Gewinnsituation des Unternehmens um 12 000,00 EUR verschlechtert. Das ist genau der Betrag, um den die Nettoverkaufserlöse des Produktes A die variablen Kosten übersteigen. In dieser Höhe konnte nämlich das Produkt A an der Deckung der fixen Kosten beteiligt werden.

Eine **undifferenzierte Anwendung der Vollkostenrechnung** führt zu einer **falschen Produktpolitik**.

Kompetenztraining

85 Mängel der Vollkostenrechnung

1. Nennen Sie Gründe, warum die Vollkostenrechnung als alleiniges Instrument der Unternehmenssteuerung nicht geeignet ist!
2. Zeigen Sie auf, welche Kostenart für die Mängel der Vollkostenrechnung verantwortlich ist!
3. Begründen Sie, warum ein Artikel, bei dem sich auf der Basis der Vollkostenrechnung ein Verlust ergibt, nicht gleich aus dem Produktprogramm ausscheiden muss!

1.2 Abgrenzung der Teilkostenrechnung von der Vollkostenrechnung

1.2.1 Grundlegendes

Die Ausführungen unter Kapitel 1.1.2 haben deutlich gemacht, dass die **Mängel, die der Vollkostenrechnung anhaften,** in den **Fixkosten begründet** liegen. Soll die Kostenrechnung in erster Linie als **Instrument der Unternehmenssteuerung** betrachtet werden, liegt es nahe, zunächst auf eine **Verrechnung der Fixkosten zu verzichten** und diese erst bei der Ergebnisermittlung wieder einzubeziehen. Eine solche Rechnung, die zunächst auf einen Teil bei der Weiterverrechnung der Kosten verzichtet, nennt man im Gegensatz zur Vollkostenrechnung eine **Teilkostenrechnung**.

---

1 Durch das Ausscheiden eines Produktes verändert sich die Höhe der Fixkosten insgesamt **zunächst** nicht.

Lernbereich 1: Entscheidungen mithilfe der Teilkostenrechnung vorbereiten und begründet treffen

Die **Teilkostenrechnung** geht von einer Aufgliederung der Kosten in **fixe Kosten** und **variable Kosten** aus.

Eine weitverbreitete Form der Teilkostenrechnung ist die **Deckungsbeitragsrechnung**.[1]

1.2.2 Gliederung der Kosten bei Änderung der Ausbringungsmenge

Betrachtet man die Gesamtkosten einer Geschäftsperiode, so stellt man fest, dass sich ein Teil der Kosten bei einer Veränderung der Ausbringungsmenge nicht verändert, andere Kosten sich jedoch verändern. Es sind daher zwei Arten von Kosten zu unterscheiden: die **fixen Kosten** und die **variablen Kosten**.

Kostenart	Erläuterung	Beispiele
Fixe Kosten (K_{fix})	Sind Kosten, die sich bei Änderung der Ausbringungsmenge in ihrer **absoluten Höhe nicht verändern**.	Miete, Gehälter der Angestellten, Abschreibungen, Versicherungsbeiträge, Grundsteuern.
Variable Kosten (K_V)	Sind Kosten, die sich bei Änderung der Ausbringungsmenge in ihrer **absoluten Höhe verändern**.	Leistungsabhängige Löhne, Verbrauch von Werkstoffen, Treibstoffen, Büromaterial, Versicherungsbeiträge, Reparaturen.

Fixe Kosten fallen unabhängig davon an, ob und wie viel ein Unternehmen produziert. Man nennt sie daher auch Kosten **der Betriebsbereitschaft**.[2]

Kompetenztraining

86 Kostenarten

1. Nennen Sie die Kostenarten, die fixe Kosten sind!

   Frachtkosten beim Verkauf von Erzeugnissen, linearer Abschreibungsbetrag für die Lagerausstattung, Bankzinsen für einen Kontokorrentkredit, Bezugskosten beim Einkauf von Betriebsstoffen, Miete für ein Großlager, Aufwendungen für Rohstoffe, Gehälter, Vertreterprovision, Verpackungs- und Transportkosten.

2. Die variablen Kosten für eine Erzeugnisgruppe betragen bei einem Absatz von 2 600 Stück 23 140,00 EUR. Die fixen Kosten der Erzeugnisgruppe betragen bis zu einem Umsatz von 2 800 Stück 8 500,00 EUR. Der Listenverkaufspreis beträgt je Stück 14,80 EUR. Der Verlauf der variablen Kosten ist proportional.

---

1 Für den Begriff „Deckungsbeitragsrechnung" wird in der betriebswirtschaftlichen Literatur auch der Begriff **„Direct Costing"** verwandt.

2 Allerdings sind die fixen Kosten keineswegs gegenüber jeder Veränderung der Ausbringungsmenge unveränderlich. Soll beispielsweise die Produktion so gesteigert werden, dass sie mit der vorhandenen technischen Ausstattung bzw. den eingestellten Arbeitskräften nicht mehr erhöht werden kann, müssen neue Maschinen gekauft, zusätzliche Arbeitskräfte eingestellt und/oder eine neue Fabrikhalle angemietet werden. In diesem Fall erhöhen sich die fixen Kosten sprunghaft. Die zusätzlich entstehenden Kosten nennt man **sprungfixe Kosten**.

Aufgaben:

2.1 Berechnen Sie den Betriebsgewinn/Betriebsverlust bei einem Absatz von
- 2.1.1 1 200 Stück bzw.
- 2.1.2 2 500 Stück!

2.2 Berechnen Sie die jeweiligen Stückkosten!

3. Erklären Sie die Aussage des nebenstehenden Schemas!

fixe Kosten (K_{fix})	Gemeinkosten
variable Kosten (K_v)	Einzelkosten

2 Den Deckungsbeitrag für einzelne Produkte berechnen und verantwortungsvolle Entscheidungen über das Produktprogramm treffen

2.1 Aufbau der Deckungsbeitragsrechnung

Bei der Deckungsbeitragsrechnung werden **Deckungsbeiträge** ermittelt. Diese ergeben sich, indem man von den **Nettoverkaufserlösen** der Produkte die **variablen Kosten** abzieht. In Höhe der Deckungsbeiträge sind die Produkte an der Deckung der noch nicht verrechneten Fixkosten beteiligt.

Das **Grundschema der Deckungsbeitragsrechnung** lautet:

  Nettoverkaufserlöse
  − variable Kosten
  = Deckungsbeitrag

- **Nettoverkaufserlöse** sind die Erlöse, die dem Unternehmen nach Abzug der Umsatzsteuer und etwaiger Erlösschmälerungen (z. B. Kundenrabatt, Kundenskonto, Vertreterprovision) tatsächlich verbleiben.[1]
- Der **Deckungsbeitrag** ist der Überschuss der Nettoverkaufserlöse über die variablen Kosten.
- Der **Deckungsbeitrag** gibt an, welchen Beitrag ein Kostenträger zur **Deckung** der **fixen Kosten** leistet.

Kompetenztraining

87 Grundlagen der Deckungsbeitragsrechnung

1. Erläutern Sie den Begriff Deckungsbeitrag!
2. Erklären Sie, bei welchen wichtigen Unternehmensaufgaben die Deckungsbeitragsrechnung sinnvolle Hilfestellung leisten kann!
3. Begründen Sie, worin Sie den entscheidenden Unterschied zwischen der Vollkostenrechnung und der Deckungsbeitragsrechnung sehen!

---

1 Der Nettoverkaufserlös entspricht dem Barverkaufspreis im Kalkulationsschema.

4. Notieren Sie außerhalb des Buches, welche Aussage über den Deckungsbeitrag richtig ist!
   4.1 Er deckt höchstens die fixen Kosten ab.
   4.2 Er steigt, wenn bei konstanten Stückerlösen die variablen Stückkosten steigen.
   4.3 Er sinkt, wenn bei konstanten Stückerlösen die variablen Stückkosten steigen.
   4.4 Er errechnet sich als Differenz zwischen den variablen Kosten und den Selbstkosten.
   4.5 Verrechnete Gemeinkosten minus Istgemeinkosten ergibt den Deckungsbeitrag.

2.2 Deckungsbeitragsrechnung als Stückrechnung

Beispiel:

Aus Wettbewerbsgründen ist ein Hersteller gezwungen, den Listenverkaufspreis für ein Trimmgerät auf 816,32 EUR festzusetzen. Den Sportartikelgroßhändlern werden 25 % Rabatt und 2 % Skonto eingeräumt. Die variablen Kosten betragen 400,00 EUR.

Aufgaben:
1. Berechnen Sie den Deckungsbeitrag je Stück!
2. Stellen Sie den Deckungsbeitrag je Stück grafisch dar!

Lösungen:

Zu 1.: Berechnung des Deckungsbeitrags

	Listenverkaufspreis (netto)	816,32 EUR
–	25 % Rabatt	204,08 EUR
=	Zielverkaufspreis	612,24 EUR
–	2 % Skonto	12,24 EUR
=	Nettoverkaufserlös (Barverkaufspreis)	600,00 EUR
–	variable Kosten	400,00 EUR
=	Deckungsbeitrag	200,00 EUR

Zu 2.: Grafische Darstellung

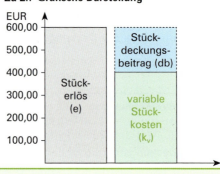

  Nettoverkaufserlös je Stück
  (Barverkaufspreis je Stück)
  – variable Kosten je Stück

  = Deckungsbeitrag je Stück

Erläuterung:

Der Deckungsbeitrag besagt, dass je Trimmgerät 200,00 EUR zur Deckung der Fixkosten zur Verfügung stehen. Ob der Deckungsbeitrag ausreicht, um neben der Deckung der fixen Kosten auch einen **Stückgewinn** zu erzielen, bleibt offen. Sicher ist aber, dass jeder Preis, der **über** den **variablen Kosten** liegt, zur Deckung der fixen Kosten beiträgt. Insofern dient der **Stückdeckungsbeitrag** als **Entscheidungshilfe** für die **Annahme oder Ablehnung von Aufträgen**.

- Jeder Deckungsbeitrag trägt zur Verbesserung des Betriebsergebnisses bei.
- Ob ein Stückgewinn erzielt wird und gegebenenfalls in welcher Höhe, kann nicht bestimmt werden.

Kompetenztraining

88 Stückdeckungsbeitragsrechnung

1. Aus Wettbewerbsgründen ist ein Betonwerk gezwungen, den Listenverkaufspreis für ein Bauelement auf 2 448,96 EUR festzusetzen. Den Bauunternehmen werden 25 % Rabatt und 2 % Skonto eingeräumt. Die variablen Kosten betragen 1 200,00 EUR.

   Aufgaben:
   1.1 Berechnen Sie den Deckungsbeitrag!
   1.2 Stellen Sie den Deckungsbeitrag je Stück grafisch dar!
   1.3 Beschreiben Sie die Rolle des Stückdeckungsbeitrags bei der Entscheidung über die Annahme oder Ablehnung eines Auftrages!
   1.4 Arbeiten Sie das Hauptproblem bei der Anwendung der Deckungsbeitragsrechnung heraus!

2. Die Kosten- und Leistungsrechnung eines Industriebetriebs liefert folgende Zahlen:

   Der Listenverkaufspreis je Stück beträgt 1 297,84 EUR. Dem Großhandel werden folgende Bedingungen gewährt: Kundenrabatt?, Kundenskonto $2\,^1/_2$ %. Die variablen Kosten betragen 260,00 EUR je Stück. Es wird ein Deckungsbeitrag von 625,78 EUR erzielt.

   Aufgaben:
   2.1 Berechnen Sie den Kundenrabatt in EUR und in Prozent, der bei dem vorgegebenen Listenverkaufspreis höchstens gewährt werden kann!
   2.2 Um den Marktanteil zu erhöhen, begnügt sich der Industriebetrieb für eine Werbeaktion mit der Deckung der variablen Kosten. Es wird mit den Bedingungen aus der Aufgabe 5.1 kalkuliert. Ermitteln Sie den Listenverkaufspreis für das Sonderangebot!
   2.3 Formulieren Sie Ihre Meinung zu der Werbeaktion. Gehen Sie dabei auf die Kostengestaltung ein, die das Unternehmen bei der Aktion wählt!

3. Die Teilkostenrechnung eines Unternehmens weist für ein bestimmtes Produkt folgende Ergebnisse aus:

   Aufgaben:
   3.1 Nettoverkaufserlös > variable Stückkosten.
   3.2 Nettoverkaufserlös < variable Stückkosten.
   3.3 Nettoverkaufserlös = variable Stückkosten.
   3.4 Stückdeckungsbeitrag = 0,00 EUR.

   Notieren Sie außerhalb des Buches, bei welchem Ergebnis das Produkt nicht mehr verkauft werden sollte!

4. Die Selbstkosten für eine Küchenmaschine betragen 540,00 EUR. Die Deckungsbeitragsrechnung ermittelt variable Kosten in Höhe von 290,00 EUR.

   Aufgabe:
   Begründen Sie, unter welcher Voraussetzung es langfristig sinnvoll ist, die Küchenmaschine in das Produktprogramm aufzunehmen!

Lernbereich 1: Entscheidungen mithilfe der Teilkostenrechnung vorbereiten und begründet treffen

2.3 Deckungsbeitragsrechnung als Periodenrechnung

Bei der Deckungsbeitragsrechnung als Periodenrechnung werden zur Ermittlung des Betriebsergebnisses die fixen Kosten in einem Block von der Summe der Deckungsbeiträge abgezogen.

Es liegt folgendes Berechnungsschema zugrunde:

Erzeugnis A	Erzeugnis B	usw.
Nettoverkaufserlöse – variable Kosten	+ Nettoverkaufserlöse – variable Kosten	
= Deckungsbeitrag von Erzeugnis A	= Deckungsbeitrag von Erzeugnis B	→ Summe der Deckungsbeiträge – fixe Kosten = Betriebsergebnis (Betriebsgewinn/Betriebsverlust)

Beispiel:

Die KLR eines Industrieunternehmens liefert uns für den Monat Juni für die Erzeugnisse A und B folgende Zahlen:

	Erzeugnis A	Erzeugnis B
Produktions- und Absatzmenge	300 Stück	400 Stück
Nettoverkaufserlös je Stück	500,00 EUR	750,00 EUR
Variable Kosten je Stück	160,00 EUR	505,00 EUR
Fixe Kosten des Unternehmens für den Monat Juni	150 000,00 EUR	

Aufgaben:
1. Berechnen Sie den Deckungsbeitrag je Erzeugnis und die Deckungsbeiträge insgesamt!
2. Ermitteln Sie das Betriebsergebnis für den Monat Juni!
3. Berechnen Sie den Stückdeckungsbeitragssatz für das Erzeugnis A sowie den Gesamtdeckungsbeitragssatz!

Lösungen:

Zu 1. und 2.: Berechnung der Deckungsbeiträge und des Betriebsergebnisses

	Erzeugnis A	Erzeugnis B	Gesamtbeträge
Nettoverkaufserlöse (E)	150 000,00 EUR	300 000,00 EUR	450 000,00 EUR
– variable Kosten (K_v)	48 000,00 EUR	202 000,00 EUR	250 000,00 EUR
Deckungsbeiträge (DB)	102 000,00 EUR	98 000,00 EUR	200 000,00 EUR
– fixe Kosten (K_{fix})			150 000,00 EUR
= Betriebsergebnis (Gewinn)			50 000,00 EUR

2 Den Deckungsbeitrag für einzelne Produkte berechnen und verantwortungsvolle Entscheidungen über das Produktprogramm treffen

Zu 3.: Berechnung der Stück- und Gesamtdeckungsbeitragssätze

- Der Deckungsbeitragssatz[1] gibt an, wie viel Prozent des Nettoverkaufserlöses zur Deckung der fixen Kosten bereitsteht.
- Der Deckungsbeitragssatz kann als **Stückdeckungsbeitragssatz (db-Satz)** oder als **Gesamtdeckungsbeitragssatz (DB-Satz)** definiert werden.

$$\text{db-Satz} = \frac{\text{db}}{\text{Nettoverkaufserlöse/Stück}} \cdot 100 \qquad \text{DB-Satz} = \frac{\text{DB}}{\text{Nettoverkaufserlöse/Zeitraum}} \cdot 100$$

$$\text{db-Satz für das Erzeugnis A} = \frac{340 \cdot 100}{500} = 68\,\% \qquad \text{DB-Satz} = \frac{200\,000 \cdot 100}{450\,000} = 44{,}44\,\%$$

Die Gewinnermittlung bei der Deckungsbeitragsrechnung lässt sich schematisch wie folgt darstellen:[2]

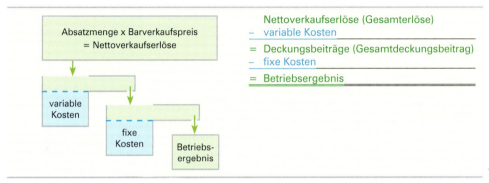

Kompetenztraining

89 Deckungsbeitragsrechnung als Periodenrechnung

Ein Motorenwerk stellt von einem Motor drei verschiedene Modelle her. Die KLR liefert für den Monat Mai folgende Zahlen:

	Modell 1	Modell 2	Modell 3
Verbr. v. Fertigungsmaterial/Stück Fertigungslöhne/Stück variable Gemeinkosten/Stück	900,00 EUR 420,00 EUR 360,00 EUR	780,00 EUR 525,00 EUR 305,00 EUR	410,00 EUR 190,00 EUR 280,00 EUR
Summe d. variablen Kosten/Stück	1 680,00 EUR	1 610,00 EUR	880,00 EUR
produzierte u. verkaufte Anzahl Nettoverkaufserlöse je Stück	300 Stück 2 910,00 EUR	400 Stück 2 200,00 EUR	700 Stück 1 510,00 EUR

Die Fixkosten im Monat Mai betragen 820 000,00 EUR.

Aufgaben:

1. Ermitteln Sie das Betriebsergebnis für den Monat Mai!
2. Berechnen Sie den Stückdeckungsbeitragssatz für das Modell 1!
3. Bestimmen Sie den Gesamtdeckungsbeitragssatz!

---

[1] Der Deckungsbeitragssatz kann auch als **Deckungsbeitragsfaktor** formuliert werden:

$$\text{db-Faktor} = \frac{\text{db}}{\text{Nettoverkaufserlöse/Stück}} \qquad \text{DB-Faktor} = \frac{\text{DB}}{\text{Nettoverkaufserlöse/Zeitraum}}$$

[2] Vgl. Zdrowomyslaw, Norbert/Götze, Wolfgang: Kosten-, Leistungs- und Erlösrechnung, München/Wien 1995, S. 461.

Lernbereich 1: Entscheidungen mithilfe der Teilkostenrechnung vorbereiten und begründet treffen

90 Deckungsbeitragsrechnung als Periodenrechnung, Betriebsergebnis

Die Hohmann AG stellt drei verschiedene Typen von Gartenstühlen her. Für den Monat Oktober legt die Kosten- und Leistungsrechnung folgende Zahlen vor:

	Typ A	Typ B	Typ C
Nettoverkaufserlöse je Stück	120,00 EUR	85,00 EUR	76,00 EUR
variable Stückkosten	85,00 EUR	69,00 EUR	65,00 EUR
Verkaufsmengen in Stück	1 500	3 500	5 200

Die fixen Kosten der Rechnungsperiode werden mit 95 000,00 EUR veranschlagt.

Aufgaben:

1. Berechnen Sie für jeden Typ den Deckungsbeitrag je Stück!
2. Stellen Sie unter dem Gesichtspunkt der erzielten Stückdeckungsbeiträge eine Rangfolge der Erzeugnisarten auf!
3. Stellen Sie den Stückdeckungsbeitrag für den Kostenträger A grafisch dar!
4. Ermitteln Sie für jeden Typ die Deckungsbeiträge der Rechnungsperiode!
5. Führen Sie die Betriebsergebnisrechnung der Periode durch!
6. Der Produktionsleiter weist auf Rationalisierungsmöglichkeiten in der Produktion hin und empfiehlt der Geschäftsleitung, die Produktion auf zwei Modelle zu begrenzen. Begründen Sie aus Sicht der Kostenrechnung, ob die Geschäftsleitung diesem Vorschlag folgen soll!

91 Deckungsbeitragsrechnung als Periodenrechnung, Betriebsergebnis

Die Kludi GmbH stellt Haushaltskühlschränke und Wäschetrockner her. Auf dem Absatzmarkt gelten folgende Listenverkaufspreise: für Kühlschränke 600,00 EUR, für Wäschetrockner 420,00 EUR. An Einzelkosten fallen an: für einen Kühlschrank 220,00 EUR, für einen Wäschetrockner 185,00 EUR. Die variablen Gemeinkosten betragen jeweils 85 % der Einzelkosten.

Den Abnehmern werden 10 % Rabatt und 2 % Skonto gewährt. Die Fixkosten der Rechnungsperiode betragen 350 000,00 EUR. Die Absatzmengen betrugen bei den Kühlschränken 5 000 Stück, bei den Wäschetrocknern 3 500 Stück.

Aufgaben:

1. Ermitteln Sie die Deckungsbeiträge:
    1.1 für jedes Erzeugnis,
    1.2 für die Rechnungsperiode insgesamt!
2. Ermitteln Sie das Betriebsergebnis der Rechnungsperiode!

2.4 Deckungsbeitragsrechnung als Instrument der Produktentscheidung

LB 1 | **Handlungssituation 2:** Über eine Produkteliminierung aufgrund der Vollkostenrechnung bzw. der Teilkostenrechnung entscheiden

Die Geschäftsleitung der Sport-Burr KG vermutet, dass die Produktion der Snowboards mit Verlust verbunden ist. Sie möchte deshalb herausfinden, ob sie nicht besser die Produktion der Snowboards einstellen sollte.

Entscheidungshilfe hierzu erwartet sie von den Ergebnissen der Kosten- und Leistungsrechnung.

Am Ende eines Rechnungsabschnitts stehen folgende Zahlen zur Verfügung:

Einzelkosten	Snowboards	Carvingskier
Verbrauch von Fertigungsmaterial	25 000,00 EUR	45 000,00 EUR
Fertigungslöhne	35 000,00 EUR	70 000,00 EUR
Sondereinzelkosten des Vertriebs	5 000,00 EUR	–

Gemeinkosten	fix	variabel
Materialstelle	2 000,00 EUR	1 500,00 EUR
Fertigungsstelle Snowboards	18 000,00 EUR	14 000,00 EUR
Fertigungsstelle Carvingskier	53 000,00 EUR	35 000,00 EUR
Verw.- und Vertriebsstelle	25 000,00 EUR	–

Hergestellt wurden 2 100 Snowboards, die zu 55,00 EUR/Stück und 3 500 Carvingskier, die zu 85,00 EUR/Stück verkauft wurden. Auf beide Produkte wurden 15 % Rabatt gewährt.

KOMPETENZORIENTIERTE ARBEITSAUFTRÄGE:

1. Überprüfen Sie mithilfe der Vollkostenrechnung, ob die Vermutung der Geschäftsleitung bezüglich der Snowboards zutrifft!

   Kalkulieren Sie mit einem Material-Gemeinkostenzuschlagssatz von 5 % und einem Verwaltungs- und Vertriebs-Gemeinkostenzuschlagssatz von 8 %!

2. Stellen Sie eine Deckungsbeitragsrechnung für beide Produkte auf!

   Beurteilen Sie das Ergebnis und entscheiden Sie, ob die Snowboards aus der Produktion genommen werden sollten!

   Verteilen Sie die variablen Materialgemeinkosten auf die Produkte Snowboards und Carvingskier im Verhältnis 1 : 2!

3. Der Abteilungsleiter des Vertriebsbereichs Snowboards hat in den vergangenen Wochen Aufträge zu nicht kostendeckenden Preisen angenommen. Die Geschäftsleitung der Sport-Burr KG hat die Annahme solcher Aufträge für die Zukunft untersagt. Beurteilen Sie die unterschiedlichen Auffassungen aus kostenrechnerischer Sicht!

4. Erläutern Sie, welche Aufgaben nur die Vollkostenrechnung und welche nur die Teilkostenrechnung erfüllen kann!

Lernbereich 1: Entscheidungen mithilfe der Teilkostenrechnung vorbereiten und begründet treffen

Dem Unternehmer stellt sich immer die Frage, welches Produkt er durch verkaufsfördernde Maßnahmen unterstützen bzw. welches Produkt er aufgeben soll. Allgemein gilt, dass er das Produkt in seiner Vertriebsaktivität herausstellen wird, bei dem er den größten Deckungsbeitrag erzielen kann. Produkte, die die variablen Stückkosten nicht abdecken, wird er hingegen aufgeben wollen.

Die Deckungsbeitragsrechnung ist dazu geeignet, die Zusammensetzung des Produktprogramms und damit die Vertriebspolitik sinnvoll zu planen, denn es gilt: Je höher der Deckungsbeitrag eines Produkts ist, desto mehr trägt das Produkt zur Deckung der Fixkosten und damit letztlich zur Entstehung eines Gewinns bei **(Optimierung des Deckungsbeitrags).** Umgekehrt gilt, dass Produktgruppen, deren Verkaufserlöse nicht einmal die variablen Kosten decken, aufgegeben werden sollten.

Beispiel:

Die Vollkostenrechnung eines Holzwerkes liefert für sein Produktprogramm folgende Zahlenwerte über den Betriebserfolg:

	Bauholz	Pellets	Paletten	Restholz	Insgesamt
Nettoverkaufserlöse	560 000,00 EUR	730 000,00 EUR	110 000,00 EUR	312 000,00 EUR	1 712 000,00 EUR
– gesamte Kosten	403 200,00 EUR	554 800,00 EUR	180 000,00 EUR	255 840,00 EUR	1 393 840,00 EUR
= Betriebsgewinn	156 800,00 EUR	175 200,00 EUR	– 70 000,00 EUR	56 160,00 EUR	318 160,00 EUR

Gliedert die Geschäftsleitung die Kosten in fixe und variable Kosten auf und erstellt eine **Deckungsbeitragsrechnung,** erbringt dies folgendes Ergebnis:

	Bauholz	Pellets	Paletten	Restholz	Insgesamt
Nettoverkaufserlöse – variable Kosten	560 000,00 EUR 375 200,00 EUR	730 000,00 EUR 459 900,00 EUR	110 000,00 EUR 92 400,00 EUR	312 000,00 EUR 187 200,00 EUR	1 712 000,00 EUR 1 114 700,00 EUR
Deckungsbeitrag – fixe Kosten	184 800,00 EUR	270 100,00 EUR	17 600,00 EUR	124 800,00 EUR	597 300,00 EUR 279 140,00 EUR
= Betriebsgewinn					318 160,00 EUR

Aufgaben:

1. Begründen Sie, warum die Geschäftsleitung, aufgrund der Vollkostenrechnung, das Produkt Paletten zugunsten des Produkts Pellets eliminieren möchte!
2. Ermitteln Sie, in welcher Reihenfolge die Produktion der einzelnen Produkte nach der Deckungsbeitragsrechnung erfolgen sollte!
3. Berechnen Sie, ob es aus Sicht der Deckungsbeitragsrechnung sinnvoll ist, die Produktgruppe Paletten aufzugeben!

Lösungen:

Zu 1.: Aus Sicht der Vollkostenrechnung ist es sinnvoll, das Produkt Paletten aufzugeben, da es mit einem Verlust abschließt.

Zu 2.: Pellets, Bauholz, Restholz, Paletten.

2 Den Deckungsbeitrag für einzelne Produkte berechnen und verantwortungsvolle Entscheidungen über das Produktprogramm treffen

Zu 3.:

	Bauholz	Pellets	Paletten	Restholz	Insgesamt
Deckungsbeitrag – fixe Kosten	184 800,00 EUR	270 100,00 EUR		124 800,00 EUR	579 700,00 EUR 279 140,00 EUR
= Betriebsgewinn					300 560,00 EUR

Wird das Produkt Paletten aus dem Produktprogramm herausgenommen, so sinkt der Betriebsgewinn um 17 600,00 EUR. Der Grund für die Gewinnschmälerung liegt darin, dass die fixen Kosten zunächst von der Aufgabe des Produkts Paletten unberührt bleiben. Da der Deckungsbeitrag des Produkts Paletten zur Abdeckung der fixen Kosten ausfällt, kommt es zwangsläufig zu einer Minderung des Betriebsgewinns.

> Solange eine Produktgruppe mit einem positiven Beitrag zur Deckung der fixen Kosten beiträgt, sollte sie, aus der Sicht der Kostenrechnung, im Produktprogramm verbleiben.

Kompetenztraining

92 Produktförderung, Produkteliminierung

Ein Industriebetrieb verfügt über freie Kapazität. Er fertigt die Produkte A, B und C. Das Produkt C ist bei den Kunden besonders gefragt. Eine Erhöhung von Produktion und Absatz lässt die Marktsituation zu. Eine Kapazitätserweiterung ist derzeit finanziell nicht zu stemmen. Die Geschäftsleitung fragt daher bei der Abteilung Kostenrechnung an, ob es kostenrechnerisch sinnvoll ist, die Produktion des Produkts A einzustellen und die freie Kapazität zur Produktion des Produkts C zu nutzen.

Die Kosten- und Leistungsrechnung liefert folgende Daten:

	Produkt A	Produkt B	Produkt C
Nettoverkaufserlöse	33,60 EUR	58,80 EUR	95,20 EUR
variable Stückkosten	25,20 EUR	39,20 EUR	60,20 EUR
Absatzmenge	1 400 Stück	3 000 Stück	2 100 Stück
Kapazität	1 500 Stück	6 000 Stück	2 700 Stück

Die fixen Kosten des Industriebetriebs betragen insgesamt 82 000,00 EUR.

Aufgaben:

1. Begründen Sie, warum die Geschäftsleitung das Produkt A zugunsten des Produkts C eliminieren möchte!
2. Prüfen Sie die Anfrage der Geschäftsleitung aus Sicht der Kostenrechnung und unterbreiten Sie der Geschäftsleitung einen Vorschlag!

93 Produkteliminierung, Deckungsbeitragsrechnung

Die Kostenrechnung der Werkzeugfabrik Fabian GmbH hat für ihre Produktgruppen Schraubenschlüssel, Zangen und Schlagwerkzeuge folgende Daten ermittelt:

	Schrauben- schlüssel	Zangen	Schlag- werkzeuge
Nettoverkaufserlöse	1 490 700,00 EUR	591 680,00 EUR	672 950,00 EUR
Einzelkosten	830 400,00 EUR	211 520,00 EUR	420 500,00 EUR
Variable Kosten	254 980,00 EUR	332 120,00 EUR	177 440,00 EUR

Aufgaben:

1. Berechnen Sie den Deckungsbeitrag für die einzelnen Produktgruppen und den Betriebserfolg! Die fixen Kosten betragen 198 400,00 EUR.
2. Beurteilen Sie, ob die Aufgabe der Produktgruppe Zangen sinnvoll ist, wenn eine Vorausschätzung über die zukünftige Geschäftsentwicklung Folgendes ergibt:
   - Die Steigerung des Umsatzes nach der Konzentration auf zwei Produktgruppen beträgt bei jeder Warengruppe 25 %.
   - Die Steigerung der Einzelkosten für beide Produktgruppen kann aufgrund von Mengenrabatten auf 18 % begrenzt werden. (Die Einzelkosten der aufgelösten Produktgruppe entfallen.)
   - Die variablen Kosten der aufgelösten Produktgruppe können restlos eingespart werden. Die übrigen variablen Kosten steigen proportional zur Umsatzsteigerung an.

3 Kurz- und mittelfristige Preisuntergrenzen für Produkte festsetzen, um in Abhängigkeit von Kapazitätsauslastung und Deckungsbeitrag über die Annahme von Zusatzaufträgen zu entscheiden

3.1 Deckungsbeitragsrechnung als Instrument zur Bestimmung von Preisuntergrenzen

LB 1 Handlungssituation 3: Bei einem Auftrag die Preisuntergrenze ermitteln

Die Weber Metallbau GmbH kalkuliert einen Großauftrag für die Lieferung von Gartenzäunen an eine Baumarktkette. Angefragt sind 2 000 Einheiten mit jeweils 10 Elementen pro Zauneinheit. Die Gesamtkosten belaufen sich lt. Kalkulation auf 289 200,00 EUR, die variablen Stückkosten je Element auf 9,20 EUR. Die Metallbau Weber GmbH bietet ein Zaunelement zum Nettoverkaufspreis von 20,20 EUR an.

KOMPETENZORIENTIERTE ARBEITSAUFTRÄGE:

1. Berechnen Sie die Fixkosten!
2. Berechnen Sie den Deckungsbeitrag je Stück!
3. Ermitteln Sie die absolute Preisuntergrenze!
4. Die Baumarktkette akzeptiert je Zaunelement einen Nettoverkaufspreis von 18,00 EUR. Berechnen Sie, ob die Weber Metallbau GmbH den Auftrag zu diesen Konditionen annehmen kann und welcher Gewinn gegebenenfalls noch erzielt werden kann!

3 Kurz- und mittelfristige Preisuntergrenzen für Produkte festsetzen, um in Abhängigkeit von Kapazitätsauslastung und Deckungsbeitrag über die Annahme von Zusatzaufträgen zu entscheiden

3.1.1 Bestimmung der kurzfristigen und langfristigen Preisuntergrenze

Die Tatsache, dass ein positiver Deckungsbeitrag zur Deckung der Fixkosten beiträgt, kann das Unternehmen dazu nutzen, die Deckungsbeitragsrechnung als Instrument der Preispolitik einzusetzen. Kurzfristig kann das Unternehmen den Preis so absenken, dass lediglich die variablen Kosten abgedeckt sind. Für eine kurze Zeit kann es die fixen Kosten außer Acht lassen, denn diese fallen an, ob ein Verkauf getätigt wird oder nicht. Die **Summe der variablen Kosten** ist damit die **kurzfristige Preisuntergrenze (absolute Preisuntergrenze)**. Liegt der erzielte Stückpreis unter den variablen Kosten, sollte die Produktion des Erzeugnisses eingestellt bzw. ein Auftrag abgelehnt werden.

Langfristig kann ein Unternehmen nicht mit Verlusten produzieren, es muss zumindest kostendeckend arbeiten. Die **langfristige Preisuntergrenze** wird daher durch die **Stückkosten** bestimmt.

- Die **kurzfristige (absolute) Preisuntergrenze** liegt bei dem Preis, bei dem der Stückerlös die **variablen Kosten je Einheit** abdeckt. Der Deckungsbeitrag ist in diesem Fall gleich null.

$$e = k_v$$

- Die **langfristige Preisuntergrenze** liegt bei dem Preis, bei dem der Stückerlös die entstandenen **Selbstkosten je Einheit** abdeckt.

$$e = \frac{K_{fix}}{\text{erzeugte Menge}} + k_v$$

Aus den Formeln ist zu erkennen, dass die **langfristige Preisuntergrenze** mit **zunehmender Ausbringungsmenge absinkt (Degressionseffekt der Fixkosten),** während die **kurzfristige Preisuntergrenze** von der **jeweiligen Ausbringungsmenge unabhängig** ist.

Beispiel:

Ein Industrieunternehmen stellt nur ein Erzeugnis her. Für den Monat Februar weist die KLR folgende Daten aus: variable Stückkosten 60,00 EUR, Fixkosten 115 000,00 EUR, Produktionsmenge 7 000 Stück.

Aufgaben:
1. Ermitteln Sie die kurzfristige Preisuntergrenze!
2. Berechnen Sie die langfristige Preisuntergrenze!

Lösungen:

Zu 1.: Kurzfristige Preisuntergrenze: <u>60,00 EUR</u>

Zu 2.: Langfristige Preisuntergrenze:

$$\frac{115\,000,00 \text{ EUR}}{7\,000 \text{ Stück}} + 60,00 \text{ EUR} = \underline{76,43 \text{ EUR/Stück}}$$

3.1.2 Vorteile und Gefahren der Bestimmung von Preisuntergrenzen

(1) Vorteile

- Eine Preissenkung bei einzelnen Erzeugnissen kann das Unternehmen dazu nutzen, auf sein **Produktprogramm aufmerksam zu machen.** Es hofft darauf, dass die niedrig kalkulierten Erzeugnisse Auslöser dafür sind, dass die Kunden auch die übrigen Erzeugnisse des Produktprogramms bestellen. Auf diese Weise erreicht das Unternehmen eine Umsatz- und Gewinnsteigerung.

- Durch die Vorgabe von Preisuntergrenzen bzw. festgelegten Deckungsbeiträgen wird die **Absatzpolitik des Unternehmens flexibler** (beweglicher). So muss z. B. der Reisende für sein Produktprogramm lediglich sein vorgegebenes Deckungssoll erreichen. Er ist also in der Lage, auf das Marktgeschehen einzugehen und in schlechten oder umkämpften Absatzgebieten geringere Preise in Kauf zu nehmen, sofern es ihm gelingt, in guten Absatzgebieten Preise zu erzielen, die über dem vorgegebenen Deckungsbeitrag liegen. Bei richtiger Anwendung können so Marktchancen besser wahrgenommen werden.

- Preisuntergrenzen ermöglichen es z. B. bei mangelnder Kapazitätsauslastung, Entscheidungen zu treffen, ob **Zusatzaufträge** angenommen werden können.

(2) Gefahren

- Die große **Gefahr der Deckungsbeitragsrechnung als Stückrechnung** liegt darin, dass das Unternehmen insgesamt ein **zu niedriges Preisniveau akzeptiert**. Die Deckungsbeitragsrechnung verführt dazu, dass sich der Verkauf lediglich an einem positiven Deckungsbeitrag orientiert, ohne dabei genau zu wissen, ob die fixen Kosten insgesamt gedeckt sind bzw. ob ein Gewinn erwirtschaftet wird.

- Es besteht die Gefahr, den Blick auf „einen **Teil der Kosten** bzw. auf den **Gewinn zu vernachlässigen**". Erst die Deckungsbeitragsrechnung als Zeitrechnung offenbart dann, ob ein Betriebsgewinn oder ein Betriebsverlust erwirtschaftet wurde.

> - Durch die **Vorgabe von Preisuntergrenzen** bzw. festgelegten Deckungsbeiträgen wird die **Absatzpolitik des Unternehmens flexibler** (beweglicher).
> - Bei der Deckungsbeitragsrechnung besteht die **Gefahr,** eine zu **nachgiebige Preispolitik** zu betreiben und eine vollständige Kostendeckung zu vernachlässigen.

Kompetenztraining

94 Deckungsbeitrag, Preisuntergrenzen

1. Stellen Sie dar, wie die Begriffe „kurzfristige Preisuntergrenze" und „langfristige Preisuntergrenze" bestimmt sind!

2. Entscheiden Sie begründet, ob ein Industriebetrieb langfristig überleben kann, wenn er die Preise für seine Erzeugnisse an der langfristigen Preisuntergrenze ausrichtet!

3 Kurz- und mittelfristige Preisuntergrenzen für Produkte festsetzen, um in Abhängigkeit von Kapazitätsauslastung und Deckungsbeitrag über die Annahme von Zusatzaufträgen zu entscheiden

3. Die Kostenrechnung eines Industriebetriebs liefert uns für den Monat Januar folgende Zahlen:

	Erzeugnis A	Erzeugnis B
Produktions- und Absatzmenge	700 Stück	1 300 Stück
Listenverkaufspreis je Stück	580,00 EUR	410,00 EUR
Kundenrabatt	10 %	12 %
Kundenskonto	3 %	2 %
variable Kosten je Stück	280,00 EUR	302,00 EUR
fixe Kosten	98 500,00 EUR	

Aufgaben:
3.1 Bestimmen Sie den Deckungsbeitrag für die Erzeugnisse A und B!
3.2 Errechnen Sie das Betriebsergebnis!
3.3 Nennen Sie die absolute Preisuntergrenze für die Erzeugnisse A und B!
3.4 Erläutern Sie, warum die Ausbringungsmenge keinen Einfluss auf die kurzfristige Preisuntergrenze hat!
3.5 Nennen Sie Beispiele, bei denen es sinnvoll ist, die Preisuntergrenze eines Produktes zu kennen!

95 Preisuntergrenzen, Kapazitätsänderungen, Preispolitik

Eine Maschinenfabrik stellt Abfüllmaschinen her. Vom Typ A werden im Monat Januar 10 Maschinen hergestellt. Hierfür sind folgende Kosten (linearer Kostenverlauf) in den einzelnen Kostenstellen angefallen:

Kostenstellen	Gesamtkosten	Einzel- kosten	Gemeinkosten	
			fixe Kosten	variable Kosten
Material		170 000,00 EUR	10 000,00 EUR	18 000,00 EUR
Fertigung		80 000,00 EUR	35 000,00 EUR	24 000,00 EUR
Verwaltung/Vertrieb			15 000,00 EUR	

Die Maschine des Typs A erzielt einen Nettoverkaufspreis von 36 000,00 EUR. Von der Maschine A können maximal 10 Stück je Monat hergestellt werden.

Aufgaben:
1. Ermitteln Sie die kurzfristige Preisuntergrenze je Maschine des Typs A!
2. Berechnen Sie die langfristige Preisuntergrenze!
3. Die Maschinenfabrik plant eine Erweiterungsinvestition zur Herstellung des Maschinentyps A. Die Kapazität erhöht sich dadurch um 20 %.

   Die Kostenstruktur ändert sich wie folgt: Die fixen Kosten steigen um 40 %, die variablen Kosten sinken um 25 %.
   3.1 Berechnen Sie die neuen Stückkosten je Maschine!
   3.2 Bestimmen Sie den Gewinn, der sich dadurch je Maschine ergibt!
4. Die Preispolitik ist abhängig von der Entwicklung der Beschäftigung. Erläutern und begründen Sie die Preispolitik, die Sie umsetzen würden, wenn
   4.1 die Beschäftigung sinkt,
   4.2 die Beschäftigung steigt!

3.2 Deckungsbeitragsrechnung als Instrument zur Entscheidungsfindung über die Annahme eines Zusatzauftrags

 LB 1 **Handlungssituation 4:** Über die Annahme eines Zusatzauftrags entscheiden

Die Augsburger Büromöbel AG fertigt in einer Abteilung ausschließlich Büroregale. Die Kapazitätsgrenze liegt bei 1750 Stück pro Monat. Der durchschnittliche Verkaufspreis je Regal beträgt 161,00 EUR. Die variablen Stückkosten je Regal betragen 90,00 EUR. Die fixen Abteilungskosten betragen 45 500,00 EUR.

Im Monat April erhält die Augsburger Büromöbel AG das Angebot einer Möbelhauskette, 120 Regale mit einem Nachlass von 25 % gegenüber dem üblichen Verkaufspreis abzunehmen. Die Möbelhauskette war bisher nicht Kunde der Augsburger Büromöbel AG.

Da die Kapazität voll ausgelastet ist, kann der Zusatzauftrag nur mit Überstunden der Belegschaft bewältigt werden. Der Überstundenzuschlag beträgt 20 %, der Lohnanteil an den variablen Kosten 26,00 EUR.

KOMPETENZORIENTIERTE ARBEITSAUFTRÄGE:

1. Berechnen Sie mit den angegebenen Daten das Betriebsergebnis des Monats April bei voller Kapazitätsauslastung!
2. Berechnen Sie, wie sich die Annahme des Auftrags auf das Betriebsergebnis auswirkt!
3. Erklären Sie, worauf es zurückzuführen ist, dass das Betriebsergebnis bei einem Anstieg der produzierten und verkauften Regale überproportional wächst!
4. Führen Sie jeweils ein weiteres Argument an, welches für bzw. gegen die Annahme des Auftrags der Möbelhauskette spricht!

Zusatzaufträge sind solche Aufträge, die **unterhalb der derzeitigen Verkaufspreise** angenommen werden. Bei **nicht ausgelasteter Produktionskapazität** kann unter bestimmten Bedingungen das Betriebsergebnis verbessert werden.

Ein Zusatzauftrag führt dann zu einer Verbesserung des Betriebsergebnisses, wenn die Nettoverkaufserlöse höher liegen als die variablen Kosten des Auftrags. Die fixen Kosten können außer Betracht bleiben, da sie ja unabhängig davon anfallen, ob der Zusatzauftrag angenommen wird oder nicht. Der **erzielbare Deckungsbeitrag** ist das **Kriterium für die Annahme oder Ablehnung** des Zusatzauftrags.

- Für die Annahme bzw. die Ablehnung eines Zusatzauftrags gilt:
    - Deckungsbeitrag > 0 → Annahme des Zusatzauftrags
    - Deckungsbeitrag < 0 → Ablehnung des Zusatzauftrags
- Zusatzaufträge tragen zur besseren Produktionsauslastung und zur Arbeitsplatzerhaltung bei.

3 Kurz- und mittelfristige Preisuntergrenzen für Produkte festsetzen, um in Abhängigkeit von Kapazitätsauslastung und Deckungsbeitrag über die Annahme von Zusatzaufträgen zu entscheiden

Beispiel:

Im laufenden Monat ist folgende Produktions- und Absatzsituation gegeben:

	Erzeugnis I	Erzeugnis II
Nettoverkaufserlös	198,00 EUR	270,00 EUR
variable Stückkosten	112,00 EUR	120,00 EUR
fixe Kosten insgesamt	150 000,00 EUR	
Absatzmenge	700 Stück	950 Stück
Kapazität	900 Stück	1 200 Stück

Das Unternehmen hat die Möglichkeit, von Erzeugnis II 210 Stück zum Festpreis von 180,00 EUR als Sondermodell zu verkaufen.

Aufgabe:
Prüfen Sie, ob sich die Hereinnahme des Zusatzauftrages lohnt!

Lösung:

	Erzeugnis I	Erzeugnis II	Zusatzauftrag
Nettoverkaufserlöse	138 600,00 EUR	256 500,00 EUR	37 800,00 EUR
− variable Kosten	78 400,00 EUR	114 000,00 EUR	25 200,00 EUR
= Deckungsbeitrag	60 200,00 EUR	142 500,00 EUR	12 600,00 EUR
− fixe Kosten	150 000,00 EUR		
= Betriebsgewinn ohne Zusatzauftrag	52 700,00 EUR		
+ Deckungsbeitrag Zusatzauftrag	12 600,00 EUR		
= Betriebsgewinn mit Zusatzauftrag	65 300,00 EUR		

Ergebnis: Die Hereinnahme des Zusatzauftrages lohnt sich, da dadurch der Betriebsgewinn um 12 600,00 EUR gesteigert werden kann.

Hinweis:

Sofern ein positiver Deckungsbeitrag erzielt werden kann, lohnt sich die Hereinnahme des Zusatzauftrages auch im Fall eines Betriebsverlusts. Ein positiver Deckungsbeitrag trägt dann dazu bei, den Betriebsverlust zu verringern.

Kompetenztraining

96 Deckungsbeitragsrechnung, Zusatzauftrag

Ein Industrieunternehmen produziert drei verschiedene Erzeugnisse. Die KLR gibt uns hierfür folgende Daten an:

	Erzeugnis I	Erzeugnis II	Erzeugnis III
Nettoverkaufserlöse	1 420,00 EUR	3 390,00 EUR	7 710,00 EUR
konstante Stückkosten	1 600,00 EUR	2 910,00 EUR	5 850,00 EUR
Absatzmenge	20 Stück	30 Stück	15 Stück
Kapazität	25 Stück	50 Stück	30 Stück
fixe Kosten insgesamt	45 100,00 EUR		

Das Unternehmen erhält einen Zusatzauftrag über 12 Stück des Erzeugnisses III zum Festpreis von 6 200,00 EUR. Das Industrieunternehmen nimmt den Zusatzauftrag aus arbeitsmarktpolitischen Gründen an.

Aufgaben:

1. Berechnen Sie den Betriebsgewinn bzw. Betriebsverlust!
2. Unterbreiten Sie einen Vorschlag zur Produktionsprogrammplanung!
3. Entscheiden Sie begründet, unter welchen Voraussetzungen es sinnvoll ist, Zusatzaufträge anzunehmen, wenn dafür eine Kapazitätserweiterung erforderlich ist!

97 Betriebsergebnis, Zusatzauftrag

Ein Industrieunternehmen produziert drei verschiedene Typen einer Kaffeemaschine. Die KLR ermittelt für den Monat Juli folgende Zahlen:

	Typ A	Typ B	Typ C
produziert und verkauft	6 500 Stück	9 750 Stück	10 400 Stück
Nettoverkaufserlös je Stück	58,50 EUR	88,40 EUR	104,00 EUR
konstante Stückkosten	49,40 EUR	73,45 EUR	89,70 EUR

Aufgaben:

1. Berechnen Sie für jeden Typ den Deckungsbeitrag je Stück und den Deckungsbeitrag insgesamt!
2. Ermitteln Sie das Betriebsergebnis für den Monat Juli, wenn die Fixkosten insgesamt 241 150,00 EUR betragen!
3. Begründen Sie rechnerisch, ob es unter wirtschaftlichen Gesichtspunkten empfehlenswert ist, einen Zusatzauftrag von 3 900 Stück von Typ B anzunehmen, wenn entsprechend von Typ C dann 3 900 Stück weniger produziert werden können!
4. Kostensteigerungen beim Typ C führen zu einer Erhöhung der variablen Stückkosten um 2,30 EUR. Von einem Exporteur kommt gleichzeitig ein Zusatzauftrag über 5 000 Kaffeemaschinen des Typs C. Der Exporteur verlangt einen Preisabschlag von 12 % auf den Nettoverkaufspreis.
   Berechnen Sie den zusätzlichen Betriebsgewinn/-verlust und entscheiden Sie begründet, ob das Industrieunternehmen den Auftrag annehmen soll!

98 Entscheidung über Zusatzauftrag und Preis

Die Geschäftsleitung der Kunststoffwerke Erler GmbH beschließt, die Deckungsbeitragsrechnung einzuführen. Das Unternehmen erwartet für das kommende Quartal folgende Daten:

	Produkt A	Produkt B
Absatzmenge	350 Stück	800 Stück
Nettoverkaufserlös je Stück	450,00 EUR	325,00 EUR
variable Kosten je Stück	300,00 EUR	200,00 EUR
fixe Kosten	74 000,00 EUR	

Aufgaben:

1. Ermitteln Sie das voraussichtliche Betriebsergebnis mithilfe der Deckungsbeitragsrechnung!

2. Mit der Absatzmenge des Produktes A ist die Kapazität des Produktbereichs A nicht ausgelastet. Daher kann noch ein Zusatzauftrag über 40 Einheiten A angenommen werden.

   Bestimmen Sie die Preisuntergrenze für diesen Zusatzauftrag, wenn aus diesem Auftrag noch ein zusätzlicher Gewinn von 2 000,00 EUR erwirtschaftet werden soll!

3. Die Deckungsbeitragsrechnung ermöglicht eine marktorientierte Mengenplanung und Preispolitik. Begründen Sie diese Aussage!

4 In Abhängigkeit von der Beschäftigung die Kosten zerlegen, die Gewinnschwelle ermitteln, ihre Einflussgrößen bestimmen, die Auswirkungen von Änderungen berechnen und deren Ursachen aufzeigen

4.1 Kapazität und Beschäftigungsgrad

Jedes Unternehmen ist bezüglich seiner räumlichen, technischen und personellen Ausstattung auf eine bestimmte Ausbringungsmenge festgelegt. Diese Ausbringungsmenge je Zeiteinheit (Tag, Monat, Jahr) nennt man **Kapazität**. Von der Kapazität ist die tatsächliche Ausbringungsmenge zu unterscheiden, die man in einem Prozentsatz zur Kapazität angibt. Diesen Prozentsatz nennt man **Beschäftigungsgrad**.

- **Kapazität** ist die Ausbringungsmenge, die bei gegebener Ausstattung erreichbar ist. An der Kapazitätsgrenze beträgt der Beschäftigungsgrad 100 %.
- Der **Beschäftigungsgrad (Kapazitätsausnutzungsgrad)** drückt das prozentuale Verhältnis der tatsächlichen Ausbringungsmenge **(Beschäftigung)** zur Kapazität aus.

$$\text{Beschäftigungsgrad} = \frac{\text{tatsächliche Ausbringungsmenge}}{\text{Kapazität}} \cdot 100$$

> **Beispiel:**
>
> Die Kapazität beträgt pro Monat 8 000 Stück eines Erzeugnisses. Im Monat Mai betrug die tatsächliche Ausbringungsmenge 6 000 Stück.
>
> **Aufgabe:**
> Berechnen Sie den Beschäftigungsgrad!

Lösung:

$$\text{Beschäftigungsgrad} = \frac{6\,000 \cdot 100}{8\,000} = \underline{75\,\%}$$

Die Kapazität kann bis zur **technischen Maximalkapazität (Kapazitätsgrenze)** gesteigert werden. Unter **Maximalkapazität** versteht man die technisch bedingte obere Leistungsgrenze eines Betriebs (oder einer Maschine), also die höchste Ausbringung. Daneben gibt es in vielen Betrieben auch eine **Minimalkapazität**. Diese kann aus technischen oder wirtschaftlichen Gründen nicht unterschritten werden, wenn der Betrieb funktionsfähig sein soll (z. B. Mindestgeschwindigkeit eines Fließbands).

4.2 Gliederung der Kosten in Abhängigkeit von der Beschäftigung

4.2.1 Abhängigkeit der fixen Kosten von der Beschäftigung

(1) Absolut fixe Kosten

Gesamtbetrachtung. Absolut fixe Kosten (K_{fix}) verändern sich von der Ausbringungsmenge 0 bis zur Kapazitätsgrenze nicht.

Stückbetrachtung. Bezieht man die angefallenen Fixkosten auf ein einzelnes Stück (k_{fix}), so ergibt sich folgender Zusammenhang: Erhöht man die Ausbringungsmenge (der Beschäftigungsgrad nimmt zu), dann verteilt sich der konstant hohe Block an Fixkosten auf eine größere Ausbringungsmenge, d. h., die Fixkosten pro Stück sinken. Eine sinkende Ausbringungsmenge hat die entsprechend umgekehrte Wirkung.

$$\text{Fixkosten je Leistungseinheit } (k_{fix}) = \frac{\text{Fixkosten der Periode } (K_{fix})}{\text{Ausbringungsmenge}}$$

Beispiel: Fixkosten

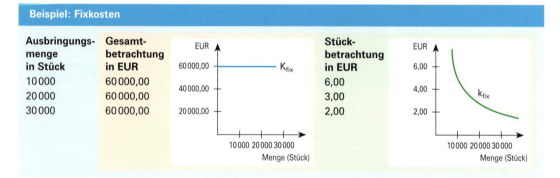

Ausbringungsmenge in Stück	Gesamtbetrachtung in EUR		Stückbetrachtung in EUR	
10 000	60 000,00		6,00	
20 000	60 000,00		3,00	
30 000	60 000,00		2,00	

(2) Relativ fixe Kosten (sprungfixe Kosten)

Die relativ fixen Kosten (sprungfixe Kosten) bleiben nur innerhalb einer bestimmten Ausbringungsmenge konstant.

Soll die Ausbringungsmenge gesteigert werden, dann erreicht sie irgendwann einen Punkt, von dem ab sie mit der vorhandenen technischen Ausstattung bzw. den beschäftigten Mitarbeitern nicht mehr erhöht werden kann. Es müssen neue Maschinen gekauft, zusätzliche Mitarbeiter eingestellt und/oder eine neue Fabrikhalle angemietet werden. In diesem Fall erhöhen sich die fixen Kosten sprunghaft. Die zusätzlich entstehenden Kosten nennt man **sprungfixe Kosten (intervallfixe Kosten)**.

- Die absolut fixen Kosten bleiben bis zur Kapazitätsgrenze trotz Änderung der Ausbringungsmenge absolut gleich.
- Wird die Kapazitätsgrenze durch eine Erweiterungsinvestition überschritten, springen die absolut fixen Kosten auf ein neues Niveau.
- Die auf eine Ausbringungseinheit umgerechneten fixen Kosten verringern sich bei steigender Ausbringungsmenge und erhöhen sich bei rückläufiger Ausbringungsmenge.

4.2.2 Abhängigkeit der variablen Kosten von der Beschäftigung

Hinweis:

- Die Veränderung der variablen Kosten kann im gleichen Verhältnis wie die Ausbringungsmenge **(proportionale Kosten)**, in einem geringeren Verhältnis **(unterproportionale, degressive Kosten)** oder in einem stärkeren Verhältnis **(überproportionale, progressive Kosten)** erfolgen.
- Aus Vereinfachungsgründen werden nur die **proportional variablen Kosten** betrachtet. Im Folgenden wird daher nur der Begriff **variable Kosten** verwendet.

Gesamtbetrachtung. Die variablen Kosten (K_v) verändern sich im gleichen Verhältnis wie die Ausbringungsmenge.

Stückbetrachtung. Bezieht man die Summe der variablen Kosten einer Periode auf eine Leistungseinheit (k_v), dann ist der Anteil, der auf eine Leistungseinheit entfällt, bei jeder Ausbringungsmenge gleich hoch.

$$\text{Variable Kosten je Leistungseinheit } (k_v) = \frac{\text{Summe der variablen Kosten } (K_v)}{\text{Ausbringungsmenge}}$$

Beispiel: variable Kosten (mit proportionalem Verlauf)

Ausbringungsmenge in Stück	Gesamtbetrachtung in EUR		Stückbetrachtung in EUR	
10 000	50 000,00		5,00	
20 000	100 000,00		5,00	
30 000	150 000,00		5,00	

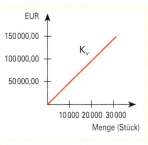
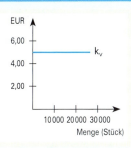

- In der Gesamtbetrachtung verändern sich die variablen Kosten im gleichen Verhältnis wie die Ausbringungsmenge.
- Auf eine Leistungseinheit (z. B. auf ein Stück) bezogen, bleiben die variablen Kosten bei jeder Ausbringungsmenge gleich hoch (konstant).

4.2.3 Abhängigkeit der Mischkosten von der Beschäftigung

(1) Berechnung der Gesamtkosten

Die **Gesamtkosten (K)** umfassen die gesamten Fixkosten und die gesamten variablen Kosten.

$$K = K_{fix} + K_v$$

Die **variablen Gesamtkosten (K_v)** werden berechnet:
variable Kosten je Stück (k_v) · Stückzahl

$$K_v = k_v \cdot x$$

Die Berechnung der Gesamtkosten **(Kostenfunktion)** lautet:

$$K = K_{fix} + k_v \cdot x$$

(2) Auflösung der Mischkosten in fixe und variable Kosten

Neben Kosten, die in vollem Umfang fix bzw. variabel sind, gibt es Kosten, die sich aus fixen **und** variablen Kosten zusammensetzen. Die **Aufgabe der Kostenauflösung** besteht darin, Kosten, die fixe und variable Kostenbestandteile enthalten **(Mischkosten)**, in ihre fixen und variablen Kostenbestandteile zu trennen. Zur Trennung genügt es – unter der **Annahme eines linearen Gesamtkostenverlaufs** –, die Gesamtkosten von mindestens zwei Ausbringungsmengen zu kennen.

Beispiel:

In einem Industriebetrieb fielen in den Monaten Oktober und November folgende Ausbringungsmengen und Gesamtkosten an:

Monat	Ausbringungsmenge	Gesamtkosten
Oktober	800 Stück	34 000,00 EUR
November	1 000 Stück	40 000,00 EUR

Die Kapazitätsgrenze liegt bei 1 200 Stück.

Aufgabe:

Berechnen Sie die variablen Stückkosten und die fixen Gesamtkosten in den beiden Monaten!

Lösung:

Die Zunahme der Kosten im Monat November um 6 000,00 EUR bei einer Erhöhung der Ausbringungsmenge um 200 Stück kann nur auf einen Anstieg des variablen Teils der Gesamtkosten zurückzuführen sein.

Unter der Annahme eines linearen Gesamtkostenverlaufs können die variablen Stückkosten wie folgt errechnet werden:

Berechnung der variablen Stückkosten (k_v):

$$\text{Variable Stückkosten } (k_v) = \frac{K_2 - K_1}{x_2 - x_1} \text{ oder } \frac{\text{Kostendifferenz } (\Delta K)}{\text{Mengenänderung } (\Delta x)}$$

$$k_v = \frac{40\,000 - 34\,000}{1\,000 - 800} = \frac{6\,000}{200} = \underline{30{,}00 \text{ EUR/Stück}}$$

Berechnung der fixen Gesamtkosten (K_{fix}):

$$\text{Fixe Gesamtkosten} = \text{Gesamtkosten} - (\text{Ausbringungsmenge} \cdot \text{variable Stückkosten})$$

$$K_{fix} = 34\,000{,}00 \text{ EUR} - (800 \text{ Stück} \cdot 30{,}00 \text{ EUR/Stück}) = \underline{10\,000{,}00 \text{ EUR}}$$

Bei einer Änderung der Beschäftigung	
nehmen die **Gesamtkosten** mit steigender Ausbringungsmenge proportional **zu**.	**verringern** sich die auf **eine Einheit umgerechneten Kosten** mit steigender Ausbringungsmenge, da sich die enthaltenen Fixkosten auf eine größere Menge aufteilen.
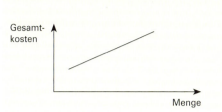	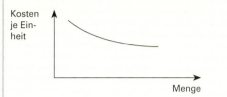

Kompetenztraining

99 Beschäftigungsgrad, Gesamtkosten, Stückkosten

Die Kapazität für die Produktion von Auspuffanlagen in einem Autozulieferbetrieb beträgt je Monat 15 000 Stück (100 % Auslastung). Die variablen Gesamtkosten je Monat betragen 945 000,00 EUR. Der Fixkostenanteil je Stück beträgt bei einer Kapazitätsauslastung von 80 % 52,00 EUR.

Aufgaben:

1. Ermitteln Sie die monatlichen Gesamtkosten sowie die monatlichen Stückkosten bei den angegebenen Beschäftigungsgraden! Verwenden Sie eine Tabelle!
2. Erläutern Sie den Verlauf der Stückkosten!
3. Stellen Sie dar, wie sich der Gewinn des Autozulieferbetriebs bei konstantem Verkaufspreis entwickelt!

100 Kostenverläufe

Aus der Kosten- und Leistungsrechnung eines Industrieunternehmens sind die nebenstehenden typischen Kostenverläufe entnommen:

verkaufte Menge	(1) fixe Kosten		(2) variable Kosten	
	gesamt	Stück	gesamt	Stück
0	400,00		–	
100	400,00		50,00	
200	400,00		100,00	
300	400,00		150,00	
400	400,00		200,00	
500	400,00		250,00	
600	400,00		300,00	

Aufgaben:

1. Übertragen Sie die Tabelle in Ihr Heft und berechnen Sie die Stückkosten!
2. Nennen Sie je zwei Beispiele für die aufgeführten Kostenverläufe!
3. Stellen Sie den Verlauf der beiden Kostenarten (Gesamtkosten und Stückkosten) jeweils in einem Koordinatensystem grafisch dar!

Lernbereich 1: Entscheidungen mithilfe der Teilkostenrechnung vorbereiten und begründet treffen

101 Fixe und sprungfixe Kosten

1. Ein Stahlwerk produziert mit zwei großen Fertigungsmaschinen täglich 195 Tonnen Stahlträger. Die Tagesleistung jeder Maschine beträgt 97,5 Tonnen. Die Investition der zweiten Maschine war erst erfolgt, nachdem die Auftragseingänge die Grenze von 97,5 Tonnen je Tag deutlich überschritten hatten. Infolge des plötzlichen Ausbleibens der Aufträge eines Großabnehmers geht die Tagesproduktion des Betriebs auf 97,5 Tonnen zurück.

   Aufgaben:
   1.1 Skizzieren Sie den Verlauf der fixen Maschinenkosten (Ausbringung 0 – 195 Tonnen je Tag) bei
       1.1.1 Gesamtkostenbetrachtung,
       1.1.2 Stückkostenbetrachtung!
   1.2 Nennen Sie den Fachbegriff für einen derartigen Fixkostenverlauf!

2. Begründen Sie an einem Beispiel die Entstehung von Sprungkosten!

3. Bei modernen Industriebetrieben ist der Anteil der fixen Kosten an den Gesamtkosten in der Regel hoch.

   Aufgaben:
   3.1 Erklären Sie, worauf dieser Sachverhalt zurückzuführen ist!
   3.2 Begründen Sie, warum diese Unternehmen verstärkt darauf achten müssen, dass die Anlagen stets gut ausgelastet sind!

102 Kostenanalyse, Berechnung der Ausbringungsmenge bei vorgegebenem Verkaufspreis

1. Ein kleiner Industriebetrieb will eine Analyse seiner Kosten durchführen. Folgende Zahlenwerte liegen vor:

Ausbringungsmenge	K_{fix}	K_v	K	k_{fix}	k_v	k
0	2 000,00	–				
100		400,00				
200		800,00				
300		1 200,00				
400		1 600,00				
500		2 000,00				

   Aufgaben:
   1.1 Berechnen Sie die fehlenden Werte in der Tabelle!
   1.2 Nennen Sie je drei Beispiele für absolut fixe Kosten und variable Kosten!
   1.3 Erklären Sie die Ursache für den Verlauf der Stückkosten (k)!
   1.4 Stellen Sie den Verlauf der Gesamtkosten (K) und der Stückkosten (k) jeweils grafisch dar!

2. Die Gesamtkosten bei der Ausbringungsmenge x_1 240 Einheiten betragen 7 700,00 EUR, bei der Ausbringungsmenge x_2 260 Einheiten 8 200,00 EUR. Es treten nur absolut fixe und variable Kosten auf.

   Aufgaben:
   2.1 Berechnen Sie die Fixkosten und die variablen Stückkosten!
   2.2 Berechnen Sie die Ausbringungsmenge, die erreicht werden müsste, wenn die Stückkosten aus Wettbewerbsgründen 28,00 EUR nicht übersteigen sollen!

4 In Abhängigkeit von der Beschäftigung die Kosten zerlegen, die Gewinnschwelle ermitteln, ihre Einflussgrößen bestimmen, die Auswirkungen von Änderungen berechnen und deren Ursachen aufzeigen

4.3 Ermittlung des Break-even-Points (Gewinnschwelle)

LB 1 — **Handlungssituation 5: Break-even-Point rechnerisch und grafisch ermitteln**

Ausgangspunkt ist die Handlungssituation 3, S. 284. Nehmen Sie an, die Weber Metallbau GmbH hat den Auftrag zur Lieferung der Gartenzäune zum Nettoverkaufspreis je Element von 18,00 EUR erhalten.

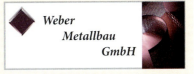

KOMPETENZORIENTIERTER ARBEITSAUFTRAG:

Ermitteln Sie rechnerisch und grafisch für den Auftrag den Break-even-Point! Führen Sie die Probe durch!

(1) Begriff Break-even-Point

Die Deckungsbeitragsrechnung legt die Frage nahe, bei welcher Warenmenge die Fixkosten durch Deckungsbeiträge gedeckt sind. Da an diesem Punkt der Betrieb von der Verlustzone in die Gewinnzone tritt, nennt man ihn die **Gewinnschwelle (Nutzenschwelle)** oder auch, da die Deckungsbeitragsrechnung ihren Ursprung im angelsächsischen Raum hat, **Break-even-Point (BEP)**.

> Der **Break-even-Point** liegt bei der Ausbringungsmenge, bei der die Gesamtkosten bzw. Stückkosten gleich dem Gesamterlös bzw. Stückerlös ist.

Für die Berechnung des Break-even-Points gilt die Formel:

$$\text{Erlöse} = \text{Kosten}$$

Umgesetzt auf die Deckungsbeitragsrechnung bedeutet dies, dass der **Break-even-Point erreicht** ist, wenn bei einem Produkt **alle Kosten abgedeckt** sind und der **Deckungsbeitrag bei null** ist. Die Formel hierfür lautet:

$$\text{Break-even-Point} = \frac{K_{fix}}{db} \text{ oder } \frac{K_{fix}}{e - k_v}$$

Beispiel:

Die Gartentechnik Kopper OHG produziert 500 Rasensprenger pro Monat. Die variablen Stückkosten betragen 15,00 EUR, die monatlichen Fixkosten 6 000,00 EUR. Der Nettoverkaufserlös beträgt 40,00 EUR.

Aufgabe:
Berechnen Sie den Break-even-Point!

Lösung:

Nettoverkaufspreis je Stück	40,00 EUR
− variable Kosten je Stück	15,00 EUR
= Deckungsbeitrag je Stück	25,00 EUR

$$\text{Break-even-Point} = \frac{6\,000}{25} = \underline{240 \text{ Stück}}$$

(2) Beispiel für die Berechnung und grafische Darstellung des Break-even-Points und des Gewinnmaximums

Beispiel:

Ein Industriebetrieb stellt Zubehörteile (Plastikbausätze) für Modelleisenbahnen her. Monatlich können maximal 1 000 Packungen (Inhalt 10 Bausätze) erzeugt werden. Es wird nur auf Bestellung gearbeitet.

- An **fixen Kosten** fallen monatlich an: für Gehälter 9 000,00 EUR, für Miete 1 600,00 EUR, für Nebenkosten (Heizung, Licht, Reinigung) 400,00 EUR, für die Verzinsung des investierten Kapitals 3 000,00 EUR und für die Abschreibung der Spritzgussmaschinen und der Werkzeuge 6 000,00 EUR. Die fixen Kosten betragen also insgesamt 20 000,00 EUR.
- Die **variablen Kosten** betragen 30,00 EUR je Verkaufspackung. Sie setzen sich aus den Roh- und Hilfsstoffkosten (6,00 EUR), den Akkordlöhnen (22,00 EUR) und den Energiekosten (2,00 EUR) zusammen.
- Der Absatzpreis je Verkaufspackung beträgt 55,00 EUR.

Aufgaben:

1. Berechnen Sie in Intervallen von jeweils 100 Verkaufspackungen für die Herstellung von 100 bis 1 000 Verkaufspackungen die anfallenden Gesamtkosten, die Stückkosten, den Gesamtgewinn bzw. -verlust und den Stückgewinn bzw. -verlust! Erstellen Sie hierzu eine Kosten-Leistungs-Tabelle!
2. Berechnen Sie den Break-even-Point!
3. Ermitteln Sie das Gewinnmaximum!
4. Stellen Sie E, K, K_v und K_{fix}, k, k_v und e grafisch dar!

Lösungen:

Zu 1.:

Menge der Verkaufspackungen (x)	fixe Gesamtkosten in EUR (K_{fix})	variable Gesamtkosten in EUR (K_v)	Gesamtkosten in EUR (K)	Gesamterlös (abgesetzte Menge · Preis) (E)	Gewinn (schwarze Zahlen) bzw. Verlust (rote Zahlen) (G/V)	variable Stückkosten in EUR (k_v)	fixe Stückkosten in EUR (k_{fix})	Stückkosten in EUR (k)	Stückerlös in EUR (e)	Stückverlust bzw. Stückgewinn (g/v)
100	20 000,00	3 000,00	23 000,00	5 500,00	17 500,00	30,00	200,00	230,00	55,00	175,00
200	20 000,00	6 000,00	26 000,00	11 000,00	15 000,00	30,00	100,00	130,00	55,00	75,00
300	20 000,00	9 000,00	29 000,00	16 500,00	12 500,00	30,00	66,67	96,67	55,00	41,67
400	20 000,00	12 000,00	32 000,00	22 000,00	10 000,00	30,00	50,00	80,00	55,00	25,00
500	20 000,00	15 000,00	35 000,00	27 500,00	7 500,00	30,00	40,00	70,00	55,00	15,00
600	20 000,00	18 000,00	38 000,00	33 000,00	5 000,00	30,00	33,33	63,33	55,00	8,33
700	20 000,00	21 000,00	41 000,00	38 500,00	2 500,00	30,00	28,57	58,57	55,00	3,57
800	20 000,00	24 000,00	44 000,00	44 000,00	–	30,00	25,00	55,00	55,00	–
900	20 000,00	27 000,00	47 000,00	49 500,00	2 500,00	30,00	22,22	52,22	55,00	2,78
1000	20 000,00	30 000,00	50 000,00	55 000,00	5 000,00	30,00	20,00	50,00	55,00	5,00

Zu 2.: $x = \dfrac{20\,000}{55 - 30} =$ 800 Stück (Break-even-Point)

Zu 3.: Das Gewinnmaximum liegt an der betrieblichen Kapazitätsgrenze von 1 000 Stück und beträgt 5 000,00 EUR.

4 In Abhängigkeit von der Beschäftigung die Kosten zerlegen, die Gewinnschwelle ermitteln, ihre Einflussgrößen bestimmen, die Auswirkungen von Änderungen berechnen und deren Ursachen aufzeigen

Zu 4.:

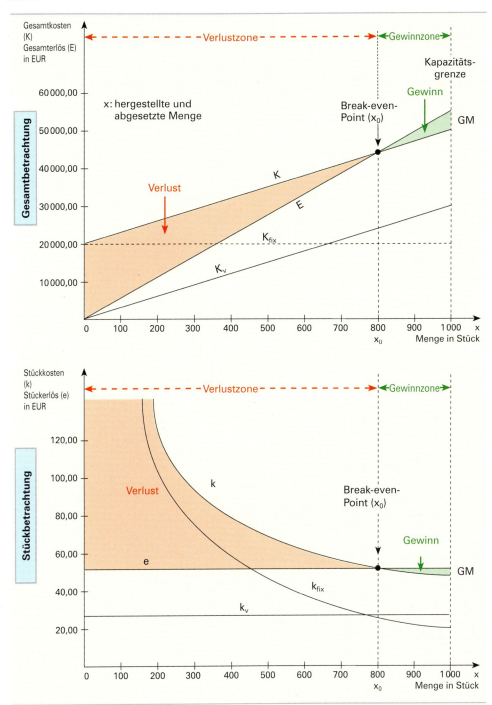

299

Lernbereich 1: Entscheidungen mithilfe der Teilkostenrechnung vorbereiten und begründet treffen

> **Beachte:**
>
> **Einflussgrößen** auf den Break-even-Point sind insbesondere **Preisänderungen** und/oder **Kostenänderungen**.

(3) Einfluss von Preisänderungen und/oder Kostenänderungen auf den Break-even-Point

Aus der Formel auf S. 297 erkennt man, dass bei einer Erhöhung des Angebotspreises (e) der Break-even-Point im Vergleich zur Ausgangssituation früher und bei einer Herabsetzung des Angebotspreises (e) der Break-even-Point später erreicht wird. Bei einer Kostenänderung ist es umgekehrt. Steigen die Kosten, wird der Break-even-Point im Vergleich zur Ausgangssituation später, bei einer Kostensenkung wird der Break-even-Point früher erreicht.

> **Beispiel 1:**
>
> Wir gehen davon aus, dass bei sonst gleichen Bedingungen der Angebotspreis für eine Verkaufspackung im Beispiel auf S. 298f. aufgrund der Konkurrenzsituation von 55,00 EUR auf 50,00 EUR herabgesetzt werden muss.
>
> **Aufgabe:**
> Berechnen Sie die Veränderung des Break-even-Points!

Lösung:

Da der Preis sinkt, sinkt der Divisor in der Berechnungsformel. Daher wird der Wert für x (Absatzmenge am Break-even-Point) größer, d. h., der Break-even-Point wird im Vergleich zur Ausgangssituation später erreicht.

$$x = \frac{20\,000}{50 - 30} = \frac{20\,000}{20} = \underline{1\,000}$$

Ergebnis: Der Break-even-Point ist (von ursprünglich 800 Verkaufseinheiten) auf 1 000 Mengeneinheiten gestiegen.

> **Beispiel 2:**
>
> Wir gehen davon aus, dass die Materialkosten (k_v) aufgrund weiterer Rationalisierungsmaßnahmen von bisher 30,00 EUR auf 26,50 EUR gesenkt werden konnten. Der Verkaufspreis für eine Verkaufspackung beträgt 55,00 EUR.
>
> **Aufgabe:**
> Berechnen Sie die Veränderung des Break-even-Points!

Lösung:

Da die variablen Kosten (k_v) sinken, steigt der Divisor in der Berechnungsformel. Daher wird der Wert für x (Absatzmenge am Break-even-Point) kleiner, d. h., der Break-even-Point wird im Vergleich zur Ausgangssituation früher erreicht.

$$x = \frac{20\,000}{55 - 26{,}5} = \frac{20\,000}{28{,}5} = \underline{701{,}75\ldots}$$

Ergebnis: Der Break-even-Point ist (von ursprünglich 800 Verkaufseinheiten) auf rund 702 Mengeneinheiten gesunken.

Kompetenztraining

103 Gewinn in Abhängigkeit von der Ausbringungsmenge

Die Hartmut Hug KG in Argenbühl stellt Spielpuppen für Kinder her. Eine Puppe wird für 80,00 EUR verkauft. Bei vollkommener Ausnutzung der Kapazität können insgesamt 500 Puppen produziert werden. Die Produktion erfolgt nur nach Bestellung. Die Kostenstruktur verläuft linear.

Die monatlichen Fixkosten betragen 10 000,00 EUR. Die variablen Stückkosten betragen konstant 40,00 EUR.

Menge	Gesamtkosten			Stückkosten			Gesamterlös	Gesamt-	
x	K_{fix}	K_v	K	k_{fix}	k_v	k	E	gewinn	verlust
100	10 000,00				40,00				
200									
300									
400									
500									

Aufgaben:
1. Ergänzen Sie die angegebene Tabelle!
2. Berechnen Sie den Break-even-Point!
3. Ermitteln Sie das Gewinnmaximum!
4. Berechnen Sie die Ausbringungsmenge, bei der ein Gewinn von 3 520,00 EUR erzielt wird!

104 Break-even-Point – Berechnung und grafische Darstellung, Ermittlung der Preisstrategie für wirtschaftliches Arbeiten

1. Die MOTRE KG stellt ein Brettspiel her, welches zum herrschenden Marktpreis von 12,00 EUR/Stück absetzbar ist. Es wurden 16 000 Stück hergestellt. Die Fixkosten der Abrechnungsperiode betragen 60 000,00 EUR, der variable Kostenanteil beträgt 6,00 EUR je Stück.

   Aufgaben:
   1.1 Ermitteln Sie den Break-even-Point!
   1.2 Bestimmen Sie den Gesamtgewinn bei Verkauf sämtlicher Spiele!
   1.3 Ermitteln Sie, wie sich der Break-even-Point verändert, wenn die variablen Kosten aufgrund von Lohnerhöhungen 7,00 EUR betragen!

2. In der Marketing-Abteilung der RAWA GmbH wird darüber diskutiert, ob Kochtöpfe im Rahmen einer Sonderaktion angeboten werden sollen. Der variable Kostenanteil pro Stück beträgt 25,00 EUR. Die Kochtopfaktion verursacht zusätzliche Fixkosten in Höhe von 180 000,00 EUR. Bei unterschiedlichen Angebotspreisen werden folgende Absatzmengen erwartet:

Preis/Stück	erwartete Absatzmenge
30,00 EUR	30 000 Stück
35,00 EUR	20 000 Stück
40,00 EUR	8 000 Stück

   Aufgabe:
   Weisen Sie nach, bei welcher Preisstrategie das Unternehmen wirtschaftlich arbeitet!

3. Die Gustav Plau AG stellt im Abrechnungszeitraum I nur das Produkt A her. Dazu liegen folgende Daten vor:

- Kapazität 16 000 Stück
- variable Stückkosten 70,00 EUR
- Fixkosten 450 000,00 EUR
- Stückerlös 120,00 EUR

Aufgaben:

3.1 Berechnen Sie den Break-even-Point!

3.2 Ermitteln Sie die Ausbringungsmenge, wenn ein Betriebsgewinn von 150 000,00 EUR erreicht werden soll!

3.3 Stellen Sie in einer nicht maßstabsgetreuen Skizze den Break-even-Point und die Höhe des geplanten Gewinns dar. Achten Sie auf die vollständige Beschriftung Ihrer Zeichnung!

3.4 Nennen Sie Einflussgrößen, die zu einer Verschiebung des Break-even-Points führen!

3.5 Im nächsten Abrechnungszeitraum wird einem langjährigen Kunden für seinen Auftrag über 700 Stück ein Vorzugspreis von 105,00 EUR je Stück eingeräumt.

Berechnen Sie, wie viel Stück von A im nächsten Abrechnungszeitraum zusätzlich gefertigt und zum üblichen Stückpreis von 120,00 EUR verkauft werden müssen, wenn der Betriebsgewinn von 150 000,00 EUR gehalten werden soll!

105 Deckungsbeitragsrechnung, Absatzänderungen

Die Bauschreinerei Rolf Becker & Co. KG führt in ihrem Produktprogramm Garagentore. Die Kostenrechnungsabteilung hat für den Monat Dezember folgende Daten zusammengestellt:

Produkt	Stück	Nettoverkaufserlöse in EUR	Variable Kosten in EUR
Garagentore	30	108 000,00	28 500,00

Aufgaben:

1. Berechnen Sie den Break-even-Point für das Produkt Garagentore! Die fixen Kosten betragen 66 000,00 EUR.

2. Die Bauschreinerei möchte an dem Verkauf der Garagentore monatlich einen Gewinn von 40 000,00 EUR erzielen.

   Aufgabe:

   Berechnen Sie, wie viel Garagentore die Bauschreinerei monatlich verkaufen müsste, um das Gewinnziel zu erreichen!

3. Stellen Sie in einem Koordinatensystem (x-Achse: 2 Stück ≙ 1 cm; y-Achse: 10 000,00 EUR ≙ 1 cm) die Entwicklung der Kosten und der Verkaufserlöse für das Produkt Garagentore dar! Kennzeichnen Sie die Zonen für den Gewinn, den Verlust, die variablen Kosten und den Break-even-Point!

4. Markieren Sie für das Produkt Garagentore in der Grafik aus Aufgabe 3 den Deckungsbeitrag sowie den Gewinn

   4.1 bei einer Absatzmenge von 14 Stück,
   4.2 bei einer Absatzmenge von 30 Stück!

5 Über Eigenfertigung und Fremdbezug von Erzeugnissen anhand quantitativer und qualitativer Kriterien entscheiden

LB 1 — Handlungssituation 6: Über Eigenfertigung oder Fremdbezug begründet entscheiden

Die Augsburger Büromöbel AG benötigt für einen Großauftrag zusätzlich 1 000 Bürotische. Ein Zulieferer bietet diese Tische zu einem Preis von 56,40 EUR je Stuhl an, wobei noch 1,15 EUR Versandkosten hinzukommen. Andererseits hat die Augsburger Büromöbel AG noch freie Kapazitäten.

Die Augsburger Büromöbel AG hat folgende Kostenstruktur ermittelt:

maximale Kapazität	14 400 Stück	variable Selbstkosten je Stück	64,79 EUR
derzeitige Auslastung	83 %	variable Herstellkosten je Stück	52,20 EUR

KOMPETENZORIENTIERTE ARBEITSAUFTRÄGE:

1. Berechnen Sie, ob die Kapazität zur Produktion von 1 000 Bürotischen ausreicht!
2. Begründen Sie, ob sich der Fremdbezug für die Augsburger Büromöbel AG lohnt!
3. Eine Maschinenfabrik bietet der Augsburger Büromöbel AG für die inzwischen abgenutzte eine moderne Anlage an. Die variablen Herstellkosten je Stück belaufen sich dann bei Vollauslastung auf 40,50 EUR. Die Fixkosten der Produktion pro Monat von bisher 551 986,00 EUR würden allerdings auf 674 836,00 EUR steigen.

   Als Alternative käme eine Maschine infrage, die die gleiche Kostenstruktur aufweist wie die alte Anlage. Die Verwaltungs- und Vertriebsgemeinkosten sind in beiden Fällen gleich. Berechnen Sie, ab welcher Planmenge die modernere Anlage kostengünstiger ist!

5.1 Entscheidung bei noch freien Produktionskapazitäten

Im Fall noch freier Produktionskapazitäten muss ein Unternehmen prüfen, ob es nicht kostengünstiger wäre, bisher fremdbezogene Vorprodukte/Erzeugnisse künftig zur Auslastung der Kapazitäten selbst herzustellen. In den Vergleich dürfen nur die variablen Herstellkosten einbezogen werden, da die anteiligen Fixkosten auch bei Fremdbezug weiterhin entstehen.

Beispiel:

Ein Industriebetrieb hat noch freie Kapazität. Die Geschäftsleitung überlegt daher, ob sie das Getriebe für die neue Maschine selbst herstellen oder von einem Zulieferer beziehen soll. Folgende Daten liegen vor:

Fremdbezug: Bareinkaufspreis 148,00 EUR je Stück, Frachtkosten pauschal 1 % des Bareinkaufspreises.

Eigenfertigung: Verbrauch von Fertigungsmaterial 30,00 EUR, variable MGK 8 %, Fertigungslöhne 45,00 EUR, variable FGK 62 %.

Aufgabe:
Entscheiden Sie, ob sich die Eigenfertigung lohnt!

Lösung:

Kosten bei Fremdbezug

Bareinkaufspreis	148,00 EUR
+ 1 % Frachtkosten pauschal	1,48 EUR
= Einstandspreis je Getriebe	149,48 EUR

Kosten bei Eigenfertigung[1]

Materialeinzelkosten	30,00 EUR
+ 8 % variable MGK	2,40 EUR
Fertigungslöhne	45,00 EUR
+ 62 % variable FGK	27,90 EUR
= Variable Herstellkosten je Getriebe	105,30 EUR

Eigenfertigung oder Fremdbezug?

Einstandspreis je Getriebe bei Fremdbezug	149,48 EUR
− variable Herstellkosten je Getriebe bei Eigenfertigung	105,30 EUR
= Kostenvorteil bei Eigenfertigung	44,18 EUR

Ergebnis: Bei der Eigenfertigung entsteht gegenüber dem Fremdbezug ein Kostenvorteil in Höhe von 44,18 EUR. Die Eigenfertigung ist daher vorteilhafter.

> Bei **freier Kapazität** ist die Eigenfertigung dem Fremdbezug dann vorzuziehen, wenn die variablen Herstellkosten unter dem Einstandspreis bei Fremdbezug liegen.

5.2 Entscheidung bei notwendigen Kapazitätserweiterungen

Bei **ausgelasteter Kapazität** müssen neben den variablen Kosten auch die **zusätzlich entstehenden fixen Kosten** der Kapazitätserweiterung einbezogen werden.

Die Frage, ob die Eigenfertigung Kostenvorteile bringt, hängt im Wesentlichen von der Ausbringungsmenge ab. Es gilt daher, die Ausbringungsmenge zu ermitteln, bei der die Kosten der Eigenfertigung und die Kosten des Fremdbezugs gleich hoch sind.

Diese Ausbringungsmenge bezeichnet man als **kritische Menge**. Sie wird wie folgt berechnet:

$$\text{Kosten bei Fremdbezug} = \text{Kosten bei Eigenfertigung}$$
$$k \cdot x = k_v \cdot x + K_{fix}$$

Vor der kritischen Menge ist der Fremdbezug, danach die Eigenfertigung günstiger.

Beispiel:

Wir greifen auf das Beispiel von S. 303 zurück. Da die Kapazität ausgelastet ist, müsste im Fall der Eigenfertigung die Kapazität für die Getriebefertigung erweitert werden. Es wäre mit Anschaffungskosten in Höhe von 720 000,00 EUR zu rechnen. Die Nutzungsdauer für die neue Anlage läge bei 8 Jahren. Ferner würden zusätzliche Fixkosten für Instandhaltung, Versicherung usw. in Höhe von 4 500,00 EUR entstehen.

Aufgaben:

1. Entscheiden Sie, ob sich die Eigenfertigung bei einer Fertigungsmenge von 2 000 Getrieben pro Jahr lohnt!
2. Bestimmen Sie rechnerisch und grafisch die kritische Menge, ab der sich die Eigenfertigung lohnt!

---

[1] Die fixen Kosten sind durch die bisherige Beschäftigung bereits in voller Höhe abgedeckt. Relevante Kosten sind daher ausschließlich die variablen Kosten.

5 Über Eigenfertigung und Fremdbezug von Erzeugnissen anhand quantitativer und qualitativer Kriterien entscheiden

Lösungen:

Zu 1.:

Kosten bei Fremdbezug		Kosten bei Eigenfertigung	
Einstandspreis je Getriebe	149,48 EUR	Var. Herstellkosten je Getriebe	105,30 EUR
Einstandspreis von 2 000 Getrieben	298 960,00 EUR	Var. Herstellkosten von 2 000 Getrieben	210 600,00 EUR
		+ kalk. Abschreibung	90 000,00 EUR
		+ zusätzliche Fixkosten	4 500,00 EUR
			305 100,00 EUR

Ergebnis: Bei der Eigenfertigung entsteht bei einer Fertigungsmenge von 2 000 Getrieben gegenüber dem Fremdbezug ein Kostennachteil in Höhe von 6 140,00 EUR. Die Eigenfertigung lohnt sich nicht.

Zu 2.: Berechnung der kritischen Menge

$K_{FB} = K_{EF}$
149,48 x = 105,30 x + 94 500
44,18 x = 94 500
x = 2 138,98

Ergebnis: Die Eigenfertigung ist erst ab einer Fertigungsmenge von 2 139 Getrieben lohnend.

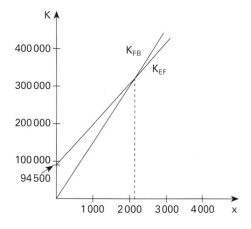

Bei einer **erforderlichen Kapazitätserweiterung** ist die Eigenfertigung dem Fremdbezug dann vorzuziehen, wenn die variablen und die zusätzlich entstehenden fixen Kosten unter den Kosten des Fremdbezugs liegen.

Neben dem rein kostenrechnerischen Entscheidungskriterium kritische Menge **(quantitatives Kriterium)** sind z. B. noch folgende **weitere Entscheidungskriterien** hinsichtlich Eigenfertigung oder Fremdbezug zu beachten **(qualitative Kriterien):**

- Qualität und Zuverlässigkeit des Lieferanten
- Abhängigkeit von Lieferanten
- Verlust von Know-how bei vollständigem Outsourcing[1]
- Beschäftigung der eigenen Mitarbeiter
- mittelfristige Entwicklung der eigenen Kapazitätsauslastung

---

1 **Outsourcing:** Fremdvergabe.

Kompetenztraining

106 Deckungsbeitragsrechnung, Eigenfertigung oder Fremdbezug

Ein Baumaschinenhersteller plant aufgrund noch freier Kapazität ein bisher fremdbezogenes Motorengehäuse selbst herzustellen. Die Produktion des Motorengehäuses verursacht folgende Kosten: Materialkosten 195,00 EUR, variable MGK 7,5 %, Fertigungslohn je Stunde 43,80 EUR, variable FGK 101 %, Sondereinzelkosten der Fertigung 132,50 EUR, Produktionszeit je Motorengehäuse 50 Minuten. Der Einstandspreis des Zulieferers für das Motorengehäuse beträgt 564,95 EUR. Der Nettoverkaufserlös des Motorengehäuses beläuft sich auf 634,95 EUR.

Aufgaben:

1. Berechnen Sie die Gesamtkosten der Eigenproduktion für das Motorengehäuse!
2. Beurteilen Sie, ob sich die Eigenfertigung der Motorengehäuse lohnt!
3. Nennen Sie drei qualitative Entscheidungskriterien, die trotz eines Kostenvorteils gegen einen Fremdbezug sprechen!

107 Eigenfertigung oder Fremdbezug bei einem Verlustprodukt

Im Zweigwerk des Autozulieferers Gustav Heine KG werden verschiedene Typen von Radkappen gefertigt.

Produkt	Radkappe A	Radkappe B	Radkappe C
Deckungsbeitrag pro Stück	26,00 EUR	10,00 EUR	30,00 EUR
Produktions- und Absatzmenge in Stück	3 900	2 500	8 100
Anteil an den Fixkosten	25 %	14 %	61 %

Die gesamten Fixkosten betragen 280 000,00 EUR pro Jahr. Der Preis von Radkappe A beläuft sich auf 40,00 EUR.

Aufgaben:

1. Ermitteln Sie die Deckungsbeiträge, das Betriebsergebnis je Produkt und das Betriebsergebnis insgesamt!
2. Die Gustav Heine KG überlegt, die Produktion des Verlustproduktes einzustellen. Dadurch könnten der Anteil der fixen Kosten für die Radkappe B um 80 % abgebaut werden.

   Berechnen Sie, wie sich das Betriebsergebnis durch diese Maßnahme verändern würde!
3. Die Produktion der Radkappe B wird nicht eingestellt. Die Radkappe B wird ausschließlich an die Autosport GmbH verkauft. Die Autosport GmbH würde langfristig von Radkappe B zwischen 7 000 und 8 000 Stück pro Jahr beziehen, wenn der bisherige Stückpreis (40,00 EUR) um 10 % gesenkt würde.

   Da die bisherige Kapazität für die Produktion der Radkappe B nicht ausreicht, fallen durch die Annahme des Zusatzauftrages zusätzliche Fixkosten in Höhe von 5 800,00 EUR/Jahr an. Die variablen Stückkosten würden sich dadurch nicht ändern.

   Bestimmen Sie die Mindestabnahmemenge, die von der Autosport GmbH zugesagt werden müsste, damit die Radkappe B keinen negativen Beitrag zum Betriebsergebnis leistet!
4. Die Kapazitätserweiterung wird nicht durchgeführt. Eine Alternative wäre der komplette Fremdbezug der Radkappe B. Es liegt ein Angebot zum Preis von 50,00 EUR pro Stück vor. Die bisherigen Fixkosten für die Radkappe B könnten in diesem Falle nur um 45 % abgebaut werden.

   Berechnen Sie, bis zu welcher Menge der Fremdbezug vorteilhaft ist!

6 Mithilfe der mehrstufigen Deckungsbeitragsrechnung über die Förderung und Einstellung von Produkten entscheiden

Bei der mehrstufigen Deckungsbeitragsrechnung werden die Fixkosten aufgeteilt, z. B. in Fixkosten für eine Erzeugnisart oder eine Erzeugnisgruppe. Der noch verbleibende Rest stellt Fixkosten für den gesamten Unternehmensbereich dar (Unternehmensfixkosten).

Erzeugnis-fixkosten	Sie sind der Gesamtstückzahl einer Erzeugnisart direkt zurechenbar.
	Beispiele:
	Forschungs- und Entwicklungskosten für die Erzeugnisart, Zinskosten, Abschreibungen auf Anlagen, die nur für diese Erzeugnisart verwendet werden, Lizenzgebühren für die Erzeugnisart.
Erzeugnis-gruppenfixkosten[1]	Sie entfallen auf mehrere ähnliche Erzeugnisse, die zu einer Erzeugnisgruppe zusammengefasst werden können.
	Beispiele:
	Kapitalkosten von Anlagen, die nur von der betreffenden Erzeugnisgruppe beansprucht werden, Forschungs- und Entwicklungskosten für diese Erzeugnisgruppen, Gehälter für Angestellte, die nur für eine bestimmte Erzeugnisgruppe tätig sind.
Unternehmens-fixkosten	Sie sind der Rest der Fixkosten, der nicht auf die speziellen Erzeugnisse bzw. Erzeugnisgruppen aufgeteilt werden kann, z. B. Kosten der Unternehmensleitung.

Aufgrund der Fixkostenaufspaltung ergibt sich für die mehrstufige Deckungsbeitragsrechnung folgendes Berechnungsschema:

Erzeugnis A		Erzeugnis B		Erzeugnis C		Erzeugnis D	
Nettoverkaufserlöse – variable Kosten	+	Nettoverkaufserlöse – variable Kosten	+	Nettoverkaufserlöse – variable Kosten	+	Nettoverkaufserlöse – variable Kosten	
= Deckungsbeitrag I – Erzeugnisfixkosten		= Deckungsbeitrag I – Erzeugnisfixkosten		= Deckungsbeitrag I – Erzeugnisfixkosten		= Deckungsbeitrag I – Erzeugnisfixkosten	
= Deckungsbeitrag II		= Deckungsbeitrag II		= Deckungsbeitrag II		= Deckungsbeitrag II	Summe der Deckungs-beiträge II – Unternehmens-fixkosten
							= Betriebsergebnis

Beispiel:

Ein Industriebetrieb stellt im Erzeugnisbereich Metall die Erzeugnisse Stahltank und Stahlleitern und im Erzeugnisbereich Holz die Erzeugnisse Büromöbel und Labormöbel her. Die Fertigung der beiden Erzeugnisbereiche wird in getrennten Kostenstellen erfasst. Verwaltung und Vertrieb sind für die beiden Erzeugnisgruppen zentralisiert. Für die Rechnungsperiode liegen folgende Daten vor:

---

1 Auf die Erzeugnisgruppenfixkosten wird im Folgenden nicht eingegangen.

Lernbereich 1: Entscheidungen mithilfe der Teilkostenrechnung vorbereiten und begründet treffen

	Metall		Holz	
	Stahltank	Stahlleitern	Büromöbel	Labormöbel
Stückzahl	50	1 400	600	1 100
Nettoverkaufserlöse je Stück	15 000,00 EUR	320,00 EUR	560,00 EUR	960,00 EUR
variable Stückkosten	6 100,00 EUR	190,00 EUR	305,00 EUR	520,00 EUR
Erzeugnisfixkosten	103 000,00 EUR	74 000,00 EUR	170 000,00 EUR	196 900,00 EUR
Unternehmensfixkosten	486 400,00 EUR			

Aufgaben:
1. Ermitteln Sie die Deckungsbeiträge je Erzeugnisart (Deckungsbeitrag II)!
2. Berechnen Sie das Betriebsergebnis der Rechnungsperiode!
3. Es wird erwogen, die Produktion von Büromöbeln einzustellen. Die Erzeugnisfixkosten wären um 65 % abbaubar. Berechnen Sie, unter sonst gleichen Bedingungen, ob es sinnvoll ist, die Produktion von Büromöbeln einzustellen!

Lösungen:

Zu 1. und 2.: Berechnung der Deckungsbeiträge je Erzeugnisart und des Betriebsergebnisses

	Metall		Holz		Insgesamt
	Stahltank	Stahlleitern	Büromöbel	Labormöbel	
Nettoverkaufserlöse	750 000,00 EUR	448 000,00 EUR	336 000,00 EUR	1 056 000,00 EUR	2 590 000,00 EUR
− variable Kosten	305 000,00 EUR	266 000,00 EUR	183 000,00 EUR	572 000,00 EUR	1 326 000,00 EUR
= Deckungsbeitrag I	445 000,00 EUR	182 000,00 EUR	153 000,00 EUR	484 000,00 EUR	1 264 000,00 EUR
− Erzeugnisfixkosten	103 000,00 EUR	74 000,00 EUR	170 000,00 EUR	196 900,00 EUR	543 900,00 EUR
= Deckungsbeitrag II	342 000,00 EUR	108 000,00 EUR	−17 000,00 EUR	287 100,00 EUR	720 100,00 EUR
− Unternehmensfixkosten					486 400,00 EUR
= Betriebsgewinn der Rechnungsperiode					233 700,00 EUR

Zu 3.: Vorschlag zur Einstellung der Produktion von Büromöbeln

DB II von Büromöbeln	− 17 000,00 EUR
− nicht abbaubare Erzeugnisfixkosten 35 % von 170 000,00 EUR	− (−) 59 500,00 EUR
= zusätzliche Kosten	− 42 500,00 EUR

Ergebnis: Der Betriebsgewinn verschlechtert sich bei der Einstellung der Produktion von Büromöbeln um 42 500,00 EUR. Die Einstellung der Produktion von Büromöbeln ist nicht sinnvoll.

Kompetenztraining

108 Mehrstufige Deckungsbeitragsrechnung, begründete Entscheidung zwischen zwei Fertigungsverfahren

Eine Möbelfabrik stellt Schreibtische im alten Werk in Werkstattfertigung und im Zweigwerk in automatisierter Fertigung her. Die Aufgliederung der Gemeinkosten im BAB für die Teilkostenrechnung ergibt folgende Zuordnungen:

	fix	variabel je Schreibtisch
Bereich Werkstattfertigung	1 830,00 EUR	30,00 EUR
Bereich automatisierte Fertigung	12 000,00 EUR	3,60 EUR
Gesamtunternehmen	1 500,00 EUR	

Die monatliche Kapazität beträgt 150 Schreibtische bei Werkstattfertigung und 600 Schreibtische in der automatisierten Fertigung. Der Nettoverkaufserlös je Schreibtisch beträgt einheitlich 121,20 EUR.

Neben den für den Monat April eingeplanten 450 Schreibtischen in der automatisierten Fertigung soll im selben Monat noch ein Großauftrag von 150 Schreibtischen produziert werden. Die Werkstattfertigung besitzt für den Monat April keinen Auftrag.

Im Produktionsbereich fallen neben den Gemeinkosten folgende Einzelkosten an:

	Werkstattfertigung	automatisierte Fertigung
Materialverbrauch je Schreibtisch	20,00 EUR	20,00 EUR
Fertigungslöhne je Stunde	60,00 EUR	60,00 EUR
Fertigungsdauer je Schreibtisch	60 Minuten	48 Minuten

Aufgaben:
1. Berechnen Sie die Deckungsbeiträge I und II sowie das Betriebsergebnis, wenn der Großauftrag in Werkstattfertigung und in automatisierter Fertigung bzw. nur in automatisierter Fertigung hergestellt wird!
2. Begründen Sie, für welches Fertigungsverfahren Sie sich aufgrund der in 1. angestellten Berechnungen entscheiden!

109 Mehrstufige Deckungsbeitragsrechnung, begründete Entscheidung für die Einstellung der Produktion eines Produkts

Im Industriewerk Fritz Hutter GmbH werden drei Produkte hergestellt. Folgende Daten liegen für Juni 20.. vor:

	A	B	C
Nettoverkaufserlös/Stück in EUR	185,00	230,00	280,00
variable Kosten/Stück in EUR	102,00	92,00	174,00
produzierte und verkaufte Menge in Stück	1 400	1 200	1 150

Die gesamten Fixkosten betragen 310 700,00 EUR. Davon können 20 % dem Produkt A zugerechnet werden. Fixkosten in Höhe von 14 000,00 EUR sind keinem Produkt zuzuordnen. Produkt B bringt einen negativen DB II von 12 340,00 EUR.

Aufgaben:
1. Berechnen Sie für den Juni 20.. die Erzeugnisfixkosten der drei Produkte, die fehlenden DB I und DB II sowie das Betriebsergebnis!
2. Es wird erwogen, die Produktion von B einzustellen. Die Erzeugnisfixkosten wären um 75 % abbaubar. Berechnen Sie, wie sich das monatliche Betriebsergebnis unter sonst gleichen Bedingungen verändern würde! Stellen Sie dar, welche Entscheidung die Geschäftsführung bezüglich der Produktion von B treffen wird!

110 Mehrstufige Deckungsbeitragsrechnung, Vorschläge zur Verbesserung des Betriebsergebnisses

Die Hans Schmid OHG stellt die Produkte D, E und F her. Die Kostenrechnung liefert für das Produkt F im 1. Quartal folgende Daten: Fertigungsmaterial je Stück 130,00 EUR, Fertigungslöhne je Stück 210,00 EUR, Gemeinkosten insgesamt 56 000,00 EUR, davon Erzeugnisfixkosten 48 500,00 EUR, Nettoverkaufserlös je Stück 490,00 EUR, hergestellte und verkaufte Menge 300 Stück.

Aufgaben:

1. Ermitteln Sie für das Produkt F die Deckungsbeiträge (DB) I und II!
2. Zur Verbesserung des Betriebsergebnisses werden verschiedene Überlegungen angestellt.
   2.1 Die Produktion des Typs F wird eingestellt, wobei die Erzeugnisfixkosten um 34 400,00 EUR abbaubar wären. Eine Marktprognose ergibt eine unveränderte absetzbare Menge von 300 Stück pro Quartal. Begründen Sie rechnerisch, ob diese Maßnahme sinnvoll wäre!
   2.2 Die Produktion von F wird beibehalten und eine Erhöhung des Verkaufspreises erwogen. Berechnen Sie den Umsatz pro Quartal, der bei gleichbleibender Absatzmenge die Kosten von F gerade noch deckt!
   2.3 Eine weitere Überlegung ist die Erhöhung der Absatzmenge. Der ursprüngliche Preis von 490,00 EUR wird beibehalten. Berechnen Sie, um wie viel Stück der Absatz pro Quartal gesteigert werden müsste, um die dem Produkt F zurechenbaren Kosten zu decken!
   2.4 Treffen Sie eine begründete Entscheidung, welche Vorgehensweise Sie bevorzugen würden!

7 Bei Vorliegen eines Engpasses das optimale Produktionsprogramm bestimmen

LB 1 Handlungssituation 7: Produktionsprogramm optimieren

Das Programm „Technische Garne" der MicroTex Technologies GmbH ist derzeit sehr nachgefragt. Die Geschäftsführung möchte daher das Produktionsprogramm optimieren. Die kurzfristige Erfolgsrechnung des Vormonats weist folgende Daten aus:

	Gesamt	Polyester Garne	Nylon 6 Garne	Polypropylen Garne
Nettoverkaufserlöse variable Kosten	2 362 000,00 1 197 200,00	780 000,00 468 000,00	936 000,00 312 000,00	646 000,00 417 200,00
Deckungsbeitrag fixe Kosten	1 164 800,00 910 000,00	312 000,00	624 000,00	228 800,00
Betriebsgewinn	254 800,00			
hergestellte Stückzahl Fertigungszeit pro Stück Verfügbare Kapazität:	2 600 Stunden	1 560 25 Min.	2 080 30 Min.	1 040 15 Min.

KOMPETENZORIENTIERTE ARBEITSAUFTRÄGE:

1. Berechnen Sie den Prozentsatz der freien Kapazität des Vormonats!
2. Ermitteln Sie den Deckungsbeitrag je Erzeugnis und Produktionsstunde und geben Sie die Reihenfolge der Förderungswürdigkeit der Produkte an:
   2.1 bei freier Kapazität und
   2.2 bei einer Engpasssituation!
3. Bestimmen Sie das Betriebsergebnis bei einer Kapazitätsausnutzung von 1 170 Stunden und einer entsprechenden Programmbereinigung, wenn die bisherigen Stückzahlen nicht erhöht werden können!
4. Angenommen, die Kapazität beträgt 1 690 Stunden.
   4.1 Ermitteln Sie das Betriebsergebnis!
   4.2 Geben Sie an, wie viel Stück von den einzelnen Produkten hergestellt werden!
5. Berechnen Sie das Betriebsergebnis bei einer Kapazitätsauslastung von 90 %, wenn das Produkt mit dem höchsten relativen Deckungsbeitrag zusätzlich hergestellt würde!
   Berücksichtigen Sie zur Lösung das Ergebnis von 1.

(1) Überblick

Ist in einem Teilbereich des Betriebs, den alle Produkte durchlaufen müssen, die Kapazitätsgrenze erreicht, entsteht ein Engpass. Die Produktionsmenge kann dann nicht in der Weise gesteigert werden, wie es von der Absatzseite her möglich wäre **(Engpass in der Produktion)**. In diesem Fall gilt:

> Bei **voll ausgelasteter Kapazität** müssen die Deckungsbeiträge auf **eine Einheit der Engpasskapazität** umgerechnet werden.

Die neuen Fragestellungen lauten:

- Wie lange wird die **Engpassabteilung** von den einzelnen Produkten während des Produktionsprozesses **in Anspruch genommen?**
- Welcher Deckungsbeitrag wird je beanspruchte Zeiteinheit von den einzelnen Produkten erzielt **(relativer Deckungsbeitrag)?**

Eine weitere Ursache für eine Engpasssituation kann darin bestehen, dass ein für die Produktion benötigter Rohstoff nicht rechtzeitig in dem benötigten Umfang beschafft werden kann **(Engpass bei der Beschaffung)** oder dass speziell benötigte Transportmittel für den Vertrieb der Produkte nicht ausreichend zur Verfügung stehen **(Engpass im Absatz)**. Allerdings ändert sich in diesem Fall die Problemsituation nicht grundlegend, da sich auch in diesem Fall das Produktionsprogramm am relativen Deckungsbeitrag ausrichtet.

(2) Engpass in der Produktion

Beispiel:

Bei der Maschinenfabrik Gottfried Sauter KG durchlaufen alle Motorentypen die Abteilung Qualitätsprüfung. Diese Abteilung bildet mit 2 400 Stunden pro Monat den betrieblichen Engpass. Für die Qualitätsprüfung werden folgende Prüfzeiten aufgewendet:

	Motorentypen			
	A	B	C	D
Prüfzeiten in Minuten	30	40	15	20

Es sind folgende absolute Stückdeckungsbeiträge zugrunde zu legen:

	Motorentypen			
	A	B	C	D
absol. Stückdeckungsbeitrag in EUR	4 330,00	5 290,00	2 180,00	4 540,00

Aufgaben:
1. Berechnen Sie den relativen Deckungsbeitrag und ermitteln Sie die Rangfolge der Motorentypen bei der Produktionsentscheidung!
2. Bestimmen Sie das optimale Produktionsprogramm, wenn im Monat Juni folgende absetzbare Mengen möglich sind:

	Motorentypen			
	A	B	C	D
absetzbare Menge (Stück)	1 260	1 500	2 280	2 460

3. Berechnen Sie den im Monat Juni erzielten Betriebsgewinn, wenn Fixkosten in Höhe von 23 071 800,00 EUR anfallen!

Lösungen:

Zu 1.: Berechnung der relativen Deckungsbeiträge und die Rangfolge der Motorentypen bei der Produktionsentscheidung

Zunächst muss der absolute Stückdeckungsbeitrag auf eine Einheit der Engpasskapazität (hier: eine Stunde) umgerechnet werden. Das Ergebnis ist der **relative Deckungsbeitrag** pro Stunde.

$$\text{Relativer Deckungsbeitrag} = \frac{\text{absoluter Stückdeckungsbeitrag}}{\text{verbrauchte Engpasseinheit (z. B. Stunde, Stück)}}$$

Motoren-typ	Prüfzeit je Motor	verbrauchte Engpasseinheit je Stück	(absoluter) Stückdeckungsbeitrag	relativer Deckungsbeitrag je Stunde	Rangfolge
A	30 Min.	30/60[1]	4 330,00 EUR	8 660,00 EUR	III
B	40 Min.	40/60	5 290,00 EUR	7 935,00 EUR	IV
C	15 Min.	15/60	2 180,00 EUR	8 720,00 EUR	II
D	20 Min.	20/60	4 540,00 EUR	13 620,00 EUR	I

Ergebnis: Die Rangfolge, in der die einzelnen Motorentypen produziert werden, lautet: D, C, A, B.

---
[1] Pro Stunde können 2 Motoren geprüft werden.

Zu 2.: Bestimmung des optimalen Produktionsprogramms

Rang	Motoren-typ	absetzbare Menge		geprüfte Stücke je Stunde		Prüfzeit insgesamt in Stunden		Produktionsmenge in Stück (optimales Produktionsprogramm)
I	D	2 460	:	3	=	820		2 460
II	C	2 280	:	4	=	570		2 280
III	A	1 260	:	2	=	630		1 260
						2 020		
IV	B	1 500		1,5	x	380	=	570
						2 400		

Erläuterungen:

Die Motorentypen D, C und A können in der absetzbaren Menge produziert werden. Dafür werden in der Engpassabteilung Qualitätsprüfung 2 020 Stunden benötigt. Für den mit dem niedrigsten relativen Deckungsbeitrag ausgestatteten Motorentyp B, der bei der absetzbaren Menge von 1 500 Stück 1 000 Prüfstunden benötigen würde (1 500 Stück : 1,5 Stück/Std.), verbleibt nur noch eine Prüfzeit von 380 Stunden. In dieser Zeit können lediglich 570 Motoren (1,5 Stück/Std. · 380 Std. restliche Prüfzeit) dieses Motorentyps geprüft werden. Damit können auch nur 570 Stück dieses Motorentyps produziert werden.

Zu 3.: Berechnung des Betriebsgewinns

Motorentyp	produzierte Motoren	absoluter Stück-deckungsbeitrag	Deckungsbeitrag insgesamt
A	1 260 Stück	4 330,00 EUR	5 455 800,00 EUR
B	570 Stück	5 290,00 EUR	3 015 300,00 EUR
C	2 280 Stück	2 180,00 EUR	4 970 400,00 EUR
D	2 460 Stück	4 540,00 EUR	11 168 400,00 EUR

	Summe aller Deckungsbeiträge	24 609 900,00 EUR
–	Fixkosten	23 071 800,00 EUR
=	Betriebsgewinn	1 538 100,00 EUR

- Liegt in einem Teilbereich der Produktion ein Engpass vor, so sind die Deckungsbeiträge je verbrauchter Engpasseinheit (relative Deckungsbeiträge) zu ermitteln.
- Die Entscheidung, in welcher Menge eine Erzeugniseinheit produziert wird, richtet sich nach der Höhe des relativen Deckungsbeitrags.

(3) Engpass bei der Beschaffung

Beispiel:

Eine Maschinenfabrik produziert Verpackungsmaschinen in vier verschiedenen Ausführungen. Für alle vier Maschinentypen werden Kugellager benötigt, die nur von einem Unternehmen bezogen werden können. Der Einstandspreis je Kugellager beträgt 7 200,00 EUR.

Die Tabelle auf S. 314 enthält die benötigte Menge an Kugellagern je Maschine, die Summe der übrigen variablen Kosten und die Nettoverkaufspreise je Maschine.

Lernbereich 1: Entscheidungen mithilfe der Teilkostenrechnung vorbereiten und begründet treffen

Maschinen-ausführung	Kugellager je Maschine	übrige variable Kosten	Nettoverkaufs-erlöse
I	6	24 000,00 EUR	69 900,00 EUR
II	4	31 400,00 EUR	61 760,00 EUR
III	1	14 700,00 EUR	22 110,00 EUR
IV	5	18 600,00 EUR	57 200,00 EUR

Aufgaben:
1. Berechnen Sie die gesamten variablen Kosten je Maschine!
2. Ermitteln Sie den Deckungsbeitrag je Maschine!
3. Bestimmen Sie den Deckungsbeitrag je Engpasseinheit!
4. Stellen Sie die Reihenfolge des gewinnoptimalen Produktionsprogramms auf, wenn kurzfristig nur 15 Kugellager bezogen werden können!

Lösungen:

Zu 1. bis 3.:

Maschinen-ausführung	gesamte variable Kosten je Maschine	Deckungsbeitrag je Maschine	Stückdeckungsbeitrag/Engpasseinheit
I	67 200,00 EUR	2 700,00 EUR	450,00 EUR
II	60 200,00 EUR	1 560,00 EUR	390,00 EUR
III	21 900,00 EUR	210,00 EUR	210,00 EUR
IV	54 600,00 EUR	2 600,00 EUR	520,00 EUR

Lösungsschritte am Beispiel der Maschinenausführung I:

1. Schritt. Berechnung der gesamten variablen Kosten je Maschine

	6 Kugellager zu je 7 200,00 EUR =	43 200,00 EUR
+	übrige variable Kosten	24 000,00 EUR
		67 200,00 EUR

2. Schritt:

	Nettoverkaufserlöse	69 900,00 EUR
−	variable Kosten	67 200,00 EUR
=	Stückdeckungsbeitrag	2 700,00 EUR

3. Schritt: Stückdeckungsbeitrag/Engpasseinheit = $\frac{2\,700}{6}$ = 450,00 EUR

Zu 4.: Die Reihenfolge des gewinnoptimalen Produktionsprogramms lautet:
Maschine IV (5 Kugellager), Maschine I (6 Kugellager), Maschine II (4 Kugellager).
Maschine III kann mangels eines Kugellagers nicht produziert werden.

Kompetenztraining

111 Optimierung des Fertigungsprogramms bei Engpass

In einer Möbelfabrik werden vier verschiedene Formen von Wohnzimmertischen (A, B, C, D) hergestellt. Für den Monat November liefert die KLR folgende Zahlen:

7 Bei Vorliegen eines Engpasses das optimale Produktionsprogramm bestimmen

	Wohnzimmertische			
	A	B	C	D
Nettoverkaufserlöse je Stück	1 080,00 EUR	940,00 EUR	510,00 EUR	280,00 EUR
variable Stückkosten	720,00 EUR	690,00 EUR	370,00 EUR	115,00 EUR
absetzbare Stückzahlen	700 Stück	220 Stück	320 Stück	200 Stück
Zeitbedarf je Stück in der Engpassstufe	30 Minuten	12 Minuten	15 Minuten	20 Minuten
Fertigungsstd. insgesamt in der Engpassstufe	360 Stunden			
Fixe Gesamtkosten	279 900,00 EUR			

Aufgaben:
1. Berechnen Sie die relativen Deckungsbeiträge!
2. Bestimmen Sie das optimale Produktionsprogramm!
3. Ermitteln Sie den Betriebsgewinn im Monat November, wenn die gesamten Fixkosten 279 900,00 EUR ausmachen!
4. Stellen Sie die wichtigsten Merkmale der Deckungsbeitragsrechnung und der Vollkostenrechnung einander gegenüber!

112 Optimierung des Fertigungsprogramms bei Zusatzauftrag

Ein Industrieunternehmen stellt drei Produkte (A, B und C) her. Der Produktionsplan für die 24. Woche enthält folgende Daten:

Produktart	geplante Stückzahl	Stückzeit in Minuten	variable Stückkosten	Nettoverkaufserlös je Stück
A	240	30	40,00 EUR	56,00 EUR
B	120	40	64,00 EUR	90,00 EUR
C	50	48	84,00 EUR	120,00 EUR

Die Fixkosten betragen insgesamt 6 100,00 EUR. In der Montageabteilung, die die Engpassstufe darstellt, stehen pro Woche 240 Arbeitsstunden zur Verfügung.

Aufgaben:
1. Ermitteln Sie den absoluten Deckungsbeitrag je Stück sowie insgesamt für jede Produktart und berechnen Sie den Betriebsgewinn!
2. Für die 25. Woche ist folgendes Produktionsprogramm vorgesehen: A 120 Stück, B 30 Stück, C 200 Stück.

   Vor Beginn der Produktion fragt ein Kunde an, ob 200 Stück von dem Sondermodell D zum Stückpreis von 60,00 EUR kurzfristig geliefert werden können. Der Auftrag kann nur ganz oder gar nicht angenommen werden. Die variablen Stückkosten betragen hierfür 46,00 EUR und die Stückzeit beträgt 24 Minuten. Die Produktion des Sondermodells muss in der 25. Woche durchgeführt werden.

   2.1 Ermitteln Sie, ob das Industrieunternehmen diesen Auftrag annehmen soll (rechnerischer Nachweis)!
   2.2 Erstellen Sie, sofern der Auftrag angenommen wird, das neue Produktionsprogramm für die 25. Woche!

Lernbereich 1: Entscheidungen mithilfe der Teilkostenrechnung vorbereiten und begründet treffen

113 Optimierung des Produktionsprogramms bei Rohstoffengpass

Eine Schokoladenfabrik stellt vier Sorten Schokolade her (A, B, C, D). Für alle vier Sorten wird Kakao benötigt, der jedoch aufgrund von Ernteausfällen nur in beschränktem Umfang bezogen werden kann. Die Einkaufsabteilung erhielt insgesamt 960 kg Kakao zu 36,00 EUR/kg. Im vergangenen Quartal konnten von jeder Schokoladensorte 30 000 Tafeln zu je 100 g abgesetzt werden.

Die folgende Tabelle enthält (je 100-g-Tafel) die benötigte Menge Kakaobutter (in Gramm), die Summe der übrigen variablen Kosten und die Nettoverkaufserlöse:

Sorte	Menge Kakao	übrige variable Kosten	Nettoverkaufspreis
A	30 g	1,20 EUR	2,82 EUR
B	20 g	1,44 EUR	2,76 EUR
C	5 g	1,80 EUR	2,10 EUR
D	10 g	1,08 EUR	1,92 EUR

Aufgaben:

1. Berechnen Sie die gesamten variablen Kosten je 100-g-Tafel!
2. Ermitteln Sie den Deckungsbeitrag je 100-g-Tafel!
3. Bestimmen Sie den Deckungsbeitrag je Engpasseinheit!
4. Stellen Sie das gewinnoptimale Produktionsprogramm auf!

114 Optimierung des Fertigungsprogramms bei Preisdifferenzierung

Die Herzog GmbH hat ihre Produktpalette um das Steckspiel mit dem Markennamen „Stick" erweitert. Das Produkt „Stick" wird als Standardkasten vertrieben. Im vergangenen Geschäftsjahr verkaufte die Herzog GmbH ausschließlich im Inland über den Fachhandel 56 000 Kästen mit einem durchschnittlichen Nettoverkaufserlös von 25,00 EUR je Stück.

In einer Sitzung der Geschäftsleitung behauptet der Leiter des Rechnungswesens, dass „Stick" ein „Flop" sei; die anderen Produkte müssten „Stick" mitfinanzieren. Zum Beweis seiner Aussage legt er folgende Kostenanalyse aus dem vergangenen Geschäftsjahr vor:

Gesamte variable Kosten für „Stick"	812 000,00 EUR
Fixe Kosten der Produktions- und Verpackungsmaschinen, die ausschließlich dem Produkt „Stick" zuzuordnen sind:	388 000,00 EUR
Von den Fixkosten des Unternehmens wurden im Rahmen der Vollkostenrechnung auf das Produkt „Stick" verteilt:	700 000,00 EUR

Aufgaben:

1. Begründen Sie, ob es falsch war, „Stick" in das Produktionsprogramm aufzunehmen! Belegen Sie Ihre Auffassung rechnerisch!
2. Erörtern Sie, welche Argumente unabhängig von Kostengesichtspunkten dagegen sprechen könnten, das Produkt „Stick" aus dem Produktionsprogramm zu nehmen!
3. Im Exportbereich ließe sich ein zusätzlicher Absatz von 22 000 Kästen „Stick" pro Jahr bei einem Nettoverkaufserlös von 18,50 EUR pro Stück erzielen.
   Prüfen Sie, ob die Herzog GmbH unter dem Gesichtspunkt der Gewinnmaximierung diese Strategie der Preisdifferenzierung realisieren sollte!

8 System der Vollkostenrechnung und Teilkostenrechnung (Deckungsbeitragsrechnung) vergleichen und beurteilen

Mit der Vollkostenrechnung und der Deckungsbeitragsrechnung wurden zwei verschiedene Abrechnungssysteme der Kosten- und Leistungsrechnung vorgestellt. In der nachfolgenden Übersicht sind die **wichtigsten Zielsetzungen der beiden Kostenrechnungssysteme** zusammengestellt.

Vollkostenrechnung	Deckungsbeitragsrechnung
■ Es werden alle **angefallenen Kostenarten auf die Kostenträger** verrechnet. ■ Ziel der Vollkostenrechnung ist es, die Herstell- und Selbstkosten für die einzelnen Kostenträger zu ermitteln. Um alle Kostenarten auf die einzelnen Kostenträger aufteilen zu können, gliedert sie die Kostenarten nach der Zurechenbarkeit der Kostenarten auf die Kostenträger in **Einzelkosten** und **Gemeinkosten** auf. ■ Für die **langfristige Produktions- und Absatzentscheidung** ist von Bedeutung, dass die Selbstkosten erwirtschaftet werden. Daher werden jeweils alle Kosten in die Kostenträger eingerechnet. ■ Die Vollkostenrechnung ist geeignet für die **Preisbildung von Auftragsfertigungen** (öffentliche und private Auftraggeber), für **Preiskontrollen** (Erlöse – Selbstkosten – Vergleiche), für die **Ermittlung von Inventurwerten für die Handels- und Steuerbilanz** und für die **Ergebnisermittlung**. ■ Die Vollkostenrechnung geht von der innerbetrieblichen Kostenstruktur aus und ermittelt für die einzelnen Leistungseinheiten einen Preis. Das Unternehmen versucht dann, diesen **Preis am Markt durchzusetzen**. Der **Preis wird als Funktion der Kosten gesehen**. ■ In der Vollkostenrechnung lautet die **Fragestellung: Wie viel muss der Betrieb für jede Produktionseinheit mindestens erhalten, die mit der Produktion direkt und indirekt verbundenen Kosten (Gesamtkosten) zu erwirtschaften?** ■ Die Vollkostenrechnung liefert mit zeitlicher Verzögerung Informationsmaterial über die Vergangenheit. Sie kann damit **keine kurzfristigen Entscheidungshilfen** bereitstellen.	■ Es wird nur **ein Teil der angefallenen Kosten** auf die Kostenträger verrechnet. ■ Die Gesamtkosten werden aufgespalten, und zwar in einen Teil, der durch die Produktion entstanden ist **(variable Kosten)** und in einen Teil, den die Aufrechterhaltung der Betriebsbereitschaft verursacht hat **(fixe Kosten)**. ■ Da für die **kurzfristige Produktions- und Absatzentscheidung** nur die variablen Kosten von Bedeutung sind, wird nur dieser Kostenbestandteil auf die Kostenträger verrechnet. ■ Die Deckungsbeitragsrechnung ist geeignet, **Preisuntergrenzen** zu bestimmen, das **Produktionsprogramm zu optimieren** und die **Anpassung des Betriebs an Beschäftigungsschwankungen** zu erleichtern. ■ Die variablen Kosten werden von den erzielten Umsatzerlösen subtrahiert. Die Deckungsbeitragsrechnung sieht die Umsatzerlöse als Bezugsgröße an. Sie geht von den erzielten Umsatzerlösen aus und subtrahiert hiervon die Kosten. Damit wird die **Marktorientierung** dokumentiert und ein retrograder Rechenweg ausgelöst. ■ In der Deckungsbeitragsrechnung lautet die Fragestellung: **Wie viel muss der Betrieb bei gegebener Betriebsbereitschaft mindestens erhalten, um die variablen Stückkosten für diese Produktionseinheit ersetzt zu bekommen?** ■ Durch die Orientierung der Deckungsbeitragsrechnung an den Umsatzerlösen kann sie **kurzfristige Entscheidungshilfen** anbieten. Die Deckungsbeitragsrechnung ist **ein brauchbares Verfahren** im Rahmen der Preispolitik und Produktpolitik.

Erkenntnis:

Die Kostenrechnung kann die vielfältigen Aufgaben der modernen Wirtschaftspraxis (Entscheidungsvorbereitung, Kostenkontrolle, Preisbildung und Preiskontrolle, Inventurbewertung, Ergebnisermittlung und Bereitstellung von Informationsdaten) nur in der Form einer **Kombination von Voll- und Deckungsbeitragsrechnung** bewältigen.

Lernbereich 2: Marketingprozesse planen und steuern

1 Mithilfe der Marktforschung die Marktsituation verschiedener Produkte eines Unternehmens analysieren und hieraus geeignete Normstrategien ableiten

LB 2 **Handlungssituation 1:** **Entstehung einer Marketingkonzeption analysieren**

Zur Mitte des letzten Jahrhunderts, kurz nach dem Ende des 2. Weltkriegs, lag die deutsche Wirtschaft in Trümmern. Die Gründer der Augsburger Büromöbel AG waren ursprünglich Tischler von Beruf und fingen in den Anfangstagen ihres Unternehmens, nach der Rückkehr aus der Kriegsgefangenschaft, in einer kleinen Schreinerwerkstatt im Zentrum von Augsburg an, Schreibtische zu bauen. Da ein Mangel an Gütern jeder Art herrschte, war es egal, was ein Produzent herstellte, Käufer fanden sich immer. Das Augsburger Möbelunternehmen verkaufte in der Folge sehr viele Schreibtische.

Mit dem einsetzenden „Wirtschaftswunder" in Deutschland und dem damit einhergehenden Wohlstand der deutschen Bevölkerung gab es Mitte der Sechzigerjahre immer mehr Unternehmen, die auch Möbel bzw. Schreibtische herstellten.

Ende der Achtzigerjahre öffneten sich viele Grenzen nach Asien und zum osteuropäischen Raum. Gleichzeitig wurden die Transportkosten, auch für große Entfernungen, immer günstiger. Dies führte dazu, dass die Welt „kleiner" wurde, und ermöglichte es vielen ausländischen Produzenten, ihre Produkte auf den deutschen Märkten anzubieten. Diese neue Konkurrenzsituation führte dazu, dass die Augsburger Büromöbel AG auf vielen Märkten ihre Produkte nicht mehr absetzen konnte.

KOMPETENZORIENTIERTE ARBEITSAUFTRÄGE:

1. Interpretieren Sie die Schaubilder!
2. Erklären Sie, welchen Einfluss die individuellen Bedürfnisse und Wünsche der Kunden bei der Gründung des Unternehmens hatten!
3. Diskutieren Sie über Möglichkeiten, wie die Augsburger Büromöbel AG Marktanteile zurückerobern könnte!

1 Mithilfe der Marktforschung die Marktsituation verschiedener Produkte eines Unternehmens analysieren und hieraus geeignete Normstrategien ableiten

1.1 Grundlagen des Marketings[1]

Grundaufgabe eines jeden Unternehmens ist es, den Absatz seiner Ideen, Waren und Dienstleistungen so zu organisieren, dass es auf dem gewählten Markt erfolgreich ist.

(1) Entwicklung zur Marketingkonzeption

Durch die zunehmende Sättigung der Bedürfnisse, den technischen Fortschritt und die Liberalisierung der Märkte kommt es derzeit zu einem **Überhang des Leistungsangebots (Käufermarkt)**. Dies führt dazu, dass weniger die Produktion und ihre Gestaltung, sondern der **Absatz der erzeugten Produkte** zur Hauptaufgabe der Unternehmen wird.

König Kunde

Diese Veränderungen bleiben nicht ohne nachhaltige Auswirkungen auf die Durchführung des Absatzes. Während früher vorrangig die Verteilung der Erzeugnisse das Problem war, kommt es nun darauf an, den **Absatzmarkt systematisch** zu **erschließen**. Dies erfordert die Ausrichtung aller Unternehmensfunktionen auf die zu erwartenden Kundenbedürfnisse. Für diese Führungskonzeption wird das aus dem Amerikanischen übernommene Wort **Marketing**[2] verwendet.

(2) Begriff Marketing

Die Marketingkonzeption besagt, dass der Schlüssel zur Erreichung der gesetzten Unternehmensziele darin liegt, die Bedürfnisse und Wünsche des Kunden zu ermitteln und diese dann wirksamer und wirtschaftlicher zufriedenzustellen als die Mitbewerber. Oberstes **Ziel des Marketings** ist die **Kundenzufriedenheit**.

Schlagworte zum Marketing

- Erfülle Kundenbedürfnisse auf profitable Art!
- Entdecke Kundenwünsche und erfülle sie!
- Wir richten es, wie Sie es wollen!
- Bei uns sind Sie der Boss!

Ein zufriedener Kunde

- kauft mehr und bleibt länger „treu",
- kauft bevorzugt vom gleichen Unternehmen, wenn dieses neue oder verbesserte Produkte anbietet,
- denkt und spricht gut über das Unternehmen und seine Produkte,
- beachtet Marken, Werbe- und Preisangebote der Mitbewerber weniger stark,
- bietet dem Unternehmen gern neue Ideen zu Produkt und Service an.

- **Marketing** ist eine Konzeption, bei der alle Aktivitäten eines Unternehmens konsequent auf die Erfüllung der Kundenbedürfnisse ausgerichtet sind.
- Ziel der Marketingkonzeption ist die **Kundenzufriedenheit**.

---

1 Die Ausführungen dieses Kapitels lehnen sich an die folgende Literatur an:
Nieschlag, R./Dichtl, E./Hörschgen, H.: Marketing, 19. Aufl., Berlin 2002.
Meffert, H.: Marketing, Grundlagen marktorientierter Unternehmensführung, 9. Aufl., Wiesbaden 2005.
Weis, H. Ch.: Marketing, 17. Aufl., Ludwigshafen (Rhein) 2015.

2 **Marketing** (engl.): Markt machen, d. h. einen Markt für seine eigenen Produkte schaffen bzw. ausschöpfen.

(3) Aufgaben des Marketings

Die Bewältigung der Marketingaufgaben ist ein Prozess, der sich in folgende Phasen untergliedern lässt:

Phasen des Marketingprozesses	Erläuterungen
Marktforschung (Situationsanalyse)	In dieser Phase gilt es, die gegenwärtige und zukünftige Situation des Unternehmens, des Marktes und des Umfeldes planmäßig und systematisch zu erforschen.
Planung der Marketinginstrumente	Im Allgemeinen werden vier Marketinginstrumentenbündel unterschieden, die es je nach Marktgegebenheiten zu kombinieren gilt (**Marketingmix**): ■ **Produktpolitik**, ■ **Distributionspolitik**, ■ **Kontrahierungspolitik (Entgeltpolitik)** und ■ **Kommunikationspolitik**. Der Einsatz eines bestimmten Marketinginstruments (Marketingmaßnahme) hängt insbesondere von zwei Faktoren ab: ■ von dem „Lebensalter" der Produkte (**Konzept des Produkt-Lebenszyklus**) und ■ vom Marktanteil des Produkts und den damit verbundenen Wachstumsaussichten (**Marktwachstum-Marktanteils-Portfolio**).
Entwicklung eines Marketingkonzepts (Marketingmix)	Im Rahmen des Marketingkonzepts wird die Art und Weise festgelegt, wie das Unternehmen das absatzpolitische Instrumentarium einsetzt. Die jeweilige Kombination der Marketinginstrumente bezeichnet man als **Marketingmix**.
Marketing-Controlling[1]	Diese Phase liefert der Unternehmensleitung zum einen Informationen über den Grad der Zielverwirklichung (**ergebnisorientiertes Controlling**)[1] und zum anderen über die Effizienz[2] der verschiedenen Phasen des Produkt-Lebenszyklus (**Marketing-Audit**).[3] Darüber hinaus gibt das Marketing-Controlling Auskunft über weiteren Planungs- und Handlungsbedarf.

1.2 Marktforschung

(1) Begriff Marktforschung

Unternehmen, die ohne grundlegende Kenntnisse der Märkte und ohne sinnvolle Abstimmung der Marketinginstrumente Produkte auf den Markt bringen, laufen Gefahr, auf ihren Produkten ganz oder teilweise „sitzen zu bleiben".

Werden hingegen vor dem Verkauf der Produkte Marktinformationen (z. B. über Kundenwünsche, Kaufkraft der Kunden, Verhalten der Konkurrenten, die Lage auf den Beschaffungsmärkten und allgemeine Marktdaten) beschafft, sind die Aussichten wesentlich besser, die Absatzpläne zu verwirklichen.

---

1 Aufgrund des Lehrplans wird das Marketing-Controlling im Folgenden nicht dargestellt.
2 **Effizienz**: Wirtschaftlichkeit.
3 **Audit** (lat.-engl.): Prüfung betrieblicher Qualitätsmerkmale.

1 Mithilfe der Marktforschung die Marktsituation verschiedener Produkte eines Unternehmens analysieren und hieraus geeignete Normstrategien ableiten

- **Marktforschung** ist die systematische Erforschung, Beschaffung und Aufbereitung von Marktinformationen.
- Marktforschung geschieht durch **Marktanalyse, Marktbeobachtung** und **Marktprognose.**

■ Marktanalyse

Die **Marktanalyse** untersucht die Marktgegebenheiten zu einem **bestimmten Zeitpunkt.**

Eine Marktanalyse wird z. B. vorgenommen, wenn **neue Produkte** oder **weiterentwickelte Produkte** auf den Markt gebracht werden sollen. **Untersuchungsgegenstände** sind z. B.:

- Anzahl der Personen, Unternehmen und Verwaltungen, die als Käufer infrage kommen,
- Einkommens- und Vermögensverhältnisse der mutmaßlichen Käufer,
- persönliche Meinung der (möglichen) Käufer zum angebotenen Produkt,
- Beschaffung von Daten über die Konkurrenzunternehmen, die den zu untersuchenden Markt bereits beliefern (z. B. deren Preise, Lieferungs- und Zahlungsbedingungen, Qualitäten der angebotenen Erzeugnisse, Werbung).

■ Marktbeobachtung

- Die **Marktbeobachtung** hat die Aufgabe, Veränderungen auf den Märkten **laufend** zu erfassen und auszuwerten.
- Beobachtet werden zum einem die vorhandenen bzw. neu zu gewinnenden **Kunden**, und zum anderen das Verhalten der Konkurrenzunternehmen.

Ziel der Marktbeobachtung ist die Ermittlung von Tendenzen, Veränderungen sowie Trends innerhalb eines bestimmten Zeitraums.

■ Marktprognose

Marktanalyse und Marktbeobachtung haben letztlich den Zweck, das **Marktrisiko zu vermindern.** Dies ist nur möglich, wenn die Entscheidungen der Geschäftsleitung auf Daten beruhen, die die zukünftige Entwicklung auf den Märkten mit einiger Sicherheit aufzeigen können.

Marktprognosen sind Vorhersagen über künftige Entwicklungen am Absatzmarkt, z. B. über den Absatz bestimmter Produkte oder Leistungen.

(2) Träger der Marktforschung

Träger der Marktforschung sind die Großbetriebe mit ihren wissenschaftlichen Stäben, wissenschaftliche Institute und vor allem Marktforschungsinstitute.

Marktforschungsinstitute sind gewerbliche Einrichtungen und Unternehmen, die sich im Auftrag von Industrie und Handel der Meinungsforschung und der Marktforschung widmen.

Beispiele:

EMNID-Institut GmbH & Co. KG, Bielefeld; Institut für Demoskopie Allensbach GmbH, Allensbach (Bodensee); INFRA-TEST-Marktforschung, Wirtschaftsforschung, Motivforschung, Sozialforschung GmbH & Co. KG, München.

Überblick: Marketingkonzeption und Marktforschung

Kompetenztraining

115 Begriff, Aufgaben des Marketings

1. Erklären Sie, welche Gründe für das Entstehen des Marketings maßgebend waren!
2. Charakterisieren Sie den Begriff Marketing mit eigenen Worten!
3. Die Bewältigung der Marketingaufgaben vollzieht sich in Phasen.

   Aufgabe:

   Nennen Sie diese Phasen in ihrer chronologischen[1] Abfolge und skizzieren Sie jeweils ihre grundlegenden Aufgaben!
4. Recherchieren Sie den Begriff Produktionskonzeption und erläutern Sie, worin sich die Marketingkonzeption von der Produktionskonzeption unterscheidet!

1.3 Konzept des Produktlebenszyklus

LB 2 Handlungssituation 2: Produktlebenszyklen bestimmen

Die Motorenbau Anton Thomalla e. Kfm. produzieren Motoren zum Betrieb von Blockheizkraftwerken in jeder Größe.

60 % des Umsatzes erzielen sie mit Motoren für Kleinblockheizkraftwerke für Einfamilienhäuser, die sie erst vor vier Jahren entwickelt hatten.

Mehrere Konkurrenzunternehmen produzieren im Moment die gleiche Art von Motoren.

KOMPETENZORIENTIERTER ARBEITSAUFTRAG:

Recherchieren Sie im Internet die Produktlebensdauer von einem iPhone der aktuellen Generation, Nivea Creme und einem VW Golf. Präsentieren Sie Ihre Ergebnisse!

---

1 **Chronologisch:** zeitlich geordnet.

1 Mithilfe der Marktforschung die Marktsituation verschiedener Produkte eines Unternehmens analysieren und hieraus geeignete Normstrategien ableiten

(1) Grundlegendes zum Konzept des Produktlebenszyklus

Hat ein Unternehmen ein neues Produkt entwickelt, steht es vor der Frage, mit welchen Marketingmaßnahmen es am Markt eingeführt und anschließend begleitet und gefördert werden soll. Die betriebswirtschaftliche Theorie hat hierzu das Konzept des Produktlebenszyklus entwickelt, das die „Lebensdauer" eines Produkts in verschiedene Phasen einteilt, und für jede der Phasen ein entsprechendes **Marketingziel** vorschlägt.

> Das **Modell des Lebenszyklus von Produkten** möchte den „Lebensweg" eines Produkts, gemessen an Umsatz und Gewinnhöhe, **zwischen der Markteinführung** des Produkts und dem **Ausscheiden aus dem Markt** darstellen.

(2) Phasen des Produktlebenszyklus

Der **Lebenszyklus eines Produkts** lässt sich in **vier unterscheidbare Phasen** gliedern.

■ **Einführungsphase**

Die Einführungsphase beginnt mit dem Eintritt des Produkts in den Markt. In dieser Phase dauert es einige Zeit bis die Kunden ihr bisheriges Konsumverhalten geändert haben und das Produkt am Markt eingeführt ist. In diesem Stadium werden zunächst **Verluste** oder nur **geringe Gewinne** erwirtschaftet, da das Absatzvolumen niedrig und die Aufwendungen für die Markteroberung hoch sind. Handelt es sich um ein absolut neues Produkt, gibt es zunächst noch keine Wettbewerber.

Um dem Produkt den Durchbruch auf dem Markt zu ermöglichen, ist die Werbung das wirksamste Instrument. Daneben gilt es, das Verkaufsnetz auszubauen. Das neue Produkt wird meist nur in der **Grundausführung** hergestellt.

> **Marketingziel** in der **Einführungsphase** ist, das **Produkt bekannt zu machen** und Erstkäufe herbeizuführen.

■ **Wachstumsphase**

Die Wachstumsphase tritt ein, wenn die Absatzmenge rasch ansteigt. Die Mehrheit der infrage kommenden Kunden beginnt zu kaufen. Die Chance auf hohe Gewinne lockt neue Konkurrenten auf den Markt. Die **Preise** bleiben aufgrund der regen Nachfrage **stabil** oder **fallen nur geringfügig.** Da sich die Kosten der Absatzförderung auf ein größeres Absatzvolumen verteilen und zudem die Fertigungskosten aufgrund der größeren Produktionszahlen sinken, **steigen die Gewinne** in dieser Phase.

Die Werbung wird in dieser Phase noch nicht nennenswert herabgesetzt. In der Produktpolitik wird in der Regel so verfahren, dass die **Produktqualität verbessert, neue Ausstattungsmerkmale** entwickelt und das **Design aktualisiert** wird.

> **Marketingziel** in der **Wachstumsphase** ist, einen **größtmöglichen Marktanteil**[1] zu erreichen.

---

[1] Der **Marktanteil** ist die Absatzmenge, die ein Unternehmen an der gesamten Absatzmenge des Marktes für ein Produkt hat, ausgedrückt als Prozentsatz.

Reife- und Sättigungsphase

Die Reife- und Sättigungsphase lässt sich in drei Abschnitte untergliedern. Im ersten Abschnitt **verlangsamt sich das Absatzwachstum**, im zweiten Abschnitt kommt es zur **Marktsättigung**, sodass der Umsatz in etwa konstant bleibt. Im dritten Reifeabschnitt wird der **Prozess des Absatzrückgangs** eingeleitet. Die Kunden fangen an, sich anderen Produkten zuzuwenden. Dies führt in der Branche zu Überkapazitäten und löst einen verschärften Wettbewerb aus. Die Gewinne gehen zurück. Die schwächeren Wettbewerber scheiden aus dem Markt aus.

Die Wettbewerber versuchen in der Reife- und Sättigungsphase insbesondere durch

- **Produktmodifikationen**[1] wie **Qualitätsverbesserungen** (z. B. bessere Haltbarkeit, Zuverlässigkeit, Geschmack, Geschwindigkeit), **Verbesserung der Produktausstattung** (z. B. Schiebedach, heizbare Sitze, Klimaanlage) und/oder **Differenzierung des Produktprogramms** (z. B. Schokolade mit unterschiedlichem Geschmack, Formen, Verpackungen) neue Nachfrager zu gewinnen.
- Daneben werden **preispolitische Maßnahmen** (z. B. Sonderverkauf, hohe Rabatte, Hausmarken zu verbilligten Preisen) und servicepolitische Maßnahmen (z. B. Einrichtung von Beratungszentren, kürzere Lieferzeiten, großzügigere Lieferungs- und Zahlungsbedingungen) ergriffen.
- Außerdem werden **spezielle Werbemaßnahmen** eingesetzt, um bestehende Präferenzen[2] zu erhalten bzw. neue aufzubauen.

- **Marketingziel** in der **Reife- und Sättigungsphase** ist, einen **größtmöglichen Gewinn** zu erzielen, indem die Umsatzkurve „gestreckt" wird, bei gleichzeitiger **Sicherung des Marktanteils**.
- Da die hohen Kosten der Markteinführung und des Wachstums weitestgehend entfallen, verspricht diese Phase eine **hohe Rentabilität**.

Rückgangsphase (Degenerationsphase)

In der Rückgangsphase **sinkt die Absatzmenge** stark ab und **Gewinne** lassen sich nur noch **in geringerem Umfang** bzw. gar **nicht mehr erwirtschaften**. Die Anzahl der Wettbewerber sinkt. Die übrig gebliebenen Anbieter **verringern systematisch ihr Produktprogramm**, die Werbung wird zunehmend eingeschränkt, die **Vertriebsorganisation wird ausgedünnt**. Starke Preissenkungen können sinnvoll sein.

Als Ursachen für einen Rückgang der Absatzzahlen können der technische Fortschritt, ein veränderter Verbrauchergeschmack oder Änderungen in der Einkommensverteilung angesehen werden.

Marketingziel in der **Rückgangsphase** ist, die **Kosten zu senken** und gleichzeitig den **möglichen Gewinn** noch „mitzunehmen".

---

1 **Modifikation:** Abwandlung, Veränderung. Vgl. hierzu auch die Ausführungen auf S. 339.
2 **Präferenz:** Bevorzugung (z. B. bestimmte Produkte und/oder Verkäufer).

(3) Umsatz- und Gewinnverlauf im Produktlebenszyklus[1]

Den Beginn und das Ende der einzelnen Abschnitte festzulegen ist Ermessenssache. Je nach Produkttyp ist die Dauer der einzelnen Phasen und der Verlauf der Umsatz- und Gewinnkurven unterschiedlich. Der abgebildete Kurvenverlauf ist daher als ein Spezialfall unter verschiedenen möglichen Verläufen anzusehen.

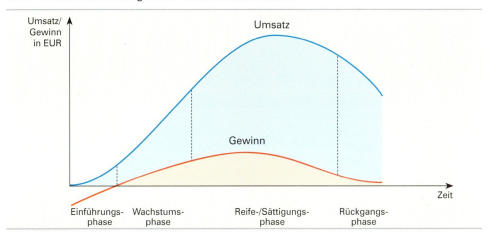

Die charakteristischen Merkmale der Produktlebenszyklus-Phasen sind in der nachfolgenden Übersicht zusammengestellt.[2]

Merkmale	Phasen des Produktlebenszyklus			
	Einführungsphase	Wachstumsphase	Reife- und Sättigungsphase	Rückgangsphase
Umsatz	gering	schnell ansteigend	Spitzenabsatz	rückläufig
Kosten	hohe Kosten pro Kunde	durchschnittliche Kosten pro Kunde	niedrige Kosten pro Kunde	niedrige Kosten pro Kunde
Gewinne	negativ	steigend	hoch	fallend
Konkurrenten	nur einige	Zahl der Konkurrenten nimmt zu	gleichbleibend, Tendenz nach unten setzt ein	Zahl der Konkurrenten nimmt ab
Marketingziele	Produkt bekannt machen, Erstkäufe herbeiführen	größtmöglicher Marktanteil	größtmöglicher Gewinn bei gleichzeitiger Sicherung des Marktanteils	Kostensenkung und „Gewinnmitnahme"
Marketinginvestitionen	sehr hoch	hoch (degressiv ansteigend)	mittel (sinkend)	gering
Kernbotschaft der Werbung	neu, innovativ	Bestätigung des Verhaltens	verlässlich, bewährt	Schnäppchen

---

1 Der **reale** Gewinn errechnet sich als Differenz zwischen dem Umsatz zu konstanten Preisen und den Kosten zu konstanten Preisen.
2 Die Tabelle ist angelehnt an Kotler, P., Bliemel, F.: Marketing-Management, 8. Aufl., Stuttgart 1995, S. 586.

1.4 Marktwachstum-Marktanteils-Portfolio

LB 2 | **Handlungssituation 3:** Marktwachstum-Marktanteils-Portfolio-Analysen durchführen

Die Augsburger Büromöbel AG stellt Büromöbel verschiedener Arten her. Die Marketingabteilung analysiert das Produktportfolio des Unternehmens, um sinnvolle Strategien in Bezug auf die zukünftige Produktpolitik zu entwickeln. Aus Übersichtsgründen wird im Folgenden nur das Produktportfolio der Regalsysteme betrachtet.

Die folgenden Daten stehen Ihnen als Mitarbeiter der Marketingabteilung zur Verfügung:

Produkt-gruppe Regalsystem	Eigener Marktanteil	Marktanteil des Hauptkonkurrenten	Relativer Marktanteil	Marktwachstum	Umsatz in Mio. EUR
„Basic"	6,4 %	8,9 %	0,7	4,5 %	12
„Trend"	4,5 %	3,7 %	1,2	4,8 %	17
„Design"	9,3 %	6,6 %	1,4	2,1 %	24
„Boss"	8,7 %	2,4 %	3,6	1,3 %	22
„Luxus"	6,2 %	2,2 %	2,8	3,9 %	14

Das durchschnittliche Marktwachstum bei Regalsystemen beträgt 3,2 %.

KOMPETENZORIENTIERTE ARBEITSAUFTRÄGE:

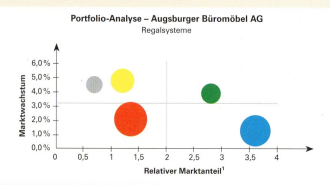

1. Erklären Sie, welches Regalsystem der rote Kreis darstellt! Interpretieren Sie die Grafik (die Größe der Kreise ist abhängig vom Umsatz)!
2. Erläutern Sie, in welcher Phase des Produktlebenszyklus sich das Regalsystem „Design" befindet!
3. Geben Sie als Mitarbeiter der Marketingabteilung eine begründete Empfehlung für eine Portfolio-Strategie im Hinblick auf die Regalsysteme „Boss" und „Luxus" ab!

---

[1] Der **relative Marktanteil** ist der eigene Marktanteil bezogen auf den Marktanteil des Hauptkonkurrenten, z. B. für das Regalsystem „Basic" $\frac{6,4\%}{8,9\%} = \underline{\underline{0,7}}$. Siehe auch S. 328.

1 Mithilfe der Marktforschung die Marktsituation verschiedener Produkte eines Unternehmens analysieren und hieraus geeignete Normstrategien ableiten

1.4.1 Konzept der Portfolio-Analyse und -Planung

Die Portfolio-Analyse[1] sieht das Unternehmen als eine Gesamtheit von strategischen Geschäftseinheiten (SGE).

- Eine **strategische Geschäftseinheit (SGE)** umfasst eine genau abgrenzbare Gruppe von Produkten, für die es einen **eigenen Markt** und **spezifische Konkurrenten** gibt.
- Die **Portfolio-Methode** untersucht die gegenwärtige Marktsituation einer strategischen Geschäftseinheit sowie deren Entwicklungsmöglichkeit und stellt dies grafisch dar.
- Mithilfe der Portfolio-Methode lassen sich **Strategien** entwickeln, mit deren Hilfe das Management eines Unternehmens entscheidet, welche **strategischen Geschäftseinheiten** gefördert, welche erhalten und welche abgebaut werden.

Um die Position der strategischen Geschäftseinheit im Unternehmen bzw. am Markt zu erfassen, wird üblicherweise eine **unternehmensexterne Erfolgsgröße** (z. B. Marktvolumen, Marktwachstum) auf der Ordinate und ein **unternehmensinterner Faktor** (z. B. Marktanteil, relative Wettbewerbsvorteile) auf der Abszisse eingetragen. Durch eine Untergliederung der beiden Komponenten (z. B. hoch, niedrig) ergeben sich in der Darstellung verschiedene Felder-Matrizen (z. B. bei zwei Untergliederungspunkten vier Felder-Matrizen).

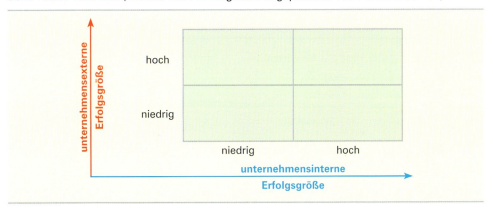

1.4.2 Marktwachstum-Marktanteils-Portfolio[2]

(1) Aufbau

Die **Vier-Felder-Portfolio-Matrix,** die dem Marktwachstum-Marktanteils-Portfolio zugrunde liegt, gliedert die SGE nach den Kriterien **Marktanteil** und **Marktwachstum** in eine Matrix ein. In der Matrix können die einzelnen SGE vier grundlegend unterschiedliche Positionen einnehmen, die in der Portfolio-Terminologie mit den Bezeichnungen **Questionmarks, Stars, Cashcows** und **Poor Dogs** belegt werden.

---

1 **Portfolio** (hier): schematische Abbildung zusammenhängender Faktoren im Bereich der strategischen Unternehmensführung.
2 Dieser Portfolio-Ansatz wurde von dem amerikanischen Beratungsunternehmen „Boston-Consulting-Group" entwickelt.

- Die **horizontale Achse** zeigt den (relativen) **Marktanteil der strategischen Geschäftseinheit** auf, d. h. den eigenen Marktanteil im Verhältnis zu dem größten Konkurrenten. Der Marktanteil dient als Maßstab für die Stärke des Unternehmens im Markt. Er kann wie folgt berechnet werden:

$$\text{Relativer Marktanteil} = \frac{\text{Umsatzerlöse}}{\text{Umsatz des größten Konkurrenten}}$$

oder

$$\text{Relativer Marktanteil} = \frac{\text{eigener Marktanteil}}{\text{Marktanteil des stärksten Konkurrenten}}$$

- Die **vertikale Achse** zeigt den **Grad der Wachstumsphase** der Produkte an. Es wird wie folgt berechnet:

$$\text{Marktwachstum} = \frac{\text{erwartete Umsatzerhöhung des Gesamtmarktes}}{\text{derzeitiger Umsatz des Gesamtmarktes}} \cdot 100$$

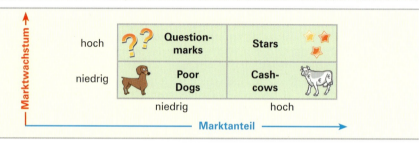

(2) Darstellung des Modells im Einzelnen

■ Questionmarks (Fragezeichen)

Hierunter versteht man Produkte, die neu auf dem Markt sind. Der relative Marktanteil ist (noch) gering. Man verspricht sich bei ihnen gute Wachstumschancen. Sie sollen daher besonders stark gefördert werden, was bedeutet, dass die Questionmarks einen hohen Finanzmittelbedarf haben. Der Begriff „Fragezeichen" ist äußerst treffend, denn die Unternehmensleitung muss sich nach einer gewissen Zeit fragen, ob sie weiterhin viel Geld in diese SGE stecken oder den fraglichen Markt verlassen soll.

Strategieempfehlung: Offensivstrategie

■ Stars (Sterne)

Aus dem anfänglichen „Fragezeichen", das Erfolg hat, wird ein „Star". Ein „Star" ist der Marktführer in einem Wachstumsmarkt. Er erfordert umfangreiche Finanzmittel, um mit dem Marktwachstum Schritt halten zu können. Im Allgemeinen bringen „Stars" schon Gewinne. Die generelle Strategie heißt, den Marktanteil leicht zu erhöhen bzw. zu halten.

Strategieempfehlung: Investitionsstrategie (Wachstumsstrategie)

■ Cashcows (Kühe, die bares Geld bringen)

Da der Markt kaum wächst, kommt es darauf an, durch gezielte Erhaltungsinvestitionen die erreichte Marktposition zu halten. Dadurch lassen sich Finanzmittel erwirtschaften. Cashcows stellen deshalb die Finanzquelle eines Unternehmens dar. Man lässt sie so lange „laufen", wie sie noch Gewinn bringen.

Strategieempfehlung: Defensivstrategie (Abschöpfungsstrategie)

■ **Poor Dogs (arme Hunde)**

Sie weisen nur noch einen geringen Marktanteil und eine geringe Wachstumsrate auf. Es bestehen keine Wachstumschancen mehr. Die Produktion der Poor Dogs sollte eingestellt werden.

Strategieempfehlung: **Desinvestitionsstrategie**[1]

(3) Beziehungen zwischen der Portfolio-Analyse und dem Konzept des Produktlebenszyklus

Die folgende Darstellung zeigt, dass durch die Portfolio-Analyse das Konzept des Produktlebenszyklus ergänzt wird. Die Matrix zeigt den Zusammenhang zwischen den beiden Konzeptionen sowie die inhaltliche Aussage des Marktwachstum-Marktanteils-Portfolios auf.

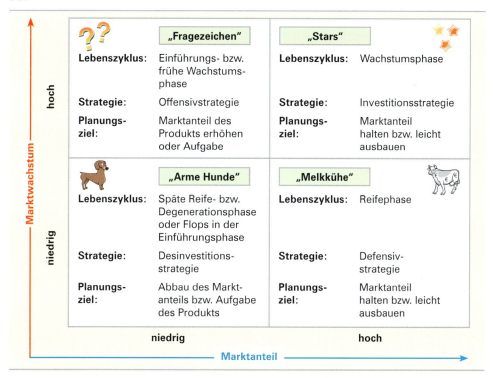

(4) Generelle Zielsetzung des Modells

Nachdem das Unternehmen alle seine strategischen Geschäftseinheiten in die Marktwachstum-Marktanteils-Matrix eingeordnet hat, gilt es festzustellen, ob das Portfolio ausgeglichen ist.

Das Portfolio ist dann **ausgeglichen,** wenn das Wachstum eines Unternehmens gesichert ist und ein Risikoausgleich zwischen den verschiedenen SGE besteht. Ein Portfolio wäre dann **nicht ausgeglichen,** wenn in der Matrix zu viele „arme Hunde" oder „Fragezeichen" bzw. zu wenig „Sterne" und „Melkkühe" existieren.

---

[1] **Desinvestition**: Verringerung des Bestandes an Gütern.

Lernbereich 2: Marketingprozesse planen und steuern

- **Ziel eines Unternehmens** muss es sein, die einzelnen **SGE so zu positionieren**, dass es zu einer möglichst optimalen Kombination von
  - **„kapitalliefernden"** SGE (Stars und Cashcows) in **zurückgehenden Märkten** und
  - **„kapitalverbrauchenden"** SGE (Questionsmarks) in **Wachstumsmärkten** kommt.
- Nur in diesem Fall kann der Unternehmenserfolg langfristig als gesichert angesehen werden.

(5) Beurteilung des Marktwachstum-Marktanteils-Portfolios

Vorteile	Nachteile
Der Unternehmensleitung wird z. B. dazu verholfen, ■ zukunfts- und strategieorientiert zu denken, ■ die aktuelle Geschäftssituation zu erfahren, ■ Chancen und Risiken zu erkennen, ■ die Planungsqualität zu steigern, ■ die Kommunikation zwischen der Unternehmensleitung und den einzelnen strategischen Geschäftseinheiten zu verbessern, ■ die anstehenden Probleme schneller auszumachen, ■ die schwachen Geschäftseinheiten zu eliminieren und die vielversprechenden durch gezielte Investitionen zu fördern.	■ Eine Eingliederung der SGE in die Matrix hängt von der Gewichtung der einzelnen Faktoren ab und diese ist teilweise subjektiv. Man kann also eine SGE in eine gewünschte Position hineinmanipulieren. ■ Es kann geschehen, dass sich die Unternehmensleitung zu stark auf die Wachstumsmärkte konzentriert und dabei andere Geschäftseinheiten vernachlässigt. ■ Die Verflechtungen zwischen den einzelnen SGE bleiben völlig unberücksichtigt. Es kann somit riskant sein, für eine SGE unabhängige, von den übrigen Bereichen „losgelöste" Entscheidungen zu treffen. Eine solche Entscheidung kann nämlich für eine SGE eine positive und für eine andere SGE eine negative Wirkung haben.

Überblick: Produktlebenszyklus, Marktwachstum-Marktanteils-Portfolio

- Produktpolitische Entscheidungen orientieren sich am **Lebenszyklus eines Erzeugnisses**. Das Nachfolgeprodukt muss am Markt eingeführt werden, solange sich das aktuelle Erzeugnis noch in der Reifephase befindet.

- Die **Portfolio-Analyse** ist ein Instrument der strategischen Planung. Sie ergänzt die Erkenntnisse aus der Lebenszyklus-Analyse und unterstützt die Unternehmensleitung bei programmpolitischen Entscheidungen.

Kompetenztraining

116 Konzept des Produktlebenszyklus, Portfolio-Analyse

1. Erklären Sie, welche Zielsetzungen das Konzept des Produktlebenszyklus verfolgt!
2. Zeigen Sie an einem Beispiel, wie der Lebenszyklus eines Produkts verlängert werden kann!

1 Mithilfe der Marktforschung die Marktsituation verschiedener Produkte eines Unternehmens analysieren und hieraus geeignete Normstrategien ableiten

3. Die Lebensmittel Schelzig AG hat einen neuen Vollmilch-Schoko-Riegel auf den Markt gebracht. Der Schoko-Riegel hat die Einführungsphase glänzend überstanden und befindet sich jetzt am Beginn der Wachstumsphase.
   Aufgabe:
   Formulieren Sie mindestens drei Marketingstrategien, die in der Wachstumsphase von Bedeutung sind!
4. Stellen Sie den Zusammenhang zwischen dem Marktwachstum- und Marktanteils-Portfolio und der Theorie der Lebenszyklen der Produkte her!

117 Konzept des Produktlebenszyklus, Portfolio-Analyse, Bewertung einer Marktwachstum-Marktanteils-Matrix

1. Beschreiben Sie die Grundidee der Portfolio-Methode!
2. Skizzieren Sie die Grundaussage der vier strategischen Geschäftseinheiten des Marktwachstum-Marktanteils-Portfolios!
3. Beschreiben Sie die generelle Strategie, die in den einzelnen Matrix-Feldern jeweils angemessen ist!
4. Die acht Kreise in dem vorgegebenen Marktwachstum-Marktanteils-Portfolio symbolisieren die acht Geschäftseinheiten der Chemie Nördlingen AG.

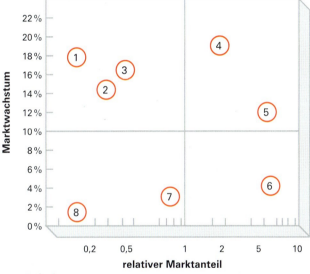

Hinweis:
- Die **vertikale Achse** zeigt das jährliche Marktwachstum der einzelnen Märkte.
- Die **horizontale Achse** zeigt den relativen Marktanteil im Verhältnis zu dem des Marktführers.

Aufgabe:
Bewerten Sie die langfristigen Erfolgsaussichten der Chemie Nördlingen AG!

118 Erstellen einer Marktwachstum-Marktanteils-Matrix

Erstellen Sie eine Vier-Felder-Portfolio-Matrix. Tragen Sie anschließend die folgenden Daten der Getränkewerke Leberer GmbH in das Portfolio ein!

Nr.	Produkt	relativer Marktanteil	Marktwachstum
1	Zitronengetränk	4,0	16 %
2	Orangengetränk	0,5	14 %
3	Multivitaminsaft	0,2	12 %
4	Grapefruitsaft	0,8	5 %
5	Apfelsaft	2,0	6 %

Aufgaben:

1. Beurteilen Sie das Produktprogramm der Limonadenwerke Leberer GmbH!
2. Formulieren Sie Empfehlungen für die zukünftig anzuwendenden Marketingstrategien!

119 Konzept des Produktlebenszyklus, Portfolio-Analyse, Erstellen einer Marktwachstum-Marktanteils-Matrix

1. Die Bike AG ist ein renommiertes Unternehmen aus Süddeutschland. Im Produktionsprogramm finden sich verschiedene strategische Geschäftseinheiten (SGE): Citybike (CB) – Tourenrad (TR) – Mountainbike (MB) – Rennracer (RR). Für strategische Zwecke soll nun die Portfolio-Analyse genutzt werden.

   Aufgabe:
   Erklären Sie den Unterschied zwischen dem Produktlebenszyklus und der Portfolio-Analyse!

2. Erstellen Sie das entsprechende Marktwachstum-Marktanteils-Portfolio! Nutzen Sie die anschließende Tabelle mit folgenden Daten:

	Umsatzanteil in %	Relativer Marktanteil	Marktvolumen in EUR	Marktvolumen in EUR im nächsten Jahr	Marktwachstum in %
Citybike (CB)	57,9	1,5	320 000,00	350 000,00	
Tourenrad (TR)	7,7	1,5	73 000,00	89 000,00	
Mountainbike (MB)	30,9	0,8	185 000,00	220 000,00	
Rennracer (RR)	3,5	0,1	108 000,00	122 000,00	

Hinweis: Je größer der Umsatzanteil, desto umfangreicher das Produkt.

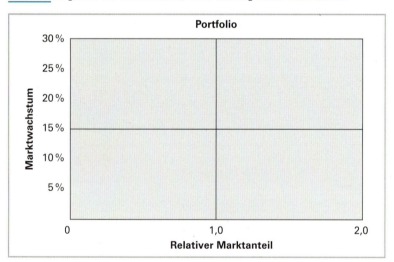

3. Begründen Sie, in welcher Phase des Produktlebenszyklus sich das Citybike befindet!
4. Formulieren Sie für das Citybike einen entsprechenden Strategievorschlag!
5. Begründen Sie, warum es für die SGE aus dem Poor Dogs Bereich trotzdem sinnvoll sein könnte, dass man sie nicht aus dem Produktprogramm streicht!
6. Beurteilen Sie die Portfolio-Analyse kritisch. Erläutern Sie je zwei Vor- und Nachteile!

2 Entscheidungen über Marketingmaßnahmen auf Grundlage festgelegter Marketingziele treffen und dabei neue Informationsmedien und Kommunikationsmittel nutzen

2.1 Produktpolitik

LB 2 Handlungssituation 4:   Anforderungen an die Produktkonstruktion planen

Die Weber Metallbau GmbH, Alfred-Nobel-Str. 8, 86169 Augsburg, stellt in einem Nebenprogramm auch einfache Werkzeuge aus gestanztem Flachstahl für den Bürobedarf her. Völlig neu im Programm ist der Artikel 220437 „Büroschere".

Im Rahmen der **Konstruktion** müssen bereits die Einflussfaktoren berücksichtigt werden, die erst in den späteren Lebensphasen eines Produkts wirksam werden. Die nachfolgende Funktionskette zeigt, auf welche Weise die Lebensphasen eines Erzeugnisses bereits im Voraus im Rahmen der Konstruktion berücksichtigt werden müssen. In der senkrechten Anordnung zeigt die Funktionskette die Lebensphasen eines Produkts. Die rückführenden Pfeile zeigen, welche Forderungen die einzelnen Lebensphasen eines Produkts an die Konstruktion stellen.

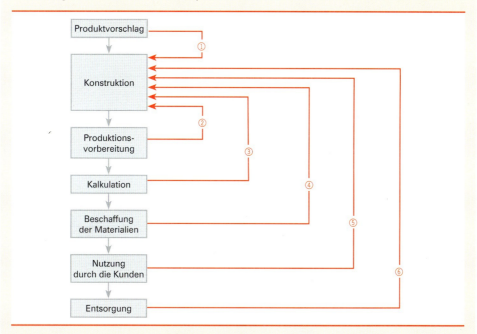

KOMPETENZORIENTIERTER ARBEITSAUFTRAG:

Recherchieren und erläutern Sie, welche Anforderungen an die Konstruktion (Produktgestaltung) sich aus den einzelnen Lebensphasen der Büroschere ① bis ⑥ ableiten lassen!

2.1.1 Begriffe Produkt, Produktprogramm, Produktpolitik

Das **Produkt** stellt die Leistung (Sachgüter und/oder Dienstleistungen) eines Anbieters dar, die dieser erbringt, um die Bedürfnisse und Ansprüche der Abnehmer zu befriedigen.

Die Gesamtheit der Leistungen eines Unternehmens bildet dessen **Produktprogramm**. Der ökonomische Erfolg eines Anbieters ist umso größer, je besser die von ihm angebotene Leistung die Bedürfnisse der Nachfrager befriedigen.

Inwieweit das Produkt den Bedürfnissen entspricht, ist immer eine subjektive Entscheidung der Nachfrager. Insoweit umfasst das Produkt einen **Grundnutzen (objektiven Nutzen)** und einen **Zusatznutzen (subjektiven Nutzen)**.

> **Beispiel:**
> - Grundnutzen: Ein T-Shirt dient der Bekleidung.
> - Zusatznutzen: Das T-Shirt einer bestimmten Marke befriedigt das Modebewusstsein bzw. das Geltungsstreben des Trägers.

- Aus der **Sicht des Marketings** stellt ein **Produkt** (Sachgüter und/oder Dienstleistungen) eine **Summe nutzenstiftender Eigenschaften** dar.
- Die **Produktpolitik** zielt darauf ab, die Eigenschaften der angebotenen Produkte den Wünschen der Marktteilnehmer so anzupassen, dass die Marktposition des Unternehmens verbessert wird.

2.1.2 Produktgestaltung

Um die **Eigenschaften eines Produkts herauszustellen** und für einen Kunden attraktiv zu gestalten, werden insbesondere **fünf Kriterien** verwendet:

- das **Produkt** selbst,
- das **Alleinstellungsmerkmal** des Produkts,
- die **Verpackung**,
- die **Markierung** (Markenpolitik, Branding),
- der **Service**.

(1) Produkt

Von einem Konsum- oder Investitionsgut wird erwartet, dass es

- gebrauchstüchtig,
- nicht störanfällig,
- umweltfreundlich,
- funktionssicher,
- haltbar und
- wertbeständig ist.

Diese Eigenschaften machen den **Grundnutzen** des Produkts aus, der durch einen (individuellen) **Zusatznutzen** ergänzt werden kann.

2 Entscheidungen über Marketingmaßnahmen auf Grundlage festgelegter Marketingziele treffen und dabei neue Informationsmedien und Kommunikationsmittel nutzen

(2) Alleinstellungsmerkmal von Produkten

Im Normalfall hat in unserer Zeit der Konsument die Qual der Wahl. Eine Vielzahl von Produkten erfüllt den gleichen Kundennutzen (löscht den Durst, hält warm, macht satt, bringt einen von A nach B). Unterscheiden sich die eigenen Produkte nicht von denen anderer, dann läuft die Entscheidung über den Preis. Die Heraushebung aus der Masse und die Erzielung eines höheren Preises lässt sich nur über ein **Alleinstellungsmerkmal** (Unique Selling Proposition, USP) erreichen.[1]

> Ein **Alleinstellungsmerkmal** ist ein Produktmerkmal (oder auch eine Kombination davon), mit dem sich ein Erzeugnis oder eine Dienstleistung deutlich von dem der Wettbewerber unterscheidet.

Damit das Alleinstellungsmerkmal bei der Produktgestaltung genutzt werden kann, muss es folgende **Voraussetzungen** erfüllen. Es sollte

- **verteidigungsfähig** sein, d. h., Angriffe Dritter müssen durch Patente oder sonstige Schutzrechte abgewehrt werden können.
- **klar wahrnehmbar** sein, d. h., das Merkmal muss erkennbar mit dem Produkt verbunden und der versprochene Nutzen (nur über dieses Produkt) wahrnehmbar sein. Das Produkt muss halten, was die Werbebotschaft über das Alleinstellungsmerkmal verspricht.
- für den Kunden **bedeutsam** sein.
- **dauerhaft** sein. Je dauerhafter, desto mehr prägt es sich im Kundenbewusstsein ein und ist damit wertvoller.
- **nicht rasch und nicht leicht kopierbar** sein. Dies trifft besonders auf die Merkmale bei Banknoten zu.

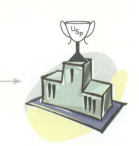

(3) Verpackung

Während früher die Verpackung die alleinige Aufgabe hatte, die Erzeugnisse vor Transportschäden zu schützen, ist heute die Verpackung zu einem Marketinginstrument geworden, vor allem bei Konsumgütern. Das besagt, dass die Verpackung zusätzlich zur **Schutz- und Transportfunktion** noch **Werbe- und Informationsfunktionen** zu übernehmen hat.

Beispiele:
- Verkaufsfördernde Verpackungen von Pralinen, Schokoladentafeln;
- Geschenkpackungen für Weine und Liköre, Spielzeug, Bastelartikel usw.

Auf der Verpackung werden auch Bio- und Fairtrade-Siegel angebracht. Alle Bio-Lebensmittel aus der Europäischen Union (EU) müssen z. B. mit dem nebenstehenden grünen **EU-Bio-Logo** gekennzeichnet sein. Neben dem Bio-Siegel sollte auf der Verpackung auch die Nummer der Öko-Kontrollstelle (z. B. DE-Öko-003) enthalten sein.

---

[1] Der Begriff **Unique Selling Proposition** wurde 1940 von dem amerikanischen Werbefachmann Rosser Reeves als „einzigartiges Verkaufsversprechen" geprägt.

Lernbereich 2: Marketingprozesse planen und steuern

(4) Markierung (Markenpolitik, Branding)

■ Begriff Markierung

Die Markenpolitik (Branding) zielt darauf ab, das Produkt aus der Anonymität herauszuheben, auf Merkmale hinzuweisen und bestimmte (Qualitäts-)Assoziationen[1] zu wecken. Das Produkt soll durch die Markengebung „individualisiert" werden, um es „einmalig" erscheinen zu lassen.

> Eine **Marke** oder ein anderes Kennzeichen ist dazu bestimmt, Waren oder Dienstleistungen eines Unternehmens von denjenigen anderer Unternehmen (Hersteller, Händler und sonstige Dienstleistungsunternehmen) zu unterscheiden.

■ Markenschutz

Um den Hersteller vor unberechtigter Verwertung und Nachahmung seiner Produkte zu schützen, hat der Gesetzgeber Schutzrechte erlassen.

Durch das Markengesetz werden **Marken, geschäftliche Bezeichnungen** und **geografische Herkunftsangaben** geschützt. Markenrechte können von jedermann, also auch von einer Privatperson ohne jeden Geschäftsbetrieb, für beliebige Waren und Dienstleistungen erworben werden.

Die Marke dient als einprägsames Werbemittel. Sie ist deshalb schutzbedürftig.

Wortzeichen	Bildzeichen	Buchstabenzeichen	gemischte Zeichen

(5) Service

Mit dem Anbieten von Dienstleistungen – entgeltlich oder unentgeltlich – wird versucht, gegenüber den Konkurrenten einen Wettbewerbsvorteil zu erringen.

> In der Regel umfasst das Dienstleistungsangebot die **Beratung,** den **Kundendienst** und die **Garantien.**

Beratung 	Die Zielrichtung der Beratung besteht zunächst darin, dass der Anbieter einem potenziellen Abnehmer hilft zu erkennen, dass und woran er genau Bedarf hat. In der Nutzungsphase muss dem Käufer dann die Sicherheit gegeben werden, dass ihm im Störungsfall geholfen wird. Am Ende der Nutzungszeit schließlich zielt die Beratung darauf ab, dem Kunden beim Kauf eines neuen Produkts bzw. bei der Entsorgung des alten Produkts zu helfen.

---

[1] **Assoziation**: gedankliche Verbindung; Verknüpfung mit einer bestimmten Vorstellung.

Kundendienst 	■ Der **technische Kundendienst** umfasst die **Einstellung** (z. B. von Skibindungen, Fernsehsendern), die **Einpassung** (z. B. von Büromöbeln) und die **Installation** (z. B. von Maschinen und maschinellen Anlagen), die **Wartung** und **Pflege** (z. B. bei Heizungsanlagen, EDV-Anlagen) sowie die **Reparatur**. Wichtig dabei ist, dass die Reparaturleistungen (unter Umständen unter Einschaltung des Reparaturhandwerks) schnell erfolgen. Dies gilt vor allem für Investitionsgüter, denn Produktionsunterbrechungen sind teuer. ■ Der **kaufmännische Kundendienst** hat das Ziel, dem Käufer den Kauf vor, während und nach dem Erwerb des Produkts zu erleichtern. Zu diesen Kundendienstleistungen werden im Allgemeinen gezählt: der **Zustelldienst**, die **Inzahlungnahme** eines alten Produkts, die Bereitstellung **zusätzlicher Informationen**. Die Grenzen zwischen technischem und kaufmännischem Kundendienst sowie der Beratung sind fließend.
Garantien 	Im Falle der Garantie übernimmt der Verkäufer oder ein Dritter (z. B. der Hersteller) unabhängig vom Bestehen oder Nichtbestehen eines Mangels bei Gefahrübergang die Gewähr für die Beschaffenheit (**Beschaffenheitsgarantie**) oder dafür, dass die Sache für eine bestimmte Dauer eine bestimmte Beschaffenheit behält (**Haltbarkeitsgarantie**). Zu beachten ist aber, dass jede Garantieleistung für den Lieferer Kosten verursacht. Eine wirtschaftlich vertretbare Qualitätskontrolle muss daher dafür Sorge tragen, dass die Zahl der Reklamationen in Grenzen bleibt.

2.1.3 Produktpolitische Maßnahmen

Bei der Erstellung eines Produktprogramms sind insbesondere folgende zentrale Fragestellungen zu lösen:

- Mit welchen neuen Produkten kann die Position des Unternehmens am Markt gefestigt werden (**Produktinnovation**)?
- Mit welchen Anpassungen kann die Produktlebenskurve verlängert werden (**Produktmodifikation, Produktvariation**)?
- Welches Erzeugnis soll aus dem Produktprogramm entfernt werden (**Produkteliminierung**)?

2.1.3.1 Produktinnovation

Produktinnovation ist die **Änderung des Produktprogramms** durch Aufnahme neuer Produkte.

Die Motivation hierzu liegt darin, dass einerseits dem **technischen Fortschritt** Rechnung getragen werden muss, andererseits muss auf **veränderte Kundenwünsche** reagiert werden.

Die Produktinnovation begegnet uns in Form

- der **Produktdiversifikation** und
- der **Produktdifferenzierung**.

(1) Produktdiversifikation[1]

> **Produktdiversifikation** ist die **Erweiterung des Produktprogramms** durch Aufnahme weiterer Produkte.

Um die Wirkung der produktpolitischen Maßnahmen zu veranschaulichen, wird angenommen, dass ein Hersteller die beiden Erzeugnisgruppen A und B produziert mit den jeweiligen Varianten A_1 und A_2 bzw. B_1, B_2 und B_3.

Ausgangssituation:

Das Erzeugnisangebot erhält eine **Ausweitung in der Breite,** hier die Erzeugnisgruppe C mit den Varianten C_1 und C_2. Die Angebotspalette wird gezielt ausgedehnt durch neue Produkte auf neuen Märkten. Damit erhält das Unternehmen ein weiteres „Standbein" auf dem Markt. Diese Handlungsstrategie beruht auf der Erkenntnis, dass eine Risikostreuung notwendig ist und dadurch erreicht wird, dass der Umsatz aus mehreren voneinander unabhängigen Quellen geschöpft wird. Die Produktdiversifikation ist das wirksamste und nachhaltigste Mittel zur Wachstumssicherung des Unternehmens.

Grafisch lässt sich damit die Produktdiversifikation **gegenüber der Ausgangssituation** wie folgt darstellen:

(2) Produktdifferenzierung

■ **Begriff Produktdifferenzierung**

> Bei der **Produktdifferenzierung** wird eine **Mehrzahl von Produkten** mit variierenden Merkmalen auf den Markt gebracht, um eine **zusätzliche** Nachfrage zu schaffen, wobei die Hauptcharakteristika der Produkte **gleichartig** bleiben.

Die Produktdifferenzierung lässt sich grafisch im **Vergleich zur Ausgangssituation** wie folgt darstellen:

Die Motivation für die Produktdifferenzierung liegt darin, dass bisher noch nicht erreichte Käuferschichten durch die verschiedenen Produktvarianten eines bereits auf dem Markt vorhandenen Produkts angesprochen werden können, welches in der Regel auf derselben Fertigungsapparatur hergestellt werden kann. Es handelt sich um eine **Ausweitung des Erzeugnisangebots,** da das bisherige Erzeugnis nicht ersetzt, sondern durch weitere ergänzt wird. Das Basisprodukt wird in seinem wesentlichen Zweck nicht verändert.

---

1 **Diversifikation**: Veränderung, Vielfalt.

Wenn die Möglichkeiten der sachlichen Differenzierung begrenzt sind, erfolgt häufig eine Differenzierung des Produkts über Dienstleistungen, um sich von den Erzeugnissen der Konkurrenz abzuheben und Präferenzen zu schaffen, z. B. über besondere Leistungen des Kundendienstes, über Finanzdienstleistungen, kürzere Lieferzeiten.

■ **Arten der Produktdifferenzierung**

Vertikale Produktdifferenzierung. Das Produkt unterscheidet sich **qualitätsmäßig** von den anderen Varianten. Auf diese Weise schöpfen z. B. Automobilhersteller durch Differenzierung in unterschiedliche Ausstattungsvarianten die Kaufkraft zahlungskräftiger Käufer ab. Insbesondere diese Art der Produktdifferenzierung lässt sich vorteilhaft mit der Preisdifferenzierung verknüpfen, wenn die Mehrkosten für das qualitativ bessere und prestigeträchtigere Erzeugnis (Premium-Version) mit deutlichen Mehrerlösen verbunden werden können.

Horizontale Produktdifferenzierung. Hier erfolgt die Differenzierung **innerhalb eines Qualitätsniveaus** durch unterschiedliche Farben, Formen, Materialien (z. B. Eis, Schokolade, Stoffe).

2.1.3.2 Produktmodifikation (Produktvariation)

Bei der **Produktmodifikation (Produktvariation)** wird das **Produkt verändert** (modifiziert), um es in den Augen der Verbraucher weiterhin attraktiv erscheinen zu lassen.

Grafisch lässt sich die Produktmodifikation gegenüber der Ausgangssituation folgendermaßen darstellen:

Das Produkt B₃ hat neue Eigenschaften, es wurde modifiziert.

Die Motivation für die Produktmodifikation ergibt sich durch die Änderung des Nachfrageverhaltens in einem Marktbereich (z. B. verbesserte Produkte der Konkurrenz, Änderung des Geschmacks). Ziel ist es, die Lebensdauer für ein Erzeugnis möglichst zu verlängern. Die mühsam aufgebauten positiven Einstellungen der Käufer zu einem Produkt lassen sich mit relativ geringem Aufwand auch auf das Nachfolgemodell übertragen. Es handelt sich um **keine Ausweitung des Erzeugnisangebots**.

Beispiel:

Ein Pkw-Modell erhält durch eine andere Anordnung der Scheinwerfer ein verändertes Aussehen. Das Modell mit der alten Scheinwerferanordnung wird vom Markt genommen.

2.1.3.3 Produkteliminierung

Produkteliminierung ist die Herausnahme von Erzeugnissen und/oder Dienstleistungen aus dem Produktprogramm.

Grafisch ergibt sich bei der Eliminierung einer Variante folgende Situation:

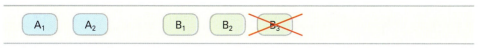

Lernbereich 2: Marketingprozesse planen und steuern

Der Eliminierung unterliegen insbesondere Produkte in der Endphase des „Lebenszyklus" oder jene, die sich nach der Markteinführung als Flops erwiesen haben. Die gezielte Aufgabe eines Erzeugnisses, insbesondere die Bestimmung des richtigen Zeitpunktes, ist eine produktpolitische Entscheidung, die in ihrer Schwierigkeit im Vergleich zu den anderen Maßnahmen leicht unterschätzt wird. Ohne bewusste Eliminierung auf der Basis einer systematischen Programmüberwachung würde die Angebotspalette eines Unternehmens immer größer werden mit verheerenden Folgen für die Kostenstruktur. Wenige „Stammabnehmer" für ein bestehendes Produkt, der Glaube, durch ein umfangreiches Programm „Kompetenz" beweisen zu müssen, sind emotionale Gründe für eine Verschiebung der Eliminierung. Verspätete Korrekturen sind schwieriger, teurer (Bevorratung von Ersatzteilen), bedeuten Imageverluste und belasten die Zukunftsperspektiven des Unternehmens.

Überblick: Produktpolitik

- Aus Sicht des Marketings stellt ein **Produkt** eine Summe von **nutzenstiftenden Eigenschaften** dar.

- Für die **Produktgestaltung** werden insbesondere fünf Kriterien verwendet:
    - das Produkt selbst
    - das Alleinstellungsmerkmal
    - die Markierung
    - die Verpackung
    - der Service

- Die Änderung des Produktprogramms durch Aufnahme neuer Produkte bezeichnet man als **Produktinnovation**. Bei der Produktinnovation unterscheidet man zwei Maßnahmen:
    - die **Produktdiversifikation** und
    - die **Produktdifferenzierung**.

- Eine **Produktmodifikation (Produktvariation)** liegt vor, wenn das Produkt verändert wird (z. B. hinsichtlich Technik, Aussehen, Material), um es für den Verbraucher weiterhin attraktiv erscheinen zu lassen.

- Eine **Produktelimination** liegt vor, wenn ein Produkt aus dem Produktprogramm herausgenommen wird.

Kompetenztraining

120 Produktmerkmale, Maßnahmen der Produktpolitik

1. Beschreiben Sie kurz die fünf Kriterien, die für die Gestaltung eines Produkts von Bedeutung sind!

2. 2.1 Erklären Sie, welcher Zweck bei einer bestimmten Art der Verpackung von Produkten verfolgt werden kann! Nennen Sie drei Beispiele!

    2.2 Die meisten Hersteller versuchen, ihre Produkte durch Markierung aus der Anonymität (Unbekanntheit, Namenlosigkeit) herauszuheben.
    Aufgabe:
    Erläutern Sie, warum Kunden Markenartikel bevorzugen!

3. Erläutern Sie die folgenden Maßnahmen der Produktpolitik: Produktdifferenzierung, Produktinnovation, Produkteliminierung!

4. Ein Unternehmer erzeugt als einziges Produkt ein Vitamingetränk, das in Portionsfläschchen zu drei Stück pro Packung über Fitnesscenter vertrieben wird.

   Aufgabe:

   Geben Sie jeweils ein konkretes Beispiel dafür an, wie das Unternehmen Produktdifferenzierung, Mehrmarkenpolitik[1] und Produktdiversifikation durchführen könnte!

5. Ein Unternehmen produziert Futter für Haustiere. In der letzten Rechnungsperiode wurde das Vogelfutter „Schrill" eliminiert.

   Aufgabe:

   Nennen Sie Gründe, die zu dieser Maßnahme geführt haben könnten!

6. Viele Hersteller verpflichten sich gegenüber ihren Kunden zu Garantieleistungen.

   Aufgaben:

   6.1 Recherchieren Sie, wie eine Garantie rechtlich zustande kommt!

   6.2 Ermitteln Sie die Rechtswirkungen, die mit einer Garantieleistung verbunden sein können!

   6.3 Nennen Sie Motive, aus denen heraus ein Hersteller Garantieleistungen übernimmt!

121 Verbesserung des Produktprogramms

Die Angebotspalette der Flügge GmbH setzt sich aus eigenen Erzeugnissen (Dübeln) und Handelswaren (Bohrmaschinen) zusammen. In einer Abteilungsleiterkonferenz wird über eine Verbesserung des Produktprogramms gesprochen.

Aufgaben:

1. Die Leiterin der Vertriebsabteilung, Frau Lanz, möchte das Angebotsprogramm erweitern. Sie schlägt vor, nicht nur Plastikdübel herzustellen, sondern auch Gips- und Metalldübel. Die Kapazität des Unternehmens müsse allerdings erweitert werden.

   1.1 Nennen Sie die Bezeichnung für diese Erweiterung der Angebotspaletten!

   1.2 Erklären Sie, welchen Zweck bzw. welche Zwecke Frau Lanz mit ihrem Vorschlag verfolgt!

2. In der Abteilungsleiterkonferenz sagt Frau Lanz, dass das Angebotsprogramm keine feststehende Größe sein dürfe. Es müsse vielmehr immer wieder infrage gestellt und verändert werden.
   Begründen Sie, warum sich die Unternehmensleitung ständig überlegen muss, ob das Angebotsprogramm bereinigt und durch die Aufnahme neuer Produkte ergänzt werden soll!

3. Der Leiter des Fertigungsbereichs, Herr Moll, meint, dass die Aufgabe eines Erzeugnisses leichter sei als die Aufnahme neuer Erzeugnisse in das Produktprogramm.
   Begründen Sie diese Aussage!

---

[1] Recherchieren Sie den Begriff.

2.2 Distributionspolitik

LB 2 — Handlungssituation 5: Distributionspolitik gestalten

Der Sport-Burr KG ist es gelungen, ein neues Sportgerät zu entwickeln, das eine Kombination zwischen Ski und Schlitten darstellt. An einen gepolsterten Sitz werden ein Paar Skier mithilfe von Gelenken so anmontiert, dass die Skier durch Gewichtsverlagerung verkantet werden können. Auf diese Weise erzielt man mit dem neuen Gerät ein Fahrverhalten, das dem Parallelschwingen des Skifahrers ähnlich ist. Die Sport-Burr KG nennt das neue Gerät „Snow-Swinger". Es wird weltweit patentiert.

Für den „Snow-Swinger" wurde ein möglicher Zielverkaufspreis ab Werk von 250,00 EUR ermittelt. Der empfohlene Ladenverkaufspreis soll 390,00 EUR betragen.

Die Produkte wurden bisher durch Handlungsreisende der Sport-Burr KG an die Sportfachgeschäfte verkauft. Mit der Einführung des neuen Produkts soll die bisherige Absatzform überprüft werden.

Zur Diskussion steht, anstelle der angestellten Handlungsreisenden selbstständige Handelsvertreter einzusetzen.

KOMPETENZORIENTIERTE ARBEITSAUFTRÄGE:

1. Vergleichen Sie die Gewinnerwartungen bei Handlungsreisenden bzw. Handelsvertretern unter Berücksichtigung folgender Absatzprognosen und Kostenerwartungen mithilfe der vorgegebenen Tabelle!

Absatzprognose

Das Institut für Absatzförderung e. V., Köln, hat im Auftrag der Sport-Burr KG die Umsatzerwartungen der beiden Absatzorgane Handlungsreisender und Handelsvertreter ermittelt. Nach diesen Marktforschungsergebnissen hat die Sport-Burr KG in den ersten drei Jahren für den Snow-Swinger mit folgenden Umsätzen zu rechnen:

Gesamtumsatz 1. – 3. Jahr	
Handlungsreisender	5 200 Stück
Handelsvertreter	4 320 Stück

Kostenerwartungen

Sport-Burr KG – Abteilung Rechnungswesen

	Handlungsreisender	Handelsvertreter
Einmalige Investition	200 000,00 EUR	40 000,00 EUR
Fixkosten jährlich	100 000,00 EUR	60 000,00 EUR
Variable Stückkosten	90,00 EUR	110,00 EUR

2 Entscheidungen über Marketingmaßnahmen auf Grundlage festgelegter Marketingziele treffen und dabei neue Informationsmedien und Kommunikationsmittel nutzen

Gewinnsituation der Alternativen	Handlungsreisender	Handelsvertreter
Umsatzerwartung in Stück Preis/Stück in EUR Erlöse in EUR	... ...	... ...
Investitionen in EUR Fixkosten in EUR (3 Jahre) Variable Stückkosten in EUR	... ...	... ...
Gesamtkosten in EUR	...	...
Gesamt-Stückkosten in EUR	...	...
Gewinn pro Stück in EUR	...	...
Gesamtgewinn in EUR	...	...

2. Ermitteln Sie mithilfe der vorgegebenen Entscheidungsbewertungstabelle (Bewertung der Kriterien mit 0–3 Punkten), ob eher der Handlungsreisende oder der Handelsvertreter den genannten Anforderungen entspricht!

Anforderungen des Unternehmens	Diesen Anforderungen entspricht	
	der **Handlungsreisende** (Punkte)	der **Handelsvertreter** (Punkte)
1. Unmittelbarer Kontakt Hersteller – Einzelhändler	...	...
2. Einsatzbereitschaft	...	...
3. Möglichkeit zur Marktbeobachtung	...	...
4. Ansehen beim Kunden (Image)	...	...
5. Möglichkeit zum Vertrieb von Komplementärartikeln[1]	...	...
6. Branchenkenntnis	...	...
7. Möglichkeit zur Tätigkeitskontrolle	...	...
8. Weisungsgebundenheit	...	...
9. Eigeninteresse am Umsatz	...	...
10. Marktausschöpfung	...	...
11. Voller Einsatz für ein Produkt	...	...
12. Gewissenhaftigkeit	...	...
Gesamtpunkte	...	...

3. Unterbreiten Sie der Unternehmensleitung der Sport-Burr KG unter Berücksichtigung der Ergebnisse aus 1. und 2. einen begründeten Entscheidungsvorschlag bezüglich der Wahl von Handlungsreisenden oder Handelsvertretern!

2.2.1 Begriff Distributionspolitik

Distribution heißt Verteilung der Produkte. Die Distributionspolitik befasst sich mit der Frage, wie das Produkt an den Käufer herangetragen werden kann.

---

[1] **Komplementärgüter** sind sich **gegenseitig ergänzende Güter** wie z. B. Bohrer und Bohrmaschine, Bleistift und Radiergummi.

Die Absatzorganisation muss festlegen:

- auf welchem **Absatzweg** die Ware vertrieben werden soll: **direkt** an den Kunden oder **indirekt** unter Einschaltung des Handels.
- mit welchen **Absatzorganen** die Ware vertrieben werden soll: mit **eigenen** oder **fremden** Absatzorganen.

2.2.2 Absatzwege

(1) Direkter Absatz

Wenden sich Industriebetriebe bei der marktlichen Verwertung (Absatz) **unmittelbar** an die Verbraucher, Gebraucher und Weiterverarbeiter, liegt **direkter Absatz** vor. Beim direkten Absatz werden **keine** Zwischenhändler eingeschaltet.

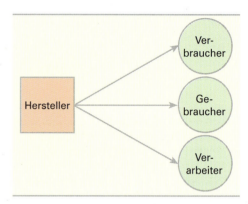

- Der **Vorteil** des direkten Absatzes ist, dass Gewinnanteile, die fremden Unternehmen zufließen würden, dem Hersteller selbst zugute kommen.
- Der **Nachteil** ist, dass wegen der fehlenden räumlichen Nähe zum Kunden hohe Vertriebskosten entstehen.

(2) Indirekter Absatz

Verkaufen Industriebetriebe an solche Personen oder Betriebe, die die Erzeugnisse nicht für ihren eigenen Verbrauch oder Gebrauch verwenden, sondern diese mehr oder weniger **unverändert weiterverkaufen** (Händler), spricht man von **indirektem Absatz**. Der Absatzweg ist länger, weil andere Unternehmen eingeschaltet werden.

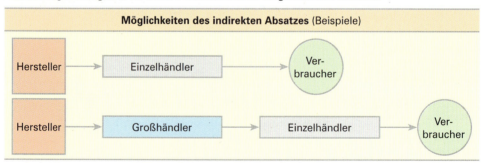

- **Vorteile für den Hersteller** sind, dass Vertriebskosten eingespart werden können, der Handel (meist) kurz- und mittelfristig das Absatzrisiko übernimmt und die Kunden die Erzeugnisse in den Lagern besichtigen können.
- Der **Nachteil** ist, dass der Handel Gewinnanteile beansprucht, die andernfalls (beim direkten Absatz) dem Hersteller zufließen würden.

2.2.3 Absatzorgane

2.2.3.1 Werkseigener Absatz

Der werkseigene Absatz erfolgt durch die Geschäftsleitung oder durch die Mitarbeiter.

(1) Handlungsreisender

- **Begriff Handlungsreisender**

> **Handlungsreisende** sind **kaufmännische Angestellte,** die damit betraut sind, außerhalb des Unternehmens Geschäfte **im Namen** und **für Rechnung des Arbeitgebers** zu vermitteln oder abzuschließen (vgl. § 55 I HGB).

Handlungsreisende sind weisungsgebundene Angestellte des Arbeitgebers. Sie schließen also **in fremdem Namen** und für **fremde Rechnung** Geschäfte (z. B. Kaufverträge) ab. Ist nichts anderes vereinbart, sind die Reisenden nur ermächtigt zum **Abschluss von Kaufverträgen** und zur **Entgegennahme von Mängelrügen**. In diesem Fall spricht man von „**Abschlussreisenden**".

Zur **Einziehung des Kaufpreises** (zum sogenannten „Inkasso") sind Handlungsreisende nur befugt, wenn hierzu vom Arbeitgeber ausdrückliche Vollmacht erteilt wurde (**„Inkassoreisende"**) [§ 55 III HGB].

- **Rechte und Aufgaben des Handlungsreisenden**

Der Handlungsreisende erhält in aller Regel ein **festes Gehalt (Fixum)**. Darüber hinaus steht den Handlungsreisenden als zusätzlicher Leistungsanreiz eine **Umsatzprovision** zu. Daneben werden ihnen die **Spesen** (Auslagen) erstattet.

Der Handlungsreisende hat folgende **Aufgaben**:

- Erhaltung des bisherigen Kundenstamms,
- Werbung neuer Kunden (Erweiterung des Kundenstamms),
- Information der Kunden (z. B. über Neuentwicklungen, neue Produkte, Preisentwicklung),
- Information des Geschäftsherrn (Arbeitgebers) über die Marktlage (z. B. Berichte über Kundenwünsche),
- Entgegennahme von Mängelrügen.

(2) Sonstige Absatzformen mit Mitarbeitern

Verkaufs-niederlassungen	Großunternehmen können eigene Verkaufsniederlassungen einrichten. Diese stellen „Verkaufsfilialen" dar. Preis- und verkaufspolitische Anweisungen erteilt die Zentrale.
Vertriebs-gesellschaften	Es können auch eigene Vertriebsgesellschaften gegründet werden. Sie sind rechtlich selbstständig, wirtschaftlich jedoch vom Gesamtunternehmen abhängig.

2.2.3.2 Werksgebundener Absatz

Zur Vermeidung der hohen Kosten durch ein werkseigenes Vertriebssystem wird der Vertrieb häufig selbstständigen Kaufleuten übertragen, die meistens als Vertragshändler tätig werden. Diese Vertriebsorgane werden durch Verträge an den Hersteller gebunden, in denen z. B. der Umfang des Produktprogramms, der Kunden- und Reparaturdienst, die Größe des Lagers oder die Lieferungs- und Zahlungsbedingungen geregelt werden.

> Der **Vertragshändler** ist ein **rechtlich selbstständiger Händler,** der sich vertraglich dazu verpflichtet, die Ware für einen Hersteller in **eigenem Namen** und auf **eigene Rechnung** zu verkaufen.

In der Regel wird dem Vertragshändler vom Hersteller das Recht eingeräumt, dass er die Waren innerhalb eines bestimmten Gebiets allein verkaufen kann. Der Vertragshändler erhält dadurch einen Gebietsschutz (Exklusivvertrieb) und kann den bekannten Namen des Herstellers für die Werbung nutzen. Im Gegenzug verzichtet dann der Vertragshändler häufig darauf, Konkurrenzprodukte zu verkaufen.

> **Beispiel:**
>
> Eine Bäckerei wird Vertragshändler für Jacobs-Kaffee und verzichtet gleichzeitig darauf, Kaffee von anderen Herstellern zu verkaufen. Der Kaffeehersteller stellt die Kaffeemaschinen und das Kaffeegeschirr.

2.2.3.3 Ausgegliederter Absatz

Zur Durchführung des Absatzes kann sich ein Unternehmen **fremder Organe (Absatzvermittler)** bedienen. Beispielhaft wird der **Handelsvertreter** dargestellt.

(1) Begriff Handelsvertreter

> - **Handelsvertreter** sind **selbstständige Gewerbetreibende,** die ständig damit betraut sind, **im Namen** und **für Rechnung eines anderen Unternehmers** Geschäfte zu vermitteln oder abzuschließen.
> - Der Handelsvertreter wird aufgrund eines **Vertretungsvertrags (Agenturvertrags)** tätig.

Je nachdem, ob eine Vermittlungs- oder Abschlussvertretung vereinbart ist, unterscheidet man **Abschlussvertreter** und **Vermittlungsvertreter.** Zahlungen dürfen die Vertreter nur dann entgegennehmen, wenn sie die **Inkassovollmacht (Einzugsvollmacht)** besitzen. Für den Einzug von Forderungen erhalten die Vertreter i. d. R. eine **Inkassoprovision.** Verpflichten sich die Vertreter dazu, für die Verbindlichkeiten ihrer Kunden einzustehen, erhalten sie hierfür eine **Delkredereprovision.**[1]

(2) Rechte und Pflichten

Rechte der Handelsvertreter	Pflichten der Handelsvertreter
■ Recht auf Bereitstellung von Unterlagen ■ Recht auf Provision ■ Ausgleichsanspruch nach Beendigung des Vertragsverhältnisses ■ Anspruch auf Ersatz von Aufwendungen ■ gesetzliches Zurückbehaltungsrecht	■ Sorgfaltspflicht ■ Bemühungspflicht ■ Benachrichtigungspflicht über Geschäftsvermittlungen bzw. -abschlüsse ■ Interessenwahrungspflicht ■ Schweigepflicht über Geschäfts- und Betriebsgeheimnisse ■ Einhaltung der Wettbewerbsabrede

---

1 **Delkredere** (lat., it.): (wörtl.) vom guten Glauben; hier: Haftung für die Bezahlung einer Forderung.

(3) Bedeutung von Handelsvertretern

Der **Vorteil** beim Einsatz von Handelsvertretern ist, dass sie in der Regel in ihren Absatzgebieten ansässig sind. Sie haben somit einen engen Kontakt zur Kundschaft. Von Vorteil ist ferner, dass bei möglichen Absatzrückgängen die Vermittlungskosten (Provisionen) je Verkaufseinheit konstant bleiben, weil die Handelsvertreter in aller Regel lediglich Provisionen, aber kein Fixum erhalten.

Von **Nachteil** kann für den Auftraggeber sein, dass bei starken Umsatzerhöhungen die Provisionskosten höher sind als beim Einsatz von Handlungsreisenden.

(4) Kostenvergleich von Handlungsreisendem und Handelsvertreter

Beispiel:

Ein Unternehmen steht vor der Wahl, entweder Handlungsreisende oder Handelsvertreter einzusetzen. Die Handlungsreisenden erhalten ein Fixum von insgesamt 12 000,00 EUR im Monat und 4 % Provision, die Handelsvertreter lediglich 8 % Umsatzprovision. Es stellt sich die Frage, ab welchem Umsatz sich der Einsatz von Reisenden lohnt.

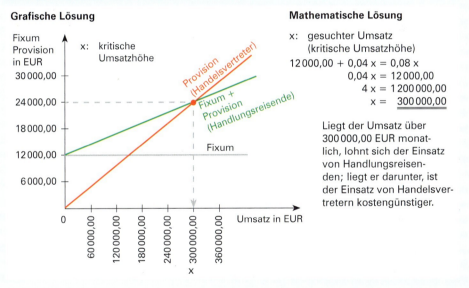

Mathematische Lösung

x: gesuchter Umsatz (kritische Umsatzhöhe)

$$12\,000{,}00 + 0{,}04\,x = 0{,}08\,x$$
$$0{,}04\,x = 12\,000{,}00$$
$$4\,x = 1\,200\,000{,}00$$
$$x = \underline{300\,000{,}00}$$

Liegt der Umsatz über 300 000,00 EUR monatlich, lohnt sich der Einsatz von Handlungsreisenden; liegt er darunter, ist der Einsatz von Handelsvertretern kostengünstiger.

Die Entscheidung, ob Handelsvertreter oder Handlungsreisende eingesetzt werden sollen, hängt – neben anderen Faktoren – auch davon ab, wie hoch der erwartete bzw. geplante Umsatz ist.

Überblick: Distributionspolitik

- **Distribution** heißt Verteilung der Produkte.
- Die **Distributionspolitik** befasst sich mit der Frage, wie das Produkt an den Käufer herangetragen werden kann.
- Eine **Aufgabe der Absatzorganisation** ist die Wahl der **geeigneten Absatzwege** (Vertriebswege).

Lernbereich 2: Marketingprozesse planen und steuern

- Es ist zwischen **direktem Absatz** und **indirektem Absatz** zu unterscheiden.
- Die Festlegung von **Absatzorganen** zeigt, welche Personen/Institutionen den Vertrieb der Leistungen vornehmen.
- Bei den Absatzorganen unterscheidet man:
  - **Werkseigenen Absatz**
    - Handlungsreisender
    - Vertriebsgesellschaften
    - Verkaufsniederlassungen
  - **Werksgebundener Absatz**
    - Vertragshändler
  - **Ausgegliederter Absatz**
    - Handelsvertreter

Kompetenztraining

122 Absatzwege

1. Entscheiden Sie, ob aus der Sicht der Hersteller indirekter oder direkter Absatz vorliegt. Begründen Sie Ihre Antwort!

   1.1 Hersteller — Handelsvertreter — Einzelhändler — Verbraucher

   1.2 Hersteller — Handlungsreisender — Einzelhändler — Verbraucher

   1.3 Hersteller — Handlungsreisender — Verbraucher

2. 2.1 Beschreiben Sie die Aufgaben der Distributionspolitik!

   2.2 Zeigen Sie in einer schematischen Darstellung auf, welche Absatzwege grundsätzlich möglich sind!

   2.3 Sie sind Distributionsmanager eines Textilunternehmens. Ihnen wird der Auftrag übertragen, für das spezielle Produkt „Jagdbekleidung" einen Distributionsplan zu erstellen.

   Aufgabe:
   Entwerfen Sie unter Verwendung der verschiedenen distributionspolitischen Instrumente eine Distributionsvariante!

123 Handelsvertreter und Handlungsreisender

Die Geschäftsleitung der Kolb & Co. KG steht vor der Entscheidung, entweder Handelsvertreter oder Handlungsreisende einzusetzen. Für die Handlungsreisenden muss sie monatlich insgesamt 20 000,00 EUR Fixum zahlen. Die Handlungsreisenden erhalten 4 % Umsatzprovision, die Handelsvertreter 9 %. Der erwartete Monatsumsatz beträgt durchschnittlich 500 000,00 EUR.

Aufgaben:

1. Weisen Sie rechnerisch nach, ob der Einsatz von Handlungsreisenden oder von Handelsvertretern kostengünstiger ist!

2. Ermitteln Sie zeichnerisch den kritischen Umsatz!

3. Nennen Sie Gründe, die – unabhängig von Kostenüberlegungen –

   3.1 für die Einstellung von Handlungsreisenden,

   3.2 für den Einsatz von Handelsvertretern sprechen!

4. Moritz Schnell ist als Handlungsreisender bei der Kolb & Co. KG beschäftigt. Über das Gesetz hinausgehende Vollmachten wurden Moritz Schnell nicht erteilt. Der Kunde Knetz reklamiert bei Moritz Schnell frist- und formgerecht eine Lieferung. Moritz Schnell sagt einen Preisnachlass von 20 % zu. Beim Kunden Knurr kassierte er eine Rechnung der Kolb & Co. KG in Höhe von 850,00 EUR.
   4.1 Begründen Sie, ob Moritz Schnell berechtigt war, die Mängelrüge entgegenzunehmen und einen Preisnachlass zu gewähren!
   4.2 Begründen Sie weiterhin, ob Moritz Schnell die 850,00 EUR einkassieren durfte!

124 Vergleich Handlungsreisender – Handelsvertreter

1. Die Lux-GmbH rechnet aufgrund der erstellten Marktprognose mit einer beträchtlichen Umsatzsteigerung. Aus diesem Grund soll der bisher übliche Verkauf der Geschirrspülmaschinen durch Handelsvertreter überdacht werden. Es soll untersucht werden, ob der Einsatz von Handlungsreisenden sinnvoll ist.
   – Kosten für Handelsvertreter: 9 % Umsatzprovision.
   – Kosten für Handlungsreisende: monatliche fixe Kosten (Fixum und Spesen) 3 500,00 EUR und 3 % Umsatzprovision.

   Aufgaben:
   1.1 Berechnen Sie den kritischen Umsatz!
   1.2 Berechnen Sie die Kosten der beiden Absatzmittler bei einem geschätzten Jahresumsatz von 1,0 Mio. EUR!
   1.3 Erläutern Sie vier Gesichtspunkte, die außer den Kosten bei der Entscheidung für den günstigsten Absatzmittler zu berücksichtigen sind!
   1.4 Schlagen Sie der Geschäftsleitung den nach Ihrer Meinung für den Verkauf der neuen Geschirrspülmaschinen geeignetsten Absatzmittler vor. Berücksichtigen Sie dabei Ihre Lösungen zu den Aufgaben 1.2 und 1.3!

2. Eine Möbelfabrik verkauft ihre Produkte sowohl an Großhändler, Einzelhändler und Hotels als auch an Privatleute.

   Aufgaben:
   2.1 Erläutern Sie, welche Absatzwege beschritten werden!
   2.2 Nennen Sie Vor- und Nachteile, die die von Ihnen genannten Absatzwege haben!

125 Agenturvertrag des Handelsvertreters

Die Pralinen-Auer KG in Bamberg setzt Handelsvertreter ein. Unter anderen ist Marie Braun Handelsvertreterin der Pralinen-Auer KG.

Aufgaben:
1. Erläutern Sie, was unter einem Agenturvertrag zu verstehen ist!
2. Marie Brauns Geschäfte gehen so gut, dass sie zwei Untervertreterinnen und einen Untervertreter „einstellte", denen sie Umsatzprovision und Delkredereprovision bezahlt.
   2.1 Erläutern Sie den Begriff Delkredereprovision!
   2.2 Begründen Sie, ob der Einsatz von Untervertreterinnen und -vertretern durch Marie Braun rechtlich zulässig ist!
3. Daniel Knigge ist Bezirksvertreter im Raum Passau. Anfangs hat er sehr viel gearbeitet und für seinen Auftraggeber einen großen Kundenstamm aufgebaut. Nun ist er nicht mehr so fleißig, aber die von ihm einst geworbenen Kunden bestellen immer noch direkt bei der Pralinen-Auer KG.
   3.1 Die Geschäftsleitung der Pralinen-Auer KG verweigert die Provisionszahlung. Prüfen Sie, ob die Geschäftsleitung im Recht ist (siehe § 87 II HGB)! Recherchieren Sie dazu im Gesetz!
   3.2 Die Geschäftsleitung der Pralinen-Auer KG kündigt den mit Daniel Knigge abgeschlossenen Agenturvertrag. Ermitteln Sie die Ansprüche, die Daniel Knigge hat (siehe § 89 b HGB)!

2.3 Kontrahierungspolitik

LB 2 Handlungssituation 6: Preise gestalten

Die Sportartikelfabrik Sport-Burr KG stellt qualitativ hochwertige Nordic-Walking-Stöcke als Marktführer her. Sie produziert und verkauft jährlich 12 000 Nordic-Walking-Stöcke. Die Nordic-Walking-Stöcke werden zu einem Einheitspreis von 38,00 EUR angeboten. Dieser Preis deckt alle Kosten ab und enthält einen Gewinn von 1,81 EUR. Die Konkurrenten bieten ähnliche Nordic-Walking-Stöcke zu Preisen zwischen 34,90 EUR und 35,99 EUR an.

KOMPETENZORIENTIERTE ARBEITSAUFTRÄGE:

1. Erläutern Sie, welche Preispolitik die Sport-Burr KG bisher betrieben hat!
2. Die Sport-Burr KG möchte den Barverkaufspreis der Nordic-Walking-Stöcke auf 41,80 EUR anheben. Die Abteilung „Marktforschung" warnt: Der jährliche Absatz wird von bisher 12 000 Stück auf 11 000 Stück zurückgehen. Die fixen Kosten betragen 175 000,00 EUR monatlich, die variablen Kosten 20,00 EUR je Stück.

   2.1 Begründen Sie, wie die Sport-Burr KG entscheiden sollte, wenn das vorrangige Ziel ein möglichst großer Marktanteil ist!

   2.2 Weisen Sie rechnerisch nach, wie die Sport-Burr KG entscheiden sollte, wenn sie nach dem kurzfristigen Gewinnmaximierungsprinzip handelt!

   2.3 Prüfen Sie rechnerisch, ob die Entscheidung zu 2.2 anders ausfiele, wenn die Absatzmenge aufgrund der Preiserhöhung um 3 000 Stück zurückginge!

> Die **Kontrahierungspolitik** umfasst alle **marketingpolitischen Instrumente**, die der **Preisstrategie**,[1] der **Preispolitik** und der **Konditionenpolitik** zugerechnet werden.

2.3.1 Preispolitik

> **Preispolitik** ist das Festlegen der Absatzpreise.

Für die Preisfindung haben sich insbesondere **drei Entscheidungskriterien** als nützlich erwiesen:

- die **kostenorientierte** Preisfindung,
- die **nachfrageorientierte** (abnehmerorientierte) Preisfindung und
- die **wettbewerbsorientierte** (konkurrenzorientierte) Preisfindung.

---

[1] Aufgrund des Lehrplans wird im Folgenden auf die Preisstrategien nicht eingegangen.

2.3.1.1 Kostenorientierte Preispolitik

- Sollen im Unternehmen **alle anfallenden Kosten** auf die Erzeugnisse (Kostenträger) verteilt werden, so spricht man von einer **Vollkostenrechnung**.
- Werden zunächst nur solche Kosten berücksichtigt, die in einem direkten Verursachungszusammenhang mit den Kostenträgern stehen **(variable Kosten)**, handelt es sich um eine **Teilkostenrechnung**.

Beispiel: Kalkulation auf Vollkostenbasis

Bei der Anlagen- und Maschinenbau AG geht eine Anfrage nach einer Spezialmaschine (Sonderanfertigung) ein. Es soll ein verbindliches Preisangebot gemacht werden.

Der Auftrag für die Maschine erfordert:
Fertigungsmaterial 50 000,00 EUR
Fertigungslöhne 60 000,00 EUR

Die Gemeinkostenzuschlagsätze betragen:
Materialgemeinkostenzuschlag 5 %
Fertigungsgemeinkostenzuschlag 150 %
Verwaltungsgemeinkostenzuschlag/
Vertriebsgemeinkostenzuschlag 15 %

Der Gewinnzuschlag beträgt 7,5 %, der Kundenskonto 2 % und der Kundenrabatt 10 %.

Aufgabe:
Berechnen Sie den Listenverkaufspreis!

Lösung:

	100%		Materialeinzelkosten	50 000,00 EUR
	5%	+	Materialgemeinkosten	2 500,00 EUR
	105%	=	**Materialkosten**	52 500,00 EUR
100%			Fertigungslöhne	60 000,00 EUR
150%		+	Fertigungsgemeinkosten	90 000,00 EUR
250%		=	**Fertigungskosten**	150 000,00 EUR
	100%		**Herstellkosten**	202 500,00 EUR
	15%	+	Verwaltungs- und Vertriebsgemeinkosten	30 375,00 EUR
100%	115%	=	**Selbstkosten**	232 875,00 EUR
7,5%		+	Gewinn	17 465,63 EUR
107,5%	98%	=	**Barverkaufspreis**	250 340,63 EUR
	2%	+	Kundenskonto	5 108,99 EUR
90%	100%	=	**Zielverkaufspreis**	255 449,62 EUR
10%		+	Kundenrabatt	28 383,29 EUR
100%		=	**Listenverkaufspreis**	<u>283 832,91 EUR</u>

2.3.1.2 Nachfrageorientierte (abnehmerorientierte) Preispolitik

(1) Überblick

Um eine nachfrageorientierte Preispolitik betreiben zu können, bedarf es zuverlässiger Informationen über die Wechselwirkung zwischen der Höhe des Preises und der zu erwartenden Nachfrage. Mithilfe einer **Preis-Absatz-Funktion** wird die Veränderung der Nachfragemenge nach einem Gut bei variierenden Preisen erfasst.

Lernbereich 2: Marketingprozesse planen und steuern

In den nachfolgenden Beispielen werden die Daten der Preis-Mengenentwicklung jeweils vorgegeben. Es werden zwei nachfrageorientierte preispolitische Maßnahmen (Entscheidungen) vorgestellt:

- die Festlegung der **preispolitischen Obergrenze** und
- die **Preisdifferenzierung**.

(2) Festlegung der preispolitischen Obergrenze

Bei Preisänderungen ist im Normalfall mit folgenden Nachfragerreaktionen zu rechnen: Bei Preiserhöhungen springen die Kunden ab, bei Preissenkungen werden neue Kunden gewonnen (preisreagible Nachfrage).

> **Beispiel:**
>
> Die Weber Metallbau GmbH bietet ihren Artikel 220437 „Büroschere" an. Aufgrund exakter Marktforschung kennt es die Reaktionen seiner Kunden auf Preisänderungen. Es stellt fest, dass es sich einer normalen Nachfrage gegenübersieht, d. h., bei Preiserhöhungen nimmt die mengenmäßige Nachfrage ab, bei Preissenkungen nimmt sie zu.
>
> Die fixen Kosten belaufen sich auf 10000,00 EUR je Periode, die variablen Kosten auf 6,00 EUR je Stück. Der Verkaufserlös beträgt 10,00 EUR je Stück. Die Preis-Mengenentwicklung (Nachfragefunktion) ist der nachfolgenden Tabelle (Spalte 1 und 2) zu entnehmen.
>
> **Aufgabe:**
> Ermitteln Sie die preispolitische Obergrenze!

Lösung:

Erlös/St. in EUR	Absetzbare Menge	Umsatz in EUR	Kosten K_f: 10 000,00 EUR k_v: 6,00 EUR/St.	Gewinn/ Verlust in EUR
13,00	2 000	26 000,00	22 000,00	4 000,00
12,50	2 500	31 250,00	25 000,00	6 250,00
12,00	3 000	36 000,00	28 000,00	8 000,00
11,50	3 500	40 250,00	31 000,00	9 250,00
11,00	4 000	44 000,00	34 000,00	10 000,00
10,50	4 500	47 250,00	37 000,00	10 250,00
10,00	5 000	50 000,00	40 000,00	10 000,00
9,50	5 500	52 250,00	43 000,00	9 250,00
9,00	6 000	54 000,00	46 000,00	8 000,00
8,50	6 500	55 250,00	49 000,00	6 250,00

Ergebnis:

Den maximalen Gewinn in Höhe von 10 250,00 EUR erzielt das Unternehmen bei einem Preis von 10,50 EUR pro Stück.

Die nebenstehende Grafik veranschaulicht die Situation des anbietenden Unternehmens. Dabei kennzeichnet die grün ausgedruckte Fläche das Umsatzvolumen, das von dem Unternehmen bei Anwendung der preispolitischen Obergrenze erreicht wird. Hierbei geht dem Unternehmen jedoch ein erheblicher Umsatz verloren. Es ist aus der Grafik ersichtlich, dass es eine ganze Reihe von Konsumenten gibt, die bereit wären, einen höheren Preis als die einheitlich verlangten 10,50 EUR zu bezahlen. So wären z. B. zu einem Preis von 12,00 EUR 3 000 Stück abzusetzen gewesen. Die Differenz zwischen dem höheren Preis, den einige Konsumenten bereit wären zu zahlen, und dem verlangten Preis bezeichnet man als **Konsumentenrente**. Diese Kunden haben keine Veranlassung, den höheren Preis zu bezahlen, solange sie zu dem günstigeren Preis einkaufen können. Die Konsumentenrente geht dem anbietenden Unternehmen verloren.

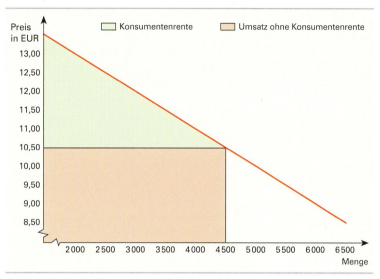

(3) Preisdifferenzierung

■ **Begriff Preisdifferenzierung und die Auswirkungen von Preisdifferenzierungen**

> Die **Preisdifferenzierung** hat das Ziel, die Konsumentenrente abzuschöpfen, indem das anbietende Unternehmen Teilmärkte bildet, auf welchen unterschiedliche Preise verlangt werden.

Die Bildung der **Teilmärkte (Marktsegmente)** setzt voraus, dass es gelingt, jene Kunden, die bereit sind, den höheren Preis zu bezahlen, am Übergang zum günstigeren Marktsegment zu hindern. Die Abgrenzung der Teilmärkte wird in erheblichem Maße dadurch erleichtert, dass sich die Konsumenten nicht konsequent rational verhalten, sondern sich relativ freiwillig in teurere Marktsegmente einordnen (z. B. bei Preisdifferenzierung in Verbindung mit Produktdifferenzierung).

Beispiel:

Angenommen, es gelingt, aus dem Gesamtmarkt (vgl. S. 352) zwei Teilmärkte zu bilden, auf welchen ein Preis von 12,00 EUR (Teilmarkt I) und ein Preis von 10,50 EUR (Teilmarkt II) verlangt werden kann.

Aufgaben:

1. Ermitteln Sie, ob durch die Bildung von zwei Teilmärkten eine Gewinnsteigerung eintritt!
2. Stellen Sie den Sachverhalt grafisch dar!

Lösungen:

Zu 1.:

	Erlöse ohne Preisdifferenzierung in EUR	Erlöse mit 2 Teilmärkten und differenzierten Preisen in EUR	
Umsatzerlös	47 250,00	TM I (3 000 · 12,00)	36 000,00
		TM II (1 500 · 10,50)	15 750,00
			51 750,00
Kosten	37 000,00		37 000,00
Gewinn	10 250,00		14 750,00
Gewinnsteigerung			4 500,00

Zu 2.:

Erläuterung:

Zumindest ein Teil der Konsumentenrente kann nunmehr abgeschöpft werden. Ein Vergleich der alten mit der neuen Situation lässt sich durch nebenstehende Grafik veranschaulichen.

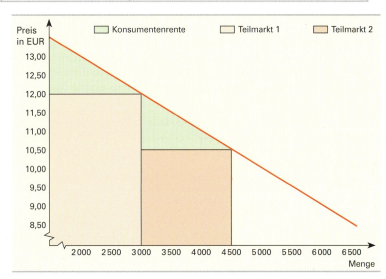

■ Arten der Preisdifferenzierung

Arten der Preisdifferenzierung	Beispiele
Preisdifferenzierung in Verbindung mit Produktdifferenzierung	Relativ geringfügige Produktunterschiede mit erheblich unterschiedlichem Prestigewert, z. B. Ausstattung, Lackierung, PS-Zahl eines Pkw
Preisdifferenzierung nach Abnehmergruppen oder nach Verwendungszweck	Strom für private Haushalte – Strom für gewerbliche Verbraucher; normale Fahrkarten – Schülerfahrkarten; Alkohol – Spiritus; Dieselkraftstoff – Heizöl
Räumliche Preisdifferenzierung	Pkw-Preise im Ausland günstiger als im Inland; Benzin an Autobahntankstellen ist teurer als Benzin an einer Tankstelle in der Stadt
Zeitliche Preisdifferenzierung	Preise für Ferienwohnungen je nach Jahreszeit
Zeitlich gestaffelte Preisdifferenzierung	Ein erfolgreiches Buch wird zunächst als Leinenband, dann in Halbleinen und anschließend als Taschenbuch verkauft
Preisdifferenzierung nach Abnahmemenge	Großabnehmer erhalten Sonderpreise im Vergleich zu Kleinabnehmern, insbesondere im Energiesektor (Aluminiumherstellung)

2.3.1.3 Wettbewerbsorientierte (konkurrenzorientierte) Preispolitik

Wettbewerbsorientierte Preispolitik ist das Ausrichten des eigenen Preises an den Preisstellungen der Konkurrenten.

(1) Orientierung am Leitpreis

Sich auf einen Preiswettbewerb einzulassen, stellt keine sinnvolle Maßnahme dar, wenn die Wettbewerber stark und willens sind, ihre Preispositionen auf Biegen und Brechen zu verteidigen. In solchen Fällen ist es sinnvoll, sich den Preisvorgaben des Preisführers[1] bzw. dem Branchenpreis[2] unterzuordnen und sich durch andere Leistungsmerkmale (z. B. andere Qualitätsabstufungen, Sondermodelle, besondere Vertriebswege) von der Konkurrenz abzuheben. Wird der Branchenpreis bzw. der Preis des Preisführers für die eigene Preisfindung herangezogen, dann ändert das Unternehmen immer dann seine Preise, wenn der Preisführer dies tut bzw. der Branchenpreis sich ändert. Eine Preisänderung erfolgt dagegen nicht, wenn sich lediglich seine eigene Nachfrage- oder Kostensituation ändert.

Die Preisbildung nach Leitpreisen ist relativ beliebt. Wenn ein Unternehmen seine eigenen Kosten nur schwer ermitteln kann oder wenn Wettbewerbsreaktionen Ungewissheit auslösen, dann sieht es die Ausrichtung des eigenen Preises an den Konkurrenzpreisen als zweckmäßige Lösung an.

(2) Unter- und Überbietung des Leitpreises

Unterbietung des Leitpreises	■ Die Unterbietung des Leitpreises ist für ein Unternehmen nur bis zur **kurzfristigen (absoluten) Preisuntergrenze** des Produkts sinnvoll. Sie liegt dort, wo die Summe der dem Produkt direkt zurechenbaren Kosten (**variable Kosten**) noch gedeckt ist. Kurzfristig kann das Unternehmen nämlich die fixen Kosten außer Acht lassen, denn diese fallen an, ob ein Verkauf getätigt wird oder nicht. ■ Langfristig hingegen kann ein Unternehmen nicht mit Verlusten produzieren, es muss zumindest (gesamt-)kostendeckend arbeiten. Die **langfristige Preisuntergrenze** wird daher durch die Selbstkosten je Produkteinheit bestimmt.
Überbietung des Leitpreises	■ Die Überbietung des Leitpreises ist prinzipiell nur möglich, wenn das Produkt hinsichtlich seiner **Innovation** oder seiner **Alleinstellung** aufgrund seiner Ausstattungselemente im Markt eine Sonderstellung einnimmt. ■ Gleiches gilt, wenn sich das Unternehmen wegen seines Images oder seiner **Trendstellung** von den anderen Unternehmen abhebt. Da es sich hier um Einzelfälle handelt, wird hierauf nicht weiter eingegangen.

---

[1] Als **Preisführer** bezeichnet man einen Anbieter, dem sich bei Preisänderungen die übrigen Anbieter anschließen. Preisführer treten insbesondere in oligopolistischen Marktstellungen wie bei Öl, Stahl, Papier oder Kunstdünger auf.

[2] Von einem **Branchenpreis** spricht man dann, wenn mehrere Unternehmen den Preis mit ihrer Marktmacht bestimmen. Diese Preisfindung herrscht vor allem auf oligopolistischen und polypolistischen Märkten mit homogenen Gütern vor.

2.3.2 Konditionenpolitik

2.3.2.1 Lieferungsbedingungen[1]

Die unterschiedliche Gestaltung der Lieferungsbedingungen hat – wie der Einsatz eines jeden absatzpolitischen Instruments – die Aufgabe, bisherige Kunden zu halten und neue Kunden hinzuzugewinnen, d. h. Kaufanreize zu schaffen. Kaufanreize können z. B. darin liegen, dass das Erzeugnis frei Haus, frei Keller, frei Lager oder frei Werk **zugestellt** wird. In der Zustellung wird eine besondere Leistung gesehen, die auch bezahlt werden muss. Andererseits kann eine werbende Wirkung auch in der **Selbstabholung** liegen, z. B. dann, wenn damit ein begehrtes Ereignis verbunden ist (z. B. Werksbesichtigung bei Selbstabholung eines Neuwagens beim Hersteller). Eine Selbstabholung kann auch dann gegeben sein, wenn der Abnehmer über eigene Transportmittel verfügt. Er kommt dann in den Genuss niedrigerer Beschaffungspreise und kann außerdem Bezugskosten einsparen.

Kaufentscheidungen werden auch beeinflusst durch die Festlegung von Leistungsorten und Gerichtsständen, der Lieferzeiten und der Qualitäten.

2.3.2.2 Finanzdienstleistungen

Die Gewährung von Finanzdienstleistungen hat insbesondere die Aufgabe, die Finanzierung eines Auftrags zu erleichtern bzw. erst zu ermöglichen. Die Finanzbelastung eines Kunden wird z. B. beeinflusst durch:

- Maßnahmen der **unmittelbaren Preisgestaltung** wie z. B. der Gewährung verschiedener Rabatte, z. B. für Menge, Treue, Wiederverkäufer.

- Gestaltung der **Zahlungsbedingungen**. Diese drücken sich aus
    - in der **Höhe** des Skontos,
    - in der **Dauer des Zeitraumes**, innerhalb dessen Skonto abgezogen werden kann,
    - in der **Dauer des Zahlungsziels**, also des Zeitraumes, in welchem die Rechnung ohne Abzug von Skonto bezahlt werden kann,
    - in der **Zahlungsweise** (Vorauszahlung, Barzahlung, Ratenzahlung, Höhe der Raten),
    - in der **Zahlungssicherung** (z. B. Eigentumsvorbehalt).

- Gewährung von **Absatzkrediten**. Durch die Gewährung von Absatzkrediten wird der Käufer darin unterstützt,
    - sich das Produkt durch Gewährung eines Darlehens **überhaupt zu beschaffen,** falls seine Bonität für ein Bankdarlehen nicht ausreicht oder
    - das Produkt zu **günstigen Darlehenskonditionen** (Zins, Ratenhöhe) zu bekommen, was letztlich einer Reduzierung des Kaufpreises entspricht.

---

[1] **Lieferungsbedingungen** sind neben den Zahlungsbedingungen **Teil der Allgemeinen Geschäftsbedingungen**. Die sogenannten Allgemeinen Geschäftsbedingungen werden vor allem von den Wirtschaftsverbänden der Industrie, des Handels, der Banken, der Versicherungen, der Spediteure usw. normiert (vereinheitlicht) und den Verbandsmitgliedern zur Verwendung empfohlen (z. B. „Allgemeine Lieferbedingungen für Erzeugnisse und Leistungen der Elektroindustrie", „Allgemeine Deutsche Spediteurbedingungen").

2 Entscheidungen über Marketingmaßnahmen auf Grundlage festgelegter Marketingziele treffen und dabei neue Informationsmedien und Kommunikationsmittel nutzen

Überblick: Kontrahierungspolitik

- Die **Kontrahierungspolitik** umfasst alle marketingpolitischen Instrumente, die der Preisstrategie, der Preispolitik und der Konditionenpolitik zugerechnet werden.

- Unter der **Preispolitik** versteht man das Festlegen der Absatzpreise mit der Absicht, den Absatz und/oder Gewinn zu beeinflussen.

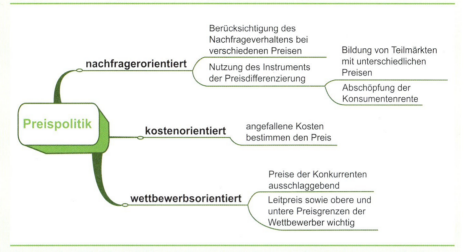

- Die **Konditionenpolitik** ergänzt die Preispolitik und umfasst vertragliche Regelungen über die Lieferungs- und Zahlungsbedingungen.

Kompetenztraining

126 Preispolitik

1. Ein Unternehmen steht vor der Entscheidung, eine Zahncreme unter neuer Marke einzuführen.

    Aufgaben:

    1.1 Stellen Sie dar, nach welchen Kriterien der Einführungspreis bestimmt werden könnte!

    1.2 Entscheiden Sie begründet, für welchen Weg der Preisbestimmung Sie sich einsetzen würden!

2. Die Unternehmen können nicht in jedem Fall eine eigenständige Preispolitik betreiben.

    Aufgabe:

    Nennen Sie preispolitische Zielsetzungen, die ein Unternehmen mit seiner Preispolitik verfolgen kann!

3. Erläutern Sie, was unter einer räumlichen, zeitlichen und einer Preisdifferenzierung in Verbindung mit einer Produktdifferenzierung zu verstehen ist! Bilden Sie jeweils ein Beispiel!

127 Preisdifferenzierung

Ein Unternehmen sieht sich bei einem Produkt einer normalen Nachfrage gegenüber. Die fixen Kosten für das Produkt belaufen sich auf 30 000,00 EUR je Periode, die variablen Kosten auf 18,00 EUR je Stück. Der Verkaufserlös beträgt 30,00 EUR je Stück. Die Preis-Mengenentwicklung hat folgende Ausgangsdaten: Erlös 39,00 EUR, absetzbare Menge 6 000 Stück.

Lernbereich 2: Marketingprozesse planen und steuern

Aufgaben:

1. Berechnen Sie die preispolitische Obergrenze, wenn beim Absinken des Erlöspreises um 1,50 EUR die absetzbare Menge jeweils um 1 500 Stück steigt! Erstellen Sie dazu eine Tabelle nach folgendem Muster:

Erlös/St. in EUR	Absetzbare Menge	Umsatz in EUR	Kosten K_f: 30 000,00 EUR k_v: 18,00 EUR	Gewinn/Verlust in EUR
39,00	6 000			
37,50	7 500			
36,00				
⋮				

2. Erläutern Sie den Begriff Konsumentenrente am vorgegebenen Beispiel!

3. Gehen Sie davon aus, dass es gelingt, zwei Teilmärkte zu bilden, auf welchen ein Preis von 36,00 EUR (Teilmarkt I) und ein Preis von 31,50 EUR (Teilmarkt II) verlangt werden kann.
Ermitteln Sie, ob durch die Bildung von zwei Teilmärkten eine Gewinnsteigerung eintritt!

128 Preispolitik

Die Kalle OHG stellt Spielzeugautos her. Sie produziert und verkauft jährlich 12 000 Spielzeugautos. Die Autos werden zu einem Einheitspreis angeboten, der wie folgt kalkuliert wird:

Materialeinzelkosten 10,06 EUR, Fertigungseinzelkosten 7,00 EUR, Materialgemeinkosten 5 %, Fertigungsgemeinkosten 180 %, Verwaltungs- und Vertriebsgemeinkosten 20 %. Der Gewinnzuschlag beträgt 5 %.

Aufgaben:

1. Nennen Sie die Art der Preispolitik, die die Kalle OHG betreibt!
2. Berechnen Sie den Barverkaufspreis je Spielzeugauto!
3. Die Kalle OHG möchte den Verkaufspreis (Barverkaufspreis) auf 41,80 EUR anheben. Die Abteilung „Marktforschung" warnt: Der (mengenmäßige) jährliche Absatz wird von bisher 12 000 Stück auf 11 000 Stück zurückgehen. (Die fixen Kosten betragen 175 000,00 EUR monatlich, die variablen Kosten 20,00 EUR je Stück.)
   3.1 Nennen Sie Beispiele für fixe und variable Kosten!
   3.2 Stellen Sie dar, wie sich die Kalle OHG entscheiden könnte, wenn sie vorrangig das Ziel vor Augen hat, einen möglichst großen Marktanteil zu erobern!
   3.3 Stellen Sie dar, wie sich die Kalle OHG entscheiden könnte, wenn sie nach dem kurzfristigen Gewinnmaximierungsprinzip handelt! (Belegen Sie Ihre Antwort mit Zahlen!)
   3.4 Begründen Sie rechnerisch, ob die Entscheidung zu 3.3. anders ausfiele, wenn aufgrund der Preiserhöhung der Absatz
      3.4.1 um 2 000 Stück,
      3.4.2 um 3 000 Stück zurückgeht!
   3.5 Prüfen Sie, ob im Fall 3.3 zwischen den Zielen „Gewinnmaximierung" und „Vergrößerung des Marktanteils" Zielkonflikt oder Zielharmonie besteht! Begründen Sie (auch mit Zahlen) Ihre Aussage!
4. Nennen Sie die Art Preispolitik, die die Kalle OHG betreibt, wenn sie ihre Entscheidungen von den Reaktionen ihrer Abnehmer abhängig macht!

2.4 Kommunikationspolitik

LB 2 **Handlungssituation 7: Kommunikationspolitik gestalten**

Emmy Reisacher, die Inhaberin des Einzelhandelsunternehmens Beauty Moments Emmy Reisacher e. Kfr., möchte den Umsatz ihres Kosmetikinstituts erhöhen. Da der Industrie- und Gewerbepark Augsburg nicht über eine ausreichende Anzahl von Laufkundschaft verfügt, muss sie das Interesse von Neukunden auf eine andere Art wecken.

Emmy Reisacher warb bisher immer mit kleinen Anzeigen in der Augsburger Stadtzeitung für ihre Dienstleistungen. Eine gute Freundin empfiehlt ihr, etwas kreativer und innovativer zu sein, um ihr Institut einer breiteren Öffentlichkeit bekannt zu machen. Daraufhin informiert sich Emmy Reisacher in Büchern und im Internet über aktuelle marketingpolitische Maßnahmen:

> Jeder Tablet-Computer ist eine Abspielfläche für digitale Anzeigen. Das klingt so schlicht, doch um dieses Geschäft umfassend zu betreiben, muss man eine komplexe Datenwirtschaft beherrschen und mit Dutzenden von Technologiefirmen zusammenarbeiten. Deren Aufgabe ist es, immer genauere Profile von Nutzergruppen zu erstellen, um dem Ideal näherzukommen, jedem Verbraucher nur noch die für ihn nützliche Werbung zu liefern. Dafür sammeln die Firmen alte Datenbestände aus der Zeit vor dem Internet und führen sie mit Profildaten zusammen, die jeder Nutzer am Computer, auf seinem Smartphone und auf dem iPad hinterlässt.

Quelle: http://www.zeit.de/2012/48/Medien-Zeitung-Journalismus/seite-3

KOMPETENZORIENTIERTE ARBEITSAUFTRÄGE:

1. Erläutern Sie, für welche Unternehmen die in dem Zeit-Artikel erwähnte Werbung sinnvoll ist!
2. Emmy Reisacher möchte für ihr Kosmetikinstitut eine Werbeanzeige in einer Zeitung aufgeben. Format: 50 mm hoch, 2-spaltig (88 mm breit). Zur Wahl stehen:

   - die **Augsburger Stadtzeitung**. Dies ist eine regionale Tageszeitung, die auch überregionale und internationale Informationen über Wirtschaft, Politik und Sport enthält. Jede Ausgabe wird von etwa 5 Personen gelesen.

   - das **Augsburger Wochenblatt**. Dies ist vorwiegend ein Anzeigenblatt mit einem nur geringen redaktionellen Anteil. Es wird wöchentlich einmal an alle lokalen Haushalte kostenlos verteilt. Jede Ausgabe wird im Durchschnitt von 2 Personen gelesen.

   Um die Kosten einer Werbeanzeige in verschiedenen Zeitungen vergleichen zu können, ermittelt man den sogenannten Tausenderpreis.

$$\text{Tausenderpreis} = \frac{\text{Preis der Werbeanzeige}}{\text{Höhe der Auflage} \cdot \text{Leser pro Ausgabe}} \cdot 1000$$

Entscheiden Sie unter Berücksichtigung der Mediadaten begründet, in welcher der beiden örtlichen Zeitungen das Inserat aufgegeben werden soll. Legen Sie Ihrer Entscheidung nicht nur die absoluten Kosten einer Anzeige und den Tausenderpreis zugrunde, sondern beziehen Sie auch qualitative Aspekte in Ihre Entscheidung ein!

Folgende **Mediadaten** sind bekannt:

	Augsburger Stadtzeitung	Augsburger Wochenblatt
Auflage	36 000 erscheint werktäglich	78 000 erscheint 1 x wöchentlich
Kosten einer Anzeige	2,03 EUR je mm, 1-spaltig	1,54 EUR je mm, 1-spaltig

3. Gestalten Sie die Werbeanzeige für das Kosmetikinstitut in dem oben genannten Format!

2.4.1 Begriff Kommunikationspolitik

> Zur **Kommunikationspolitik**[1] gehören alle marketingpolitischen Maßnahmen, die das Unternehmen und seine Produkte in der Öffentlichkeit darstellen und bekannt machen.

Der Begriff umfasst sowohl die klassische Werbung als auch Unternehmensauftritte in sozialen Netzwerken, aber auch Verkaufsförderung, Öffentlichkeitsarbeit und Sensation-Marketing.

2.4.2 Werbung

> Zur **Werbung** gehören alle Maßnahmen mit dem Ziel, bestimmte Botschaften an Personen heranzutragen, um auf ein Erzeugnis und/oder eine Dienstleistung aufmerksam zu machen und Kaufwünsche zu erzeugen.

Um den Erfolg der Werbung sicherzustellen und um die Werbemaßnahmen kontrollieren zu können, ist für jede Form der Werbung das **Aufstellen eines Werbeplans** notwendig.

2.4.2.1 Werbeplan

Im Werbeplan sind insbesondere folgende Fragen zu beantworten:

- Welche **Art der Werbung** soll durchgeführt werden?
- Welche **Werbemittel** und **Werbeträger** sind einzusetzen?
- Welche **Streukreise** und **Streugebiete** sind auszuwählen?
- Welche **Streuzeit** wird festgesetzt?
- Welche Beträge können für die Werbung eingesetzt werden **(Werbeetat)**?

---

1 Unter **Kommunikation** versteht man die Übermittlung von Informationen von einem Sender zu einem Empfänger.

(1) Arten und Grundsätze der Werbung

■ Werbung nach der Anzahl der Umworbenen

Direktwerbung	Massenwerbung
Einzelne Personen, Unternehmen, Behörden werden unmittelbar angesprochen, z. B. durch Werbebriefe, Reisende.	■ Die **gezielte Massenwerbung** möchte eine bestimmte Gruppe durch die Werbung ansprechen (z. B. eine Berufs- oder Altersgruppe, die Nichtraucher, die Autofahrer). ■ Die **gestreute Massenwerbung** wird mithilfe von Massenmedien (Rundfunk, Fernsehen, Zeitungen) betrieben.

■ Werbung nach der Anzahl der Werbenden

Phasen	Erläuterungen	Beispiele
Alleinwerbung	Ein Unternehmen wirbt für seine Produkte.	*„Innovation ist Tradition seit über 100 Jahren"*, Maschinenbau Gelber AG.
Verbundwerbung	Mehrere Unternehmen führen gemeinsam eine Werbeaktion durch.	*„Danke Wasserkraft"*, Verband der Stromwirtschaft.
Gemeinschaftswerbung	Hier tritt ein ganzer Wirtschaftszweig als Werber auf.	Der Bundesverband der Deutschen Heizungsindustrie (BDH) wirbt mit dem Slogan: *„Unsere Branche weist in die Zukunft!"*

■ Grundsätze der Werbung

Klarheit und Wahrheit	Wirksamkeit	Einheitlichkeit	Wirtschaftlichkeit
Die Werbung sollte sachlich unterrichten, die Vorzüge des Produkts herausheben und keine Unwahrheiten enthalten.	Die Werbung muss die Motive der Umworbenen ansprechen und Kaufwünsche verstärken.	Die Werbung sollte stets einen gleichen Stil aufweisen, um beim Kunden einen Wiedererkennungseffekt zu erzielen.	Der auf die Werbung zurückzuführende zusätzliche Ertrag muss höher sein als der Aufwand.

Zudem hat die Werbung eine **soziale Verantwortung**, d. h., sie darf keine Aussagen oder Darstellungen enthalten, die gegen die guten Sitten verstoßen, moralische oder religiöse Empfindungen verletzen.

(2) Werbemittel und Werbeträger

■ **Werbemittel**

Werbemittel sind Kommunikationsmittel (z. B. Wort, Bild, Ton, Symbol), mit denen eine Werbebotschaft dargestellt wird (z. B. Anzeige, Rundfunkspot, Plakate usw.).

Je nachdem, **welche Sinne angesprochen** werden sollen, gliedert man die Werbemittel in:

Optische Werbemittel	Sie wirken auf das Sehen des Umworbenen (z. B. Plakate, Anzeigen, Schaufensterdekorationen, E-Mails und Short Message Service [SMS]).
Akustische Werbemittel	Sie sprechen das Gehör an (z. B. Verkaufsgespräch, Werbevorführungen, Werbespots im Radio).
Geschmackliche Werbemittel	Hier soll der Kunde durch eine Kostprobe von der Güte der Ware überzeugt werden. Die Kostproben sprechen den Geschmackssinn an.
Geruchliche Werbemittel	Sie wirken auf den Geruchssinn der Kunden (z. B. Parfümproben).

■ **Werbeträger**

Der **Werbeträger** ist das Medium, durch das ein Werbemittel an den Umworbenen herangetragen werden kann.

Wichtige Werbeträger sind:

Werbeträger: Printmedien | Hörfunk, Fernsehen, Kino | Plakatanschlagstellen | Internet, CD-Werbung | Werbegeschenke

(3) Streukreis und Streugebiet

- Der **Streukreis** beschreibt den Personenkreis, der umworben werden soll. Der Personenkreis wird häufig noch nach **Zielgruppen** (z. B. Berufs-, Alters-, Kaufkraftgruppen, Geschlecht) untergliedert.
- Das **Streugebiet** (Werbeverbreitungsgebiet) ist das Gebiet, in welchem die Werbemaßnahmen durchgeführt werden sollen.

Streugebiete sind deswegen festzulegen, weil Art und Umfang des Bedarfs in den einzelnen Gebieten (beispielsweise sei auf die andersartigen Bedürfnisse von Stadt- und Landgemeinden hingewiesen) unterschiedlich sein können.

(4) Streuzeit

> Durch die **Streuzeit** wird Beginn und Dauer der Werbung sowie der zeitliche Einsatz der Werbemittel und Werbeträger festgelegt.

Grundsätzlich hat ein Unternehmen drei Möglichkeiten für die zeitliche Planung von Werbeaktionen:

- **einmalig** bzw. **zeitlich begrenzt** und intensiv zu werben,
- **regelmäßig** zu werben (pro Tag, pro Woche, pro Monat),
- in **unregelmäßigen Abständen** kurz, aber intensiv zu werben.

Vergleicht man die Wirkung von kurzzeitigen Werbeaktionen mit Werbeaktionen, die über einen längerfristigen Zeitraum angelegt sind, so gilt: Je länger und je häufiger geworben wird, desto schneller treten wirtschaftliche Werbewirkungen ein.

Die **Vergessenskurve** aus der Lernforschung zeigt, dass binnen weniger Stunden 50 % der empfangenen Informationen bereits wieder vergessen sind.

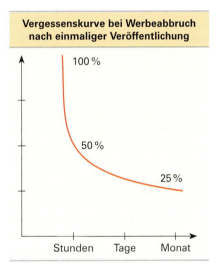

Vergessenskurve bei Werbeabbruch nach einmaliger Veröffentlichung

(5) Werbeetat

Da die Werbung in manchen Wirtschaftszweigen erhebliche Mittel verschlingt – der Prozentsatz der Werbekosten am Umsatz liegt in der deutschen Wirtschaft zwischen 1 % und 20 % –, ist ein genauer Haushaltsplan (Etat, Budget) für die Werbung aufzustellen. Die Höhe des Werbeetats kann sich nach der jeweiligen Finanzlage des Unternehmens, nach dem Werbeaufwand der Konkurrenz oder nach dem erwarteten Werbeerfolg richten.

2.4.2.2 Werbeerfolgskontrolle

> Die **Werbeerfolgskontrolle** überprüft,
> - in welchem Umfang die **gesetzten Werbeziele** durch die eingesetzten Werbemittel und Werbeträger erreicht wurden und
> - ob sich die **Werbemaßnahmen gelohnt** haben.

Gegenstand der Werbeerfolgskontrolle:

- Die **wirtschaftliche Werbeerfolgskontrolle** möchte den mithilfe der Werbung erzielten Gewinn feststellen.
- Die **nicht wirtschaftliche Werbeerfolgskontrolle** fragt danach, wie die Werbung bei den Umworbenen „angekommen" ist.

Lernbereich 2: Marketingprozesse planen und steuern

Beispiel für eine wirtschaftliche Werbeerfolgskontrolle:

Mithilfe der Marktforschung soll die Wirkung einer Plakataktion („Trinkt mehr Milch!") festgestellt werden. Es werden eine Versuchsgruppe und eine Kontrollgruppe gebildet. Die Versuchsgruppe wird von der Werbung berührt, die Kontrollgruppe erhält von der Werbung keine Kenntnis.

Nach Abschluss der Werbekampagne ergeben sich folgende Zahlen:

Zeitpunkt	Milchverbrauch pro Kopf	
	Versuchsgruppe	Kontrollgruppe
Vor Beginn der Werbekampagne	0,32 Liter	0,32 Liter
Nach Beendigung der Werbekampagne	0,40 Liter	0,35 Liter
Verbrauchsänderung	0,08 Liter	0,03 Liter

Die Versuchsgruppe hat ihren Verbrauch um 0,08 Liter je Person erhöht. Daraus kann nicht der Schluss gezogen werden, dass die gesamte Veränderung auf die Werbung zurückzuführen ist. Das Ergebnis der Kontrollgruppe zeigt, dass der Pro-Kopf-Verbrauch auch ohne Werbung um 0,03 Liter gestiegen wäre. Die durch die Werbung hervorgerufene Verbrauchsänderung beträgt also lediglich 0,05 Liter.

Betrug nun bei dem werbenden Unternehmen der **zusätzliche** Milchabsatz im untersuchten Zeitraum 160 000 Liter, so sind davon nur 100 000 Liter auf die Absatzwerbung zurückzuführen. Wenn die Kosten der Werbeaktion 2 100,00 EUR und der Reingewinn je Liter 0,05 EUR betragen, lässt sich der wirtschaftliche Werbeerfolg, also der Werbegewinn, folgendermaßen errechnen:

Auf die Werbekampagne zurückzuführender Ertrag (100 000 · 0,05 EUR)	5 000,00 EUR
− Werbeaufwand	2 100,00 EUR
Werbegewinn	2 900,00 EUR

2.4.3 Verkaufsförderung

(1) Begriff Verkaufsförderung

- Die **Verkaufsförderung** hat das Ziel, durch **Maßnahmen am Ort des Verkaufs (Point of Sale)** den Umsatz anzukurbeln.
- Die Aktionen sind **kurzfristig** und dienen der **Profilierung des Unternehmens**.

(2) Salespromotion[1]

Sie beinhaltet in der Regel eine enge Zusammenarbeit zwischen Händler und Hersteller – zu beiderseitigem Vorteil. Während der Hersteller durch die persönliche Ansprache der Zielgruppe (in der Regel Stammkunden des Händlers) wenig Streuverlust erleidet, profitiert der Händler vom Image einer großen Herstellermarke. Der Spielraum möglicher Salespromotion-Aktionen ist dabei sehr vielfältig. In der Regel lassen sich jedoch umsatz-, produkt- und imagebezogene Zielvorstellungen harmonisch miteinander verbinden.

---

[1] **Salespromotion** (engl.): Verkaufsförderung; **promote** (engl.): fördern, befördern, vorantreiben.

> **Beispiele:**
>
> Eine Parfümerie lädt zu einer Typ- und Hautberatung ein und hat als Berater einen Visagisten eines Kosmetikherstellers im Haus.
>
> In einem Haushaltswarengeschäft demonstriert ein bekannter Koch im Rahmen einer Kochvorführung die Verwendung von Küchengerätschaften eines bestimmten Herstellers.
>
> Zugleich werden Bücher dieses Kochs verkauft und zudem führt das Haushaltswarengeschäft eine Umtauschaktion „Alt gegen Neu" für Kochtöpfe dieses Herstellers durch. Jeder Kochtopf – gleich welcher Marke – wird beim Kauf eines neuen Kochtopfs dieses einen Herstellers mit 8,00 EUR vergütet.

(3) Merchandising

Der Kerngedanke besteht darin, durch Merchandising zusätzlich Produkte zu vermarkten, indem von beliebten bzw. bekannten Charakteren oder Produkten deren besondere Qualitätsvorstellung und Image auf die Ablegerprodukte übertragen werden. Ein positives Image wird also von einem Medium auf ein anderes übertragen.

Indem auf die Nebenprodukte die Imagevorstellungen des Hauptproduktes übertragen werden, kann dessen Hersteller von der Popularität des Hauptproduktes profitieren. Die äußert sich in einer rascheren Akzeptanz, einem größeren Umsatz und ermöglicht damit preispolitische Spielräume nach oben.

> **Beispiele:**
>
> So trägt der Fan eines Bundesligaclubs einen Schal „seines" Vereins, der Besucher des Musicals ein T-Shirt, das es nur dort zu kaufen gibt und das Kind schläft in der Bettwäsche mit Motiven von Harry Potter. Und auch die Lebensmittelindustrie verwendet Packungsaufdrucke oder beigefügte Plastikfiguren, um ihre Produkte attraktiver zu machen.

2.4.4 Public Relations (Öffentlichkeitsarbeit)

(1) Begriff Public Relations

> Durch **Public Relations** werben Unternehmen für ihren guten Ruf und ihr Ansehen in der Öffentlichkeit.

Mithilfe der Öffentlichkeitsarbeit soll z. B. gezeigt werden, dass ein Unternehmen besonders fortschrittlich, sozial oder ein guter Steuerzahler ist oder dass es die Belange des Umweltschutzes in besonderem Maße berücksichtigt.

Wie sich das Erscheinungsbild (das Image) eines Unternehmens in der Öffentlichkeit und bei der Belegschaft darstellt, hängt auch von dem vom Management geschaffenen **Unternehmensleitbild** ab. Hierunter versteht man die Einmaligkeit („Persönlichkeit") eines Unternehmens, die dieses in seiner Umwelt (z. B. bei seinen Kunden, Lieferern, Kapitalgebern, bei den Bürgern, den politischen Parteien usw.) und bei seinen Mitarbeitern unverwechselbar macht. Aus dem Unternehmensleitbild leitet sich die **Corporate Identity**[1] ab.

---

[1] **Corporate Identity** ist das Erscheinungsbild eines Unternehmens in der Öffentlichkeit und bei seinem Personal. Je höher der Grad der Corporate Identity ist, desto mehr können sich die Belegschaftsmitglieder mit dem Unternehmen identifizieren.

(2) Instrumente der Public-Relations-Politik

Instrumente der Public-Relations-Politik sind u. a. die Abhaltung von Pressekonferenzen, Tage der offenen Tür, Einrichtung von Sportstätten und Erholungsheimen, Spenden, Zeitungsanzeigen *("Unsere Branche weist die Zukunft")* oder Rundfunk- und Fernsehspots *("Es gibt viel zu tun, packen wir's an!")*. Eine gute Öffentlichkeitsarbeit bereitet den Boden für andere absatzpolitische Maßnahmen vor. So „kommt" z. B. die Werbung besser „an". Mögliche Preiserhöhungen werden akzeptiert, wenn die Gründe hierfür bekannt sind.

2.4.5 Sensation-Marketing

(1) Guerilla-Marketing

> **Guerilla-Marketing** ist ein Marketingansatz, der durch **ungewöhnliche Aktionen** den **Konsumenten überraschen** und **hohe Aufmerksamkeit** erzielen möchte.

Guerilla-Marketing-Aktionen beruhen auf dem Prinzip, dass die Aktionen so viel Gesprächsstoff bieten, dass sie sich über Mundpropaganda, soziale Netzwerke und andere Medien von alleine verbreiten. Dazu werden die Verbraucher schockiert oder gar erschreckt, ihre Schadenfreude geweckt, Tabus gebrochen oder die Konkurrenz verhöhnt. Das Unternehmen will einen **„Wow-Effekt"** erzielen.

Quelle: https://commons.wikimedia.org/wiki/File:Sixt1DSC_1153.jpg[1]

Guerilla-Marketing-Aktionen lassen sich in der Regel nicht wiederholen, denn bei einer Wiederholung derselben Aktion wäre der Überraschungseffekt weg und damit automatisch das starke Interesse der Öffentlichkeit.

(2) Virales[2] Marketing

> **Virales Marketing** ist ein Marketingkonzept, das die Kunden veranlassen soll, in digitaler Form Werbekommunikation über Produkte und Dienstleistungen aus eigenen Stücken weiterzuverbreiten.

---

[1] „Keine Angst, der will nur mieten" - Sixt-Werbung im Flughafenterminal Düsseldorf, BMW" von Wistula (Eigenes Werk) [CC BY-SA 3.0 (http://creativecommons.org/licenses/by-sa/3.0)], via Wikimedia Commons.

[2] **Viral:** ansteckend, sich verbreitend.

Ziel des viralen Marketings ist, in einem möglichst kurzen Zeitraum eine möglichst hohe Anzahl an Menschen mit der Werbebotschaft „anzustecken". Dazu nutzt das virale Marketing z. B. die Strukturen sozialer Netzwerke.[1] Damit der Verbreitungseffekt eintritt, muss der Nutzer das Bedürfnis haben, seine **Entdeckung im Internet** mit seinen **Freunden zu teilen**. Gut geeignet ist hierfür ein witziges, originelles Ausgangsmaterial.

Beispiele:

- Bekannt ist das Werbespiel Moorhuhn der Whiskymarke Johnnie Walker. Das Spiel erreichte eine weite Verbreitung und die Popularität färbte auf die Marke ab.
- Ein Erfolg wurde auch der Wurst-Tester-Wettbewerb der Rügenwalder Mühle.

Die **Nachteile** des viralen Marketings sind:

- die virale Kampagne ist nicht steuerbar,
- bei negativer Reaktion der Empfänger auf die Information wird das Image des Unternehmens nachhaltig beschädigt,
- der Erfolg des viralen Marketings ist schwer messbar.

2.4.6 Social-Media-Marketing

(1) Internet als aktueller Kommunikationsweg

Durch das Internet haben sich die Märkte dynamisch verändert. Sie sind nicht mehr räumlich, sachlich oder zeitlich begrenzt, vielmehr in allen drei Aspekten weit ausgedehnt. Das schafft einen erheblichen Anpassungszwang hin zu einer **dialogorientierten Kommunikation**. Das sind alle Kommunikationswege, die einen direkten individuellen Kontakt ermöglichen.

Das Ziel besteht darin, die potenziellen Kunden aus der Anonymität herauszuholen und sie direkt adressierbar zu machen. Dafür eignen sich einerseits die herkömmlichen Preisausschreiben oder Gewinnspiele, wenn es um die Erlangung von tatsächlichen Adressen geht, aber auch der **Unternehmensauftritt in sozialen Netzwerken,** wo sich bereits Millionen von Kunden tummeln, die auch noch freiwillig ihre Daten über ihre Profile oder durch ihr Verhalten preisgeben (z. B. „Gefällt mir"-Button). Mittels systematisch geplanter Interaktionen in den sozialen Netzwerken werden die Kundeninformationen gewonnen und analysiert, um daraus gezielte Leistungsangebote zu entwickeln.

Das Internet ermöglicht es dem Kunden, über die traditionellen Kommunikationskanäle hinaus, aktuelle, kaufentscheidende Informationen über die Marktangebote zu beschaffen. Dieses veränderte Kundenverhalten zwingt die Unternehmen, ihre Marketingkonzepte und -instrumente an diese neu aufgestellte Zielgruppe anzupassen.

Diese Zielgruppe – **Generation Internet** oder auch **Digital Natives** genannt –

- wuchs auf in der digitalen Welt,
- ist vertraut im Umgang mit interaktiven Medien,

---

[1] Weitere Übertragungskanäle sind E-Mails, Webseiten, Foren oder Chatrooms.

Lernbereich 2: Marketingprozesse planen und steuern

- ist gut informiert,
- sucht in der Regel zunächst über Google,
- meint Wikipedia, wenn sie von einem Lexikon spricht, und nicht Brockhaus,
- spielt lieber online statt am Wohnzimmertisch,
- liest die Onlineversion der Zeitung statt das Printmedium und
- ist über zahlreiche Absatzkanäle zu erreichen.

(2) Mitwirkungsmöglichkeiten der Internetnutzer

Im Internet sind verschiedene Arten von Mitwirkungsmöglichkeiten der Nutzer zu unterscheiden.

- Zum einen gibt es den **aktiv suchenden Nutzer**. Dieser sucht (z. B. über Google) gezielt nach einem bestimmten Produkt und landet in der Regel auf der Homepage eines Unternehmens.
- Ein **aktiv annehmender Nutzer** nutzt z. B. das Angebot, das ihm – unter Umständen in völlig anderem Zusammenhang – in Form eines Werbebanners oder als getarnte Information auf dem Bildschirm erscheint. Das ist der Typ Nutzer, der uns in den sozialen Netzwerken begegnet.
- Ein **aktiv lesender Nutzer** ist notwendig beim Versand von E-Mail-Newsletters. Diese setzen voraus, dass der Nutzer den regelmäßigen Bezug veranlasst hat, weil er über die neusten Entwicklungen in einem bestimmten Bereich informiert werden will (z. B. Angebote von Hotels oder aktuelle Analysen des DAX).

Beispiel: Hornbach Baumarkt

Wenn Unternehmen auf Facebook nicht nur Produkte bewerben, sondern interessante Geschichten erzählen, werden sie nicht selten dafür belohnt.

- **Der Hornbach Hammer (Agentur: Heimat)**[1]

    Die Geschichte begann mit einem Facebook-Beitrag Anfang Juni 2013: Dort verkündete Hornbach, das Unternehmen habe einen Panzer gekauft. Was es damit vorhatte, wurde in den folgenden Tagen erst nach und nach verraten. Hornbach wollte aus dem Panzer 7 000 Hämmer herstellen. Die erste Verkaufsrunde fand ausschließlich auf Facebook statt, innerhalb von weniger als fünf Minuten war die limitierte Stückzahl ausverkauft. Danach waren die Hämmer auch in den Hornbach-Läden und im Onlineshop erhältlich – und innerhalb von zwei Stunden ausverkauft.

    Ziel der Kampagne war auch hier die Steigerung der Bekanntheit, außerdem sollte der Online- und Offline-Traffic erhöht werden und ein direkter Austausch mit den Kunden stattfinden. Die Anzahl der Fans stieg dabei um 15 Prozent.

- **„Mach was gegen Hässlich"**

    Im Jahr 2014 lief die Geschichte „Mach was gegen Hässlich". Fernsehspots wurden geschaltet und auf der Facebook-Seite von Hornbach erhielt der Nutzer das Angebot, „Mach was gegen Hässlich"-Projekt-Säcke bei seinem Hornbach Markt abzuholen – quasi als Aufforderung, mal wieder dringend was aufzuräumen, zu reparieren oder zu verschönern. Seine Ideen und die Ergebnisse wiederum konnte er in Facebook zeigen.

---

[1] http://www.internetworld.de/bildergalerie/geschichten-erzaehlen-facebook-369573.html?seite=3 [14.06.2017].

Das **Spannende für die Nutzer:** Es entstand ein spielerischer und fesselnder Wettbewerb um die besten Ideen. Die Kunden inspirierten sich gegenseitig und besuchten die Webseite, um sich über den aktuellen Stand und die Feedbacks zu informieren.

Die **Vorteile für Hornbach:** Die Verwirklichung der Ideen benötigte Material und Werkzeug – von Hornbach! Die Kaufbereitschaft wurde also gesteigert, ebenso die Vertrautheit mit der Marke.

Allen diesen Aktionen ist gemeinsam, dass die Hersteller bzw. Händler die Andersartigkeit des Umgangs mit den Kunden innerhalb der sozialen Netzwerke nicht nur akzeptieren, sondern genau darauf setzen. Der Kunde ist nicht nur Suchender im Internet, sondern er gestaltet es aktiv mit. Die herkömmlichen Marketingkonzepte und -instrumente, deren Informationsfluss im Wesentlichen nur in einer Richtung verläuft, wären in dieser Situation untauglich.

Überblick: Kommunikationspolitik

- Bei der **Kommunikationspolitik** geht es darum, das Unternehmen und sein Angebot an Waren und Dienstleistungen in der Öffentlichkeit umfassend darzustellen.
- Die **Werbung** hat zum Ziel, bisherige und mögliche (potenzielle) Abnehmer auf die eigene Betriebsleistung (Waren, Erzeugnisse, Dienstleistungen) aufmerksam zu machen und Kaufwünsche zu erhalten bzw. zu erzeugen.
- Der **Werbeplan** umfasst
  - die Art der Werbung,
  - die Auswahl der Werbemittel und Werbeträger,
  - Angaben über die Höhe des Werbebudgets sowie
  - die Festsetzung der Streuzeit, der Streugebiete und des Streukreises.
- Der Werbeplan sollte die **Grundsätze** der Wirtschaftlichkeit, der Wahrheit und der Klarheit sowie der Wirksamkeit beachten.
- Durch die **Werbeerfolgskontrolle** werden die Werbeziele (z. B. Zahl der Neukunden oder erwartete Gewinnsteigerung) überprüft.
- Die **Verkaufsförderung** hat das Ziel, durch kurzfristige Aktionen am Ort des Verkaufs den Umsatz anzukurbeln. Sie dient der Profilierung des Unternehmens. Beispiele sind:
  - **Salespromotion** sind alle Maßnahmen der Verkaufsförderung, die sich zusätzlich zur Werbung an die Verwender richten (z. B. Warenproben).
  - **Merchandising** bedeutet, dass ein Nebenprodukt (Figur, CD, Bettwäsche, Schlüsselanhänger, Bekleidung usw.) rund um ein Hauptprodukt (Sportler, Roman- oder Filmfigur) vertrieben wird.
- Die **Public Relations** werben für den guten Ruf (das „Image") eines Unternehmens.
- Zum **Sensation-Marketing** gehören z. B. das **Guerilla-Marketing** und das **virale Marketing**.
- Das **Social-Media-Marketing** ermöglicht eine **dialogorientierte Kommunikation**. Nach den Mitwirkungsmöglichkeiten der Nutzer unterscheidet man den
  - aktiv suchenden Nutzer,
  - aktiv annehmenden Nutzer,
  - aktiv lesenden Nutzer.

Kompetenztraining

129 Werbung und Verkaufsförderung

Die Lorenz OHG in Passau stellt Haushaltsgeräte her. Weil der Absatz an Geschirrspülmaschinen stagniert, soll die Produktpalette erweitert werden. Die Geschäftsleitung der Lorenz OHG beschließt, einen neuen, energiesparenden „Ökospüler" auf den Markt zu bringen.

Aufgaben:

1. Schlagen Sie der Geschäftsleitung begründet drei Werbemittel bzw. -medien vor, die geeignet sind, das neue Produkt erfolgreich auf den Markt zu bringen!
2. Die Werbung sollte bestimmten Grundsätzen genügen. Nennen Sie drei wichtige Werbegrundsätze!
3. In der Diskussion über die durchzuführenden Werbemaßnahmen fallen auch die Begriffe Streukreis und Streugebiet. Erläutern Sie diese Begriffe!
4. Nach Meinung der Geschäftsleitung soll vor allem Massenwerbung und Alleinwerbung betrieben werden. Nennen Sie noch weitere Arten der Werbung
   4.1 nach der Zahl der Umworbenen und
   4.2 nach der Anzahl der Werbenden!
5. Begründen Sie, warum die Lorenz OHG die unter 4. genannten Werbearten bevorzugt!
6. Nennen Sie Werbeträger, die von der Lorenz OHG eingesetzt werden können. Unterbreiten Sie drei Vorschläge und begründen Sie Ihre Entscheidung!
7. Die Lorenz OHG möchte den Erfolg ihrer geplanten Werbung kontrollieren. Unterbreiten Sie einen Vorschlag, wie eine Werbeerfolgskontrolle durchgeführt werden könnte!
8. Die Geschäftsleitung der Lorenz OHG prüft, ob auch Maßnahmen der Verkaufsförderung ergriffen werden sollen.
   8.1 Erläutern Sie, welche Maßnahmen zur Verkaufsförderung gehören!
   8.2 Schlagen Sie der Geschäftsleitung der Lorenz OHG Maßnahmen aus dem Bereich Salespromotion vor, um den Absatz des „Ökospülers" zu fördern!

130 Wirtschaftlichkeit der Werbung

Ein Hersteller von Kaminöfen, die Kamino GmbH, hat einen Werbefeldzug in Funk und Fernsehen durchgeführt. Vor und nach der Durchführung des Werbefeldzugs hat die Kamino GmbH folgende Zahlen ermittelt:

	vor der Werbung	nach der Werbung
Umsatz	31 750 000,00 EUR	40 980 000,00 EUR
Gesamtumsatz des Marktes	476 250 000,00 EUR	609 500 000,00 EUR
Werbeaufwand		635 000,00 EUR
Produktions- und Vertriebskosten	1 108 000,00 EUR	1 428 000,00 EUR

Aufgaben:

1. Berechnen Sie die Wirtschaftlichkeit der Werbung!
2. Berechnen Sie vor und nach der Werbung in Prozent
   2.1 die Umsatzsteigerung,
   2.2 die Steigerung des Gesamtumsatzes des Marktes,
   2.3 die Steigerung der Produktions- und Vertriebskosten,
   2.4 den Marktanteil vor und nach dem Werbefeldzug!
3. Erläutern Sie den ökonomischen Werbeerfolg!
4. Beurteilen Sie die Aussagekraft der ermittelten Kennzahlen!

131 Werbemaßnahmen planen und recherchieren sowie eine Karikatur interpretieren

1. Die folgenden Werbeslogans erlauben einen Rückschluss darauf, auf welches Alleinstellungsmerkmal der Anbieter abzielt.

   Aufgaben:

   1.1 Übernehmen Sie zunächst die nachfolgende Tabellenstruktur in Ihr Heft oder ein Textverarbeitungsprogramm! Nennen Sie die Art des Nutzens, der mit dem jeweiligen Slogan suggeriert (unterschwellig vermittelt) wird und erläutern Sie kurz die Botschaft, die hinter dem Werbeslogan liegt!

Werbeslogan	Verwender	Suggerierter Nutzen	Dahinterliegende Botschaft
„Mit dem Zweiten sieht man besser"	ZDF		
„Alles Gute für Ihr Kind"	Alete		
„Vorsprung durch Technik"	Audi		
„Alle reden vom Wetter, wir nicht"	Deutsche Bahn (1966!)		
„Mit Maggi macht das Kochen Spaß"	Maggi		
„Preise gut. Alles gut."	C&A		
„Ihr guter Stern auf allen Straßen"	Mercedes-Benz		
„Bezahlen Sie mit Ihrem guten Namen"	American Express		
„Spiegelleser wissen mehr"	Der Spiegel		
„Schrei vor Glück"	Zalando		

   1.2 Recherchieren Sie drei weitere Werbeslogans und ihre Verwender! Nennen Sie den suggerierten Nutzen und erläutern Sie kurz die dahinterliegende Botschaft!

2. Suchen Sie Beispiele im Internet zum Guerilla-Marketing und viralen Marketing. Halten Sie Inhalt, Gestaltung und Erfolg der recherchierten Maßnahmen in einem kurzen Protokoll fest und diskutieren Sie anschließend im Klassenverband Ihre Ergebnisse!

3. Interpretieren Sie nebenstehende Karikatur!

132 Kommunikationspolitik im umweltbewussten Marktsegment

1. Erläutern Sie nebenstehende Abbildung!
2. Die Kommunikationspolitik kann dazu beitragen, das umweltbewusste Marktsegment[1] zu vergrößern.

Aufgaben:

2.1 Begründen Sie, warum die Kommunikationspolitik das umweltbewusste Marktsegment vergrößern kann!

2.2 Erklären Sie, welche Bedeutung die Vergrößerung des umweltbewussten Marktsegments für das Unternehmen haben kann!

2.3 Sammeln Sie aus Zeitungen und Zeitschriften ökologisch orientierte Werbeanzeigen!

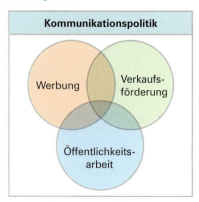

2.5 Entwicklung eines Marketingkonzeptes (Marketingmix)

LB 2 Handlungssituation 8: Marketingkonzept entwickeln und präsentieren

Der Forschungs- und Entwicklungsabteilung der MicroTex Technologies GmbH, Hersteller von technischen Garnen, Alfred-Nobel-Straße 42, 86169 Augsburg, ist eine bahnbrechende Entwicklung gelungen. Sie entwickelte ein Garn, welches die UV-Strahlung der Sonne umwandelt in Wärme. Zudem hat das Garn die folgenden Eigenschaften.

- Es kann beliebig durchgefärbt werden.
- Es lässt sich zu großflächigen Bahnen weben.
- Die Herstellung sowohl von ganz feinen als auch von sehr festen Tuchen ist möglich.
- Die Tuche können sowohl genäht als auch verklebt werden.

Das Garn wurde patentrechtlich geschützt. Eine intensive Analyse der Marktsituation führte zu dem Ergebnis, dass mit diesem Produkt nicht nur eine Unternehmensneuheit, sondern auch eine absolute Marktneuheit entwickelt wurde.

Zwei interessante Kundengruppen konnten definiert werden:

1. Das **Bauhauptgewerbe,** insbesondere jene Gewerke, die im Freien den Wetterbedingungen ausgesetzt sind. Mit den hergestellten Tuche können die Baugerüste vollständig verkleidet werden. Daraus ergibt sich folgender Nutzen:
   - In der kalten Jahreszeit können die Arbeiten an den Bauten im Außenbereich fortgesetzt werden.
   - Die Bauzeit wird dadurch verkürzt.
   - Das Unternehmen hat keine Stillstandszeiten.
   - Die Arbeitskräfte können das ganze Jahr über beschäftigt werden und haben damit ein gleichmäßiges Einkommen.
   - Schlechtwettergeld muss nicht in Anspruch genommen werden.

---

[1] Unter **Marktsegment** versteht man einen Teil (einen Ausschnitt) aus einem Gesamtmarkt, z. B. enthält der Gesamtmarkt für Kraftstoffe das Marktsegment Diesel.

2. Die **Outdoorausrüster**. Das Gewebe eignet sich zur Herstellung von Zelten, Biwakschachteln und -säcken ebenso wie für Funktionskleidung wie Hosen, Jacken und Handschuhen. Der Nutzen des Gewebes im Outdoorbereich:
   - Ein Teil der erforderlichen Innenwärme von (Not-)Unterkünften wird (gratis) durch die Sonne erzielt.
   - Die Wärmedämmung der Bekleidung kann verringert werden. Dadurch wird Gewicht eingespart, das ansonsten getragen werden muss.

KOMPETENZORIENTIERTE ARBEITSAUFTRÄGE:

Die geschäftsführenden Gesellschafter der MicroTex Technologies GmbH beauftragen Sie mit der Entwicklung und Präsentation eines Marketingkonzeptes für die Neuentwicklung.

Bilden Sie Arbeitsgruppen und entscheiden Sie sich für eine der beiden Kundengruppen, für die Sie das Marketingkonzept entwickeln wollen!

1. Entwickeln Sie ein Marketingkonzept aus Kommunikations- und Preispolitik!

   Nehmen Sie innerhalb Ihres Marketingkonzeptes zu folgenden Themen Stellung:
   - Alleinstellungsmerkmal Ihres Produktes
   - absatzpolitische Ziele
   - Wettbewerbsstrategie, mit der Sie Ihre Ziele erreichen wollen
   - Preisstrategie für Ihr Produkt
   - kommunikationspolitische Entscheidungen, wie Zielgruppe, Werbemittel usw.
   - verkaufsfördernde Maßnahmen wie Sponsoring, Salespromotion, Event-Marketing, Public Relations usw.
   - begründete Entscheidung in Bezug auf einen Unternehmensauftritt innerhalb sozialer Netzwerke
   - preispolitische Entscheidungen!

2. Erarbeiten Sie Kriterien, anhand derer Sie die Präsentationen der anderen Arbeitsgruppen beurteilen wollen!
3. Bereiten Sie die eigene Präsentation vor und tragen Sie diese vor!
4. Geben Sie den anderen Gruppen ein Feedback mithilfe Ihrer erarbeiteten Kriterien (vgl. 2.)!

(1) Begriff Marketingkonzept

- Das **Marketingkonzept** legt die Art und Weise fest, wie ein Unternehmen das Marketinginstrumentarium einsetzt.
- Die jeweilige Kombination der Marketinginstrumente (Produktpolitik, Distributionspolitik, Kontrahierungspolitik und Kommunikationspolitik) bezeichnet man als **Marketingmix**.

Es muss wohlüberlegt werden, welches Marketinginstrument mit welchen anderen wie lange und in welcher Stärke eingesetzt werden muss, damit die absatzpolitischen Ziele bestens erreicht werden.

(2) Festlegung der konkreten Marketingstrategie

Die Unternehmensziele haben einen unmittelbaren Einfluss auf die Festlegung der strategischen Marketingziele. Allerdings entstehen – wie die nebenstehende Grafik[1] zeigt – bei der Umsetzung der Marketingziele Zielkonflikte. So ist es unmöglich, das Ziel der Qualitätsführerschaft mit einer Niedrigpreisstrategie erreichen zu wollen. Und eine aggressive Preisstrategie ist nur mit Massenartikeln und nicht mit Nischenprodukten umsetzbar.

Beispiel:

Wichtigstes Unternehmensziel der Sport-Burr KG ist, Kundenzufriedenheit durch qualitativ hochwertige Sportgeräte zu erreichen. Sie stellt somit nicht den Kostenvorteil, sondern den Leistungsvorteil in den Vordergrund. Nur ein qualitativ hochwertiges Produktprogramm gewährleistet dauerhafte Kundenzufriedenheit.

(3) Festlegung des Marketingmix

Beispiel:[2]

Positionierung

„Wir sind ein Hersteller von Sportgeräten, der besonders innovative und hochwertige Geräte mit sehr gutem Design und exzellentem Kundendienst anbietet."

Produktpolitik	Kontrahierungspolitik	Kommunikationspolitik	Distributionspolitik
■ Hoher Stellenwert der Produktinnovation, ■ große Bedeutung der Qualitätssicherung, ■ Verzicht auf das Angebot einfacher, billiger Geräte, ■ bestes Design.	Eher Hochpreispolitik ■ wegen relativ hoher Kosten, ■ um den hohen Qualitätsanspruch zu verdeutlichen, ■ um den erstklassigen Fachhandel zu motivieren.	■ Darstellung als Premium-Marke, ■ Verdeutlichung der Produktvorteile, ■ eher informative Werbung.	■ Vertrieb nur über Fachhandel, der Beratung und Service gewährleistet, ■ Billig-Anbieter im Handel werden nicht eingeschaltet.

---

1 Quelle: in Anlehnung an Coca-Cola GmbH (Hrsg.): Marke, Markt und Marketing, Essen o. J., S. 23.
2 Vgl. Kuß/Kleinaltenkamp: Marketing-Einführung, 6. Auflage, Wiesbaden 2013, S. 288.

2 Entscheidungen über Marketingmaßnahmen auf Grundlage festgelegter Marketingziele treffen und dabei neue Informationsmedien und Kommunikationsmittel nutzen

Aus der Positionierung der Sport-Burr KG im Markt kann folgender **Marketingmix** abgeleitet werden.

Beispiel:

(4) Marktwachstum-Marktanteils-Portfolio und Marketingmix

Überträgt man den am Beispiel der Sport-Burr KG dargestellten Marketingmix auf das Marktwachstum-Marktanteils-Portfolio, so sind für den Einsatz der einzelnen Marketinginstrumente in den jeweiligen strategischen Geschäftsfeldern (SGE) die nachfolgenden **allgemeinen Handlungsstrategien** denkbar.

---

1 Beim **Leitpreis** übernimmt der Anbieter mit der stärksten Marktmacht (Marktführer) die Preisführerschaft. Wird der Leitpreis für die eigene Preisfindung herangezogen, dann ändert das Unternehmen immer dann seine Preise, wenn der Preisführer dies tut. Zu Einzelheiten siehe S. 355.

Lernbereich 2: Marketingprozesse planen und steuern

Strategie-Elemente	Portfolio-Kategorien			
	Fragezeichen	Sterne	Melkkühe	Arme Hunde
Produktpolitik	Produktspezialisierung	Produktionsprogramm ausbauen, diversifizieren	Unterschiedliche Marken und Modelle anbieten	Programmbegrenzung (keine neuen Produkte, Aufgeben ganzer Linien)
Distributionspolitik	Distributionsnetz aufbauen	Distributionsnetz ausbauen, z. B. mehr Handlungsreisende	Distributionsnetz weiter verstärken, z. B. Onlineshops	Distributionsnetz selektiv abbauen
Kontrahierungspolitik	Tendenzielle Niedrigpreise	Anstreben von Preisführerschaft	Preisstabilisierung	Tendenziell fallende Preise
Kommunikationspolitik	Stark forcieren, auf allen Ebenen Einführungswerbung mit dem Ziel, „Neukunden" zu gewinnen	Aktiver Einsatz von ■ Werbemitteln, ■ Zweitmarken	Werbung, die auf Bestätigung des Verhaltens abzielt, Verbesserung des Kundendienstes	Zurückgehender Einsatz des kommunikationspolitischen Instrumentariums

Kompetenztraining

133 Marketingmix

1. Erläutern Sie, was unter einem Marketingkonzept zu verstehen ist!
2. Nennen Sie die vier Marketinginstrumente, die in einem Marketingkonzept aufeinander abgestimmt werden müssen!
3. Erläutern Sie, welche Bedeutung die Unternehmensziele für die Gestaltung des Marketingmix haben!
4. Begründen Sie, welcher Marketingmix typisch für eine Produktgruppe ist, die sich in der Portfolio-Kategorie „Armer Hunde" befindet!
5. Entwerfen Sie je einen Marketingmix für eine Herren- und eine Damenseife und stellen Sie Ihre Ergebnisse in einer Tabelle mit folgender Struktur gegenüber!

Marketinginstrument	Herrenseife	Damenseife
Produktpolitik am Beispiel Farbe und Duft	…	…
Preispolitik	…	…
Distributionspolitik	…	…
Kommunikationspolitik	…	…

134 Marketinginstrumente zur Zielerreichung

Gegeben sind folgende Marketingziele:

1. Erhöhung des Anteils von Bio-Produkten im Sortiment.
2. Erschließung neuer Märkte
3. Steigerung des Umsatzwachstums um 10 % jährlich.
4. Förderung der Kundenbindung

Aufgabe:

Unterbreiten Sie für jedes der genannten Marketingziele Vorschläge, wie die verschiedenen Marketinginstrumente für die Zielerreichung genutzt werden können!

135 Marktetingkonzept für ein neues Produkt

Eine von der Augsburger Büromöbel AG durchgeführte Marktforschungsaktion für einen neuen, noch vielseitiger verstellbaren elektrischen Schreibtisch ergab, dass eine relativ große Nachfrage vorhanden wäre. Aus diesem Grund soll die Marketingabteilung eine Marketingkonzeption mit geeigneten Marketinginstrumenten entwickeln und der Geschäftsleitung vorlegen.

Aufgabe:

Erstellen Sie ein Marketingkonzept für das neue Schreibtischmodell „e-Desk Vario+"!

– Vorgaben bzw. Informationen, die Sie für Ihr Marketingkonzept berücksichtigen müssen, sind:
– Die Zielgruppe für den Schreibtisch „e-Desk Vario+" sind Unternehmen, die anspruchsvolle Büromöbel benötigen.
– Die Produktgestaltung ist frei, es werden aber nur hochwertige Materialien verwendet.
– Die Herstellungskosten betragen maximal 500,00 EUR.
– Der eigene Marktanteil des alten Schreibtischmodells „e-Desk" beträgt 9,2 %, der relative Marktanteil (bezogen auf den Marktanteil des Hauptkonkurrenten) 2,7.
– Das Werbebudget, das zur Verfügung steht, wurde mit Umsatzzahlen des alten Schreibtischmodells bestimmt und beträgt 480 000,00 EUR.
– Die Distribution des alten Schreibtischmodells erfolgt über einen Onlineshop und Vertragshändler.
– Die Kommunikationspolitik muss die Zielgruppe berücksichtigen (Business-to-Business).

Lernbereich 3: Jahresabschlussarbeiten durchführen

1 Handelsrechtliche Bewertungsmaßstäbe anwenden

LB 3 Handlungssituation 1: Anschaffungskosten ermitteln und von den Herstellungskosten abgrenzen

Die Abteilung „Wintergärten und Sonderkonstruktionen" der Weber Metallbau GmbH expandiert stark, sodass sich die Geschäftsführer Hans-Jörg Weber und Dr. Klaus Junginger entschließen, die Produktion in eine eigene Werkshalle auszulagern. Die Weber Metallbau GmbH hat die Möglichkeit, im Gewerbepark ein Nachbargrundstück von der Stadt Augsburg zu erwerben.

Beim Kauf des Betriebsgrundstücks zum Preis von 640 000,00 EUR fallen weitere Kosten an: Vermessungskosten 4 600,00 EUR zuzüglich 19 % USt, Notariatskosten 3 896,00 EUR zuzüglich 19 % USt, Kosten für die Eintragung ins Grundbuch 3 414,00 EUR, Grunderwerbsteuer 3,5 %, Anschluss für Strom, Gas und Wasser 4 040,00 EUR zuzüglich 19 % USt. Die Tiefbau Werner KG berechnet für den Anschluss an den städtischen Kanal 5 200,00 EUR zuzüglich 19 % USt.

Die Grundsteuer von 1 040,00 EUR sowie die Abwassergebühr in Höhe von 920,00 EUR für das laufende Quartal werden an die Stadt Augsburg überwiesen.

Kompetenzorientierte Arbeitsaufträge:

1. Ermitteln Sie die Anschaffungskosten des Grundstücks!
2. Im betrieblichen Rechnungswesen unterscheidet man zwischen Anschaffungskosten und Herstellungskosten, die als Bewertungsmaßstab für Vermögensgegenstände und Wirtschaftsgüter gelten.

   2.1 Erklären Sie jeweils an einem Beispiel den Unterschied zwischen Anschaffungskosten und Herstellungskosten!

   2.2 Stellen Sie jeweils an einem Beispiel dar, welche Auswirkungen der Ansatz der Wertobergrenze bzw. der Wertuntergrenze bei den Herstellungskosten auf die Bilanz hat!

1.1 Begriff Bewertung und die Bewertungsgrundsätze

1.1.1 Begriff Bewertung

- **Bewerten** ist eine **Tätigkeit**, die das Ziel hat, den **Wert einer Sache** festzustellen.
- Feststellen bedeutet, dass der **Bewertende** entweder eine Entscheidung treffen kann, indem er **selbst den Wert zumisst**, oder dass er den **vorgefundenen Wert festhält und überträgt**.

1 Handelsrechtliche Bewertungsmaßstäbe anwenden

Die im Zusammenhang mit der Bewertung zu treffenden Entscheidungen beeinflussen sowohl die **Bilanz** als auch die **Gewinn- und Verlustrechnung**. Um willkürliche Wertansätze zu verhindern, hat der Gesetzgeber **Bewertungs- und Bilanzierungsvorschriften** erlassen.

- Die **handelsrechtlichen** Bewertungs- und Bilanzierungsvorschriften sollen dazu beitragen, die Gesellschafter, Eigentümer, Gläubiger und die Öffentlichkeit über die Vermögens-, Finanz- und Ertragslage des Unternehmens zu informieren. Vor allem soll eine zu hohe Bewertung des Vermögens und zu niedrige Bewertung der Verbindlichkeiten zum **Schutz der Gesellschafter (Teilhaberschutz)** und **Gläubiger (Gläubigerschutz)** verhindert werden.
- Die **steuerrechtlichen** Bewertungs- und Bilanzierungsvorschriften ermöglichen der Finanzverwaltung die Festlegung der Besteuerungsgrundlagen. Sie sollen damit die Gleichbehandlung aller Steuerpflichtigen gewährleisten **(Gedanke der Steuergerechtigkeit)** und insbesondere einen zu geringen Gewinnausweis verhindern.

1.1.2 Handelsrechtliche Bewertungsgrundsätze

Der in Handelsbilanzen im Vordergrund stehende **Gläubigerschutz** wird mit dem **Grundsatz der Vorsicht** und den daraus abgeleiteten Prinzipien erreicht.

Gläubigerschutz		
	Grundsatz der Vorsicht [§ 252 I, Nr. 4 HGB i. V. m. § 253 I bis V HGB]	Er fordert, dass vorsichtig zu bewerten ist. Es sind alle vorhersehbaren Risiken und Verluste, die bis zum Abschlussstichtag entstanden sind, zu berücksichtigen. Der Grundsatz der Vorsicht dient dem **Gläubigerschutz**.
		Aus dem Grundsatz der Vorsicht sind folgende Prinzipien abgeleitet:
	■ Anschaffungskostenprinzip	■ Vermögensgegenstände sind höchstens mit den Anschaffungs- oder Herstellungskosten anzusetzen.
	■ Höchstwertprinzip	■ Die Verbindlichkeiten sind mit ihrem Erfüllungsbetrag anzusetzen.
	■ Niederstwertprinzip	■ Bei einer dauernden Wertminderung muss beim Anlagevermögen der niedrigere Wert angesetzt werden.
	■ Realisationsprinzip	■ Gewinne dürfen erst dann ausgewiesen werden, wenn sie über den Markt, d. h. durch einen Verkauf, realisiert sind. Gewinne, die bis zum Abschlusstag noch nicht realisiert sind, dürfen nach dem Grundsatz der Vorsicht nicht berücksichtigt werden.
	■ Imparitätsprinzip[1]	■ Da noch nicht realisierte Verluste zu berücksichtigen sind, nicht realisierte Gewinne jedoch nicht, kommt es zu einer ungleichen Behandlung von nicht realisierten Verlusten einerseits und nicht realisierten Gewinnen andererseits.
	■ Wertaufholungsprinzip	■ Werden Gegenstände des Anlage- und Umlaufvermögens **außerplanmäßig abgeschrieben** und fallen später die Gründe für die außerplanmäßige Abschreibung weg, ist eine **Zuschreibung (Wertaufholung)** vorzunehmen. Höchstwert der Wertaufholung sind die um die planmäßige Abschreibung verminderten Anschaffungs- oder Herstellungskosten.

---

[1] **Imparität**: Ungleichheit.

1.2 Handelsrechtliche Bewertungsmaßstäbe

1.2.1 Anschaffungskosten

Die **Anschaffungskosten** bestimmen sich nach § 255 I HGB. Sie werden danach wie folgt berechnet:

	Anschaffungspreis:	Nettopreis ohne Umsatzsteuer[1]
−	Anschaffungspreisminderungen[2]:	z. B. Rabatte, Skonti, Boni, Gutschriften, Zuschüsse, Subventionen
+	Anschaffungsnebenkosten:	Typische Beispiele sind: Transport-, Umbau-, Montagekosten, Aufwendungen für Provisionen, Notariats-, Gerichts-, Makler- und Registerkosten, Grunderwerbsteuer
=	Anschaffungskosten	

Finanzierungskosten (z. B. Kreditzinsen, Diskont, Gebühren) gehören **nicht** zu den Anschaffungsnebenkosten.

Beispiel:

Die Hans Fricker KG kauft eine Werkbank bei der Stelzer OHG gegen Rechnungsstellung. Nettopreis: 28 400,00 EUR zuzüglich 19 % USt. Der Montagebetrieb Robert Heer KG berechnet an Transportkosten: 790,00 EUR zuzüglich 19 % USt und an Montagekosten: 1 180,00 EUR zuzüglich 19 % USt.

Die Rechnung der Stelzer OHG wird durch Banküberweisung unter Abzug von 3 % Skonto beglichen, die Rechnung des Montagebetriebs Robert Heer KG wird ohne Abzug bar bezahlt.

Aufgabe:
Berechnen Sie die Anschaffungskosten!

Lösung:

	Anschaffungspreis		28 400,00 EUR
+	Anschaffungsnebenkosten: Transportkosten	790,00 EUR	
	Montagekosten	1 180,00 EUR	1 970,00 EUR
=	vorläufige Anschaffungskosten		30 370,00 EUR
−	3 % Skonto aus 28 400,00 EUR		852,00 EUR
=	Anschaffungskosten		29 518,00 EUR

1.2.2 Herstellungskosten

(1) Begriff Herstellungskosten

Die Herstellungskosten sind bei **selbst erstellten** oder bei wesentlich **selbst erweiterten Vermögensgegenständen** anzusetzen [§ 255 II HGB] sowie bei **selbst geschaffenen immateriellen Vermögensgegenständen des Anlagevermögens** [§ 255 II a HGB].

---

[1] Der Vorsteuerbetrag, soweit er bei der Umsatzsteuer abgezogen werden kann, gehört nach § 10 I UStG nicht zu den Anschaffungskosten (dem „aufgewendeten Entgelt des Leistungsempfängers").

[2] **Anschaffungspreisminderungen** sind nur dann von den Anschaffungskosten abzusetzen, wenn sie diesen **einzeln zugeordnet** werden können. Andernfalls sind sie als Umsatzerlöse zu erfassen (z. B. mengen- oder umsatzabhängige Boni) [§ 255 I HGB].

1 Handelsrechtliche Bewertungsmaßstäbe anwenden

> **Herstellungskosten** sind **Aufwendungen,** die durch den **Verbrauch von Gütern** und die **Inanspruchnahme von Diensten** für die **Herstellung, Erweiterung** oder **wesentliche Verbesserung** eines Vermögensgegenstands entstehen [§ 255 II HGB].

Bei der Berechnung der Herstellungskosten unterscheidet das HGB in Kosten,

- die pflichtgemäß zu den Herstellungskosten zählen **(Aktivierungspflicht),**
- die wahlweise zu den Herstellungskosten gerechnet werden können **(Aktivierungswahlrecht)** und
- die nicht einbezogen werden dürfen **(Aktivierungsverbot).**

(2) Ermittlung der Herstellungskosten

Für die Ermittlung der Herstellungskosten gilt folgendes (vereinfachtes) Schema:

	Fertigungsmaterial	
+	Materialgemeinkosten	
+	Fertigungslöhne	**Aktivierungspflicht**
+	Fertigungsgemeinkosten	
+	Sondereinzelkosten der Fertigung	
=	Herstellungskosten (Wertuntergrenze)	
+	Verwaltungsgemeinkosten	**Aktivierungswahlrecht**
=	Herstellungskosten (Wertobergrenze)	
+	Vertriebsgemeinkosten	**Aktivierungsverbot**
+	Sondereinzelkosten des Vertriebs	

1.2.3 Beizulegender Wert

Die Ermittlung des beizulegenden Wertes[1] ist in § 255 IV HGB geregelt. Danach gilt: Der **beizulegende Wert** entspricht dem **Marktpreis.** Voraussetzung hierfür ist, dass ein **aktiver Markt** besteht. Besteht **kein aktiver Markt,** ist der beizulegende Wert nach **allgemein anerkannten Bewertungsmethoden** zu bestimmen. Liegt kein Marktpreis vor und lässt er sich auch nicht ermitteln, so sind die **Anschaffungs- bzw. Herstellungskosten fortzuführen.**

Der beizulegende Wert wird nur in Ausnahmefällen beim Jahresabschluss herangezogen, z. B. bei der Bewertung von Rückstellungen für die Altersversorgung. In der Regel sind die Anschaffungs- bzw. Herstellungskosten die „Standard"-Bewertungsmaßstäbe.

---

[1] Es wird auch der Begriff **„beizulegender Zeitwert"** verwendet.

Kompetenztraining

136 Ziele und Prinzipien der Bewertung

1. Geben Sie den Zweck der Bewertung an!
2. Erklären Sie, aus welchem Grund der Staat handelsrechtliche Bewertungsvorschriften erlässt!
3. Erläutern Sie zwei handelsrechtliche Bewertungsprinzipien!
4. Zeigen Sie an einem selbst gewählten Beispiel den Zusammenhang von Bewertung, Eigenkapital und Erfolg auf!

137 Ermittlung von Anschaffungs- und Herstellungskosten

1. Berechnen Sie jeweils die Anschaffungskosten bzw. die Herstellungskosten!

    1.1 Kauf einer Stanzmaschine im Wert von 48 000,00 EUR zuzüglich 19 % USt. Der Sonderrabatt beträgt 10 %. An Transportkosten fallen 1 760,00 EUR zuzüglich 19 % USt an. Für die Inbetriebnahme werden Kosten in Höhe von 4 108,00 EUR zuzüglich 19 % USt berechnet. Die Rechnung wird unter Abzug von 2 % Skonto auf den Zieleinkaufspreis durch Banküberweisung beglichen. Für die Skontozahlung wurde ein Kontokorrentkredit aufgenommen. Die Bank berechnet 240,80 EUR Zinsen.

    1.2 Kauf einer Abfüllanlage zu folgenden Bedingungen: Listeneinkaufspreis 85 100,00 EUR, abzüglich 3 % Rabatt. Verpackungskosten 980,00 EUR, Fracht 1 200,00 EUR, Transportversicherung 90,00 EUR, Fundamentierungskosten 2 000,00 EUR, Aufwendungen für eine Sicherheitsprüfung 150,00 EUR. Der Umsatzsteuersatz beträgt 19 %.

2. Für eine spätere Betriebserweiterung kauft die Futura AG ein größeres unbebautes Grundstück. Als Kaufpreis werden 500 000,00 EUR vereinbart. Die Grunderwerbsteuer beträgt 3,5 %, die Kosten der Grundbucheintragung 2 345,00 EUR. An Notariatskosten entstehen 3 540,00 EUR zuzüglich 19 % USt. Zur Begutachtung der Bebaubarkeit stellt der Sachverständige 5 000,00 EUR zuzüglich 19 % USt in Rechnung.

    Aufgabe:
    Ermitteln Sie die Anschaffungskosten des Grundstücks!

3. Aus der Kosten- und Leistungsrechnung einer Schulmöbelfabrik ergeben sich folgende Kosten für die Herstellung einer selbst genutzten Rohrbiegemaschine pro Jahr bei normaler Kapazitätsauslastung. Verbrauch von Fertigungsmaterial 21 250,00 EUR, Fertigungslöhne 22 350,00 EUR, Sondereinzelkosten der Fertigung 5 450,00 EUR, Materialgemeinkosten 10 450,00 EUR, Fertigungsgemeinkosten 21 400,00 EUR, Verwaltungsgemeinkosten 9 100,00 EUR, Vertriebsgemeinkosten 4 800,00 EUR

    Aufgaben:
    3.1 Ermitteln Sie den Mindestwertansatz (Wertuntergrenze) der Rohrbiegemaschine!
    3.2 Ermitteln Sie den Höchstwertansatz (Wertobergrenze) der Rohrbiegemaschine!
    3.3 Begründen Sie, mit welchem Wert die Rohrbiegemaschine am Ende des Geschäftsjahres anzusetzen ist, wenn ein möglichst niedriger Gewinn ausgewiesen werden soll!
    3.4 Begründen Sie, welcher Ansatz für einen möglichst hohen Gewinnausweis zu wählen ist!

4. Das strenge Niederstwertprinzip besagt, dass bei der Bilanzierung von bestimmten Vermögensgegenständen immer der niedrigere Wert angesetzt werden muss.

    Das Höchstwertprinzip besagt, dass bei der Bilanzierung von Schulden immer der höhere Wert angesetzt werden muss.

    Aufgabe:
    Nennen Sie den allgemeinen Bewertungsgrundsatz, von welchem beide Bewertungsvorschriften jeweils ausgehen!

5. Ein Industrieunternehmen fertigt 50 Werkzeuge für die Produktion eines bestimmten Maschinentyps selbst. Hierfür waren 120 Arbeitsstunden zu je 46,00 EUR notwendig. Der Materialverbrauch betrug laut Entnahmescheinen 8 700,00 EUR. An Modellkosten für das Werkzeug fielen 4 200,00 EUR an. Die Kostenrechnungsabteilung rechnet mit folgenden Gemeinkostenzuschlagssätzen und Gemeinkosten: MGK 9 %, FGK 110 %, VerwGK 3 300,00 EUR und VertrGK 7 200,00 EUR.

Aufgaben:
Berechnen Sie die Herstellungskosten je Werkzeug
   5.1 mit dem Mindestwertansatz (Wertuntergrenze),
   5.2 mit dem Höchstwertansatz (Wertobergrenze)!

2 Positionen des Anlagevermögens nach HGB bewerten und dabei Bewertungsgrundsätze sowie unternehmerische Zielsetzungen berücksichtigen

LB 3 Handlungssituation 2: Nicht abnutzbares und abnutzbares Anlagevermögen bewerten

Wir nehmen Bezug auf die Handlungssituation 1. Der Bau der Werkshalle verzögert sich, da die Genehmigung des Bauantrags noch nicht vorliegt.

KOMPETENZORIENTIERTE ARBEITSAUFTRÄGE:

1. Erklären Sie, warum unbebaute Grundstücke nicht planmäßig abgeschrieben werden dürfen!
2. Nennen Sie den Bewertungsgrundsatz für die Zugangsbewertung von nicht abnutzbarem Anlagevermögen!
3. Stellen Sie dar, in welchem Fall bei der Folgebewertung eines unbebauten Grundstücks eine außerplanmäßige Abschreibung notwendig ist!
4. Zwischenzeitlich wurde der Bauantrag genehmigt und die neue Werkshalle der Weber Metallbau GmbH konnte errichtet werden. Der Bau verursachte Anschaffungskosten in Höhe von 280 000,00 EUR. Die angenommene jährliche Abschreibung beträgt 3 %.
   4.1 Ermitteln Sie den Bilanzansatz der Werkshalle am Ende des 1. Nutzungsjahres!
   4.2 Im 3. Nutzungsjahr wird festgestellt, dass das für die Dachkonstruktion verwendete Holz vom Borkenkäfer befallen ist und im Folgejahr erneuert werden muss. Der Wertverlust der Werkshalle wird mit 20 % bewertet. Ermitteln Sie den Bilanzansatz der Werkshalle am Ende des 3. Nutzungsjahres!
5. Für die neue Werkshalle wurde eine neue Metallschneidemaschine angeschafft. Die Maschine, Neupreis 18 000,00 EUR, Nutzungsdauer 8 Jahre, lineare Abschreibung, soll am Ende des 3. Nutzungsjahres mit dem entsprechenden Buchwert bewertet werden. Der Geschäftsführer Hans-Jörg Weber gibt zu bedenken, dass eine technisch neu entwickelte Metallschneidemaschine auf den Markt gekommen ist, die zu 30 % Kostenersparnis führen soll. Nach seiner Kenntnis seien die Altmaschinen dieses Typs im Wert um 40 % gesunken.

5.1 Nehmen Sie die Bewertung der Metallschneidemaschine aufgrund der entsprechenden gesetzlichen Bestimmungen vor und nennen Sie das zugrundeliegende Bewertungsprinzip!

5.2 Ermitteln und erklären Sie die Auswirkungen dieses Bewertungsvorgangs auf das Unternehmensergebnis!

2.1 Begriff und Arten des Anlagevermögens

Zum **Anlagevermögen** gehören alle Vermögensgegenstände, die dazu bestimmt sind, dem Unternehmen langfristig zu dienen.

Das Anlagevermögen lässt sich wie folgt aufgliedern:[1]

Arten des Anlagevermögens	Beispiele:	abnutzbar	nicht abnutzbar
Sachanlagen	Grundstücke		X
	Bauten, Technische Anlagen, Maschinen, Andere Anlagen, Betriebs- und Geschäftsausstattung	X	
Finanzanlagen	Wertpapiere, Beteiligungen, Anteile an verbundenen Unternehmen		X

2.2 Bewertung des abnutzbaren Anlagevermögens

Die **Nutzung** der abnutzbaren Anlagegüter ist **zeitlich begrenzt** und verursacht **Wertminderungen**.

2.2.1 Zugangsbewertung

Für den Zugang der **beweglichen Anlagegüter** gilt folgende gesetzliche Bewertungsvorschrift:

Vermögensgegenstände sind **höchstens** mit ihren **Anschaffungs- oder Herstellungskosten** anzusetzen [§ 253 I, S. 1 HGB].

Beispiel:

Die Murnauer Käsewerke GmbH kauft eine Verpackungsmaschine gegen Rechnungsstellung. Nettopreis: 56 500,00 EUR zuzüglich 19 % USt. Der Montagebetrieb Sven Gruber KG berechnet an Transportkosten: 1 180,00 EUR zuzüglich 19 % USt und an Montagekosten: 1 490,00 EUR zuzüglich 19 % USt.

Aufgabe:

Bilden Sie zu dem Geschäftsvorfall den Buchungssatz!

---

[1] Aufgrund des Lehrplans werden die immateriellen Vermögensgegenstände nicht dargestellt.

2 Positionen des Anlagevermögens nach HGB bewerten und dabei Bewertungsgrundsätze sowie unternehmerische Zielsetzungen berücksichtigen

Lösung:

Konten	Soll	Haben
0760 Verpackungsanlagen u. -maschinen	59 170,00	
2600 Vorsteuer	11 242,30	
an 4400 Verbindlichkeiten a. Lief. und Leist.		70 412,30

2.2.2 Folgebewertung

2.2.2.1 Bilanzwerte auf der Grundlage planmäßiger Abschreibung

- Grundsätzlich sind die **abnutzbaren Anlagegegenstände planmäßig** nach ihrer voraussichtlichen Nutzungsdauer **abzuschreiben** [§ 253 III, S. 1 und S. 2 HGB]. Der Plan muss die Anschaffungs- oder Herstellungskosten auf die Geschäftsjahre verteilen, in denen der Vermögensgegenstand voraussichtlich genutzt werden kann.
- Zum **Bilanzstichtag** sind die Anlagegüter grundsätzlich mit den **fortgeführten Anschaffungskosten** anzusetzen.

Beispiel:

Kauf einer Büroeinrichtung am Anfang des Geschäftsjahres für 78 000,00 EUR zuzüglich 19 % USt; betriebsgewöhnliche Nutzungsdauer: 13 Jahre; lineare Abschreibung.

Aufgaben:
1. Bestimmen Sie den Wert, mit dem die Büroeinrichtung am Ende des 1. Nutzungsjahres (Nj.) bilanziert werden muss!
2. Bilden Sie den Buchungssatz für die planmäßige Abschreibung!

Lösungen:

Zu 1.: Ermittlung der fortgeführten Anschaffungskosten

Anschaffungskosten	78 000,00 EUR
− planmäßige Abschreibung	6 000,00 EUR
= fortgeführte Anschaffungskosten zum 31. Dezember des 1. Nj.	72 000,00 EUR

Zu 2.: Bildung des Buchungssatzes für die planmäßige Abschreibung

Geschäftsvorfall	Konten	Soll	Haben
Buchung der Abschreibung auf die Büroeinrichtung 6 000,00 EUR	6520 Abschr. a. Sachanlagen an 0870 Büromöbel	6 000,00	6 000,00

2.2.2.2 Bilanzwerte auf der Grundlage außerplanmäßiger Abschreibung

(1) Außerplanmäßige Abschreibung bei vorübergehender Wertminderung

Eine außerplanmäßige Abschreibung **darf** bei **einer vorübergehenden Wertminderung nicht** vorgenommen werden.

Lernbereich 3: Jahresabschlussarbeiten durchführen

Beispiel: Vorübergehende Wertminderung beim Anlagevermögen

Die Franz Buschmann OHG kauft zu Beginn der Geschäftsperiode einen Pkw für 48 000,00 EUR zuzüglich 19 % USt; betriebsgewöhnliche Nutzungsdauer: 6 Jahre; lineare Abschreibung.

Infolge einer kurzfristigen Wirtschaftsflaute sind die Marktpreise für Pkw allgemein gesunken. Der Marktpreis für den Pkw liegt am Ende des 2. Nutzungsjahres bei ca. 30 000,00 EUR.

Aufgabe:

Ermitteln Sie den Wert, mit welchem der Pkw am Ende des 2. Nutzungsjahres bilanziert werden muss!

Lösung:

Eine außerplanmäßige Abschreibung darf nicht vorgenommen werden. Bilanziert wird mit den fortgeführten Anschaffungskosten in Höhe von 32 000,00 EUR.

Anschaffungskosten	48 000,00 EUR
− planmäßige Abschreibung zum 31. Dez. des 1. Nj.	8 000,00 EUR
= fortgeführte Anschaffungskosten zum 31. Dez. des 1. Nj.	40 000,00 EUR
− planmäßige Abschreibung zum 31. Dez. des 2. Nj.	8 000,00 EUR
= fortgeführte Anschaffungskosten zum 31. Dez. des 2. Nj.	32 000,00 EUR

(2) Außerplanmäßige Abschreibung bei voraussichtlich dauernder Wertminderung

Eine außerplanmäßige Abschreibung **muss** vorgenommen werden, wenn es sich um eine voraussichtlich **dauernde Wertminderung** handelt (**strenges Niederstwertprinzip**) [§ 253 III, S. 5 HGB].

Beispiel:

Die Hugo Prompt KG kauft zu Beginn der Geschäftsperiode einen Kombiwagen für 30 000,00 EUR zuzüglich 19 % USt; betriebsgewöhnliche Nutzungsdauer: 6 Jahre; lineare Abschreibung.

Da inzwischen ein neues Modell mit erheblichen technischen Verbesserungen auf den Markt gebracht wurde, ist der Marktwert des alten Modells nachweislich gesunken. Der Kombiwagen hat am Ende des 2. Nutzungsjahres einen Wert von ca. 9 900,00 EUR.

Aufgaben:

1. Berechnen Sie den Wert, mit dem der Kombiwagen am Ende des 2. Nutzungsjahres zu bilanzieren ist!
2. Beurteilen Sie die Auswirkungen dieser Bewertung auf das Unternehmensergebnis!
3. Bilden Sie die Buchungssätze für die planmäßige und außerplanmäßige Abschreibung!

Lösungen:

Zu 1.:	Anschaffungskosten	30 000,00 EUR
	− planmäßige Abschreibung zum 31. Dez. des 1. Nj.	5 000,00 EUR
	= fortgeführte Anschaffungskosten zum 31. Dez. des 1. Nj.	25 000,00 EUR
	− planmäßige Abschreibung zum 31. Dez. des 2. Nj.	5 000,00 EUR
	= Zwischensumme	20 000,00 EUR
	− außerplanmäßige Abschreibung zum 31. Dez. des 2. Nj.	10 100,00 EUR
	= Wertansatz zum 31. Dez. des 2. Nj.	9 900,00 EUR

386

Zu 2.: Das Unternehmensergebnis verschlechtert sich zusätzlich um 10 100,00 EUR.

Obwohl der Kombiwagen noch nicht zu dem niedrigen Wert verkauft ist, muss der Wert wegen der dauernden Wertminderung und aus Gründen kaufmännischer Vorsicht herabgesetzt werden. Das **Niederstwertprinzip** führt somit zum **Ausweis** eines **noch nicht realisierten** (entstandenen) **Verlustes.**

Zu 3.: Bildung der Buchungssätze für die planmäßige und außerplanmäßige Abschreibung

Geschäftsvorfälle	Konten	Soll	Haben
Planmäßige Abschreibung des Kombiwagens im 1. Nutzungsjahr 5 000,00 EUR	6520 Abschr. a. Sachanlagen an 0840 Fuhrpark	5 000,00	5 000,00
Planmäßige Abschreibung des Kombiwagens im 2. Nutzungsjahr 5 000,00 EUR	6520 Abschr. a. Sachanlagen an 0840 Fuhrpark	5 000,00	5 000,00
Außerplanmäßige Abschreibung des Kombiwagens im 2. Nutzungsjahr 10 100,00 EUR	6550 Außerpl. Abschr. a. Sachanl. an 0840 Fuhrpark	10 100,00	10 100,00

2.2.2.3 Zuschreibung (Wertaufholungsgebot)

Werden beim **Sachanlagevermögen** außerplanmäßige Abschreibungen vorgenommen und stellt sich später heraus, dass die Gründe für diese Abschreibung nicht mehr bestehen, dann **muss** eine **Zuschreibung,** maximal bis zu den **(fortgeführten) Anschaffungskosten,** erfolgen. Eine Beibehaltung des niedrigeren Wertes ist nicht möglich [§ 253 V, S. 1 HGB].

Beispiel:

Die Maschinenbau Gutmann AG hat eine Eloxiermaschine, deren Anschaffungskosten zu Beginn des Geschäftsjahres 20 000,00 EUR betrugen, bei einer Nutzungsdauer von 10 Jahren am Ende des 3. Geschäftsjahres nach der Anschaffung mit den fortgeführten Anschaffungskosten in Höhe von 14 000,00 EUR bilanziert.

Im Laufe des 4. Jahres nach der Anschaffung kommt eine neue Maschine auf den Markt, die bei gleichen Anschaffungskosten doppelt so schnell arbeitet. Dadurch verliert die alte Maschine nachweislich 50 % ihres Wertes.

Im 5. Jahr wird die Verwendung der neuen Maschine wegen umweltgefährdender und gesundheitsschädlicher Substanzen verboten.

Aufgaben:

1. Stellen Sie die zulässige Bewertung am Ende des 4. Geschäftsjahres nach der Anschaffung der Maschine fest!
2. Ermitteln Sie die Bewertung am Ende des 5. Geschäftsjahres nach der Anschaffung!

Lösungen:

Zu 1.: Bewertung am Ende des 4. Geschäftsjahres nach der Anschaffung

	Wert zu Beginn des 4. Jahres	14 000,00 EUR
–	planmäßige Abschreibung	2 000,00 EUR
=	Zwischensumme	12 000,00 EUR
–	außerplanmäßige Abschreibung	6 000,00 EUR
=	Bilanzansatz am Ende des 4. Jahres	6 000,00 EUR

Lernbereich 3: Jahresabschlussarbeiten durchführen

Zu 2.: Bewertung am Ende des 5. Geschäftsjahres nach der Anschaffung

Bewertung zu Beginn des 5. Geschäftsjahres nach der Anschaffung	6 000,00 EUR
− planmäßige Abschreibung	1 000,00 EUR
= Zwischensumme	5 000,00 EUR
+ Zuschreibung	5 000,00 EUR
= Bilanzansatz am Ende des 5. Geschäftsjahres nach der Anschaffung	10 000,00 EUR

Begründung:
Da der Grund für die Wertminderung weggefallen ist, besteht eine **Zuschreibungspflicht**.

Überblick: Bewertung des abnutzbaren Anlagevermögens

1. Zugang	§ 253 I HGB	Anschaffungs- und Herstellungskosten
2. am Bilanzstichtag	§ 253 III, S. 1 und S. 2 HGB	planmäßige Abschreibung, Bilanzansatz fortgeführte Anschaffungskosten
3. vorübergehende Wertminderung	–	nur planmäßige Abschreibung. Eine außerplanmäßige Abschreibung darf nicht vorgenommen werden
4. dauernde Wertminderung	§ 253 III, S. 5 HGB	Planmäßige Abschreibung und Pflicht zur außerplanmäßigen Abschreibung (strenges Niederstwertprinzip)
5. Wegfall der Wertminderung	§ 253 V, S. 1 HGB	Pflicht zur Zuschreibung, maximal bis zu den fortgeführten Anschaffungskosten

Kompetenztraining

138 Bewertung des abnutzbaren Anlagevermögens

1. Die Werkzeugfabrik Böhler KG kauft zu Beginn des Geschäftsjahres 20.. einen neuen Lkw. Der Lkw mit einer Nutzungsdauer von 9 Jahren wird nach dreimaliger linearer Abschreibung vor dem Abschluss in der Buchführung mit den fortgeführten Anschaffungskosten in Höhe von 52 800,00 EUR ausgewiesen. Inzwischen ist der gleiche Typ mit verbesserter Technik auf den Markt gekommen. Dadurch ist der Marktwert für vergleichbare Altmodelle um 25 % gesunken.

   Aufgaben:
   1.1 Berechnen Sie die Anschaffungskosten!
   1.2 Geben Sie den jährlichen Abschreibungbetrag an!
   1.3 Bestimmen und begründen Sie den Wert, mit dem der Lkw beim Jahresabschluss des vierten Geschäftsjahres zu bilanzieren ist!

2. Die fortgeführten Anschaffungskosten einer Nietmaschine der Kontakt AG, deren Nutzungsdauer mit 10 Jahren anzusetzen ist, betragen zu Beginn des 4. Jahres nach der Anschaffung 49 000,00 EUR. Aufgrund einer Konjunkturschwäche ist das Preisniveau für derartige Maschinen nachweislich um 20 % gesunken.

   Aufgabe:
   Stellen Sie den zulässigen Bilanzansatz am Ende des 4. Geschäftsjahres nach der Anschaffung fest!

3. Die Hans Lemmer GmbH kauft zu Beginn des Jahres einen Kombiwagen:

Listeneinkaufspreis netto	32 376,00 EUR
Überführungskosten	600,00 EUR
	32 976,00 EUR
+ 19 % USt	6 265,44 EUR
Kaufpreis	39 241,44 EUR

Aufgaben:

3.1 Nennen Sie die Anschaffungskosten!

3.2 Die Nutzungsdauer des Autos beträgt 6 Jahre (lineare Abschreibung). Ermitteln Sie den Wertansatz zu Beginn des 3. Jahres!

3.3 Durch einen selbst verschuldeten Unfall tritt im 3. Jahr ein Wertverlust von 2 500,00 EUR ein. Berechnen Sie den Wertansatz am Ende des 3. Jahres!

3.4 Bilden Sie die Buchungssätze zu den Aufgaben 3.2 und 3.3!

4. Die Nürnberger Getränke AG weist ihre Abfüllanlage, deren Nutzungsdauer 10 Jahre beträgt, zu Beginn des 7. Geschäftsjahres bei planmäßiger linearer Abschreibung mit den fortgeführten Anschaffungskosten in Höhe von 280 000,00 EUR aus. Inzwischen ist eine technisch wesentlich verbesserte Anlage auf den Markt gekommen. Dadurch ist der Wert der alten Anlage um 50 % gesunken.

Aufgaben:

4.1 Berechnen Sie die Anschaffungskosten!

4.2 Bestimmen Sie den Wert, mit dem die Anlage beim Jahresabschluss im 7. Jahr zu bilanzieren ist!

2.3 Bewertung des nicht abnutzbaren Anlagevermögens

2.3.1 Bewertung unbebauter Grundstücke

Die **Nutzung** eines Grundstücks ist **zeitlich unbegrenzt**. Es handelt sich um ein **nicht abnutzbares Anlagevermögen**.

(1) Zugangsbewertung

Für nicht abnutzbares Anlagevermögen gelten folgende **gesetzliche Bewertungsvorschriften**:

- **Nicht abnutzbares Anlagevermögen** ist **höchstens** mit den **Anschaffungs- bzw. Herstellungskosten** anzusetzen [§ 253 I HGB]. Eine **planmäßige Abschreibung** ist **nicht erlaubt**.
- Die **Anschaffungs- oder Herstellungskosten** stellen eine **Höchstgrenze (Bewertungsobergrenze)** dar, die auch dann nicht überschritten werden darf, wenn die Wiederbeschaffungskosten über den Anschaffungskosten liegen **(Anschaffungskostenprinzip)**.

Lernbereich 3: Jahresabschlussarbeiten durchführen

Beispiel:

Die Hans Fricker KG kauft ein angrenzendes 2 000 m² großes, unbebautes Grundstück. Der Quadratmeterpreis liegt bei 65,00 EUR. Die Grunderwerbsteuer beträgt 3,5 %, die Kosten der Grundbucheintragung 1 134,00 EUR. An Notariatskosten entstehen 2 040,00 EUR zuzüglich 19 % USt. Die Grundsteuer beträgt 183,50 EUR. Die Zahlung erfolgt durch Banklastschrift.

Aufgaben:
1. Ermitteln Sie die Anschaffungskosten des Grundstücks!
2. Bilden Sie die Buchungssätze zu dem vorliegenden Geschäftsvorfall!

Lösungen:

Zu 1.: Ermittlung der Anschaffungskosten

Kaufpreis (2 000 m² · 65,00 EUR/m²)	130 000,00 EUR
+ 3,5 % Grunderwerbsteuer	4 550,00 EUR
+ Grundbucheintragung	1 134,00 EUR
+ Notariatskosten	2 040,00 EUR
= Anschaffungskosten	137 724,00 EUR

Zu 2.: Bildung der Buchungssätze

Geschäftsvorfälle	Konten	Soll	Haben
Kauf eines Grundstücks mit Anschaffungskosten in Höhe von 137 724,00 EUR	0500 Unbebaute Grundstücke an 2800 Bank	137 724,00	137 724,00
Zahlung der Grundsteuer durch Banküberweisung	7020 Grundsteuer an 2800 Bank	183,50	183,50

(2) Folgebewertung

Ist dem Vermögensgegenstand am Bilanzstichtag **dauerhaft** ein **niedrigerer Wert** beizumessen, **muss außerplanmäßig abgeschrieben werden** [§ 253 III, S. 5 HGB]. Es gilt das **strenge Niederstwertprinzip**.

Beispiel:

Ein Betriebsgrundstück steht mit 500 000,00 EUR Anschaffungskosten zu Buch. Da die Gemeinde für dieses Betriebsgrundstück überraschend ein Bauverbot beschlossen hat, tritt eine dauernde Wertminderung ein.

Der Tageswert beträgt zum 31. Dez. nur noch 300 000,00 EUR.

Aufgaben:
1. Bestimmen Sie den Wert, mit dem das Grundstück am 31. Dezember zu bilanzieren ist!
2. Bilden Sie zu dem Geschäftsvorfall den Buchungssatz!

Lösungen:

Zu 1.: Ermittlung des Buchwerts

Anschaffungskosten des Grundstücks	500 000,00 EUR
− außerplanmäßige Abschreibung	200 000,00 EUR
= Buchwert zum 31. Dezember	300 000,00 EUR

2 Positionen des Anlagevermögens nach HGB bewerten und dabei Bewertungsgrundsätze sowie unternehmerische Zielsetzungen berücksichtigen

Zu 2.: Bildung des Buchungssatzes

Geschäftsvorfall	Konten	Soll	Haben
Außerplanmäßige Abschreibung auf das Grundstück 200 000,00 EUR	6550 Außerplanmäßige Abschr. a. Sachanlagen an 0500 Unbebaute Grundstücke	200 000,00	200 000,00

2.3.2 Besonderheiten bei der Bewertung von bebauten Grundstücken

(1) Zugangs- und Folgebewertung

Bei bebauten Grundstücken ist bei der Ermittlung des Buchwertes zwischen dem **abnutzbaren Gebäude** und dem **nicht abnutzbaren Grundstück** zu unterscheiden. Rechtlich gesehen sind bebaute Grundstücke als eine Einheit anzusehen. Bei der Bewertung muss jedoch das Grundstück als nicht abnutzbarer Vermögensgegenstand vom Gebäude getrennt werden, weil das Gebäude als abnutzbarer Vermögensgegenstand planmäßig abgeschrieben werden muss.

Beispiel:

Die Bamberger Maschinenfabrik AG hat am 1. Januar eine Lagerhalle von einem Wettbewerber übernommen. Der Kaufpreis in Höhe von 2 100 000,00 EUR verteilt sich auf Grund und Boden in Höhe von 800 000,00 EUR und einen Gebäudewert von 1 300 000,00 EUR. Die Anschaffungsnebenkosten betragen 129 990,00 EUR, davon umsatzsteuerpflichtig 27 100,00 EUR mit 19 % USt.

Aufgaben:
1. Berechnen Sie die Anschaffungskosten von Gebäude und Grundstück!
2. Die Nutzungsdauer des Gebäudes beträgt 40 Jahre, die Abschreibung erfolgt linear. Ermitteln Sie den Wert, mit dem das bebaute Grundstück zu Beginn des 2. Jahres anzusetzen ist!
3. Bilden Sie zu den Geschäftsvorfällen die Buchungssätze! Die Zahlung erfolgt durch Banküberweisung.

Lösungen:

Zu 1.: Aufteilung der Anschaffungsnebenkosten

Grund und Boden	800 000,00 EUR	→	8 Teile	→	49 520,00 EUR	8 · 6 190
Gebäude	1 300 000,00 EUR	→	13 Teile	→	80 470,00 EUR	13 · 6 190
			21 Teile	≙	129 990,00 EUR	
			1 Teil	≙	6 190,00 EUR	

Berechnung der Anschaffungskosten

Grund und Boden	800 000,00 EUR	+ 49 520,00 EUR	=	849 520,00 EUR
Gebäude	1 300 000,00 EUR	+ 80 470,00 EUR	=	1 380 470,00 EUR
				2 229 990,00 EUR

Zu 2.:

	Anschaffungskosten Gebäude	1 380 470,00 EUR
−	2,5 % planmäßige Abschreibung 1. Jahr	34 511,75 EUR
	Gebäudewert am Anfang des 2. Jahres	1 345 958,25 EUR
+	Grundstückswert unverändert	849 520,00 EUR
		2 195 478,25 EUR

Lernbereich 3: Jahresabschlussarbeiten durchführen

Zu 3.: Bildung der Buchungssätze

Geschäftsvorfälle	Konten	Soll	Haben
Kauf einer Lagerhalle mit Anschaffungskosten von 2 229 990,00 EUR zuzüglich USt von 5 149,00 EUR	0510 Bebaute Grundstücke 0530 Betriebsgebäude 2600 Vorsteuer an 2800 Bank	849 520,00 1 380 470,00 5 149,00	2 235 139,00
Abschreibungen auf das Gebäude am Ende des Geschäftsjahres	6520 Abschr. a. Sachanlagen an 0530 Betriebsgebäude	34 511,75	34 511,75

(2) Zuschreibung (Wertaufholungsgebot) bei Grundstücken

Stellt sich später heraus, dass die Gründe für die Abschreibung nicht mehr bestehen, dann muss eine Zuschreibung, maximal bis zu den Anschaffungskosten, erfolgen. Eine Beibehaltung des niedrigeren Wertes ist nicht möglich [§ 253 V, S. 1 HGB].

Beispiel:

Das Holzwerk Baumann GmbH möchte seinen Holzlagerplatz erweitern und kauft ein angrenzendes Grundstück zu Anschaffungskosten in Höhe von 250 000,00 EUR. Nach dem Kauf erhebt der örtliche Naturschutzbund Einspruch gegen die Nutzung, da dadurch die Lurche im anschließenden Feuchtgebiet gestört würden. Der Stadtrat beschließt die Nutzung zu untersagen. Das Grundstück verliert dadurch 60 % an Wert.

Aufgaben:

1. Geben Sie an, mit welchem Wert das Grundstück zu bilanzieren ist. Begründen Sie den Wertansatz!
2. Durch den Verzicht der Baumann GmbH auf die Nutzung von 15 % des Grundstücks als Holzlagerplatz kommt es zu einer Einigung mit dem Naturschutzbund. Der Stadtrat genehmigt daraufhin die Nutzung des Grundstücks als Holzlagerplatz. Der Wert des Grundstücks wird vom Gutachter auf 210 000,00 EUR geschätzt. Ermitteln und begründen Sie den neuen Wertansatz!
3. Bilden Sie den Buchungssatz für die Zuschreibung der fortgeführten Anschaffungskosten!

Lösungen:

Zu 1.:
    Anschaffungskosten des Grundstücks   250 000,00 EUR
  − 60 % außerplanmäßige Abschreibung   150 000,00 EUR
  = fortgeführte Anschaffungskosten   100 000,00 EUR

Begründung: Es handelt sich um eine dauerhafte Wertminderung. Es ist eine außerplanmäßige Abschreibung vorzunehmen.

Zu 2.:
    Fortgeführte Anschaffungskosten   100 000,00 EUR
  + Zuschreibung   110 000,00 EUR
  = neue fortgeführte Anschaffungskosten   210 000,00 EUR

Begründung: Da die Gründe für die Wertminderung nicht mehr bestehen, ist eine Zuschreibung bis zum festgestellten Wert des Gutachters, maximal bis zu den Anschaffungskosten, zwingend.

2 Positionen des Anlagevermögens nach HGB bewerten und dabei Bewertungsgrundsätze sowie unternehmerische Zielsetzungen berücksichtigen

Zu 3.: Zuschreibung der fortgeführten Anschaffungskosten

Geschäftsvorfall	Konten	Soll	Haben
Zuschreibung der fortgeführten Anschaffungskosten aufgrund der Werterhöhung des Grundstücks	0500 Unbebaute Grundstücke an 5440 Ertr. a. Werterh. v. Geg. d. Anlagevermögens	110 000,00	110 000,00

Durch die Zuschreibung wird die außerplanmäßige Abschreibung rückgängig gemacht. Dies stellt einen **Ertrag** dar und führt zu einer Erhöhung des Gewinns.

2.3.3 Bewertung von Finanzanlagen am Beispiel der Wertpapiere des Anlagevermögens

(1) Zugangsbewertung

- **Finanzanlagen** sind Werte, die auf Dauer finanziellen Anlagezwecken dienen.
- Finanzanlagen sind **nicht abnutzbare** Anlagegüter.

Ziel einer Finanzanlage ist eine Vermögensmehrung über Zinsen, Dividenden oder Mieten.

Für Finanzanlagen gilt folgende **Bewertungsregel:**

Die **Bewertung von Finanzanlagen** erfolgt bei deren Zugang zu den **Anschaffungskosten.**

(2) Folgebewertung

- Bei Finanzanlagen **können** außerplanmäßige Abschreibungen bei einer vorübergehenden Wertminderung vorgenommen werden [§ 253 III, S. 6 HGB].
- Es handelt sich um ein **Bewertungswahlrecht (gemildertes Niederstwertprinzip).**[1]

Beispiel:

Die Fritz Hulter GmbH kauft zur langfristigen Anlage 80 000 Aktien der Delphin AG zum Kurs von 14,20 EUR. Am Bilanzstichtag notiert die Aktie mit 12,50 EUR.

Aufgabe:
Ermitteln Sie den Wert, mit welchem die Aktien am Bilanzstichtag bilanziert werden können!

Lösung:

In der Bilanz können die Aktien weiterhin mit den **Anschaffungskosten** bilanziert werden:
80 000 Stück · 14,20 EUR = 1 136 000,00 EUR.

Wird das **Bewertungswahlrecht genutzt** und eine außerplanmäßige Abschreibung vorgenommen, werden die Wertpapiere mit 80 000 Stück · 12,50 EUR = 1 000 000,00 EUR bilanziert.

---

[1] Es wird auch der Begriff **eingeschränktes Niederstwertprinzip** verwendet.

Überblick: Bewertung unbebaute Grundstücke, Finanzanlagen

Unbebaute Grundstücke		
1. Zugang	§ 253 I HGB	Anschaffungs- und Herstellungskosten
2. dauernde Wertminderung	§ 253 III, S. 5 HGB	Pflicht zur außerplanmäßigen Abschreibung auf den niedrigeren Wert
3. vorübergehende Wertminderung	–	bisherige Bewertung bleibt
4. Wegfall der Wertminderung	§ 253 V, S. 1 HGB	Zuschreibungspflicht

Finanzanlagen		
1. Zugang	§ 253 I HGB	Anschaffungs- und Herstellungskosten
2. vorübergehende Wertminderung	§ 253 III, S. 6 HGB	Bewertungswahlrecht
3. Wegfall der Wertminderung	§ 253 V, S. 1 HGB	Zuschreibungspflicht

Kompetenztraining

139 Bewertung von unbebauten Grundstücken und Finanzanlagen

1. Die Franz Prenner OHG kauft ein unbebautes Grundstück mit einer Größe von 3 100 m² zum Preis von 40,00 EUR/m². Die Grunderwerbsteuer beträgt 3,5 %, an Notariatskosten fallen 1 950,00 EUR zuzüglich 19 % USt an, Kosten der Grundbucheintragung 1 050,00 EUR, Kosten für ein Gutachten zur Bewertung des Kaufpreises 2 000,00 EUR zuzüglich 19 % USt, Maklergebühren 3,0 % vom Kaufpreis zuzüglich 19 % USt. Die Zahlungen erfolgen durch Banküberweisung.

   Aufgaben:

   1.1 Berechnen Sie die Anschaffungskosten!

   1.2 Am Ende des Jahres wird bekannt, dass das geplante Einkaufszentrum aus baurechtlichen Gründen nicht gebaut wird. Der Verkaufswert sinkt auf 80 000,00 EUR ab. Geben Sie an, mit welchem Wert das Grundstück zu bilanzieren ist!

   1.3 Bilden Sie zu den Geschäftsvorfällen die Buchungssätze!

2. Die Huber Kleinmotoren AG hat für eine eventuelle Erweiterung des Betriebes 3 000 m² eines angrenzenden Grundstücks zum ortsüblichen Preis von 155,00 EUR/m² gekauft. Der Notar schickt eine Rechnung einschließlich der Umsatzsteuer in Höhe von 4 284,00 EUR. Die Grundbuchkosten betrugen 6 975,00 EUR. Die Grunderwerbsteuer beträgt 3,5 %. Aufgrund der vorübergehenden Flaute in der Bauwirtschaft fiel der ortsübliche Grundstückspreis zum Abschlussstichtag um 20 %.

   Aufgaben:

   2.1 Ermitteln Sie die Anschaffungskosten für das Grundstück!

   2.2 Entscheiden Sie begründet, wie das Grundstück beim Abschlussstichtag zu bewerten ist!

3. Bei der Secura AG stellen sich am Ende des Geschäftsjahres folgende Bewertungsfragen:
   Kauf einer Lagerhalle mit Grundstück am 1. Januar 600 000,00 EUR
   3,5 % Grunderwerbsteuer 21 000,00 EUR
   Kosten für die Prüfung der Bodenbeschaffenheit 25 000,00 EUR zuzüglich 19 % USt, Maklerkosten 11 000,00 EUR zuzüglich 19 % USt.
   Der Wert des Grundstücks beträgt $1/5$ des Gesamtpreises, Kreditkosten infolge einer Darlehensaufnahme im Zusammenhang mit dem Kauf der Lagerhalle 2 650,00 EUR, Grundsteuer 4 100,00 EUR.

   Aufgaben:
   3.1 Berechnen Sie die Anschaffungskosten von Gebäude und Grundstück!
   3.2 Die Nutzungsdauer des Gebäudes beläuft sich auf 50 Jahre, die Abschreibung erfolgt linear. Bestimmen Sie, mit welchem Wert Grundstück und Gebäude zu Beginn des 3. Jahres anzusetzen sind!
   3.3 Ein Gutachten hat ergeben, dass das Grundstück am Ende des dritten Jahres einen Wert von 530 000,00 EUR hat. Begründen Sie, ob die Secura AG diesen Wert ansetzen kann!

4. Die Druck-Zuck OHG hat in der Bilanz des Geschäftsjahres 17 bei den Finanzanlagen ein Aktienpaket in Höhe der Anschaffungskosten von 150 000,00 EUR ausgewiesen. Beim Abschluss des Geschäftsjahres 18 beträgt der Kurswert der Aktien 170 000,00 EUR, beim Abschluss 19 ergibt sich ein Wert von 120 000,00 EUR und beim Abschluss 20 haben die Aktien einen Kurswert von 160 000,00 EUR.

   Aufgabe:
   Diskutieren Sie über die Möglichkeit der Bewertung der Aktien bei den Jahresabschlüssen 18, 19 und 20!

5. Die börsennotierte Bavatex AG mit Sitz in München erstellt zum Jahresende ihren Jahresabschluss nach den Vorschriften des HGB. Unter Beachtung der Bewertungsstetigkeit soll ein möglichst hoher Jahresüberschuss ausgewiesen werden.
   5.1 Am 24.02. wurden 5 000 Stückaktien der Rosenheimer Stahl AG zur langfristigen Anlage gekauft. Die Aktien der Rosenheimer Stahl AG notierten an der Börse zu folgenden Kursen:

   Kurs am 24.02.: 26,50 EUR/Aktie

   Kurs am 31.12.: 24,00 EUR/Aktie

   Der Vorstand der Bavatex AG erwartet trotz des Kursrückgangs zum Jahresende eine positive Entwicklung des Aktienkurses der Rosenheimer Stahl AG.

   Aufgabe:
   Begründen und ermitteln Sie den Wertansatz dieser Aktien im Jahresabschluss! (Spesen und Gebühren bleiben unberücksichtigt!)
   5.2 Begründen Sie den Wertansatz der 5 000 Stückaktien der Rosenheimer Stahl AG im Jahresabschluss zum 31.12. des folgenden Jahres, wenn der Börsenkurs an diesem Bilanzstichtag auf 33,00 EUR steigen würde!

6. Die Isar Finanz-AG hat ein unbebautes Grundstück, das nach Auskunft der Baubehörde in der Bebauungsplanung vorgesehen ist, mit einem um 50 % über den Preisen für noch nicht im Bebauungsplan einbezogene Grundstücke für 450 000,00 EUR gekauft.

   Wegen der Proteste von Bürgerinitiativen und der Umweltschützer erwies sich die Spekulation auf eine mögliche Bebauung als nicht realisierbar. Daraufhin wurde das Grundstück den Werten für nicht bebaubare Grundstücke angepasst und mit dem niedrigeren Wert von 300 000,00 EUR angesetzt.

   Durch eine nicht vorhersehbare neue politische Konstellation und eine weitere Einbeziehung von Grundstücken in die Bebauungsplanung sowie einer steuerlichen Förderung von Betriebserweiterungen und Baumaßnahmen stieg der Grundstückswert auf 550 000,00 EUR an.

Lernbereich 3: Jahresabschlussarbeiten durchführen

Aufgaben:

6.1 Überprüfen Sie, ob die außerplanmäßige Abschreibung des Grundstücks rechtlich begründet ist!

6.2 Zeigen Sie begründet auf, welche Bewertung beim Jahresabschluss des laufenden Jahres für die Bewertung des Grundstücks infrage kommt!

6.3 Bilden Sie die Buchungssätze für die Geschäftsvorfälle!

3 Positionen des Umlaufvermögens nach HGB bewerten und dabei die Bewertungsgrundsätze berücksichtigen

LB 3 Handlungssituation 3: **Umlaufvermögen bewerten**

Nach Abschluss der Inventurarbeiten werden Problemfälle der Bewertung des Umlaufvermögens zwischen den Geschäftsführern Hans-Jörg Weber und Dr. Klaus Junginger von der Weber Metallbau GmbH besprochen.

KOMPETENZORIENTIERTE ARBEITSAUFTRÄGE:

1. Die Anschaffungskosten der Stahlträger im Lager betragen 17 400,00 EUR. Am Ende des Geschäftsjahres beläuft sich der Wert der Stahlträger auf

    1.1 15 900,00 EUR,

    1.2 19 700,00 EUR.

    Erläutern Sie jeweils den Wert, mit dem der Lagerbestand am Ende des Geschäftsjahres zu bewerten ist und nennen Sie die dafür geltenden Bewertungsgrundsätze!

2. Einen schwierigen Problemfall stellen die Forderungen aus Lieferungen und Leistungen gegenüber dem Hotel „Haus Schönbühl" nach dem Bau eines Wintergartens dar. Die Forderungen betragen 28 738,50 EUR und sind am 29. Januar des folgenden Jahres fällig. Dr. Klaus Junginger weist darauf hin, dass sich der Eigentümer in finanziellen Schwierigkeiten befindet. Es ist damit zu rechnen, so Dr. Klaus Junginger, dass ein Teil der Forderungen uneinbringlich ist. Er beziffert den Betrag auf 7 140,00 EUR netto.

    2.1 Ermitteln Sie den Bilanzansatz der Forderungen aus Lieferungen und Leistungen und bilden Sie hierzu den Buchungssatz!

    2.2 Nach einer Einigung der Weber Metallbau GmbH mit dem Eigentümer des Hotels „Haus Schönbühl" überweist dieser am 29. Januar 19 040,00 EUR. Bilden Sie hierzu den Buchungssatz!

3.1 Bewertung der Roh-, Hilfs-, Betriebsstoffe sowie Fremdbauteile

3.1.1 Allgemeine Bewertungsregeln

(1) Zugangsbewertung

Vermögensgegenstände des Umlaufvermögens sind mit den **Anschaffungs- oder Herstellungskosten** zu bewerten.

(2) Folgebewertung

- Für die **Bewertung des Umlaufvermögens** gilt das **strenge Niederstwertprinzip**.
  - Sind die **Anschaffungskosten niedriger** als der **Markt- oder Börsenpreis**, wird zu **Anschaffungskosten** bewertet. Nicht realisierte Gewinne dürfen nicht ausgewiesen werden **(Realisationsprinzip)**.
  - Sind die **Anschaffungskosten höher** als der **Markt- oder Börsenpreis**, wird zum **Markt- oder Börsenpreis** bewertet. Nicht realisierte Verluste müssen ausgewiesen werden.
- Diese verschiedene Behandlung nicht realisierter Gewinne und nicht realisierter Verluste wird als **Imparitätsprinzip** bezeichnet.

Beispiel:

Am 31. Dezember hat die Maschinenfabrik Blix AG lt. Inventur 1 000 Einheiten Blechteile auf Lager. Die Anschaffungskosten betrugen je Blechteil 15,00 EUR.

Aufgabe:
Erläutern Sie, wie der Bestand beim Jahresabschluss zum 31. Dezember zu bewerten ist, wenn im 1. Fall der Marktpreis 15,80 EUR und im 2. Fall der Marktpreis 13,50 EUR beträgt!

Lösung:

1. Fall: Der Marktpreis beträgt pro Blechteil 15,80 EUR.

Der Bestand ist mit den Anschaffungskosten von 15,00 EUR je Blechteil zu bewerten, da dieser Wert unter dem Marktpreis liegt. Die Anschaffungskosten dürfen nicht überschritten werden. Diese Vorgehensweise führt dazu, dass ein noch **nicht entstandener (nicht realisierter) Gewinn** zum Bilanzstichtag **nicht ausgewiesen wird (Realisationsprinzip)**.

Bilanzansatz: 1 000 Blechteile · 15,00 EUR = 15 000,00 EUR

2. Fall: Der Marktpreis beträgt pro Blechteil 13,50 EUR.

Es gilt das **strenge Niederstwertprinzip**. Danach ist der niedrigere von beiden infrage kommenden Preisen zu wählen. Das ist der Marktpreis. Je Blechanteil ist eine außerplanmäßige Abschreibung in Höhe von 1,50 EUR vorzunehmen. Die Vorgehensweise führt dazu, dass ein noch nicht entstandener **(nicht realisierter) Verlust** zum Bilanzstichtag **ausgewiesen wird (Grundsatz der Vorsicht)**.

Bilanzansatz: 1 000 Blechteile · 13,50 EUR = 13 500,00 EUR

(3) Buchung der Folgebewertung

Beispiel:

Zu Beginn hat die Plastika GmbH Rohstoffe im Wert von 45 000,00 EUR auf Lager. Im Geschäftsjahr werden Rohstoffe im Wert von 57 000,00 EUR eingekauft und aufwandsorientiert gebucht. Im gleichen Zeitraum betragen die Bezugskosten 1 900,00 EUR, die Nachlässe 3 400,00 EUR und die Rücksendungen 1 100,00 EUR. Der Schlussbestand an Rohstoffen beträgt 31 500,00 EUR.

Aufgabe:
Übertragen Sie die angegebenen Werte auf die Konten 2000 Rohstoffe und 6000 Aufwendungen für Rohstoffe und schließen Sie die Konten ab!

Lernbereich 3: Jahresabschlussarbeiten durchführen

Lösung:

S	2000 Rohstoffe		H		S	6000 Aufw. f. Rohstoffe		H
8000	45 000,00	8010	31 500,00		Σ4400	57 000,00	6002	3 400,00
		6000	13 500,00		6001	1 900,00	Σ4400	1 100,00
	45 000,00		45 000,00		2000	13 500,00	8020	67 900,00
						72 400,00		72 400,00

Erläuterungen:

- Der **niedrigere Bilanzansatz** der Rohstoffe wirkt sich beim Abschluss des Kontos 2000 Rohstoffe auf die **Aufwendungen der Rohstoffe** aus. Die Aufwendungen steigen um die Bestandsminderung von 13 500,00 EUR.
- Ein **höherer Bilanzansatz** (Zuschreibung) der Rohstoffe wirkt sich beim Abschluss des Kontos 2000 Rohstoffe auf die **Aufwendungen der Rohstoffe** aus. Die Aufwendungen vermindern sich um die Bestandserhöhung.

(4) Zuschreibung (Wertaufholungsgebot)

Fallen die Gründe für eine Abschreibung weg, so besteht ein **Zuschreibungsgebot** (Wertaufholungsgebot), maximal bis zu den **Anschaffungs- oder Herstellungskosten**.

Beispiel:

Die Fabrik für Möbeldesign Gutefreund GmbH hat am 5. März 20.. zur langfristigen Lagerung Edelhölzer im Wert von 32 000,00 EUR gekauft. Am Ende des Berichtsjahres beträgt der Wert der Edelhölzer 29 500,00 EUR und am Ende des Folgejahres 40 000,00 EUR.

Aufgabe:
Nennen und begründen Sie den Bilanzansatz für das Vorratsvermögen an den Bilanzstichtagen des Berichtsjahres und des Folgejahres!

Lösung:

Bilanzansatz	Betrag	Begründung
Berichtsjahr	29 500,00 EUR	Ansatz des niedrigeren Wertes [§ 253 IV, S. 1 HGB]. Strenges Niederstwertprinzip.
Folgejahr	32 000,00 EUR	Wertaufholung bis maximal zu den Anschaffungskosten [§ 253 V, S. 1 HGB].

3.1.2 Spezielle Vorschriften zur Bewertung des Vorratsvermögens am Beispiel des Durchschnittswertverfahrens

Da der Grundsatz der Einzelbewertung bei der Bewertung des Vorratsvermögens oft mit erheblichen Schwierigkeiten verbunden ist, sind für **gleichartige Vorratsbestände** bestimmte **Vereinfachungsverfahren** der Bewertung zulässig. Im Folgenden beschränken wir uns auf die Darstellung des **Durchschnittswertverfahrens**.

(1) Bewertung nach der gewogenen Durchschnittswertermittlung
[§ 240 IV HGB]

Bei gleichartigen Gütern kann die Bewertung nach der gewogenen Durchschnittswertermittlung erfolgen. Der Durchschnittswert wird errechnet, indem die Summe der Anschaffungs-/Herstellungskosten aus Anfangsbestand und Zugängen durch die Menge der gekauften (hergestellten) Güter zuzüglich des Schlussbestands dividiert wird. Die durchschnittlichen Anschaffungskosten werden mit dem **Markt- oder Börsenpreis** bzw. **dem beizulegenden Zeitwert am Bilanzstichtag** verglichen und der **niedrigere Wert angesetzt**.

Beispiel:

Ein Industrieunternehmen hat im Laufe des Wirtschaftsjahres in seinem Sortiment für Handelswaren gleichartige Waren erworben, und zwar am:

15. Jan.	100 t zum Nettopreis von 800,00 EUR je Tonne =	80 000,00 EUR
15. März	100 t zum Nettopreis von 700,00 EUR je Tonne =	70 000,00 EUR
15. Juli	200 t zum Nettopreis von 850,00 EUR je Tonne =	170 000,00 EUR
15. Nov.	100 t zum Nettopreis von 900,00 EUR je Tonne =	90 000,00 EUR
insgesamt:	500 t	410 000,00 EUR

Schlussbestand am Ende des Wirtschaftsjahres: 50 t. Der Marktpreis am 31. Dezember beträgt 890,00 EUR.

Aufgabe:
Berechnen Sie den Wertansatz in der Bilanz nach der gewogenen Durchschnittswertermittlung!

Lösung:

Summe der Nettopreise 410 000,00 EUR : 500 t = 820,00 EUR gewogener Durchschnittspreis.

Wertansatz: 50 t · 820,00 EUR = 41 000,00 EUR

Marktpreis am 31. Dez.:   50 t · 890,00 EUR = 44 500,00 EUR

Ergebnis: Nach dem Niederstwertprinzip beträgt der Bilanzwert 41 000,00 EUR.

(2) Bewertung nach der permanenten Durchschnittswertermittlung

Bei der permanenten Durchschnittswertermittlung[1] werden die durchschnittlichen Anschaffungskosten **permanent** (laufend) **nach jedem Lagerzugang und -abgang** ermittelt. Da die Abgänge jeweils zum neuesten Durchschnittswert bewertet werden, erhält man zum Bilanzstichtag die **durchschnittlichen Anschaffungskosten des Schlussbestands**. Diese werden mit dem **Markt- oder Börsenpreis am Bilanzstichtag** verglichen und der **niedrigere Wert angesetzt**. Die permanente Durchschnittswertermittlung ist genauer als die gewogene Durchschnittswertermittlung.

---

[1] Man spricht auch von der Bewertung nach dem **gleitenden gewogenen Durchschnitt**.

Beispiel:

01.01.	Anfangsbestand	100 Stück zu je 10,00 EUR = 1 000,00 EUR
15.02	Zugang	300 Stück zu je 12,00 EUR = 3 600,00 EUR
20.03.	Bestand	400 Stück zu je 11,50 EUR = 4 600,00 EUR
	Abgang	150 Stück zu je 11,50 EUR = 1 725,00 EUR
10.08.	Bestand	250 Stück zu je 11,50 EUR = 2 875,00 EUR
	Zugang	250 Stück zu je 9,50 EUR = 2 375,00 EUR
24.12	Bestand	500 Stück zu je 10,50 EUR = 5 250,00 EUR
	Abgang	350 Stück zu je 10,50 EUR = 3 675,00 EUR
31.12.	Schlussbestand	150 Stück zu je 10,50 EUR = 1 575,00 EUR

Überblick: Bewertung der Roh-, Hilfs-, Betriebsstoffe sowie Fremdbauteile

	Allgemeine Bewertungsvorschriften	
§ 253 I, S. 1 HGB § 253 IV, S. 1 HGB	■ **Zugangsbewertung:** Bewertung zu Anschaffungs- bzw. Herstellungskosten ■ **Folgebewertung:** strenges Niederstwertprinzip – Anschaffungs- bzw. Herstellungskosten < als Markt- oder Börsenwert → Anschaffungs- bzw. Herstellungskosten – Anschaffungs- bzw. Herstellungskosten > als Markt- oder Börsenwert → Bewertung zu Markt- oder Börsenwert	

	Durchschnittswertverfahren	
§ 254 IV HGB	gewogene Durchschnittswertermittlung	permanente Durchschnittswertermittlung
	gewogener Durchschnittspreis einer Periode	durchschnittliche Anschaffungskosten des Schlussbestands
	Es ist immer zu prüfen, ob nicht anstelle der mit dem Durchschnittswertverfahren ermittelten (durchschnittlichen) Anschaffungs- oder Herstellungskosten der niedrigere Markt- oder Börsenpreis zu wählen ist (Niederstwerttest).	

	Wertaufholungsgebot
§ 253 V, S. 1 HGB	Bei späterem Wegfall der Abschreibungsgründe besteht ein Zuschreibungsgebot.

3 Positionen des Umlaufvermögens nach HGB bewerten und dabei die Bewertungsgrundsätze berücksichtigen

Kompetenztraining

141 Buchungssätze zur Abschreibung auf Forderungen, Vertiefung zu Abschreibungen auf Forderungen

Bilden Sie für die Geschäftsvorfälle 1 bis 5 die Buchungssätze!

1. Über das Vermögen unseres Kunden Herbert Kunst e. Kfm. wurde am 3. Februar beim zuständigen Amtsgericht das Insolvenzverfahren eingeleitet. Die Forderungen an Herbert Kunst e. Kfm. belaufen sich einschließlich 19 % USt auf 2 380,00 EUR.

   Am 5. Dezember des gleichen Jahres wird das Insolvenzverfahren abgeschlossen. Der Insolvenzverwalter teilt uns mit, dass keine Zahlung erfolgt.

2. Unser Kunde, die Franz Gutekunst KG, beantragt am 30. Januar einen freiwilligen (außergerichtlichen) Vergleich. Unsere Forderung an die Franz Gutekunst KG beträgt einschließlich 19 % USt 5 236,00 EUR.

   Am 10. Oktober des gleichen Jahres wird das Vergleichsverfahren abgeschlossen. Die Vergleichsquote beträgt 60 %. Die Vergleichsquote in Höhe von 3 141,60 EUR geht auf unserem Bankkonto ein.

3. Die Franz Klappert OHG teilt uns am 15. Januar schriftlich mit, dass sie die Zahlungen eingestellt hat und das Insolvenzverfahren eröffnet worden ist. Unsere Forderungen belaufen sich auf 2 499,00 EUR einschließlich 19 % USt.

   Am 16. September erhalten wir vom Insolvenzverwalter die Mitteilung, dass das Insolvenzverfahren abgeschlossen worden ist. Insolvenzquote: 8,5 %. Die Insolvenzquote in Höhe von 212,42 EUR geht auf unserem Bankkonto ein.

4. Vom Insolvenzverwalter erhalten wir aus dem Verfahren über unseren Kunden Herbert Kunst e. Kfm. (Geschäftsvorfall 1) doch noch eine Zahlung per Bankscheck in Höhe von 214,20 EUR.

5. Der Kunde Peter Friedrich teilt uns mit, dass er bei einem Verkehrsunfall schwer verletzt worden sei. Er habe hohe zusätzliche Ausgaben gehabt und sei nun zahlungsunfähig. Aufgrund der geringen Forderungshöhe von 178,50 EUR (einschließlich 19 % USt) verzichten wir auf eine gerichtliche Eintreibung und schreiben unsere Forderung ab.

6. 6.1 Erläutern Sie, warum eine Umsatzsteuerkorrektur erforderlich ist, wenn Forderungen während des Jahres uneinbringlich werden!

   6.2 Erklären Sie, warum eine Umsatzsteuerkorrektur entfällt, wenn der Wert der Forderungen für die Bilanzerstellung geschätzt wird!

142 Einzel- und Pauschalwertberichtigungen

1. Ein Kunde, von dem wir noch 7 140,00 EUR zu fordern haben (einschließlich 19 % Umsatzsteuer), gerät in Zahlungsschwierigkeiten. Am Jahresende wird der Forderungsausfall auf 30 % geschätzt.

   Aufgaben:
   1.1 Ermitteln Sie den Wert, mit welchem die Forderung in die Bilanz aufgenommen wird!
   1.2 Berechnen Sie die Wertberichtigung (Abschreibung) für diese Forderung!
   1.3 Nehmen Sie Stellung zu dieser Wertermittlung!
   1.4 Nehmen Sie Stellung zu der Frage der Umsatzsteuerkorrektur!
   1.5 Bilden Sie den Buchungssatz zu dem Geschäftsvorfall!

2. Der Forderungsbestand der Starnecker GmbH, der sich aus einer Vielzahl von Einzelforderungen zusammensetzt, beträgt am Ende des Geschäftsjahres insgesamt 1 904 000,00 EUR. Der erfahrungsmäßige Forderungsausfall beträgt 3 %.

Aufgaben:

2.1 Berechnen Sie den Betrag, der als pauschale Wertberichtigung angesetzt werden kann!

2.2 Bilden Sie zu dem Geschäftsvorfall den Buchungssatz!

2.3 Im folgenden Geschäftsjahr ergibt die Werthaltigkeitsprüfung einzelner Forderungen, dass der Bestand an Pauschalwertberichtigungen um 120 400,00 EUR zu kürzen ist. Bilden Sie hierzu den Buchungssatz!

4 Bewertung von Rückstellungen für Altersversorgung als ausgewählte Position des Fremdkapitals

LB 3 Handlungssituation 4:   Pensionsrückstellungen bilden

Da es noch weitere Problemfälle bei der Bewertung von Vermögen und Schulden bei der Weber Metallbau GmbH zu besprechen gibt, wird die Sitzung nach der Mittagspause fortgeführt. Der Geschäftsführer Hans-Jörg Weber erinnert daran, dass noch eine Pensionsrückstellung für die Mitarbeiter in Höhe von 12 000,00 EUR gebildet werden muss.

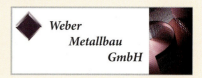

KOMPETENZORIENTIERTE ARBEITSAUFTRÄGE:

1. Bilden Sie den Buchungssatz für die Pensionsrückstellungen!
2. Erläutern Sie, wie sich die Bildung von Rückstellungen auf den Gewinn der Weber Metallbau GmbH auswirkt!
3. Stellen Sie dar, worin sich Rückstellungen und Verbindlichkeiten unterscheiden!
4. Nennen Sie den Zeitpunkt, zu welchem Rückstellungen aufzulösen sind!
5. Erläutern Sie, warum es sinnvoll ist, dass es einheitliche Bewertungsvorschriften gibt!

4.1 Begriff Rückstellungen und die gesetzliche Regelung zur Bildung von Rückstellungen

- **Rückstellungen** sind **Schulden für künftige Aufwendungen,** die dem alten Geschäftsjahr zuzurechnen sind, deren genaue **Höhe** und (oder) **Fälligkeit** am Jahresende (Bilanzstichtag) aber noch **nicht feststehen.**[1]
- Die **Bildung von Rückstellungen** bedeutet den **Ausweis einer Schuld** in der Bilanz und gleichzeitig eine **Aufwandserfassung in entsprechender Höhe** in der Gewinn- und Verlustrechnung.

---

[1] Von den **genau bestimmbaren Verbindlichkeiten** unterscheiden sich die Rückstellungen durch die **Ungewissheit über Höhe und/oder Fälligkeit** der Aufwendungen.

Nach § 249 I HGB **müssen** Rückstellungen gebildet werden für:

- **ungewisse Verbindlichkeiten.** Hierzu zählen, neben Garantieverpflichtungen, zu erwartende Steuernachzahlungen, Prozesskosten und Jahresabschlusskosten, auch laufende Pensionen bzw. Pensionsanwartschaften;
- **drohende Verluste aus schwebenden Geschäften** (z. B. Preisrückgang bei von uns bestellten, aber noch nicht gelieferten Waren, bei denen ein Festpreis vereinbart wurde);
- **unterlassene Instandhaltungsaufwendungen,** die **innerhalb** der ersten **drei Monate** des neuen Geschäftsjahres nachgeholt werden (Beispiel: Ein Unternehmen muss eine Produktionsmaschine dringend überholen lassen. Da dies im Vorweihnachtsgeschäft nicht möglich ist, plant das Unternehmen die Durchführung der Reparatur für Januar oder Februar des kommenden Jahres.);
- **unterlassene Abraumbeseitigung,** die im folgenden Geschäftsjahr nachgeholt wird;
- **Gewährleistungen,** die **ohne rechtliche Verpflichtung** erbracht werden (Kulanz).

Für andere als die im § 249 I HGB bestimmten Zwecke dürfen Rückstellungen nicht gebildet werden [§ 249 II, S. 1 HGB]. Rückstellungen dürfen nur aufgelöst werden, soweit der Grund hierfür entfallen ist [§ 249 II, S. 2 HGB].

Rückstellungen sind Schulden. Sie sind daher auf der **Passivseite der Bilanz** auszuweisen. Im § 266 III B. HGB wird folgende Aufgliederung der Rückstellungen vorgeschrieben:

Rückstellungen für Pensionen und ähnliche Verpflichtungen	Steuerrückstellungen	Sonstige Rückstellungen (z. B. für Gewährleistungen)

4.2 Bewertung von Pensionsrückstellungen

Pensionsrückstellungen sind Rückstellungen für Verpflichtungen aus betrieblicher Altersversorgung.

Für Pensionsrückstellungen gelten folgende **Bewertungsregeln:**[1]

Für alle **Altersversorgungsverpflichtungen** besteht ein **Abzinsungswahlrecht**. Sie können **pauschal** mit dem **durchschnittlichen Marktzinssatz**[2] abgezinst werden, der sich bei einer angenommenen Laufzeit von 15 Jahren ergibt [§ 253 II, S. 2 HGB].

Beispiel:

Die Hansen GmbH hat ihren Beschäftigten im Jahr 2016 erstmalig eine Pensionszusage gemacht. Ein Gutachter hat unter Berücksichtigung der zukünftigen Lohn- und Rentenentwicklung einen Erfüllungsbetrag in Höhe von 480 000,00 EUR ermittelt. Dabei hat er eine durchschnittliche Restlaufzeit von 15 Jahren angenommen. Das Unternehmen bildet am 31. 12. 2016 die Pensionsrückstellung in voller Höhe.

---

[1] Auf die Bewertung des Sonderfalls, dass die Pensionszusage ausschließlich wertpapiergebunden ist, wird aus Vereinfachungsgründen nicht eingegangen.

[2] Der Abzinsungszinssatz wird von der Deutschen Bundesbank als Durchschnitt der letzten 10 Jahre ermittelt und monatlich bekannt gemacht.

Lernbereich 3: Jahresabschlussarbeiten durchführen

Aufgaben:
1. Bilden Sie den Buchungssatz, wenn vom Abzinsungswahlrecht nicht Gebrauch gemacht wird!
2. Die Abzinsung beträgt pauschal 4,7 %.
   2.1 Ermitteln Sie den Barwert der Pensionszusage!
   2.2 Bilden Sie den Buchungssatz für die Pensionszusage und die Diskontierung am Bilanzstichtag des Jahres 2016!
   2.3 Berechnen Sie den Barwert zum 31.12.2017 und buchen Sie den Differenzbetrag zum bisherigen Barwert!
   2.4 Am Bilanzstichtag 2018 reduziert sich der Barwert der Pensionsrückstellungen um 22 000,00 EUR, da zwei Mitarbeiter das Unternehmen verlassen. Bilden Sie den Buchungssatz!

Lösungen:

Zu 1.:

Geschäftsvorfall	Konten	Soll	Haben
Bildung einer Pensionsrückstellung in Höhe von 480 000,00 EUR	6440 Aufw. f. Altersversorgung an 3700 Rückstellungen f. Pensionen	480 000,00	480 000,00

Zu 2.1:

Der Erfüllungsbetrag beträgt 480 000,00 EUR. Dieser Betrag steht dem Unternehmen während der Restlaufzeit zur betrieblichen Nutzung zur Verfügung. Der Barwert errechnet sich nach der Barwertformel:

$$K_0 = K_n \cdot \frac{1}{\left(1 + \frac{p}{100}\right)^n}$$

$K_0 = 480\,000 \cdot \dfrac{1}{\left(1 + \frac{4,7}{100}\right)^{15}} = \underline{241\,013,30 \text{ EUR}}$
(Barwert)

Erläuterung:

Aus der Differenz zwischen dem Erfüllungsbetrag (K_{15}) und dem Barwert (K_0) ergibt sich ein **Zinsertrag**. **Negative Differenzen** zwischen den Barwerten der Folgejahre sind **Zinsaufwendungen**. In der Summe müssen sich die Zinsaufwendungen und Zinserträge während der gesamten Laufzeit ausgleichen.

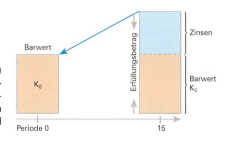

Zu 2.2 – 2.4.: Bildung der Buchungssätze

Nr.	Geschäftsvorfälle	Konten	Soll	Haben
2.2	Bildung einer Pensionsrückstellung in Höhe von 480 000,00 EUR	6440 Aufw. f. Altersversorgung an 3700 Rückstellungen f. Pensionen u. ähnl. Verpflichtungen an 5790 zinsähnliche Erträge	480 000,00	241 031,30 238 986,70
2.3	Aufzinsung der Pensionsrückstellung um 11 327,63 EUR	7590 Zinsähnliche Aufwend. an 3700 Rückstellungen f. Pensionen	11 327,63	11 327,63

Nr.	Geschäftsvorfälle	Konten	Soll	Haben
2.4	Die Pensionsrückstellung ist um 22 000,00 EUR zu reduzieren	3700 Rückstellungen f. Pensionen u. ähnl. Verpflichtungen an 5480 Ertr. a. Herab. v. Rückstellungen	22 000,00	22 000,00

Zu 2.3: Ermittlung der Barwertdifferenz

$K_1 - K_0 = 252\,340{,}93\ EUR - 241\,013{,}30\ EUR = \underline{11\,327{,}63\ EUR}$

$K_1 = 480\,000 \cdot \dfrac{1}{\left(1 + \dfrac{4{,}7}{100}\right)^{14}} = \underline{252\,340{,}93\ EUR}$

Kompetenztraining

143 Pensionsrückstellungen

Ausgangspunkt ist das Beispiel auf S. 407:

1. 1.1 Wegen einer stark verschlechterten Wirtschaftsentwicklung musste die Hansen GmbH im Jahr 2018 die Zahl ihrer Beschäftigten reduzieren. In einem zum 31.12. erstellten Gutachten über die Pensionsverpflichtungen wird ein Erfüllungsbetrag von 400 000,00 EUR errechnet. n = 15. Der Diskontierungszinssatz bleibt unverändert bei 4,7 %.

   Aufgaben:
   1.1.1 Ermitteln Sie den Barwert der Pensionszusage am Bilanzstichtag für das Jahr 2018!
   1.1.2 Bilden Sie den Buchungssatz für die Anpassung der Pensionsverpflichtungen zum Bilanzstichtag 2018!
   1.1.3 Begründen Sie, mit welchem Betrag die Pensionsrückstellungen in der Bilanz zum Bilanzstichtag 2018 zu bewerten sind!

   1.2 Ab dem Jahr 2019 werden keine neuen Pensionsverpflichtungen eingegangen. Die bisher gebildeten Pensionsrückstellungen sollen – wie im Jahre 2018 zugesagt – am Erfüllungstag an die Berechtigten ausgezahlt werden.

   Aufgaben:
   1.2.1 Ermitteln Sie, mit welchem Betrag die Pensionsrückstellungen zum Bilanzstichtag des Jahres 2019 zu bilanzieren sind!
   1.2.2 Bilden Sie den Buchungssatz die Pensionsrückstellungen zum Bilanzstichtag 2019, wenn der Diskontierungszinssatz unverändert bleibt!

2. Es sind Pensionsrückstellungen für 200 Mitarbeiter zu bilden. Die Rückstellungen werden ausschließlich in festverzinslichen Wertpapieren angelegt. Der beizulegende Zeitwert der Wertpapiere beträgt 60 000,00 EUR. Gegenüber jedem Mitarbeiter wird eine Pensionszusage mit einem Mindestbetrag von 350,00 EUR abgegeben.

   Aufgabe:
   Begründen Sie, mit welchem Betrag die Pensionsverpflichtung zu bilanzieren ist!

3. 3.1 Erläutern Sie die Auswirkungen, die Rückstellungen auf das Unternehmensergebnis haben!
   3.2 Begründen Sie, ob durch die Bildung von Rückstellungen der Gewinn beeinflusst werden kann!
   3.3 Nennen Sie den Zeitpunkt, zu dem Rückstellungen aufzulösen sind!

Lernbereich 3: Jahresabschlussarbeiten durchführen

5 Jahresabschluss bei Kapitalgesellschaften nach HGB hinsichtlich des Informationsgehalts für interne und externe Adressaten beurteilen

LB 3 | Handlungssituation 5: Bilanz und Gewinn- und Verlustrechnung einer Kapitalgesellschaft erstellen

Der Kaufmann hat zu Beginn seines Handelsgewerbes und für den Schluss eines jeden Geschäftsjahres einen das Verhältnis seines Vermögens und seiner Schulden darstellenden Abschluss (Eröffnungsbilanz, Bilanz) aufzustellen [§ 242 I, S. 1 HGB]. Außerdem hat der Kaufmann für den Schluss eines jeden Geschäftsjahres eine Gegenüberstellung der Aufwendungen und Erträge des Geschäftsjahres (Gewinn- und Verlustrechnung) aufzustellen [§ 242 II HGB].

Die Anlagen- und Maschinenbau AG stellt den Jahresabschluss zum 31. Dezember auf. Folgende Zahlen aus der Buchhaltung stehen zur Verfügung.

Konten (Beträge in TEUR)	Soll	Haben
Grundstücke und Gebäude	77 200	2 000
Technische Anlagen und Maschinen	8 600	2 390
Fuhrpark	30 140	11 450
Roh-, Hilfs- und Betriebsstoffe	54 860	
Forderungen aus Lieferungen und Leistungen	139 000	135 000
Flüssige Mittel	186 600	179 000
Gezeichnetes Kapital		97 700
Gesetzliche Rücklage		4 700
Andere Gewinnrücklagen		5 900
Verbindlichkeiten gegenüber Kreditinstituten		5 000
Verbindlichkeiten aus Lieferungen und Leistungen	96 450	91 750
Sonstige Verbindlichkeiten	16 700	20 700
Umsatzerlöse für eigene Erzeugnisse	27 640	171 680
Zinserträge		390
Roh-, Hilfs- und Betriebsstoffaufwendungen	?	
Personal-/Sozialaufwand	55 770	
Abschreibungen auf Sachanlagen	6 500	
Zinsen und ähnliche Aufwendungen	1 040	
Sonstige betriebliche Aufwendungen	3 510	
Sonstige Steuern	2 860	
Steuern von Einkommen und Ertrag	7 280	
Inventurbestände am 31. Dezember:		
Unfertige/fertige Erzeugnisse 3 800 TEUR		
Roh-, Hilfs- und Betriebsstoffe 6 500 TEUR		

5 Jahresabschluss bei Kapitalgesellschaften nach HGB hinsichtlich des Informationsgehalts für interne und externe Adressaten beurteilen

KOMPETENZORIENTIERTE ARBEITSAUFTRÄGE:

1. Erstellen Sie die Bilanz sowie die Gewinn- und Verlustrechnung in der Staffelform nach § 275 II HGB!
2. Schuldner und Gläubiger profitieren davon, dass § 275 HGB die Kapitalgesellschaften verpflichtet, die Gewinn- und Verlustrechnung in Staffelform aufzustellen. Erläutern Sie diese richtige Aussage!
3. Recherchieren Sie, wann der Jahresabschluss einer AG festgestellt und damit rechtlich verbindlich ist!

5.1 Aufgaben des Jahresabschlusses

(1) Allgemeine Aufgabe des Jahresabschlusses

Der Jahresabschluss einer Kapitalgesellschaft soll einen möglichst sicheren Einblick in die Vermögens-, Ertrags- und Finanzlage eines Unternehmens gewährleisten. Deshalb stellt der Gesetzgeber hohe Anforderungen an Inhalt und Form des Jahresabschlusses.

> Der **Jahresabschluss** ist ein **Dokument** (Beweisstück) und eine **Rechnungslegung** für eine bestimmte Rechnungsperiode.

(2) Aufgaben des Jahresabschlusses im Einzelnen

Bereitstellung von Information und Grundlage für Kontrollmaßnahmen	Der Jahresabschluss hat ein den tatsächlichen Verhältnissen entsprechendes Bild der Vermögens-, Finanz- und Ertragslage des Unternehmens zu vermitteln [§ 264 II HGB]. An dieser **Informationsfunktion des Jahresabschlusses** sind einerseits Anteilseigner und Arbeitnehmer der Unternehmung interessiert, andererseits aber auch Außenstehende wie z.B. Lieferanten, Kunden, Konkurrenten, die Finanzverwaltung, Kreditgeber oder andere aus der interessierten Öffentlichkeit.[1] Die genannten Personen bzw. Institutionen erhalten durch den Jahresabschluss die Möglichkeit, die Situation des Unternehmens zu kontrollieren und sich so vor Fehlinformationen zu schützen (**Kontrollfunktion des Jahresabschlusses**).
Grundlage für Unternehmensentscheidungen	Für die Unternehmensleitung, die Anteilseigner und das eventuell eingerichtete Kontrollorgan (z.B. Aufsichtsrat) liefert der Jahresabschluss viele entscheidungsrelevante Informationen, die für die zukünftige Ausrichtung der Geschäftspolitik bedeutsam sind (**Steuerungsfunktion des Jahresabschlusses**).
Grundlage für Finanzierungsentscheidungen und die Gewinnverwendung	Eine weitere Aufgabe des Jahresabschlusses besteht darin, die genaue Höhe des Gewinns (Verlusts) bzw. des Jahresüberschusses (Jahresfehlbetrages) festzustellen. Der Jahresabschluss ist damit die **Grundlage** für Entscheidungen über die Höhe der **Gewinnausschüttung** und der Zuführung von Mitteln zur **Erhöhung des Eigenkapitals**.
Grundlage für die Steuerermittlung	Für die Finanzverwaltung ist der Jahresabschluss Ausgangspunkt für die **Ermittlung des Steuergewinns** und damit der **Steuerfestsetzung**.

---

[1] Damit Außenstehende eine ausreichende Information erhalten, besteht für Kapitalgesellschaften eine Offenlegungspflicht für den Jahresabschluss [§ 325 I HGB].

5.2 Aufstellungs-, Offenlegungs- und Prüfungspflicht

(1) Abhängigkeit der Rechnungslegungsvorschriften von der Größe der Kapitalgesellschaft

Maßgebend für den Zeitpunkt der Aufstellungspflicht, den Umfang der Prüfungspflicht und die Art der Offenlegungspflicht ist die Größe der Kapitalgesellschaft (KapG). Es wird zwischen kleinsten, kleinen, mittelgroßen und großen Kapitalgesellschaften unterschieden [§ 267 I bis III HGB].

Merkmale / Größenklasse	Bilanzsumme Mio. EUR	Umsatzerlöse Mio. EUR	Durchschnittliche Anzahl der Arbeitnehmer
Kleinst-KapG	bis einschl. 0,35	bis einschl. 0,7	bis einschl. 10
kleine KapG	über 0,35 bis 6	über 0,7 bis 12	über 10 bis 50
mittelgroße KapG	über 6 bis 20	über 12 bis 40	über 50 bis 250
große KapG	über 20	über 40	über 250

Für die Einordnung in eine der vier Größenklassen müssen zwei der drei angegebenen Merkmale an zwei aufeinanderfolgenden Bilanzstichtagen erfüllt sein [§ 267 IV HGB]. Außerdem gelten Kapitalgesellschaften auch dann als groß, wenn sie einen organisierten Markt[1] durch von ihnen ausgegebene Wertpapiere[2] in Anspruch nehmen oder die Zulassung derartiger Wertpapiere zum Handel an einem organisierten Markt beantragt haben [§§ 267 III, 264 d HGB].

(2) Überblick über Aufstellungs-, Offenlegungs- und Prüfungspflicht bei Kapitalgesellschaften

	Aufstellungspflicht	Offenlegungspflicht	Prüfungspflicht
Kleinstkapitalgesellschaften	innerhalb der ersten 6 Monate	stark verkürzte Bilanz	keine
Kleine Kapitalgesellschaften	innerhalb der ersten 6 Monate	stark verkürzte Bilanz	keine
Mittelgroße Kapitalgesellschaften	innerhalb der ersten 3 Monate	verkürzte Bilanz, verkürzter Anhang	■ Prüfung durch Abschlussprüfer [§ 316 I, S. 1 HGB] unter Einbeziehung der Buchführung [§ 317 I, S. 1 HGB] ■ Bestätigungs- oder Versagungsvermerk des Abschlussprüfers [§ 322 I HGB]. ■ Bericht des Aufsichtsrates
Große Kapitalgesellschaften	innerhalb der ersten 3 Monate	■ Bilanz und GuV-Rechnung nach § 266 II, III HGB ■ Lagebericht nach §§ 264 I, S. 1; 289 HGB	

---

1 **Organisierte Märkte** im Sinne des Wertpapierhandelsgesetzes sind Märkte, die von staatlich anerkannten Stellen (vor allem durch die „Bundesanstalt für Finanzdienstleistungsaufsicht") geregelt und überwacht werden, regelmäßig stattfinden und für das Publikum (z. B. Käufer und Verkäufer der Effekten) unmittelbar oder mittelbar zugänglich sind.

2 Hierzu gehören z. B. Aktien, Zertifikate, die Aktien vertreten, Schuldverschreibungen und Investmentzertifikate der Kapitalanlagegesellschaften.

Mittelgroße und große Kapitalgesellschaften haben den geprüften Jahresabschluss und Lagebericht sowie den Bestätigungsvermerk **spätestens vor Ablauf des 12. Monats** des **neuen Geschäftsjahres** beim Betreiber des elektronischen Bundesanzeigers einzureichen [§ 325 I, 1 a HGB]. Sonstige offenzulegende Unterlagen können später nachgereicht werden. Der Betreiber veröffentlicht die Unterlagen anschließend im elektronischen Bundesanzeiger. Er ist auch zuständig für die Speicherung des Jahresabschlusses eines Unternehmens.

5.3 Bestandteile des Jahresabschlusses

5.3.1 Überblick

Bestandteile des **Jahresabschlusses** bei Kapitalgesellschaften sind nach den §§ 264 I, S. 1; 242 HGB

- die **Bilanz**,
- die **Gewinn- und Verlustrechnung** und
- der **Anhang**.

Darüber hinaus müssen alle großen und mittelgroßen Kapitalgesellschaften ihren Jahresabschluss zusätzlich durch einen **Lagebericht** ergänzen [§ 264 I, S. 1 in Verbindung mit § 289 HGB]. Der Lagebericht gilt **nicht** als **Bestandteil des Jahresabschlusses**.

5.3.2 Bilanz

Die Bilanz ist grundsätzlich in Kontoform aufzustellen. Das gilt unabhängig von der Rechtsform für alle Unternehmen. Für große und mittelgroße Kapitalgesellschaften gelten uneingeschränkt die durch § 266 II, III HGB vorgegebenen Gliederungsgesichtspunkte: Grobgliederung (nach großen Buchstaben A bis C), Untergliederung (in römischen Ziffern) und weitere Untergliederung (mit arabischen Ziffern) sowie die Bezeichnungen und die Reihenfolge der einzelnen Bilanzposten.

Große Kapitalgesellschaften müssen ihre Bilanzen veröffentlichen. Außerdem schreibt das HGB zur Erhöhung der Bilanzklarheit noch folgende **Angaben** vor:

- Für jeden einzelnen **Bilanzposten des Anlagevermögens** muss dessen Entwicklung im Anhang dargestellt werden [§ 284 III HGB]. Eine mögliche Darstellungsform stellt der **Anlagespiegel** dar.[1]
- Die **Höhe der Forderungen** mit einer **Restlaufzeit von mehr als einem Jahr** muss bei dem jeweiligen Bilanzposten gesondert ausgewiesen werden [§ 268 IV HGB].
- Der **Betrag der Verbindlichkeiten** mit einer **Restlaufzeit bis zu einem Jahr** und der Betrag der Verbindlichkeiten mit einer **Restlaufzeit von mehr als einem Jahr** ist bei dem jeweiligen Bilanzposten anzugeben oder in Form eines **Verbindlichkeitenspiegels** darzustellen [§ 268 V, S. 1 HGB].[1]
- **Eventualverbindlichkeiten** (z. B. aus der Weitergabe von Wechseln, aus Bürgschaften oder aus Gewährleistungsverträgen) müssen unter der Bilanz [§ 251 HGB] oder im Anhang [§ 268 VII HGB] gesondert ausgewiesen werden.

---

[1] Der Anlagespiegel sowie der Verbindlichkeitenspiegel werden im Folgenden aufgrund des Lehrplans nicht dargestellt.

Gliederung der Bilanz [§ 266 II, III HGB]

Aktiva	Bilanz	Passiva

A. Anlagevermögen:
- I. Immaterielle Vermögensgegenstände:
    1. Selbst geschaffene gewerbliche Schutzrechte und ähnliche Rechte und Werte;
    2. entgeltlich erworbene Konzessionen, gewerbliche Schutzrechte und ähnliche Rechte sowie Lizenzen an solchen Rechten und Werten;
    3. Geschäfts- oder Firmenwert;
    4. geleistete Anzahlungen;
- II. Sachanlagen:
    1. Grundstücke, grundstücksgleiche Rechte u. Bauten einschl. der Bauten a. fr. Grundstücken;
    2. technische Anlagen und Maschinen;
    3. and. Anlagen, Betr.- u. Geschäftsausstattung;
    4. geleistete Anzahlungen u. Anlagen im Bau;
- III. Finanzanlagen:
    1. Anteile an verbundenen Unternehmen;
    2. Ausleihungen an verbundene Unternehmen;
    3. Beteiligungen;
    4. Ausleihungen an Unternehmen, mit denen ein Beteiligungsverhältnis besteht;
    5. Wertpapiere des Anlagevermögens;
    6. sonstige Ausleihungen.

B. Umlaufvermögen:
- I. Vorräte:
    1. Roh-, Hilfs- und Betriebsstoffe;
    2. unfertige Erzeugnisse, unfertige Leistungen;
    3. fertige Erzeugnisse und Waren;
    4. geleistete Anzahlungen;
- II. Forderungen und sonstige Vermögensgegenstände:
    1. Ford. a. Lieferungen u. Leistungen;
    2. Ford. gegen verbundene Unternehmen;
    3. Forderungen gegen Unternehmen, mit denen ein Beteiligungsverhältnis besteht;
    4. sonstige Vermögensgegenstände;
- III. Wertpapiere:
    1. Anteile an verbundenen Unternehmen;
    2. sonstige Wertpapiere;
- IV. Kassenbestand, Bundesbankguthaben, Guthaben bei Kreditinstituten und Schecks.

C. Rechnungsabgrenzungsposten.

D. Aktive latente Steuern.

E. Aktiver Unterschiedsbetrag aus der Vermögensverrechnung.

A. Eigenkapital:
- I. Gezeichnetes Kapital;
- II. Kapitalrücklage;
- III. Gewinnrücklagen:
    1. gesetzliche Rücklage;
    2. Rücklage für Anteile an einem herrschenden oder mehrheitlich beteiligten Unternehmen;
    3. satzungsmäßige Rücklagen;
    4. andere Gewinnrücklagen;
- IV. Gewinnvortrag/Verlustvortrag;
- V. Jahresüberschuss/Jahresfehlbetrag.

B. Rückstellungen:
1. Rückstellungen für Pensionen und ähnliche Verpflichtungen;
2. Steuerrückstellungen;
3. sonstige Rückstellungen.

C. Verbindlichkeiten:
1. Anleihen, davon konvertibel;
2. Verbindlichkeiten gegenüber Kreditinstituten;
3. erhaltene Anzahlungen auf Bestellungen;
4. Verbindlichkeiten aus Lieferungen und Leistungen;
5. Verbindlichkeiten aus der Annahme gezogener Wechsel und der Ausstellung eigener Wechsel;
6. Verbindlichkeiten gegenüber verbundenen Unternehmen;
7. Verbindlichkeiten gegenüber Unternehmen, mit denen ein Beteiligungsverhältnis besteht;
8. sonstige Verbindlichkeiten, davon aus Steuern, davon im Rahmen der sozialen Sicherheit.

D. Rechnungsabgrenzungsposten.

E. Passive latente Steuern.

5.3.3 Gewinn- und Verlustrechnung

Nach § 275 HGB müssen Kapitalgesellschaften ihre Gewinn- und Verlustrechnung in **Staffelform** unter Angabe der Vorjahresbeträge aufstellen. Die Staffelform bietet die Möglichkeit, einen schnellen Überblick über die **Entstehung und Zusammensetzung** des Jahresergebnisses zu gewinnen.

Die Gewinn- und Verlustrechnung darf wahlweise nach dem **Gesamtkostenverfahren** oder nach dem **Umsatzkostenverfahren** gegliedert werden.

(1) Gesamtkostenverfahren

Zur Berechnung des **Betriebsergebnisses** werden beim **Gesamtkostenverfahren** der Gesamtleistung der Periode (Umsatzerlöse ± Bestandsveränderungen bei fertigen und unfertigen Erzeugnissen + aktivierte Eigenleistungen) alle Aufwendungen der gleichen Periode gegenübergestellt. Das Gesamtkostenverfahren ist produktionsorientiert. Der Aufwand wird nach dem Verbrauch der Produktionsfaktoren in Materialaufwand, Personalaufwand, Abschreibungen und sonstige betriebliche Aufwendungen gegliedert.

```
    Umsatzerlöse
  + aktivierte Eigenleistungen
  ± Bestandsveränderungen an fertigen
    und unfertigen Erzeugnissen
    (Lagerzugang bzw. -abgang)
  = Gesamtleistung der Periode
  − Gesamtaufwand für die Produkte
  = Jahresüberschuss/Jahresfehlbetrag
```

(2) Umsatzkostenverfahren

Zur Berechnung des **Betriebsergebnisses** werden beim **Umsatzkostenverfahren** den Umsatzerlösen der Periode nur die Herstellungskosten der verkauften Produkte/Dienstleistungen gegenübergestellt. Die Bestandsveränderungen (bewertet zu Herstellungskosten) werden mit den Produktionskosten verrechnet. Eine Bestandsminderung erhöht die Produktionskosten; eine Bestandserhöhung mindert sie.

```
    Umsatzerlöse
  − Herstellungskosten für die Produktion
    (beinhaltet die Bestandsveränderungen)
  = Jahresüberschuss/Jahresfehlbetrag
```

> **Beachte:**
>
> ■ Die Gliederung der GuV-Rechnung erfolgt in diesem Schulbuch nach dem **Gesamtkostenverfahren**.

(3) Gliederung der GuV-Rechnung in Staffelform nach dem Gesamtkostenverfahren [§ 275 II HGB][1]

1. Umsatzerlöse
2. Erhöhung oder Verminderung des Bestands an fertigen und unfertigen Erzeugnissen
3. andere aktivierte Eigenleistungen
4. sonstige betriebliche Erträge
5. Materialaufwand:
    a) Aufwendungen für Roh-, Hilfs- und Betriebsstoffe und für bezogene Waren
    b) Aufwendungen für bezogene Leistungen
6. Personalaufwand:
    a) Löhne und Gehälter
    b) soziale Abgaben und Aufwendungen für Altersversorgung und für Unterstützung, davon für Altersversorgung
7. Abschreibungen:
    a) auf immaterielle Vermögensgegenstände des Anlagevermögens und Sachanlagen sowie auf aktivierte Aufwendungen für die Ingangsetzung und Erweiterung des Geschäftsbetriebs
    b) auf Vermögensgegenstände des Umlaufvermögens, soweit diese die in der Kapitalgesellschaft üblichen Abschreibungen überschreiten
8. sonstige betriebliche Aufwendungen
9. Erträge aus Beteiligungen, davon aus verbundenen Unternehmen
10. Erträge aus anderen Wertpapieren und Ausleihungen des Finanzanlagevermögens, davon aus verbundenen Unternehmen
11. sonstige Zinsen und ähnliche Erträge, davon aus verbundenen Unternehmen
12. Abschreibungen auf Finanzanlagen und auf Wertpapiere des Umlaufvermögens
13. Zinsen und ähnliche Aufwendungen, davon an verbundene Unternehmen
14. Steuern vom Einkommen und vom Ertrag
15. Ergebnis nach Steuern
16. sonstige Steuern
17. Jahresüberschuss/Jahresfehlbetrag

Erläuterungen:

Die **Umsatzerlöse** nach § 277 I HGB umfassen

- die Erlöse aus dem **Verkauf und der Vermietung oder Verpachtung von Produkten** abzüglich der Erlösschmälerungen, der Umsatzsteuer sowie sonstiger direkt mit dem Umsatz verbundenen Steuern (z. B. Zölle und Verbrauchssteuern wie Energie- oder Tabaksteuer).

- Erlöse aus der **Erbringung von Dienstleistungen** nach Abzug von Erlösschmälerungen, der Umsatzsteuer sowie sonstiger direkt mit dem Umsatz verbundenen Steuern. Hierzu zählen beispielsweise Erträge aus dem Abverkauf überzähliger Roh-, Hilfs- und Betriebsstoffe, Erlöse aus dem Schrottwert von Ausschussprodukten, Mieteinnahmen aus Werkswohnungen, Patent- und Lizenzerträge, Kantinenerlöse und Erträge aus der Betriebskindertagesstätte.

- Dadurch, dass die Umsatzerlöse nicht mehr auf die typischen Erzeugnisse und Dienstleistungen beschränkt sind, sondern auch die außergewöhnlichen Geschäftstätigkeiten einbezogen werden, wurden in der GuV-Rechnung die Posten **außerordentliche Aufwendungen und Erträge aufgehoben**.

Nicht unter den Umsatzerlösen, sondern unter den sonstigen **betrieblichen Erträgen** werden z. B. Erträge aus dem Abgang von Anlagevermögen, Erträge aus der Auflösung von Rückstellungen und Erträge aus Währungsumrechnungen ausgewiesen.

---

[1] Kleinstkapitalgesellschaften können eine verkürzte GuV-Rechnung in Staffelform ausweisen [§ 275 V HGB].

5 Jahresabschluss bei Kapitalgesellschaften nach HGB hinsichtlich des Informationsgehalts für interne und externe Adressaten beurteilen

Beispiel zum Gesamtkostenverfahren:

Die Regensburger Bootsbau AG bereitet den handelsrechtlichen Jahresabschluss vor. Aus der Buchführung liegt folgende zusammengefasste GuV-Rechnung vor:

Aufwendungen	GuV-Konto zum 31. Dez. 20.. (TEUR)		Erträge
Aufwendungen für Rohstoffe	2 450	Umsatzerlöse f. eigene Erz.	9 400
Aufwendungen für Betriebsstoffe	240	Bestandsveränderungen FE	75
Frachten und Fremdlager	270	Erträge aus dem Abgang von	
Löhne	2 010	Vermögensgegenständen	380
Gehälter	1 300	Erträge aus Beteiligungen	150
Soz.-Vers.-Beiträge	595	Zinserträge	105
Abschreibungen a. Sachanlagen	490		
Leasingaufwendungen	30		
Mieten, Pachten	190		
Büromaterial	78		
Versicherungsbeiträge	9		
Sonstige betriebliche Steuern	10		
Zinsaufwendungen	143		
Gewerbesteuer	106		
Körperschaftsteuer	606		
Jahresüberschuss	1 583		
	10 110		10 110

Aufgabe:
Erstellen Sie eine GuV-Rechnung in Staffelform nach § 275 II HGB!

Lösung:

Nr. lt. HGB[1]	Bezeichnung		Betrag in TEUR
1.	Umsatzerlöse	+	9 400
2.	Erhöhung des Bestands an fertigen Erzeugnissen	+	75
4.	sonstige betriebliche Erträge	+	380
5.	Materialaufwand:		
	a) Aufwendungen für Roh-, Hilfs- und Betriebsstoffe	−	2 690
	b) Aufwendungen für bezogene Leistungen	−	270
6.	Personalaufwand:		
	a) Löhne und Gehälter	−	3 310
	b) soziale Abgaben	−	595
7.	Abschreibungen:		
	a) auf Sachanlagen	−	520
8.	sonstige betriebliche Aufwendungen	−	277
9.	Erträge aus Beteiligungen	+	150
11.	sonstige Zinsen und ähnliche Erträge	+	105
13.	Zinsen und ähnliche Aufwendungen	−	143
14	Steuern vom Einkommen und vom Ertrag	−	712
15.	**Ergebnis nach Steuern**		**1 593**
16.	sonstige Steuern	−	10
17.	**Jahresüberschuss**		**1 583**

---

[1] Es werden nur die benötigten Positionen aus dem HGB übernommen. In der Praxis wird fortlaufend nummeriert.

5.3.4 Anhang

> Der **Anhang** soll zusätzlich zur Bilanz und Gewinn- und Verlustrechnung dazu beitragen, das Bild über die tatsächlichen Verhältnisse der Vermögens-, Finanz- und Ertragslage einer Kapitalgesellschaft zu verdeutlichen (Informationsfunktion).

Nach § 284 II, III HGB sind im Anhang **Erläuterungen zur Bilanz und Gewinn- und Verlustrechnung** anzuführen. Sie sind in der Reihenfolge der einzelnen Posten der Bilanz oder der Gewinn- und Verlustrechnung anzugeben. Die Erläuterungen umfassen:

- Angabe der Bilanzierungs- und Bewertungsmethoden.
- Angaben zu Abweichungen von den Bilanzierungs- und Bewertungsmethoden und deren Einfluss auf die Vermögens-, Finanz- und Ertragslage.
- Höhe der Abschreibungen zu Beginn und Ende des Geschäftsjahres.
- Änderungen in den Abschreibungen bei Zu- und Abgängen sowie Umbuchungen im Laufe des Geschäftsjahres.
- Sind in den Herstellungskosten Zinsen für Fremdkapital einbezogen worden, ist für jeden Posten des Anlagevermögens anzugeben, welcher Betrag an Zinsen im Geschäftsjahr aktiviert worden ist.

Weitere Pflichtangaben, die im Anhang anzugeben sind, enthält § 285, Nr. 1–34 HGB.

5.3.5 Lagebericht

Kapitalgesellschaften haben neben der Bilanz, Gewinn- und Verlustrechnung und dem Anhang zusätzlich einen Lagebericht zu erstellen [§ 264 I, S. 1 HGB]. Von der Aufstellung eines Lageberichts sind kleine Kapitalgesellschaften und Kleinstkapitalgesellschaften befreit [§ 264 I, S. 4 HGB].

Im Lagebericht ist nach § 289 II HGB auf folgende Punkte einzugehen:

- die Risikomanagementziele und -methoden der Gesellschaft [§ 289 II, Nr. 1a HGB].
- die Preisänderungs-, Ausfall- und Liquiditätsrisiken sowie die Risiken aus Zahlungsschwankungen, denen die Gesellschaft ausgesetzt ist [§ 289 III Nr. 1b HGB].
- auf den Bereich Forschung und Entwicklung (**Forschungs- u. Entwicklungsbericht** [§ 289 II, Nr. 3 HGB]).
- auf bestehende Zweigniederlassungen der Gesellschaft (**Zweigniederlassungsbericht** [§ 289 II, Nr. 4 HGB]).

Börsennotierte Aktiengesellschaften haben zudem noch Informationen zum **Vergütungssystem des Managements** [§ 289 II, Nr. 4 HGB] sowie eine **Erklärung zur Unternehmensführung** („Corporate-Governance-Erklärung") [§ 289a I, S. 1 HGB] in ihren Lagebericht aufzunehmen.

Im Gegensatz zum Anhang enthält der Lagebericht auch zukunftsorientierte Angaben.

> **Beachte:**
>
> Der **Lagebericht** gehört **nicht zu den Bestandteilen des Jahresabschlusses** einer Kapitalgesellschaft.

5 Jahresabschluss bei Kapitalgesellschaften nach HGB hinsichtlich des Informationsgehalts für interne und externe Adressaten beurteilen

Kompetenztraining

144 Vorschriften zur Aufstellung des Jahresabschlusses, Offenlegung des Jahresabschlusses

1. Nennen Sie die einzelnen Bestandteile des Jahresabschlusses bei einer Kapitalgesellschaft!
2. Geben Sie an, in welcher Form Kapitalgesellschaften lt. HGB
    2.1 die Bilanz,
    2.2 die Gewinn- und Verlustrechnung aufstellen!
3. Beschreiben Sie die Aufgabe, die der Jahresabschluss zu erfüllen hat!
4. Nennen Sie die Fristen, die Kapitalgesellschaften für die Aufstellung ihres Jahresabschlusses einhalten müssen!
    4.1 Für kleine Kapitalgesellschaften
    4.2 Für große und mittelgroße Kapitalgesellschaften
5. Die Bayernmilch AG hatte in den beiden letzten Jahren einen Umsatz von 145 Mio. EUR bzw. 153 Mio. EUR, eine durchschnittliche Mitarbeiterzahl von 300 und Bilanzsummen von 29 Mio. EUR bzw. 32 Mio. EUR.

    Aufgabe:

    Geben Sie an, in welchem Umfang und in welcher Form der Jahresabschluss offengelegt werden muss!

145 Aufstellung des Jahresabschlusses

Zum 31. Dezember 20.. ergaben sich für die Wilken AG folgende Beträge:

Konten	
Sachanlagen	12 800 000,00 EUR
Finanzanlagen	600 000,00 EUR
Flüssige Mittel	800 000,00 EUR
Roh-, Hilfs- und Betriebsstoffe	4 200 000,00 EUR
Unfertige und fertige Erzeugnisse	3 200 000,00 EUR
Forderungen aus Lieferungen und Leistungen	2 300 000,00 EUR
Gezeichnetes Kapital	9 000 000,00 EUR
Gesetzliche Rücklage	1 000 000,00 EUR
Andere Gewinnrücklagen	4 140 000,00 EUR
Ergebnisvortrag aus früheren Perioden (Verlustvortrag)	60 000,00 EUR
Pensionsrückstellungen	2 700 000,00 EUR
Andere Rückstellungen	300 000,00 EUR
Anleihen	2 900 000,00 EUR
Bankschulden	720 000,00 EUR
Verbindlichkeiten aus Lieferungen und Leistungen	2 220 000,00 EUR
Umsatzerlöse für Erzeugnisse und Leistungen	22 060 000,00 EUR
Bestandsmehrungen Fertigerzeugnisse	120 000,00 EUR
Bestandsminderungen unfertige Erzeugnisse	24 000,00 EUR
Aktivierte Eigenleistungen	460 000,00 EUR
Verbrauch an Roh-, Hilfs- und Betriebsstoffen	7 440 000,00 EUR
Personalaufwand	7 080 000,00 EUR
Bilanzielle Abschreibungen	840 000,00 EUR
Sonstige betriebliche Aufwendungen	5 590 000,00 EUR
Körperschaftsteuer	380 000,00 EUR
Sonstige Steuern	120 000,00 EUR

Aufgaben:

1. Erstellen Sie nach § 266 HGB die vorläufige Jahresbilanz vor Feststellung des Jahresabschlusses!

2. Errechnen Sie nach dem Gesamtkostenverfahren (§ 275 II HGB) den vorläufigen Jahresüberschuss!

3. Nennen Sie zwei Gründe, warum der Gesetzgeber zur Erfolgsermittlung Formvorschriften erlassen hat!

4. Nach erfolgter Aufstellung des Jahresabschlusses durch den Vorstand sieht das AktG und das HGB eine Prüfung durch den Aufsichtsrat (siehe § 171 AktG) und Abschlussprüfer (siehe § 316 HGB) vor.

   Begründen Sie, warum diese doppelte Prüfung notwendig ist!

146 GuV-Rechnung und Bilanz vor Gewinnverwendung

Die Böhme AG, München, stellt den Jahresabschluss zum 31. Dezember auf. Folgende Zahlen aus der Buchhaltung stehen zur Verfügung:

Konten (Beträge in TEUR)	Soll	Haben
Grundstücke und Gebäude	48 580	2 000
Technische Anlagen und Maschinen	68 600	6 500
Roh-, Hilfs- und Betriebsstoffe	39 000	
Unfertige Erzeugnisse	4 800	
Forderungen aus Lieferungen und Leistungen	115 000	111 000
Flüssige Mittel	131 600	124 000
Gezeichnetes Kapital		80 000
Kapitalrücklage		3 000
Gesetzliche Rücklage		2 200
Andere Gewinnrücklagen		3 800
Gewinn/Verlustvortrag	100	
Anleihen		5 000
Verbindlichkeiten aus Lief. u. Leist.	38 000	42 700
Sonstige Verbindlichkeiten	2 000	6 000
Umsatzerlöse für Erzeugnisse u. Leistungen	2 040	135 480
Bestandsveränderungen	?	
Aktivierte Eigenleistungen		720
Zinserträge		360
Roh-, Hilfs- und Betriebsstoffaufwendungen	?	
Personal-/Sozialaufwand	51 480	
Abschreibungen auf Sachanlagen	6 000	
Zinsen und ähnliche Aufwendungen	960	
Sonstige betriebliche Aufwendungen	3 240	
Betriebliche Steuern	2 640	
Steuern vom Einkommen und vom Ertrag	6 720	

Inventurbestände am 31. Dezember:

Unfertige/fertige Erzeugnisse	3 800 TEUR
Roh-, Hilfs- und Betriebsstoffe	1 800 TEUR

Aufgaben:
1. Erstellen Sie die Gewinn- und Verlustrechnung in der Staffelform nach § 275 II HGB!
2. Erstellen Sie die Bilanz vor der Gewinnverwendung nach § 266 HGB!

5.4 Informationsgehalt des Jahresabschlusses für interne und externe Adressaten

(1) Adressaten des Jahresabschlusses

Der Jahresabschluss hat die Aufgabe, den Interessen bestimmter Personen (**Bilanzadressaten**) zu dienen. Sein zentrales Ziel ist – mindestens einmal jährlich – die Adressaten über die wirtschaftliche Lage des Unternehmens zu informieren. Die verschiedenen Bilanzadressaten (z. B. Anteilseigner, Gläubiger, Investoren, Finanzverwaltung) verfolgen dabei unterschiedliche Interessen.

Aktionäre	Sie erwarten aus dem Jahresabschluss Informationen über den **aktuellen Gewinn** bzw. die **zukünftigen Gewinnerwartungen** und sie möchten aus dem Jahresabschluss Hinweise entnehmen, wie das **Kursentwicklungspotenzial** ihrer Aktien zu beurteilen ist. Kleinaktionäre haben dabei insbesondere die Ertrags- und Kursentwicklung des Unternehmens im Blick, während die Großaktionäre vor allem auf den Fortbestand des Unternehmens achten.
Gläubiger	Sie richten ihr vorrangiges Informationsinteresse darauf, die **Kreditwürdigkeit des Unternehmens** sachgerecht beurteilen zu können. Sie wollen Informationen über die Haftungssubstanz (das Vermögen und die Zahlungsfähigkeit, d. h. die Liquidität) des Unternehmens erhalten.
Investoren	Sie möchten mithilfe des Jahresabschlusses **entscheidungsnützliche Informationen** über die Vermögens-, Finanz- und Ertragslage sowie deren Entwicklung im Zeitablauf erhalten. Sie erwarten insbesondere, dass der Jahresabschluss **alle relevanten Informationen** aufweist, die ihre wirtschaftlichen Entscheidungen beeinflussen können. Außerdem möchten die Investoren die Sicherheit haben, dass das Unternehmen über die Zeit hinweg die Vermögens-, Finanz- und Ertragslage nach denselben Kriterien bilanziert und bewertet, sodass sie die Chance haben, **Tendenzen zu erkennen**.
Finanzverwaltung	Sie hat ein Interesse daran, dass die steuerpflichtigen Unternehmen ihre **Steuerbemessungsgrundlage** (z. B. zur Berechnung der Einkommensteuer) richtig ermitteln. Sie achtet daher insbesondere darauf, dass das **Prinzip der periodengerechten Gewinnermittlung** eingehalten wird. Sie möchte damit zum einen eine möglichst **hohe Gewinnsteuerzahlung** erzielen und zum anderen möchte sie eine **Gleichbehandlung** aller steuerpflichtigen Unternehmen erreichen (**Problem der Steuergerechtigkeit**).

(2) Grundproblem des Jahresabschlusses

Grundproblem des Jahresabschlusses ist, dass viele Vermögensgegenstände (z. B. Grundstücke, maschinelle Anlagen, Patentrechte) und Verbindlichkeiten (z. B. Fremdwährungsverbindlichkeiten, Sicherheit für den Eingang der Verbindlichkeiten aus Lieferungen und Leistungen) nicht exakt ermittelt werden können. Diese unsicheren Erwartungen führen dazu, dass das eine Unternehmen optimistische und das andere Unternehmen pessimistische Einschätzungen in den Jahresabschluss einfließen lässt, mit Auswirkungen auf die Höhe des Eigenkapitals und des Erfolgs.

Quelle: Wöhe, Günter: Einführung in die allgemeine Betriebswirtschaftslehre, 24. Aufl., München 2010, S. 722.

Der Bilanzausweis ist damit ein unzulängliches Abbild der realen Situation eines Unternehmens.

(3) Informationsgehalt der Handelsbilanz

Die **Handelsbilanz** ist eine nach handelsrechtlichen Vorschriften erstellte Bilanz. Dominierendes Bilanzierungsprinzip des HGB ist das Vorsichtsprinzip.

Das Vorsichtsprinzip besagt z. B.,

- dass Vermögensgegenstände höchstens mit den Anschaffungs- oder Herstellungskosten und die Verbindlichkeiten mit dem Erfüllungsbetrag anzusetzen sind,
- dass das Anlagevermögen bei einer dauernden Wertminderung mit dem niedrigeren Wert auszuweisen ist
- oder, dass Gewinne erst dann in die Bilanz aufgenommen werden dürfen, wenn sie am Markt realisiert sind, während Verluste auch dann berücksichtigt werden müssen, wenn sie noch nicht realisiert sind.

Die Folge dieser gesetzlichen Regelungen ist, dass die **Vermögensgegenstände eher zu niedrig** und die **Verbindlichkeiten eher zu hoch** angesetzt werden müssen, mit der Folge, dass dadurch ein zu **niedriger Gewinn** ausgewiesen wird. Das HGB weist damit dem **Schutz der Gläubiger** einen **höheren Rang** zu als dem Streben der Eigenkapitalgeber nach einer hohen Gewinnausschüttung **(Gesellschafterschutz)**.

Andererseits ist das HGB aber auch bemüht, den Anteilseignern (z. B. den Aktionären) eine **Mindestausschüttung** zu garantieren, indem es in den speziellen Rechnungslegungsvorschriften für Kapitalgesellschaften die Möglichkeit zur Bildung offener Rücklagen begrenzt. Außerdem muss die Bildung stiller Rücklagen im Anhang erläutert werden.

Generell besteht dennoch zwischen dem **Vorsichtsprinzip** und den Erwartungen der Anteilseigner auf eine hohe **Gewinnausschüttung** ein **Zielkonflikt**. Lässt sich nämlich die Unternehmensleitung zu sehr vom Vorsichtsprinzip leiten, kürzt sie die Gewinnausschüttung, wodurch die Gefahr besteht, dass die Anteilseigner ihr Kapital aus dem Unternehmen abziehen.

Ein weiteres Ziel der Handelsbilanz ist, den Personen bzw. Institutionen, die ein berechtigtes Interesse an der Entwicklung des Unternehmens haben, **Informationen** zu liefern. Zu diesen Personen bzw. Institutionen zählen insbesondere die

- **Banken,** da sie bei Kreditgewährungen ihr Risiko besser abschätzen können.
- **Kapitalgeber** (z. B. Mitinhaber, Gläubiger), die ein Recht auf Information besitzen.
- **Mitarbeiter,** die ein Recht auf Unterrichtung über die wirtschaftliche und soziale Lage ihres Unternehmens haben [§ 43 I, II BetrVG].
- **Gerichte,** die bei Vermögensstreitigkeiten im Zweifel von der Richtigkeit der Zahlen der Buchführung und der Handelsbilanz ausgehen.

Auch zwischen der **Informationspflicht** und dem **Vorsichtsprinzip** besteht ein **Zielkonflikt**, denn eine zu weitgehende Informationspolitik durch die Geschäftsleitung über die Entwicklung des Unternehmens gibt einerseits den Konkurrenten die Möglichkeit sich darauf einzustellen und andererseits besteht die Gefahr, dass (bei einer entsprechenden Unternehmenssituation) die Anteilseigner ihr Kapital aus dem Unternehmen abziehen.

Lernbereich 3: Jahresabschlussarbeiten durchführen

> Als **Informationsgehalt** der Handelsbilanz ist festzuhalten:
> - Die Handelsbilanz ist so angelegt, dass die **Gläubiger** und **Gesellschafter geschützt** werden. Zwischen den Zielsetzungen vorsichtige Bewertung (Gläubigerschutz) und der Höhe der Gewinnausschüttung (Gesellschafterschutz) besteht ein **Zielkonflikt**.
> - Die **Informationen,** die Gläubiger und Gesellschafter aus der Bilanz gewinnen können, sind **nicht vollständig.** Es besteht ein **Zielkonflikt** zwischen Informationspflicht und Vorsichtsprinzip.

Kompetenztraining

147 Adressaten des Jahresabschlusses und deren Interessen

1. Skizzieren Sie die Erwartungen von Investoren an eine Bilanz!
2. Formulieren Sie zwei Zielkonflikte, die möglicherweise bei der Erstellung eines Jahresabschlusses entstehen!
3. Beschreiben Sie, welche Auswirkungen optimistische bzw. pessimistische Einschätzungen der Unternehmensentwicklung bei der Erstellung des Jahresabschlusses auf den Erfolgsausweis haben!
4. Geben Sie an, welche weiteren Personen neben den genannten Adressaten (siehe S. 422 f.) ebenfalls ein deutliches Interesse am Jahresabschluss eines Unternehmens haben!

6 Vorschläge zur Verwendung des Jahresüberschusses bei der Aktiengesellschaft entwerfen und diskutieren

LB 3 Handlungssituation 6: Gewinnverwendung einer AG darstellen

Die Augsburger Büromöbel AG hat im Berichtsjahr ihre führende Stellung im Bereich Büromöbel weiter ausgebaut. Das Wachstum war mit einer erheblichen Steigerung des Betriebsergebnisses und des Jahresüberschusses verbunden.

Auszug aus den Daten des Jahresabschlusses

Informationen zum **Jahresüberschuss** und zur **Einstellung in die Gewinnrücklagen** der Augsburger Büromöbel AG.

	31. 12. des Vorjahres	31. 12. des Berichtsjahres
Jahresüberschuss	73 886 800 EUR	99 551 400 EUR
Einstellung in andere Gewinnrücklagen	13 296 400 EUR	13 296 400 EUR

424

6 Vorschläge zur Verwendung des Jahresüberschusses bei der Aktiengesellschaft entwerfen und diskutieren

Das Grundkapital und die Anzahl der Aktien haben sich wie folgt entwickelt:

Arten der Aktien	Stammaktien		Vorzugsaktien[1]	
Ende des Jahres	Vorjahr	Berichtsjahr	Vorjahr	Berichtsjahr
Grundkapital in EUR	141 454 300	185 591 900	20 134 400	20 134 400
Anzahl Stückaktien	55 343 600	72 497 100	7 865 000	7 865 000

Die Vorzugsaktien haben kein Stimmrecht. Den Vorzugsaktionären steht gemäß der Satzung ein Vorzugsgewinnanteil von 0,10 EUR je Vorzugsaktie zu.

In Punkt 1 der Tagesordnung für die ordentliche Hauptversammlung legen Vorstand und Aufsichtsrat den festgestellten Jahresabschluss sowie den Lagebericht vor und schlagen der Hauptversammlung vor, den im Jahresabschluss ausgewiesenen Bilanzgewinn für das Berichtsjahr wie folgt zu verwenden:

Die Dividendenausschüttung im Berichtsjahr soll um 0,10 EUR gegenüber dem Vorjahr erhöht werden, und zwar auf 1,00 EUR Dividende je dividendenberechtigte Stammaktie und den entsprechenden Vorzugsgewinnanteil je dividendenberechtigte Vorzugsaktie.

KOMPETENZORIENTIERTE ARBEITSAUFTRÄGE:

1. Erläutern Sie den Unterschied zwischen den Begriffen Betriebsergebnis, Jahresüberschuss und Bilanzgewinn!
2. Erstellen Sie in übersichtlicher Form die vollständige Gewinnverwendung der Augsburger Büromöbel AG für das Vorjahr sowie das Berichtsjahr.

    Aus dem Vor-Vorjahr ist weder ein Gewinnvortrag noch ein Verlustvortrag zu berücksichtigen.
3. Erklären Sie, an welchen Bilanzposten sich erkennen lässt, ob der Jahresabschluss vor, nach teilweiser oder nach vollständiger Ergebnisverwendung aufgestellt wurde!
4. 4.1 Erläutern Sie, inwieweit der Vorstand zur Bildung von Rücklagen grundsätzlich verpflichtet sein kann!

    4.2 Durch Einstellungen von Teilen des Jahresüberschusses in die Gewinnrücklagen entsteht ein Interessenkonflikt zwischen den Gläubigern und den Teilhabern der Kapitalgesellschaft.

    Erläutern Sie diesen Interessenkonflikt an einem Beispiel!

    4.3 Nennen Sie die Regelungen des AktG, in denen versucht wird, einen Kompromiss zwischen den Interessen der Aktionäre und dem Vorstand bzw. Aufsichtsrat der AG zu finden!

---

[1] **Vorzugsaktien** sind gegenüber Stammaktien mit bestimmten Vorzügen ausgestattet. Von praktischer Bedeutung sind vor allem die stimmrechtslosen Vorzugsaktien. Ihre Inhaber erhalten z. B. eine höhere Dividende, verzichten dafür jedoch auf ihr Stimmrecht.

6.1 Überblick über die gesetzliche Regelung zur Verwendung des Jahresüberschusses bei einer Aktiengesellschaft [§ 158 AktG]

(1) Bilanzierung des Eigenkapitals von Kapitalgesellschaften nach HGB

Für Kapitalgesellschaften ist der Ausweis des Eigenkapitals im § 266 III HGB, ergänzt durch § 272 HGB geregelt. Danach müssen große und mittelgroße Kapitalgesellschaften folgende Posten als Untergliederung des Eigenkapitals in die Bilanz aufnehmen:

Aktiva	Ausschnitt aus der Bilanz nach § 266 II, III HGB	Passiva

	A. Eigenkapital:
	I. Gezeichnetes Kapital
	II. Kapitalrücklage
	III. Gewinnrücklagen
	   1. gesetzliche Rücklage
	   2. Rücklage für Anteile an einem herrschenden oder mehrheitlich beteiligten Unternehmen
	   3. satzungsmäßige Rücklagen
	   4. andere Gewinnrücklagen
	IV. Gewinnvortrag/Verlustvortrag
	V. Jahresüberschuss/Jahresfehlbetrag	

Erläuterungen zur Gliederung des Eigenkapitals bei einer AG:

■ **Gezeichnetes Kapital**

Der Begriff **gezeichnetes Kapital** wird bei allen Kapitalgesellschaften zum Ausweis des in der **Satzung festgelegten Kapitals** verwendet (z. B. des Grundkapitals bei der AG). Das gezeichnete Kapital ist stets zum Nennwert auszuweisen **(Nominalkapital)**. Das gezeichnete Kapital bleibt so lange in der Bilanz unverändert, bis z. B. die Hauptversammlung bei einer AG eine Kapitalerhöhung oder eine Kapitalherabsetzung beschließt.

■ **Kapitalrücklage**

In die Kapitalrücklage[1] werden Beträge eingestellt, die nicht aus Gewinnen der Gesellschaft stammen. Sie gehen auf **Zuzahlungen der Kapitalgeber** von außen zurück (z. B. Agio bei der Ausgabe von Aktien, Zuzahlungen für Vorzugsrechte).

Kapitalerhöhung: 10 Mio. EUR, Nennwert junge Aktie 1,00 EUR, Ausgabekurs: 1,50 EUR.
Kapitalrücklage: 10 Mio. EUR · 0,50 = 5 Mio. EUR

■ **Gesetzliche Rücklage**

Aktiengesellschaften sind nach § 150 I AktG — zur Bildung einer gesetzlichen Rücklage verpflichtet. Der zwanzigste Teil (das sind 5 %) vom Jahresüberschuss (vermindert um einen Verlustvortrag aus dem Vorjahr) ist so lange in die gesetzliche Rücklage einzustellen, bis diese zusammen mit der

    Jahresüberschuss
− Verlustvortrag
= bereinigter Jahresüberschuss
− 5 % gesetzliche Rücklage*
= Zwischensumme

* Höchstgrenze: gesetzliche Rücklage + Kapitalrücklage betragen 10 % des Grundkapitals.

---
[1] Zu Einzelheiten siehe Lernbereich 4, Kapitel 2.4, S. 450 ff.

Kapitalrücklage nach § 272 II HGB den zehnten Teil des Grundkapitals erreicht hat [§ 150 II AktG].

■ **Andere Gewinnrücklagen**

Stellen **Vorstand und Aufsichtsrat** den Jahresabschluss fest (Normalfall), dann **können** sie bis zur Hälfte des um den Verlustvortrag und um die Einstellung in die gesetzliche Rücklage verminderten Teils des Jahresüberschusses in die anderen Gewinnrücklagen einstellen [§ 58 II, S. 1, 4 AktG].

	Zwischensumme
−	höchstens 50 % andere Gewinnrücklagen
=	restlicher Jahresüberschuss (Bilanzgewinn)

Ein Gewinnvortrag aus dem Vorjahr bleibt unberücksichtigt. Eine Einstellung in die anderen Gewinnrücklagen ist unabhängig von der bereits erreichten Höhe der anderen Gewinnrücklagen.

Besteht ein Gewinnvortrag aus dem Vorjahr, so wird dieser zum restlichen Jahresüberschuss hinzugezählt. Diese Summe wird dann als Bilanzgewinn ausgewiesen.

	restlicher Jahresüberschuss
+	Gewinnvortrag aus dem Vorjahr
=	Bilanzgewinn

(2) Verwendung des Bilanzgewinns

Über den Bilanzgewinn entscheidet die Hauptversammlung. Sie hat drei Möglichkeiten:

- der Bilanzgewinn wird völlig ausgeschüttet,
- die Aktionäre verzichten teilweise auf eine Ausschüttung und stellen diesen Betrag in andere Gewinnrücklagen ein,
- die Aktionäre verzichten ganz auf eine Dividende und stellen den Bilanzgewinn in andere Gewinnrücklagen ein.

Überblick: Gewinnverwendung bei der AG

Für die Verwendung des Jahresüberschusses bestimmt das Gesetz [§ 158 AktG] nachstehende Reihenfolge:

	Jahresüberschuss
−	Verlustvortrag aus dem Vorjahr
=	bereinigter Jahresüberschuss
−	Einstellung in die gesetzliche Rücklage
=	Zwischensumme
−	Einstellung in andere Gewinnrücklagen
=	Restlicher Jahresüberschuss
+	Gewinnvortrag aus dem Vorjahr
+	Entnahmen aus Gewinnrücklagen oder aus Kapitalrücklage
=	Bilanzgewinn (bzw. Bilanzverlust)
−	evtl. Einstellung in andere Gewinnrücklagen durch die Hauptversammlung
−	Dividendenausschüttung
=	Gewinnvortrag des laufenden Geschäftsjahres

6.2 Rechnerischer Ablauf der Gewinnverwendung

Beispiel:

Die Baustoffe München AG hat ein Grundkapital in Höhe von 6 000 000,00 EUR. Der Jahresüberschuss des laufenden Geschäftsjahres beträgt 2 500 000,00 EUR. Aus dem Vorjahr wurde ein Verlust in Höhe von 100 000,00 EUR vorgetragen. Am Ende des laufenden Geschäftsjahres ergaben sich folgende Rücklagen:

Kapitalrücklage	100 000,00 EUR
Gesetzliche Rücklage	400 000,00 EUR
Andere Gewinnrücklagen	2 400 000,00 EUR

Die Baustoffe München AG hat 120 000 Stückaktien ausgegeben.

Die Hauptversammlung beschließt, dass eine Dividende in Höhe von 18 % ausgeschüttet werden soll und der Restbetrag als Gewinnvortrag verbleibt.

Aufgaben:

1. Berechnen Sie den Betrag, der noch in die gesetzliche Rücklage einzustellen ist!
2. Ermitteln Sie den Betrag, der in die anderen Gewinnrücklagen eingestellt werden kann, wenn der Vorstand und der Aufsichtsrat den Jahresabschluss nach § 58 II AktG feststellen!
3. Berechnen Sie den Betrag der Dividendenausschüttung und den Gewinnvortrag!
4. Stellen Sie den rechnerischen Ablauf der Gewinnverwendung in einer Übersicht dar!

Lösungen:

Zu 1.: Berechnung der gesetzlichen Rücklage

Erforderliche Rücklagenbildung:

10 % von 6 000 000,00 EUR =	600 000,00 EUR
bisher gebildet	500 000,00 EUR
noch zu bilden	100 000,00 EUR

Rücklagenbildung im laufenden Geschäftsjahr:

Jahresüberschuss	2 500 000,00 EUR
− Verlustvortrag	100 000,00 EUR
= Bereinigter Jahresüberschuss	2 400 000,00 EUR

5 % von 2 400 000,00 EUR = __120 000,00 EUR__

Ergebnis: Es sind noch 100 000,00 EUR in die gesetzliche Rücklage einzustellen [§ 150 II AktG].

Zu 2.: Berechnung der anderen Gewinnrücklagen

Jahresüberschuss	2 500 000,00 EUR
− Verlustvortrag aus dem Vorjahr	100 000,00 EUR
= Bereinigter Jahresüberschuss	2 400 000,00 EUR
− Einstellung in gesetzliche Rücklage	100 000,00 EUR
= Zwischensumme	2 300 000,00 EUR

Einstellung in die anderen Gewinnrücklagen 50 % = __1 150 000,00 EUR__

Zu 3.: Berechnung der Dividende und des Gewinnvortrags

6 000 000,00 EUR Grundkapital : 120 000 Aktien = 50,00 EUR Grundkapital/Aktie

18 % von 50,00 EUR = 9,00 EUR Dividende/Aktie

120 000 Aktien · 9,00 EUR = __1 080 000,00 EUR__

	Bilanzgewinn	1 150 000,00 EUR
–	Dividendenausschüttung	1 080 000,00 EUR
=	Gewinnvortrag aus dem Berichtsjahr	70 000,00 EUR

Zu 4.: Zusammenfassende Übersicht

	Jahresüberschuss	2 500 000,00 EUR
–	Verlustvortrag aus dem Vorjahr	100 000,00 EUR
=	Bereinigter Jahresüberschuss	2 400 000,00 EUR
–	Einstellung in gesetzliche Rücklage	100 000,00 EUR
=	Zwischensumme	2 300 000,00 EUR
–	Einstellung in andere Gewinnrücklagen	1 150 000,00 EUR
=	Bilanzgewinn	1 150 000,00 EUR
–	Dividendenausschüttung	1 080 000,00 EUR
=	Gewinnvortrag	70 000,00 EUR

Kompetenztraining

148 Bildung von Gewinnrücklagen bei der AG

1. | Grundkapital | 18,75 Mio. EUR | Gewinnvortrag | 8,145 Mio. EUR |
   | Kapitalrücklage | 0,375 Mio. EUR | Andere Gewinnrücklagen | 0,105 Mio. EUR |
   | Gesetzliche Rücklage | 1,305 Mio. EUR | Jahresüberschuss | 2,25 Mio. EUR |

   Einstellung in die gesetzliche Rücklage nach § 150 AktG, in die anderen Gewinnrücklagen nach § 58 II AktG.

   Aufgabe:

   Berechnen Sie die Rücklagen!

2. | Grundkapital | 12,0 Mio. EUR | Gewinnvortrag | 0,5 Mio. EUR |
   | Gesetzliche Rücklage | 0,4 Mio. EUR | Jahresüberschuss | 1,8 Mio. EUR |
   | Kapitalrücklage | 0,72 Mio. EUR | | |

   Einstellung in die gesetzliche Rücklage nach § 150 AktG, in die anderen Gewinnrücklagen 50 % des Jahresüberschusses nach Einstellung in die gesetzliche Rücklage. Die Einstellung erfolgt durch Vorstand und Aufsichtsrat.

   Aufgabe:

   Berechnen Sie die Rücklagen!

3. Prüfen Sie, wer den Jahresabschluss feststellt, wenn der Aufsichtsrat den Jahresabschluss des Vorstands ablehnt!

4. | Grundkapital | 80,0 Mio. EUR | Verlustvortrag | 0,5 Mio. EUR |
Gesetzliche Rücklage	4,5 Mio. EUR	Jahresüberschuss	6,5 Mio. EUR
Kapitalrücklage	1,2 Mio. EUR		
Andere Gewinnrücklagen	38,2 Mio. EUR		

   Einstellung in die gesetzliche Rücklage nach § 150 AktG. Einstellung in die anderen Gewinnrücklagen: Höchstbetrag nach § 58 II AktG.

   Ausgegebene Stückaktien: 1 600 000

   Aufgaben:

   4.1 Ermitteln Sie die gesetzliche Rücklage und die anderen Gewinnrücklagen!

   4.2 Berechnen Sie die höchstmögliche Dividendenzahlung (auf 5 Cent gerundet)!

   4.3 Stellen Sie den rechnerischen Ablauf der Gewinnverwendung in einer Übersicht dar!

6.3 Ausweis der Gewinnverwendung in der Bilanz

(1) Eigenkapitalausweis in der Bilanz vor der Ergebnisverwendung

Der Ausweis der Bilanzposten ist in § 266 III HGB ohne Berücksichtigung der Ergebnisverwendung geregelt. Daher erscheint in dem durch § 266 HGB vorgeschriebenen Gliederungsschema für Bilanzen von Kapitalgesellschaften im Abs. III unter A V. der Posten

Jahresüberschuss/ Jahresfehlbetrag	**Anmerkung:** Die Ergebnisverwendung wird hier außerhalb der Bilanz im Anhang ausgewiesen.

(2) Eigenkapitalausweis in der Bilanz nach teilweiser Ergebnisverwendung durch Vorstand und Aufsichtsrat

Üblicherweise erfolgt die Bilanzaufstellung bei der AG unter Berücksichtigung der teilweisen Ergebnisverwendung. Unter der Voraussetzung, dass aus dem Vorjahr ein Gewinnvortrag übernommen und während des laufenden Geschäftsjahrs keine Entnahmen aus bereits gebildeten Rücklagen vorgenommen wurden, errechnet sich der Bilanzgewinn wie folgt:

Jahresüberschuss − neue Gewinnrücklagen + alter Gewinnvortrag = Bilanzgewinn	**Anmerkung:** Im Fall eines Verlustvortrags ist für die Berechnung des Anteils der gesetzlichen Rücklage der Jahresüberschuss um den Verlustvortrag zu korrigieren [§ 150 II AktG].

Beispiel 1:

Die Bayerischen Autowerke AG (BAW AG) kann nach einem Vorjahr mit Verlusten für das Berichtsjahr wieder einen Jahresüberschuss ausweisen. Hier die Zahlen der vorläufigen Bilanz:

Aktiva	Bilanz der BAW AG vor der Ergebnisverwendungsrechnung		Passiva
Anlagevermögen	388 000 000,00	**Eigenkapital**	
Umlaufvermögen	1 359 000 000,00	Gezeichnetes Kapital*	492 000 000,00
		Kapitalrücklage	16 000 000,00
		gesetzliche Rücklage	28 000 000,00
		andere Gewinnrücklagen	61 000 000,00
		Verlustvortrag	− 3 000 000,00
		Jahresüberschuss	68 000 000,00
		Rückstellungen	213 000 000,00
		Verbindlichkeiten	872 000 000,00
	1 747 000 000,00		1 747 000 000,00

*Die BAW AG hat 98,4 Mio. Stückaktien ausgegeben.

Aufgaben:

1. Ermitteln Sie den Bilanzgewinn! Die Einstellung in die gesetzliche Rücklage erfolgt nach § 150 AktG. In die anderen Gewinnrücklagen werden lt. Beschluss von Vorstand und Aufsichtsrat 30 875 000,00 EUR eingestellt.
2. Erstellen Sie die Bilanz unter Berücksichtigung der teilweisen Verwendung des Jahresüberschusses!

6 Vorschläge zur Verwendung des Jahresüberschusses bei der Aktiengesellschaft entwerfen und diskutieren

Lösungen:

Zu 1.: Ermittlung des Bilanzgewinnes durch Vorstand und Aufsichtsrat

	Jahresüberschuss	68 000 000,00 EUR
–	Verlustvortrag aus dem Vorjahr	3 000 000,00 EUR
=	Bereinigter Jahresüberschuss	65 000 000,00 EUR
–	Einstellung in die gesetzliche Rücklage	3 250 000,00 EUR
=	Zwischensumme	61 750 000,00 EUR
–	Andere Gewinnrücklagen	30 875 000,00 EUR
=	Bilanzgewinn	30 875 000,00 EUR

Zu 2.: Bilanz nach der teilweisen Verwendung des Jahresüberschusses

Aktiva   Bilanz der BAW AG nach teilweiser Verwendung des Jahresüberschusses   Passiva

Anlagevermögen	388 000 000,00	Eigenkapital	
Umlaufvermögen	1 359 000 000,00	Gezeichnetes Kapital	492 000 000,00
		Kapitalrücklage	16 000 000,00
		gesetzliche Rücklage	31 250 000,00
		andere Gewinnrücklagen	91 875 000,00
		Bilanzgewinn	30 875 000,00
		Rückstellungen	213 000 000,00
		Verbindlichkeiten	872 000 000,00
	1 747 000 000,00		1 747 000 000,00

(3) Eigenkapitalausweis in der Bilanz bei vollständiger Ergebnisverwendung nach Beschluss der Hauptversammlung

Die Aktionäre haben nach § 58 IV AktG Anspruch auf den Bilanzgewinn, soweit er nicht nach Gesetz, Satzung oder aufgrund eines Beschlusses der Hauptversammlung von der Verteilung an die Aktionäre ausgeschlossen ist. Die Hauptversammlung kann z. B. nach § 58 III, S. 1 AktG beschließen, dass weitere Beträge in die Gewinnrücklagen eingestellt werden oder dass ein Teil des Bilanzgewinnes als Gewinnvortrag in der Gesellschaft verbleibt.

Unter der Annahme, dass ein Teil des Bilanzgewinns als Gewinnvortrag auf das folgende Geschäftsjahr übertragen wird und dass weitere Beträge in die Gewinnrücklagen eingestellt werden sollen, ergibt sich folgende weitere Berechnung:

	Bilanzgewinn
–	weitere Gewinnrücklagen
+	Dividende
=	neuer Gewinnvortrag

Anmerkung: Bis zur Auszahlung stellt der für die Ausschüttung vorgesehene Dividendenbetrag eine Verbindlichkeit der Aktiengesellschaft gegenüber den Aktionären dar.

Beispiel 2:

Wir erweitern das Beispiel 1 von S. 430 in der folgenden Weise:

Die Hauptversammlung genehmigt die Rücklagenbildung und beschließt, dass eine Dividende in Höhe von 6 % ausgeschüttet werden soll und der Restbetrag als Gewinnvortrag verbleibt.

Aufgaben:
1. Berechnen Sie den Betrag der Dividendenausschüttung und den Gewinnvortrag!
2. Erstellen Sie die Bilanz nach der vollständigen Verwendung des Jahresüberschusses, wobei unterstellt werden soll, dass die Dividende bereits ausgezahlt wurde!

Lösungen:

Zu 1.: Berechnung der Dividende und des Gewinnvortrags

492 000 000,00 EUR Grundkapital : 98 400 000 Aktien = 5,00 EUR Grundkapital/Aktie

6 % von 5,00 EUR = 0,30 EUR Dividende/Aktie

98 400 000 Aktien · 0,30 EUR = 29 520 000,00 EUR Dividende

Bilanzgewinn	30 875 000,00 EUR
– Dividendenausschüttung	29 520 000,00 EUR
= Gewinnvortrag aus dem Berichtsjahr	1 355 000,00 EUR

Zu 2.: Bilanz nach der vollständigen Verwendung des Jahresüberschusses

Aktiva Bilanz der BAW AG nach vollständiger Verwendung des Jahresüberschusses Passiva

Anlagevermögen	388 000 000,00	**Eigenkapital**	
Umlaufvermögen	1 329 480 000,00	Gezeichnetes Kapital	492 000 000,00
		Kapitalrücklage	16 000 000,00
		gesetzliche Rücklage	31 250 000,00
		andere Gewinnrücklagen	91 875 000,00
		Gewinnvortrag	1 355 000,00
		Rückstellungen	213 000 000,00
		Verbindlichkeiten	872 000 000,00
	1 717 480 000,00		1 717 480 000,00

Kompetenztraining

149 Verwendung des Bilanzgewinns

1. Nennen Sie die Bilanzposten, die zum Eigenkapital einer Aktiengesellschaft gehören!
2. Stellen Sie eine allgemeingültige Berechnungsregel für die Ermittlung der gesetzlichen Gewinnrücklage (ohne satzungsmäßige Änderungen) auf!
3. Stellen Sie unter der Annahme, dass ein Verlustvortrag vorliegt, ein allgemeingültiges Berechnungsschema für die Ermittlung des Bilanzgewinns auf!
4. Nennen Sie den Zweck der Rücklagenbildung!
5. Am Ende des Geschäftsjahres hat die Würzburger Uhren AG ein Anlagevermögen in Höhe von 75 400 000,00 EUR und ein Umlaufvermögen in Höhe von 45 500 000,00 EUR. Das gezeichnete Kapital beträgt 50 000 000,00 EUR. Die Verbindlichkeiten betragen 44 700 000,00 EUR. Vor dem Beschluss über die Verwendung des Jahresüberschusses in Höhe von 10 300 000,00 EUR wurden folgende Rücklagen ausgewiesen:

    Kapitalrücklage 550 000,00 EUR,
    Gewinnrücklagen:
    1. Gesetzliche Rücklage 3 200 000,00 EUR,
    2. Andere Gewinnrücklagen 11 650 000,00 EUR.

    Es liegt ein Gewinnvortrag aus dem Vorjahr in Höhe von 500 000,00 EUR vor.

    Aufgaben:

    5.1 Berechnen Sie den Bilanzgewinn aufgrund folgender Angaben:
    Nach Einstellung des erforderlichen Betrags in die gesetzliche Gewinnrücklage sollen 3 000 000,00 EUR in andere Gewinnrücklagen eingestellt werden.

5.2 Erstellen Sie die Schlussbilanz unter Berücksichtigung der teilweisen Verwendung des Jahresüberschusses durch Vorstand und Aufsichtsrat!

5.3 Ermitteln Sie die höchstmögliche Dividende! Die Würzburger Uhren AG hat 50 000 000 Stückaktien ausgegeben.

5.4 Erstellen Sie die Bilanz nach der vollständigen Verwendung des Jahresüberschusses, wobei unterstellt werden soll, dass die Stückdividende von der Hauptversammlung beschlossen und bereits ausbezahlt wurde!

6. Der Vorstand der Textil AG erwartet für das kommende Geschäftsjahr ein schwieriges Geschäftsjahr, sodass Vorstand und Aufsichtsrat beschließen, die Dividende möglichst gering zu halten.

Für die Gewinnverwendung liegen für das alte Geschäftsjahr folgende Daten vor:

Gezeichnetes Kapital	3 000 000,00 EUR
Kapitalrücklage	750 000,00 EUR
gesetzliche Rücklage	400 000,00 EUR
andere Gewinnrücklagen	450 000,00 EUR
Gewinnvortrag	150 000,00 EUR
Jahresüberschuss	510 000,00 EUR

Aufgaben:

6.1 Führen Sie die Gewinnverwendungsrechnung bis zum Bilanzgewinn für das alte Geschäftsjahr durch!

6.2 Die Hauptversammlung beschließt eine Dividende von 10 Cent pro Aktie. Es sind 3 Mio. Stückaktien im Umlauf. Der verbleibende Rest wird auf neue Rechnung vorgetragen. Erstellen Sie den Eigenkapitalausweis nach vollständiger Gewinnverwendung!

7 Interessenkonflikt zwischen Aktionären sowie Geschäftsleitung, seine Auswirkungen auf die Dividendenpolitik darstellen und sich um einen fairen Interessenausgleich bemühen

Bei der Gewinnverwendung tritt ein **Interessenkonflikt** zwischen der **Geschäftsleitung**, die sich ein möglichst hohes Eigenkapital wünscht, und den **Dividendenansprüchen der Aktionäre** auf. Deshalb betont der Gesetzgeber in § 58 IV AktG ausdrücklich das Recht der Aktionäre auf Anteil am Bilanzgewinn (auf Dividende).

Je nachdem, welche Gruppe sich beim Interessenkonflikt um die Gewinnverwendung durchsetzen kann, sind folgende Extremlösungen denkbar:

- Die **Unternehmensleitung setzt sich durch** und erreicht die **Ausweisung des kleinstmöglichen Bilanzgewinns** und damit eine **möglichst kleine Dividendenzahlung**.
- Die **Aktionäre setzen sich durch** und erreichen die Ausweisung des **größtmöglichen Bilanzgewinns** und damit eine **möglichst hohe Dividendenzahlung**.

Das Eigenkapital der EXTREM AG weist bei einem Jahresüberschuss von 455 000,00 EUR vor der Gewinnverwendungsrechnung folgende Positionen auf:

Gezeichnetes Kapital	4 500 000,00 EUR	Andere Gewinnrücklagen	280 000,00 EUR
Kapitalrücklage	110 000,00 EUR	Gewinnvortrag	1 625,00 EUR
Gesetzliche Rücklage	170 000,00 EUR		

Der kleinste Aktiennennwert beträgt 5,00 EUR.

Aufgaben:

1. Ermitteln Sie den minimalen Bilanzgewinn, den Vorstand und Aufsichtsrat mindestens ausweisen müssen, den Gewinnvortrag sowie die für diesen Fall größtmögliche Dividendenausschüttung!
2. Bestimmen Sie den maximalen Bilanzgewinn, den Vorstand und Aufsichtsrat höchstens ausweisen können, den Gewinnvortrag sowie die für diesen Fall größtmögliche Dividendenausschüttung!

Lösungen:

Zu 1.: Situation bei Ermittlung eines minimalen Bilanzgewinns

Soll ein minimaler Bilanzgewinn ermittelt werden, können neben der gesetzlichen Rücklage im Fall, dass Vorstand und Aufsichtsrat den Jahresabschluss feststellen (Normalfall), noch zusätzlich Beträge in andere Gewinnrücklagen eingestellt werden. Im Folgenden wird unterstellt, dass Vorstand und Aufsichtsrat die höchstmöglichen Beträge nach § 58 II, S. 1 AktG in die anderen Gewinnrücklagen einstellen.

	Jahresüberschuss	455 000,00 EUR
–	Einstellung in die gesetzliche Rücklage	22 750,00 EUR
=	Zwischensumme	432 250,00 EUR
–	Einstellung in andere Gewinnrücklagen	216 125,00 EUR
=	Restlicher Jahresüberschuss	216 125,00 EUR
+	Gewinnvortrag aus dem Vorjahr	1 625,00 EUR
=	Bilanzgewinn	217 750,00 EUR
–	Dividendenausschüttung (900 000 Aktien · 0,24 EUR)	216 000,00 EUR
=	Gewinnvortrag	1 750,00 EUR

Zu 2.: Situation bei Ermittlung eines maximalen Bilanzgewinns

Soll ein maximaler Bilanzgewinn ermittelt werden, wird der Jahresüberschuss nur um die gesetzliche Rücklage gekürzt. Um den Bilanzgewinn möglichst hoch auszuweisen, können die vorhandenen anderen Rücklagen aufgelöst werden.[1]

	Jahresüberschuss	455 000,00 EUR
–	Einstellung in die gesetzliche Rücklage	22 750,00 EUR
=	Zwischensumme	432 250,00 EUR
+	Entnahme aus den anderen Gewinnrücklagen	280 000,00 EUR
+	Gewinnvortrag aus dem Vorjahr	1 625,00 EUR
=	Bilanzgewinn	713 875,00 EUR
–	Dividendenausschüttung (900 000 Aktien · 0,79 EUR)	711 000,00 EUR
=	Gewinnvortrag	2 875,00 EUR

---

[1] Grundsätzlich ist es möglich, andere Gewinnrücklagen aufzulösen und zur Gewinnausschüttung heranzuziehen. Werden andere Gewinnrücklagen zur Gewinnausschüttung aufgelöst, so ist eine **gleichzeitige Auflösung der Kapitalrücklage bzw. der gesetzlichen Rücklage** zum Ausgleich eines Jahresfehlbetrags bzw. eines Verlustvortrags aus dem Vorjahr **unzulässig** [§ 150 IV, S. 1 AktG].

7 Interessenkonflikt zwischen Aktionären sowie Geschäftsleitung, seine Auswirkungen auf die Dividendenpolitik darstellen und sich um einen fairen Interessenausgleich bemühen

Zur Entschärfung des Interessenkonflikts hat sich in der Praxis das sogenannte **Schütt-aus-Hol-zurück-Verfahren** herausgebildet. Die AG schüttet dabei eine hohe Dividende an die Aktionäre aus (allerdings ohne Rücklagen aufzulösen), gestaltet dabei gleichzeitig die Konditionen für eine Wiederanlage der erhaltenen Dividenden in junge Aktien so, dass sie für die Aktionäre attraktiv ist.

Kompetenztraining

150 Gewinnverwendung der AG

1. Das Eigenkapital der Bayreuther Reifen AG wurde im Jahresabschluss für das Berichtsjahr wie folgt ausgewiesen:

Gezeichnetes Kapital	12,00 Mio. EUR	Andere Gewinnrücklagen	0,60 Mio. EUR
Kapitalrücklage	16,80 Mio. EUR	Gewinnvortrag aus dem Vorjahr	0,06 Mio. EUR

   Für das Berichtsjahr wurden Aufwendungen von 83,6 Mio. EUR und Erträge von 87,9 Mio. EUR ermittelt. Vorstand und Aufsichtsrat stellten den Jahresabschluss fest, wobei sich die Gewinnverwendung ausschließlich nach den Vorschriften des Aktiengesetzes richtete. Es wurden 12 000 000 Stückaktien ausgegeben.

   Aufgaben:

   1.1 Zeigen Sie auf, inwieweit die Gewinnansprüche der Aktionäre der Bayreuther Reifen AG bei der Feststellung des Jahresabschlusses durch Vorstand und Aufsichtsrat geschmälert werden können! Formulieren Sie Gründe, die dafür bzw. dagegen sprechen, dass Vorstand und Aufsichtsrat den Gewinnanspruch der Aktionäre schmälern!

   1.2 Berechnen Sie die minimale ganzzahlige Stückdividende, die Vorstand und Aufsichtsrat der AG den Aktionären für das Berichtsjahr anbieten müssen!

   Ermitteln Sie in übersichtlicher Form den Bilanzgewinn und den Gewinnvortrag für das Berichtsjahr!

2. Der Jahresabschluss der IMMO AG für 20.. wurde durch Vorstand und Aufsichtsrat festgestellt. Folgende Werte sind der Schlussbilanz entnommen:

Grundkapital	8 000 000,00 EUR		
Kapitalrücklage	1 100 000,00 EUR	Andere Gewinnrücklagen	240 000,00 EUR
Gesetzliche Rücklage	140 000,00 EUR	Verlustvortrag	28 000,00 EUR

   Der Jahresüberschuss beträgt 1 025 000,00 EUR. Die Einstellung in die gesetzliche Rücklage erfolgt nach § 150 II AktG; den anderen Gewinnrücklagen wollen Vorstand und Aufsichtsrat 200 000,00 EUR zuführen. Der auf eine Stückaktie entfallende anteilige Wert am Grundkapital beträgt 1,00 EUR.

   Aufgaben:

   2.1 Berechnen Sie die höchstmögliche Stückdividende!

   2.2 Stellen Sie in einer Übersicht die Posten des Eigenkapitals dar
   – vor der Ergebnisverwendung,
   – nach teilweiser Ergebnisverwendung und
   – nach vollständiger Ergebnisverwendung!

3. Die BIOTEX AG hat für ihre vorläufige Bilanz folgende Zahlen ermittelt:

Gezeichnetes Kapital	5 000 000,00 EUR	Andere Gewinnrücklagen	400 000,00 EUR
Kapitalrücklagen	300 000,00 EUR	Gewinnvortrag	20 000,00 EUR
Gesetzliche Rücklage	250 000,00 EUR	Jahresfehlbetrag	170 000,00 EUR

Der Aktiennennwert beträgt 1,00 EUR.

Die AG möchte für das abgelaufene Geschäftsjahr trotz des Jahresfehlbetrags eine möglichst hohe Dividende ausschütten, da das neue Geschäftsjahr sehr erfolgversprechend angelaufen ist. Die Satzung enthält keine besonderen Vorschriften.

Aufgabe:

Ermitteln Sie den Bilanzgewinn, der für die Ausschüttung bereitgestellt werden kann, und den Dividendensatz (in EUR und in Prozent)!

151 Ermittlung des Jahresüberschusses durch Rückrechnung und Verwendung des Bilanzgewinns

Die verkürzte Jahresbilanz der Hoffmann Bautechnik AG hat folgendes Aussehen:

Aktiva	Bilanz zum 31. Dez. 20.. in Mio. EUR		Passiva
Anlagevermögen	15,4	Gezeichnetes Kapital	8,8
Umlaufvermögen	26,8	Kapitalrücklage	4,9
		andere Gewinnrücklagen	3,2
		Bilanzgewinn	1,6
		Rückstellungen	4,2
		Verbindlichkeiten	19,5
	42,2		42,2

Vorstand und Aufsichtsrat stellen den Jahresabschluss fest. Die Gewinnverwendung richtet sich ausschließlich nach den Vorschriften des Aktiengesetzes.

Für das Geschäftsjahr 20.. wird eine möglichst niedrige Dividendenausschüttung angestrebt.

Aufgaben:

1. Errechnen Sie den Jahresüberschuss für das Geschäftsjahr 20.. Berücksichtigen Sie dabei einen Gewinnvortrag aus dem Vorjahr in Höhe von 50 000,00 EUR.
2. 2.1 Berechnen Sie den höchstmöglichen Dividendenbetrag für eine 5-EUR-Aktie!
    2.2 Bestimmen Sie den neuen Gewinnvortrag!
3. Nennen Sie zwei Gründe, die gegen die maximale Kürzung der Dividende sprechen!

Lernbereich 4: Finanzierungs- und Investitionsvorgänge analysieren, liquide Mittel beschaffen und Investitionen tätigen

1 Finanzierungs- und Investitionsvorgänge mithilfe der Bewegungsbilanz analysieren

LB 4   **Handlungssituation 1:**   Aus einer Bewegungsbilanz Herkunft und Verwendung der Finanzmittel ableiten

Die Gesellschafter der Kramer GmbH treffen sich im Februar des neuen Geschäftsjahres, um die Finanzierungs- und Investitionspolitik des Geschäftsführers Volker Holzer zu besprechen. Hieraus sollen Schlüsse für das kommende Geschäftsjahr gezogen werden.

Volker Holzer legt als Informationsgrundlage für die Besprechung eine Bewegungsbilanz vor, in der die Differenzen aus den Bilanzen des Vorjahres und des Berichtsjahres aufgezeigt werden.

Mittelverwendung	Bewegungsbilanz (TEUR)		Mittelherkunft
Zunahme der Aktiva		**Zunahme der Passiva**	
1. Sachanlagen	54	1. Stammkapital	280
2. Beteiligungen	36	2. Gewinnrücklagen	90
3. Ford. aus Lief. u. Leist.	270	3. Darlehensaufnahme	107
4. Flüssige Mittel	135		
Abnahme der Passiva		**Abnahme der Aktiva**	
1. Tilgung eines Darlehens	594	1. Vorräte	567
2. Auflösung von Rückstellungen	108	2. Wertpapiere Umlaufvermögen	153
	1 197		1 197

KOMPETENZORIENTIERTE ARBEITSAUFTRÄGE:

1. Analysieren Sie die Bewegungsbilanz hinsichtlich der Finanzierungs- und Investitionspolitik der Kramer GmbH im Berichtsjahr!
2. Erläutern Sie die Grundregel:

    Investitionen + Kapitaltilgung = Finanzierung + Liquidität

3. Erklären Sie, welche Vorgänge aus der Bewegungsbilanz erkennbar sind!

Lernbereich 4: Finanzierungs- und Investitionsvorgänge analysieren, liquide Mittel beschaffen und Investitionen tätigen

Die Bilanz stellt dem Vermögen das eingesetzte Kapital gegenüber. Sie weist damit die Zusammensetzung des Vermögens und Kapitals zu einem bestimmten Zeitpunkt **(Bilanzstichtag)** aus. Die Bilanz lässt jedoch nicht erkennen, wer im Geschäftsjahr die finanziellen Mittel aufgebracht hat **(Mittelherkunft)** und wie sie verwendet worden sind **(Mittelverwendung)**.

Mittelherkunft und Mittelverwendung im Geschäfsjahr werden erst dadurch offengelegt, dass man **zwei aufeinanderfolgende Bilanzen** miteinander **vergleicht** und die **Veränderungen (Bewegungen)** der einzelnen Bilanzposten in einer Übersicht **(Bewegungsbilanz)** ausweist.

> Die **Bewegungsbilanz** ist eine Übersicht, in der die **Herkunft** und **Verwendung** der **finanziellen Mittel** in einer Abrechnungsperiode ausgewiesen werden.

Beispiel: Eine Bewegungsbilanz erstellen

Wir gehen von zwei aufeinanderfolgenden und aufbereiteten Bilanzen (Strukturbilanzen) aus.

Aktiva TEUR	01	02	Veränderung	Passiva TEUR	01	02	Veränderung
Anlagevermögen				**Eigenkapital**	33 562	38 468	+4 906
1. Sachanlagen	20 919	23 031	+2 112	**Fremdkapital**			
2. Finanzanlagen	2 643	1 950	− 693	1. langfristig	31 520	23 869	−7 651
	23 562	24 981		2. kurzfristig	9 567	12 800	+3 233
Umlaufvermögen					41 087	36 669	
1. Vorräte	27 941	31 638	+3 697				
2. Ford. a. L. u. L.	18 327	14 763	−3 564				
3. Liquide Mittel	4 819	3 755	−1 064				
	51 087	50 156					
	74 649	75 137	+ 488		74 649	75 137	+ 488

Aufgabe:
Erstellen Sie eine Bewegungsbilanz, in der Sie die Zunahme bzw. Abnahme der Aktiva (Mittelverwendung) und Passiva (Mittelherkunft) ausweisen!

1 Finanzierungs- und Investitionsvorgänge mithilfe der Bewegungsbilanz analysieren

Lösung:

Mittelverwendung		Bewegungsbilanz (TEUR)	Mittelherkunft	
I.	**Zunahme der Aktiva**		**I. Zunahme der Passiva**	
	1. Investitionen ins Anlagevermögen		1. Eigenkapital	4 906
	Sachanlagen	2 112	2. Fremdkapital	3 233
	2. Zugänge Umlaufvermögen		**II. Abnahme der Aktiva**	
	Vorräte	3 697	1. Finanzanlagen	693
II.	**Abnahme der Passiva**		2. Forderungen	3 564
	Rückzahlung langfr. Fremdkapital	7 651	3. Liquide Mittel	1 064
		13 460		**13 460**

Erläuterungen:

- Die Bewegungsbilanz zeigt, dass dem Unternehmen 13 460 TEUR Finanzmittel zur Verfügung standen. Diese stammen aus der Erhöhung des Eigenkapitals um 4 906 TEUR und der Zunahme der kurzfristigen Verbindlichkeiten um 3 233 TEUR. Gleichzeitig wurden Finanzmittel freigesetzt durch den Verkauf von Finanzanlagen 693 TEUR, den Abbau von Forderungen aus Lieferungen und Leistungen 3 564 TEUR sowie die Verwendung liquider Mittel 1 064 TEUR.

- Die Finanzmittel wurden in Sachanlagen investiert 2 112 TEUR, in die Erhöhung der Vorräte 3 697 TEUR sowie in die Rückzahlung langfristiger Verbindlichkeiten 7 651 TEUR.

- Durch die Bewegungsbilanz können die **Finanzierungsvorgänge beurteilt** und die **Zahlungsfähigkeit (Liquidität) aufgezeigt** werden.
- Die **Zunahme der Aktiva** und die **Abnahme der Passiva** stellen die **Mittelverwendung** dar.
- Die **Abnahme der Aktiva** und die **Zunahme der Passiva** zeigen die **Mittelherkunft**.

Kompetenztraining

152 Finanzierung, Investition, Bewegungsbilanz erstellen und interpretieren

1. Finanzierung und Investition sind zwei sich ergänzende Bereiche.

   Aufgabe:

   Erläutern Sie diese richtige Aussage!

2. Recherchieren Sie im Internet den Begriff Desinvestition!

3. Beschreiben Sie, wie sich Finanzierung und Sachinvestitionen in der Bilanz eines Unternehmens niederschlagen!

4. Erläutern Sie, aus welchen Positionen die Frage *„Wohin sind die Mittel geflossen?"* in der Bewegungsbilanz beantwortet werden kann!

5. Erläutern Sie, aus welchen Positionen die Frage *„Woher stammen die Mittel?"* in der Bewegungsbilanz beantwortet werden kann!

6. Nennen Sie die Zielsetzung der Bewegungsbilanz!

7. Ein Industriebetrieb weist folgende aufbereitete Bilanz aus:

Aktiva TEUR — Strukturbilanz — Passiva TEUR

	Berichts-jahr	Vor-jahr		Berichts-jahr	Vor-jahr
I. Anlagevermögen			**I. Eigenkapital**		
1. Sachanlagen	2 145	2 100	1. Gezeichnetes Kapital	2 250	2 025
2. Finanzanlagen	330	300	2. Gewinnrücklagen	450	375
	2 475	2 400		2 700	2 400
II. Umlaufvermögen			**II. Fremdkapital**		
1. Vorräte	1 650	2 250	1. Langfr. Verbindl.	1 560	1 465
2. Forderungen	825	600	2. Kurzfristige Rückstellungen	95	90
3. Flüssige Mittel	375	263	3. Kurzfr. Verbindl.	970	1 558
	2 850	3 113		2 625	3 113
	5 325	5 513		5 325	5 513

Aufgaben:

7.1 Stellen Sie die Veränderungen der Vermögens- und Kapitalposten fest!

7.2 Erstellen Sie eine Bewegungsbilanz!

7.3 Ermitteln und interpretieren Sie die Finanzierungsvorgänge!

2 Finanzierungsmöglichkeiten zur Erreichung finanzwirtschaftlicher Ziele diskutieren und begründete Finanzierungsentscheidungen treffen

LB 4 | **Handlungssituation 2: Eine begründete Finanzierungsentscheidung vor dem Hintergrund finanzwirtschaftlicher Ziele treffen**

Jürgen Engel betreibt unter der Firma „Elektromotoren Jürgen Engel e. Kfm." ein Einzelunternehmen mit 25 Mitarbeitern. Neben Motoren für Bohrmaschinen und Wasserpumpen möchte Jürgen Engel das Produktionsprogramm um den Bau von Bootsmotoren für kleine Motor- und Segelboote erweitern. Für den Aufbau des neuen Produktionsprogramms benötigt Jürgen Engel 800 000,00 EUR. Aus eigenen Mitteln kann Jürgen Engel 300 000,00 EUR bereitstellen. Für die Finanzierung des Restbetrags sieht Jürgen Engel zwei Möglichkeiten: die Aufnahme eines Bankdarlehens oder die Gründung einer Gesellschaft.

Jürgen Engel entschließt sich, eine Gesellschaft zu gründen. Anton Thomalla, Gesellschafter der „Motorenwerke Anton Thomalla GmbH", ist bereit, zusammen mit Jürgen Engel eine KG zu gründen und als Kommanditist 500 000,00 EUR als Barmittel einzubringen. Die Firma lautet „Elektromotoren Jürgen Engel KG".

Auszug aus dem Gesellschaftsvertrag vom 15. Januar 20..

Jürgen Engel bringt zum Gesellschaftsbeginn sein Einzelunternehmen ein:	
Grundstücke und Gebäude	800 000,00 EUR
Maschinen	640 000,00 EUR
Betriebs- und Geschäftsausstattung	230 000,00 EUR
Forderungen	58 500,00 EUR
Verbindlichkeiten	520 000,00 EUR
Anton Thomalla bringt zum Geschäftsbeginn ein:	
Bankguthaben	500 000,00 EUR

KOMPETENZORIENTIERTE ARBEITSAUFTRÄGE:

1. Formulieren Sie mit eigenen Worten, was Jürgen Engel mit Finanzierung meint!
2. Welche Finanzierungsentscheidung hätten Sie getroffen? Begründen Sie Ihre Entscheidung!
3. Erstellen Sie die Bilanz zum Zeitpunkt der Unternehmensgründung!
4. Durch den laufenden Geschäftsbetrieb verändert sich ständig die Vermögens- und Kapitalstruktur der „Elektromotoren Jürgen Engel KG". Hierbei müssen die Gesellschafter immer darauf achten, dass die Finanzierungsziele Liquidität, Rentabilität, Unabhängigkeit und Sicherheit eingehalten werden.
   - 4.1 Erläutern Sie kurz die vier Finanzierungsziele!
   - 4.2 Gliedern Sie aus Ihrer Sicht die Finanzierungsziele nach ihrer Wichtigkeit und begründen Sie die getroffene Entscheidung!

2.1 Begriff Finanzierung und Finanzierungsanlässe

(1) Begriff Finanzierung

Um Rohstoffe, einen Lkw, eine Maschine oder ein Grundstück kaufen zu können, muss im Unternehmen zunächst sichergestellt sein, dass die notwendigen Finanzmittel für die Ausgaben vorhanden sind.

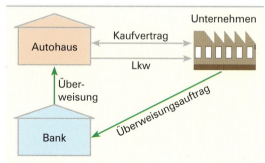

Finanzmittel sind in diesem Beispiel ein Bankguthaben und/oder ein Bankkredit.

Finanzmittel können sein

- Bargeld,
- Bankguthaben oder auch
- die Zusage bzw. Bereitstellung eines Kredits durch eine Bank.

- **Finanzierung** ist die Bereitstellung von Finanzmitteln zur Erfüllung betrieblicher Aufgaben.
- **Finanzmittel** sind Mittel, mit denen Ausgaben getätigt werden. Dazu zählen auch noch nicht in Anspruch genommene Kredite.

(2) Anlässe der Finanzierung

Anlässe der Finanzierung	Erläuterungen	Beispiele
Laufende (ordentliche) Finanzierungsanlässe	Sie dienen der Finanzierung des laufenden Betriebsprozesses und fallen regelmäßig an.	■ Löhne, Sozialversicherungsabgaben des Arbeitgebers, ■ Steuern, ■ Einkäufe von Roh-, Hilfs- und Betriebsstoffen, ■ Reparaturen, laufende Ersatzbeschaffungen.
Besondere (außerordentliche) Finanzierungsanlässe	Sie fallen nur bei wichtigen bzw. nicht alltäglichen Unternehmensentscheidungen an.	■ Gründungen von Zweigniederlassungen, ■ Betriebserweiterungen und -umstellungen, ■ Rationalisierungs-, Arbeitsplatzschutz- und Umweltschutzmaßnahmen, ■ Vergleiche, Insolvenzen von Kunden bzw. Lieferern.

2.2 Finanzierungsziele

Die Ziele, die ein Unternehmen bei Finanzierungsentscheidungen berücksichtigen muss, umfassen die Sicherung der

- Liquidität,
- Rentabilität,
- Unabhängigkeit und
- Sicherheit.

2.2.1 Liquidität

(1) Begriff Liquidität

> **Liquidität** ist die Fähigkeit des Unternehmens, jederzeit die Zahlungsverpflichtungen fristgerecht erfüllen zu können.

Die Zahlungsbereitschaft aufrechtzuerhalten ist das wichtigste Finanzanliegen jedes Unternehmens. Wenn ein Unternehmen nicht mehr in der Lage ist, seinen laufenden Zahlungsverpflichtungen nachzukommen, bedeutet dies in der Regel das Ende unternehmerischer Tätigkeiten.

(2) Ermittlung der Liquidität

- **Statische Liquidität**

Bei der statischen Liquiditätsanalyse aufgrund der **Bilanz** wird davon ausgegangen, dass aus den aktuellen Beständen an Aktiva und Passiva auf die Höhe und den zeitlichen Anfall aller künftigen Einzahlungen und Auszahlungen geschlossen werden kann.

Die These ist: Je langfristiger ein Vermögensposten gebunden ist, umso später ergibt sich die entsprechende Einzahlung.

Um einen Zahlungsengpass zu vermeiden, ist eine Liquiditätsanalyse aufgrund von Bilanzangaben nur bedingt geeignet.

> **Beispiel:**
>
> Kassenbestand und Bankguthaben stehen als Zahlungsmittel unmittelbar bereit, während bei Forderungen auf den Zahlungseingang bis zum Fälligkeitstermin gewartet werden muss.

- Die Bilanz kann nur die **Situation** am **Bilanzstichtag** wiedergeben. Liquidität ist aber eine sich täglich, ja sogar sich mehrmals täglich verändernde Größe, deren Aussagewert nur für diesen Augenblick der Feststellung von Bedeutung ist.
- Die Bilanz enthält **keine Aussage** über die **künftige Liquidität,** d. h. über zukünftige Zahlungseingänge und Zahlungsausgänge.
- Es liegen nur **Abschlusszahlen der Vergangenheit** vor.

> **Beispiel:**
>
> Die Bilanz gibt keine Auskunft über die Fälligkeitstermine der in ihr ausgewiesenen Posten. Auch der Kreditspielraum eines Unternehmens ist aus der Bilanz nicht unmittelbar ablesbar. Laufende Zahlungsverpflichtungen für Personalkosten, Miete, Steuern usw. gehen aus der Bilanz nicht hervor.

Lernbereich 4: Finanzierungs- und Investitionsvorgänge analysieren, liquide Mittel beschaffen und Investitionen tätigen

■ **Dynamische Liquidität**

Um die Zahlungsfähigkeit jederzeit sicherzustellen, sollten die Unternehmen einen Liquiditätsplan erstellen.

> Im **Liquiditätsplan** werden alle **erwarteten Einzahlungen** und **geplanten Auszahlungen** einer Planungsperiode ausgewiesen.

Das **finanzielle Gleichgewicht** ist gesichert, wenn die erwarteten Einzahlungen gleich oder größer als die geplanten Auszahlungen sind. Der Liquiditätsplan muss **ständig überprüft** und gegebenenfalls einem veränderten Kapitalbedarf angepasst werden.

Der Liquiditätsplan ermittelt den **voraussichtlichen Liquiditätsbestand** des Unternehmens im Laufe der Planungsperiode.

Hierzu werden der **Anfangsbestand** an liquiden Mitteln festgestellt und die erwarteten **wirksamen Einzahlungen und Auszahlungen** der Planungsperiode aufgelistet. Zusammen bilden sie den Endbestand der liquiden Mitteln.

```
  Anfangsbestand liquide Mittel
+ Einzahlungen einer Periode
= verfügbare Mittel
− Auszahlungen einer Periode
= Endbestand liquide Mittel
```

2.2.2 Rentabilität

Die Rentabilität ist eine **Messgröße** für die **Ergiebigkeit eines Mitteleinsatzes**. Bei Finanzierungsentscheidungen wird, um die Ertragskraft zu beurteilen, der **erwirtschaftete Erfolg** (z. B. Gewinn) ins Verhältnis gesetzt zum **eingesetzten Kapital** (z. B. Eigenkapital). Im Regelfall wird die Unternehmensleitung bestrebt sein, eine möglichst hohe Kapitalrentabilität durch unternehmerische Tätigkeiten zu erzielen.

> Die **Kapitalrentabilität** setzt den Periodenerfolg des Unternehmens in Beziehung zum eingesetzten Kapital.

Je nachdem, ob man als Bezugsgröße das Eigenkapital oder das Gesamtkapital wählt, erhält man als Kennzahl die Eigenkapitalrentabilität oder die Gesamtkapitalrentabilität.

■ **Eigenkapitalrentabilität**

Bei der Eigenkapitalrentabilität wird der erzielte **Gewinn** in Prozenten zum **durchschnittlichen Eigenkapital** ausgedrückt. Es soll festgestellt werden, welche Rendite das durchschnittlich eingesetzte Eigenkapital erbracht hat.

$$\text{Eigenkapitalrentabilität} = \frac{\text{Gewinn}}{\varnothing \text{ Eigenkapital}} \cdot 100$$

■ **Gesamtkapitalrentabilität**

Wählt man als Bezugsgröße das **durchschnittliche Gesamtkapital**, dann muss der **Gewinn** um die **angefallenen Zinsen** („Ertrag des Fremdkapitalgebers") für das Fremdkapital erhöht werden.

$$\text{Gesamtkapitalrentabilität} = \frac{\text{Gewinn + Fremdkapitalzinsen}}{\varnothing \text{ Gesamtkapital}} \cdot 100$$

> **Beispiel:**
>
> Bruttogewinn: 1 166 825, 00 EUR; Durchschnittskapital 14 635 060,00 EUR
>
> $$\text{Gesamtkapitalrentabilität} = \frac{1\,166\,825 \cdot 100}{14\,635\,060} = \underline{7{,}97\,\%}$$
>
> Die Gesamtkapitalrentabilität sagt dem Unternehmer, ob sich die Investierung von Fremdkapital in seinem Unternehmen lohnt. Dies ist dann gegeben, wenn der Zinssatz für Fremdkapital unter der Gesamtkapitalrentabilität liegt. Beträgt der Zinssatz für Fremdkapital z. B. 4 % und liegt die Gesamtkapitalrentabilität bei 6 %, dann verdient das Unternehmen 2 % am Einsatz des Fremdkapitals, d. h., die Eigenkapitalrentabilität steigt an.

2.2.3 Sicherheit und Unabhängigkeit

Finanzierungsziel	Erläuterungen	Beispiele
Sicherheit	▪ Wichtigste Aufgabe des Finanzierungsziels Sicherheit ist, Finanzierungsrisiken rechtzeitig zu erkennen und zu vermeiden. Die meisten Unternehmen scheitern an der Zahlungsunfähigkeit (Illiquidität)[1]. ▪ Gefährdet ist die Zahlungsfähigkeit insbesondere dann, wenn große Fremdkapitalverpflichtungen zu hohen Zins- und Tilgungsleistungen führen und/oder wenn riskante oder spekulative Finanzanlagen Kapitalverluste verursachen.	▪ Einzahlungen müssen nachhaltend höher sein als Auszahlungen. ▪ Die Dauer der Investition (Bindung der Finanzmittel) muss mit der Dauer ihrer Finanzierung (Verfügbarkeit der Finanzmittel) übereinstimmen. ▪ Riskante und spekulative Finanzgeschäfte gilt es zu vermeiden. ▪ Expansion des Betriebs muss mit den gegebenen Finanzmitteln in Einklang stehen. ▪ Sicherstellen, dass Zinsen und Tilgung von Krediten geleistet werden können. ▪ …
Unabhängigkeit	▪ Die Art der Finanzierung beeinflusst die Eigentumsverhältnisse, die Gewinnverteilung, das Informations-, Kontroll- und Mitspracherecht. Finanzierungen können somit die unternehmerischen Freiheiten einschränken. ▪ Ziel der bisherigen Eigentümer muss sein, die Finanzierungsformen so zu wählen, dass ihre Unabhängigkeit gewahrt bleibt.	▪ Eigenfinanzierung sichert Eigentums,- Mitsprache- und Kontrollrechte sowie den Anspruch auf Gewinn. ▪ Fremdfinanzierung kann zur Abhängigkeit von Gläubigern führen, Einschränkung der Unternehmensführung bedeuten und letztlich das Risiko einer Insolvenz[2] beinhalten. ▪ …

---

[1] **Illiquidität** bedeutet, dass ein Unternehmen nicht in der Lage ist, seinen zwingend fälligen Zahlungsverpflichtungen termin- und betragsgenau nachzukommen.

[2] **Insolvenz** bedeutet, dass ein Unternehmen **endgültig** nicht mehr in der Lage ist, seinen fälligen Zahlungsverpflichtungen nachzukommen (Zahlungsunfähigkeit).

2.2.4 Zielkonflikte zwischen den finanzwirtschaftlichen Zielen

Jedes Unternehmen ist bestrebt, mit dem Einsatz der Finanzmittel

- eine möglichst **hohe Rentabilität** (z. B. hohe Gewinnausschüttung, Kapitalzuwachs),
- bei einer **hohen Sicherheit** und **Unabhängigkeit** und
- einer **hohen Liquidität** der angelegten Finanzmittel

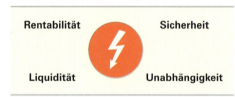

zu erzielen. Die vier finanzwirtschaftlichen Ziele gleichzeitig zu erreichen ist jedoch äußerst schwierig, da zwischen den einzelnen finanzwirtschaftlichen Zielen **Zielkonflikte** bestehen.

(1) Zielkonflikt zwischen Liquidität und Rentabilität

Eine **hohe Liquidität mindert die Rentabilität**, da die liquiden Finanzmittel nicht „im Unternehmen arbeiten", sondern zu eventuell niedrigeren Zinsen auf dem Bankkonto liegen. Allerdings gilt: **Liquidität vor Rentabilität**. Aufgrund der existenzbedrohenden Folgen einer unzureichenden Liquidität ist der Zielsetzung Liquidität regelmäßig Vorrang vor der Rentabilität einzuräumen.

Beispiel:
Die Anlage von Finanzmitteln als Termingeld bei der Bank ist zwar sicher, bringt jedoch im Zweifel weniger Rentabilität als die Investition der Finanzmittel in die Modernisierung des Maschinenparks der Unternehmung.

(2) Zielkonflikt zwischen Sicherheit und Rentabilität

Wer eine **hohe Sicherheit** der investierten Finanzmittel anstrebt, muss in der Regel eine **niedrige Rentabilität** in Kauf nehmen. Umgekehrt sind mit **überdurchschnittlich hohen Renditen** auch **höhere Risiken** verbunden.

Beispiel:
Die Investition in ein neuartiges Produkt kann zu hohen Gewinnen führen, beinhaltet aber das Risiko, dass das Produkt vom Markt nicht angenommen wird und dadurch Verluste anfallen.

(3) Zielkonflikt zwischen Unabhängigkeit und Fremdfinanzierung

Während bei einem rein mit Eigenkapital finanzierten Unternehmen die Unabhängigkeit sehr hoch ist, sinkt mit zunehmender Fremdkapitalaufnahme in der Regel die Unabhängigkeit und Sicherheit. Die Aufnahme von Fremdkapital kann dazu führen, dass sich die Kapitalgeber ein Kontroll- und Mitspracherecht einräumen lassen und bei finanziellen Schwierigkeiten das Unternehmen übernehmen.

Beispiel:
Durch den Einsatz von Fremdkapital wird der Eigenkapitalanteil geringer, was zu einer höheren Eigenkapitalrentabilität führt, sofern die bisherige Eigenkapitalrentabilität höher ist als der vom Gläubiger verlangte Zinssatz. Es besteht aber die Gefahr bei einem Absatzrückgang, dass Zinsen und Tilgungen nicht mehr termingerecht geleistet werden können, und es damit zu einer Insolvenz kommt.

2 Finanzierungsmöglichkeiten zur Erreichung finanzwirtschaftlicher Ziele diskutieren und begründete Finanzierungsentscheidungen treffen

> Das **Finanzierungsziel** eines Unternehmens muss darin bestehen, ein **ausgewogenes Verhältnis** zwischen **Rentabilitätsstreben, Liquidität, Sicherheit** und **Unabhängigkeit** von anderen Kapitalgebern zu finden.

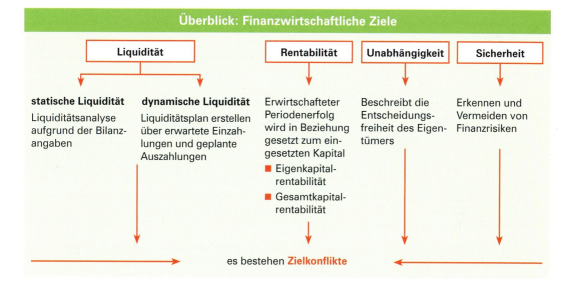

Kompetenztraining

153 Liquidität, Liquiditätsplan, Zielkonflikte finanzwirtschaftlicher Ziele

1. Nehmen Sie kritisch Stellung zu einer Liquiditätsanalyse aufgrund von Bilanzangaben!

2. Ein Liquiditätsplan enthält häufig nicht nur die Planzahlen (das „Soll"), sondern auch die tatsächlichen Zahlen (das „Ist") sowie die Planabweichungen.

   Aufgabe:
   Erläutern Sie die Begriffe jeweils anhand eines Beispiels!

3. Stellen Sie dar, welchen Zweck der Liquiditätsplan verfolgt!

4. Erklären Sie, worauf Abweichungen im Liquiditätsplan (Über- und Unterdeckungen) zurückzuführen sein können!

5. Nennen Sie Vorsorgemaßnahmen, um eventuelle Liquiditätsschwierigkeiten ausgleichen zu können!

6. Erklären Sie jeweils anhand eines Beispiels einen möglichen Zielkonflikt zwischen den finanzwirtschaftlichen Zielen

   6.1 Sicherheit und Rentabilität sowie

   6.2 Rentabilität und Liquidität!

2.3 Übersicht über die Arten der Finanzierung

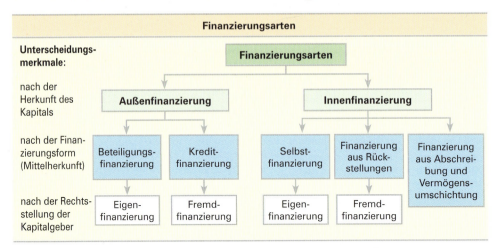

Erläuterungen:

- **Außenfinanzierung** liegt vor, wenn dem Unternehmen Kapital von außen zufließt, z. B. aus Kapitaleinlagen der Gesellschafter und/oder Kapitalgewährungen durch Gläubiger.
- Bei der **Innenfinanzierung** stammen die Mittel aus dem Umsatzprozess, der auf dem Leistungsprozess des Unternehmens beruht.

2.4 Beteiligungsfinanzierung

LB 4 Handlungssituation 3: Ordentliche Kapitalerhöhung durchführen

Anlagen- und Maschinenbau Aktiengesellschaft
Augsburg
– ISIN DE 0000661700, DE 0000561403 –

Bezugsangebot

Die ordentliche Hauptversammlung der Anlagen- und Maschinenbau AG hat am 15. Januar 2019 beschlossen das Grundkapital von 37 600 000,00 EUR um 4 700 000,00 EUR auf 42 300 000,00 EUR durch Ausgabe von 2 350 000,00 EUR neuen Stammaktien und 2 350 000,00 EUR neuen Vorzugsaktien ohne Stimmrecht zu erhöhen. Der auf die einzelnen Stückaktien entfallende anteilige Betrag am Grundkapital beträgt jeweils 5,00 EUR. Die neuen Aktien lauten auf den Namen und sind für das Geschäftsjahr 2019 voll gewinnanteilberechtigt.

Ein unter Führung der Commerzbank AG stehendes Bankenkonsortium hat die neuen Aktien mit der Verpflichtung übernommen, diese den Inhabern der alten Stamm- und Vorzugsaktien jeweils im Verhältnis 16 : 1 zum Bezugspreis von 56,00 EUR je Stammaktie mit einem Anteilswert von 5,00 EUR und zum Bezugspreis von 35,00 EUR je Vorzugsaktie mit einem Anteilswert von 5,00 EUR zum Bezug anzubieten. Die neuen Vorzugsaktien ohne Stimmrecht sind mit denselben satzungsmäßig festgelegten Rechten wie die bisher ausgegebenen Vorzugsaktien ausgestattet.

Nachdem die Durchführung der Kapitalerhöhung in das Handelsregister eingetragen worden ist, fordern wir unsere Aktionäre auf, ihr Bezugsrecht auf die neuen Aktien zur Vermeidung des Ausschlusses in der Zeit

vom 9. März bis 23. März 2019 einschließlich

bei einer der nachstehenden Bezugsstellen während der üblichen Schalterstunden auszuüben:

**Commerzbank Aktiengesellschaft
Reuschel & Co. KG**

Gegen Einreichung von 16 Gewinnanteilscheinen Nr. 51 zu den alten Stamm- und/oder Vorzugsaktien kann eine neue Vorzugsaktie im Anteilswert von 5,00 EUR zum Preis von 56,00 EUR sowie gegen Einreichung von Gewinnanteilscheinen Nr. 52 zu den alten Stamm- und/oder Vorzugsaktien kann eine neue Vorzugsaktie im Anteilswert von 5,00 EUR zum Preis von 35,00 EUR bezogen werden.

Die Bezugsrechte auf die neuen Stammaktien (ISIN DE 0000661408) in Gewinnanteilscheinen Nr. 51 zu den alten Stamm- und Vorzugsaktien sowie die Bezugsrechte auf die neuen Vorzugsaktien (ISIN 0000661409) in Gewinnanteilscheinen Nr. 52 zu den alten Stamm- und Vorzugsaktien werden jeweils getrennt in der Zeit vom 9. März bis 21. März 2019 einschließlich an den Wertpapierbörsen in München und Frankfurt am Main amtlich notiert. Vom Beginn der Bezugsfrist an erfolgt die Notierung der alten Aktien „ex Bezugsrecht". Die Bezugsstellen sind bereit, den An- und Verkauf von Bezugsrechten nach Möglichkeit zu vermitteln.

Der Bezugspreis ist bei der Ausübung des Bezugsrechts, spätestens jedoch am 25. März 2019 zu zahlen. Für den Bezug wird die übliche Bankenprovision berechnet. Der Bezug ist provisionsfrei, sofern er während der Geschäftsstunden am Schalter einer Bezugsstelle unter Einreichung der Gewinnanteilscheine Nr. 51 bzw. 52 vorgenommen wird und ein weiterer Schriftwechsel damit nicht verbunden ist.

Die neuen Aktien werden in Globalurkunden verbrieft, die bei der Wertpapiersammelbank Deutsche Börse Clearing AG hinterlegt werden und an denen die Erwerber durch Gutschrift auf Girosammeldepot beteiligt werden. Einzelurkunden liegen nach der Hauptversammlung 2019 vor; bis dahin können Ansprüche auf Auslieferung nicht geltend gemacht werden. Die neuen Stamm- und Vorzugsaktien sind mit Gewinnanteilscheinen Nr. 54 und ff. und Erneuerungsschein ausgestattet. Die neuen Aktien werden bis zur Dividendengleichheit gesondert notiert; die neuen Stammaktien erhalten die ISIN DE 0000661401, die neuen Vorzugsaktien die ISIN DE 0000661404.

Die Wertpapierbörsen in München und Frankfurt am Main haben die neuen Stamm- und Vorzugsaktien zum Börsenhandel mit amtlicher Notierung zugelassen. Der Börsenhandel für die neuen Aktien wird voraussichtlich am 28. März 2019 aufgenommen. Börsenzulassungsprospekte sind auf Anforderung bei den Bezugsstellen und bei den Zulassungsstellen der genannten Wertpapierbörsen kostenfrei erhältlich.

Augsburg, im Januar 2019

Der Vorstand

Ergänzende Angaben zum Prospekt:

Die Anlagen- und Maschinenbau AG wies in der letzten Bilanz vor der Durchführung der Kapitalerhöhung folgende Eigenkapitalpositionen auf: Grundkapital 37,6 Mio. EUR, Kapitalrücklagen 46,0 Mio. EUR.

Am letzten Börsentag vor Beginn der Bezugsfrist wurden die Stammaktien mit 73,00 EUR und die Vorzugsaktien mit 49,00 EUR je Aktie notiert. An Emissionskosten sind 5,0 Mio. EUR angefallen.[1]

KOMPETENZORIENTIERTE ARBEITSAUFTRÄGE:

1. Lesen Sie zunächst den Text und recherchieren Sie die Ihnen unbekannten Begriffe!
2. Berechnen Sie den Nettozufluss (Kapitalzufluss abzüglich der Emissionskosten) an liquiden Mitteln!
3. Erläutern Sie die Bedeutung des Bezugsrechts!
4. Stellen Sie die Veränderungen der einzelnen Eigenkapitalpositionen und des Eigenkapitals insgesamt in einer tabellarischen Übersicht dar!

---

1 Die Zahlen wurden zur Vereinfachung gerundet.

2.4.1 Begriff Beteiligungsfinanzierung

> **Beteiligungsfinanzierung** ist die Bereitstellung von Finanzmitteln von dem (oder den) Unternehmenseigentümer(n) oder einem (oder mehreren) neuen Gesellschafter(n).

Durch die Bereitstellung der Finanzmittel

- erwerben die Kapitalgeber **Eigentumsrechte** an dem Unternehmen in Höhe ihrer Einlage,
- erhalten die Kapitalgeber eine **gewinnabhängige Vergütung,**
- erwerben die Kapitalgeber **Mitwirkungsrechte** (z. B. Geschäftsführungsrecht).

Aus Sicht der Bilanz stellt die Beteiligungsfinanzierung dem Unternehmen **Eigenkapital** zur Verfügung. Unter dem Gesichtspunkt der Kapitalherkunft zählt die Beteiligungsfinanzierung zur **Außenfinanzierung,** weil die Mittel von außen zugeführt werden. Das Unternehmen erhält die Finanzmittel grundsätzlich **unbefristet** und **ohne Rückzahlungsverpflichtung.**

2.4.2 Beteiligungsfinanzierung bei einer Aktiengesellschaft (AG) – ordentliche Kapitalerhöhung (Kapitalerhöhung gegen Einlagen)

2.4.2.1 Ablauf der ordentlichen Kapitalerhöhung

Benötigt eine Aktiengesellschaft frisches Kapital, hat sie die Möglichkeit, sich dieses durch die **Emission (Ausgabe) junger Aktien**[1] zu beschaffen. Die ausgebende Aktiengesellschaft bezeichet man als **Emittent.**

- Der **Emissionskurs** (Ausgabekurs, Bezugskurs) **der jungen Aktien** darf bei Nennwertaktien **nicht unter dem Nennwert (unter pari)** liegen.
- Eine **Überpari-Emission**[2] ist zulässig. Sie hat zur Folge, dass der Nennwert der Kapitalerhöhung wesentlich geringer sein kann als der erforderliche Kapitalbedarf der AG.

Bei einer **Kapitalerhöhung gegen Geldeinlagen** fließen der Aktiengesellschaft entsprechende **Geldmittel** zu. **In Höhe des Nennbetrags der gezeichneten Aktien** erhöht sich das **gezeichnete Kapital (Grundkapital)** der Gesellschaft. Der über den Nennbetrag hinausgehende Mittelzufluss, das sogenannte **Agio,** wird als **Kapitalrücklage ausgewiesen** [§ 272 II, Nr. 1 HGB]. In Höhe des gesamten Mittelzuflusses erhöht sich das **bilanzierte Eigenkapital** der AG.

Die Kapitalerhöhung bedarf einer Satzungsänderung, wozu ein **Beschluss der Hauptversammlung mit qualifizierter Mehrheit** (drei Viertel des bei der Beschlussfassung vertretenen Grundkapitals) notwendig ist.

---

1 **Junge Aktien** sind Aktien, die bei einer Grundkapitalerhöhung [§§ 182 ff. AktG] den Aktionären zum Kauf angeboten werden. Die alten Aktionäre können ihr Bezugsrecht verkaufen, sodass auch Dritte die jungen Aktien erwerben können.

2 **Überpari-Emission**: Der Emissionskurs liegt über dem Nennwert.

2 Finanzierungsmöglichkeiten zur Erreichung finanzwirtschaftlicher Ziele diskutieren und begründete Finanzierungsentscheidungen treffen

Beispiel:

Die Poggo AG weist vor der ordentlichen Kapitalerhöhung folgende (vereinfachte) Bilanz auf:

Aktiva	Bilanz der Poggo AG (vereinfacht)		Passiva
A. Anlagevermögen	10 000 000,00	A. Eigenkapital	
B. Umlaufvermögen		I. Gezeichnetes Kapital	6 000 000,00
1. Vorräte	3 000 000,00	II. Kapitalrücklage	400 000,00
2. Forderungen	1 800 000,00	III. Gewinnrücklagen	
3. Bank/Kasse	200 000,00	1. gesetzliche Rücklage	600 000,00
		2. andere Gewinnrückl.	2 000 000,00
		B. Fremdkapital	6 000 000,00
	15 000 000,00		15 000 000,00

Das bisherige Grundkapital der Poggo AG ist aufgeteilt in 1,2 Mio. Aktien mit einem Nennwert von je 5,00 EUR. Es wird eine Kapitalerhöhung um 2 Mio. EUR mit einem Ausgabekurs von 8,00 EUR durchgeführt.[1]

Aufgaben:

1. Berechnen Sie den Mittelzufluss!
2. Ermitteln Sie das neue Eigenkapital!
3. Erstellen Sie die Bilanz nach Abschluss der ordentlichen Kapitalerhöhung!

Lösungen:

Zu 1.: Kapitalerhöhung (Geldmittelzufluss) 0,4 Mio. Aktien · 8,00 EUR =   3 200 000,00 EUR

Zu 2.:

	Bisheriges gezeichnetes Kapital	6 000 000,00 EUR
+	Erhöhung des gezeichneten Kapitals 0,4 Mio. Aktien · 5,00 EUR =	2 000 000,00 EUR
=	Neues gezeichnetes Kapital	8 000 000,00 EUR
+	Bisherige Kapitalrücklage	400 000,00 EUR
+	Erhöhung der Kapitalrücklage 0,4 Mio. Aktien · 3,00 EUR =	1 200 000,00 EUR
=	Neue Kapitalrücklage	1 600 000,00 EUR
+	Gewinnrücklagen	2 600 000,00 EUR
=	Neues Eigenkapital	12 200 000,00 EUR

Zu 3.:

Aktiva	Bilanz der Poggo AG nach Abschluss der ordentlichen Kapitalerhöhung (vereinfacht)		Passiva
A. Anlagevermögen	10 000 000,00	A. Eigenkapital	
B. Umlaufvermögen		I. Gezeichnetes Kapital	8 000 000,00
1. Vorräte	3 000 000,00	II. Kapitalrücklage	1 600 000,00
2. Forderungen	1 800 000,00	III. Gewinnrücklagen	
3. Bank/Kasse	3 400 000,00	1. gesetzliche Rücklage	600 000,00
		2. andere Gewinnrückl.	2 000 000,00
		B. Fremdkapital	6 000 000,00
	18 200 000,00		18 200 000,00

---

1 Aus Vereinfachungsgründen wird auf die Angabe von Emissionskosten verzichtet.

Lernbereich 4: Finanzierungs- und Investitionsvorgänge analysieren, liquide Mittel beschaffen und Investitionen tätigen

2.4.2.2 Begriff Bezugsrecht, die Berechnung des Bezugsverhältnisses und die Bedeutung des Bezugsrechts

(1) Begriff Bezugsrecht

Damit die bisherigen Aktionäre bei der Ausgabe junger (neuer) Aktien nicht benachteiligt werden, muss nach § 186 I AktG jedem Altaktionär auf sein Verlangen ein seinem Anteil an dem bisherigen Grundkapital entsprechender Teil der jungen Aktien zugeteilt werden.

> **Bezugsrecht** ist das dem Aktionär zustehende Recht, bei einer Kapitalerhöhung einen seinem Anteil am bisherigen Grundkapital entsprechenden Teil der jungen Aktien zu beziehen.

(2) Bezugsverhältnis

Das Bezugsverhältnis drückt das Verhältnis zwischen dem Nennwert des bisherigen Grundkapitals und dem Nennwert der Kapitalerhöhung aus.

Beispiel:

Die Poggo AG mit einem Grundkapital in Höhe von 6 000 000,00 EUR beschließt eine Kapitalerhöhung auf 8 000 000,00 EUR. Sie gibt hierzu Aktien im Nennwert von 2 000 000,00 EUR aus (siehe S. 451).

Aufgabe: Berechnen Sie das Bezugsverhältnis!

Lösung:

$$\text{Bezugsverhältnis} = \frac{6\,000\,000{,}00 \text{ EUR}}{2\,000\,000{,}00 \text{ EUR}} = \frac{3}{1}$$

Ergebnis: Das Bezugsverhältnis beträgt 3 : 1 und besagt, dass drei Altaktien (Bezugsrechte) erforderlich sind, um eine junge Aktie erwerben zu können.

$$\text{Bezugsverhältnis} = \frac{\text{Nennwert des bisherigen Grundkapitals}}{\text{Nennwert der Kapitalerhöhung}}$$

(3) Bedeutung des Bezugsrechts

Durch die **Ausübung des Bezugsrechts** hat der bisherige Aktionär die Möglichkeit, seinen **Stimmrechtsanteil an der Aktiengesellschaft aufrechtzuhalten.**

Nach der Emission der jungen Aktien **sinkt der Börsenkurs** meist auf den „Mittelkurs". Rechnerisch ist das der gewogene Durchschnitt des alten Börsenkurses und des Emissionskurses der jungen Aktien. Dem dabei entstehenden **Wertverlust einer Altaktie** entspricht rein rechnerisch der **Wert des Bezugsrechts**. Möchte der **bisherige Aktionär keine jungen Aktien kaufen,** kann er durch den **Verkauf der Bezugsrechte** den **Vermögensverlust** durch die Kurssenkung **ausgleichen.**[1]

---

[1] Auf die rechnerische Darstellung dieses Vorgangs wird aus Vereinfachungsgründen verzichtet.

2.4.3 Beurteilung der Beteiligungsfinanzierung

Vorteile	Nachteile
■ Die Mittel stehen dem Unternehmen ohne zeitliche Begrenzung zur Verfügung. ■ Keine Tilgung und somit keine Belastung der Liquidität. ■ Kein Zinsaufwand, weil kurzfristig auf eine Verzinsung des Eigenkapitals verzichtet werden kann. ■ Unabhängigkeit (kein Einfluss von Gläubigern auf das Unternehmen). ■ Erhöhung der Kreditwürdigkeit.	■ Bei Aktiengesellschaften liegt eine gewisse Begrenzung der Beteiligungsfinanzierung dann vor, wenn durch eine Kapitalerhöhung bisherige gewünschte Mehrheitsverhältnisse gefährdet werden. ■ Relativ hohe Verwaltungs- und Emissionskosten anlässlich der Emission von Aktien.

Kompetenztraining

154 Grundlagen zur Beteiligungsfinanzierung

1. Die Erlanger Baustoffe AG gibt 500 000 Stück junge Aktien im Nennwert von 5,00 EUR je Stück zum Kurs von 180,00 EUR/Stück heraus. An Emissionskosten fallen 9 000 000,00 EUR an.

   Aufgaben:
   1.1 Berechnen Sie die Erhöhung des gezeichneten Kapitals der AG!
   1.2 Ermitteln Sie die Höhe des Finanzmittelzuflusses bei der AG!
   1.3 Bestimmen Sie den Betrag, um den sich das Eigenkapital der AG erhöht!

2. Eine AG weist auf der Passivseite der Bilanz u. a. folgende Positionen aus:

Gezeichnetes Kapital	8 000 000,00 EUR	Gewinnvortrag	28 000,00 EUR
Kapitalrücklage	700 000,00 EUR	Jahresfehlbetrag	750 000,00 EUR
gesetzliche Rücklage	800 000,00 EUR		

Aufgaben:

2.1 Ermitteln Sie die Höhe des bilanzierten Eigenkapitals!

2.2 Erläutern Sie, welchen Betrag das Haftungskapital der AG umfasst!

2.3 Ermitteln Sie, wie viel Aktien die Aktionäre besitzen, wenn die Aktien einen Nennwert von 5,00 EUR je Stück aufweisen!

2.4 Berechnen Sie, welchen Vermögenswert die Aktien repräsentieren, wenn ihr Kurs 85,00 EUR je Stück beträgt!

155 Bezugsrecht und Mittelzufluss

1. Die Hauptversammlung der Kolbinger Mineral AG beschließt mit qualifizierter Mehrheit eine ordentliche Kapitalerhöhung um 36 Mio. EUR auf 96 Mio. EUR. Der Börsenkurs der Altaktien wird mit 200,00 EUR notiert. Der Emissionskurs beträgt 150,00 EUR je 10-EUR-Aktie.

   Aufgaben:

   1.1 Ermitteln Sie das Bezugsverhältnis!

   1.2 Bestimmen Sie den Mittelzufluss der Kolbinger Mineral AG! Ermitteln Sie die Höhe des Agios und geben Sie an, in welchem Bilanzposten das Agio ausgewiesen wird!

   1.3 Prüfen Sie, ob die AG auch einen höheren Emissionskurs für die jungen Aktien hätte festlegen können!

2. Die Wagner Tiefbau AG plant eine Investition über 27 Mio. EUR. Der erzielbare Emissionskurs je 5-EUR-Aktie liegt bei 70,00 EUR.

   Aufgabe:

   Ermitteln Sie, wie hoch die Kapitalerhöhung mindestens sein muss, damit das Investitionsvorhaben durchgeführt werden kann! (Emissionskosten 1 Mio. EUR)

156 Umsetzung einer ordentlichen Kapitalerhöhung

Die Augsburger Feintechnik AG stellt hochwertige Präzisionswerkzeuge her. Die zusammengefasste Bilanz des Unternehmens weist folgende Werte aus:

Aktiva	Zusammengefasste Bilanz am 31. Dezember 19 in TEUR		Passiva
Sachanlagen	222 000	Gezeichnetes Kapital	50 000
Vorräte	272 000	Kapitalrücklage	20 000
Forderungen und flüssige Mittel	240 000	gesetzliche Rücklage	5 000
		Rückstellungen	380 200
		Verbindlichkeiten	278 800
	734 000		734 000

Die 10 Mio. Stückaktien der Augsburger Feintechnik AG befinden sich zu 70 % im Besitz der Gründerfamilie. Im Jahr 18 ging die AG an die Börse. Seither sind 30 % der Aktien, die früher auch im Familienbesitz waren, breit gestreut.

Aufgaben:

1. Nennen Sie zwei Gründe, die die Augsburger Feintechnik AG im Jahr 18 zum Schritt an die Börse veranlasst haben könnten!

2. Die Expansion des Unternehmens macht die Zuführung von weiterem Eigenkapital notwendig. Im Jahr 20 soll eine Kapitalerhöhung gegen Einlagen von 10 Mio. EUR durchgeführt werden. Die Emissionskosten betragen 750 000,00 EUR. Die Börse notiert die Augsburger Feintechnik-Aktie vor der Kapitalerhöhung mit 42,00 EUR.

2.1 Die Augsburger Feintechnik AG muss für die jungen Aktien den Emissionskurs festlegen. Nennen Sie Gesichtspunkte, die hierbei zu berücksichtigen sind! Gehen Sie dabei auch auf den höchstmöglichen und den theoretisch niedrigsten Emissionskurs ein!

2.2 Der Börsenkurs wird nach der Kapitalerhöhung mit 39,00 EUR notiert. Der Emissionskurs wird auf 24,00 EUR festgesetzt!

Aufgabe:

Geben Sie an, wie sich die entsprechenden Bilanzposten verändert haben!

3. Die Lindauer Baumaschinen AG, die in gutem Geschäftskontakt mit der Augsburger Feintechnik AG steht, möchte ihre Kapazität deutlich erhöhen. Dazu benötigt sie 20 Mio. EUR, die durch eine Kapitalerhöhung im Verhältnis 8 : 1 beschafft werden sollen. Das bisherige gezeichnete Kapital beträgt 80 Mio. EUR. Die Aktien haben einen Nennwert von 100,00 EUR/Aktie. Der Kurs der alten Aktie liegt bei 239,25 EUR.

Aufgaben:

3.1 In der Hauptversammlung sind 60 Mio. EUR des Grundkapitals vertreten. Ermitteln Sie, wie viele Stimmen mindestens für die Kapitalerhöhung abgegeben werden müssen! (Gesetzliche Grundlage: § 182 I AktG)

3.2 Begründen Sie die Ober- und Untergrenze für den Ausgabekurs einer jungen Aktie! (Gesetzliche Grundlage: § 9 AktG)

3.3 Ermitteln Sie den tatsächlichen Ausgabekurs einer jungen Aktie, wenn durch den Mittelzufluss zusätzlich die sofort fälligen Emissionskosten in Höhe von 5 % des Kapitalbedarfs gedeckt werden sollen!

3.4 Geben Sie an, welche Bilanzposten sich in welcher Höhe ändern!

3.5 Aktionär Hansen, der 200 alte Aktien besitzt, möchte im Zuge der Kapitalerhöhung junge Aktien erwerben und dabei maximal 16 000,00 EUR investieren.

Das Bezugsrecht wird an der Börse mit seinem rechnerischen Wert von 3,25 EUR gehandelt.

Berechnen Sie, wie viele junge Aktien der Aktionär erwerben kann und ermitteln Sie den übrig bleibenden Betrag sowie die Beteiligungsquote an der Lindauer Baumaschinen AG nach dem Erwerb der jungen Aktien!

157 Berechnungen zur Kapitalerhöhung

Die FEM AG, Feinmechanik Aktiengesellschaft, gehört zu den Marktführern auf dem Gebiet der Medizintechnik. Sie erwägt die Durchführung umfangreicher Investitionen zur Erweiterung der Produktion elektromedizinischer und elektronischer Geräte. Das gezeichnete Kapital der FEM AG beträgt zurzeit 64 Mio. EUR, die gesetzliche Rücklage 7 Mio. EUR. Sie weist zudem Kapitalrücklagen in Höhe von 8 Mio. EUR auf. Zur Investition werden 24 Mio. EUR benötigt. Die Hauptversammlung hat beschlossen, diese Mittel durch eine Kapitalerhöhung gegen Einlagen in Höhe von 8,0 Mio. EUR zu beschaffen. Die Aktien der FEM AG notieren gegenwärtig mit 22,20 EUR je 5,00 EUR Nennwert.

Aufgaben:

1. Berechnen Sie das Bezugsverhältnis und den Emissionskurs der neuen Aktien!

2. Nennen Sie zwei Gründe, die den Gesetzgeber veranlasst haben, ein Bezugsrecht auf neue Aktien einzuführen!

3. Ermitteln Sie, wie sich die Kapitalerhöhung auf die betroffenen Bilanzposten auswirkt und nennen Sie das neue Eigenkapital der FEM AG!

4. Berechnen Sie, wie viele junge Aktien ein Aktionär beziehen kann, der Aktien im Nennwert von 250,00 EUR besitzt, wenn er höchstens 100,00 EUR anlegen möchte und der rechnerische Wert des Bezugsrechts in Höhe von 0,80 EUR zugrunde gelegt wird! Spesen bleiben unberücksichtigt.

2.5 Kreditfinanzierung

- Ein **Kredit**[1] ist die zeitweilige Überlassung von Geld oder Sachgütern im Vertrauen darauf, dass der Kreditnehmer den Kredit fristgerecht zurückbezahlt.
- **Kreditfinanzierung (Fremdfinanzierung)** ist die Beschaffung fremder Finanzmittel für eine bestimmte Zeit. Sie führt zur Bildung bzw. Erhöhung von **Fremdkapital**.

LB 4 | **Handlungssituation 4:** Ausgewählte Darlehensbedingungen aus einem Darlehensvertrag herausarbeiten

Die Beauty Moments Emmy Reisacher e. Kfr. möchte den Anbau eines Wellnessbereichs mit einer Investitionssumme von 180 500,00 EUR durch Aufnahme eines Darlehens bei der Stadtsparkasse Augsburg finanzieren.

Auszug aus dem Darlehensvertrag

Stadtsparkasse Augsburg

Konto-Nr.: DE21 7205 0000 0000 5678 98

Darlehen mit anfänglichem Festzins

Datum: 29. Juli 2018

Beauty Moments Emmy Reisacher e. Kfr., Neuwerk 10, 86169 Augsburg

– nachstehend der Darlehensnehmer genannt – erhält/erhalten von der Sparkasse zu folgenden Bedingungen ein Darlehen im Nennwert von

180 500,00 EUR

Gutschriftskonto: DE14 7205 0000 0000 3464 89   Belastungskonto: DE21 7205 0000 0000 5678 98

1 Darlehenskosten, Rückzahlung

1.1 Verzinsung: Das Darlehen ist mit jährlich 2,4 v. H. zu verzinsen. Dieser Zinssatz ist bis zum 30.07.2023 unveränderlich. Frühestens sechs Wochen, spätestens bis zwei Wochen vor Ablauf der Zinsbindungsfrist kann jede Partei verlangen, dass über die Bedingungen für die Darlehensgewährung (Zinssatz, Disagio u. ä.) neu verhandelt wird. Werden bis zum Ablauf der Zinsbindungsfrist keine neuen Darlehensbedingungen vereinbart, so läuft das Darlehen zu veränderlichen Konditionen weiter. Es gilt der von der Sparkasse für Darlehen dieser Art festgesetzte Zinssatz. Bei Änderungen der Marktlage ist sie berechtigt, die Zinsen mit sofortiger Wirkung durch Erklärung gegenüber dem Darlehensnehmer zu senken oder zu erhöhen.

1.2 Die Stadtsparkasse erhebt ein **Disagio** von ———— und eine einmalige **Bearbeitungsprovision** von ————. Beide Beträge werden bei der ersten Auszahlung von der Sparkasse verrechnet. Die Bearbeitungsgebühr wird bei vorzeitiger Rückzahlung des Darlehens nicht – auch nicht teilweise – erstattet.

Der **Nettokreditbetrag** beträgt 180 500,00 EUR .

1.3 Preisrechtliche Angaben

Der anfängliche effektive Jahreszins beträgt 2,51 v. H. . Es wurden verrechnet:

1.7 Rückzahlung und Zahlungstermine: Alle fälligen Beträge werden jeweils dem oben bezeichneten Belastungskonto belastet. **Zinsen** sind erstmals an dem auf die erste Auszahlung folgenden Zahlungstermin zu zahlen.

Das Darlehen ist in einer Summe zum Ablauftermin am 30. Juli 2023 zurückzuzahlen.

Die Zinsen sind in Teilbeträgen jeweils am Quartalsende zu zahlen.

---

[1] Der Begriff **Kredit** kommt vom lateinischen Wort credere: glauben, vertrauen.

8 Offenlegungs- und Auskunftspflicht

Der Darlehensnehmer hat der Sparkasse, einem von dieser beauftragten Treuhänder oder ihrer zuständigen Prüfungsstelle jederzeit Einblick in seine wirtschaftlichen Verhältnisse zu gewähren, insbesondere seine Bücher, Bilanzen, Abschlüsse und Geschäftspapiere vorzulegen oder die Einsicht und Prüfung dieser Vorgänge zu gestatten, jede gewünschte Auskunft zu erteilen und die Besichtigung seines Betriebes zu ermöglichen. Die Sparkasse ist auch aufgrund gesetzlicher Vorgaben verpflichtet, sich die wirtschaftlichen Verhältnisse des Darlehensnehmers offenlegen zu lassen.

Die Sparkasse kann die dafür erforderlichen Unterlagen direkt bei den Beratern des Darlehensnehmers in Buchführungs- und Steuerangelegenheiten nach Rücksprache mit dem Darlehensnehmer anfordern.

Soweit die genannten Unterlagen auf Datenträger gespeichert sind, ist der Darlehensnehmer verpflichtet, diese in angemessener Frist lesbar zu machen.

Die Sparkasse ist berechtigt, jederzeit die öffentlichen Register sowie das Grundbuch und die Grundakten einzusehen und auf Rechnung des Darlehensnehmers einfache oder beglaubigte Abschriften und Auszüge zu beantragen, ebenso Auskünfte bei Versicherungen, Behörden und sonstigen Stellen, insbesondere Kreditinstituten, einzuholen, die sie zur Beurteilung des Darlehensverhältnisses für erforderlich halten darf.

9 Kündigung/sofortige Fälligkeit

9.1 Das Darlehen kann beiderseits mit einer Frist von einem Monat zum Ablauf der ersten oder einer folgenden Festzinsvereinbarung gem. Nr. 1.1 ganz oder teilweise gekündigt werden. Wird das Darlehen nach Ablauf der ersten oder einer folgenden Festzinsvereinbarung mit veränderlichem Zinssatz fortgeführt, so kann es jederzeit mit einer Frist von drei Monaten gegenüber dem Vertragspartner ganz oder teilweise gekündigt werden.

Die Kündigung soll schriftlich erfolgen. Eine Kündigung des Darlehensnehmers gilt als nicht erfolgt, wenn er den geschuldeten Betrag nicht binnen zweier Wochen nach Wirksamwerden der Kündigung zurückzahlt.

9.2 Unbeschadet ihres Rechts zur fristlosen Kündigung aus sonstigen wichtigen Gründen (Nr. 26 AGB) kann die Sparkasse das Kapital für sofort fällig und zahlbar erklären,
– wenn der Darlehensnehmer gegen die ihm in Nr. 8 auferlegten Pflichten verstößt;
– wenn der Darlehensnehmer mit fälligen Leistungen länger als 14 Tage in Verzug gerät und auch nach einer weiteren Nachfristsetzung durch die Sparkasse von mindestens weiteren 14 Tagen nicht zahlt.

KOMPETENZORIENTIERTER ARBEITSAUFTRAG:

Analysieren Sie den vorgegebenen Darlehensvertrag hinsichtlich der Kosten, der Zins- und Rückzahlung, der Offenlegungs- und Auskunftspflicht und der Kündigung!

2.5.1 Bankdarlehen

2.5.1.1 Begriff Darlehen und der Inhalt eines Darlehensvertrags

(1) Begriffe Darlehen und Darlehensvertrag

- **Darlehen** sind Kredite, die in einer Summe bereitgestellt und dem Finanzbedarf entsprechend ausbezahlt werden. Sie müssen am Fälligkeitstag in einer Summe oder während einer vorbestimmten Laufzeit in Raten getilgt werden.
- Dem Kredit in Form eines Darlehens liegt ein **Darlehensvertrag** zugrunde.

(2) Inhalte eines Darlehensvertrags

■ **Darlehenshöhe und Rückzahlungsmodus**

Der Darlehensnehmer muss sich festlegen auf die Darlehenssumme, auf die Höhe und die Zeit der Tilgung. Außerdem muss der Darlehensnehmer erklären, dass er über getilgte Beträge nicht erneut verfügt.

Lernbereich 4: Finanzierungs- und Investitionsvorgänge analysieren, liquide Mittel beschaffen und Investitionen tätigen

■ Darlehenskosten

Zins	Der Darlehensnehmer kann wählen zwischen einem Festzins und einem variablen Zins. Beim Festzins bleibt der Zins für eine bestimmte (vereinbarte) Laufzeit konstant, beim variablen Zins kann der Zinssatz durch Anpassungsklauseln geändert werden.
Bereitstellungszinsen	Wenn der Darlehensbetrag zum vereinbarten Auszahlungstermin vom Darlehensnehmer nicht in Anspruch genommen wird, kann die Bank vom vereinbarten bis zum tatsächlichen Auszahlungstermin einen Zinsausgleich (z. B. 3 % p. a.) beanspruchen.
Damnum (Disagio)[1]	Das Damnum stellt eine Kürzung des auszuzahlenden Darlehensbetrags dar und soll den Nominalzins absenken. In der Geschäftspraxis ist das Damnum (Disagio) vor allem eine **laufzeitabhängige Zinsvorauszahlung**.

■ Sicherheiten[2]

Sicherheiten müssen vom Kreditnehmer dann gestellt werden, wenn der Gläubiger nicht sicher ist, dass die Zins- und Tilgungszahlungen fristgerecht vorgenommen werden.

2.5.1.2 Darlehensformen im Vergleich

(1) Arten von Darlehen

Nach der **Art der Rückzahlung** unterscheidet man:

Fälligkeitsdarlehen (Festdarlehen)	Abzahlungsdarlehen (Ratendarlehen)	Annuitätendarlehen
Für die Rückzahlung der gesamten Darlehenssumme ist ein bestimmter Termin vereinbart (z. B. „rückzahlbar am 31. Dezember 20.."). Während der Laufzeit des Darlehens sind in vertraglich vereinbarten Zeitabständen lediglich die Zinsen zu zahlen (z. B. vierteljährlich, halbjährlich, jährlich).	Hier erfolgt die Tilgung in stets gleichbleibenden Raten zu den vereinbarten Tilgungsterminen. Die Zinsen werden jeweils von der Restschuld errechnet und ermäßigen sich daher von Rate zu Rate. Damit sinkt die Gesamtbelastung durch Zins- und Tilgungszahlungen.	Hier wird eine feste Annuität (Zins + Tilgung), d. h. Gesamtbelastung vereinbart. Die Summe aus Zins und Tilgung bleibt – außer bei der letzten Restzahlung – bei jeder Zahlung gleich. Daher nimmt die Zinsbelastung ab und die Tilgungsbeträge steigen an.[3]

(2) Darlehensformen im Vergleich der Liquiditäts- und Aufwandsbelastungen

Beispiel:

Der Unternehmer Hans Wetzel benötigt für den Kauf einer Maschine ein Darlehen über 120 000,00 EUR für die Dauer von 6 Jahren. Seine Hausbank bietet ihm folgende Konditionen an: Nominalzins 8 %, Auszahlung 100 %, Tilgung nach Wunsch.[4]

---

1 **Damnum:** Nachteil, Abzug. **Disagio:** Abschlag, Abgeld.
2 Die Kreditsicherheiten sind nicht Gegenstand des Lehrplans.
3 Die Zinsen werden immer aus der Schuldsumme (Restschuld) berechnet.
4 Zur Vereinfachung erfolgen die gewählten bzw. vereinbarten Tilgungen jeweils am Ende des Kalenderjahres.

Aufgaben:

1. Vergleichen Sie für Hans Wetzel die Zins- und Tilgungsbelastung sowie den Geldmittelabfluss beim
   1.1 Fälligkeitsdarlehen,
   1.2 Abzahlungsdarlehen und
   1.3 Annuitätendarlehen!
2. Beurteilen Sie den Geldmittelabfluss und die Zins- und Tilgungsbelastungen der verschiedenen Darlehensarten!

Lösungen:

Zu 1.1: Fälligkeitsdarlehen (Festdarlehen)

Jahr	Darlehen Jahresanfang	Darlehen Jahresende	Tilgung	Zinsen	Geldmittelabfluss
1	120 000,00	120 000,00	0,00	9 600,00	9 600,00
2	120 000,00	120 000,00	0,00	9 600,00	9 600,00
3	120 000,00	120 000,00	0,00	9 600,00	9 600,00
4	120 000,00	120 000,00	0,00	9 600,00	9 600,00
5	120 000,00	120 000,00	0,00	9 600,00	9 600,00
6	120 000,00	0,00	120 000,00	9 600,00	129 600,00
Summe			120 000,00	57 600,00	177 600,00

Zu 1.2: Abzahlungsdarlehen (Ratendarlehen)

Jahr	Darlehen Jahresanfang	Darlehen Jahresende	Tilgung	Zinsen	Geldmittelabfluss
1	120 000,00	100 000,00	20 000,00	9 600,00	29 600,00
2	100 000,00	80 000,00	20 000,00	8 000,00	28 000,00
3	80 000,00	60 000,00	20 000,00	6 400,00	26 400,00
4	60 000,00	40 000,00	20 000,00	4 800,00	24 800,00
5	40 000,00	20 000,00	20 000,00	3 200,00	23 200,00
6	20 000,00	0,00	20 000,00	1 600,00	21 600,00
Summe			120 000,00	33 600,00	153 600,00

Zu 1.3: Annuitätendarlehen

Jahr	Darlehen Jahresanfang	Darlehen Jahresende	Tilgung	Zinsen	Geldmittelabfluss (Annuität)
1	120 000,00	103 642,15	16 357,85	9 600,00	25 957,85
2	103 642,15	85 975,67	17 666,48	8 291,37	25 957,85
3	85 975,67	66 895,87	19 079,80	6 878,05	25 957,85
4	66 895,87	46 289,69	20 606,18	5 351,67	25 957,85
5	46 289,69	24 035,20	22 254,67	3 703,18	25 957,85
6	24 035,02	0,00	24 035,02	1 922,83	25 957,85
Summe			120 000,00	35 747,10	155 747,10

Erläuterungen zum Annuitätendarlehen:

Der Geldmittelabfluss entspricht hier der Annuität, d. h. der gleichbleibenden Summe aus Zinsen und Tilgung. Die Annuität wird mithilfe von Annuitätenfaktoren, die in der Praxis einer Tabelle entnommen werden, durch Multiplikation mit der Darlehenssumme errechnet. Der Faktor ist abhängig vom Zinssatz und der Laufzeit des Annuitätendarlehens und beträgt in unserem Fall 0,216315. Den Tilgungsbetrag erhält man durch Subtraktion der jeweiligen Zinsen von der Annuität.

Zu 2.: Ergebnisse

- Beim **Fälligkeitsdarlehen** steht die Darlehenssumme während der gesamten Laufzeit in unveränderter Höhe zur Verfügung. Die Zinsbelastung errechnet sich stets aus der ursprünglichen Darlehenshöhe und bleibt daher konstant. Die Tilgung der Darlehenssumme ist fällig in Form einer Einmalzahlung zum Ende der Laufzeit. Folglich ergibt sich im 6. Jahr aufgrund der Bündelung aus Tilgung und letztmaliger Zinszahlung einen besonders hohen Geldmittelabfluss.
- Beim **Ratendarlehen** sinkt die Zins- und damit die Geldmittelbelastung von Tilgungsjahr zu Tilgungsjahr.
- Eine gleichmäßige Geldmittelbelastung gewährleistet das **Annuitätendarlehen,** wobei die Tilgungsbeträge den sinkenden Zinsaufwendungen entsprechend steigen.

2.5.2 Kontokorrentkredit (Dispositionskredit)

2.5.2.1 Begriff Kontokorrentkredit

Dem Kontokorrentkredit liegt ein **Kontokorrentkreditvertrag** zugrunde. Das Prinzip des **Kontokorrents**[1] besteht darin, dass sich beide Vertragspartner ihre **gegenseitigen Forderungen** stunden und in regelmäßigen Zeitabständen (meist vierteljährlich oder halbjährlich) gegeneinander **aufrechnen**. Schuldner ist jeweils die Partei, zu deren Ungunsten der Saldo des Kontokorrentkontos steht. Der Saldo (Ergebnis der Aufrechnung) wird auf die neue Rechnungsperiode vorgetragen. Damit gehen die verschiedenen Forderungen unter, d. h., dass nur noch der Saldo eingeklagt werden kann [§ 355 HGB].

Wird mit einem **Privatkunden** ein Kontokorrentkredit abgeschlossen, so spricht man von einem **Dispositionskredit.**[2]

> Der **Kontokorrentkredit** ist ein Kredit in laufender Rechnung zwischen zwei Vertragspartnern, i. d. R. zwischen einer Bank und einem Bankkunden.

2.5.2.2 Inhalte eines Kontokorrentkreditvertrags

(1) Merkmale des Kontokorrentkredits

Der Kontokorrentkredit bei einer Bank dient der **Abwicklung aller eingehenden und ausgehenden Zahlungen** (z. B. Zahlungsaufträge für Miete, für Rechnungen, für Gehaltszahlungen). Er sichert damit die Zahlungsbereitschaft. Der Kreditnehmer kann bis zur Kreditobergrenze (Kreditlimit), die im Kreditvertrag vereinbart ist, frei über das Kontokorrentkonto verfügen.

---

[1] **Kontokorrent** heißt wörtlich „laufendes Konto", weil sich i. d. R. der Kontostand ständig verändert. Rechtlich ist das Kontokorrentkonto geregelt in den §§ 355 ff. HGB.

[2] **Disponieren:** verfügen, ordnen.

Wichtige Merkmale des Kontokorrentkredits sind:

- Der Saldo auf dem Konto ist, je nach Umfang der eingehenden und ausgehenden Zahlungen, ständigen Schwankungen unterworfen. So entsteht ein Kontokorrent, d. h. eine laufende Rechnung, die ein **wechselseitiges Schuld- und Guthabenverhältnis** darstellt.
- Weist das Konto ein **Guthaben** aus, erhält der Kunde **Habenzinsen**.[1] Wird ein Kredit beansprucht, müssen **Sollzinsen** an die Bank entrichtet werden. Aus der Sicht der Bank ist „Bewegung" auf dem Kontokorrentkonto erwünscht, denn Anzahl und Umfang der Bewegungen werden als Maßstab für die wirtschaftliche Aktivität des Unternehmens gewertet.
- Auf dem Kontokorrentkonto werden die täglichen Ein- und Ausgänge aufgezeichnet und in einem **Kontoauszug** festgehalten. Die Ein- und Ausgänge werden gegeneinander aufgerechnet **(saldiert)** und dem bisherigen Kontostand zugerechnet. Rechtlich gesehen kann die Bank immer nur den **Sollsaldo fordern**.
- Der Kontokorrentkredit kann zeitlich begrenzt oder bis zur Kündigung in Anspruch genommen werden. Er ist formal **kurzfristig** bzw. **kurzfristig kündbar,** kann aber durch ständige Prolongation (Verlängerung) über längere Zeiträume laufen.

- Beim **Kontokorrent** stunden sich beide Vertragspartner ihre **gegenseitigen Forderungen** und rechnen sie in **regelmäßigen Zeitabständen** (meist vierteljährlich oder halbjährlich) **gegeneinander auf.** Schuldner ist jeweils die Partei, zu deren Ungunsten der Saldo des Kontokorrentkontos steht.
- Der **Saldo** (Ergebnis der Aufrechnung) wird auf **neue Rechnung vorgetragen.** In ihm gehen die verschiedenen Forderungen unter, d. h. dass nur der Saldo eingeklagt werden kann.

---

(2) Kreditkosten

Zinsen	Sie werden jeweils **vom in Anspruch genommenen Kredit** berechnet. Die Zinsbelastung passt sich somit der täglichen Veränderung des beanspruchten Kredits an. Die Kosten des Kontokorrentkredits sind hoch.
Überziehungszinsen	Sie werden berechnet, wenn der Kunde **ohne vorherige Krediteinräumung** einen Kredit beansprucht bzw. seine ihm eingeräumte **Kreditgrenze überschreitet**. Der Überziehungszinssatz beträgt im Normalfall 1,5–3 % p. a. und wird **neben** den Sollzinsen in Rechnung gestellt.
Gebühren	Um die Kosten des Zahlungsverkehrs zu decken, werden in der Regel Gebühren (z. B. für die Kontoführung und die einzelnen Buchungen) sowie die anfallenden Postentgelte berechnet.

Die Abrechnung der Kontokorrentkonten wird in der Regel vierteljährlich vorgenommen. Dabei werden dem Konto die bis zum Abrechnungstermin angefallenen Sollzinsen, Provisionen und Gebühren belastet. Habenzinsen werden dem Konto gutgeschrieben.

(3) Sicherheiten

Für kleine Dispositionskredite genügt als Sicherheit meistens ein regelmäßiges Einkommen. Bei größeren Beträgen ist wegen der schwankenden Beanspruchung des Kredits insbesondere die **Grundschuld** als Sicherheit geeignet.

---

[1] Bei den meisten Banken werden Habenzinsen erst dann vergütet, wenn das Guthaben vierteljährlich einen bestimmten **Durchschnittsbetrag** (z. B. von 3 000,00 EUR) erreicht.

Lernbereich 4: Finanzierungs- und Investitionsvorgänge analysieren, liquide Mittel beschaffen und Investitionen tätigen

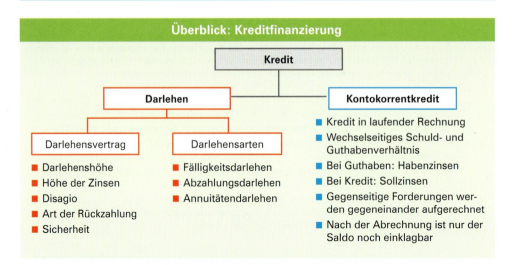

Kompetenztraining

158 Vergleich von Abzahlungs- und Annuitätendarlehen

1. Erklären Sie, wie ein Darlehensvertrag zustande kommt!
2. Nennen Sie drei Punkte, die ein Darlehensvertrag enthalten sollte!
3. Erläutern Sie den Begriff effektiver Jahreszinssatz!
4. Nennen Sie Gründe, warum ein Kreditnehmer einen Darlehensvertrag mit Disagio abschließt!
5. Ordnen Sie den drei Abbildungen die drei Darlehensarten Fälligkeitsdarlehen, Abzahlungsdarlehen und Annuitätendarlehen zu!

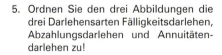

Abb. 1:
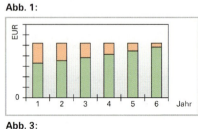

Abb. 2:
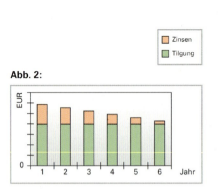

Abb. 3:
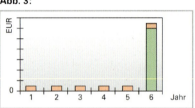

6. Recherchieren Sie den Begriff Grundschuld!

7. Die Halder AG möchte eine neue Lagerhalle bauen. Sie soll 576 000,00 EUR kosten und über ein Darlehen bei der langjährigen Geschäftsbank finanziert werden. Es wird mit einer Darlehenslaufzeit von 10 Jahren und einer Nutzungsdauer der Lagerhalle von 35 Jahren gerechnet. Die Bank legt folgendes Angebot vor: Auszahlung 96 %, Sollzinssatz 5 %.

Aufgaben:

Als Darlehensformen kommen für die Halder AG ein Abzahlungs- oder ein Annuitätendarlehen infrage. Die Zins- und Tilgungsverrechnung erfolgt jeweils am Jahresende.

7.1 Erklären Sie den Unterschied zwischen einem Abzahlungs- und einem Annuitätendarlehen! Gehen Sie dabei auf die Begriffe „Tilgung", „Zinsen" und „Gesamtbelastung" ein!

7.2 Ermitteln Sie, in welcher Höhe das Darlehen bei der Geschäftsbank beantragt werden muss!

7.3 Berechnen Sie jeweils den Geldmittelabfluss und den Gesamtaufwand der beiden Darlehensformen für die ersten 3 Jahre nach folgendem Schema! Der Annuitätenfaktor beträgt 0,129505.

Jahr	Darlehen am Jahresanfang	Zinsen	Tilgung	Abschreibung Disagio	Geldmittel- abfluss	Gesamt- aufwand

7.4 Die Halder AG entscheidet sich nicht für die Alternative mit der besseren Ergebniswirkung. Erläutern Sie, warum die andere Alternative für die AG trotzdem zweckmäßiger sein kann!

159 Kontokorrentkredit und Darlehensarten im Vergleich

1. Ein Darlehen in Höhe von 100 000,00 EUR soll wie folgt zurückgezahlt werden: Tilgung vierteljährlich 2 500,00 EUR bei einem Zinssatz von 4 %.

Aufgaben:

1.1 Nennen Sie die vorliegende Darlehensart! Begründen Sie Ihre Antwort!

1.2 Erstellen Sie rechnerisch den Zins- und Tilgungsplan für die ersten 3 Jahre!

1.3 Angenommen, das Darlehen ist vertragsgemäß in der Weise zu verzinsen und zu tilgen, dass vierteljährlich ein Betrag zu zahlen ist, der Zins und Tilgung enthält. Zins und Tilgung sollen dabei konstant bleiben.

    1.3.1 Nennen Sie die vorliegende Darlehensart! Begründen Sie Ihre Antwort!

    1.3.2 Erstellen Sie rechnerisch den Tilgungsplan für die ersten 3 Jahre!

    1.3.3 Beschreiben Sie je einen Vor- und Nachteil der in den Aufgaben 1.1 und 1.3.1 genannten Darlehensarten für den Kreditnehmer!

2. 2.1 Beschreiben Sie stichwortartig den Unterschied zwischen Kontokorrentkredit und Darlehen!

   2.2 Geben Sie Gründe dafür an, dass der Zinssatz für den Kontokorrentkredit höher ist als für das Darlehen! (Hinweis: Erfragen Sie die geltenden Zinssätze bei einer Bank!)

   2.3 Erklären Sie die Bedeutung eines Auszahlungskurses in Höhe von 98 % bei einem Darlehen!

   2.4 Beschreiben Sie, welchem Zweck die Aufnahme eines Darlehens dienen kann!

   2.5 Erläutern Sie, weshalb es unwirtschaftlich wäre, für einen nur gelegentlich auftretenden finanziellen Spitzenbedarf ein Darlehen aufzunehmen!

Lernbereich 4: Finanzierungs- und Investitionsvorgänge analysieren, liquide Mittel beschaffen und Investitionen tätigen

2.6 Erläutern Sie anhand der vorgegebenen Grafik den Ablauf des Kontokorrentkredits!

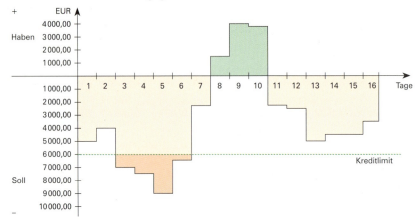

2.6 Selbstfinanzierung

LB 4 | **Handlungssituation 5:** Möglichkeit der Selbstfinanzierung darstellen und bewerten

Die Sport-Burr KG hat im vergangenen Geschäftsjahr einen Gewinn von 325 000,00 EUR erwirtschaftet. An der Sport-Burr KG ist beteiligt: Ilse Burr als Komplementärin mit 390 000,00 EUR, Rainer Kölle als Komplementär mit 260 000,00 EUR und Michael Rasch mit 130 000,00 EUR als Kommanditist.

Die Komplementäre erhalten eine monatliche Vergütung von 7 800,00 EUR für ihre Tätigkeit als Geschäftsführer. Die Restgewinnverteilung erfolgt im Verhältnis 2 : 2 : 1.

KOMPETENZORIENTIERTE ARBEITSAUFTRÄGE:

1. Analysieren Sie die nachfolgende Gewinnverteilungstabelle und begründen Sie anschließend, welchen Betrag die einzelnen Gesellschafter zur Selbstfinanzierung beigetragen haben.

Gesellschafter	Kapital zu Beginn des Geschäftsjahres (EUR)	Tätigkeitsvergütung (EUR)	Verzinsung 5% (EUR)	Restgewinnverteilung (EUR)	Gewinnanteil insgesamt (EUR)	Endkapital (EUR)
Burr	390 000,00	93 600,00	19 500,00	39 520,00	152 620,00	542 620,00
Kölle	260 000,00	93 600,00	13 000,00	39 520,00	146 120,00	406 120,00
Rasch	130 000,00	–	6 500,00	19 760,00	26 260,00	130 000,00
	780 000,00	187 200,00	39 000,00	98 800,00	325 000,00	1 078 740,00

2. Beschreiben Sie zwei Voraussetzungen, die für eine Selbstfinanzierung erfüllt sein müssen!
3. Notieren Sie jeweils zwei Vorteile und zwei Nachteile der Selbstfinanzierung!

2.6.1 Begriff und Arten der Selbstfinanzierung

(1) Begriff Selbstfinanzierung

Der Gewinn wird im Rahmen der Ergebnisrechnung als Saldo der Erträge und Aufwendungen ermittelt. Verbleibt der Gewinn ganz oder teilweise im Unternehmen, erhöht sich das Eigenkapital. Dies ist ein von dem Unternehmen selbst erwirtschafteter Zuwachs an Finanzmitteln.

	Ausgewiesener Gewinn	300 TEUR
–	Gewinnausschüttung	200 TEUR
=	Einbehaltener Gewinn (Selbstfinanzierung)	100 TEUR

Durch den Ausschüttungsverzicht

- **erhöht** sich das **Eigenkapital** und
- der **Bestand an Zahlungsmitteln** wird **nicht geschmälert**.

- **Selbstfinanzierung** ist die Bereitstellung von **Finanzmitteln** aus dem **Gewinn des Unternehmens**.
- Die Selbstfinanzierung ist eine **Innenfinanzierung** und führt zu **Eigenkapital**.

(2) Arten der Selbstfinanzierung

- Bei der **offenen Selbstfinanzierung** wird der von der Buchführung **ausgewiesene Gewinn** ganz oder teilweise **nicht ausgeschüttet**.
- Bei der **stillen Selbstfinanzierung** wird der tatsächlich erzielte Gewinn durch **Unterbewertung des Vermögens** (z. B. überhöhte Abschreibungen) oder **Überbewertung der Schulden** (z. B. überhöhte Rückstellungen) verdeckt und so vor der Ausschüttung bewahrt. Den verdeckten Gewinn bezeichnet man als **stille Rücklagen**.

Rein-gewinn	Gewinnausschüttung an die Gesellschafter
	Einbehaltener Gewinn (Selbstfinanzierung)

Unterbewertung des Vermögens

Aktiva	Bilanz	Passiva
Vermögen		Eigenkapital am Beginn des Geschäftsjahres
		ausgewiesener Gewinn
		Fremdkapital
überhöhte Abschr.	verdeckter Gewinn	

Überbewertung der Schulden

Aktiva	Bilanz	Passiva
Vermögen		Eigenkapital am Beginn des Geschäftsjahres
		ausgewiesener Gewinn
		überhöhte Rückstellungen (verdeckter Gewinn)
		Fremdkapital

2.6.2 Offene Selbstfinanzierung am Beispiel der Aktiengesellschaft

Bei der Gewinnverwendung der AG wurde dargestellt, dass der Jahresüberschuss nicht in jedem Fall in vollem Umfang ausgeschüttet werden darf.[1] Es bestehen vielmehr gesetzliche Vorschriften, die in bestimmten Fällen die Einbehaltung von Teilen des Jahresüberschusses erzwingen (Bildung gesetzlicher Rücklagen nach § 150 I AktG). Daneben besteht die Möglichkeit, durch Beschluss von Vorstand und Aufsichtsrat bzw. der Hauptversammlung, weitere Teile des Jahresüberschusses einzubehalten (Bildung anderer Gewinnrücklagen nach § 58 AktG).

- Die **Bildung von Gewinnrücklagen** ist eine **Form der offenen Selbstfinanzierung.**
- Die **gesetzliche Rücklage** ist eine **gesetzlich erzwungene Selbstfinanzierung.**
- Die **anderen Gewinnrücklagen** sind eine **freiwillig vorgenommene Selbstfinanzierung.**

Beispiel:

Der Jahresüberschuss der Bayerischen Getränke AG beträgt 8 450 000,00 EUR, der Verlustvortrag aus dem Vorjahr 650 000,00 EUR. In die gesetzliche Rücklage werden 390 000,00 EUR eingestellt. Es wurden 2,08 Mio. Aktien ausgegeben.

Aufgaben:

Ermitteln Sie unter der Annahme, dass die Dividendenzahlung auf 10 Cent gerundet wird,

1. die Untergrenze der Selbstfinanzierung,
2. die Obergrenze der Selbstfinanzierung, wenn Vorstand und Aufsichtsrat den Jahresabschluss erstellen und andere Gewinnrücklagen nach § 58 AktG bilden!

Lösungen:

Zu 1.: Ermittlung der Untergrenze der Selbstfinanzierung

	Jahresüberschuss	8 450 000,00 EUR	
–	Verlustvortrag aus dem Vorjahr	650 000,00 EUR	
=	Bereinigter Jahresüberschuss	7 800 000,00 EUR	
–	Einstellung in die gesetzliche Rücklage	390 000,00 EUR	
=	Bilanzgewinn	7 410 000,00 EUR	: 2,08 Mio. Aktien
–	Dividendenausschüttung 3,50 EUR	7 280 000,00 EUR	
=	Gewinnvortrag laufendes Jahr	130 000,00 EUR	
	Gesetzliche Rücklage	390 000,00 EUR	
+	Gewinnvortrag laufendes Jahr	130 000,00 EUR	
=	Untergrenze Selbstfinanzierung	520 000,00 EUR	

Zu 2.: Ermittlung der Obergrenze der Selbstfinanzierung

	Zwischensumme (siehe 1.)	7 410 000,00 EUR	
–	Einstellung in andere Gewinnrücklagen	3 705 000,00 EUR	
=	Bilanzgewinn	3 705 000,00 EUR	: 2,08 Mio. Aktien
–	Dividendenausschüttung 1,70 EUR	3 536 000,00 EUR	
=	Gewinnvortrag laufendes Jahr	169 000,00 EUR	

---

[1] Vgl. S. 426 f.

	Gesetzliche Rücklage	390 000,00 EUR
+	andere Gewinnrücklage	3 705 000,00 EUR
+	Gewinnvortrag laufendes Jahr	169 000,00 EUR
=	Obergrenze Selbstfinanzierung	4 264 000,00 EUR

2.6.3 Stille Selbstfinanzierung

Beispiel:

Zu Jahresbeginn neu angeschaffte Maschinen für 10 Mio. EUR werden aus steuerlichen Gründen mit 20 % abgeschrieben. Der tatsächliche Wertverlust verteilt sich gleichmäßig auf die Nutzungsdauer von 10 Jahren. Der in der Bilanz ausgewiesene Gewinn beträgt 2 Mio. EUR.

Aufgabe:

Berechnen Sie die stillen Rücklagen!

Lösung:

Erläuterung:

Durch eine zu hohe Abschreibung wird ein „Gewinn" in Höhe von 1 Mio. EUR verdeckt.

So still und heimlich wie die stillen Rücklagen entstehen, werden sie häufig auch wieder aufgelöst. Die Dauer der stillen Selbstfinanzierung ist sehr verschieden:

- Am längsten stehen stille Rücklagen zur Verfügung, die in nicht abnutzbarem Anlagevermögen (z. B. Grundstücke) stecken. Häufig treten sie erst zutage, wenn das Unternehmen selbst aufgelöst wird.
- Beim abnutzbaren Anlagevermögen nehmen vorhandene stille Rücklagen naturgemäß mit den Abschreibungen ab.
- Beim Umlaufvermögen werden die stillen Rücklagen zwangsläufig mit dem Verbrauch der Vorräte aufgelöst.
- Bei überbewerteten Schulden endet die Finanzierungswirkung mit der Auflösung der Rückstellung bzw. mit der Begleichung der Verbindlichkeit. Die in Pensionsrückstellungen enthaltenen stillen Rücklagen stehen den Unternehmen in der Regel langfristig zur Verfügung.

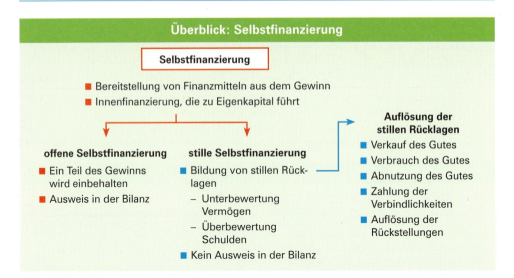

Kompetenztraining

160 Grundbegriffe der Finanzierung

1. Nennen Sie zwei Beispiele für Finanzierungsarten, die der Eigenfinanzierung zuzuordnen sind!
2. Erläutern Sie den Begriff Selbstfinanzierung!
3. Erklären Sie den Unterschied zwischen offener und stiller Selbstfinanzierung!
4. Bilden Sie jeweils ein Beispiel!

   Aufgaben:
   4.1 Eigenfinanzierung, die der Außenfinanzierung zuzurechnen ist,
   4.2 Eigenfinanzierung, die der Innenfinanzierung zuzurechnen ist!
5. Nennen Sie den Bilanzposten, dem nicht entnommene (nicht ausgeschüttete) Gewinne zuzurechnen sind!
6. Die Feintechnik GmbH weist in ihrer Bilanz hohe Rückstellungen, nämlich 3 200 000,00 EUR bei einer Bilanzsumme von 8 340 000,00 EUR, aus.

   Aufgaben:
   6.1 Erklären Sie, wofür die Feintechnik GmbH diese Rückstellungen gebildet haben könnte!
   6.2 In einem Zeitungsartikel findet sich folgendes Zitat:

   > „Bei der Einschätzung der Bonität eines Unternehmens werten die Banken Rückstellungen als graues Eigenkapital."

   Erläutern Sie, wie die Banken zu dieser Einschätzung kommen!
7. Erklären Sie anhand eines Vermögenspostens, wie stille Rücklagen aufgedeckt werden könnten!

161 Spielräume der Selbstfinanzierung der AG

Die Kempten-Pharma AG hat einen deutlichen Aufschwung zu verzeichnen. Sie schließt das Geschäftsjahr 20.. mit der nachstehend vereinfacht wiedergegebenen Bilanz ab:

Aktiva	Vorläufige Bilanz zum 31. Dez. 20.. (TEUR)		Passiva
Fertigungsanlagen	9 700	Gezeichnetes Kapital	8 000
Verpackungsanlagen	300	Kapitalrücklage	30
Sonstiges Vermögen	8 700	gesetzliche Rücklage	750
		andere Gewinnrücklagen	680
		Verlustvortrag	– 26
		Verbindlichkeiten	8 610
		Jahresüberschuss	656
	18 700		18 700

Aufgaben:

1. Ermitteln Sie für das abgeschlossene Geschäftsjahr mit rechnerischem Nachweis
   1.1 die Untergrenze der Selbstfinanzierung,
   1.2 die Obergrenze der Selbstfinanzierung, soweit Vorstand und Aufsichtsrat hierüber beschließen,
   1.3 die Obergrenze der Selbstfinanzierung, soweit die Zustimmung der Hauptversammlung hierfür erreicht werden könnte!
2. Nennen Sie jeweils zwei Gesichtspunkte in den genannten drei Fällen (von 1.), die für eine derartige Verwendung des Jahresüberschusses sprechen würden!
3. Erklären Sie den Fall, dass die gesetzliche Rücklage zusammen mit der Kapitalrücklage 800 000,00 EUR übersteigt!

162 Rücklagenbildung und Verwendung des Bilanzgewinns

Die Franz Heine AG legt für das laufende Geschäftsjahr folgende vereinfachte Bilanz vor:

Aktiva	Bilanz zum 31. Dez. 20.. in Mio. EUR		Passiva
Anlagevermögen	583	Gezeichnetes Kapital	200
Umlaufvermögen	170	Kapitalrücklage	10
		Gewinnrücklagen	
		– gesetzliche Rücklage	9
		– andere Gewinnrücklagen	290,5
		Jahresüberschuss	60
		Verlustvortrag	– 1,5
		Rückstellungen	90
		Verbindlichkeiten	95
	753		753

Die Franz Heine AG hat seit ihrer Gründung 40 Mio. Stückaktien ausgegeben.

Aufgaben:

1. Zeigen Sie in einer übersichtlichen Darstellung die Ermittlung und Verwendung des Bilanzgewinns der Heine AG, wenn eine Stückdividende von 0,15 EUR ausgeschüttet wird!
2. Nennen Sie die Organe der AG, welche für die notwendigen Entscheidungen jeweils zuständig sind!
3. Beurteilen Sie, ob die Höhe der Dividendenausschüttung ein fairer Ausgleich zwischen den unternehmerischen Interessen und den Aktionären darstellt!

2.7 Finanzierung aus Abschreibung

LB 4

Handlungssituation 6: Abschreibungskreislauf beschreiben und Verwendungsmöglichkeiten der Abschreibungsrückflüsse aufzeigen

Frederik Schlau absolviert ein kaufmännisches Praktikum bei der MicroTex Technologies GmbH. Derzeit erklärt ihm der Abteilungsleiter Jost Troll Grundzüge der Finanzierungsformen. Ein wichtiges Thema bei Finanzierungsfragen, so Jost Troll, sei Art und Höhe der Abschreibungen. Bevor er auf Einzelheiten eingeht, bittet er Frederik Schlau, sich über den Abschreibungsprozess in einem Unternehmen anhand der nachfolgenden Grafik zu informieren und in einem kurzen Bericht darzustellen.

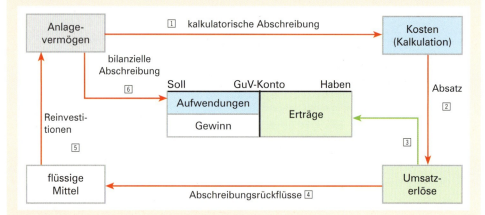

Kompetenzorientierte Arbeitsaufträge:

1. Erklären Sie, worin sich in der Zielsetzung die bilanzielle und die kalkulatorische Abschreibung unterscheiden!
2. Erläutern Sie in einem kurzen Bericht die oben stehende Grafik!
3. Stellen Sie dar, welche Möglichkeiten die MicroTex Technologies GmbH hat, die Abschreibungsrückflüsse zu verwenden!
4. Recherchieren Sie, welche Voraussetzungen erfüllt sein müssen, dass die Abschreibungsrückflüsse für eine Finanzierung zur Verfügung stehen!

Durch die Nutzung der Vermögenswerte (z. B. der Maschinen) tritt eine Abnutzung und damit eine Wertminderung ein. Sie wird durch die Abschreibung erfasst.

Die bilanzielle Abschreibung darf handelsrechtlich höchstens von den Anschaffungs- oder Herstellungskosten berechnet werden. Wird die kalkulatorische Abschreibung ebenfalls von den Anschaffungs- oder Herstellungskosten berechnet, so fließen dem Unternehmen **Geldmittel in Höhe der kalkulatorischen Abschreibung** zu, sofern **kostendeckende Preise** am Markt durchgesetzt werden.

Da die vereinnahmten Abschreibungen **nicht sofort für Ersatzinvestitionen** verwendet werden müssen, können sie angesammelt und bis zum Zeitpunkt der Ersatzbeschaffung ertragbringend (z. B. als Finanzinvestitionen) angelegt werden **(Kapitalfreisetzungseffekt)**. Sofern keine Preissteigerungen eintreten, stehen am Ende der Nutzungsdauer des Vermögenswertes genügend Mittel zur Ersatzbeschaffung zur Verfügung.

> **Beispiel:**
>
> Die Anschaffungskosten für eine Maschine betragen 40 000,00 EUR. Die Nutzungsdauer der Maschine beträgt 4 Jahre. Die Abschreibung erfolgt linear. Die kalkulatorische und die bilanzielle Abschreibung sind gleich hoch. Die Abschreibungsbeträge werden über den Verkauf der Erzeugnisse verdient.
>
> **Aufgabe:**
> Ermitteln Sie die durch Abschreibungsfinanzierung erwirtschafteten liquiden Mittel am Ende der Nutzungsdauer!

Lösung:

Jahr	Buchwert der Maschine	Abschreibungs-betrag	Abschreibungsfinanzierung		Restbuchwert der Maschine
			Liquide Mittel pro Jahr	Liquide Mittel insgesamt	
1	40 000,00	10 000,00	10 000,00	10 000,00	30 000,00
2	30 000,00	10 000,00	10 000,00	20 000,00	20 000,00
3	20 000,00	10 000,00	10 000,00	30 000,00	10 000,00
4	10 000,00	10 000,00	10 000,00	40 000,00	0,00

Über die **Abschreibungsfinanzierung** werden **Anlagegüter** schrittweise **zu liquiden Mitteln,** die bis zur Auszahlung für die Ersatzinvestitionen frei genutzt werden können.

2.8 Finanzierung aus Vermögensumschichtung

Finanzmittelfreisetzungen durch Vermögensumschichtung können erreicht werden durch

- den Verkauf von nicht betriebsnotwendigen Sach- und Finanzanlagen,
- die Verringerung der Lagerbestände durch Rationalisierungen im Beschaffungs- und Vertriebsbereich,
- den Abbau des Forderungsbestandes durch verkürzte Zahlungsziele.

Lernbereich 4: Finanzierungs- und Investitionsvorgänge analysieren, liquide Mittel beschaffen und Investitionen tätigen

Beispiel:

Die Textil-GmbH möchte eine dringende Dachreparatur am Verwaltungsgebäude in Höhe von 195 000,00 EUR durch Vermögensumschichtungen finanzieren. Infrage kommen folgende Vermögenspositionen:

(1) Zurzeit nicht benötigter Lkw, Buchwert 46 000,00 EUR,
(2) Wertpapiere des Umlaufvermögens, Buchwert 33 000,00 EUR,
(3) Lagerbestand an Zulieferteilen: 150 000,00 EUR, davon A-Teile 90 000,00 EUR,
(4) Forderungsbestand: 360 000,00 EUR; durch konsequentes Mahnen wäre eine Senkung der durchschnittlichen Zahlungsfrist um 5 Tage auf 40 Tage möglich.

Aufgabe:
Ermitteln Sie den Betrag, der durch eine Vermögensumschichtung freigesetzt werden kann!

Lösung:

(1) Der Verkauf des Lkw bringt 46 000,00 EUR.
(2) Der Bestand an Wertpapieren des Umlaufvermögens stellt eine Liquiditätsreserve dar. Sie sollte nur genutzt werden, wenn die anderen Möglichkeiten erschöpft sind.
(3) Senkung des Lagerbestandes um 90 000,00 EUR durch Einführung des Just-in-time-Verfahrens für die Zulieferung von A-Teilen.
(4) Konsequentes Mahnen setzt durch Senkung des Forderungsbestandes auf 320 000,00 EUR Finanzmittel in Höhe von 40 000,00 EUR frei $\left(\frac{360\,000 \cdot 5}{45} = 40\,000,00 \text{ EUR}\right)$.

Ergebnis:
Ohne den Verkauf der Wertpapiere können liquide Finanzmittel in Höhe von 176 000,00 EUR freigesetzt werden.

Eine **Vermögensumschichtung** ist im Rahmen der Umfinanzierung eine Möglichkeit, gebundene Finanzmittel wieder freizusetzen.

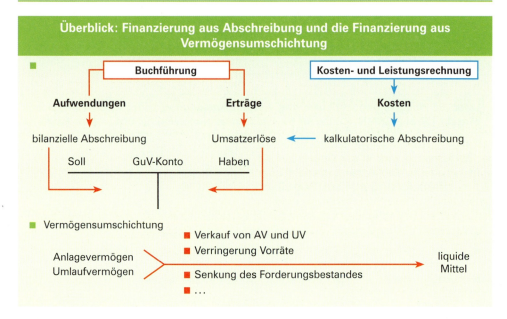

2 Finanzierungsmöglichkeiten zur Erreichung finanzwirtschaftlicher Ziele diskutieren und begründete Finanzierungsentscheidungen treffen

Kompetenztraining

163 Finanzierung aus Abschreibungsrückflüssen, Vermögensumschichtungen

1. Erläutern Sie, warum die „Finanzierung aus Abschreibungsrückflüssen" eine Uminvestierung darstellt!
2. Erklären Sie den Finanzierungseffekt, den die Abschreibung ermöglicht!
3. Die Anschaffungskosten für ein Anlagegut betragen 48 000,00 EUR. Die Nutzungsdauer beläuft sich auf 5 Jahre. Die kalkulatorische und die bilanzielle Abschreibung sind gleich hoch. Die Abschreibungsbeträge werden über den Verkauf der Erzeugnisse verdient.

   Aufgabe:
   Berechnen Sie die liquiden Mittel am Ende der Nutzungsdauer, wenn das Anlagegut linear abgeschrieben wird und die Geldmittel thesauriert[1] werden!
4. Schlagen Sie drei Möglichkeiten vor, durch die die MINKA Mineralöl AG, ihren Bestand an flüssigen Mitteln erhöhen könnte.

   Folgende Vermögenswerte (TEUR) liegen vor:

Anlagevermögen		Umlaufvermögen	
Immaterielle Vermögensgegenst.	36 800	Vorräte	9 950
Sachanlagen	258 100	Ford. a. Lief. u. Leist.	11 170
(davon Werkswohnungen 45		Sonst. Vermögensgegenstände	9 110
im Wert von 6 075 EUR)		Wertpapiere	6 000
Finanzanlagen	15 500	Flüssige Mittel	17 800

   Bei Anwendung der Just-in-time-Belieferung kann der Wert der Vorräte um 20 % abgesenkt werden. Eine Halbierung der Forderungsbestände wäre durch ein höheres Kundenskonto möglich.

2.9 Finanzierung aus Rückstellungen

Die Bildung von Rückstellungen[2] stellt einen Aufwand dar. Der gebuchte Aufwand schmälert den Gewinn. Ein **Finanzierungseffekt** aufgrund von Rückstellungen ergibt sich dadurch, dass **Aufwendungen und Auszahlungen auseinanderfallen**: Die Bildung der Rückstellung wird in der Gegenwart als Aufwand erfasst, die Auszahlung erfolgt aber erst in der Zukunft. Für diese Zeitspanne bleibt der gebildete Rückstellungsbetrag an das Unternehmen gebunden und steht für betriebliche Aktivitäten zur Verfügung. Voraussetzung hierfür ist aber, dass durch die Bildung der Rückstellung kein Bilanzverlust entsteht.

---

1 **Thesaurieren:** sammeln, aufbewahren.
2 Zum Begriff Rückstellungen siehe Jahrgangsstufe 12, Lernbereich 3, Kap. 4.1, S. 406 f.

Lernbereich 4: Finanzierungs- und Investitionsvorgänge analysieren, liquide Mittel beschaffen und Investitionen tätigen

Die Mittel zur Bildung von Rückstellungen (z. B. für Pensionen, Steuern, Gewährleistungen) stammen aus dem betrieblichen Umsatzprozess und werden nicht von außen zugeführt, vorausgesetzt, dass die Umsatzerlöse die Aufwendungen abdecken. Insoweit ist die **Finanzierung aus Rückstellungsgegenwerten** eine **Innenfinanzierung**. Eine Fremdfinanzierung ist sie, weil Rückstellungen für zu erwartende Verbindlichkeiten gebildet werden.

Beispiel:

Aufgrund eines Rechtsstreites wird am 15.12.2018 eine Rückstellung in Höhe von 4000,00 EUR gebildet. Der Rechtsstreit wird am 10.11.2019 entschieden. Es wird eine Zahlung von Rechts- und Gerichtskosten in Höhe von 4000,00 EUR fällig.

Durch die Rückstellung stehen dem Unternehmen für die Zeit vom 15.12.2018 bis 10.11.2019 4000,00 EUR zur Verfügung.

- Die **Bildung von Rückstellungen** führt dazu, dass **finanzielle Mittel** vom **Zeitpunkt der Bildung der Rückstellung** bis zum **Zeitpunkt der Auszahlung** im Unternehmen verbleiben.
- Es handelt sich um eine **Fremdfinanzierung,** da die zurückgestellten Vermögenswerte zur Zahlung von (noch nicht feststehenden) Verbindlichkeiten angesammelt werden.

Kompetenztraining

164 Finanzierungseffekt von Rückstellungen, Aufdeckung stiller Rücklagen

1. Die Mechthild Breu KG erzielte im vergangenen Geschäftsjahr einen Gewinn vor Bildung von Rückstellungen in Höhe von 1,5 Mio. EUR. Es werden den Rückstellungen 2 Mio. EUR zugeführt.

   Aufgabe:

   Beschreiben Sie die Auswirkungen, die sich für die Finanzierung ergeben!

2. Für einen Rechtsstreit werden von der Hansa AG Rückstellungen in Höhe von 200000,00 EUR gebildet. Durch die Zuführung zu den Rückstellungen entsteht kein Verlust. Nach zwei Jahren wird der Rechtsstreit rechtskräftig entschieden.

   Aufgaben:

   Beschreiben Sie den Finanzierungseffekt, wenn

   2.1 der Rechtsstreit für die Hansa AG verlorengeht und die Gerichts- und Anwaltskosten 200000,00 EUR betragen!

   2.2 der Rechtsstreit von der Hansa AG gewonnen wird und dadurch keine Gerichts- und Anwaltskosten anfallen!

3. Nennen Sie zwei Faktoren, die Einfluss auf den Finanzierungseffekt einer Rückstellungsbildung haben!

4. 4.1 Erläutern Sie, in welchen Bilanzposten einer AG Sie stille Rücklagen vermuten! Begründen Sie Ihre Meinung!

   4.2 Erklären Sie anhand eines Vermögenspostens, wie stille Rücklagen aufgedeckt werden können und in welcher Höhe dadurch Finanzierungsmittel zur Verfügung stehen!

165 Finanzierungseffekt von Rückstellungen

Die Heinrich Schlick GmbH weist folgende vereinfachte GuV-Rechnung (Zahlen in Mio. EUR) aus:

Soll	GuV-Rechnung		Haben
Werkstoffe	28	Umsatzerlöse	100
Personalkosten	22		
Abschreibungen	18		
Einstellungen in Rückstellungen	12		
Gewinn	20		
	100		100

Hinweise:

– An Zahlungen aus Rückstellungen fallen 4,8 Mio. EUR an.
– Im folgenden Geschäftsjahr sind Ersatzinvestitionen in Höhe von 3,2 Mio. EUR geplant.

Aufgaben:

1. Berechnen Sie, welcher Betrag für zusätzliche Ersatzinvestitionen zur Verfügung steht!
2. Beurteilen Sie, welche generellen Auswirkungen Preissteigerungen auf die geplanten Erweiterungsinvestitionen haben!

166 Arten der Finanzierung

Notieren Sie, welche Finanzierungsart (Beteiligungsfinanzierung, Kreditfinanzierung, Selbstfinanzierung, Außenfinanzierung, Innenfinanzierung) bei den nachstehenden Fällen vorliegt!

1. Der Inhaber einer Einzelunternehmung gewinnt im Lotto und zahlt den „Gewinn" auf sein Geschäftskonto ein.
2. Eine GmbH bildet aus dem Gewinn eine Rücklage.
3. Eine GmbH trägt einen Gewinn vor.
4. Eine KG überzieht das Girokonto.
5. Eine EDV-Anlage wird gemietet.
6. Rohstofflieferung auf Ziel.
7. Es wird ein neuer Gesellschafter in eine bestehende OHG aufgenommen.
8. Eine Fabrikhalle wird durch Aufnahme eines Bankkredits finanziert.
9. Der Komplementär Schmidt entnimmt nur die Hälfte des ihm zustehenden Gewinnanteils.
10. Die in die Umsatzerlöse einkalkulierten Abschreibungen werden zum Kauf eines Lkws genutzt.
11. Eine GmbH erhöht ihr Stammkapital gegen Einlagen.
12. Eine KG verkauft ein Lagergebäude und nutzt den Erlös für eine Beteiligung an einem Mitbewerber.

Verwenden Sie zur Lösung folgende Tabelle!

Nr.	Beteiligungs-finanzierung	Kredit-finanzierung	Selbst-finanzierung	Außen-finanzierung	Innen-finanzierung

Lernbereich 4: Finanzierungs- und Investitionsvorgänge analysieren, liquide Mittel beschaffen und Investitionen tätigen

3 Unterschiedliche Investitionsanlässe und die Notwendigkeit von Investitionen für ein Unternehmen erkennen

| LB 4 | **Handlungssituation 7:** | **Investitionsalternativen vergleichen und beurteilen** |

Vor der Verwendung der Finanzmittel für ein bestimmtes Investitionsvorhaben muss die Vorteilhaftigkeit der Investition geprüft und beurteilt werden. In der Praxis ist die Investitionsrechnung die wichtigste Entscheidungshilfe. Sie soll zeigen, ob eine geplante Investition unter rechnerischen Gesichtspunkten vorteilhaft ist.

Bei der MicroTex Technologies GmbH stehen zwei Formen von Garnmaschinen zur Auswahl. Die Geschäftsleitung erwartet eine Amortisation der Investition innerhalb von 3 Jahren.

	Garnmaschine I	Garnmaschine II
Anschaffungspreis	266 500,00 EUR	351 000,00 EUR
Nutzungsdauer	6 Jahre	8 Jahre
Restwert	13 000,00 EUR	19 500,00 EUR
Gewinn pro Jahr	54 600,00 EUR	62 400,00 EUR

KOMPETENZORIENTIERTE ARBEITSAUFTRÄGE:

1. Berechnen Sie die Höhe der Abschreibung![1]
2. Ermitteln Sie die Amortisationszeit für beide Garnmaschinen und treffen Sie eine Entscheidung!
3. Beurteilen Sie die Aussagekraft der Amortisationsrechnung!

3.1 Begriff Investition und Arten von Investitionsanlässen

(1) Investition

- **Investitionen** sind die **Verwendung von Finanzmitteln** zur Beschaffung von Sachvermögen, Finanzvermögen oder immateriellem[2] Vermögen.
- Sie gehen mit größeren **Anschaffungsauszahlungen** und langfristiger **Kapitalbindung** einher.

Beispiele:

- Kauf einer Stanzmaschine zur Produktion von Schlüsselanhängern (Investition in Sachvermögen).
- Beteiligung an anderen Unternehmen (Investition in Finanzvermögen).
- Kauf eines Patents (Investition in immaterielles Vermögen).

---

1 Bei der Berechnung der Abschreibung ist vom tatsächlich eingesetzten Kapital auszugehen.
2 **Immateriell**: unstofflich, geistig.

476

(2) Arten von Investitionsanlässen

■ **Gliederung der Investitionen nach dem Investitionsobjekt**

In jedem Unternehmen gibt es im Laufe der Zeit Anlässe, die Investitionen erforderlich machen. Die einzelnen Investitionen sind jeweils auf den speziellen Anlass ausgerichtet.

Investitionsanlässe	Investitionsobjekte	Beispiele
Eine Blechschneidemaschine in einem Metallwerk ist seit 8 Jahren in Betrieb. Die Reparaturen steigen stark an. Teilweise kommt es zu Produktionsausfällen. Die Maschine muss ersetzt werden.	Sachinvestition (materielle Investition)	■ Technische Anlagen und Maschinen ■ Immobilien ■ Lagerbestände ■ …
Die Stahlwerke GmbH in Nürnberg beteiligt sich mit 2 Mio. EUR an den Stahlwerken Essen AG.	Finanzinvestitionen	■ Wertpapiere ■ Beteiligungen ■ gewährte Darlehen ■ …
Die Zunahme an Demenzkranken veranlasst ein biotechnologisches Unternehmen ein Forschungsprojekt zu starten, um wettbewerbsfähig zu bleiben.	Immaterielle Investitionen	■ Forschung und Entwicklung, Know-how ■ Patente ■ Sozialleistungen für Mitarbeiter ■ …

■ **Gliederung der Sachinvestitionen[1] nach Investitionsanlässen**

---

[1] Aus Vereinfachungsgründen wird auf die Finanzinvestitionen und die immateriellen Investitionen im Folgenden nicht eingegangen.

Lernbereich 4: Finanzierungs- und Investitionsvorgänge analysieren, liquide Mittel beschaffen und Investitionen tätigen

Erläuterungen:

Gründungsinvestitionen	Sind alle Investitionen, die anlässlich der Gründung eines Unternehmens erforderlich werden. Dazu gehören Anlageinvestitionen, Vorratsinvestitionen und Finanzinvestitionen.
Ersatzinvestitionen (Reinvestitionen)	Sie dienen dazu, abgenutzte Anlagegüter durch neue zu ersetzen, um die Leistungsfähigkeit des Unternehmens zu erhalten. Die Kapazität des Unternehmens – gleichbleibenden technischen Stand vorausgesetzt – wird nicht verändert.
Erweiterungsinvestitionen	Sind Investitionen, die der Ausweitung der Kapazität des Unternehmens dienen (z. B. Bau einer weiteren Produktionshalle).
Rationalisierungsinvestitionen	Sind z. B. Investitionen in technisch verbesserte Wirtschaftsgüter mit dem Ziel, die Leistungsfähigkeit zu erhöhen und/oder die Kosten zu senken.
Schutzinvestitionen	Es sind Investitionen in den Umweltschutz oder den Schutz am Arbeitsplatz. Sie verändern die Kapazität des Unternehmens nicht unmittelbar.

In der Praxis fällt eine Investition in der Regel unter mehrere Investitionsarten.

> **Beispiele:**
>
> Der Ersatz einer Fräsmaschine durch einen leistungsstärkeren Automaten ist eine Sach-, Ersatz-, Erweiterungs- und Rationalisierungsinvestition.

① Eigenkapital oder Kredit für Investition
② Investition tätigen
③ Rückfluss von Finanzmitteln
④ Zunahme der Finanzmittel
⑤ Zahlungen an die Kapitalgeber
⑥ Bei Gewinn neue Kapitalbildung

Kompetenztraining

167 Begriff Investition, Arten von Investitionen

1. In einem Betrieb wurden im vergangenen Jahr 10 Fräsmaschinen zu je 160 000,00 EUR angeschafft. Ausgeschieden sind 7 Fräsmaschinen zu je 160 000,00 EUR Anschaffungswert.

   Aufgaben:
   1.1 Berechnen Sie die Brutto-, Netto- und Reinvestition in Stück und in EUR!
   1.2 Erläutern Sie, warum mit der Annahme konstanter Preise gerechnet werden muss, wenn die reale (wirkliche) Höhe von Brutto-, Netto- und Reinvestitionen berechnet werden soll!

   <u>Hinweis</u>: Recherchieren Sie die Begriffe Brutto-, Netto- und Reinvestition.

2. Die Sport-Burr KG gewährt dem TSV Neusäß einen zinslosen Kredit in Höhe von 10 000,00 EUR.

   Aufgabe:
   Überprüfen Sie, ob eine Investition vorliegt!

3. Formulieren Sie zu den nachfolgenden Investitionsarten eine Entscheidungssituation und nennen Sie das jeweils verfolgte Investitionsziel!
   3.1 Erweiterungsinvestition
   3.2 Schutzinvestition

168 Investitionsart, Ziel von Investitionen

1. Die Metallwarenfabrik Haller GmbH fertigt Auspuffanlagen für die Autoindustrie auf zwei Spezialmaschinen mit einer Monatskapazität von jeweils 400 Stück.

   Die Haller GmbH möchte in das Geschäft mit dem Zubehörhandel einsteigen. Deshalb soll eine alte Maschine durch eine computergesteuerte Universalmaschine ersetzt werden. Die neue Maschine hat die doppelte Kapazität der alten Maschine bei sinkenden Kosten.

   Aufgaben:
   1.1 Erläutern Sie je drei Argumente, die für und die gegen die Einführung einer anlageintensiven Fertigungsmethode sprechen!
   1.2 Nennen Sie die vorliegende Investitionsart und formulieren Sie das zugrunde liegende Investitionsziel!

2. Nennen Sie für die nachfolgenden Investitionsentscheidungen die Investitionsart und formulieren Sie das jeweils zugrunde liegende Investitionsziel!
   2.1 Die Möbelfabrik Paaß GmbH beteiligt sich an der Büromöbelkette Bürohaus GmbH mit einem Geschäftsanteil von 500 000,00 EUR. Das sind 30 % des Stammkapitals.
   2.2 In der Kantine der Clean-Tec OHG ist die Frischhaltetheke nach einer Nutzungsdauer von 6 Jahren ausgefallen. Die Geschäftsleitung entschließt sich, die Frischhaltetheke durch das gleiche Modell mit einem geringeren Energieverbrauch zu ersetzen.
   2.3 Frauke Helsig ist Auszubildende zur Industriekauffrau. Ihr Ausbilder beauftragt auf Kosten des Unternehmens ein Bildungsinstitut, welches Frauke Helsig in wöchentlich 2 Stunden den Unterrichtsstoff der kaufmännischen Berufsschule vertiefend erklärt.
   2.4 Die Kramer GmbH erwirbt für ihre Buchhaltung ein neues Softwareprogramm für 26 800,00 EUR zur Bearbeitung der immer umfangreicheren Daten.

2.5 Die MicroTex Technologies GmbH gründet in China ein Zweigwerk. Die Garnproduktion beliefert die asiatischen Länder.

2.6 Aufgrund einer technischen Neuerung, muss die MicroTex Technologies GmbH ihre Garnmaschinen im Stammwerk umrüsten. Die Umrüstung verursacht Kosten in Höhe von 300 000,00 EUR.

3.2 Verfahren der Investitionsrechnung

3.2.1 Grundlegendes

Ein Investor wird sich dann für die Durchführung einer Investition entscheiden, wenn sich das gebundene Kapital in einer Höhe verzinst, die er im Vergleich zu alternativen Anlagemöglichkeiten als ausreichend ansieht.

- Eine Investition ist z. B. als lohnend anzusehen, wenn über den Nutzungszeitraum die aus der Investition fließenden **Einzahlungen**[1] **höher** sind als die damit verbundenen **Auszahlungen**.[2]
- Zudem muss der **Überschuss der Einzahlungen** eine **angemessene Verzinsung** des eingesetzten Kapitals ermöglichen.[3]

Die Schwierigkeit für den Planer liegt in der Unsicherheit begründet, dass die durch das Investitionsobjekt bedingten zukünftigen Einzahlungen und Auszahlungen nicht exakt einzuschätzen sind.

- Die **Investitionsrechnung** hat die Aufgabe, alle **zahlenmäßig erfassbaren Daten** eines Investitionsobjekts zu sammeln und daraus eine **Beurteilung des Investitionsobjekts** abzuleiten.
- Die **wichtigsten Daten** für die Erstellung einer Investitionsrechnung sind die aus den Investitionsobjekten zu erwartenden **Einzahlungen** und **Auszahlungen** bzw. die zu erwartenden **Kosten**. Die Daten sind umso unsicherer, je weiter die Planung in die Zukunft weist.

Ziel der Investitionsrechnung ist es, die **Investitionsentscheidung** auf stabile Beine zu stellen. Man möchte wissen, welches von mehreren sich gegenseitig ausschließenden Investitionsobjekten das vorteilhafteste ist.

Um die Vorteilhaftigkeit von Investitionen zu bestimmen, haben Theorie und Praxis Rechenverfahren entwickelt. Man unterscheidet **statische** und **dynamische Investitionsrechnungen**.

---

1 **Einzahlungen** führen zu einer Zunahme des Zahlungsmittelbestands.
2 **Auszahlungen** führen zu einer Abnahme des Zahlungsmittelbestands.
3 Man nennt die Investitionsrechnung deshalb auch **Wirtschaftlichkeitsrechnung**.
   Das Kapitel stützt sich auf folgende Literatur:
   Heinold, Michael: Investitionsrechnung, Studienbuch, 8. Aufl., München 1999.
   Wöhe, Günter: Einführung in die Allgemeine Betriebswirtschaftslehre, 24. Aufl., München 2010.
   Olfert/Reichel: Investition, 11. Auflage, Ludwigshafen 2009.

Statische Verfahren	Dynamische Verfahren[1]
■ Sie beurteilen eine Investition aufgrund der anfallenden **Kosten**, des **Gewinns**, der **Rentabilität** oder der zu erwartenden **Einzahlungen** und **Auszahlungen**. ■ Unterschiede im Hinblick auf den **Zeitpunkt der Ein- und Auszahlungen** werden **nicht berücksichtigt**.	■ Hier spielt nicht nur die **Höhe** der Ein- und Auszahlungen eine Rolle, sondern auch der **Zeitpunkt**, zu welchem dieser Vorgang stattfindet. ■ **Einzahlungen** sind umso **weniger wert**, je **weiter** sie in der **Zukunft liegen**.

3.2.2 Statische Verfahren der Investitionsrechnung zur Beurteilung von Investitionsalternativen

Im Folgenden werden vier Verfahren vorgestellt:

- die **Kostenvergleichsrechnung**,
- die **Gewinnvergleichsrechnung**,
- die **Rentabilitätsrechnung** und
- die **Amortisationsrechnung**.

Für die Darstellung der einzelnen Verfahren verwenden wir das nachfolgende Investitionsvorhaben.

Beispiel:

Die Rosenheimer Stahl AG möchte eine moderne Presse zur Produktion von Formteilen beschaffen. Es liegen zwei Angebote vor, die von der Abteilung Controlling ausgewertet werden:

Angebot 1 (vollautomatische Presse)

Anschaffungskosten 162 000,00 EUR, geplante Nutzungsdauer sechs Jahre, Restwert 12 000,00 EUR, geplante Leistungsmenge pro Jahr 18 000 Teile, Kapazitätsgrenze 28 000 Teile, Fixkosten pro Jahr: lineare Abschreibung, kalkulatorische Zinsen (Zinssatz 10 %) und sonstige Fixkosten in Höhe von 41 100,00 EUR, variable Kosten je Stück 9,50 EUR.

Angebot 2 (halbautomatische Presse)

Anschaffungskosten 90 000,00 EUR, geplante Nutzungsdauer vier Jahre, kein Restwert, geplante Leistungsmenge pro Jahr 18 000 Teile, Kapazitätsgrenze 27 000 Teile, gesamte Fixkosten (einschließlich Abschreibungen und Zinsen [Zinssatz 10 %]) pro Jahr 29 000,00 EUR, variable Kosten je Stück 12,00 EUR.

Der Verkaufspreis für ein Formteil liegt zurzeit bei 14,00 EUR. Die Rosenheimer Stahl AG schreibt linear ab.

Aufgabe:

Werten Sie die beiden Angebote für das erste Wirtschaftsjahr mithilfe der Kostenvergleichsrechnung, der Gewinnvergleichsrechnung, der Rentabilitätsrechnung und der Amortisationsrechnung aus!

---

[1] Aufgrund des Lehrplans werden die dynamischen Verfahren nicht dargestellt.

Lernbereich 4: Finanzierungs- und Investitionsvorgänge analysieren, liquide Mittel beschaffen und Investitionen tätigen

3.2.2.1 Kostenvergleichsrechnung

(1) Grundlegendes

Die Kostenvergleichsrechnung beurteilt Investitionsalternativen ausschließlich nach den von ihnen **verursachten Kosten**. Dabei soll sich der Investor für das Investitionsobjekt mit den geringsten Kosten entscheiden. Der Entscheidung können die **Jahreskosten** oder die **Stückkosten** zugrunde gelegt werden.

> Die Kostenvergleichsrechnung verwendet die Rechengröße **Kosten.**

Die zur Beurteilung heranzuziehenden Kosten setzen sich zusammen aus den fixen[1] und variablen[2] Kosten.

$$K = K_{fix} + k_v \cdot x$$

- Zu den **variablen Kosten** zählen z. B. die Fertigungslöhne und die Materialkosten.
- Die **fixen Kosten** umfassen insbesondere die kalkulatorische Abschreibung und die kalkulatorischen Zinsen.

Mithilfe der **kalkulatorischen Abschreibung** wird der Werteverzehr des Investitionsobjekts erfasst. Dabei wird im Folgenden von einer linearen Abschreibung ausgegangen.

$$\text{kalkulatorische Abschreibung} = \frac{\text{Anschaffungskosten} - \text{Restwert}^3}{\text{Nutzungsdauer}}$$

Die **kalkulatorischen Zinsen** werden vom durchschnittlich gebundenen Kapital berechnet.

$$\text{kalkulatorische Zinsen} = \frac{\text{Anschaffungskosten} + \text{Restwert}}{2} \cdot \frac{\text{Zinssatz}}{100}$$

Da der Restwert (RW) erst am Ende der Nutzungsdauer (ND) zurückfließt, ist für die Ermittlung des durchschnittlich gebundenen Kapitals der Restwert zu den Anschaffungskosten (AK) hinzuzurechnen.

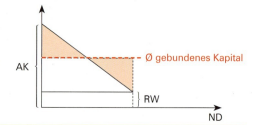

- Bei der **Kostenvergleichsrechnung** vergleicht der Investor die **investitionsbedingten Kosten** der verschiedenen Investitionsalternativen in **einer Nutzungsperiode**.
- Für die **Investitionsentscheidung** sind folgende Einflussgrößen zu berücksichtigen:
  - Stückzahl,
  - Kosten (auf der Basis von Gesamt- und Stückkosten).
- **Entscheidungsregel:**
  Bevorzugen Sie die Investition mit den geringsten Gesamt- bzw. Stückkosten!

---

1 Zur Erinnerung: **Fixe Kosten** sind Kosten, die sich bei Änderung der Produktionsmenge in ihrer **absoluten Höhe nicht verändern**.
2 Zur Erinnerung: **Variable Kosten** sind Kosten, die sich bei Änderung der Produktionsmenge in ihrer **absoluten Höhe verändern**.
3 Ein **Restwert** wird angesetzt, wenn am Ende der Nutzungsdauer ein Liquidationserlös (z.B. Schrottwert) anfällt.

(2) Lösung des Beispiels von S. 481 nach der Kostenvergleichsrechnung

	Angebot 1	Angebot 2
Fixkosten variable Kosten	74 800,00 EUR 171 000,00 EUR	29 000,00 EUR 216 000,00 EUR
Gesamtkosten	245 800,00 EUR	245 000,00 EUR

Erläuterungen zu Angebot 1:

kalkulatorische Abschreibung = $\frac{162\,000,00 - 12\,000,00}{6}$ = 25 000,00 EUR/Jahr

kalkulatorische Zinsen = $\frac{162\,000,00 + 12\,000,00}{2} \cdot \frac{10}{100}$ = 8 700,00 EUR/Jahr

gesamte Fixkosten = 25 000,00 + 8 700,00 + 41 100,00 = 74 800,00 EUR

Ergebnis:

Unter dem Gesichtspunkt der Gesamtkosten hat die halbautomatische Presse (Angebot 2) bei einer Produktionsmenge von 18 000 Stück einen jährlichen Kostenvorteil von 800,00 EUR.

(3) Kritische Anmerkungen zur Kostenvergleichsrechnung

- Die Kostenvergleichsrechnung lässt die **Erlöse außer Betracht**.
- Die Kostenvergleichsrechnung gibt nur die **absolute Höhe der durch die Investition verursachten Kosten** an. Da die Kosten nicht in Beziehung zum eingesetzten Kapital gesetzt werden, lassen sich **keine Vergleiche mit alternativen Kapitalanlagen** anstellen.
- Mithilfe der Kostenvergleichsrechnung lassen sich nur **sachlich ähnliche bzw. identische Investitionsobjekte** (z. B. Ersatzinvestitionen oder gleichartige Erweiterungsinvestitionen) **vergleichen**.
- Wer eine Investitionsentscheidung aufgrund der Kostenvergleichsrechnung trifft, geht ein **erhebliches Risiko** ein, denn er kennt zwar das kostengünstigste Investitionsobjekt, weiß aber nicht, ob die erzielbaren Umsatzerlöse zur Kostendeckung ausreichen.

3.2.2.2 Gewinnvergleichsrechnung

(1) Grundlegendes

> Die Gewinnvergleichsrechnung verwendet die Rechengrößen **Kosten** und **Erlöse**.

Ein grundlegender Mangel der Kostenvergleichsrechnung ist, dass nur die Kosten und die Produktionsmenge berücksichtigt werden. Diesen Mangel versucht die Gewinnvergleichsrechnung zu beheben, indem sie die Erlöse mit in die Rechnung einbezieht.

- **Beurteilungsmaßstab** für eine Investitionsentscheidung ist der durch die Investition erzielte **Gewinn einer Nutzungsperiode**.
- Für die Investitionsentscheidung sind folgende Einflussgrößen zu berücksichtigen:
  - Stückzahl,
  - Kosten und
  - Erlöse.
- **Entscheidungsregel:**
  Bevorzugen Sie die Investition mit dem höchsten Gewinn!

Lernbereich 4: Finanzierungs- und Investitionsvorgänge analysieren, liquide Mittel beschaffen und Investitionen tätigen

(2) Lösung des Beispiels von S. 481 nach der Gewinnvergleichsrechnung

	Angebot 1	Angebot 2
Verkaufserlöse − Gesamtkosten[1]	252 000,00 EUR 245 800,00 EUR	252 000,00 EUR 245 000,00 EUR
Gewinn	6 200,00 EUR	7 000,00 EUR

Ergebnis:

Die halbautomatische Presse (Angebot 2) hat bei einer Produktionsmenge von 18 000 Stück einen jährlichen Gewinnvorteil von 800,00 EUR.

(3) Kritische Anmerkungen zur Gewinnvergleichsrechnung

- Es wird unterstellt, dass sich die **Gesamtproduktion** zum **geplanten Verkaufspreis** absetzen lässt.
- Die Gewinnvergleichsrechnung gibt nur die **absolute Höhe des durch die Investition erzielten Gewinns** an. Da der Gewinn nicht in Beziehung zum eingesetzten Kapital gesetzt wird, lassen sich **keine Vergleiche mit alternativen Kapitalanlagen** anstellen.
- Solange sich die Erzeugnisse beider Alternativen nur zum gleichen Preis verkaufen lassen, bedeutet der **Kostenvorteil** einer Alternative einen **Gewinnvorteil** in derselben Höhe.
- Anders wird die Situation, wenn die Produkte der einen Anlage sich zu einem anderen Preis verkaufen lassen als jene der anderen Anlage.

3.2.2.3 Rentabilitätsrechnung

Die Rentabilitätsrechnung verwendet die Rechengrößen **Gewinn** und **Kapitaleinsatz**.

(1) Grundlegendes

- Beurteilungsmaßstab der Rentabilitätsrechnung ist die Verzinsung des durchschnittlichen Kapitaleinsatzes.

$$\text{Gesamtrentabilität} = \frac{(\text{Gewinn} + \text{kalkulatorische Zinsen}^2) \cdot 100}{\text{durchschnittlicher Kapitaleinsatz}}$$

$$\text{durchschnittlicher Kapitaleinsatz} = \frac{\text{Anschaffungskosten} + \text{Restwert}}{2}$$

- **Entscheidungsregeln:**
  - Eine Investition ist vorteilhaft, wenn deren Rentabilität eine vorgegebene Mindestrentabilität zumindest erreicht.
  - Erreichen mehrere Investitionen diese Vorgaben, dann erhält jene mit der größten Rentabilität den Vorzug.

Beachte:

Da die ermittelte Rentabilität die **Rentabilität des Gesamtkapitals** ausdrückt, müssen die kalkulatorischen Zinsen für das Fremdkapital zum Gewinn hinzugezählt werden.

---

[1] Vgl. S. 483.

[2] Um das Investitionsobjekt zu finanzieren, waren ggf. Zinsaufwendungen erforderlich. Diese haben den Gewinn gemindert. Damit die Rentabilität unabhängig von der Art der Finanzierung bestimmt werden kann, werden die Zinsen hinzuaddiert.

(2) Lösung des Beispiels von S. 481 nach der Rentabilitätsrechnung[1]

	Angebot 1	Angebot 2
Rentabilität	$\dfrac{(6200 + 8700) \cdot 100}{87000^2} = \underline{\underline{17{,}13\,\%}}$	$\dfrac{(7000 + 4500^3) \cdot 100}{45000} = \underline{\underline{25{,}56\,\%}}$

Ergebnis:

Die Rentabilität der halbautomatischen Presse (Angebot 2) ist höher als die der vollautomatischen Presse (Angebot 1). Unter dem Gesichtspunkt der Rentabilität sollte die Rosenheimer Stahl AG das Angebot 2 annehmen.

(3) Kritische Anmerkungen zur Rentabilitätsrechnung

- Gegenüber der Gewinnvergleichsrechnung stellt die Rentabilitätsrechnung eine Verbesserung dar, da sie auch den **Vergleich mit verschiedenartigen Investitionsprojekten ermöglicht.**
- Die Rentabilitätsrechnung hat allerdings die **gleichen Schwächen wie die Kosten- und Gewinnvergleichsrechnung,** da sie auf diesen Verfahren aufbaut.

3.2.2.4 Amortisationsrechnung

(1) Grundlegendes

Die Amortisationsrechnung[4] prüft, ob sich die Investition und ein Gewinn in dem vom Investor gewünschten Zeitraum erwirtschaften lässt oder nicht. Hierzu ermittelt sie, wie viele Perioden es dauert, bis die **Anschaffungsauszahlung** (der Kapitaleinsatz) des einzelnen Investitionsobjektes durch den **Einzahlungsüberschuss (Einzahlungen – Auszahlungen)** zurückfließt. Die Investitionsentscheidung hängt folglich von der Zeitdauer **(Amortisationszeit, Wiedergewinnungszeit, Pay-off-Period)** ab, über die die Anschaffungsauszahlung (Anschaffungskosten) wieder zurück in das Unternehmen fließen wird.

> Die Amortisationsrechnung verwendet die Rechengrößen **Einzahlungen** und **Auszahlungen**.

Die Investition hat sich amortisiert, sobald die **Einzahlungsüberschüsse** die **Anschaffungsauszahlung** und die **laufenden Betriebskosten (auszahlungswirksame Kosten)** decken. Das Investitionsobjekt mit der kürzesten Amortisationszeit ist das vorteilhafteste.

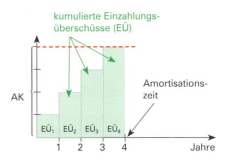

---

1 Der nicht getätigte Kapitaleinsatz in Höhe von 36000,00 EUR bei Angebot 2 müsste eigentlich in die Betrachtung der Alternativen einbezogen werden. Aufgrund des Lehrplans wird auf die Differenzinvestition im Folgenden nicht eingegangen.

2 Durchschnittlicher Kapitaleinsatz = $\dfrac{162000 + 12000}{2} = \underline{\underline{87000{,}00\ \text{EUR}}}$.

3 Kalkulatorische Zinsen = $\dfrac{90000 \cdot 10}{2 \cdot 100} = \underline{\underline{4500{,}00\ \text{EUR}}}$.

4 **Amortisation:** Tilgung, Abzahlung.

Lernbereich 4: Finanzierungs- und Investitionsvorgänge analysieren, liquide Mittel beschaffen und Investitionen tätigen

Der **Einzahlungsüberschuss,** durch den sich das eingesetzte Kapital amortisiert, setzt sich aus zwei Faktoren zusammen:

- den **kalkulatorischen Abschreibungen (auszahlungsunwirksame Kosten)** und
- dem **Gewinn.**

- Die Amortisationsrechnung beurteilt ein Investitionsobjekt nach der **Amortisationszeit.**

$$\text{Amortisationszeit} = \frac{\text{Anschaffungsauszahlung} - \text{Restwert}}{\text{jährlicher Gewinn} + \text{jährliche Abschreibungen}^1}$$

- Die **Einzahlungsüberschüsse** setzen sich zusammen aus den **Kosten,** denen **keine Auszahlungen** gegenüberstehen (Abschreibungen) und dem **Gewinn.**
- **Entscheidungsregeln:**
  - Eine Investition ist vorteilhaft, wenn deren Amortisationszeit nicht länger ist als eine vorgegebene Mindestamortisationszeit.
  - Die Amortisationszeit darf die Nutzungsdauer nicht überschreiten.
  - Erreichen mehrere Investitionen diese Vorgaben, dann erhält jene mit der kürzesten Amortisationszeit den Vorzug.

(2) Lösung des Beispiels von S. 481 nach der Amortisationsrechnung

	Angebot 1	Angebot 2
Amortisationszeit	$\frac{162\,000 - 12\,000}{6\,200 + 25\,000} = \underline{\underline{4{,}81 \text{ Jahre}}}$	$\frac{90\,000}{7\,000 + 22\,500} = \underline{\underline{3{,}05 \text{ Jahre}}}$

Ergebnis:

Die Amortisationszeit der halbautomatischen Presse (Angebot 2) ist deutlich geringer als die Amortisationszeit der vollautomatischen Presse (Angebot 1). Unter dem Gesichtspunkt der Amortisationsdauer sollte die Rosenheimer Stahl AG das Angebot 2 annehmen.

(3) Kritische Anmerkungen zur Amortisationsrechnung

- Die Amortisationsrechnung will das Risiko einer Investition berücksichtigen. Die Amortisationszeit ist aber ein **sehr grober Risikomaßstab.**
- Da die Gewinnentwicklung eines Investitionsobjekts nur während der Amortisationszeit betrachtet wird, erlaubt die Amortisationsrechnung **keine Aussage über die Rentabilität eines Investitionsobjekts.** Vielmehr ist es möglich, dass eine Alternative mit der höheren Rentabilität die längere Amortisationszeit hat.
- Die Schätzung der Einzahlungsüberschüsse ist schwierig. Außerdem ist die **Zurechnung der kalkulatorischen Kosten** bzw. des **Gewinns** auf ein bestimmtes Investitionsobjekt oft nur **schwer möglich.**

---

[1] Abschreibungen mindern zwar den Gewinn, sie führen aber nicht zu Ausgaben. Daher sind die Mittelzuflüsse um den Betrag der Abschreibungen größer als der Gewinn.

- Die alleinige Berücksichtigung des **Kriteriums Risikominimierung** kann unter dem Gesichtspunkt der Rentabilität zu Fehlentscheidungen führen.
- Der **Zeitpunkt der Kapitalrückflüsse** wird nicht berücksichtigt.
- Auch die **Kapitalrückflüsse nach Ablauf der Amortisationszeit** werden nicht berücksichtigt, sodass unter Umständen Investitionsalternativen nicht genutzt werden, die langfristig höhere Rückflüsse erzielen.

Bisher wurde davon ausgegangen, Investitionsvorhaben nach **quantifizierbaren Einflussgrößen** wie Kosten, Höhe der Ein- und Auszahlungen, die Amortisationszeit oder des Gewinns zu entscheiden. Dies entspricht nicht den Gegebenheiten in der Praxis. Hier werden noch **weitere** Entscheidungskriterien für eine Investitionsentscheidung herangezogen.

Wichtige qualitative Einflussgrößen sind z. B.:

- Inwieweit belastet die Investition das ökologische Gleichgewicht des Investitionsraums?
- Welche marktwirtschaftlichen Risiken sind bei der möglichen Investition zu beachten?
- Wie ist die Qualität und Zuverlässigkeit des Lieferers, Bauträgers usw. zu bewerten?
- Welche Serviceleistungen sind in der Zukunft vom Lieferanten zu erwarten?

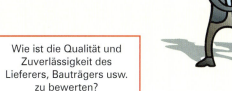

Für **Investitionsentscheidungen** werden vom Investor quantifizierbare und qualitative Einflussfaktoren herangezogen.

Überblick: Statische Investitionsrechnung

- Die **statischen Investitionsverfahren** beurteilen ein Investitionsobjekt aufgrund der **Kosten**, des **Gewinns**, des **Kapitaleinsatzes** bzw. der **Einzahlungen** und **Auszahlungen** einer Nutzungsperiode, **ohne hierbei den Zeitpunkt** einer Einzahlung oder Auszahlung zu berücksichtigen.
- Wichtige **statische Verfahren der Investitionsrechnung** sind die:
  - Kostenvergleichsrechnung
  - Gewinnvergleichsrechnung
  - Rentabilitätsrechnung
  - Amortisationsrechnung

Lernbereich 4: Finanzierungs- und Investitionsvorgänge analysieren, liquide Mittel beschaffen und Investitionen tätigen

Kompetenztraining

169 Kostenvergleichs-, Gewinnvergleichs-, Rentabilitäts- und Amortisationsrechnung

Die Aggregatebau Wertheim GmbH beabsichtigt eine neue Anlage anzuschaffen, um die Kapazität zu erweitern. Für die vorliegenden Angebote: Halbautomat (Angebot 1) bzw. Vollautomat (Angebot 2) liegen die nachfolgenden Daten vor.

	Angebot 1	Angebot 2
Anschaffungskosten	130 000,00 EUR	364 000,00 EUR
geplante Nutzungsdauer	6 Jahre	8 Jahre
geplante Leistungsmenge	20 800 Stück/Jahr	20 800 Stück/Jahr
Kapazitätsgrenze	26 000 Stück/Jahr	26 800 Stück/Jahr
gesamte Fixkosten/Jahr	41 600,00 EUR	101 400,00 EUR
variable Kosten je Stück	11,40 EUR	8,90 EUR
Verkaufspreis je Stück	14,20 EUR	14,20 EUR

Aufgaben:

1. Führen Sie eine Kostenvergleichsrechnung mit Gesamtkosten durch!
2. Führen Sie eine Gewinnvergleichsrechnung und eine Rentabilitätsvergleichsrechnung durch!
3. Ermitteln Sie die Amortisationsdauer der beiden Angebote! (Die kalkulatorische Abschreibung erfolgt linear von den Anschaffungskosten!)
4. Beurteilen Sie die Kostenvergleichsrechnung sowie die Rentabilitätsvergleichsrechnung!

170 Kostenvergleichsrechnung

1. Die Hans Seifritz OHG möchte für ihre Werkzeugfabrik eine kleine Presse beschaffen. Es liegen drei Angebote vor.

	I_1	I_2	I_3
Anschaffungskosten	115 000,00	230 000,00	140 000,00
Liquidationserlös	15 000,00	30 000,00	20 000,00
Nutzungsdauer	10	10	10
Leistung je Periode (Teile)	20 000	24 000	24 000
kalkulatorische Abschreibung (linear)			
kalkulatorische Zinsen (10 %)			
sonstige fixe Kosten	250,00	500,00	400,00
Summe fixe Kosten			
Lohnkosten Materialkosten sonstige variable Kosten	27 000,00 2 500,00 3 900,00	11 200,00 3 000,00 1 800,00	24 000,00 3 000,00 3 000,00
Summe variable Kosten			
variable Kosten pro Leistungseinheit			
Gesamtkosten			
Kosten pro Leistungseinheit			

Aufgabe:
Berechnen Sie die in der Tabelle fehlenden Kostenbestandteile und entscheiden Sie sich für ein Investitionsobjekt!

2. Die Fritz Weishaupt GmbH möchte eine alte Druckmaschine durch eine neue Anlage ersetzen. Der Liquidationserlös für die alte Druckmaschine liegt im laufenden Geschäftsjahr bei 20 000,00 EUR und im folgenden Geschäftsjahr bei 10 000,00 EUR. Die Betriebskosten belaufen sich auf 10 000,00 EUR.

Die Anschaffungskosten der neuen Anlage betragen 100 000,00 EUR, die Nutzungsdauer 10 Jahre. Der Liquidationserlös am Ende der Nutzungsdauer wird mit 10 000,00 EUR angenommen. Die Betriebskosten belaufen sich auf 8 000,00 EUR. Die Abschreibung erfolgt linear.

Es wird mit einem Zinssatz von 10 % gerechnet. Die Auslastung der alten Druckmaschine und der neuen Anlage ist gleich hoch.

Aufgaben:
2.1 Berechnen Sie die Kosten für die alte und die neue Druckmaschine im laufenden Geschäftsjahr!
2.2 Begründen Sie, ob es sinnvoll ist, die alte Druckmaschine im laufenden Geschäftsjahr durch die neue Anlage zu ersetzen!

Anhang

> ### Hinweis zur Buchung von Erträgen (Kontenklasse 5) nach dem Bilanzrichtlinie-Umsetzungsgesetz [BilRUG]
>
> Die **Kontenklasse 5** ist in drei Gruppen gegliedert:
>
> ■ **Umsatzerlöse**
>
> Nach § 277 I HGB zählen zu den Umsatzerlösen die **Erlöse aus dem Verkauf und der Vermietung oder Verpachtung von Produkten** sowie aus der **Erbringung von Dienstleistungen.**
>
> Vom erzielten Bruttoerlös sind die **Erlösschmälerungen,** die **Umsatzsteuer** sowie die **direkt mit dem Umsatz verbundenen Steuern** (z. B. Verbrauchssteuern wie die Mineralöl-, Energie- oder Tabaksteuer) **abzuziehen.**
>
> Die **Umsatzerlöse** werden in den **Kontengruppen 50** und **51** erfasst. Zu den Umsatzerlösen zählen z. B.:
>
> - Umsatzerlöse für eigene Erzeugnisse,
> - Umsatzerlöse für Waren,
> - Erlöse aus Vermietung und Verpachtung,
> - Sonstige Erlöse (z. B. aus Provisionen, Lizenzen, Patenten).
>
> ■ **Übrige betriebliche Erträge**
>
> Hierzu zählen z. B.:
>
> - Erträge aus Schadensersatzleistungen, Kursgewinnen, außergewöhnliche Erträge,
> - Erträge aus Anlageabgängen,
> - Erträge aus der Herabsetzung von Rückstellungen,
> - Periodenfremde Erträge,
> - Bestandsveränderungen von Erzeugnissen,
> - Aktivierte Eigenleistungen.
>
> Die übrigen betrieblichen Erträge werden in den **Kontengruppen 52, 53** und **54** erfasst.
>
> ■ **Erträge des Finanzbereichs**
>
> Hierzu zählen z. B.:
>
> - Erträge aus Beteiligungen,
> - Erträge aus anderen Finanzanlagen,
> - Zinsen, Erträge aus Wertpapieren des Umlaufvermögens, sonstige zinsähnliche Erträge.
>
> Die Erträge aus dem Finanzbereich werden in den **Kontengruppen 55, 56** und **57** erfasst.
>
> #### Beachte:
>
> Aus Gründen der Übersichtlichkeit werden in den Buchführungskapiteln die **Unterkonten des Kontos Umsatzerlöse** beibehalten.

Stichwortverzeichnis

A

ABC-Analyse 48
Abfallvermeidung 38
Abfallwirtschaft 38
Abgrenzungsbereich 263
abnehmerorientierte Preispolitik 351
abnutzbares Anlagevermögen 211, 385
Absatzmarkt 27
Absatzmenge 94
Absatzorgane 345
Absatzorganisation 344
Absatzweg 344
Absatzwirtschaft 29
Abschluss
– Bestandskonten 155
Abschluss der Vorsteuer- und Umsatzsteuerkonten 214
Abschlussvertreter 346
Abschöpfungsstrategie 328
Abschreibung
– auf Sachanlgen 211
– außerplanmäßige 385, 390
– Buchung 212
– lineare 211
– planmäßige 385
– Ursachen 211
Abschreibungsfinanzierung 471
absolut fixe Kosten 292
Abzahlungsdarlehen 458
Abzinsungswahlrecht 407
Agentur für Arbeit 105
AGG 107, 122
A-Güter 49
Aktiva 142
aktivierte Eigenleistungen 208
Aktivierungspflicht 381
Aktivierungsverbot 381
Aktivierungswahlrecht 381
Aktivkonten 148, 152
Aktiv-Passivmehrung 147
Aktiv-Passivminderung 147
Aktivseite 142
Aktivtausch 146
Alleinstellungsmerkmal 335
Alleinwerbung 361
allgemeines Gleichbehandlungsgesetz 107, 122
Amortisationsrechnung 485
analytische Urteilsfindung 122
andere Gewinnrücklagen 427
Anderskosten 222

Anfangsbestand 152
Anforderungskriterien 101
Anforderungsprofil 99
Angebotskalkulation 226
Anhang 418
Anlagegüter
– Abschreibungen 211
Anlagevermögen 140, 142
– abnutzbares 385
– nicht abnutzbares 389
Annuitätendarlehen 458
Anschaffungskosten 205, 211, 380, 384, 386, 390, 397
Anschaffungskostenprinzip 379, 389
Anschaffungsnebenkosten 205
Arbeitnehmer-Pauschbetrag 196
Arbeitsbereicherung 132
Arbeitserweiterung 132
Arbeitslosenversicherung 197
Arbeitsplatzwechsel 132
Arbeitsproben 120
Arbeitsproduktivität 42
Arbeitszeitmodelle 128
Arten der Preisdifferenzierung 354
Assessment-Center 121
Auffüllmenge 73
Aufwandskonten 158, 161
Aufwendungen 221
– betriebliche 221
Außenfinanzierung 448
außerplanmäßige Abschreibung 385, 390

B

Bankdarlehen 457
Barwertformel 408
Bedarfsdeckung
– durch Vorratshaltung 53
– ohne Vorratshaltung 54
Beitragsbemessungsgrenze 197
Beitragssätze 197
beizulegender Wert 381
Benachteiligung 122
Berechnung der Gemeinkostenzuschlagssätze 246
Berechnung der Herstell- und Selbstkosten einer Rechnungsperiode 246
Bereitstellungszinsen 458

Beschaffung 47
– Begriff 47
Beschaffungsmarkt 27
Beschaffungsmarktanalyse 58
Beschäftigungsgrad 291
Bestandskonten 152, 156
Bestandsmehrung 182, 188, 251
Bestandsminderung 184, 192, 251
Bestandsveränderungen
– bei Berechnung der Gemeinkostenzuschlagssätze 251
– bei fertigen Erzeugnissen 187
– bei unfertigen Erzeugnissen 192
– Werkstoffe 182
Bestellmenge, optimale 68
Bestellpunktverfahren 72
Bestellrhythmusverfahren 72, 73
Bestellzeitpunkt 73
Beteiligungsfinanzierung 450
betriebliche Aufwendungen 221
betriebliche Erträge 264
betriebliche Produktionsfaktoren 28
Betriebsabrechnungsbogen (BAB) 242
– mehrstufiger 248
Betriebsergebnis 258, 265, 278
betriebsfremde Zinsen 265
Betriebsmittel 28
Betriebsstoffe 28, 151
Bewegungsbilanz 438
Bewerberanalyse 101
Bewerbungsschreiben 116
Bewertung 378
– bebaute Grundstücke 391
– Forderungen 402
– Vorräte 399
Bewertung der Roh-, Hilfs-, Betriebsstoffe 396
Bewertung des Vorratsvermögens 399
Bewertung von Finanzanlagen 393
Bewertung von Rückstellungen 406

Bezugskalkulation, Einfaktorenvergleich 61
Bezugskosten 171
Bezugsrecht 452
Bezugsverhältnis 452
B-Güter 49
Bilanz 142
– Aussagekraft 143
– Begriff 142
– gliederung 142
– schema 142
– Wertveränderungen 145
bilanzielle
  Abschreibungen 262
Bilanzkonten 148, 156
Bonus
– an einen Kunden 179
– vom Lieferer 172
Break-even-Point 297, 300
Buchführung 138
– Begriff 138, 145, 148
– doppelte 155
Buchungsregeln
– Aufwandskonten 158
– Ertragskonten 158
– Passivkonten 152
Buchungssatz 153

C

Cashcows 327
C-Güter 49
Controlling 30
Corporate Identity
  (Fußnote 1) 365

D

Damnum 458
Darlehen 457
Darlehensformen 458
Darlehensvertrag 457
dauernde Wertminderung 386
Deckungsbeitrag 275, 307
Deckungsbeitragsfaktor 279
Deckungsbeitragsrechnung
– als Periodenrechnung 278
– als Stückrechnung 276
– Annahme eines Zusatzauftrages 288
– Aufbau 275
– Systemvergleich Vollkostenrechnung 317
– und Sortimentspolitik 281
Deckungsbeitragsrechnung
  als Instrument der Produktentscheidung 281

Deckungsbeitragsrechnung als Instrument zur Bestimmung von Preisuntergrenzen 284
Deckungsbeitragssatz 279
Defensivstrategie 328
Degressionseffekt
  (fixe Kosten) 285
Delivery on demand 54
Delkredereprovision 346
Desinvestitionsstrategie 329
dezentrale Lager 79
Dienstleistungen 26
Differenzkalkulation 230
Digital Natives 367
Direct Costing
  (Fußnote 1) 274
direkte Kosten 223
Direktwerbung 361
Disagio 458
Dispositionskredit 460
dispositive Arbeit 28
Distributionspolitik 343, 347
doppelte Buchführung 155
Durchschnittswertermittlung
– gewogene 399
– permanente 399

E

Eigenfertigung 303
Eigenkapital 141, 143, 162
Eigenkapitalrentabilität 444
Eigenleistungen 208
Eignungsprofil 119
Einfaktorenvergleich 61
Einstellungstests 120
einstufiger Betriebsabrechnungsbogen 243
einwandfreie
  Forderungen 402
Einzelbeschaffung 54
Einzelbeschaffung im Bedarfsfall 54
Einzelfertigung 86
Einzelinventurliste 139
Einzelkosten 223, 225
Einzelwertberichtigungen 403
Emanzipation 95
employer branding 109
Energiekosten 237
Engpass bei der
  Beschaffung 313
Engpass in der
  Produktion 312
Entgeltabrechnung 200
Entgelt buchen 200
Entleihunternehmen 106

Entscheidungsbewertungstabelle 117
E-Recruiting 104
Erfolgskonten (siehe Ergebniskonten)
erfolgsunwirksame Geschäftsvorfälle 147, 158
erfolgswirksame Geschäftsvorfälle 158
Ergebniskonten 158, 161
Erinnerungswert
  (Fußnote 1) 212
Erlösberichtigungen 178
Eröffnungsbilanzkonto 155
Erträge 264
Ertragskonten 158, 161
Erzeugnisfixkosten 307
Erzeugnisgruppenfixkosten 307
Eskalation 95
ethisch-soziale Ziele 38
externe Personalbeschaffung 103

F

Fälligkeitsdarlehen 458
Fertigerzeugnislager 78
Fertigungsbreite 81
Fertigungsgemeinkosten 226, 234, 237
Fertigungshauptkostenstellen 248
fertigungssynchrone Beschaffung 54
Fertigungstiefe 82
Fertigungsverfahren 86
Finanzanlagen 393
Finanzdienstleistung 356
Finanzierung 442
– Arten 448
– Beteiligungsfinanzierung 448
– Fremdfinanzierung 448
– Innenfinanzierung 448
– Kreditfinanzierung 448
Finanzierungskosten 380
Finanzierungsziel 447
Finanzmittel 442
Finanzwirtschaft 29
finanzwirtschaftliche Ziele 447
fixe Bestellkosten 68
fixe Kosten 274, 278
Fließbandfertigung 89
Fließfertigung 88
Forderungen, Bewertung 402

fortgeführte Anschaffungskosten 385
Fremdbauteile 28, 396
Fremdbezug 303
Fremdkapital 142
Funktionsbereiche 29
Funktionszeit 129

G
Geldfluss 27
Gemeinkosten 223, 225
Gemeinkostenzuschlagssätze - Berechnung 246, 251
Gemeinschaftswerbung 361
gemildertes Niederstwertprinzip 393
Generation Internet 367
Gesamtergebnis 265
Gesamtkapitalrentabilität 444
Gesamtkostenverfahren 415
Geschäftsvorfälle 138, 145, 158
geschlossene Lager 77
gesetzliche Rücklage 426
Gewinn 161
– maximum 298
– zone 299
Gewinnkalkulation (Fußnote 1) 230
Gewinnschwelle 297
Gewinn- und Verlustkonto 161
Gewinn- und Verlustrechnung 415
Gewinnvergleichsrechnung 483
Gewinnverwendung bei der AG 427
gewogene Durchschnittswertermittlung 399
gezeichnetes Kapital 426
Gläubigerschutz 379
Gleitarbeitszeit 128
große Kapitalgesellschaft 412
Grundfreibetrag 196
Grundkosten 221
Grundnutzen 334
Gruppenfertigung 90
Guerilla-Marketing 366
Gutschrift, an einen Kunden 178
Gutschrift, vom Lieferer 173

H
handelsrechtliche Bewertungsgrundsätze 379
handelsrechtliche Bewertungsmaßstäbe 380
Handelsvertreter 346
Handelswaren 28, 151
Handlungsreisender 345
Head Hunter 105
Herstellkosten
– der Rechnungsperiode 251
– des Umsatzes 251
Herstellungskosten 380
Hilfskostenstellen 248
Hilfsstoffe 28, 151
Höchstbestand 73
Höchstwertprinzip 379

I
Imparitätsprinzip 379, 397
indirekte Kosten 223
Industriebetrieb 26
Industriekontenrahmen 152
Informationsfluss 27
Informationsquelle
– externe 59
– interne 60
Informationsquellen 59
Inkassoprovision 346
Inkassovollmacht 346
innerbetriebliche Stellenausschreibung 102
Inselfertigung 90
Instandhaltungskosten 236
interne Personalbeschaffung 101
Internet 367
intervallfixe Kosten 292
Inventar 140
Inventur 139, 142
Inventurlisten 139
Investition 476
– anlässe 477
– rechnung 480
– strategie 328
Istbestand 140
Istkosten 255

J
Jahresabschluss
– Aufgaben 411
– Begriff 411
– Bestandteile 413
– Gewinn- und Verlustrechnung 415
Jahresarbeitszeit 129
Jahresüberschuss 416
Jobbörse 105
Jobenlargement 132
Jobenrichment 132
Jobrotation 132
Jobsharing 128
Just-in-time-Verfahren 54

K
Kalkulation
– Angebotskalkulation 226
– Deckungsbeitragsrechnung 275
– Differenzkalkulation 230
– Kalkulationsschema 226
– Kostenträgerzeitrechnung 257
– Nachkalkulation 256
– retrograde Kalkulation 228
– Rückwärtskalkulation 228
– Vorkalkulation 230
– Vorwärtskalkulation 226, 256
kalkulatorische Abschreibungen 235, 262
kalkulatorische Kosten 221
Kapazität 291
Kapazitätsgrenze 299
Kapitalproduktivität 42
Kapitalrentabilität 444
Kapitalrücklage 426
KAPOVAZ 131
Kennzahlen 41
Kirchensteuer 197
Kommunikationspolitik 360, 369
Kommunikationsweg 367
Konditionenpolitik 356
Kontokorrentkredit 460
Kontrahierungspolitik 350, 357
Kosten 221
– absolut fixe 292
– Einzelkosten 223
– fixe 278, 285
– Gemeinkosten 223, 242
– intervallfixe 292
– relativ fixe 292
– sprungfixe 292
– überdeckung 256
– unterdeckung 256
– variable 278
Kostenstelle 241
Kostenstelle (Begriff) 241
Kostenstelleneinzelkosten 242
Kostenstellengemeinkosten 242
Kostenstellenrechnung 241
Kostenträger 225
– zeitrechnung 255
Kostenträgerblatt 257
Kostenträgerrechnung 225

Kosten- und Beschäftigungsgrad 291
Kosten- und Leistungsrechnung
– Deckungsbeitragsrechnung 274
Kostenvergleichsrechnung 482
Krankenversicherung 197
Kredit 456
Kreditfinanzierung 456
kritische Menge 304
Kundenskonti 179
kurzfristige Preisuntergrenze 285

L

Lagebericht 418
Lager 77
– Arten 77
– dezentrales 79
– zentrales 78
Lagerarten 77
Lagerhaltungskosten 69
langfristige Preisuntergrenze 285
Lebensarbeitszeit 129
Lebenslauf 116
Leistungen 264
Leistungserstellungsprozess 26
Leistungstiefe 82
Leitpreis 355
Lichtbild 117
Lieferanten 59
Liefererauswahl 61
Lieferermatrix 62
Lieferungsbedingung 356
lineare Abschreibung 211
Liquidität 443, 446
Liquiditätsplan 444
Lohnsteuer 195
Lohnsteuerklassen 196
Lohnsteuertabellen 196
Lohn- und Gehalt
– Lohnsteuertabelle 196
Lohn- und Gehaltsabrechnung 195

M

Markenschutz 336
Marketing 319, 322
– Aufgaben 320
Marketinginstrumente 320
Marketingkonzept 320, 373
Marketingkonzeption 319
Marketingmix 320, 372, 375

Marketingstrategie 374
Markierung (Markenpolitik, Branding) 336
Markt
– analyse 321
– beobachtung 321
– forschungsinstitut 321
– prognose 321
Marktforschung 320
Marktwachstum-Marktanteils-Portfolio 327
Maschinenstundensatz 234, 238
Mass Customization 96
Massenfertigung 87
Massenwerbung 361
Materialbereitstellungsverfahren 52
Materialfluss 27
Materialgemeinkosten 226
Materialien 28, 47
Materialwirtschaft 29, 47
Mehrfaktorenvergleich 62
mehrstufige Deckungsbeitragsrechnung 307
Meldebestand 73
Mindestbestand 73

N

nachfrageorientierte Preispolitik 351
Nachkalkulation 256
Nettoverkaufserlöse 275
neutrale Aufwendungen 221
neutrale Erträge 264
nicht abnutzbares Anlagevermögen 389
Niederstwertprinzip
– strenges 379, 386, 390, 397
Normalkosten 226, 256
Normen 84
Normung 84
Nutzwertanalyse 62

O

offene Lager 77
offene Selbstfinanzierun 465
Offensivstrategie 328
Öffentlichkeitsarbeit 365
ökologisches Ziel 37
ökonomisches Ziel 36
Onlinejobbörsen 104
operationalisierte Ziele 40
optimale Bestellmenge 68
optimales Produktionsprogramm 313

ordentliche Kapitalerhöhung 450
organisierter Markt (Fußnote 1) 412

P

Passiva 142
Passivierung der Zahllast 215
Passivkonten 148
Passivseite 142
Passivtausch 146
Pauschalwertberichtigungen 404
Pensionsrückstellungen 407
permanente Durchschnittswertermittlung 399
Personalauswahl
– analytische Urteilsfindung 122
– summarische Urteilsfindung 122
Personaleinsatzplanung 133
Personalmarketing 109
Personalwirtschaft 29
Pflegeversicherung 197
planmäßige Abschreibungen 385
Point of Sale 364
Poor Dogs 327
Portfolio-Analyse 326
Postkorb-Übung 121
Preisdifferenzierung 353
Preispolitik 350
– kostenorientierte 351
– nachfrageorientierte 351
– wettbewerbsorientierte 355
preispolitische Obergrenze 352
Preisuntergrenze 284
Produkt 334
– differenzierung 338
– diversifikation 338
– eliminierung 339
– gestaltung 334
– innovation 337
– modifikation 339
– politik 334, 340
– programm 334
– variation 339
Produktionsfaktoren 28
Produktionsfaktoren, betriebliche 28
Produktionsmenge 94
Produktionsprogramm 81
Produktionswirtschaft 29
Produktivität 42
Produktlebenszyklus 323

Projektgruppeneinsatz 133
Public Relations 365
Punktebewertungstabelle 62, 111, 117

Q

Questionmarks 327

R

Rahmenvertrag 56
Raumkosten 236
Realisationsprinzip 379, 397
Rechnungswesen 30
Recycling 38
Referenz 116
Reihenfertigung 88
Reinvermögen 140
relativer Deckungsbeitrag 312
relativ fixe Kosten 292
Rentabilität 41, 446
Rentabilitätsvergleichsrechnung 484
Rentenversicherung 197
Rest-Fertigungsgemeinkosten 234, 237
Rest-Fertigungsgemeinkostensatz 238
retrograde Kalkulation 228
Rohstoffe 28, 151
Rohvermögen 141
rollierendes Arbeitszeitsystem 128
Rücklagen 308
Rückstellungen 406, 473
Rückwärtskalkulation 228

S

SA 8000 64
Sachanlagen
– aktivierungspflichtige Eigenleistungen 208
Sachgüter 26
Saisonarbeit 129
Salespromotion 364
Schichtarbeit 129
Schlussbestand 152
Schlussbilanzkonto 155
Schulden 140
Schuldkonten 148
Scoringmodell 62
Selbstfinanzierung 465
– offene 465
– stille 465, 467
Selbstkosten der Rechnungsperiode 245
Sensation-Marketing 366
Serienfertigung 86
Service 336

Servicegrad 53
SGE 327
Sicherheit 445
Sicherheitsbestand 73
situative Verfahren 120
Skonto
– Liefererskonto 173
SMART 39
Social Accountability 64
Social-Media-Marketing 367
Solidaritätszuschlag 195
Sollbestand 140
Sondereinzelkosten 223
– der Fertigung 223
– des Vertriebs 223
Sonntags- und Feiertagsarbeit 128
soziales Netzwerk 367
soziales Ziel 36
Sozialversicherungsbeiträge 197
sprungfixe Kosten 292
sprungfixe Kosten (Fußnote 2) 274
Staffelarbeitszeit 128
Staffelform (GuV-Rechnung) 415
Standardisierung 84
Stars 327
statische Verfahren der Investitionsrechnung 481
Stellenanzeige 103, 107
Stellenbeschreibung 99
Stelleneinzelkosten 242
stille Rücklagen (Reserven) 467
stille Selbstfinanzierung 465
Stofflager 78
strategische Geschäftseinheit 327
strenges Niederstwertprinzip 386, 390, 397
Streugebiet 362
Streukreis 362
Streuzeit 363
summarische Urteilsfindung 122
Synchronisation 95

T

Tagesarbeitszeit 128
Talentmanagement 102
Tätigkeitsbeschreibung 99
Teilkostenrechnung 274
Teilzeitarbeit 128, 130
Testverfahren 120

Träger der Marktforschung 321
Typung 85

U

Umlaufvermögen 140, 142
Umsatzergebnis 258
Umsatzerlös (Gliederung BilRUG) 416
Umsatzkostenverfahren 415
Umsatzsteuer
– Vorsteuer 165, 215
Umsatzsteuer-Voranmeldung 214
Unabhängigkeit 445
unbebaute Grundstücke (Bewertung) 389
uneinbringliche Forderungen 402
Unfallversicherung 197
unfertige Erzeugnisse
– Bestandsveränderungen 192
Unternehmen 26
Unternehmensfixkosten 307
Unternehmensführung 31
Unternehmensleitbild 35
Unternehmensziele 36
Unternehmerlohn 222

V

variable Kosten 274, 278
Verbindlichkeiten 140, 142
Verbundwerbung 361
Vergessenskurve 363
Verkaufsförderung 364
Verlust 162
Vermittlungsvertreter 346
Vermögen 140, 143
Vermögenskonten 148
Vermögensumschichtung 472
Verpackung 335
Versandlager 78
Vertragshändler 346
Vertrauensarbeitszeit 128
Vertriebsgemeinkosten 226, 252
Vertriebskosten 177
Verwaltungsgemeinkosten 226, 252
Vier-Felder-Portfolio-Matrix 327
Virales Marketing 366
Vollkostenrechnung 270
– Betriebsabrechnungsbogen 248

- Ermittlung der Gemeinkostenzuschlagssätze 251
- Kostenträgerzeitrechnung 255

Vorkalkulation 256
Vorprodukte 28
Vorratshaltung 53
Vorsichtsprinzip 379, 397
Vorstellungsgespräch 118
Vorsteuer 165, 214
Vorsteuerüberhang 215
vorübergehende Wertminderung 385
Vorwärtskalkulation 226, 231

W

Wachstumsstrategie 328
Werbeerfolgskontrolle 363
Werbeetat 363
Werbemittel 362
Werbeplan 360
Werbeträger 362

Werbung 360
werksgebundener Absatz 345
Werkstättenfertigung 87
Werkstoffe 28
Wertaufholungsprinzip 379
Wertminderung
- dauernde 386
- vorübergehende 385

Wertpapiere des Anlagevermögens 393
Wertschöpfung 83
Wertveränderungen der Bilanzposten 145
wettbewerbsorientierte Preispolitik 355
Wiederbeschaffungskosten 235
Wiederbeschaffungszeit 73
Wiederverwendung 38
Wirtschaftlichkeit 42
Wochenarbeitszeit 128

Z

Zahllast 165, 214
Zeitarbeit 106
zentrale Lager 78
Zeugnis 116
Zielharmonie 40
Zielkonflikt 40, 446
Zins 458
Zusage 124
Zusatzauftrag (Deckungsbeitragsrechnung) 288
Zusatzbeitrag 198
Zusatzkosten 222
Zusatznutzen 334
Zuschlagskalkulation 225
Zuschreibung 392, 398
zweifelhafte Forderungen 402
Zwischenlager 78

Bilderverzeichnis

S. 29: www.colourbox.de • S. 59: stillkost – Fotolia.com • S. 83: Nataliya Hora – www.colourbox.de • S. 120: Michal Popiel – Fotolia.com • S. 122: pressmaster – Fotolia.com • S. 336: MEV-Verlag, Germany • S. 364: KaDeWe Presseabteilung, Berlin • S. 478: Ingo Bartussek – Fotolia.com